Con terrible y fiero desear

Karin Peters

Con terrible y fiero desear

Bukolisches Pathos in Spanien (1492–1559)

BRILL | FINK

Umschlagabbildung: William-Adolphe Bouguereau: *Les Oréades* (1902), Musée d'Orsay, Paris

Bibliografische Information der Deutschen Nationalbibliothek

Die Deutsche Nationalbibliothek verzeichnet diese Publikation in der Deutschen Nationalbibliografie; detaillierte bibliografische Daten sind im Internet über http://dnb.d-nb.de abrufbar.

www.brill.com

Einbandgestaltung: Evelyn Ziegler München
Herstellung: Brill Deutschland GmbH, Paderborn

ISBN 978-3-7705-6802-4 (hardback)
ISBN 978-3-8467-6802-0 (e-book)

Una de las definiciones del hombre es decir
que es animal risible, porque sólo el hombre se ríe
y no otro ningún animal; y yo digo que también
se puede decir que es animal llorable, animal que llora ...

Miguel de CERVANTES (*Los trabajos de Persiles y Sigismunda*, II, 4)

Give me that man. That is not passion's slave,
and I will wear him.
In my heart's core, ay, in my heart of heart ...

William SHAKESPEARE (*Hamlet*, III, 2)

Inhalt

Vorwort

Diese Arbeit wurde im Dezember 2021 vom Fachbereich für Philosophie und Philologie der Johannes Gutenberg-Universität Mainz als Habilitationsschrift angenommen. Ihr ursprünglicher Titel lautete *Ärger im Paradies. Bukolisches Pathos im Siglo de Oro (1492–1559)*. Für die Begleitung des Verfahrens danke ich der Kommission sowie insbesondere den Gutachtern Stephan Leopold, Dietrich Scholler und Gerhard Poppenberg, sowie meinen kritischen Lesern und Leserinnen Irene Weiss, Julia Brühne, Gesine Hindemith, Timo Kehren, Gregor Lilienfein, Lisa Zeller und Leon Schött. Ihre Anregungen haben meinem Text über die Jahre bis hin zur jetzt vorliegenden Druckfassung den letzten Schliff verliehen.

Dem DAAD und der MSH in Paris sowie der Abteilung Internationales der Johannes Gutenberg-Universität Mainz gilt mein Dank für zwei großzügige Postdoc-Stipendien. Der intensive fachliche Austausch mit den Kollegen und Kolleginnen des Grihl („Groupe de Recherches Interdisciplinaires sur l'Histoire du Littéraire") an der EHESS / CRH und die konzentrierte Schreibzeit in Paris respektive an der Universitat de València haben wesentlich zur Ausarbeitung dieser Schrift beigetragen.

Widmen möchte ich das Buch jedoch all jenen, ohne die ein Abschluss völlig undenkbar gewesen wäre: meiner Familie, Andrew und Faye Bannon, meiner Mutter Elisabeth Peters und den Kindergärtnerinnen, die uns mit viel Herz und Geduld durch die Corona-Pandemie begleitet haben.

Tutzing, Juni 2023 Karin Peters

KAPITEL 1

Die Ankunft der Furie

Als Lope de Vega 1621 eine dramatische Neuauflage des Mythos um *Adonis y Venus* verfasst, fügt er dem mythologischen Kanon ein Element hinzu, das unerwartet scheint: Nicht nur ergänzt er den Konflikt zwischen den Göttern Apollo, Venus und Cupido um eine pastorale Nebenhandlung, in der Schäfer den rustikalen und komischen Gegenpart zu jener Haupthandlung abgeben, die zum tragischen Tod des Adonis führen wird. Lopes Apollo beschwört außerdem eine Furie des Unterweltgottes Pluto, die in Arkadien für Tod und Verderben sorgen soll, um die Rachegelüste des Sonnengottes gegen Venus zu befriedigen. Mit der Ankunft der Furie in Arkadien aber ist es um den idyllischen Frieden im Schäferparadies geschehen.

Dies könnte man nun als poetologischen Kniff verstehen, durch den Lope einlöst, was er für die barocke *comedia* allgemein gefordert hatte: die Mischung von komischen und tragischen Elementen, die auf eine, wenngleich formal monstruöse, so doch besonders unterhaltsame Darstellung abzielt.[1] In der Tat verschwindet die Furie Tesifonte von der Bühne, sobald sie sich Apollos Willen unterworfen hat, und der Zuschauer wird ihres Wirkens und Waltens in Arkadien nur indirekt durch das Leiden der Figuren ansichtig werden. Allerdings ist die Ankunft der Furie innerhalb der Handlung so effektvoll eingesetzt und durch das Bühnenbild eines „alcázar infernal",[2] dem sie entsteigt, auch visuell so überwältigend, dass ihr Auftritt eine genauere Betrachtung verdient:

(*Aparece un alcázar infernal, y sale de él la furia Tesifonte.*)

1602 TESIF. Ya desde el oscuro centro
1603 salgo a detener tu paso.
1604 Detente, Apolo divino.
1605 Tesifonte soy: ¿qué mandas? [...]
1628 APOL. Tesifonte sangrienta,
1629 señora de las armas,
1630 que con *hachas de fuego*
1631 influyes guerras tantas,

1 „Lo trágico y lo cómico mezclado, / y Terencio con Séneca, aunque sea / como otro Minotauro de Pasife, / harán grave una parte, otra ridícula, / que aquesta variedad deleita mucho: / buen ejemplo nos da naturaleza, / que por tal variedad tiene belleza" (vv. 174–180). Lope de Vega, *Arte nuevo de hacer comedias en este tiempo*, 2006, S. 141.

2 Lope de Vega, „Adonis y Venus", 1955, S. 560.

© BRILL FINK, 2023 | DOI:10.30965/9783846768020_002

yo no quiero que al mundo
como otras veces vayas,
ceñida de serpientes,
y de diamante armada,
a destruir la Europa,
a disfamar el Asia,
al Africa desierta,
ni a las indianas playas.
Estése queda Grecia,
y Troya, coronada
de muros y de olivas,
no tiemble de Casandra. [...]
Que vayas quiero sólo
a los bosques de Arcadia,
y en un jabalí fiero
embistas tu arrogancia.
Éntrate, Tesifonte,
en sus fieras entrañas,
para matar a Adonis,
que ha de salir a caza;
que yo te le pondré
donde con furia extraña
su verde edad malogres,
y a Venus su esperanza. (*Adonis y Venus*; III. Akt; Hervorh. K.P.)

Apollo vermittelt uns hier einen Eindruck davon, wie das Kostüm der Figur wohl zum Einsatz gekommen ist, wenn er etwa den Schlangengürtel und die Fackeln („hachas de fuego“; v. 1630) der Furie erwähnt. Besonders auffällig ist außerdem, dass er Tesifonte in seiner Rede überzeugt, von der politischen Bühne abzulassen, um Arkadien einen Besuch abzustatten: Anstatt in Europa, Asien, Afrika und Amerika verheerend durch die Lande zu ziehen, soll die Furie ausschließlich in Arkadien wirken, dort in den wilden Eber fahren, der Adonis töten wird, bis das arkadische Leid selbst noch den tragischen Untergang von Troja übertrifft. Sowohl die Handlung und deren Umschlag zur Katastrophe als auch das Pathos der auftretenden Furie, die eine phobische Störung des arkadischen Liebesglücks verkörpert, lassen hier aufmerken: Schließlich ist genuine Tragik in der bukolischen Tradition nicht die Regel.

An Lopes Furie wird jedoch deutlich, dass die Annahme fehlgeht, es handle sich – insbesondere im spanischen Kontext – bei bukolischen Texten[3] immer

3 Darin inbegriffen sehe ich Texte, die in Arkadien spielen oder pastorale Motive aufgreifen und deshalb die bukolische Tradition als Ausgangspunkt nehmen. Jedoch muss hervorgehoben werden, dass Arkadien bei den antiken Vorbildern Theokrit und Vergil als elegisch

um die Darstellung von idyllischen Enklaven, in denen ein Schicksalsschlag höchstens darin besteht, von der Geliebten zurückgewiesen zu werden. Die von Lope so effektvoll inszenierte Ankunft der Furie in Arkadien ist vielmehr symptomatisch dafür, wie im Siglo de Oro an den Rändern der bukolischen Gattungsnorm ein Raum der stilistischen Abweichung ästhetisch funktionalisiert werden kann. Sobald Tesifonte als „señora de las armas“ in Arkadien das Liebesunglück bestimmt, wird die Tonalität des Leidens – so etwa in den späteren Klagereden über dem toten Körper des Adonis – in Richtung des hohen, deklamatorischen Pathos verschoben. Und dies nicht etwa, weil es sich in diesem speziellen Fall um Theater handelt. Vielmehr ist das Pathos im spanischen Arkadien schon lange heimisch gewesen.

Dieses Eindringen des Pathos in die Bukolik will die vorliegende Monographie untersuchen. Wie Garcilaso de la Vega seiner Schäferfigur Albanio in den Mund legt, als dieser in der *Égloga II* über sein Begehren nach Camila klagt: „El placer de miralla *con terrible / y fiero desear* sentí mezclarse, / que siempre me llevaba a lo imposible“[4] (vv. 320–322). Ein schrecklich wildes Begehren der Tat, das sich mit dem rein passiven, handlungslosen Augengenuss des Schönen vermischt und seinen sprachlichen Ausdruck (wie hier im gewaltsamen Zeilensprung) sucht – jene Engschließung des Widersprüchlichen gilt es zur Diskussion zu stellen. Denn das Eindringen des Pathos in die arkadische Enklave ist, so meine Hypothese, das formale Äquivalent zu einer neuen Politik der bukolischen Form, die in der Frühen Neuzeit entwickelt wird. Wie in *Adonis y Venus* ist diese Politik der Bukolik mit der Gattungspoetik der Tragödie oder den Motivkreisen der epischen Dichtung – der Zerstörung Trojas – assoziiert und wird zur genuinen Pathosformel des Bukolischen.

In der Bildkunst hatte Aby Warburg bekanntlich die rinascimentale Pathosformel als Symptom einer Epoche interpretiert, die maßgeblich für das neue, innerweltliche Selbstbewusstsein des frühneuzeitlichen Subjekts ist.[5] Weil im Rückgriff auf die antike Bildersprache der menschliche Affekt selbst gegen das Christentum und seine Normen in den Mittelpunkt kommt, sind die Darstellungsformen des Pathos also genau der Ort, wo das Subjekt sich nicht mehr Gott unterwirft, sondern in der Welt handelt. Dabei werden zwar zunächst weltliche Herrscher an die Stelle der göttlichen Autorität gesetzt und die

zelebrierter Hort eines goldenen Zeitalters nur eine geringe Rolle spielt und in moderner Exegese, so z. B. bei Snell, gerne rückprojizierend in die Vergiltexte hineingelesen wurde. Vgl. Schmidt, *Bukolische Leidenschaft*, 1987, S. 239–264.

4 Zitiert nach der von Ignacio García Aguilar besorgten Ausgabe Garcilaso de la Vega, *Poesía*, 2020, S. 348; Hervorh. K. P.

5 Siehe dazu ausführlich weiter unten Kap. 2.2.2.

rhetorischen Traditionen des Fürstenlobs im Schäfergewand weitergeführt. Trotzdem gehen die Texte von Juan del Encina, Garcilaso de la Vega, Jorge de Montemayor, Lope de Vega und Miguel de Cervantes nicht in einer affektischen Identifikation mit den Gesetzen der Macht auf. Die Schäferliteratur legt den innerweltlichen Subjekten immer dort einen Widerspruch gegenüber der ideologisch normierten Welt der Politik, Religion und Ökonomie in den Mund, wo sie mit der bukolischen Pathosformel spielt: Etwa, wenn sie das für die Gattung der Bukolik gebräuchliche *genus humile* auf den epischen Stil ausdehnt, um feudalistische Anachronismen in Zeiten des aufkommenden Zentralismus zu entwerfen, oder aber gezielt ‚nach unten' in Richtung der Komik bricht, um soziale Narrative einer ständisch hierarchisierten Gesellschaft zu dekonstruieren.

In der spanischen Frühen Neuzeit gehen Pathos, Polis und Bukolik also eine besondere Verbindung ein. Betrachtet man etwa den berühmtesten spanischen Schäferroman, Jorge de Montemayors *Los siete libros de la Diana* (1559), kann man auf den ersten Blick nicht umhin, in der Palastepisode des vierten Buches und der Zauberin Felicia eine Variante des sokratischen Diskurses über die idealisierte Liebe zu erkennen. Dieser Diskurs entpuppt sich als neuer, politikphilosophischer Entwurf einer ‚Tugendrepublik', einer Polis im Zeichen Amors. Zugleich ist Felicias Palast Spiegelbild zeitgenössischer Ostentation von ökonomischem und kulturellem Kapital. Damit halten konkrete historische Kontexte Einzug in den Raum der Schäfer. Der bukolische Raum ist mit der ‚Hof haltenden' Felicia ein Staat im Staate geworden, der ein konkretes politisches Ideal verkörpert. Bemerkenswert ist dabei, dass der Roman mit diesem weiblichen Hofstaat zugleich eine divergente Gegenordnung des weiblichen Begehrens ausschreibt, die sowohl bukolischen Harmonieprämissen als auch der männlich dominierten spanischen Gesellschaft des Siglo de Oro unter den Habsburgern widerspricht. Die arkadische Gemeinschaft zeichnet sich deshalb kaum allein über tugendethische Propaganda aus. Schließlich entwirft Montemayor Felicias Palast der Liebe auch als Kontrafaktur seiner eigenen Gegenwart, indem er das feudale, mittelalterlich anmutende Hofhalten einer weiblichen *dueña* zentral macht. Deutlicher als seine antiken Vorgänger repräsentiert *und* invertiert Montemayor die gesellschaftliche Ordnung. Mit Michel Foucault gesprochen verwandelt Montemayor Arkadien also in eine heterotope Kompensationsphantasie.[6] Die Inszenierung und mehrfache Semantisie-

---

6 Dies basiert auf der Annahme, dass es sich bei Arkadien um eine Zwischen- *und* Nebenwelt handelt, siehe Grimm, „Arcadia und Utopia", 1985, S. 91. Auch das Heterotopie-Modell Foucaults geht von einer gleichzeitigen Repräsentation und Inversion der Ordnung im Raum

rung des arkadischen Raums muss deshalb genauer betrachtet werden. Mit der traditionellen Vorstellung, es handle sich bei arkadischen Räumen immer um rein „geistige Landschaften",[7] wird es hier nicht getan sein. Denn die spanische Bukolik des 16. Jahrhunderts füllt diese Heterotopie einer arkadischen Nebenwelt mit Pathos, das nicht nur individuelle Liebesaffekte durchspielt, sondern auch die Symptome einer konfliktreichen, auf die Innerweltlichkeit des gesellschaftlichen Subjekts zurückgeworfenen Epoche. Leid, Pathos und Politik dringen im Zuge dessen in das Innere der arkadischen Enklave ein.

Diese Einschlüsse des Politischen in den arkadischen Raum[8] und das Pathos als Medium literarischer Divergenz bilden demzufolge den Gegenstand meiner Untersuchung. Sie sollen zum einen in Bezug zur Entwicklung der bukolischen Gattung in Spanien gesetzt werden. Diese entlehnt das Pathos in der Frühen Neuzeit aus anderen literarischen, aber auch politischen und religiösen Textformen: Man kann sich fragen, in welchem Verhältnis das bukolische Pathos etwa zu seinen Vorformen im religiösen Mysterienspiel oder der allegorischen Panegyrik steht. Was ändert sich an der bukolischen Stilhöhe, wenn sie sich Elemente der Dramatik, Epik oder mittelalterlicher Erzählkonventionen anverwandelt? Zum anderen wird der Einsatz des Pathos nach seiner spezifischen gesellschaftlichen Funktion befragt: Wie prägt der Wandel in der monarchischen Herrschafts- und gesellschaftlichen Ständestruktur die Bukolik des 16. Jahrhunderts? Und wie hängt die Erfindung von Schäferfiguren, die an epische Figuren wie Dido und Aeneas angelehnt sind, mit dem imperialen Projekt des frühneuzeitlichen Spanien zusammen, das 1492 beginnt und im 16. Jahrhundert mit Karl V. und Philipp II. zu voller Entfaltung kommt?

---

der Heterotopie aus: Heterotopien sind „utopies effectivement réalisées dans lesquelles […] tous les autres emplacements réels que l'on peut trouver à l'intérieur de la culture sont à la fois représentés, contestés et inversés". „Des espaces autres", 1994, S. 1574. Sowie kurz etwa zur Analogie der arkadischen Gesellschaft zur Ständegesellschaft Köhler, „Absolutismus und Schäferroman", 1976, S. 267.

7 Der Begriff wurde 1945 von Snell geprägt. Vgl. „Arkadien", 1976.

8 Iser hat diesbezüglich von einer „Teleskopierung von Dichtung und Welt" gesprochen. *Das Fiktive und das Imaginäre*, 1993, S. 68. Er hat damit Maßstäbe für die Bukolikforschung gesetzt, weil er bukolisches Fiktionalitätsbewusstsein als epistemologische Bruchstelle zwischen mittelalterlicher Ordo und frühneuzeitlicher Dezentrierung expliziert. Siehe zu dieser von Iser ausgehenden Traditionslinie sowie zu bukolischen, „poetologische[n] Vexierspiele[n]" und dem „Aus(r)a(n)gieren der Fiktionalität des Wissens" bei Cervantes zuletzt Ferretti, „Dianoëtische Hirten", 2011, S. 249.

1.1 Spanien, 1492–1559

Es ist leidlich bekannt, dass Spanien in den 70 Jahren vom Abschluss der Reconquista bis hin zur orthodoxen ‚Schließung' der ‚Festung Spanien' um 1559, als Philipp II. seinen Regierungssitz endgültig und permanent nach Kastilien verlegt, eine enorme politische und soziale Entwicklung durchgemacht hat. Immer wieder flackern in dieser Zeit der Umwandlung einer zunächst noch recht mittelalterlichen Gesellschaft Konflikte auf, die das Land in bürgerkriegsähnliche Zustände versetzen. Die Aufstände der *Comuneros* in den 1520er Jahren und die Revolte der Moriscos in den Alpujarras Ende der 1560er Jahre sind nur zwei Beispiele dafür, wie im frühneuzeitlichen Spanien das Verhältnis des Königs zu seinen Untertanen zuerst in offene Gewalt und schließlich in eine sowohl religiös als auch ethnisch begründete, vom Hegemon ausgehende „imposition of orthodoxy"[9] umschlug. Die großen Bruchstellen des imperialen Spanien liegen dabei gerade in jenen Jahren, in denen auch einige der wichtigsten bukolischen Texte der Epoche verfasst werden: ab 1492 die Vergil-Übersetzungen und Eklogen Juan del Encinas, der am Hofe der Katholischen Könige Ferdinand und Isabella reüssieren wollte; in der Folge die Eklogen Garcilaso de la Vegas, der 1520 unter Karl V. ins Feld zog; sowie 1559 der erste große Schäferroman in kastilischer Sprache, die *Siete libros de la Diana* des Portugiesen Montemayor, der Philipp II. nach Frankreich und England begleitet hatte. Es stellt sich also unweigerlich die Frage, wie diese Autoren, deren Schriften im direkten Umkreis der Macht entstanden, den Kampf um imperiale Herrschaft und die Bruchstellen, die sich darin auftaten, ästhetisch verarbeitet haben.

Henry Kamen hat die These vertreten, dass das frühneuzeitliche Spanien selbst unter Karl I., der als Kaiser des Heiligen Römischen Reiches über ein ausgedehntes Territorium in Europa und Übersee herrschte, nie ein ideologisch oder formal verbundenes Reich gewesen sei, das politische Imaginäre der Epoche aber sehr wohl ein reales Bewusstsein imperialer Macht produzierte: einen politischen Mythos.[10] Wie haben die Zeitgenossen diese Diskrepanz zwischen Realität und Fiktion für sich in Einklang gebracht?[11] Kamen geht davon aus, dass der Mythos des Reiches durch jede neue Krise gefestigt wurde und das bis ins 19. und 20. Jahrhundert hinein, als spanische Historiker

9 Vgl. Elliott, *Imperial Spain 1469–1716*, 1990, S. 216–224.

10 Vgl. Kamen, „The Myth of an Empire", 2008, S. 97.

11 Castro beschreibt die Auswirkung auf die Zeitgenossen als „impulso imperialmente combativo y creador de la casta victoriosa" und nimmt eine völlige Interpellation der spanischen Subjekte durch die hegemoniale Ideologie als gegeben an. La Celestina *como contienda literaria*, 1965, S. 89.

und Intellektuelle wie Ramón Menéndez Pidal und José Ortega y Gasset die ehemalige Größe Spaniens nachgerade emphatisch beschworen.[12] Im Zuge dessen wurde Spanien als ein Volk von Eroberern gedeutet,[13] vor allem später im Kontext der franquistischen Diktatur. Im 16. Jahrhundert jedoch standen Herrscher und Beherrschte nicht immer Seite an Seite, was die Politik der inneren und äußeren Eroberung anging. Weder die Reconquista der iberischen Halbinsel mit all ihren religionspolitischen Spätfolgen noch die Kreuzzugsideologie oder die Möglichkeit der Eroberung eines ganzen Kontinents am anderen Ende der Welt haben in Spanien ein „imperial mystique, a sense of participation in a common enterprise"[14] hervorgebracht. Vielmehr wird durch die politischen Ereignisse offenbar, wie gespalten die spanische Gesellschaft der Epoche ist. Unter den Katholischen Königen müssen zunächst zwei völlig verschiedene kulturelle Traditionen, administrative Strukturen und politische Herrschaftsstile miteinander in Einklang gebracht werden. Der Zusammenschluss von Kastilien und Aragonien ist aber mitnichten reibungslos vonstattengegangen und auch die Erfahrung der Zeitgenossen aus dem Erbfolgekrieg gegen Johanna *la Beltraneja* saßen noch tief. Durch zahlreiche unglückliche Umstände[15] gelangt die spanische Krone dann an den Enkel Isabellas, den späteren Karl V., der außerhalb Spaniens aufgewachsen war und zu Beginn seiner Herrschaft kein Wort Spanisch sprach. Der Übergang von einem vorabsolutistischen Herrschaftsideal der persönlichen Präsenz, wie es Isabella und Ferdinand praktiziert hatten,[16] zu einem meist abwesenden König, der wegen seiner Kaiserpflichten notgedrungen Kastilien vernachlässigen musste, hat schnell Spuren hinterlassen. Deren deutlichstes Ergebnis sind die *Comuneros*-Aufstände, die vom frustrierten kastilischen Adel und den Städten ausgehen und von der Krone blutig niedergeschlagen werden. Der realen Frustration der Spanier kommt dies jedoch kaum bei. Denn aufgrund der Größe des Reiches ist Karl auch weiterhin gezwungen, das Prinzip seiner Stellvertretung über die Neuschaffung zahlreicher Ämter und Konzile zu lösen, die eine maßlose Korruption befördern.[17] Im Laufe der Jahre wird außerdem immer wieder

---

12 Vgl. Kamen, „The Myth of an Empire", 2008, S. 103f.

13 Vgl. ebd., S. 107.

14 Elliott, *Imperial Spain 1469–1716*, 1990, S. 167.

15 In kurzer Folge waren alle direkten Thronfolger der Katholischen Könige verstorben oder regierungsunfähig geworden: Der Infant Johann stirbt in jungen Jahren 1497, die Tochter Isabella von Portugal 1498 und ihr Sohn 1500. Daraufhin sollte die Krone an Johanna gehen, die jedoch später als *Juana la Loca* weggesperrt wurde, woraufhin ihr Sohn Karl, der Enkel der Katholischen Könige, auf den Thron stieg. Er gehörte aufgrund der väterlichen Linie durch Philipp I. von Kastilien, ‚dem Schönen', der Habsburger-Dynastie an.

16 Vgl. Elliott, *Imperial Spain 1469–1716*, 1990, S. 77.

17 Siehe zum System aus *servicios y méritos* ebd., S. 179–181.

Kritik laut, dass spanische Gelder vom niederländischen Hofstaat Karls außer Landes gebracht worden seien und die europäischen Kriege des Kaisers die iberische Halbinsel finanziell und menschlich ausbluten.

Der Wendepunkt scheint dann erreicht, als Karls Sohn Philipp II. 1559 die Niederlande in Richtung Spanien verlässt und Kastilien wieder zum Zentrum seiner Herrschaft macht. Der Mythos eines universalen Weltreiches, für das Karl gestanden hatte, wird zeitgleich zum Verlust der Kaiserkrone abgelöst durch die realpolitische Verlagerung auf Spanien und den Atlantik.[18] In die Annalen eingegangen ist Philipp in der Folge als Papierkönig, der den Großteil der nötig gewordenen administrativen Aufgaben des Reiches von seinem eigenen Schreibtisch aus dirigierte. Gleichzeitig kippt mit dem gegenreformatorischen Eifer Philipps spätestens ab 1559, zeitgleich zum Tridentinum, die Stimmung im Land. Im Zuge von Inquisitionsprozessen und antierasmistischen Intrigen gegen zahlreiche Intellektuelle sowie aufgrund von Zensur und Erstarken der *limpieza de sangre*-Ideologie entwickelt sich in Spanien innerhalb kürzester Zeit eine Kultur der Angst und Kontrolle. Dieses „new age of open religious warfare"[19] ist zugleich mit einer aggressiveren Bekämpfung der Heterodoxie außerhalb der iberischen Halbinsel verbunden. Prototypisch ist dafür nicht nur die Rivalität mit dem elisabethanischen England, sondern auch der desaströse Konflikt mit den aufständischen Niederlanden – eine Episode der spanischen Geschichte, die wesentlich zum paneuropäischen Mythos der *leyenda negra* beitragen sollte.

Wenn die Zeit zwischen 1492 und 1559 also den Aufstieg Spaniens zur Weltmacht Wirklichkeit werden sah, so scheinen dabei doch immer wieder Probleme auf, ein ethnisch, konfessionell, sozial und regional heterogenes Reich auf eine einzige Ideologie der Herrschaft einzunorden und im Namen dieser Ideologie zu kontrollieren. Die schrittweise Entwicklung zentralistischer Herrschaftspraktiken zum einen und die Verschärfung der sozialen Kontrolle im Zuge der Gegenreformation zum anderen wirken hier als externe Zugkräfte, zwischen denen sich die frühneuzeitliche, innerweltliche Subjektivität in Spanien herausbildet. Für die spanische Bukolik bedeutet dies unter anderem, dass bei Texten nach dem Tridentinum – Gaspar Gil Polos Fortsetzung der *Diana* oder Lope de Vegas katholisches Rewriting in den *Pastores de Belén* – eine Anpassung an die gegenreformatorische Orthodoxie und ihr christliches Ethos auch das Genre der Bukolik spürbar beeinflusst. Die früheren Texte von Encina, Garcilaso und Montemayor hingegen zeigen genau besehen, dass hier

---

18 Vgl. ebd., S. 211.

19 Ebd., S. 228.

durch eine pathematische Ausreizung der bukolischen Gattungstraditionen der Konflikt zwischen Subjekt und Herrschaftsraum im Mittelpunkt steht.

Daher rührt letztlich auch die anthropologische Bedeutung des für die bukolische (und nur scheinbar sujetlose) Gattung konstitutiven Fingierens, das Wolfgang Iser in den Mittelpunkt seiner Betrachtungen gestellt hatte: Fiktion kann alternative Welten modellieren, die entweder konvergent oder divergent zu tatsächlichen Wirklichkeitserfahrungen stehen.[20] Von dieser Warte aus betrachtet bekommt die arkadische Kompensationsheterotopie als Aushandlungsort von Konvergenz oder Divergenz eine neue Bedeutung. Denn bukolische Texte verarbeiten über die Art und Weise, wie der arkadische Raum semantisiert wird, kultursemiotisch Prozesse der Assimiliation an eine im Abschwung befindliche soziale Ordnung,[21] des Experimentierens mit neuen Möglichkeiten und schließlich deren Akkomodation.[22] Auf dem Weg aus dem mittelalterlichen Feudalismus hin zum frühneuzeitlichen Zentralismus wandelt sich deshalb auch die bukolische Form. Am barocken Endpunkt dieser Entwicklung dringt die Furie als affektischer Phänotyp der pathetischen Störung auf der Bühne in den arkadischen Raum ein, während sich im Schäferroman tendenziell eine konventionelle Ethik durchgesetzt hat. Diese Tatsache allein zeigt meines Erachtens, dass das spanische Arkadien im Siglo de Oro in all seinen Facetten nur mit Blick auf die Konflikte der zeitgenössischen Wirklichkeitserfahrungen zu verstehen ist.

1.2 Antike Ursprünge

Schon in der Antike ist das Potential zur politischen Abweichung des Literarischen thematisiert worden. Der bukolischen Form ist es besonders zu eigen, weil sie die Affekte in Aufregung zeigt – und in solche versetzt – und demzufolge im Gegensatz zu Idealen der rationalen Herrschaft steht. Als etwa Platon im dritten Buch der *Politeia* die Grundsätze für Bildung und Erziehung seines idealen Staates erklärt, betont er, jegliche literarische Rede, die erschaudern mache, müsse von den zukünftigen Lenkern des Staates ferngehalten werden.

---

20 Iser, *Das Fiktive und das Imaginäre*, 1993. Siehe zum frühneuzeitlichen Sujet zwischen Divergenz und Konvergenz ebenfalls Mahler, „Welt Modell Theater", 1998, S. 1, sowie zum kultursemiotischen Modell, das dabei zugrunde liegt, insb. Lotman, *Die Innenwelt des Denkens*, 2010.

21 Siehe zu den antirinascimentalen Archaismen in der spanischen Kultur des späten Mittelalters (insb. 1369–1516) bereits Boase, *The Troubadour Revival*, 1978.

22 Siehe zur Taxonomie der Klassik, die den Abschluss dieses Prozesses markiert, Mahler, „Welt Modell Theater", 1998, S. 12.

Selbst Helden wie der in Homers *Ilias* wehklagende Achilleus sind davon nicht ausgenommen, da seine Klage die Wächter ihrerseits „erregbar und weichlich"[23] (387b) mache. Nicht weniger schädlich als Heroen, die von unkontrollierten Emotionen übermannt werden, sei die Darstellung bedeutender Männer oder Götter beim Lachen und bei sexueller Lust, weil auch dies den Zuhörern und Lesern den Weg zum Schlechten und Unwahren weise. Die berühmte Dichterschelte Platons geht also mit einer Kritik am Pathos der dichterischen Schöpfung einher, denn unter die antiken *pathêmata* fielen Leid, Lust, Freude oder Zorn gleichermaßen. Auch im Stil galt es Platon zufolge deshalb, Mäßigung zu üben, um die Affekte zu kontrollieren. Dabei wird nicht zuletzt die klagende Tonart der Hirtenflöte, die für die Gattung der Pastorale[24] seit der Antike verbindlich ist, aus dem Bezirk der Stadt verbannt: „Lyra und Kithara bleiben dir also übrig zur Verwendung in der Stadt; auf dem Land draußen mögen die Hirten ihre Syrinx haben." (399d) In der solcherart ‚gereinigten' Polis laufe man nicht Gefahr, mit dem Flötenklang gleichsam „durch die Ohren wie durch einen Trichter die süßen und weichen und klagenden Harmonien" (411a) eingegossen zu finden, die jeden Mut aus der Seele schmelzen. Denn alles, so präzisiert Platon im zehnten Buch, was wie die übermäßige Empfänglichkeit für tragisches oder komisches Pathos den „schlechteren Seelenteil aufreizt und nährt", den „Vernunftteil" (605a) aber vernichtet, steht im Gegensatz zur moralischen, rechtmäßigen und vor allem vernünftigen Herrschaft im Staate. Das, was eine pathetische Tonart im Hörer und Leser also auslösen kann – eine affektische Reaktion an Stelle einer rationalen –, wurde als Gefahr für Staatsräson und politisches Handeln angesehen.

Doch hat Platon selbst mit seinem *Phaidros*-Dialog, in dem er Sokrates aus der Stadt hinaus in den Nymphenhain schickt, einen zentralen Text über die Liebe hinterlassen. Der Philosoph ist im offenen Land zwar ein Fremder („So wenig wanderst du aus der Stadt über die Grenze, noch auch selbst zum Tore scheinst du mir hinauszugehen";[25] 230d), lässt sich am *locus amoenus* aber

---

23 Zitiert wird nach der Übersetzung von Karl Vrestska. Platon, *Der Staat* (*Politeia*), 2008.

24 Vgl. Schmidt, *Poetische Reflexion*, 1972, S. 139–145, zum Unterschied zwischen antiker Bukolik (kurzer Hirtengesang nach dem kallimacheischen Stilideal der Süße in daktylischen Hexametern) und Pastorale, die für Schmidt alle Formen der idyllisch-ländlichen Dichtung (Darstellung der einfachen Alltagswelt bäuerlicher Menschen) sind. Er hebt bereits hervor, dass die bukolische Welt eben kein „Reich epikureischen Seelenfriedens" ist, sondern dort Leid und ein grausamer Amor herrschen, der Tode und Tränen bewirkt. Ebd., S. 145. Zu einer Unterscheidung von pastoraler Idyllik und Bukolik in der frühen Neuzeit wiederum siehe Peters, „Frühneuzeitliche Eklogendichtung der Romania", 2022, S. 94.

25 Zitiert wird nach der Übersetzung von Friedrich Schleiermacher und Dietrich Kurz. Platon, „Phaidros", 1983.

nichtsdestoweniger von den Nymphen ergreifen und inspirieren. Hier feiert Platon die ‚begeisterte Rede', ohne ihr verderbliche Unwahrheit vorzuwerfen. Obgleich die berühmte Darstellung der durch die Liebe neu beflügelten Seele die nachgerade körperlichen Gefahren des Pathos zitiert, wertet sie dieses im gleichen Zuge doch auf, weil es die Seele zur Wahrheit der Ideen aufsteigen lasse. Den Liebenden, so Sokrates, überfällt das Verlangen wie ein schweißtreibendes Fieber, es ‚ernährt' die Seele und lässt sie sprießen wie einen gerade hervorbrechenden Zahn: „Es gärt in ihr und juckt und kitzelt sie" (251c).[26]

Da mutet es beinahe wie eine literarische Replik an, wenn Longos im Eingangskapitel seines Schäferromans *Daphnis und Chloe* eben jenes ‚kitzelnde' Pathos in der Ekphrasis eines bukolischen Gemäldes feiert. Gerade die Ansteckung durch das Leid sei es gewesen, die den Erzähler zur schriftlichen Nachahmung des bereits bildlich Nachgeahmten bewogen habe. Es findet seine Verkörperung in Gestalt des mythischen Gottes Pothos, der bei den Griechen die Sehnsucht und Trauer nach einem verlorenen oder abwesenden Objekt personifiziert: „Da ich noch viele andere Dinge, die sich alle um die Liebe drehten, sah und bewunderte, fasste mich ein heftiges Verlangen [πόθος], die Darstellung des Malers wetteifernd in Worten wiederzugeben."[27] Was den Erzähler hier produktiv ergreift, ist das Verlangen, das zwischen der unmöglichen Erfüllung eines dionysischen Eros und der darauffolgenden Sublimierung zur apollinischen Dichtung über die Liebe aufgespannt ist und somit die Grundlage des bukolischen Leidens bildet. Nicht zufällig aber spielt sich die anschließende Handlung von *Daphnis und Chloe* in einer zweifachen Enklave ab, die dieses Leiden auf Abstand zum Raum der Kultur bringen muss: auf der Insel Lesbos und dort auf dem Lande, außerhalb der Stadt. Erst mit der Rückkehr in diese wird der soziale Stand der beiden Protagonisten offenbar, so dass die hier erzählte Liebesgeschichte in der Ehe, die Leidenschaft rationalisiert und kulturell regelt, erfolgreich zur Erfüllung kommen kann. Räumliche und soziale Distinktion können in der pastoralen Literatur also ineinandergreifen. Zumindest vordergründig in gehörigem Abstand zur Welt der Macht bietet der Raum der Pastorale in der Antike aber vor allen Dingen einen Ort für empathische Intensität und sprachlich-musikalisches Pathos, die im ‚rationalen' Raum politischer Herrschaft und gesellschaftlicher Ordnung, zumindest der Theorie nach, ausgeschlossen bleiben. Aus diesem Gegensatz lässt sich unschwer

---

26 Siehe zu Ursprung und frühneuzeitlicher Entwicklung des Motivs eines somatischen *amor hereos* Haage, „‚Amor hereos' als medizinischer Terminus technicus in der Antike und im Mittelalter", 1990, Wack, *Lovesickness in the Middle Ages*, 1990, und Küpper, „(H)ER(E)OS", 1999.

27 Zitiert wird nach der Übersetzung von Otto Schönberger. Longos, *Hirtengeschichten von Daphnis und Chloe*, 1998, S. 9.

ableiten, dass die Verbindung des pastoralen Raumes mit den Leidenschaften der eigentliche Grund ist, warum das Politische aus dem Raum der Bukolik verbannt wurde.

Bei Vergil wird der Abstand zwischen dem politischen und dem pastoralen Raum dann bereits neu ausgemessen. Außerdem zeigt sich dort, dass es auch im Interesse der Mächtigen sein kann, die Enklave der Schäfer unter ihren Schutz zu stellen – womit sich der Ausschluss der Schäfer um einiges komplizierter gestaltet. So befindet sich in der Eingangsstrophe seiner ersten Ekloge Meliboeus auf der Flucht, „denn es tobt doch / maßlos Wirrsal rings übers Land" (*undique totis / usque adeo turbatur agris*; vv. 11f).[28] Während er furchtsam den Beschwernissen von Flucht und Exil entgegenblickt („Wir aber ziehen von hier, in Afrikas Gluten die einen, / andre zu Skythen und weiter zum kreidemitwirbelnden Oxus, / und zum anderen Ende der Welt, den fernen Britannen", *At nos hinc alii sitientis ibimus Afros, / pars Scythiam et rapidum cretae veniemus Oaxen / et penitus toto divisos orbe Britannos*; vv. 64–66), ist seinem Gegenüber Tityrus sein geschützter Raum zu neiden, in dem er des bukolischen Lebens frönen darf:

Fortunate senex! ergo tua rura manebunt.
et tibi magna satis, quamvis lapis omnia nudus
limosoque palus obducat pascua iunco.
non insueta gravis temptabunt pabula fetas,
nec mala vicini pecoris contagia laedent.

Glücklicher Alter! So bleiben dir doch deine Länder erhalten, / und sie genügen dir längst, wiewohl rings nacktes Geröll nur / mit schlammigen Binsen der Sumpf durchzieht deine Weiden. / Nicht ficht ungewohnt Futter hier an die trächtigen Schafe, / Seuchen benachbarten Viehs, die verderblichen, stiften kein Unheil.

Die Textsammlung setzt also mit der expliziten Gegenüberstellung des ländlichen Friedens und einer durch Bürgerkrieg und Enteignungen bedrohlich gewordenen, politischen Welt ein. Es ist von zentraler Bedeutung, dass der ländliche Raum des Tityrus zwar mäßig nutzbar ist aufgrund des unfruchtbaren Gerölls und der Sümpfe, die die Weiden durchziehen, dennoch aber deutlich abgetrennt wird von einem noch schädlicheren Raum jenseits der Grenze der Enklave: eines Raumes, in dem Krankheiten und eine feindliche Natur das Vieh und somit auch die menschliche Existenz bedrohen. Denn damit wird noch einmal betont, dass der bukolische Raum Sonderstatus genießt – er ist eine Enklave, die das Leid ausschließen und Schutz bieten soll, weil die Tugendrepublik Platons nur in der Stadt Rom, deren Herrscher Tityrus

28 Zitiert wird nach der Übersetzung von Johannes und Maria Götte. Vergil, *Landleben*, 1987.

beschützt, nicht aber in den anderen italischen Landen verwirklicht werden konnte. Insofern ist es nicht verwunderlich, dass die erste Ekloge mit der Einladung an den Flüchtling Meliboeus endet, doch noch eine Nacht bei den Schäfern zu verbringen und dort ein gemeinsames Mahl zu teilen. Die Idealität einer bukolischen Brüderlichkeit fungiert hier als Aufschub, der den gewaltsamen Außenraum der Politik aber mitnichten negieren kann. Damit sind die Texte Vergils in einem liminalen Raum angesiedelt, der die Grenze zwischen der bukolischen Enklave auf der einen und dem vom Krieg verheerten politischen Außenraum auf der anderen Seite ins Auge fasst, sich aber niemals in ein idealisiertes Arkadien flüchtet. Vergils Eklogen sind vielmehr „Dichtung hier und jetzt, Dichter und Dichtung im geschichtlichen Augenblick der Vorbereitung zu großen Aufgaben".[29] Aus der dabei beschworenen Enklave, die ausgehend von Vergil ihren literarischen Siegeszug antreten wird, werden allerdings das Handlungspathos – also affizierende Ereignisse wie der Krieg, die Leid verursachen – und das rhetorische Pathos des hohen Stils bewusst ausgeschlossen.[30] Gemäß der antiken Folie kann Leid allein in der Nacherzählung besungen werden und dies auch nur, um dichterisches Können im Schäferwettstreit unter Beweis zu stellen – prominent vorgeführt im Lied des Thyrsis bei Theokrit (*Eidyllion I*). Dort wird das Urmodell bukolischen Dichtens schlechthin, der vorbildliche Daphnis, als vom „schlimmen Eros niedergerungen"[31] gezeigt, ein Opfer des Affekts der Liebe und des eigenen Pathos. Denn am Ende seiner Klage wird Daphnis – mit Schwüren auf den Lippen, vom Kampf gegen Eros auch aus dem Hades nicht ablassen zu wollen – in genau diesen einfahren. Die durch den Gesang des Thyrsis narrativ und rhetorisch gerahmte Pathosszene des leidenden Daphnis ist insofern als Urszene einer pathematisierten Idyllik lesbar. Als nacherzähltes Mythem tastet sie die idyllische Natur innerhalb der Enklave der Handlungsebene erster Ordnung allerdings nicht an. Die Frühe Neuzeit wird im Zeitalter der Religionskriege Ende des 16. Jahrhunderts dann ihre eigene Version der Schließung dieser

---

29 Schmidt, *Bukolische Leidenschaft*, 1987, S. 253.

30 Szenisches, rhetorisches und Handlungspathos – also die Darstellung von individuellem Leiden auf der Bühne, der deklamatorische, pathetische Stil und die Verkettung tragischer Ereignisse zum mythischen Pathos der Handlung – müssen aufgrund des Ursprungs der Pathoslehre in der Tragödie gemeinsam betrachtet werden. Vgl. dazu Kap. 2.1.1. Ich verwende deshalb die drei Einzelbegriffe im Sinne von Unterkategorien, die allesamt dem Pathos zuzuschlagen sind.

31 Dort spricht Aphrodite in der Nacherzählung zu Daphnis: „Du, Daphnis, prahltest doch, den Eros niederzuringen. Ja, bist du nicht selbst vom schlimmen Eros niedergerungen?", *Τύ θην τὸν Ἔρωτα κατεύχεο, Δάφνι, λυγιξεῖν / ἦ ῥ' οὐκ αὐτὸς Ἔρωτος ὑπ' ἀργαλέω ἐλυγίχθης* (vv. 97f.). Zitiert wird nach der Übersetzung von Bernd Effe. Theokrit, *Gedichte*, 1999, S. 14f.

bukolischen Enklave vorlegen. Der Zeitraum zwischen 1492 und 1559 ist davon jedoch, wie zu zeigen sein wird, ausgenommen.

1.3 Forschungshypothesen: Autoreflexivität – Evasion – Idealismus – Ideologie – Fiktionalität – Intervention

In einschlägigen Literaturgeschichten ist die frühneuzeitliche Bukolik bekannt als eine Gattung oder ein Modus[32] – je nachdem, ob man sie enger als Form oder weiter, in Anschluss an Gérard Genette, als Darstellungsweise fassen möchte –, die einem niedrigen, ja fast süßlichen Stil gehorche,[33] idyllische Gegenstände und Orte wie den topischen *locus amoenus* in den Mittelpunkt stelle und im Wesentlichen unpolitisch sei. Ernst A. Schmidt spricht von der „petrarkistischen Renaissancepastorale" und sieht in ihr eine „Wiederholung der Antike in Verschmelzung ihrer Bukolik und ihrer Elegie zu Arkadien"[34] – ein neues, sentimental betrauertes und zutiefst elegisch besungenes Arkadien, das es in dieser Form in der Antike noch nicht gegeben hat. In dieser Minimaldefinition zeigt sich wiederum das, was den pastoralen Typus ausmachen kann:[35] Eine idyllische Szene im Hirtenmilieu ist allerdings nicht an einzelne Gattungsformen gebunden, sondern kann – und dies bereits seit der Antike – im Epos, der Dichtung und der Tragödie gleichermaßen eingestreut auftauchen. Deshalb entscheiden sich die Herausgeber des Metzler *Handbuch Idylle* (2022) auch für den Modalbegriff des ‚Idyllisierens',[36] um idyllisierende Verfahren in den Mittelpunkt zu stellen. Ganz ähnlich wählt Victor A. Ferretti

32 Vgl. Alpers, *What is Pastoral?*, 1996, S. 44–78.

33 Nauta, „Gattungsgeschichte als Rezeptionsgeschichte am Beispiel der Entstehung der Bukolik", 1990, S. 127–129, erläutert die Bedeutung des griechischen *boukolikos* im Sinne des volkstümlichen „Hirtenlieds", egal um welche Art Hirt es sich handle. Bei Theokrit ist dies das Thema und nicht die Form der Darstellung, da er in seinen Idyllen auf den epischen Hexameter zurückgreift. So entsteht ein poetischer Spielraum der Spannung zwischen hohem und einfachem Stil, die beide auf die Stimme des bukolischen Dichters zurückgehen. Nauta sieht hierin zu Recht eine grundlegende, unauflösbare Ambivalenz der bukolischen ‚Gattung' von Anbeginn ihrer Geschichte an.

34 Schmidt, *Bukolische Leidenschaft*, 1987, S. 248.

35 Siehe Nauta, „Gattungsgeschichte als Rezeptionsgeschichte am Beispiel der Entstehung der Bukolik", 1990, S. 117, zur Unterscheidung von Bukolik als Modus (sprich: linguistisch betrachtet eine bestimmte Sprechsituation, die über traditionelle Grenzen der Genera hinweg eingesetzt werden kann) und Pastorale als Typus (im Sinne einer anthropologischen Kategorie, die nicht auf bukolische Gattungen beschränkt sein muss), mit Bezug auf Genette, „Introduction à l'architexte", 1986. Zum Begriff des Pastoralen siehe Halperin, *Before Pastoral*, 1983, S. 27–72.

36 Vgl. Gerstner / Heller / Schmitt, *Handbuch Idylle*, 2022, S. 5.

in seiner exhaustiven und komparatistischen Darstellung der romanischen frühneuzeitlichen Bukolik das ‚Bukolisieren' im Sinne einer poeitischen *techné* des fiktionalisierenden Als-ob (*bucolicamente*[37]). Im Sinne eines Modus oder einer konkreten Sprechsituation *stricto sensu* dreht sich die Bukolik dann vorrangig um das Liebesleid der Schäfer und ihre Dichtung[38] und macht dabei in der Frühen Neuzeit starke Anleihen bei der petrarkistischen Tradition und dem sentimentalen Roman des Mittelalters.[39]

Allerdings darf man sich fragen, woher die Rezeption stammt, die behauptet, die spanische Bukolik sei deckungsgleich mit dem Idyllisch-Pastoralen, und warum deren Topoi bis heute die Forschung prägen, wenn doch zumindest Zweifel angebracht sind, dass alle bukolischen Texte der iberischen Halbinsel dem Gebot des Süßlichen, Idyllischen, Metapoetischen und Unpolitischen gehorchen. Will man die Funktionalisierung der Bukolik hierauf beschränken, gerät man im Einzelfall schnell in Erklärungsnot, etwa angesichts der bukolischen Episode[40] in Tirso de Molinas *Burlador de Sevilla o El convidado de piedra* (1617). Dort landet der aus Neapel geflohene Don Juan an der spanischen Küste und verführt die erstbeste Schäferin, die ihm über den Weg läuft. Tisbea entpuppt sich nun als äußerst redegewandte Figur, sobald sie seinen Verführungskünsten erlegen ist, und dies nicht allein, weil sie wie die meisten Kunstschäfer der Literatur keinen rustikalen, sondern vielmehr einen aristokratischen Habitus zu verkörpern scheint. Als Don Juan bereits Tisbeas Pferde und anschließend sich selbst davongestohlen hat, verwandelt sich Tisbea, die Schäferin, in eine Reinkarnation der verlassenen Dido und ihre einfache Hütte in ein zweites Troja, das metaphorisch in Flammen aufgeht und sie somit ebenfalls – im Herzen – zu verzehren droht. Durch eine maximale Komprimierung des epischen Geschehens – von der Zerstörung Trojas und der Flucht des Aeneas bis zu dessen Liebesepisode in Karthago, wo er Dido zurücklassen wird und diese sich selbst den Flammen opfert – wird auch hier in die Welt

37 Vgl. Ferretti, Bucolica mente, 2017, S. 418.

38 „Wie der Ritterroman hat der Schäferroman einen starken Märchen- oder besser Traumcharakter, ist doch auch er in einer ‚anderen', freilich weniger bewegten und abenteuerhaft-gefährlichen Welt angesiedelt. Die Welt der *novela pastoril* ist vielmehr die der friedlichen Bukolik, des Einvernehmens mit der Natur, der Nähe zur Utopie des Goldenen Zeitalters, in der es, außer den Leiden der Liebe, keine Probleme, auch keine sozialen Unterschiede gibt." Neuschäfer, *Spanische Literaturgeschichte*, 1997, S. 127f.

39 Vgl. Gumbrecht, Eine *Geschichte der spanischen Literatur*, 1990, S. 326.

40 Ich spreche hier bewusst nicht von einer *pastoralen* Episode, obwohl es sich nicht um eine klassische bukolische Textform (Gattung) oder einen strengen bukolischen Modus handelt. Die Gleichsetzung des Pastoralen mit dem Idyllischen in der Forschung ist jedoch hinderlich, um die Störmomente der Bukolik in der spanischen Frühen Neuzeit zu begreifen.

der Bukolik ein Element des Pathos eingetragen, das man dort kaum vermutet hätte:

986 ¡Fuego, fuego, que me quemo,
987 que mi cabaña se abrasa!
988 Repicad a fuego, amigos,
989 que ya dan mis ojos agua.
990 Mi pobre edificio queda
991 hecho otra Troya en las llamas,
992 que después que faltan Troyas
993 quiere Amor quemar cabañas.
994 Mas si Amor abrasa peñas,
995 con gran ira y fuerza extraña,
996 mal podrán de su rigor
997 reservarse humildes pajas.
998 ¡Fuego, zagales, fuego, agua, agua,
999 Amor, clemencia, que se abrasa el alma![41] (*Burlador de Sevilla*, I. Akt)

Dies ist nun selbstverständlich zunächst dem Umstand geschuldet, dass Don Juan eine Figur der sozialen Störung repräsentiert und auf allen Ebenen der Gesellschaft durch seinen ungezügelten Eros die *patria potestas* gefährdet. Selbst vor arkadischen Räumen macht er deshalb nicht halt. Auch haben wir es wie bei Lopes *Adonis y Venus* mit einem dramatischen Text zu tun, in dem eine theatralische Steigerung der Rhetorik und damit des Handlungs- und Redepathos zunächst nicht verwundert. Dennoch ist die Insistenz der spanischen *comedia* auf die Tatsache, dass der arkadische Raum durch das Eindringen von phobischen Figuren wie der Furie oder des Verführers in Unordnung gebracht wird, bemerkenswert. Denn die *comedia* stellt in Spanien bekanntlich eine Summe des frühneuzeitlichen Wissens und der ästhetischen Formen dar.

Will man diese Texte im Sinne einer alternativen Literaturgeschichte der spanischen Bukolik lesen, die auf engstem Raum topisch immer wieder reflektiert, was den Wesenskern des bukolischen Modus kennzeichnet, so kann man die bukolischen Enklaven von Lope oder Tirso mitnichten mit dem Befund der modernen literaturwissenschaftlichen Forschung in Einklang bringen. An die Stelle der Idylle tritt hier vielmehr durch die theatrale Rahmung das Eindringen der Gefahren, die Vergil noch zu verbannen wusste, an die Stelle des Unpolitischen der Liebesdichtung eine Gleichsetzung von erotischem und sozialem Habitus, der metonymisch immer wieder auf die Sphäre des Politischen bezogen wird, und an die Stelle des süßlichen Stils eine pathetische Rhetorik, die nicht mehr der Regel des *genus humile* gehorcht und das Liebesleid

41 Tirso de Molina, *El burlador de Sevilla*, 1989, S. 132.

in die Handlungsebene erster Ordnung integriert. Dass dies nicht nur mit dem Krisendiskurs des beginnenden 17. Jahrhunderts zu erklären ist, der den arkadischen Raum symbolisch zerstören muss, weil dessen idyllische Variante in einem Spanien, das von wirtschaftlichen, politischen und militärischen Krisen gebeutelt ist, nicht mehr zeitgemäß erscheint, wird spätestens dann deutlich, wenn man auch die früheren Texte des 16. Jahrhunderts unter der neuen Prämisse zu lesen beginnt, dass es so etwas wie ein bukolisches Pathos tatsächlich geben könnte.

Die Suche nach dem Idyllischen hier zur Lesevorgabe zu machen, führt hingegen nicht sehr weit. Das Problem wird bereits bei Hugo Albert Rennert offensichtlich, der in seinem Standardwerk *The Spanish Pastoral Romances* 1912 etwas hilflos bemerkt, die spanischen Texte wären doch erstaunlicherweise „generally wanting in that idyllic simplicity and truth to nature which Sannazzaro so often displays".[42] Ihre Vorliebe für „the utmost extravagances and inconsistencies"[43] hätte nun im 20. Jahrhundert dazu führen können, die intrinsische Zusammengehörigkeit von „idyllic simplicity" und der Bukolik an sich in Frage zu stellen. Die Forschung ist bisher jedoch zumeist einen anderen Weg gegangen.

In der spanischen[44] und französischen[45] Forschung zur Bukolik stand dabei größtenteils die diachrone oder epochenbezogene Stil- und Gattungsforschung im Vordergrund. Im anglophonen Bereich dagegen hat neben dieser Gattungsforschung[46] die Pastoralliteratur zuletzt im Rahmen funktionaler Fragestellungen des *Ecocriticism*[47] oder der Gender-Debatte[48] Erwähnung gefunden. Die englischsprachige und deutsche Forschung bespricht außerdem vor allem die für die Bukolik zentralen Themen frühneuzeitlicher Liebe und Subjektivität.[49] Dabei wird die Bukolik, um mit Wolfgang Matzat zu sprechen,

42 Rennert, *The Spanish Pastoral Romances*, 1912, S. 5.

43 Ebd.

44 Neben aktuellen Einzelpublikationen zu Autoren sind immer noch verbindlich Avalle-Arce, *La novela pastoril española*, 1959, und López Estrada, *Los libros de pastores en la literatura española*, 1974.

45 An Monographien zuletzt Lavocat, *Arcadies malheureuses*, 1998, Van Elslande, *L'Imaginaire pastoral du XVIIe siècle*, 1999, Macé, *L'Éden perdu*, 2002, Giavarini, *La Distance pastorale*, 2010, sowie zu d'Urfé die Beiträge in Denis, *Lire L'Astrée*, 2008.

46 Vgl. Alpers, *What is Pastoral?*, 1996, und Finello, *The Evolution of the Pastoral Novel in Early Modern Spain*, 2008.

47 Vgl. Watson, *Back to Nature*, 2006.

48 Vgl. Hernández-Pecoraro, *Bucolic Metaphors*, 2006.

49 Siehe zur spanischen Bukolik insb. Parker, *The Philosophy of Love in Spanish Literature*, 1985, und Hathaway, *Love in the Early Spanish Theatre*, 1975. Wehle untersucht die in

als ein „Spielraum“[50] des frühneuzeitlichen Subjekts begriffen, der aus der Gesellschaft ausgelagert wird, semantisch aber dennoch auf das Innere der Gesellschaft verweist. David Nelting hingegen versteht die Bukolik als Teil eines dialektischen Agons um frühneuzeitliche Autorschaft.[51] Er hat 2007 am Beispiel der italienischen Bukolik gezeigt, wie Autoren der Frühen Neuzeit im Rahmen der *imitatio*-Poetik Autorität über poetische De- und Rezentrierung ihrer antiken Vorbilder herstellen. Der poetologische und metafiktionale Charakter bukolischer Texte ist in der Tat – spätestens seit Schmidt und Iser auch konzeptuell – unbestreitbar,[52] ebenso wie die Formen und Funktionen der *imitatio / aemulatio* in der Literatur der Frühen Neuzeit. Dennoch wird die von Nelting vertretene These am Gegenstand der spanischen Bukolik kritisch zu hinterfragen sein, insbesondere da im iberischen Kontext die *imitatio* antiker Vorbilder einerseits hinter deren über Italien vermittelte Nachahmung und andererseits hinter literarische Konventionen des ausgehenden Mittelalters zurücktritt.[53] Lehnt Nelting außerdem eine historisierende Lektüre der Bukolik als „Recycling literatursoziologischer *passe-partouts*“[54] rundherum ab, so soll hier nach der Regel einer *lectio difficilior* nicht die gesellschaftliche Lebenswelt als reiner Kontext oder etwa deren Mimesis in der Literatur, sondern ihre fiktionale (Re-)Figuration in den Blick kommen. Sie spielt ja bereits seit Vergil als sozialutopisches Moment bukolischer Brüderlichkeit in die Gattung hinein.

Will man, um hier neu anzusetzen, die dominanten Tendenzen der Forschung unterscheiden, so zeichnen sich fünf langlebige und oft vertretene Hypothesen zur Bukolik ab, die von jeweils unterschiedlichen Prämissen ausgehen – und denen ich am Ende eine neue Lesart gegenüberstellen möchte. Als erste könnte man die gerade geschilderte und von Nelting vertretene Autoreflexivitätshypothese nennen, die alle bukolischen Texte seit

Arkadien sich vollziehende Naturalisierung der Liebesanthropologie in „Arkadien oder das Venus-Prinzip der Kultur“, 2008.

50 Matzat, „Subjektivität im spanischen Schäferroman“, 2008, S. 38.

51 Vgl. Nelting, *Frühneuzeitliche Pluralisierung im Spiegel italienischer Bukolik*, 2007.

52 Vgl. einschlägig dazu Schmidt, *Poetische Reflexion*, 1972, Snell, „Arkadien“, 1976, Iser, *Das Fiktive und das Imaginäre*, 1993, sowie zuletzt daran anschließend etwa Friedlein, „Die Kraft der Poesie“, 2008 oder Ferretti, Bucolica mente, 2017.

53 Simson verweist auf die spanische Fortsetzung mittelalterlicher Topoi aus der *novela sentimental*, die auf der iberischen Halbinsel im Vergleich zur rinascimentalen Antikerezeption dominiert. „Krise in Arkadien“, 2008, S. 372. Güntert merkt bereits an, dass im spanischen Schäferroman die Vermischung mit Gattungselementen des Ritterromans seit Montemayor zentral war und in Cervantes' *Galatea* schließlich zu einer produktiven „Kontamination der Diskurse“ geführt habe – wenn auch auf der Basis einer zeitgenössischen Werteordnung. „*La Galatea* als Erzählwerk“, 2008, S. 93.

54 Nelting, *Frühneuzeitliche Pluralisierung im Spiegel italienischer Bukolik*, 2007, S. 20.

Theokrit vorrangig als Dichtung über das Dichten begreift. Weil in bukolischer Dichtung immer auch der Akt des Dichtens selbst zur Darstellung kommt, ist die Tatsache sicherlich unbestreitbar, dass Bukolik tendenziell poetologische Literatur ist. Damit allein ist es aber nicht getan, vor allem wenn man weitere Ergebnisse der Forschung hinzurechnet. Denn zum anderen hält sich – oft im Verbund mit der ersten – hartnäckig die Evasionshypothese,[55] die davon ausgeht, dass bukolische Texte durch den arkadischen Raum eine Flucht des Subjekts aus der realen in eine bessere, rein geistige und fiktive Welt ermöglichen. Zu diesem Feld ist etwa Renato Poggioli zu rechnen, der 1975 in *The Oaten Flute* die Evasion als transhistorische Eigenschaft aller bukolischen Texte zu identifizieren meint: „The psychological root of the pastoral is a double longing after innocence and happiness, to be recovered not through conversion or regeneration but merely through a retreat."[56] Schilderungen des idyllischen Goldenen Zeitalters böten demnach Autoren wie Lesern „a means to moral relaxation and emotional release",[57] und dies mit besonderem Nachdruck, als die Modernisierung des Lebens in den Städten der Frühen Neuzeit das Subjekt immer mehr in die Zange zu nehmen beginnt. Poggioli will deshalb die Bukolik generell als sentimentalen, ironischen Rückzug und „recoiling from the tragic and heroic sides of human experience" verstanden wissen, vermittels dessen mit dem Tragischen und Heroischen zugleich das Politische verschwinde und durch eine private Naturidylle ersetzt werde: „Pastoral poets leave the theater and the agora, to cultivate, like Candide, their own garden, where they grow other flowers than those of communal myth and public belief."[58] Wenn es so etwas wie eine politische Pastorale geben könne, so Poggioli, dann nur im Sinne eines Protestes gegen das Gesellschaftliche schlechthin.[59]

Die Tatsache, dass Poggioli zu diesem Schluss kommt, weil er ältere Texte unkommentiert mit modernen Idyllen des 18. Jahrhunderts – oder selbst deren Satire bei Voltaire – vergleicht, ja gleichsetzt,[60] mahnt hier jedoch zur Vorsicht. Tatsächlich geht die Evasionshypothese oft damit einher, dass gattungsgeschichtlich keine klare Grenze gezogen wird zwischen der Form

55 Auch Gumbrecht spricht dezidiert von Evasion und inneren Evasionsräumen der Subjektivität. Vgl. Eine *Geschichte der spanischen Literatur*, 1990, S. 330f.

56 Poggioli, *The Oaten Flute*, 1975, S. 1.

57 Ebd., S. 4.

58 Ebd.

59 Hierzu heißt es bei ihm: „the political pastoral is not a plea for a better society but a protest against society itself", „[it] acts as the catharsis of its own inner pathos". Ebd., S. 30f. Hier verwundert, dass Poggioli mit den Konzepten von Pathos und Katharsis zwei Elemente der tragischen Ästhetik einführt, die er dem Pastoralen zuvor eindeutig abgesprochen hatte.

60 Vgl. ebd., S. 12

der sentimental-empfindsamen Idyllenliteratur des 18. Jahrhunderts und den Texten der Frühen Neuzeit. Diese Lesart hat im Falle der hispanistischen Philologie einen bemerkenswerten, bisher jedoch leider unbeachteten Weg zurückgelegt. Es beginnt damit, dass 1788 Jean Pierre Claris de Florian in dem kurzen „Essai sur la pastorale“, den er seinem *roman pastoral* mit dem Titel *Estelle* voranstellt, in einer Fußnote ein deutlich wertendes Urteil über die *Diana* von Montemayor abgibt:

> Ce roman pèche par la conduite, l'invraisemblance, & la multiplicité des épisodes ; il a, de plus, le défaut capital de commencer par l'infidélité non motivée de l'héroïne, & d'employer la magie pour guérir le héros de sa passion. Le charme du style rachète tout cela. Chaque détail, chaque morceau de poésie porte un caractère de tendresse, de douceur, de sensibilité, qui attache le lecteur & lui fait verser des larmes, en lisant des histoires mal conçues, impossibles, & qui ne tiennent jamais au fond du roman. La *Diane* est un de ces ouvrages où le goût est souvent blessé, mais où le cœur jouit presque toujours. Il faut la lire, & non la traduire, parce que la grâce ne se traduit pas.[61]

Sicherlich könnte man diesen Text, der buchstäblich eine Fußnote in der spanischen Literaturgeschichte darstellt, geflissentlich ignorieren – hätte sich das Urteil Florians nicht derart hartnäckig tradiert. Was dabei schnell evident wird, ist der Konflikt zwischen der Erwartungshaltung eines empfindsamen Lesers des 18. Jahrhunderts und der Machart des Textes von 1559. Florian bemängelt vor allem, der Roman sei unwahrscheinlich, durch zu viele Einzelepisoden zerfasert, präsentiere mit der untreuen Diana eine unglaubwürdige, wenig vorbildliche Heldin und mit der Magie der Felicia eine nicht weniger unglaubwürdige Erlösung von den Liebesleiden. Insofern verdammt Florian all das, was den Roman in großen Teilen prägt. Gerettet wird er für ihn allein aufgrund des Stils, den er ganz im Sinne des empfindsamen Vokabulars umdeutet zur idealen Poesie der *tendresse* und *sensibilité*. Dass das Herz des empfindsamen Lesers dabei so gerührt wird, dass er beglückt Tränen vergießt, trägt den literaturgeschichtlichen Kommentar Florians mehr als deutlich in den Diskurs des 18. Jahrhunderts ein. Dies tritt bereits zu Tage, als Florian 1783 *La Galatea* von Cervantes übersetzt und den eigenen Text selbstbewusst als stark kürzende und variierende Imitation[62] anlegt. In seinem programmatischen Vorwort betont er mehrfach, die spanische Bukolik sei von außerordentlich schlechtem Geschmack gewesen („mauvais goût“), es seien in ihr jedoch „idées

---

61 Florian, „Essai sur la pastorale“, 1788, S. 16f.

62 Siehe Florian, *Galatée*, 1812, S. 28.

charmantes“ und „du sentiment vrai, bien exprimé“[63] von künstlerischem Wert zu entdecken. Das Ergebnis widmet er in einem nachgestellten Briefwechsel dem Idylliker Salomon Gessner mit den Worten: „Je me suis aidé d'un fameux auteur espagnol qui avait votre génie, sans avoir votre douceur.“[64] Die Antwort Gessners beweist wiederum, dass dieser die Respektsbezeugung in Gestalt der spanischen Schäferin wohlwollend entgegengenommen hat: „Quelle naïveté ! quelle grâce ! quelle sensibilité dans tout ce qu'elle dit ! Espagnole d'origine, cela lui donne un air romanesque qui la rend encore plus intéressante.“[65] Mit *naïveté, grâce* und *sensibilité* erscheinen in dieser Emphase alle Kampfbegriffe des Sentimentalismus: Die Galatea von Cervantes verwandelt sich so im Blick durch die Brille des zentraleuropäischen Gefühlskultes ebenso in eine andere wie Diana – was ihren europäischen Erfolg im Zeitalter des Rousseauismus auf lange Zeit sichern sollte. An der Semantik der Ursprungstexte führen diese Transformationen allerdings vorbei.

Die sentimentalen Umdeutungen der frühen spanischen Texte, die Florian vornimmt, werden Folgen haben. Friedrich Bouterwek etwa, der 1804 im Rahmen einer großen, universalen Literaturgeschichte eine kurze *Geschichte der spanischen Poesie und Beredsamkeit* verfasst, folgt Florian in vielen Punkten in seiner Berwertung der spanischen Bukolik.[66] Sein Werk wurde 1829 ins Spanische übertragen[67] und hat einen wesentlichen Beitrag zur Entstehung der spanischen Philologie geleistet. Darin heißt es nun von Montemayors *Diana*, der Roman sei „der feierlichen Simplicität getreu“,[68] „eine seltsame Einfassung der Empfindungsgemälde und der Philosophie des Herzens, die in der ganzen Dichtung die Hauptsache sind“,[69] ja nachgerade der von Montemayor nachgelassene „Roman seines Herzens“.[70] Wieder werden das Herz und die Empfin-

63 Florian, *Galatée* 1812, S. 27. Ganz ähnlich argumentierte schon Louise-Geneviève Gillot, Madame de Saintonge, in ihrer *Diana*-Übersetzung von 1699, in deren Vorrede sie auf die bewusste Ersetzung der teils ‚kalten' Lyrik des Originals durch „[poësies] plus tendres & plus lyriques“ verweist, um in der Sprache ihrer eigenen Zeit zu sprechen – dort jedoch noch ganz im Zeichen von *bienséance* und Galanterie. *La Diane de Montemayor, mise en nouveau langage*, 1699, NP sowie vgl. Fosalba, *La* Diana *en Europa*, 1994, S. 265 (FN 204).

64 Florian, *Galatée*, 1812, S. 136.

65 Ebd., S. 138f.

66 Zur „Zartheit des Gefühls“ und der Erneuerung des spanischen Schäferromans bei Florian siehe wiederum Bouterwek, *Geschichte der französischen Poesie und Beredsamkeit*, 1807, S. 405.

67 Übers. v. José Gómez de la Cortina und Nicolás Hugalde y Mollinedo. *Historia de la literatura española*, 1829.

68 Bouterwek, *Geschichte der spanischen Poesie und Beredsamkeit*, 1804, S. 226.

69 Ebd., S. 221.

70 Ebd., S. 227.

dung bemüht, um die Bedeutung des Romans zu unterstreichen – gerade weil Bouterwek die Bauart der *Diana* nicht begrüßen kann. Poggioli nicht unähnlich hat auch Bouterwek seine Schwierigkeiten, die Eigengesetzlichkeiten des spanischen Schäferromans zu fassen. In einer denkwürdigen Passage, in der er sichtlich mit den Gesetzen der ihm so fremd gewordenen Gattung ringt, scheitert er letztlich daran, das ‚unvergleichliche Kunstgesetz' des Textes zu beschreiben:

> Noch weniger kann er, selbst nicht nach den milderen Gesetzen, nach denen man billig jedes Fragment richtet, vor der Kritik als ein musterhaftes Fragment bestehen; man müßte denn, nach der Art einiger Neueren, ganz neue Kunstgesetze von mangelhaften Beispielen abstrahieren, um nach diesen das Widersinnigste unter dem Titel der romantischen Verwirrung unvergleichlich zu finden.[71]

Aus einem vergleichbaren Unbehagen heraus hat sich wohl auch die spätere Literaturgeschichtsschreibung auf die Seite des Sentimentalen geschlagen, wenn es um die Einschätzung der spanischen Bukolik und insbesondere des frühneuzeitlichen Schäferromans ging. Der einflussreiche nordamerikanische Hispanist M. G. Ticknor etwa betont 1849 erneut, spanische Bukolik sei „dulce sobremanera"[72] gewesen und die Ekloge Trägermedium eines melancholischen, zarten Gefühls: „De este modo se comunica à toda la égloga cierto aire de frescura y de originalidad, al propio tiempo que el sentimiento, tierno y melancólico à la vez, que reina en toda ella, la hace eminentemente poética."[73] Marcelino Menéndez y Pelayo geht in *Orígenes de la novela* (1915) sogar so weit, von einem „prerromanticismo patético y sincero"[74] zu sprechen, den Stil „tersa, suave, melódica"[75] zu nennen und Montemayor vorzuhalten, dabei zu viel Gebrauch von sentimentalen Tränen gemacht zu haben: „el defecto capital de la *Diana* es el abuso del sentimentalismo y de las lágrimas, la falta de virilidad poética, el tono afeminado y enervante de la narración".[76]

Die Moderne – in Spanien generell geprägt von dem Wunsch nach einer ‚Revirilisierung' des spanischen Nationalcharakters[77] – findet am vorgeblich sentimentalen Modus der *Diana* also nichts Gutes mehr, rückt aber auch nicht

---

71 Ebd., S. 218.

72 Ticknor, *History of Spanish Literature*, 1849. Hier zitiert nach der spanischen Übersetzung, die bereits 1851 erschien. *Historia de la literatura española*, Bd. II, 1851, S. 45.

73 Ebd., S. 44.

74 Menéndez y Pelayo, *Orígenes de la novela*, Bd. II, 1943, S. 223.

75 Ebd., S. 276.

76 Ebd., S. 278.

77 Vgl. Aresti / Brühne / Peters, *La España invertebrada*, 2016.

von der Einschätzung ab, dass es sich um einen solchen handle. Ganz ähnlich gehen Juan Hurtado, Jiménez de la Serna und Ángel González Palencia vor, die 1921 ebenfalls eine *Historia de la literatura española* vorlegen. Darin heißt es wiederum zur *Diana*: „predomina en ella la parte sentimental, no la descriptiva".[78] Die Tonlage dieser poetischen Gefühlsdarstellung wird immer wieder als dominant melancholisch bezeichnet, so etwa bei Ángel Valbuena Prat im Jahr 1937: „Una pastora ha de cantar mudanzas y cuitas de amor, pero su voz no ha de ser excesivamente trágica; sólo melancólica",[79] und erneut bei Ángel del Río 1948, der dem „tierno lirismo amoroso"[80] der spanischen Bukolik anrechnet: „Representa la desviación de los ideales activistas hacia la intimidad."[81] Noch 1970 übernimmt Juan Luis Alborg unbesehen das Urteil, der Roman Montemayors sei ein sentimentaler Roman gewesen:

> Su mundo es artificioso, imaginativo y sentimental [nota 9: Este último aspecto es tan esencial a la novela de Montemayor que casi por sí solo bastaría para definirla. (...)], pero el autor no se propuso ser realista; todo aquí descansa sobre una convención literaria, completamente cerrada y armoniosa dentro de su propia estructura [...].[82]

Zuletzt haben die Literaturgeschichten von Jean Canavaggio[83] in Frankreich und Begoña López Bueno[84] in Spanien die sentimental-empfindsame *suavidad* des Textes bemüht.

Seit dem 18. Jahrhundert hat sich also das Urteil gehalten, dem spanischen Schäferroman oder der Ekloge wäre es darum zu tun gewesen, eine gefühlsbetonte, melancholische Innerlichkeit in einfacher Sprache und vor idyllischer Kulisse auszudrücken. Dabei wird eine Verschiebung zum Pathos

---

78 Hurtado / De la Serna / González Palencia, *Historia de la literatura española*, 1921, S. 404. Zum Anschluss der spanischen Gattungen an die *novela sentimental* des Spätmittelalters siehe im Detail die Textanalysen in Kap. 2.3.2. und 3.2.5.

79 Valbuena Prat, *Historia de la literatura española*, Bd. I, 1937, S. 593. Der Autor findet wie Florian an der Sujetstruktur der *Diana* nichts Bemerkenswertes: „La acción en la 'Diana' es lo de menos lo importante es la belleza formal realizada a través de sus páginas de prosa y aun en los mismos versos, superiores al desdeñoso concepto que de ellos tenía Cervantes." Ebd., S. 595.

80 Del Río, *Historia de la literatura española*, Bd. I, 1948, S. 147.

81 Ebd., S. 149.

82 Alborg, *Historia de la literatura española*, 1970, S. 928.

83 „Et il est vrai que la mélancolie de *La Diana* est suave, même si on peut la juger excessivement larmoyante [...]." Chevalier, „Le roman pastoral", 1993, S. 411.

84 In López Bueno, *La renovación poética del Renacimiento al Barroco*, 2006, S. 67, ist die Rede von „la suavidad y la melancolía de lo pastoril".

immer nur als Abweichung oder Sonderfall begriffen.[85] Dass dieser Befund jedoch zwei völlig unterschiedliche emotionale Regimes – das frühneuzeitliche und das empfindsame – übereinanderstülpt, ist dabei nicht reflektiert worden. Ebensowenig wurde die Tatsache beleuchtet, dass sich der Topos vom melancholisch-sentimentalen Schäferoman aus der Feder empfindsamer Autoren herleitet, die auf der Schwelle zum 19. Jahrhundert den Wert der spanischen Nationalliteratur in deren Anschlussfähigkeit an ihre eigenen Gefühlswelten und Denkweisen suchten. Hier hat man es jedoch mit einem Paradefall geistesgeschichtlicher Resonanz zu tun, die Wai Chee Dimock als zeitlichen Prozess versteht, der immer wieder neue semantische Anschlüsse an ältere Texte ermöglicht. Diese Resonanz ist nicht nur selbst affektisch, sondern wird von Dimock dezidiert als „effect of the present"[86] verstanden. Demzufolge reisen kanonische Texte nie durch die Zeit, ohne von jeweiligen historischen Momenten und neuen Lesern berührt und verändert zu werden – literarische Texte haben, allen Gattungsbildungen und Kanonisierungsversuchen der Literaturgeschichte zum Trotz, keine stabile Ontologie. Diese stetige Neuschöpfung oder Reinterpretation des literarischen Textes nennt Dimock „noise".[87] Akustisch verstanden ist dieser Lärm eine produktive Schwingung, ein Affiziert-Werden durch den Text. Semantisch verstanden geht mit dem Lärm allerdings auch Überlagerung, Dissonanz oder Unverständlichkeit einher.

Auf unser Beispiel übertragen könnte man die sentimentale Umdeutung des spanischen Schäferromans als einen solchen *noise* deuten. Er behält die bukolischen Texte im literaturgeschichtlichen Gedächtnis, ist aber nur als Deutungsleistung des 18. Jahrhunderts überhaupt nachzuvollziehen. Dennoch scheint es noch immer so, als sei die philologische Einschätzung des 18. und 19. Jahrhunderts eine unverrückbare Tatsache: nicht Resonanz, sondern objektives Wissen also. Wenn ich hier deshalb die eine Resonanz – Florians, Gessners und Bouterweks ‚Empfindungsgemälde' – mit einer anderen kontrastiere – der impliziten Literaturgeschichte, die man der spanischen *comedia* des 17. Jahrhunderts entnehmen kann und die ihre eigenen Resonanzeffekte gerade nicht verschleiert – so vor allem aus dem Grund, weil dadurch die affektische und zeitgebundene Deutung der bukolischen Formen stärker hervortritt. Der Kontrast zwischen einer unbewussten und einer bewusst gemachten Resonanz

85 Hierzu heißt es in der bereits genannten Fußnote bei Alborg: „se injerta la égloga moderna, elegíaca y melancólica, patética en ocasiones". *Historia de la literatura española*, 1970, S. 928.

86 Dimock, „A Theory of Resonance", 1997, S. 1061.

87 Ebd., S. 1063.

hilft, dem Problem, wie Gefühle, Sprache und Gesellschaft in der Bukolik verschaltet sind, ein stärkeres Profil zu verleihen.

Ein gutes Beispiel, wie etwa bei Lope das Thema der bukolischen Evasion aufgegriffen und die Bukolik somit bewusst umgedeutet wurde, ist dessen Stück *El villano en su rincón* (1617). Dort wird Evasion jedoch nicht etwa in gefühlsbetonte Innerlichkeit der Subjekte übersetzt, sondern in eine politische Krise, die durch den Abstand der Peripherie vom Machtzentrum entsteht, als sich der Bauer Juan Labrador auf dem Land in ein königliches Doppel verwandelt und damit die Souveränität des spanischen Königs in Frage stellt.

495 JUAN Yo propuse, Feliciano,
496 de no ver al Rey jamás,
497 pues de la tierra en que estás
498 yo tengo el cetro en la mano. […]
517 rey del campo que gobierno
518 me soléis todos llamar; […]
531 ¡Ay, mi divino rincón,
532 donde soy rey de mis pajas![88] (*El villano en su rincón*, I. Akt)

Weil Juan sich wie ein souveräner Herrscher in seinem ‚Winkel' verhalten kann und damit den Neid des Königs erregt, wird offenbar, inwiefern er im Machtgefüge der Monarchie einen gefährlichen, unkontrollierbaren Vasallen darstellt, der in die politische Logik des Zentralismus hineingeholt werden muss.[89] Erst als der König am eigenen Hof Juan die Zeichen seiner Macht – sein Zepter, das Schwert der Gerechtigkeit und einen Spiegel[90] – zeigt und ihn zwingt, für immer am Hof zu bleiben, ist das Problem, dass der König in der Peripherie des Reiches ‚nicht gesehen wird', zumindest oberflächlich gelöst. Damit wird aber auch die ländliche Enklave, als die der Raum des *granjero* Juan Labrador zu Beginn entworfen wurde, in das Reich integriert. Mit Voltaires Candide, den Poggioli bemüht, hat Juan also höchstens in dem Sinne etwas zu tun, dass er den umgekehrten Weg vom Garten in die Welt der Politik zurücklegt. Seine ländliche Enklave ist nicht etwa ein Gegenraum zu allem Gesellschaftlichen schlechthin: Vielmehr nutzt Lope den frühneuzeitlichen arkadischen Topos, um mit der Affektfigur des kleinen Königs einen Gegenentwurf zum

88 Lope de Vega, *El villano en su rincón*, 1999, S. 108f. Die Tatsache, dass Juan als Herr über Andere typische Feudalriten wie den Handkuss pflegt (vgl. ebd., S. 147), weist ihn wiederum als Vertreter einer feudalistischen Gesellschaftsordnung aus.

89 Siehe zu diesen Konflikten unter Philipp II., der seine Vasallen in das Herrschaftsgefüge ‚inkorporieren' musste, Elliott, *Imperial Spain 1469–1716*, 1990, S. 278. Zur Thematik bei Lope siehe Peters, „Der ‚theatrale Grund' der Autorität", 2016.

90 Vgl. Lope de Vega, *El villano en su rincón*, 1999, S. 199f.

spanischen Zentralismus seiner eigenen gelebten Gegenwart in Szene zu setzen. Das sentimentale Gefühl oder süße Melancholie spielen dabei keine Rolle – Lopes Einbettung der ländlichen Enklave in die barocke Theaterpoetik ist zutiefst politisch, wenngleich die literarische Bukolik selbst zu diesem Zeitpunkt in ihrer politischen Funktion bereits abgedankt hat.[91]

Auch wenn es sich hier um keine Bukolik im eigentlichen Sinne handelt, sondern höchstens um eine moderne Variante des *beatus ille* von Horaz, so zeigt doch auch diese *comedia*, dass Resonanz auf kanonisierte bukolische Texte und Traditionen gerade darin liegen kann, deren Anschlussfähigkeit an neue historische und politische Kontexte unter Beweis zu stellen. Dass der semantische *noise* der barocken *comedia* diesen Anschluss immer wieder über die pathetische Steigerung und Störung eines arkadisch konnotierten Raums sucht, darf vermuten lassen, dass der bukolische Modus und die arkadische Enklave intrinsisch mit der Frage verbunden sind, wie Subjekte ihre Gefühle ausdrücken und dadurch im gesellschaftlichen Raum gefährlich autonom agieren. So wie die empfindsame Relektüre Montemayors dessen Roman in die sentimentale *family of tears* des 18. Jahrhunderts[92] einholen kann, weil schon im 16. Jahrhundert offenbar Subjektivität, Gemeinschaft und Pathos – wenn auch unter anderen epistemologischen Rahmenbedingungen – aneinander gekoppelt waren, so ist es nicht minder denkbar, mit Lope oder Tirso die tragischen und epischen Momente der Bukolik wiederzuentdecken, sprich: zu zeigen, inwiefern Gattungstraditionen und rhetorische Elemente aus der Tragödie und aus dem Epos die bukolische Tonlage merklich verändern können.

Um damit zu den bisherigen Positionierungen der Forschung zurückzukehren: Als dritte Tendenz, die sich dort – in partieller Abgrenzung zur Evasionshypothese – entwickelt hat, wäre die I d e a l i s m u s h y p o t h e s e zu nennen. Dabei wird weniger davon ausgegangen, dass bukolische Räume politik- und gesellschaftsfreie Räume sind. Diese werden vielmehr als ideologiekritische Metaphern interpretiert, die den gesellschaftlichen Außenraum negieren und dessen Konflikte zugleich durch eine utopische Gegendarstellung idealer Gemeinschaften lösen wollen. Hier ist insbesondere Rosilie Hernández-Pecoraro zu nennen, die 2006 in Anlehnung an Fredric Jameson als eine der

---

91 Siehe dazu das Kap. 6.3.

92 Anne Vincent-Buffault spricht vom sogenannten „Rousseau-Effekt" in der Literatur des 18. Jahrhunderts, wo Gemeinschaften oft symbolisch über den Austausch von Tränen gebildet werden. Definiert wird diese *family of tears* über ihre bürgerlichen Werte – eine „micro-anthropology of the mythical family" – sowohl auf der Ebene des Plots als auch zwischen Autor und Publikum. *The History of Tears*, 1991, S. 12 u. 23. Siehe ebenfalls zum Subjektbegriff, der darin mitschwingt, Link-Heer, „Facetten des Rousseauismus", 1986.

Ersten historische Ereignisgeschichte als „absent cause“[93] der idealisierten spanischen Schäferwelt begriffen und der neueren Bukolikforschung insofern wichtige neue Hinweise geliefert hat. Mit dem Begriff der „idealizing metaphor“[94] versucht sie zu fassen, was der Schäferroman im Besonderen leistet, wenn er historische Erfahrungswelt im 16. Jahrhundert in idyllisches Glück verwandelt: „In an expanding empire laden by foreign wars, social change and occasional unrest, and ever-increasing economic pressures, the pastoral novel functions as an ideologically invested response to vexing issues that dominated the day.“[95] Damit wird der bukolische Text als ein symbolischer Akt entschlüsselt, der dem Realen das Ideale gegenüberstellt. Dieses Ideal ist jedoch mehr als „escapist entertainment“[96], weil es zeigen könnte, dass das unter Philipp II. so oft beschworene Goldene Zeitalter mit dem souveränen Herrscher als gutem Hirten eine Täuschung darstellt. Hernández-Pecoraro interpretiert die Politik der Pastorale jedoch vor allem in dem Sinne, dass der arkadische Raum als *strategy of containment*[97] Widersprüche der lebensweltlichen Politik in einer ästhetisch genießbaren „surrogate reality“[98] aufhebe. Auch wenn sie dabei die Einbrüche von Gewalt, sozialen Unterschieden und Gendernormen in die ‚Idylle‘ kommentiert,[99] stellt sie die idealisierende Wirkung der bukolischen Dichtung niemals in Frage.

Anders stellt sich dies jedoch in Lopes *Fuente Ovejuna* (1610–15) dar: Dort wird an zentraler Stelle während der Hochzeitsfeier eine traditionelle *pastorela* gesungen, deren poetische Sublimierung oder Idealisierung nicht recht gelingen will. Denn die Handlung des Gedichts ist spiegelbildlich gehalten zur Dramenhandlung, in der der Comendador die Bäuerin Laurencia becirct, bedroht und schließlich überwältigt.

Al val de Fuente Ovejuna
la niña en cabello baxa;
el caballero la sigue
de la Cruz de Calatrava.

93 Hernández-Pecoraro, *Bucolic Metaphors*, 2006, insb. S. 29–75. Sie bezieht sich darin auf Jameson, *The Political Unconscious*, 2009, S. 88.

94 Hernández-Pecoraro, *Bucolic Metaphors*, 2006, S. 29.

95 Ebd., S. 30.

96 Ebd., S. 39.

97 Vgl. Jameson, *The Political Unconscious*, 2009, S. 104.

98 Hernández-Pecoraro, *Bucolic Metaphors*, 2006, S. 40.

99 Vgl. ebd., S. 41 u. 43f. Hier problematisiert sie ihre eigene Position bereits in Ansätzen: „It is in such textual gaps that other voices emerge, even if tentatively, and render problematic what in Jamesonian terms would be understood as the ideological vocation of the Spanish pastoral novel.“ Ebd., S. 44.

Entre las ramas se esconde,
de vergonçosa y turbada;
fingiendo que no le ha visto,
pone delante las ramas.
"¿Para qué te ascondes,
niña gallarda?
Que mis linces desseos
paredes passan".
Acercóse el caballero,
y ella, confusa y turbada,
hazer quiso celosías
de las intricadas ramas;
mas como quien tiene amor
los mares y las montañas
atraviessa fácilmente,
la dize tales palabras:
"¿Para qué te ascondes,
niña gallarda?
Que mis linces desseos
paredes passan".[100] (*Fuente Ovejuna*, II. Akt)

Dass der Vergewaltigungsversuch eines *caballero*, der den Reizen einer Schäferin erliegt, durch die mittelalterliche kastilische Form der *pastorela* seiner Brutalität zunächst beraubt wird, ändert nichts an der Tatsache, dass die Gewalt des Störers auf der Bühne bereits deutlich sichtbar war und auch sichtbare Folgen zeitigte. Die zunächst naiv anmutende, einfache Form der Pastoraldichtung gehorcht hier also einem Prinzip der unheimlichen Wiederkehr, so dass arkadisches Liebesgebot („¿Para qué te ascondes, / niña gallarda?") und gewaltsames Pathos („Que mis linces desseos paredes passan.") durch die Einbettung der bukolischen Lyrik in die *comedia nueva* in gefährlicher Überkreuzung erscheinen. Die topische Figurenkonstellation in der *pastorela* setzt freilich immer schon eine gewisse Übergriffigkeit des Mannes in Szene. Diese Tatsache tritt besonders dort hervor, wo das scheue Verstecken der *niña vergonçosa* hinter den Zweigen, das im Gedicht thematisiert wird, die Jagd nach der Frau, die der Comendador im ersten Akt vollführt, so deutlich wiederholt, dass der Akt der Sublimierung selbst sichtbar und in Frage gestellt wird. Hier wird also mitnichten eine ideale Form des Zusammenlebens entworfen und dem sozialen Leben gegenübergestellt – vielmehr wird der poetische Akt in der *pastorela* als Wunsch erkennbar, soziale, ständische Gewalt in Kontrast zum arkadischen Ideal sichtbar zu machen und ästhetisch zu überformen.

100 Lope de Vega, *Fuente Ovejuna*, 2011, S. 146.

Auch dies ließe sich als Bewältigungsstrategie lesen, allerdings kann von einer Surrogatwirklichkeit durch bukolische Dichtung sicherlich keine Rede sein.

Viertens muss die Tendenz der Forschung Erwähnung finden, bukolische Texte als politische Texte genau im umgekehrten Sinne so zu lesen, als ob sie einer orthodoxen politischen oder gesellschaftlichen Kultur ihrer Zeit geschuldet seien, dieser unkritisch entsprechen und zu voller Wirkung verhelfen. Diese Ideologiehypothese prägt etwa eine der jüngeren Monographien zum spanischen Schäferroman, Javier Irigoyen-Garcías *The Spanish Arcadia* (2014). Er zeichnet darin mit Verweis auf nicht-literarische Textformen, auf die wirtschaftlichen Umstände in Spanien und auf das imperiale Projekt der Habsburger nach, warum Schafe und Schäfer scheinbar ideale Botschafter einer wünschenswerten, hegemonialen und nationalen Identität werden konnten. Die Ideologiehypothese ist dabei interessanterweise zugleich eine Realismushypothese, denn Irigoyen-García stellt durchaus unkritisch eine Verbindung zwischen der Bedeutung der lebensweltlichen Schäferei für die spanische Wirtschaft und dem Erfolg der bukolischen Gattung her. Die Gattung selbst interpretiert er im Anschluss als ein ideologisches Instrument, das spanische – christliche – Identität (die Schäfchen des guten Hirten Christus) durch den Ausschluss des Maurischen nach der Reconquista in Serie immer wieder inszeniere und damit letztlich erzeuge. Die Bukolik wäre so verstanden eine Form des „ethnocentrism",[101] „a new royal policy promoting cultural and religious homogenization"[102] und allgemein anerkanntes Mittel eines gewaltsamen „cultural cleansing".[103] Gezeigt zu haben, inwiefern die Figur des literarischen Schäfers und selbst der Grenadinische Dichterauftrag kulturpolitisch und ethnozentrisch gedacht sind, ist sicherlich das große Verdienst von Irigoyen-García. Jedoch setzt er mit der Zeitspanne ab den 1550er Jahren[104] für mein Dafürhalten zu spät an, um die spanische Bukolik in all ihrer Bandbreite fassen zu können. Die Wasserscheiden der spanischen *imagined community*,[105] die man im Epochenjahr 1492, in den 1520er Jahren der *Comuneros* und schließlich 1559 mit der Rückkehr Philipps II. ansetzen kann, lassen vielmehr vermuten, dass die großen Vorbilder Encina, Garcilaso und Montemayor nicht einem einzigen großen, hegemonialen Projekt zuzurechnen sind. Dass

101 Irigoyen-García, *The Spanish Arcadia*, 2014, S. 4.

102 Ebd., S. 5.

103 Ebd., S. 10.

104 Er markiert den Zeitpunkt als „the period when the genealogical and cultural anxieties over national identity reached a new apex, starting with the reinvigoration of the statutes of blood purity in the 1550s and the repression and eventual expulsion of the Moriscos between 1609 and 1614". Ebd., S. 21.

105 Zum Begriff siehe Anderson, *Imagined Communities*, 1991.

im Übrigen die Schäferliteratur ein besonderes Identifikationsangebot für die spanische *imagined community* geboten haben soll, weil darin jenes Schafehüten so positiv besetzt worden sei, das in der Lebenswelt jedem Spanier vertraut war, ist ebenfalls eine eher vereinfachende Schlussfolgerung – kommen doch die Schafe und das Hüten in den meisten bukolischen Texten, wenn überhaupt, nur am Rande vor.

Vor allem aber vernachlässigt Irigoyen-García, dass es sich bei literarischen Texten in den seltensten Fällen um eine reine Investition in die kulturelle Politik des Gefühls handelt.[106] In Lopes *Fuente Ovejuna* etwa wird zwar die Volksgewalt des Dorfes, das sich am vergewaltigenden und autokratischen Comendador gerächt hatte, durch die Unterwerfung der Gemeinschaft unter die Katholischen Könige am Ende sanktioniert. Dieser libidinösen Identifikation mit der Idee des Reiches und ihrem mythisch gewordenen Gründungspaar stehen jedoch zahlreiche phobische Elemente des Dramas gegenüber, wie die Opferung heroischer Männlichkeit und die Überzeichnung weiblicher Gewalt auf der Bühne, die die *niña vergonçosa* Laurencia der Furie gleichmacht und in der Figur der tugendhaften Königin nur mangelhaft gebannt werden kann.[107] Auch die Unterwerfung des Bauern Juan Labrador in *El villano en su rincón* geht nicht ohne Widerstand vonstatten, wird die finale Auseinandersetzung mit dem König doch immer wieder mit dem Bild des Lammes assoziiert, dem der Hals durchgeschnitten werden soll und mit dem sich zuletzt Juan selbst identifiziert.[108] Diese Gleichsetzung mit dem Lamm, das selbstverständlich auch für das Lamm Gottes steht, zeigt, dass in der *comedia* die Interpellation[109] eines arkadischen Subjekts durch die weltliche Herrschaft nicht in eine ausschließlich positive Identifikation mit spanisch-christlich-hegemonialer Identität mündet. Will man Texte, die durch das Zitat des bukolischen Modus auch politischer Kommentar sein wollen, also nicht nur der Ideologie eines hegemonialen Projekts überführen, muss man den bukolischen Modus selbst von einer anderen Warte aus betrachten.

Dies gelingt bisher am besten dort, wo Bukolik im Sinne der literarischen Anthropologie und genauer der Fiktionalitätshypothese interpretiert wird. Maßgeblich war hier der bereits genannte Ansatz von Iser, der

---

106 Siehe dazu weiter unten Kap. 2.2.2.

107 Siehe dazu im Detail Peters, „Der Lukrezia-Effekt", 2014.

108 JUAN: „Cortar podéis cuando queráis" (v. 2828) und „Señor, mi error conozco, digno he sido / de la muerte; quitad [a] aquel cordero / el cuchillo del cuello, al mío os pido / que trasladéis el merecido acero" (vv. 2854–2857). Lope de Vega, *El villano en su rincón*, 1999, S. 197f.

109 Siehe zum Konzept der Interpellation als Anrufung des Subjekts Althusser, „Idéologie et appareils idéologiques d'État", 1970.

die Verwandlung der lebensweltlichen „Bezugsrealität"[110] und die doppelte Natur von Schäferfiguren in Schlüsselromanen der Frühen Neuzeit untersucht. Im selbstbewussten Masken- und Rollenspiel der Bukolik habe sich, so die anthropologische Pointe seiner Deutung, der frühneuzeitliche Mensch in Fiktionalität eingeübt, als die Sinnabsicherung durch christliche Zeichensysteme ins Wanken geriet. Iser fasst deshalb die Gattung als zentralen Ort auf, an dem sich so etwas wie frühneuzeitliche Subjektivität und deren Agentialität beobachten lasse: „Man selbst zu sein [heißt], sich doppeln zu können."[111] Zuletzt hat Ferretti in Anschluss daran die „Welthaltigkeit"[112] der Bukolik als poietisches Diskursivieren dessen verstanden, was außerhalb der Hirtenwelt steht. Das Ziel bukolischer Texte ist es demzufolge, „Welt zu verhirtlichen, und diese dann explizit als eingeklammerte Welt reflektieren zu lassen",[113] ein bukolisches Als-ob. Wenngleich ich in der Folge immer wieder auf die Fiktionalitätshypothese zu sprechen kommen werde und sie deshalb hier nur in Kürze darlege, ließe sich dennoch die Perspektive auf die Welthaltigkeit der Bukolik meines Erachtens noch einmal an genau dieser Funktionsstelle um 180 Grad drehen: Was, wenn es nicht so sehr um das Verhirtlichen (und Reflektieren) von Subjektivität und Welt im literarischen Text, sondern um das Handeln von Texten und Subjekten *in* der Welt gehen soll?

In Abgrenzung zu den geschilderten Autoreflexivitäts-, Evasions-, Idealismus-, Ideologie- und Fiktionalitätshypothesen möchte ich an dieser Stelle deshalb auf den Vorschlag von Laurence Giavarini zurückkommen, die in ihrer Interpretation der französischen Bukolik des 17. Jahrhunderts den Begriff der ‚Distanz' verwendet hat, um das Verhältnis von Literatur und Politik in der Bukolik zu denken. Sie geht dabei vom Sprechakt (*énonciation*) aus, den ein bukolischer Text innerhalb eines spezifischen politischen oder sozialen Kontextes darstellt, um den bukolischen Modus als eine Handlung (*action*) im sozialen Feld zu begreifen. Die Distanz, die sich durch die bukolische ‚Entrückung' nach Arkadien und die poetische Sprache herstellen lässt, ist so verstanden ein Mittel, in diesem Feld ‚auf Distanz' zu agieren und zu intervenieren: „la distance pastorale est leur mode d'intervention dans le monde".[114] Wie Giavarini am Beispiel der französischen Bukolik während der Religionskriege zeigt, geht die bukolische Intervention immer mit einem gesteigerten Bewusstsein von Sprechersubjekten einher, die im Akt der Distanznahme ihr Verhältnis den

110 Iser, *Das Fiktive und das Imaginäre*, 1993, S. 90.

111 Ebd., S. 148.

112 Ferretti, Bucolica mente, 2017, S. 32.

113 Ebd., S. 64.

114 Giavarini, *La Distance pastorale*, 2010, S. 15. Siehe zum Begriff der Intervention ebenfalls Grihl, *Écriture et action*, 2016, S. 20.

Mächtigen gegenüber im doppelten Sinne realisieren.[115] So sind alle am bukolischen Sprechakt Beteiligten in die Verteilung von sozial bedingten und sozial wirksamen Affekten einbegriffen.[116] Handlung ist bukolische Literatur dabei in mehrfachem Sinne: Das Schreiben, Publizieren, Vortragen, Zensieren oder Belohnen von bukolischen Texten in der Frühen Neuzeit lässt sich als eine Reihe sozialer Interaktionen denken, die im politischen Raum Beziehungen stiften.

Hier kann man mit dem Begriff der *coproduction* anschließen, mit der Vorstellung also, dass Autoren, Leser und nicht zuletzt Texte sämtlich Akteure in sozialen Verbünden darstellen.[117] Aus dieser Warte betrachtet erzeugen Menschen Gesellschaft unter anderem durch den vielfältigen Gebrauch von literarischen Schriften,[118] die gesellschaftliche Dominanzverhältnisse (re)produzieren und interpretieren.[119] Der Vorteil dieses Modells liegt darin, dass an Stelle einer literaturgeschichtlichen Resonanz und rein semantischen oder autoreflexiven Deutung der bukolischen Enklave der Versuch tritt, von Texten inspirierte andere Texte, Handlungen und Affekte als strukturbedingte Resonanzen zu verstehen. Anders als die Autoreflexivitäts-, Evasions-, Idealismus-, Ideologie- oder Fiktionalitätshypothese ist die Interventionshypothese nicht darauf abgestellt, die frühneuzeitliche Bukolik an die Gattungsprogrammatik der sentimentalen Idyllik und deren scheinbare poetische Selbstgenügsamkeit anzupassen. Ebensowenig will sie die Politik der Bukolik ausschließlich entweder auf der Seite von ideologischen Vereinnahmungen oder der Seite von ästhetizistischen Autonomiehypothesen ansiedeln.[120]

Weil es sich dabei gerade nicht um ein Gattungsmodell handelt, sondern der bukolische Modus als Medium und Modalität ernst genommen und als immer wieder aktualisierbare Handlung aufgefasst wird, böte sich so die Möglichkeit, mit der Interventionshypothese auch die spanische Bukolik losgelöst vom Erbe ihrer sentimentalen Rezeption zu betrachten. Was weder die

115 „La production de l'imaginaire pastoral du politique est politique précisément en ce qu'elle ne se dissocie pas d'un type d'énonciation qui réfléchit sur la distance du modèle et de l'énonciateur par rapport au lieu du pouvoir, qui l'implique dans le message et en joue dans l'action qu'elle met en œuvre." Giavarini, *La Distance pastorale*, 2010, S. 26.

116 Vgl. ebd., S. 33.

117 Zu dieser Diskussion der *Actor-Network-Theory* innerhalb der Literaturwissenschaften vgl. insb. Felski, *The Limits of Critique*, 2015, S. 12, 124 u. 154.

118 Darin eingeschlossen wäre nicht nur das Verfassen oder Lesen von literarischen Texten, sondern etwa auch deren materielle Produktion, Zirkulation oder Zensur.

119 „À partir du terrain de l'écrit, nous *constatons* la capacité des acteurs à interpréter des relations de domination, c'est-à-dire à les coproduire." Grihl, *Écriture et action*, 2016, S. 238.

120 Vgl. dazu u. a. ebd., S. 237.

(hier richtungsweisende) Fiktionalitätshypothese[121] noch Giavarini allerdings berücksichtigen, ist die politische Bedeutung des Pathos, das zum wesentlichen Teil einer literarischen Intervention werden kann. Im Zentrum einer Untersuchung des bukolischen Pathos muss deshalb meines Erachtens die Frage stehen, wie bukolisches Pathos affektische ‚Investitionen'[122] in soziale und politische Strukturen ermöglicht, zu diesen aber gleichzeitig – im Sinne der literarischen, formal realisierten Intervention – auf Distanz geht. Denn anders als die französische Pastorale des klassischen Zeitalters, die auf die Seite des Ethos zieht,[123] ist die spanische Intervention der Bukolik des 16. Jahrhunderts gerade zu Beginn stärker auf der Seite des Pathos angesiedelt.

1.4 Literarische Intervention und rhetorischer Affekt

Wie also ist Literatur politische Intervention? Ähnlich wie Giavarini hat auch Jacques Rancière hervorgehoben, dass Literatur gerade aufgrund ihrer

---

121 Ferretti, Bucolica mente, 2017, S. 75, plädiert mit Blick auf die frühneuzeitliche „Durchschichtung von *genera*" dafür, in der eigenen Analyse bukolischer Verfahren „auf stilistische Aspekte [wie die Unterscheidung eines einfachen und eines hohen Stils] zu verzichten".

122 Mir ist bewusst, dass es sich hier um einen kontrovers diskutierten Begriff handelt. Das Konzept der affektischen Investition geht im Besonderen auf die Affektökonomie von Grossberg zurück, der Affekte als soziale und kulturelle Konstruktionen auffasst. „Is There a Fan in the House?", 1992, S. 56. Er betont u. a., dass ein Publikum immer aktiv involviert ist, wenn es um emotionale oder ideologische Steuerung geht, und nicht etwa passiv und unbewusst erleidend. Affekte wirken dabei sowohl quantitativ als auch qualitativ, aber nur der Kontext (z. B. eines literarischen Textes), der Affekte hervorruft, erlaubt Rückschlüsse auf die Natur der jeweiligen affektischen Investition. Anders als etwa Massumi versteht Grossberg Affekte also nicht als rein körperliche, vorbewusste Intensität (vgl. in Anschluss an die Theorie Massumis etwa den Überblick in Shouse, „Feeling, Emotion, Affect", 2005, o. P., der sogar so weit geht, zu behaupten, Schrift sei als Medium ungeeignet, um Affekte zu übermitteln, und den Begriff der affektischen Investition rundherum ablehnt). In einem Interview bezieht Grossberg sehr klar Stellung zu seiner Abweichung von Massumi. Vgl. „Affect's Future", 2010, S. 311. Ich möchte mich in dieser Debatte der Einschätzung von Grossberg anschließen, insbesondere da die rhetorischen Diskussionen zu Affekt und Emotion in der Frühen Neuzeit ohne den Blick auf deren kulturellen und politischen Kontext nicht zu entschlüsseln sind. Für einen Überblick zu den weiterhin zirkulierenden, unterschiedlichen Affektbegriffen in der aktuellen kulturwissenschaftlichen und philosophischen Forschung siehe Gregg / Seigworth, „An Inventory of Shimmers", 2010, S. 6–8, sowie Ott, „Affect", 2017, der sehr konzise herausarbeitet, wie sich Jameson und Massumi in ihren Konzepten gegenüberstehen und Grossberg versuchsweise in der Mitte zwischen beiden verortet.

123 Vgl. Giavarini, ‚Exemples de corps", 2008.

Literarizität politisch sei,[124] weil sie als Sprechhandlung konkrete Effekte in der Realität zeitigen und dort unter anderem im Bereich der Affekte wirken kann:

> Les énoncés politiques ou littéraires font effet dans le réel. Ils définissent des modèles de parole ou d'action mais aussi des régimes d'intensité sensible. Ils dressent des cartes du visible, des trajectoires entre le visible et le dicible, des rapports entre des modes de l'être, des modes du faire et des modes du dire. Ils définissent des variations des intensités sensibles, des perceptions et des capacités des corps.[125]

Er verwendet hier synonym für den Affekt wie einige neuere Theorien und insbesondere Brian Massumi[126] den Begriff der Intensität (*intensité sensible*) und stellt dieser einerseits Worte (*parole, modes du dire*) und andererseits Handlungen (*action, modes du faire*) an die Seite. Diese Trias aus Affekt, Sprache und Handlung, die in Literatur in Beziehung steht und gerade dadurch einen „effet dans le réel" bewirkt, lässt sich aber nicht nur auf Literatur im Allgemeinen, sondern auch auf unser Beispiel der bukolischen Distanz übertragen. Denn weil Literatur als *parole* gleichzeitig *action* im sozialen Feld ist und Affekte erzeugt oder bedient, realisiert sie jenes gesellschaftliche Zusammenspiel von Sein, Sagen und Handeln, das Menschen aneinanderbindet. Sie hat solcherart wesentlichen Anteil an dem Prozess, den Rancière die Aufteilung des Sinnlichen (*partage du sensible*) nennt und mit dem Politischen gleichsetzt: das Agieren und Interagieren von individuellen Körpern in spezifischen Räumen und zu bestimmten Zeiten, das festlegt, was in einem jeweiligen Diskurs sichtbar, sagbar und allgemein sinnlich wahrnehmbar ist.[127] Lawrence Grossberg hat dafür bereits 1992 den Begriff der „sensibility" oder des kulturellen Apparatus eingeführt. Er ist besonders geeignet, um die affektischen Beziehungen zwischen Texten und ihren Rezipienten in einem jeweils spezifischen historischen

---

124 „[L]a littérature fait de la politique en tant que littérature." Rancière, *Politique de la littérature*, 2007, S. 11. Zum Begriff der Intervention, den auch Rancière verwendet, siehe ebd., S. 12 u. 15.

125 Rancière, *Le Partage du sensible*, 2000, S. 62.

126 Vgl. Massumi, „The Autonomy of Affect", 1995. Allerdings würde ich Rancière ebenfalls eher in einer Linie mit Grossberg sehen, weniger auf Seiten des Affektbegriffes, den Massumi vertritt.

127 Ähnlich fasst dies bereits Williams mit seinem Konzept der *structures of feeling* als „interactive relations between individuals and social formations" auf: als „productive process that constructs subject identities and constitutes an always-changing social order". Harding / Pribram, „Losing our cool?", 2004, S. 870. Vgl. Williams, *Marxism and Literature*, 1977, S. 128–135.

Kontext zu fassen, sprich das, was auch Rancière als das *faire effet dans le réel* der Literatur bezeichnet:

> The sensibility of a particular cultural context (an 'apparatus') defines how specific texts and practices can be taken up and experienced, how they are able to effect the audience's place in the world, and what sort of texts can be incorporated into the apparatus.[128]

Zu Beginn meiner Einleitung habe ich versuchsweise die Grenzpfosten dieses kulturellen Apparatus für das frühneuzeitliche Spanien abgesteckt: imperiale Ausweitung, konfessionelle Schließungsbewegung, Homogenisierungsdruck im Inneren – in dieser Welt verorten sich die bukolischen Texte von Encina, Garcilaso und Montemayor. Und sie erlauben ihren Lesern wiederum vermittels des bukolischen Pathos, sich in ihrer Gegenwart zu verorten, eine eigene affektive Landkarte zu entwickeln, wie Grossberg es fasst.[129] Deshalb möchte ich an dieser Stelle betonen, dass ich mich der Theorie von Massumi zum autonomen Affekt nicht uneingeschränkt anschließen kann, zu der in deleuzianischer Tradition gehört, den Affekt als das gänzlich Andere sowohl des Subjekts als auch der Repräsentation aufzufassen. Für meinen Gegenstand erscheint ein Verständnis der Affekte als vorkulturell, unpersönlich, unbewusst und sprachlos nicht zielführend. Meinem Verständnis nach sind Affekte vielmehr strukturell eng mit der Ausbildung und Verhandlung von Subjektivität verknüpft, gerade aufgrund ihrer Verbindung zur Sprache: Ja, das Pathos ist nachgerade der Kreuzungspunkt, an dem Affekt, Sprache und Subjekt aufeinanderprallen.[130]

Freilich kann man versuchsweise individuelle *Empfindungen* eines Subjekts von kulturell normierten *Emotionen* auf der einen und körperlich erlebten *Affekten* auf der anderen Seite unterscheiden, dies ist auch vielfach angestrebt worden. Es ist aber wenig sinnvoll, in dieser Trias nur die Emotion als eine Form des Sozialen zu bezeichnen.[131] Grundsätzlich wird in der Forschung inzwischen

---

128 Grossberg, „Is There a Fan in the House?", 1992, S. 54.

129 Vgl. Grossberg, *We Gotta Get Out of This Place*, 1992, S. 82–84, in Rückgriff auf den Begriff der *mattering map* bei Rebecca Goldstein.

130 Siehe die Auffassung von Lacan zum Affekt: „Il n'est en aucun cas protopathique." *L'Angoisse*, 2004 S. 23. Konkretisieren könnte man diesen Affektbegriff mit Harding und Pribram, die neben der bloßen Intensität als weitere Elemente des Affekts „communication, processes of recognition and difference, construction of subjectivity as individuality" herausarbeiten. „Losing our cool?", 2004, S. 877.

131 Shouse unterscheidet Affekt als „unstructured potential" von *feeling* (Empfindung) als „a sensation that has been checked against previous experiences and labelled" und *emotion* als „the projection / display of a feeling". Er fasst zusammen: „Feelings are *personal* and

immer wieder relativ einhellig betont, dass Emotion als ein Element des kognitiven Handelns aufgefasst werden muss. Der Affekt hingegen stellt ein nonlineares, momenthaftes und vorübergehendes Ereignis auf neurobiologischer und chemischer Grundlage dar[132] – wenn auch nicht außerhalb unseres Bewusstseins, so doch vielleicht „in excess of consciousness".[133] Im Gegensatz zur ereignishaften Intensität des Affekts handelt es sich bei der Emotion um eine bereits qualifizierte Intensität, die für das Selbst funktionalisiert und in eine stringente Erfahrungserzählung umgewandelt wurde.[134] Emotionen sind deshalb konstitutiv für die Identität des einzelnen Individuums. Der Affekt ist diesem Moment der Identität vorgängig,[135] allerdings ist Identität – und damit auch kulturelle Identität in einem bestehenden Apparatus – ohne ihn nicht zu haben: Weil Subjekte sich über Sprache oder ausgehend von sprachlichen Artefakten in einer Welt bestehender Differenzierungen affektisch verorten, sich von ihr abgrenzen oder mit ihr identifizieren und durch sie legitimieren wollen,[136] ist auch der Affekt – und nicht erst die Emotionserzählung – eine Form des Sozialen.[137] Dies steckt selbst im Konzept des *partage du sensible*:

---

biographical, emotions are *social*, and affects are *prepersonal*." „Feeling, Emotion, Affect", 2005, o. P.

132 „Affect constitutes a nonlinear complexity out of which the narration of conscious states such as emotion are substracted […]." Clough, „Introduction", 2007, S. 2. Vgl. ebenso die Definition von „affect as intensity related to a capacity and potential to act", in White, „Critical Compulsions", 2008, S. 183.

133 Clough, „Introduction", 2007, S. 2.

134 „An emotion is a subjective content, the socio-linguistic fixing of the quality of an experience which is from that point onward defined as personal. Emotion is qualified intensity, the conventional, consensual point of insertion of intensity into semantically and semiotically formed progressions, into narrativizable action-reaction circuits, into function and meaning. It is intensity owned and recognized." Massumi, „The Autonomy of Affect", 1995, S. 88.

135 „Der Affekt ist eine vorübergehend geronnene Beziehung zwischen Wahrnehmung und Handlung, die mit Subjektivität koinzidiert." Bal, „Einleitung", 2006, S. 9.

136 „Affect is also integral to the notion of individuality, to the sense of what makes each of us 'distinct'. As such, it plays a formative role in subjectivity." Harding / Pribram, „Losing our cool?", 2004, S. 875. Grossberg hebt hier die Möglichkeit hervor, aus hegemonialen Machtstrukturen qua Affekt auszuscheren: „Particular apparatuses may also provide the space within which dominant relations of power can be challenged, resisted, evaded or ignored." „Is There a Fan in the House?", 1992, S. 59. Dies hat damit zu tun, dass die Emotion für ihn bereits intrinsisch mit Ideologie verbunden ist. Emotionen sind ihm zufolge „signifying practices already imbricated with or articulated through power and meaning effects." Harding / Pribram, „Losing our cool?", 2004, S. 877.

137 Harding / Pribram, „Losing our cool?", 2004, S. 871, argumentieren, dass *structures of feelings* (nach Williams) immer mit *structures of meaning* und *structures of power* interagieren.

Geht es dabei doch um den Gedanken, dass wir unsere sinnlichen Erfahrungswelten mit anderen *teilen*.

Austauschbeziehungen, die über Affekte laufen, sind jedoch grundsätzlich unberechenbar. Sie werden es umso mehr, wenn sie an Sprache gebunden sind. Gerade in rhetorisch hoch komplexen literarischen Texten ist die menschliche ‚Bedeutungsarbeit' als bewusste Tätigkeit am Werk, ohne dass dabei linear und unmissverständlich kommuniziert werden könnte. Bemerkenswert ist eben, dass im Moment des Handelns von Literatur keine stabile Beziehung des Gesagten zu den Affekten vorausgesetzt werden kann, trotzdem aber angenommen werden *muss*, dass hier kein vorsymbolischer oder außersprachlicher Affekt schlichtweg vorliegt – er hat ja bereits eine Form gefunden. Der Weg, den die menschliche Bedeutungsarbeit in der Rhetorik nimmt, ist dabei grundsätzlich einer, der auch auf Effekte abzielt, die über reines Bedeuten hinausgehen: Rhetorik ist ohne Affizierung nicht zu denken.[138] Schließlich geht es in der rhetorischen Kommunikation weniger um den neutralen Informationsaustausch qua referentieller Sprachfunktion, sondern vielmehr um emotive, konative, phatische und poetische Funktionen des Sprechhandelns.[139]

Als Element des öffentlichen Interagierens von Subjekten ist Rhetorik zudem zutiefst politisch – selbst dann, wenn es sich um Texte handelt, die in stiller Lektüre rezipiert werden. In einer vormodernen Kultur wie jener der Frühen Neuzeit ist deshalb ein subjektiver Affekt *ohne* Verankerung in der sozialen und politischen Welt nachgerade undenkbar, ja, die Kultur der Frühen Neuzeit ist eine genuin rhetorische Kultur in dem Sinn, dass Subjekte Erfahrungen über gemeinsame Diskurse und etablierte Redeformen teilen und so ihre Identitäten ausbilden. Affekt und Affektpoetik sind demzufolge nicht von Repräsentation, Rhetorik, Diskursen oder Symbolik trennbar.[140] Die Literatur ist vielmehr ein ganz wesentlicher Spiel- oder Kampfplatz, auf dem das

---

138 „If not every meaning is a representation, and not every text has representational effects, it may also be true that texts may have effects other than meaning-effects, and meanings, interpretations, uses and pleasures may themselves have additional effects." Grossberg, *We Gotta Get Out of This Place*, 1992, S. 45. Vgl. ebenfalls Burke, *A Rhetoric of Motives*, 1969, und zur sozialen Funktion von Rhetorik, die als Erfahrungkontext Interaktion ermöglicht und konzertiert, McGee, „A Materialist's Conception of Rhetoric", 1982, S. 27.

139 Siehe zu den Sprachfunktionen einschlägig Jakobson, „Linguistik und Poetik", 1979.

140 Rice, „The New 'New'", 2008, S. 211, betont, der Affekt müsse mithilfe neuerer Theorien ganz grundsätzlich als „part of rhetoric, discourse, and communication" betrachtet werden. Zur psychoanalytischen Diskussion des Zusammenhangs siehe Lundberg, *Lacan in Public*, 2012. Er geht davon aus, dass „tropological exchange" und „affective investment" sich gegenseitig bedingen. Ebd., S. 151.

Erleben einer gemeinsamen Lebenswelt gestalt- und erlebbar wird.[141] Deshalb auch meine ich, dass die spanischen Texte der hier besprochenen Epoche der antiken Tradition der vergilschen Bukolik als „Dichtung hier und jetzt, Dichter und Dichtung im geschichtlichen Augenblick der Vorbereitung zu großen Aufgaben"[142] weitaus mehr entsprechen als der historisch späteren, idyllischen Tradition pastoraler Weltflucht und der elegischen Klage um ein verlorenes Goldenes Zeitalter. Die spanische Bukolik mit ihrem ganz eigenen Pathos ist eine Dichtung, aus der das Leben einer konfliktreichen Epoche spricht, keine sentimentale Idyllendichtung, die sich aus der Wirklichkeit in einen Wunschort der reinen Poesie flüchtet. Schmidt hat diesen zentralen Unterschied zwischen Bukolik und Pastorale im historischen Gattungsgefüge der Schäferdichtungen schon früh erkannt. Auch im Durchgang durch einen Teil der Rezeptionsgeschichte der spanischen Bukolik hat sich gezeigt, dass hier ein wesentlicher Unterschied zwischen der italienischen und der hispanischen Frühen Neuzeit liegt – und der Grund, warum diese Texte mit der französischen Kultur der Empfindsamkeit nicht in Deckung zu bringen sind. Ausgehend von diesem Befund möchte ich deshalb fragen, welche affektischen Investitionen die spanischen Texte ermöglichen und wie sie zum Sprungbrett der Lektüre werden können, um auf die *sensibility* ihres spezifisch hispanischen kulturellen Apparatus zu schließen:

> Within an affective sensibility, texts serve as 'billboards' of an investment, but we cannot know what the investment is apart from the context in which it is made (that is the apparatus). […] [Affect] operates within and, at the same time, produces maps which direct our investments in and into the world; these maps tell us where and how we can become absorbed – not into the self but into the world – as potential locations for our self-identifications, and with what intensities. This 'absorption' or investment constructs the places and events which are, or can become, significant to us. They are the places at which we can construct our own identity as something to be invested in, as something that matters.[143]

Die Interventionshypothese, die ich in Folge bei der Interpretation des bukolischen Pathos in Anschlag bringen möchte, ist deshalb keine rein semantische Theorie der Bedeutungsproduktion. Vielmehr geht es bei literarischer Intervention um die vielfältigen Momente des Handelns durch Sprache und damit auch um den Moment des Auslösens und Erfahrens von Affekten. Sprache

141 Ein rhetorischer Kritiker untersucht Texte oder andere Medien als soziale Konstruktionen, die zu geteilten sinnlichen Erfahrungen einladen. Vgl. Ott / Keeling, „Cinema and Choric Connection", 2011, S. 367, und Benson / Anderson, *Reality Fictions*, 1989, S. 3.

142 Schmidt, *Bukolische Leidenschaft*, 1987, S. 253.

143 Grossberg, „Is There a Fan in the House?", 1992, S. 57.

und Affekt stehen insofern in einem dialektischen Verhältnis.[144] Affektische Intensität ist so verstanden der Ort, an dem etwas im Zusammenprall unterschiedlicher Körper und Subjekte entstehen *kann*.[145] Was im Zuge dessen hervortritt, im ‚Medium'[146] des Affekts erzeugt wird und sich in sprachliche Rhetorik verwandeln lässt, ist jenes soziale, politische Feld,[147] in dem Giavarini auch den bukolischen Sprechakt angesiedelt hat. Demnach kann man das Handeln von Literatur als Ort der Produktion des Sozialen verstehen: Literatur ist politische Intervention, weil sie im Medium des Affekts Subjekte sozial sprach- und handlungs*fähig* macht.[148]

Die Intensität, die dieser Verbindung von Sagen und Handeln zu Grunde liegt, ist sozusagen der rhetorische Pitch eines Textes: Ist seine ‚Tonhöhe'[149] hoch und schrill, versetzt er in Aufregung, ist er ruhig und einfach, lullt er uns vielleicht ein – oder umgekehrt. Die Tonhöhe manifestiert nachgerade die phatische Sprachfunktion eines Textes, weil sie dazu bestimmt ist, vom Leser oder Zuschauer eine affektische Reaktion einzuholen – ganz so, wie schon Adam Smith 1759 in *The Theory of Moral Sentiments* den Terminus des „pitch"[150]

144 Kristevas Theorie der *chora* und der Dialektik von Symbolischem (Repräsentation auf der Ebene des Phänotexts) und Semiotischem (Materialität und Körperlichkeit des Genotexts) bietet hierfür einen guten Ausgangspunkt: „Engaging the genotext entails examining the transfers of drive energy (sensations and *affects*) elicited by a text's aesthetic elements." Ott / Keeling, „Cinema and Choric Connection", 2011, S. 366. Die Autoren beziehen sich dabei ebenfalls auf Rickert, „Toward the Chora", 2007, S. 253.

145 Massumi spricht in diesem Zusammenhang nur von „point of emergence", „The Autonomy of Affect", 1995, S. 94, oder „the germinal modes of activity", Brunner / Manning / Massumi, „Fields of Potential", 2013, S. 137, ohne über dieses Moment des Potentials hinauszugehen.

146 Vgl. Bal, „Einleitung", 2006, S. 14.

147 „The point of thinking with affect is to think through our implication in relational fields [...]." Brunner / Manning / Massumi, „Fields of Potential", 2013, S. 137. Vgl. Harding und Pribram, die fordern: „We suggest that future inquiries focus on concrete examples, and investigate how specific emotions are formed and function as part of the historical, cultural, and political contexts in which they are practiced to reproduce, and potentially to resist, hegemonic relations." „Losing our cool?", 2004, S. 865.

148 Auch die aktuelle Forschung zum Affekt hat es sich mehr und mehr zum Ziel gesetzt, „to politicize the privatizing or alienating effects of emotion" und sich dabei, u. a. mit Bezug auf Spinoza und Deleuze, das Motto gegeben: „rethink the body-in-relation". White, „Critical Compulsions", 2008, S. 182.

149 Phonologisch handelt es sich beim „pitch" zunächst um ein rein auditives Phänomen: um die Tonhöhe und relative Frequenz von Lauten, die durch die jeweilige Geschwindigkeit des Schwingens der Stimmbänder erzeugt wird. Vgl. Pierrehumbert, *The Phonology and Phonetics of English Intonation*, 1980. Durch Intonationswechsel zwischen hohen und tiefen Tönen beim Sprechen werden semantische Differenzen hervorgehoben. Nur in einigen Sprachen ist die Tonhöhe lexikalisch (Mandarin) oder grammatikalisch (Edo).

150 Vgl. Smith, *The Theory of Moral Sentiments*, 2009, S. 34 u. 42.

gebraucht. Dies lässt darauf schließen, dass im rhetorischen Pitch ein soziales Bindemittel von Literatur verborgen liegt. Man kann einen besonders in Szene gesetzten hohen Pitch wie das bukolische Pathos, das gattungsgeschichtlich als Ausnahme von der Regel erscheint, also nicht ignorieren. Vielmehr muss man sich die Frage stellen, welche kulturellen Sensibilitäten der Epoche sich an diesem Moment des Handelns durch Sprache auskristallisieren.

Wenn Lope zum Beispiel seinen Bauernkönig Juan im Moment der performativen Selbstunterwerfung unter den spanischen König sagen lässt, dass er es verdiene zu sterben, er sich dabei aber gleichzeitig mit einem unschuldigen Lamm vergleicht, wird der ambivalente Affekt der Untergebenen im zentralistischen Herrschaftsgefüge deutlich sichtbar: Zwischen Liebe zu und Furcht vor dem König schwankend, sieht die Figur hier ihr Sein so bedroht, dass es gilt, den Mächtigen mit den richtigen Worten zu erweichen (die Aufteilung des Sinnlichen bestimmt also genau, was wie gesagt und getan werden kann). Lopes Stück ist dabei jedoch literarische Intervention auch in dem Maße, wie es das Verhältnis zwischen Herrscher und Herrschaftssubjekt nicht nur als theatrale Handlung realisieren, sondern zugleich darstellen und damit auf Distanz bringen kann. In diesem Sinne ist literarische Intervention „behavior that lies somewhere between an act and an 'act'",[151] wie Ross Chambers in seinen Ausführungen zur literarischen Opposition bemerkt, weil die Repräsentation und Simulation von Unterwerfung unter die Macht diese Unterwerfungsgesten mit oppositionellen Affekten kontaminiert.

Politisch lässt sich Rancières Aufteilung des Sinnlichen deshalb genau an der Schnittstelle zwischen der ideologischen Inkorporation des Subjekts nach den Regeln des Hegemons und subjektiver, affektischer Abweichung verorten. Jon Beasley-Murray hat dies 2010 so formuliert: In politischen Gemeinschaften wird Affekt zunächst dafür nutzbar gemacht, Gemeinschaft zu stiften. Anschließend wird er in gruppenidentitäre Emotionserzählungen verwandelt, um der Gemeinschaft den Anstrich einer Transzendentalie zu verleihen:[152] „The estate is an 'apparatus of capture' that transforms affect into emotion, multiplicity into unity, intensity into the extension of territorial Empire. This is the state's 'incorporated, structural violence'."[153] Im Übergang von der konstituierenden Macht des Affekts hin zur konstituierten Ordnung des Staates bleibt allerdings ein Rest oder Überschuss bestehen, da Affekte nie vollständig

151 Chambers, *Room for Maneuver*, 1991, S. 95. Siehe zu den ambivalenten Wirkungsweisen der schriftlichen Unterwerfungsgeste das Kapitel „Obéissances" in Grihl, *Écriture et action*, 2016, S. 237–281.

152 Vgl. Beasley-Murray, *Posthegemony*, 2010, S. 162.

153 Ebd., S. 138.

in ein ideologisches Projekt eingehegt werden können. Es handelt sich bei der politischen Inkorporation des Subjekts vielmehr stets um „a (non)relation or incompatibility between processes of capture and affective escape“[154]. Auf die Situation des frühneuzeitlichen Spanien übertragen hieße das, dass der imperiale Mythos und seine Politik – sowohl „the extension of territorial Empire“ nach außen als auch der Versuch orthodoxer Homogenisierung im Inneren – auf der Manipulation der Affekte beruht,[155] dieser „capture“ aber unweigerlich ein Moment des „escape“[156] auf dem Fuße folgt. Lopes hier eingangs erwähnte Furie und die dramatische *furiosidad*, die in ihrem Gefolge Einzug in Arkadien hält, wären in diesem Sinne genau ein solches Moment, an dem sich Affekt literarisch in *escape* verwandelt – obwohl oder vielleicht gerade, weil ihr Erscheinen zunächst durch die Rede des Apollo in jene großen epischen Identitätserzählungen des Mittelmeerraums eingereiht wird, die das spanische Arkadien als Raum von politischer Bedeutung aufwerten, und ihre Rede selbstverständlich formal und rhetorisch hochgradig kalkuliert ist. Geht man davon aus, dass zum einen die Manipulation des Affekts jederzeit kippen kann und zum anderen literarische Intervention genau diesen Moment in Szene setzt, so darf man von einer Kopräsenz affektischer Inkorporation und formaler Desinkorporation im Text ausgehen.

Rancière selbst spricht denn auch von Desinkorporation, wenn durch den literarischen Sprachgebrauch (dessen *modes du dire* und *modes du faire*) im kollektiven Imaginären Bruchstellen erzeugt werden, die den kollektiven Zusammenhalt – den politischen Mythos – in Frage stellen:

> Aussi ne produisent-ils pas des corps collectifs. Bien plutôt ils introduisent dans les corps collectifs imaginaires des lignes de fracture, de désincorporation. […] Ils dessinent ainsi des communautés aléatoires qui contribuent à la formation de collectifs d'énonciation qui remettent en question la distribution des rôles, des territoires et des langages – en bref, de ces sujets politiques qui remettent en cause le partage donné du sensible. Mais précisément un collectif politique n'est pas un organisme ou un corps communautaire. Les voies de la subjectivation politique ne sont pas celles de l'identification imaginaire mais de la désincorporation « littéraire ».[157]

154 Ebd., S. 139.

155 Beasley-Murray spricht hier wie Massumi oder Sedgwick, *Touching Feeling*, 2003, von Intensität.

156 Auch Massumi bezeichnet diesem unassimilierbaren Rest des Affekts als *escape*: „Emotion is the intensest (most contracted) expression of that capture – and of the fact that something has always and again escaped.“ Massumi, „The Autonomy of Affect“, 1995, S. 96.

157 Rancière, *Le Partage du sensible*, 2000, S. 63f. Siehe zur Frage der politischen Gemeinschaft ebenfalls Rancière, *Politique de la littérature*, 2007, S. 11.

Eben dies gilt Rancière nun als literarische Intervention.[158] Während bei ihm jedoch vor allem das mit der Demokratie ringende 19. Jahrhundert im Vordergrund steht, das neue Formen des Sprechens und Handelns ermöglicht und einfordert, muss literarische Intervention im 16. Jahrhundert anders gedacht werden. Denn Rancière geht es vor allem darum zu zeigen, wie über die Erfindung der Kategorie der ‚Literatur' zum einen und die Vormacht des Stils zum anderen demokratisches Sprechen erprobt und zugleich in Frage gestellt werden kann.

In der vordemokratischen Kultur der Frühen Neuzeit hingegen stand beim *partage du sensible* die Rhetorik an erster Stelle. Chambers hat diesbezüglich wie bereits erwähnt von Opposition gesprochen. Er untersucht zum Beispiel die *Fables* von Jean de La Fontaine hinsichtlich ihrer rhetorischen Manöver, die literarisches Sprechen am Hofe zugleich ermöglichen und damit zu einer Funktion der Macht machen, im Gegenzug aber auch Praxis von Opposition werden können.[159] Gerade die Rhetorik des Herrscherlobs kann dabei zur narrativen Falle für die Mächtigen werden: Sie erzeugt zum einen Lust, weil der Sprecher oder Akteur es versteht, das Begehren der Mächtigen zu erkennen, durchkreuzt im ironischen Sprechakt diese Lust jedoch auch.[160] Literatur, die affektisch instabil ist und semantisch changieren kann, vermag es, die Mächtigen in Machtlose zu verwandeln, strategische *capture* der Affekte in affektischen *escape* zu verwandeln. Umgekehrt ermächtigt sich so der machtlos Unterworfene und das hegemoniale Herrschaftssystem verkehrt sich für einen Moment in sein Gegenteil.

Wie die Ironie ist auch das Pathos ein mögliches Instrument für diese subtile Taktik der rhetorischen Opposition: Denn selbst wenn das frühneuzeitliche Subjekt unweigerlich in die mythische Erzählung des transzendentalen Reiches eingeschlossen wird – bei Encina und Garcilaso werden wir dies *en détail* untersuchen können – so wird doch ein einmal zugelassenes Pathos zum Einfallstor für Affekte, die über die ideologische Steuerung hinausgehen. Immer wieder wird dabei ein Subjekt sichtbar, das im Erleben von pathematischer Ohnmacht den eigenen Affekt auch als mächtig erlebt.

Deshalb stellt sich die Frage, was der bukolische Modus der Distanzbildung mit dem Ausdrücken, Darstellen oder Erzeugen von Affekten zu tun hat – freilich von Affekten, die kein individuelles Empfindungsgemälde sein wollen, sondern einen konkreten sozialen Ort haben und mithin soziales Handeln darstellen. Am einzelnen Text kann so der rhetorische Schriftgebrauch des

158 Vgl. ebd., S. 12 u. 15.
159 Vgl. Chambers, *Room for Maneuver*, 1991, S. 56.
160 Vgl. ebd., S. 66–70.

Pathos als politische Handlung eines Sprechersubjekts gedeutet werden, das sich im Gebrauch des Pathos in der Polis zu anderen in Beziehung setzt. Mit Rückgriff auf die frühneuzeitliche Begriffsgeschichte des Pathos und die aktuelle Forschung zu Emotion, Affekt und Affektpoetik[161] möchte ich zu diesem Zweck an literarischen Darstellungen des Pathos seine soziale und identitätsbildende, aber auch seine widerständige Funktion herausarbeiten. Im Mittelpunkt meiner Interpretationen steht daher auch nicht die idealisierte und konfliktgeprüfte Liebes- und Sublimationsfähigkeit der einzelnen Schäfer, sondern im Gegenteil die Frage, wie bukolische Texte durch den Einsatz von Pathos vom gesellschaftlichen Ort des Subjekts erzählen, diesen erzeugen und zugleich affektpoetisch verwandeln.

161 Vgl. Kolesch, *Theater der Emotionen*, 2006, Bohrer, *Das Tragische: Erscheinung, Pathos, Klage*, 2009, sowie zum Begriff innerhalb der Gattungsforschung explizit Meyer-Sickendiek, *Affektpoetik*, 2005, der allerdings mit seiner auf das 18. Jahrhundert gestützten Affektlehre und Analyse deutschsprachiger Texte nur teilweise einen Anschluss für die romanische Frühe Neuzeit erlaubt.

KAPITEL 2

Vom antiken Pathos zur Pathematik der Frühen Neuzeit

In der Kultur- und Literaturwissenschaft wird auch heute noch die berühmte Pathosformel von Aby Warburg herangezogen, wenn man von der formalen Komplexität einer pathetischen Figuration sprechen will. Sie ist mit einer kunsthistorischen Anekdote verbunden, die Warburg tief beeindruckt hat: Als Felice de Fredi am 14. Januar 1506 die Erde seines Weinberges auf dem römischen Colle Esquilino umgräbt, macht er eine Entdeckung, die zum Symbol einer ganzen Epoche werden sollte. Ganz in der Nähe des Goldenen Hauses des Kaisers Nero findet er eine Marmorgruppe, die den Todeskampf Laokoons und seiner Söhne zeigt.[1] Die Erhabenheit seines Schmerzes, die antike Darstellung des menschlichen Körpers[2] und der eingefrorene Ausdruck einer Bewegung im Zustand höchster Erregung müssen ihm wie lebendige Boten einer Zeit erschienen sein, die hunderte von Jahren vergessen in der Erde schlummerte. Die Größe der Leiden Christi war de Fredi aus Abbildungen in Kirchen und Palästen sicherlich zur Genüge bekannt. Aber dass ein menschlicher Körper, der von der Willkür heidnischer Götter gestraft wird, solch erhabenes Pathos ausstrahlen könne, wird ihm ungeheuerlich vorgekommen sein.

Man kann sich die Wirkung, die dieser Fund auf die Kultur der Renaissance hatte, vorstellen. Nicht ohne Grund gilt die Laokoon-Gruppe als Symbol der Erneuerung des Abendlandes aus dem Geiste der Antike. Warburg geht dann sogar so weit zu behaupten, die Renaissance hätte die Laokoon-Gruppe erfinden müssen, wenn sie sie nicht gefunden hätte, denn der Erde Roms sei an diesem Tag in greifbarer Form das entstiegen, was man in Italien bereits seit zwei Jahrhunderten ideell der Kunst und Philosophie der Klassiker entlehnt habe.[3] Warburg zufolge ist in der italienischen Renaissancemalerei aus der antiken Kunst nicht allein eine ideale Ruhe in der Darstellung übernommen

1 Vgl. Buranelli, *Laocoonte*, 2006, S. 16.

2 Siehe zur Körperdarstellung die Präsentation Gérard van Obstals 1667 in der Pariser *Académie royale de peinture et de sculpture*. „Sur la figure principale du groupe de Laocoon", 1883.

3 „Die Entdeckung des Laokoon ist gleichsam nur das äußere Symptom eines innerlich bedingten stilgeschichtlichen Prozesses und steht im Zenit, nicht am Anfang der ‚barocken Entartung'. Man fand nur, was man längst in der Antike gesucht und deshalb gefunden hatte: die in erhabener Tragik stilisierte Form für Grenzwerte mimischen und physiognomischen Ausdrucks." Warburg, „Dürer und die italienische Antike", 2010, S. 181.

 DOI:10.30965/9783846768020_003

worden, wie Winckelmann[4] und die Klassik meinten, sondern vor allem eine „überlebendige Muskelrhetorik"[5] heftiger, leidenschaftlicher Gesten. Diese übersetzen sich in der Renaissancemalerei zunächst in das berühmte „bewegte Beiwerk",[6] wie fließende Haare und schwingende Kleidung. Sie sollen in Stellvertretung der dargestellten Figur und deren Mimik eine Intensität des Affekts repräsentieren und damit quasi die halbe Strecke von völliger affektischer Ruhe zur heftigen pathetischen Geste zurücklegen; man denke nur an das ruhige Gesicht der Venus von Botticelli und das vom Wind bewegte Haar, das dieses Gesicht umspielt.[7] Mit der damit zu „erhabene[r] Tragik" gesteigerten – menschlichen – Figur wurde nun, so die Deutung Warburgs, auch eine neu entdeckte Innerweltlichkeit des Subjekts betont, die sich gegen die christliche Ontologie zu wenden begann: „[E]s war das Volkslatein der pathetischen Gebärdensprache, das man international und überall da mit dem Herzen verstand, wo es galt, mittelalterliche Ausdrucksfesseln zu sprengen".[8]

Ursprünglich wenig methodisch und vor allem auf die Rezeption antiker Kunstwerke und ihrer Formensprache bezogen, hat sich die Pathosformel deshalb nicht nur bewährt, um spannungsreiche, polare Gebärden des *contrapposto* oder die Symbolik bewegter Details im Bild zu beschreiben. Sie ist auch ein brauchbares Instrument, um kulturhistorisch jene Schwelle zu fassen, die zwischen dem christlichen Mittelalter, das die Affekte domestizieren wollte, und der Frühen Neuzeit anzusiedeln ist, die im Zuge der „Entdeckung der ‚klassischen Unruhe'"[9] die Passionen aufwertet. Denn Warburg zufolge entsprechen rinascimentale Pathosformeln auf der Ebene der Bildkultur jener Struktur des ‚Umwegs', die Hans Blumenberg auf der Ebene des Texts als Funktion der Rezeption und Bearbeitung antiker Mythen herausgearbeitet hat.[10] Im Vergleich zu Blumenberg wäre aber hervorzuheben, dass Warburg gerade nicht allein von einer souveränen Ermächtigung des frühneuzeitlichen Menschen ausgeht, der vermittels mythischer Erzählungen den Schrecken des

4 Siehe zur Abgrenzung Warburgs von Winckelmann und dessen Konzept von Kunstgeschichte Didi-Huberman, *L'Image survivante*, 2002, S. 11–26.

5 Warburg, „Dürer und die italienische Antike", 2010, S. 178.

6 Warburg, „Die Theaterkostüme für die Intermedien von 1589", 2010, S. 156f.

7 Vgl. Didi-Huberman, *L'Image survivante*, 2002, S. 242f.

8 Warburg, „Dürer und die italienische Antike", 2010, S. 181.

9 Henning Ritter, „Pathosformel", 2007, Sp. 202 (*Historisches Wörterbuch der Philosophie*, Bd. VII).

10 Blumenberg fasst die Lust an der mythischen Erzählung, die den Menschen und nicht etwa das Göttliche in den Mittelpunkt stellt, als Taktik auf, die Redeverbote des Monotheismus zu unterlaufen und damit ein neues Welt- und Menschenbild zu schaffen. Vgl. Blumenberg, „Wirklichkeitsbegriff und Wirkpotential des Mythos", 1971, S. 13 u. 50. Zum Vergleich Blumenberg und Warburg siehe ebenfalls Port, *Pathosformeln*, 2005, S. 17.

Kosmischen bannt. Vielmehr ergänzt er den kontraphobischen, distanzierenden Reflex,[11] der in der Pathosformel selbstverständlich präsent ist, durch eine nicht minder wirksame, ansteckende Übertragung des Affekts. Glaubt man der bis ins Kosmologische reichenden Bildtheorie Warburgs, so erhält sich im Bild ein einstmalig in Geste übersetzter Affekt, der an den Rezipienten und Kritiker energetisch weitergegeben werden kann: „Die Pathosformeln sind derart affektgeladen, daß die in ihnen gespeicherten Leidenschaften durch die visuelle Wahrnehmung erfahrbar werden."[12] Warburg geht dabei, ähnlich wie Sigmund Freud, von einem Prinzip der Energieerhaltung aus,[13] so dass die gestische Pathosformel nicht nur symptomatisch, sondern nachgerade hysterisch, nämlich als „Affektventil"[14] wirkt. In der Evolution von Pathosformeln kommt es allerdings immer wieder zu einem „spontanen energetischen Umschlag",[15] so dass die darin inszenierten *pathêmata* je nach Kontextualisierung etwas anderes bedeuten.

Eine Pathosformel, die bei Warburg von Anbeginn an im Zentrum seiner Überlegungen steht, ist die Ninfa – eine alte Bekannte im Reich der literarischen Schäfer. Ihr Wiederauftauchen unter anderem bei Domenico Ghirlandaio (*Geburt des Hl. Johannes des Täufers*, ca. 1490, S. Maria Novella, Florenz) und Sandro Botticelli (*Primavera*, 1482/1487, Uffizien, Florenz) fasst Warburg als Rekontextualisierung und Umdeutung der antiken Mänade auf. Die Nymphe wird von ihm im Sinne einer Schilderung „leidenschaftlich bewegten körperlichen und geistigen Lebens",[16] mithin als „Inbegriff gottlosen heidnischen Schmuckes [...] und als Symbol weltlicher Üppigkeit"[17] gedeutet. Georges Didi-Huberman ordnet die Analyse der Nymphe dann in seinen von Warburg ausgehenden Überlegungen einer Form der *choreographischen* Pathosformel zu (die der rein *agonistischen*, die in Darstellungen der Laokoon-Gruppe ebenso wie solchen des Todes von Orpheus im Mittelpunkt stehen, gegenübergestellt wird).[18] Darin wird die Bewegung des Körpers zur Inszenierung

11 Siehe zur Pathosformel als „Mittel der Distanzierung" Krois, „Die Universalität der Pathosformeln", 2002, S. 298. Auch die Bukolik wurde bereits in diesem Sinne gedeutet. Vgl. Giavarini, *La Distance pastorale*, 2010, zu Frankreich, wo d'Urfé durch die pastorale Form Distanz zur hegemonialen Religionspolitik herstellt.

12 Zumbusch, *Wissenschaft in Bildern*, 2004, S. 104.

13 Vgl. Freud, „Jenseits des Lustprinzips", 2007, S. 215, sowie zur Parallele im Pathos Zumbusch, „‚Gesteigerte Gesten'", 2007, S. 274.

14 Ebd., S. 279.

15 Knape, „Gibt es Pathosformeln?", 2008, S. 123.

16 Warburg, „Sandro Botticelli", 2010, S. 168.

17 Warburg, „Die Theaterkostüme für die Intermedien von 1589", 2010, S. 155.

18 Vgl. Didi-Huberman, *L'Image survivante*, 2002, S. 265.

von Zeitlichkeit, das Tanzen, der Wind oder der körperliche Angriff geraten in den Fokus.[19] Durch die pathetisch gesteigerte Bewegung des Körpers wird die Renaissance-Nymphe nachgerade zum exemplarischen Phänotyp des Affekts, zur „héroïne de la rencontre mouvante-émouvante: une ‹ cause extérieure › suscite quelque ‹ mouvement éphémère › aux bordures du corps, mais un mouvement aussi organiquement souverain".[20] In deren affizierter Körperlichkeit gelangt so auch der Urkonflikt des Menschen mit seinem Begehren nach unerfüllbarer Einheit mit Objekten, anderen Subjekten und sich selbst zur Darstellung. Bemerkenswert ist dann, dass die durch das Bildgedächtnis der heidnischen Mänade dionysisch potenzierte Nymphe wiederum anders kodiert sein kann, wenn sie etwa zeitgleich in der Darstellung von Maria Magdalena am Kreuze Christi und damit für ein Affektprogramm des christlichen Mitleids zitiert wird.[21] Ein Formenparadigma des Pathos wird hier, energetisch invertiert, für eine andere Semantik in Anschlag gebracht. Gerade in Spanien ist die Bandbreite der pathetischen Formensprache zwischen humanistischer Antikenrezeption und christlicher Ethik deshalb für die Entwicklung literarischer Pathosformeln zentral gewesen.[22]

---

19 Vgl. ebd., S. 255f.

20 Ebd., S. 257.

21 Vgl. dazu am Beispiel von Bertoldo di Giovannis *Kreuzigung* (Museo Nazionale del Bargello, Florenz, ca. 1485), ebd., S. 266f.

22 Curtius hat als einer der Ersten versuchsweise den Begriff der Pathosformel in die Literaturwissenschaft übertragen. Er verwendet ihn allerdings eher im Sinne des Topos beziehungsweise verweist auf konkrete rhetorische Stilmittel des Pathos bei Vergil, die bei späteren Autoren von diesem entlehnt werden. Vgl. „Antike Rhetorik und Vergleichende Literaturwissenschaft", 1949, S. 28 u. 33. Knape und Krois haben dann erneut Vorschläge gemacht, wie methodisch der Weg von der bildlichen zur textuellen Pathosformel zu gehen wäre. Dies bietet sich nicht nur an, weil Warburg selbst seine Herleitungen mit literarischen Texten unterfüttert, vgl. Warburg, „Sandro Botticellis ‚Geburt der Venus' und ‚Frühling'", 2010, sondern auch weil er dabei Knape zufolge oft „ganze (literarische!) Szenen, Mythen, emotionale Makrokonstrukte oder narrative Konstellationen" bemüht. „Gibt es Pathosformeln?", 2008, S. 121. Knape schlägt vor, die Pathosformel mit dem kommunikationstheoretischen Konzept der Notation zu verbinden. Zu formelhaften Notationen des Pathos gehöre dann neben dem Tafelbild auch die literarische Figur, schlichtweg jede „sinnlich wahrnehmbar in die kommunikative Interaktion gestellte, also aus der bloßen Kognition heraus getragene, mithin eigens physisch produzierte semiotische Größe". Ebd., S. 134. Krois geht so weit zu betonen: „Es gibt keine Pathosformeln ohne narrative Einbettung". „Die Universalität der Pathosformeln", 2002, S. 303. Zum „theatralen Modus operandi" der warburgschen Pathosformel, die diese ebenfalls an literaturwissenschaftliche Debatten über die Gattung der Tragödie anschlussfähig macht, siehe Port, *Pathosformeln*, 2005, S. 13.

2.1 Antike Rhetorik der Affekte und spanischer Humanismus

Die Renaissance ist in Spanien in vielerlei Hinsicht einen Sonderweg gegangen. Dies beruht vorrangig auf der Tatsache, dass der italienische Humanismus erst mit einiger Verspätung in das Zentrum der iberischen Halbinsel vordringt, etwa zu der Zeit, als Juan del Encina (1468–1529) Anfang der 1520er Jahre von seinen langen Italienaufenthalten nach Kastilien zurückkehrt. Besonders bemerkenswert ist jedoch der Umstand, dass in Spanien nicht nur die Übersetzung antiker Texte erst langsam in Schwung kommt, sondern dass auch wenig genuine Poetiken verfasst werden – keine einzige im Zeitraum zwischen Encinas *Arte de poesía castellana* (1496) und Miguel Sánchez de Limas *El arte poética en romance castellano* (1580). Die kastilische Renaissance scheint sich dagegen vor allem auf das rhetorische Erbe der Antike zu besinnen. Deshalb ist sie nicht weniger eine literarische Renaissance. Fragen darüber, was Literatur, Poesie oder Fiktion sei, werden in diesem Zeitraum jedoch vor allem in literarischen Paratexten oder als Teil der Redekunst verhandelt.[23]

Die zentrale Rolle, die der Rhetorik im spanischen 16. Jahrhundert zukommt, lässt sich aber auch inhaltlich erklären. Denn die Rezeption der Texte von Aristoteles und Quintilian zeigt, dass spanische Autoren wie Juan Luis Vives, *El Pinciano* und Francisco Cascales, wenn sie im Zuge rhetorischer Diskussionen nach Form, Wert und Funktion von Literatur fragen, einer rhetorischen Kategorie besondere Aufmerksamkeit schenken: dem Pathos. Die rhetorische Schule des spanischen Humanismus ist in dieser Hinsicht zugleich eine Affekttheorie der Frühen Neuzeit:[24] An ihr lässt sich ablesen, wie sich

---

23 Kohut geht davon aus, dass der Grund dafür im Fokus auf narrative Textgattungen zu suchen sei. Mit der Entdeckung Amerikas erlange in Spanien die Historiographie eine Vormachtstellung, die bewirke, dass theoretische Dispute vor allem darüber geführt werden, wie faktuale Formen des Erzählens und bereits bestehende fiktionale Gattungen wie der Ritterroman voneinander abzugrenzen seien. Vgl. Kohut, „Die spanische Poetik zwischen Rhetorik und Historiographie", 1994.

24 Hier ist auf den inhärenten Anachronismus bei der Verwendung moderner Begriffe hinzuweisen. „Emotion" (Aristoteles verwendet *pathê* als Oberbegriff) etwa bezeichnet bei Aristoteles im Gegensatz zum Pathos eine aktive „Art von Begehren oder Streben […], die mit bestimmten Überzeugungen verbunden sein müssen und – anders als die unvernünftigen Begierden – nicht nur durch den Körper zustande kommen". Krajczynski / Rapp, „Emotionen in der antiken Philosophie", 2009, S. 64. Zur Problematisierung und Abgrenzung der Begriffe Affekt, Emotion, Passion und Leidenschaft siehe Böhme, „Gefühl", 1997. Zur Variationsbreite zwischen antikem Pathos und der modernen Vorstellung von Emotion, insb. mit Blick auf die Rezeption der *mênis* des homerischen Achill, siehe Konstan, „Haben Gefühle eine Geschichte?", 2009.

das Pathos als tragisches ‚Erleiden' von der Antike über das christliche Dogma des Mitleids bis hin zur modernen Auffassung des Affekts als Potential künstlerischer Schaffenskraft fortschreibt.[25] Der „pathetische Bezirk menschlicher Subjektivität" als „anthropologische Konstante" ist es also,[26] der unter anderem den spanischen Sonderweg abzirkelt. Damit einher geht die Reflexion auf die Vergesellschaftung eines mit den Leidenschaften ringenden Subjekts.[27] Die Innerweltlichkeit dieses Subjekts, das seine eigene Gegenwart beobachtet, wird dabei so ins Zentrum gerückt, dass das Pathos sich auch im katholischen Spanien von jenen religiösen Praktiken und Diskursen über den Affekt lösen kann, die bisher die Rezeption der Antike verschattet hatten.

2.1.1 *Pathos zwischen Poetik, Ethik und Rhetorik: Aristoteles*

In der griechischen Antike und insbesondere seit Aristoteles versteht man unter Pathos (πάθος) eine Reihe von „seelischen Leidenszuständen",[28] die sogenannten *pathêmata*. Im Lateinischen wird *pathê* in der Folge als *adfectus* (bei Quintilian), *affectio, perturbatio* (bei Cicero) oder *passio* übersetzt,[29] wenn die Rede von den seelischen Leiden ist, als Begriff der Rhetorik jedoch erhält sich Pathos bis heute. Bei Aristoteles wird es als Zustand des Zuhörers vom Ethos des Redners unterschieden. Beides steht dem Logos der Argumentation flankierend zur Seite. Pathos, Ethos und Logos sind also die drei Funktionen der Rede. Pathos übernimmt als Teil dieses Dreigestirns in der aristotelischen Rhetorik die Aufgabe, zu überzeugen: „Durch die Hörer (erfolgt die Überzeugung), wenn sie durch die Rede in einen emotionalen Zustand versetzt werden"

---

25 Auerbach, „Passio als Leidenschaft", 1967, belegt, wie mit der christlichen Passionslehre bereits die stoische *impassio* überwunden und schließlich durch den Kult der Liebesleidenschaft abgelöst wird.

26 Kliche, „Passion / Leidenschaft", 2010, S. 684 (*Ästhetische Grundbegriffe*, Bd. IV).

27 Vgl. die Forderung von Vickers, „On the Practicalities of Renaissance Rhetoric", 1982, S. 134, Renaissancerhetoriken müssten in der Forschung stärker als sozial und politisch kontextualisierbare Lehren in den Blick kommen.

28 Meyer-Kalkus, „Pathos", 2007, Sp. 193 (*Historisches Wörterbuch der Philosophie*, Bd. VII).

29 Siehe zur Reihe gebräuchlicher Übersetzungen ebenfalls Augustinus, *De civitate dei*, Bd. I, 1979, S. 566f. (IX, 4). Danach differenziert Augustinus in Anlehung an die Stoa zwischen unterschiedlichem ‚Gebrauch' der Affekte und der *phantasia*, denn anders als dem Toren gelänge es dem Weisen, bei allen Gemütszuständen, die durch geistige Bilder hervorgerufen werden, doch sein geistiges Urteil und seine Vernunft zu bewahren. Vgl. ebd., S. 568f. In der Lehre zum Mitleid weicht Augustinus dann explizit von den Stoikern ab und betont, dass es sich dabei um ein edles Gefühl handle, das dem Christenmenschen anstehe, weil es zur Hilfe am Nächsten anhält. Vgl. ebd., S. 572f. *Pathema* stammt ab vom Verb *patior*, „suffering and affliction, prostituting one's self". Leo, „Affective Physics", 2013, S. 48.

(*Rhetorik*, I, 2, 1356a).[30] In der Gerichtsrede etwa soll es den Richter in seinem Urteil beeinflussen. Wird ihm in einer Rede etwas vor Augen gebracht oder stellt er es sich vor seinem inneren Auge vor, weil es sprachlich evoziert wird, so registriert er einen Reiz, der – im Falle des Leids – mit Unlust[31] verbunden ist.[32] Diese Empfindung, die zunächst nur ‚zustößt',[33] kanalisiert sich schließlich in Form eines Handlungsantriebes und einer körperlichen Veränderung – der Psychosomatik des Pathos, zum Beispiel in Form von Tränen.[34]

Pathos kann also artikuliert werden in „Wort oder Gebärde",[35] es kann äußeres und inneres Pathos sein und vor allem bewegt es sich sowohl auf der Seite der Produktion, die Pathos als Wort oder Szene präsentiert, als auch auf der Seite der Wirkung, wenn dieses Pathos an den Rezipienten weitergegeben wird. Anders als der zunächst dem Verständnis nach rein passiv empfangene Affekt ist die Leidenschaft, die sich aus dem Leiden generiert, eine „subjektive Bezüglichkeit".[36] Im Hinblick auf ein konkretes Objekt der Wahrnehmung, von dem es ‚betroffen' aber getrennt ist, erlebt das Subjekt im Pathos immer zugleich eine „Grenzerfahrung des Mangels",[37] nämlich die Abständigkeit seines Geistes zum Leib sowie seiner Umwelt,[38] und sich damit selbst schlechthin *als* (individuelles) Subjekt. Das Pathos ist von dieser anthropologischen Warte aus

30 Zitiert wird nach der Übersetzung von Christof Rapp. Aristoteles, *Rhetorik*, Bd. I, 2002.

31 *Pathêmata* können jedoch auch Lust auslösen, wie etwa die Lust auf Vergeltung: „Die dann entstehende Vorstellung nämlich bringt Lust hervor, wie die der Träume." (*Rhetorik*, II, 2, 1378b) Aristoteles definiert Affekte außerdem in polaren Paaren, die jeweils dem Prinzip der Hemmung gehorchen, z. B. wenn Sanftmütigkeit als „Beruhigung des Zorns" (*Rhetorik*, II, 3, 1380a) und allgemeiner als „Zustand der Schmerzlosigkeit" (*Rhetorik*, II, 3, 1380b) entworfen wird.

32 Die Emotion steht hier also immer mit einem Urteil im Bunde und ist daher zugleich reaktive Kognition. Zur genaueren Unterscheidung der alogischen ‚Vernunft' bzw. des habitualisierten Moralbewusstseins, das im Gebrauch der Emotion Aristoteles zufolge den Menschen als Tugendwesen ausweist, von der rein kognitiven, praktischen Vernunft des *logos* siehe Fortenbaugh, *Aristotle on Emotion*, 2002, S. 73ff.

33 Vgl. Grimm, „Affekt", 2010, S. 19 (*Ästhetische Grundbegriffe*, Bd. I).

34 Vgl. Harbsmeier / Möckel, „Antike Gefühle im Wandel", 2009, S. 11.

35 Bär / Vollmann / Kraus, „Pathos", 2003, Sp. 689 (*Historisches Wörterbuch der Rhetorik*, Bd. VI).

36 Kliche, „Passion / Leidenschaft", 2010, S. 685 (*Ästhetische Grundbegriffe*, Bd. IV).

37 Ebd., S. 686.

38 Siehe zur Abständigkeit des Körpers zu sich selbst: „Ein Mensch *ist* immer zugleich Leib (Kopf, Rumpf, Extremitäten mit allem, was darin ist) – auch wenn er von seiner irgendwie ‚darin' seienden unsterblichen Seele überzeugt ist – und *hat* diesen Leib als diesen Körper." Plessner, *Lachen und Weinen*, 1961, S. 45. Sowie zur Abständigkeit des Menschen zur Umwelt: „Nur auf den offenen Hintergrund einer nicht mehr in vitalen Bezügen aufgehenden Welt, die den Menschen in unvorhersehbare Lagen bringt und mit der er stets neue und brüchige Kompromisse schließen muß, hält er sich in jenem labilen

die menschliche Erfahrung *par excellence*, weil es die *conditio humana* in ihrer Begehrensstruktur ansichtig macht: bezogen auf die Einheit mit materiellen oder immateriellen Objekten, die man begehrt und nicht erlangt; bezogen auf die Einheit von Geist und Leib oder Geist und Umwelt, die man nie erreichen wird; und bezogen auf die Einheit des Subjekts mit anderen Subjekten, die selbst in der pathematischen Kommunikation immer zum Scheitern verurteilt ist.

In der *Poetik* beschreibt Aristoteles das Pathos schließlich genauer. Als das schwere „Leid"[39] (*πάθος*) ist es dort Teil der Fabel und vor allem eine „Handlung, die Verderben oder Schmerz bringt" (*Poetik*, 11, 1452b), die sich – soll sie ihre größte Wirkung entfalten – zwischen Personen, die sich nahe stehen (*φίλοι*), abspielen muss (vgl. *Poetik*, 14, 1453b). *Pathêmata* sind allein aufgrund ihres Ereignischarakters nicht mit Emotionen gleichzusetzen.[40] In der aristotelischen Tragödientheorie repräsentiert das Pathos vielmehr die Katastrophe, die sich aus der Wahl des Gegenstands ergibt, mit Peripetie und Wiedererkennung zusammen fallen kann und Katharsis bewirkt. Das Pathos führt also erst als Teil eines Syntagmas zur Reinigung von Erregungszuständen (vgl. *Poetik*, 6, 1449b). Die „Affektentladung"[41] und ihre physiologischen Symptome sind für die Katharsis insofern ausschlaggebend, als sich an ihnen die tragischen Leitaffekte *phóbos* (*Φόβος*, Angstschauder) und *éleos* (*ἔλεος*, Jammer) kristallisieren. Dabei ist weniger der affektische Zustand der fiktiven Figuren von Bedeutung als wiederum die affektische Einflussnahme auf den Zuschauer. Diese ist dem Vermögen des Dichters geschuldet, mittels der Sprache Affekte ‚künstlich' oder rhetorisch zu erzeugen.[42] Das Theater ist bei Aristoteles also gelenkte Affekthygiene und kann dies gerade deshalb sein, weil es im Syntagma eine Geschichte erzählt, innerhalb deren sich das Pathos entfaltet.[43] Die rein szeni-

---

Gleichgewicht einer stets gefährdeten, selbst wieder schutzbedürftigen Kultur." Plessner, „Über das Welt-Umweltverhältnis des Menschen", 1983, S. 85.

39 Zitiert wird nach der Übersetzung von Arbogast Schmitt. Aristoteles, *Poetik*, 2008.

40 Barthes übersetzt Pathem als „das affizierende Ereignis". *Das Neutrum*, 2015, S. 134.

41 Bär / Vollmann / Kraus, „Pathos", 2003, Sp. 690 (*Historisches Wörterbuch der Rhetorik*, Bd. VI).

42 „Aristotle is not disposed to discuss 'emotion' in the *Poetics* in terms of the imagined state of mind of the fictional character, but rather in terms of the state of mind that the poet wants to induce in the audience, partly through the poet's own capacity for emotional adaptability and self-arousal." Gill, „The Ethos / Pathos Distinction", 1984, S. 153.

43 Aus Sicht der Narrativitätstheorie hat Voss daher auf die Notwendigkeit hingewiesen, auch die Emotionen als narrative Schemata zu deuten, die ohne eingeübte Deutungsfolien, ohne ihre situativen Komponenten und ohne ihre „Verlaufsgestalt" nicht zu denken sind. „Die narrative Transformation aristotelischer und moderner Emotionstheorien",

sche Vermittlung von Pathos dagegen muss dahinter zurückstehen.[44] Gerade in der griechischen Tragödie wird das schmerzliche Geschehen üblicherweise nur angedeutet, zum Beispiel in Form des Botenberichts, anstatt auf die Bühne gebracht zu werden. Die Rede eines Boten dient dann quasi als rhetorische Verpackung und Steuerung des Pathos, kann dies aber bei Kriegsdarstellungen und -schilderungen wie im Falle der *Perser* von Aischylos auch maximal steigern. *Pathêmata* sind darüber hinaus als Erregungsmomente nur ein Element der rhetorischen Lenkung unter mehreren: „Beweisen und Widerlegen und das Hervorrufen von Affekten" (*Poetik*, 19, 1456a-b) – allesamt mit Hilfe von Worten (*λόγος*) zubereitet – führen gemeinsam zur Vollendung der Handlung und zur vollendeten Überzeugung des Zuschauers.[45]

Wo das Pathos akut und heftig ist, ist das Ethos langfristig und gemäßigt – aus diesem Grund wird die Stoa das Pathos letztendlich als Verschleierung des Verstandes ablehnen.[46] Auch Aristoteles setzt sich im zweiten Buch seiner *Nikomachischen Ethik*[47] mit dem Verhältnis von Verstand, Tugend und Pathos auseinander, spricht dem Pathos jedoch nicht seinen Wert ab. Ganz im Gegenteil kann sich am Umgang mit den Affekten die Tugend bewähren, wenn sie lernt, die rechte Mitte zu wahren. Hier definiert Aristoteles nicht nur, was Pathos sei, sondern mit dem Katalog unterschiedlicher *pathêmata* liefert er schließlich eine Beurteilung des Pathos im Sinne der Ethik.

> Als „irrationale Regungen" bezeichne ich die Begierde, den Zorn, die Angst, die blinde Zuversicht, den Neid, die Freude, die Regung der Freundschaft, des Hasses, der Sehnsucht, die Mißgunst, das Mitleid – kurz, Empfindungen, die von Lust oder Unlust begleitet werden. „Anlage" ist das, wodurch wir als fähig bezeichnet werden, die irrationalen Regungen zu fühlen: wodurch wir z. B. fähig sind in Zorn oder Unlust zu geraten oder Mitleid zu fühlen. „Feste Grundhaltung" ist

---

2009, S. 127. In diesem Sinne versteht sie Emotion selbst als eine narrative Sequenz. Siehe genauer Voss, *Narrative Emotionen*, 2004, S. 181–223.

44 Zu dieser „Antitheatralität" des Aristoteles sowie zu dessen Kritik bei Nietzsche siehe Busch / Därmann, „Einleitung", 2007, S. 9. Aristoteles führt also zumindest teilweise die von Platon bekannte Pathologisierung der Leidenschaften fort, indem er das Lesedrama im Vergleich zur szenischen Darstellung bevorzugt.

45 Rees fasst dies folgendermaßen zusammen: „*Pathos*, like *peripeteia* and *anagnorisis*, is a 'part' of plot; unlike them it is not limited to complex plots. It is an action which causes destruction or pain. It may precede the action of the play or be anticipated and avoided. It arouses pity and fear because it happens between 'friends'." „Pathos in the Poetics of Aristotle", 1972, S. 4.

46 „Die Vernunft will das Urteil fällen, das gerecht ist – der Zorn will das für gerecht angesehen wissen, was er als Urteil gefällt hat." (*Ratio id iudicare uult quod aequum est: ira id aequum uideri uult quod iudicauit.*) Seneca, *De ira*, 1976, S. 136f. (I, XVIII, 1).

47 Zitiert wird nach der Übersetzung von Franz Dirlmeier. Aristoteles, *Nikomachische Ethik*, 1956.

> etwas, kraft dessen wir uns den irrationalen Regungen gegenüber richtig oder unrichtig verhalten. Einer Zornesregung gegenüber ist z. B. unser Verhalten dann unrichtig, wenn wir sie zu heftig oder zu schwach empfinden, dagegen richtig, wenn es in einer gemäßigten Weise geschieht. Bei den anderen Regungen ist es ähnlich. (*Nikomachische Ethik*, II, 4, 1105b)

Der Habitus oder Umgang mit den Affekten bewirkt demnach, dass die Tugend als sittliches Vermögen des Menschen „wesenhaft auf das Mittlere abzielt" (II, 5, 1106b).[48] Auch die Affekte können ihrer sittlichen Qualität nach unterschiedlich sein. So beurteilt Aristoteles etwa den Neid als kategorial schlechten Affekt und die Begierde als sittlich hässlicher im Vergleich zum Zorn, weil sie keiner Vernunft mehr folge, der Zorn aber mit einer Entscheidung und Fehlleistung des Geistes einhergehe (vgl. VIII, 7, 1157b). Insgesamt spricht Aristoteles also dem Pathos einen hohen Grad kognitiver Bewusstheit zu;[49] an ihm entscheidet sich, ob der Mensch in der Lage ist, sein Leben am Ideal der Tugend auszurichten, bis hinein in die Handlungen, die er auf die ‚erlittenen' Affekte folgen lässt. In gewisser Hinsicht ist die antike Lehre vom Pathos eine frühe Form der Selbsttechnik des Subjekts,[50] unter die auch die Affekthygiene des Theaters fallen kann. Verteilt sich die Lehre zum Pathos bei Aristoteles zwar auf mehrere Texte und bleibt sie dabei in Teilen durchaus vage, ist sie doch Kerninhalt seiner Philosophie. In der Rhetorik liegt der Schwerpunkt auf dem Pathos als Technik der Überzeugung, die vom Redner intendiert und gelenkt, vom Hörer dagegen wahrgenommen, erlebt und umgesetzt wird. In der Poetik wird das Pathos in Wort und Gebärde dann auf die literarische Technik der ästhetischen Affekthygiene übertragen. Es ist dort sowohl über seinen Gegenstand als auch über seine Funktion innerhalb einer syntagmatischen Struktur näher bestimmt als schmerzliches ‚Geschehen'. In der Ethik schließlich

---

48 „Sie ist Mitte zwischen den beiden falschen Weisen, die durch Übermaß und Unzulänglichkeit charakterisiert sind, und weiter: sie ist es dadurch, daß das Minderwertige teils hinter dem Richtigen zurückbleibt, teils darüber hinausschießt und zwar im Bereiche der irrationalen Regungen und des Handelns – wohingegen die sittliche Tüchtigkeit das Mittlere zu finden weiß und sich dafür entscheidet." (*Nikomachische Ethik*, II, 6, 1107a) Aristoteles unterscheidet ferner intellektuelle und ethische Tugenden, nur letztere zeigen sich am richtigen Umgang mit den Begierden. Vgl. Krajczynski / Rapp, „Emotionen in der antiken Philosophie", 2009, S. 51.

49 Zur Klärung unterscheidet Voss in motivationale (gefühlsmäßig-wahrnehmungshafte) und intentionale (kognitiv-evaluative) Faktoren der aristotelischen Emotionstheorie. Vgl. „Die narrative Transformation aristotelischer und moderner Emotionstheorien", 2009, S. 121.

50 Zum Begriff siehe Foucault, „Technologien des Selbst", 1993. Zur Spezifizierung der Frage, ob es neben den ethischen auch pathematische Selbsttechniken geben kann, siehe weiter unten, Kap. 2.3.1.

eröffnet Aristoteles aus dem Pathos den Weg zur Tugend als erste Stufe auf dem Weg, das überwältigende Gefühl durch den souveränen menschlichen Geist zu domestizieren.

2.1.2 Nec cogitare, sed facere: *Zur* phantasia *bei Quintilian*

Im Zuge der antiken und vor allem der römischen Entwicklung des Begriffs wird sich dieses Verhältnis von Ethos und Pathos weiter wandeln. Darüber hinaus wird aus Sicht der Poetik die Unterscheidung von Pathos und Ethos noch stärker als bei Aristoteles auf die Unterscheidung bestimmter Stile und Gattungen übertragen. Bei Cicero und Quintilian ist Pathos daher immer mit der *aptum*-Regel und der Reglementierung der *genera dicendi* verbunden. Als pathetischer Stil gilt fortan das *genus sublime* bzw. *vehemens*,[51] welches allein „große oder monströse Gegenstände wie geschichtliche Katastrophen oder Triumphe, menschliche Leiden oder Ruhmestaten"[52] angemessen zur Darstellung bringen könne. Als Gattungen werden diesem die Tragödie, die Ode und das Heldenepos zugeordnet. Dabei findet das Pathos nicht nur in der *elocutio* seinen definierten Ort, sondern auch innerhalb der *dispositio* wird ihm eine spezifische Funktion zugeordnet: Pathetische Rede gilt als besonders angemessen in Prooemium und Epilog.[53] Anders dagegen in der Komödie: An die Stelle des tragischen Pathos tritt dort die Dominanz des Ethos.[54]

Obwohl beide Begriffe durch die Gattungslehre der Lateiner maximal geschieden erscheinen, werden sie doch zugleich angenähert, so dass Quintilian sie zuletzt als nurmehr graduell verschiedene emotionale Modalitäten fassen kann.[55] In der *Institutio Oratoria*[56] übersetzt Quintilian das griech. πάθος als „adfectus" (VI, 2, 8) und „vehementes motus" (VI, 2, 9), das dem Bereich

---

51 Bär / Vollmann / Kraus, „Pathos", 2003, Sp. 690 (*Historisches Wörterbuch der Rhetorik*, Bd. VI) zählen als dessen Kunstmittel auf: Ausruf, Apostrophe, Prosopopoiie, rhetorische Frage, Alliteration, Anapher, Hyperbaton, Asyndeton, Aposiopese, Anakoluth, Interjektionen, kommatischer Satzbau zur Erregung von Unmut bzw. Periode zur Weckung von Mitleid, Amplifikation.

52 Meyer-Kalkus, „Pathos", 2007, Sp. 194 (*Historisches Wörterbuch der Philosophie*, Bd. VII).

53 Siehe Quintilian, *Institutionis Oratoriae*, Bd. I, 1972, S. 678f. (VI, 1, 10).

54 Vgl. ebd., S. 704f. (VI, 2, 20), und zur stilistischen Regel ebenfalls Horaz: „versibus exponi tragicis res comica non volt". *De arte poetica liber*, 1961, S. 19 (V, 89). Bemerkenswert ist dort auch der Hinweis, dass klagende Helden, die mit gewöhnlichen Worten statt in schwülstigem Pathos sprechen, das „cor spectantis" (V. 98) besser ergreifen.

55 Vgl. Gill, „The Ethos / Pathos Distinction", 1984, S. 158f. Gill zeichnet hier den Weg der Pathos-Ethos-Unterscheidung von Aristoteles zu Cicero (Assoziation mit den Stillagen), Dionysius von Halicarnassus (Erzeugung von Ethos im Zuhörer) zu Quintilian nach, der schließlich beide als alternative emotionale Modalitäten der Gefühlserregung fasst. Diese werden wiederum den Gattungen Tragöde und Komödie zugeordet.

56 Alle Zitate nach Quintilian, *Institutionis Oratoriae*, Bd. I, 1972.

des *imperare* zuzurechnen sei;[57] das ἔθος dagegen bezeichnet er als als „mores" und „lenes [commotos]" (ebd.), das sich im Bereich des *persuadere* – der sanften Überzeugung – bewegt.[58] Unterscheidet sich das Ethos vom Pathos insofern nur noch dem Grade nach, so wird es doch insbesondere in der Rede gebraucht, um den Sturm zu beruhigen, den das Pathos hervorgerufen hat (vgl. VI, 2, 12). Der Sturm des Pathos entpuppt sich bei Quintilian mithin als größte Macht des Orators, denn: „haec eloquentia regnat" (VI, 2, 4). Das Pathos reißt den Zuhörer mit und zwingt ihm Bilder des Affekts auf, an denen er festhält und an denen er sich – handele es sich auch um reine Bilder und „visiones" (VI, 2, 29) – erregen kann bzw. muss.

Mit dem Begriff der Vision unterstreicht Quintilian in besonderem Maße, was Aristoteles den Vorstellungscharakter des Pathos genannt hat. Dieses geistige Moment des Pathos schließlich ist, so Quintilian, auf prototypische Weise in der Liebe vorgezeichnet: „et, sicut amantes de forma iudicare non possunt, quia sensum oculorum praecipit animus, ita omnen veritatis inquirendae rationem iudex omittit occupatus adfectibus: aestu fertur et velut rapido flumini obsequitur" (VI, 2, 6). Wie der Liebende sich vom Bild der geliebten Person beherrschen und fortreißen lässt, so auch der vom Pathos Befangene, weil bei ihm die *ratio* ebenfalls ausgeschaltet ist und starke *visiones* wirken. Das Bild, das durch den pathetischen Stil und die pathetische Rede von einem Redegegenstand geboten wird, kann mithin stärkere Emotionen hervorrufen als die Sache selbst, über die gesprochen wird (vgl. VI, 2, 24).

Damit ist das zentrale Merkmal der antiken Pathostheorie benannt. Denn indem Quintilian Erscheinungen und Traumgesichter – die Phantasie (*φαντασία*) – als Wesensmerkmal des Pathos hervorhebt, erklärt er das Pathos zum Symbol der literarischen Deixis am Phantasma:[59] „per quas imagines rerum

57 Siehe die Definition: „movendi iudicium animos atque in eum quem volumus habitum formandi et velut transfigurandi" (VI, 2, 1).

58 Den graduellen Unterschied zwischen heftigen und ruhigen Affekten unterstreicht Quintilian am Beispiel der Liebe; Liebe sei immer Pathos (das erregende *concitare*), die milde *caritas* dagegen Ethos (das besänftigende *mitigare*): „quin illud adhuc adicio, πάθος atque ἔθος esse interim ex eadem natura, ita ut illud maius sit, hoc minus, ut amor πάθος, caritas ἔθος; interdum diversa inter se, sicut in epilogis; nam quae πάθος concitavit, ἔθος solet mitigare" (VI, 2, 12).

59 Vgl. zum Begriff Bühler, *Sprachtheorie*, 1982, S. 123, und allgemein im Rahmen der Fiktionalitätstheorie, die fiktionale Rede als diejenige kennzeichnet, die keinen Anspruch auf Referenzialisierbarkeit erhebt, Gabriel, *Fiktion und Wahrheit*, 1975. Siehe zur Emotion als Element der *inventio* in der antiken Rhetorik Schryvers, „Invention, imagination, et théorie des émotions chez Cicéron et Quintilien", 1982. Unter dem Gesichtspunkt ‚pathischer' Repräsentation wird dies verhandelt in den Beiträgen des Bandes Busch / Därmann, *„pathos"*, 2007.

absentium ita repraesantantur animo, ut eas cernere oculis ac praesentes habere videamur" (VI, 2, 29). Diese Imagination des Abwesenden erlaubt eine Form des Genusses am Affekt. Er ist einerseits eine ästhetische Reaktion auf Vorgestelltes, basiert aber andererseits auf einer affektiven Autosuggestion des Redners (vgl. VI, 2, 29), verlangt Quintilian doch, dass ein Affekt, der hervorgerufen werden soll, selbst gefühlt werden müsse: „summa enim, quantum ego quidem sentio, circa movendos adfectus in hoc posita est, ut moveamur ipsi" (VI, 2, 26). Ohne diese affektive Assimiliation gebe sich der Redner der Lächerlichkeit preis. Sowohl der Redner als auch der Zuhörer unternehmen demzufolge vermittels der Affekte eine Reise in das Reich der Fiktionen. Quintilian selbst vergleicht diese Wirkung der Phantasie mit der Vorstellung von Reisen, die wir nicht unternommen haben, und von Reichtümern, die wir nicht besitzen:

> nisi vero inter otia animorum et spes inanes et velut somnia quaedam vigilantium ita nos haec de quibus loquor, imagines prosequuntur, ut peregrinari, navigare, proeliari, populos adloqui, divitiarum, quas non habemus, usum videamur disponere, nec cogitare, sed facere: hoc animi vitium ad utilitatem non transferemus? (VI, 2, 30)

Nec cogitare, sed facere: Unter dieses Lemma stellt Quintilian die Wirkung der Affekte auf den menschlichen Geist. Fühlend handeln wir im Geiste, anstatt ‚nur' zu denken.[60] Pathos ist also eine „selbstaffektive Einheit".[61] Die pathetische Vision löst die gleiche Erregung wie eine Pathosszene auf der Bühne aus, vielleicht sogar eine noch stärkere. Mit Bezug auf das Theater unterstreicht Quintilian diese Macht, die besonders eine Macht des Wortes ist, wenn er daran erinnert, dass Schauspieler und Zuhörer ihren Affekt am geistigen Bild ‚entzünden', das ihnen in der Sprache vorgegeben wird: „in alienis scriptis sola pronuntiatio ita falsis accendit adfectibus" (VI, 2, 35). Bereits Aristoteles bevorzugte in der *Poetik* jenes ‚unsichtbare' Pathos, das allein durch Sprache – in der Tragödie z. B. durch den Botenbericht – ausgelöst wird. Denn erst das unsichtbare, rein sprachlich vermittelte Pathos ergänzt strukturell Peripetie und Anagnorisis, die beide reine Ausgeburten des menschlichen Geistes sind, nicht das sichtbare Pathos auf der Szene.[62] So kommt etwa laut der aristotelischen Tragödienpoetik das pathetische Potenzial von Todesfällen (*θάνατοι,*

60 Quintilian bezieht sich hier u. a. auf Ciceros *evidentia*-Lehre in *De oratore*, 1976, S. 573ff. (III, 202). Vgl. das Zitat in VI, 2, 30.

61 Blattmann / Kühn, „Grenzen der Sprache und der Welt", 2001, S. 24.

62 „[P]*athos* [szenisches Pathos] can be seen, whereas *peripeteia* and *anagnorisis* can only be imagined or conceived". Rees, „Pathos in the Poetics of Aristotle", 1972, S. 6.

thanatoi), wenn nicht allein in der Nacherzählung, so doch zumindest in jenem gesprochenen Wort über dem bereits toten Körper (*ἐκκυκλεῖν*, *ekkyklema*), zur größeren Entfaltung. Nicht das theatrale Spektakel, sondern die Rede und der Plot sind die vorzüglichen Medien des Pathos. Dies wird noch Vives 1538 mit Bezug auf das Theater festhalten, denn auch ihm zufolge kann die *fabula* emotional mehr beeindrucken als ein präsentisches Ereignis.[63]

Hier treten also die pathetische Episode (das katastrophische Ereignis) und die pathetische Technik der Rede auseinander. Innerhalb der Rhetorik mündet dies in unterschiedliche Beurteilungen des pathetischen Stils: Pseudo-Longinos etwa definiert das stark begeisternde Pathos als eine der fünf Quellen des Erhabenen,[64] grenzt es aber vom niedrigen Pathos des Jammers, Schmerzes und der Angst ab. Zudem tritt hier bereits eine Unterscheidung in ‚echtes Pathos' und falsches Pathos hinzu.[65] Das echte Pathos ist mit dem rechten Moment ebenso verbunden wie mit dem rechten, angemessenen Ausdruck. Insgesamt ist Pseudo-Longinos dennoch ein Verteidiger des Pathos, da er der affektiven Macht über die Phantasie des Zuhörers einen genuin ästhetischen Wert zubilligt.[66] Durch die Verschiebung des Pathos-Diskurses auf den Begriff des Erhabenen löst sich im Zuge dessen zum ersten Mal die rigide *aptum*-Regel in Ansätzen auf, denn solange Rede erhebend wirkt, ist es von sekundärer Bedeutung, ob sie im *sermo humilis* oder *sermo grandis* vorgetragen wird.[67]

Auf diesem Weg setzt sich die europäische Geschichte des Pathos schließlich bis zur kritischen „Stilpathologie"[68] fort, die den pathetischen Stil als künstlich, manieriert und forciert ablehnt. Denn im Spätbarock und Konzeptismus werden die Mittel pathetischer Rede so weit ausgereizt werden, dass die Ästhetik des 18. Jahrhunderts das Pathos schließlich als Theatralisierung,

---

63 Siehe den Kommentar zum Theater in Kap. VII, 12 in Vives, *De Anima et Vita*, 1992, S. 294.

64 Vgl. Pseudo-Longinos, *Vom Erhabenen*, 1966, S. 40f. (8, 2f.).

65 Pseudo-Longinos spricht von Schwulst: „Aber wie beim Körper, so sind im Sprachlichen gedunsene und künstliche Schwellungen häßlich und führen uns zweifellos zu ihrem Gegenteil; nichts, heißt es, ist dürrer als der Mann mit Wassersucht." Ebd., S. 33 (3, 4).

66 Er zeigt klare Präferenz „for a work in which the author, like a god or divine thunderbolt, takes over the audience's minds and emotions, 'astonishes', 'enslaves' them, rather than one which 'pleases', 'is charming', and 'amusing' but has no such powerful impact". Gill, „The Ethos / Pathos Distinction", 1984, S. 163.

67 „‚Sermo humilis' und ‚sermo grandis' können demnach in gleicher Weise erhaben sein, da alles jetzt von dem ‚erhebenden' Eindruck abhängt, den die poetische oder auch rhetorische Rede auf den Zuhörer macht." Gessmann, „Pathos / pathetisch", 2010, S. 729 (*Ästhetische Grundbegriffe*, Bd. IV). Zur christlichen Aufwertung des *sermo humilis* im Bereich erhabener Gegenstände siehe Auerbach, „Sermo humilis", 1958.

68 Meyer-Kalkus, „Pathos", 2007, Sp. 196 (*Historisches Wörterbuch der Philosophie*, Bd. 7).

Schwulststil und falschen Affekt verdammt.[69] Schon die Antike sah die Gefahr des Pathos in dessen affektierter Übertreibung. Aber erst die Klassik wird, nachdem Boileau den Traktat des Pseudo-Longinus ins Französische übersetzt hat, zugunsten des Begriffes des Erhabenen (frz.: *le pathétique*) ihren Abschied nehmen vom Pathos. In der *Encyclopédie* D'Alemberts schließlich läuft der Eintrag „Le Pathétique" allein seiner Länge nach der Erklärung des „Pathos" den Rang ab.[70] Das Jahrhundert der Empfindsamkeit fordert, das Herz selbst solle ‚entzündet' werden und dies gelänge nur vermittels des Erhabenen.[71] Im Namen einer authentischen Natürlichkeit des Sprechens, die nicht mehr an einen spezifischen *ornatus* gebunden ist, und im Zeichen der Sprachpurifizierung wenden sich Klassizismus und Empfindsamkeit also gemeinsam gegen die Theatralisierung der Affekte. Die letzte große Zäsur scheint schließlich mit der romantischen Affektivität erreicht.[72] Ein kurzes Nachspiel feiert das Pathos nur dort, wo nach der Pathologisierung der Leidenschaften im 19. Jahrhundert die Moderne das energetische Potential des Pathos und insbesondere dessen aktive „Erfindsamkeit"[73] wiederentdeckt und es wie Friedrich Nietzsche ins Heroische umdeutet.[74] Die Postmoderne mit ihrer Vorliebe für die Ironie dagegen ist vielleicht endgültig an einem Punkt angelangt, wo auch das Pathos ausschließlich ironisch oder lächerlich sein kann.[75]

---

69 Siehe zum *concetto* als Imponiergehabe und zur Herleitung des Manierismus aus der römischen Kritik am *ingenium* sowie der Literatur der silbernen Latinitiät Friedrich, *Epochen der italienischen Lyrik*, 1964, S. 604 u. S. 636–647. Zur barocken Poetik und der darin endgültig mittels Rhetorik absolut gesetzten „Rechtfertigung der entbundenen Phantasie und der künstlerischen Subjektivität" vgl. ebd., S. 622.

70 Dies wird insb. mit Bezug auf die Tragödien Sophokles' und Racines erläutert. Vgl. Jaucourt, „Le Pathétique", 1967, S. 169: „le *pathétique* est cet enthousiasme, cette véhémence naturelle, cette peinture forte qui émeut, qui touche, qui agite le cœur de l'homme. Tout ce qui transporte l'auditeur hors de lui-même, tout ce qui captive son entendement, & subjugue sa volonté, voilà le *pathétique*."

71 Siehe Breitinger, *Critische Dichtkunst*, Bd. II, 1966, S. 367.

72 Matzat beleuchtet den Gegensatz zwischen der klassischen Episteme als „extreme Vergesellschaftung des Begehrens" und der romantischen Affektivität, wie sie sich z. B. bei Chateaubriand in die „Idealisierung der affektiven Strebungen zur erhabenen Sehnsucht" kehrt. *Diskursgeschichte der Leidenschaft*, 1990, S. 28 u. 131.

73 Nietzsche, *Jenseits von Gut und Böse*, 1999, S. 161.

74 Vgl. zum „Pathos der Distanz" Nietzsche, *Zur Genealogie der Moral*, 1999, S. 259. Siehe darüber hinaus insbesondere zur Aufwertung des tragischen Pathos Nietzsche, *Die Geburt der Tragödie*, 1999, S. 85.

75 Zuflucht hat es nurmehr in der Populärkultur gefunden. Vgl. Zumbusch, „Probleme mit dem Pathos", 2010, S. 7.

2.1.3 *Christliche* compassio *in Spanien* (*Cascales, Vives, El Pinciano*)

In der Frühen Neuzeit ist neben der Rezeption der antiken Pathostheorie vor allem die Auseinandersetzung des christlichen Mittelalters mit den Regeln der *persuasio* präsent. Grundsätzlich soll diese nach theologischem Verständnis durch göttliche Offenbarung und in einfachem Stil erfolgen.[76] Das Christentum neigt also zu einer expliziten Antirhetorik und somit vordergründig auch zu einer Ablehnung des Pathos. In der theologischen Doktrin bleibt von der Kunst der Rede nur das Moment der Belehrung (*officium docendi*) erhalten, das *veritas* und *res* höher bewertet als die *verba*. *Delectare* und *movere* als Medien der Pathoserregung werden in diesem Sinne ebenfalls zweitrangig. Isidor von Sevilla etwa bezieht den *genus grande* nur noch auf den Gegenstand der Rede, nicht mehr auf deren Wirkung.[77] In der Praxis, vor allem der Praxis der Predigt, und schon bei Augustinus zeigen sich jedoch Tendenzen, die Rhetorikfeindlichkeit der Frühkirche zu überwinden.[78] Darüber hinaus hat Erich Auerbach in seinem einflussreichen Aufsatz zur „Passio als Leidenschaft" zeigen können, dass sich gerade aus der Passion Christi ein Verständnis von ‚Leidenschaft' an die Frühe Neuzeit vermittelt, das über milde *compassio* hinausgeht. Mit der Überhöhung der individuellen Liebesleiden und der möglichen Erhöhung des sprachlichen Registers vollzieht aber erst die weltliche Liebesdichtung – und mit ihr die Bukolik – an der Schwelle zur Frühen Neuzeit eine „verweltlichte, widerchristliche Wendung der Passionsmystik".[79] Als dazu im Humanismus die rhetorischen Spätschriften Ciceros, die *Institutio* Quintilians und

76 Vgl. Auerbach, „Sermo humilis", 1958. Dort zeigt Auerbach, dass die einfache Sprache der Bibel die Kenosis Christi nachvollzieht, wenn sie das Sublime im *sermo humilis* vermittelt, und dass sie gerade dadurch die Imitatio Christi im gläubigen Leser auslösen kann.

77 „De trimodo dicendi genere. Dicenda sunt quoque summissa leniter, incitata graviter, inflexa moderate. Hoc est enim illud trimodum genus dicendi: humile, medium, grandiloquum. Cum enim magna dicimus, granditer proferenda sunt; cum parva dicimus, subtiliter; cum mediocria, temperate. Nam in parvis causis nihil grande, nihil sublime dicendum est, sed leni ac pedestri more loquendum. In causis autem maioribus, ubi de Deo vel hominum salute referimus, plus magnificentiae et fulgoris est exhibendum. In temperatis vero causis, ubi nihil agitur ut agat, sed tantummodo ut delectetur auditor, inter utrumque moderate dicendum est: sed et quamvis de magnis rebus quisque dicat, non tamen semper granditer docere debet, sed summisse, cum docet; temperate, cum aliquid laudat vel vituperat; granditer, cum ad conversionem aversos animos provocat. Utenda tamen verba in summisso genere sufficientia, in temperato splendentia, in grandi vehementia." Isidorus, *Etymologiae*, 1472, S. 41 (II, 17, 1f.).

78 So im Namen der Verteidigung des Glaubens (bei aller Ablehnung gegen herkömmliche Rhetorik) bei Augustinus, *De doctrina christiana*, 1854, S. 9f. (IV, 2, 3).

79 Auerbach, „Passio als Leidenschaft", 1967, S. 174.

die aristotelische Rhetorik wieder entdeckt und gelesen werden,[80] erhält die Affekterregung neues Gewicht.[81] Als Lehre vom Habitus des Menschen, der in Gemeinschaft lebt und dort öffentlich handelt, wird die Rhetorik in gewisser Hinsicht zum Symbol der *humanitas* erhoben.

Die frühe Vorstellung eines ‚entzündeten' Herzens ist aber nicht nur diesem Rückgriff auf die Antike geschuldet, sondern wird zusätzlich durch die christliche Mystik und neue Praktiken der affektiven Meditation befruchtet.[82] Denn anders als die Stoiker glaubten die christlichen Autoren des Spätmittelalters an die *gloriosa passio* und ihre Fähigkeit, „die Welt leidend zu überwinden",[83] mithin also an die Verbindung des passiven Leidens mit der schöpferischen Leidenschaft. Wenn daher noch San Juan de la Cruz in den *Canciones del alma* (vor 1582) vom göttlichen Licht als Flamme spricht, „que en el coraçón ardía"[84] (v. 15) und das sicherer ans Ziel einer Hochzeit der Seele mit Gott führe als das klare Licht des Verstandes, kommt darin der Glaube zum Ausdruck, Affekt und affektisch-passives ‚Erleiden' könne immer zugleich Ursprung mystischer Erfahrung und aktiver mystischer Dichtung sein. Die Renaissance und insbesondere der Barock verbinden Denken und Fühlen dann im Ästhetischen

80 Gian Francesco Poggio Bracciolini etwa entdeckt im Jahr 1416 ein vollständig erhaltenes Manuskript von Quintilians *Institutio Oratoria*. Davor war der Text nur in Teilen zugänglich und u. a. das Buch VI mit seinen Kommentaren zum Affekt verschollen geblieben. 1421 findet Gerardo Landriani Ciceros *De oratore*. Vgl. Kennedy, *Classical Rhetoric*, 1980, S. 198 u. S. 200.

81 Der italienische Humanismus erkennt in der Rhetorik die vorzüglichste Selbsttechnik des Menschen, „a noble and creative art, characteristic of man at his best". Ebd., S. 197. Vgl. dazu ebenfalls Burke, *The Renaissance*, 1987, S. 13: „The fundamental idea was that man differs from animals primarily by the ability to speak and therefore to distinguish right from wrong." So betonte 1487 Pico della Mirandola die Fähigkeit des Menschen, „per artem sermocinalem sive rationariam", zum Wesen der Dinge vorzudringen. Vgl. „Oratio de hominis dignitate", 2000, S. 112 (§15) u. S. 128 (§27), sowie zur menschlichen Fähigkeit, die Affekte zu bezwingen, ebd., S. 110 (§13).

82 Siehe zum englischen Kontext McNamer, *Affective Meditation*, 2010. Aussagekräftig ist etwa McNamers erstes Beispiel aus dem 13. Jahrhundert, *The Wooing of Our Lord* (British Library MS Cotton Titus D.xviii), in dem Rhetorik und Sprachduktus bewusst zur Erzeugung somatischer Effekte bei den religiösen Leserinnen eingesetzt und folglich *compassio* mit echter *passio* (im Namen der legal bindenden Eheschließung zwischen Nonne und Christus, weniger im Namen des Eros) verkreuzt wurden. Vgl. ebd., S. 30.

83 Auerbach, „Passio als Leidenschaft", 1967, S. 164. Auerbach leitet daraus ab, was die literarisch säkularisierte Liebesleidenschaft der Passionsmystik konzeptuell schuldet: „die Vertiefung des Inhalts ‚Leiden' in einem polaren Sinne, in dem es zugleich Entzücken und Entrückung bedeuten kann". Ebd., S. 170.

84 San Juan de la Cruz, *Poesías*, 1990, S. 116.

zu einer Poetik, die das entzündete Herz und den entzündeten Geist, zum Beispiel in der Technik des *concetto*,[85] vereint.

Zunächst aber verlangsamt in Zentralkastilien nicht nur der Konflikt mit der maurischen Dominanz die Rezeption der klassischen Antike.[86] Mehrere soziokulturelle Faktoren tragen darüber hinaus zur kulturellen ‚Verspätung' der iberischen Halbinsel bei. Anders als in Katalonien oder Valencia etwa ist der Standard des Lateinischen in kastilischen Grammatikschulen und Universitäten bis weit ins 15. Jahrhundert hinein katastrophal. Im Ausland spricht man sogar von der „barbarie hispánica".[87] Hinzu kommen die fatalen ökonomischen Folgen des Erbfolgekrieges (1475–79) zwischen Isabella und Johanna von Kastilien sowie das geringe Interesse der *Grandes*, Humanisten durch gezieltes Mäzenatentum zu fördern.[88] Im späten 15. Jahrhundert, als der Import lateinischer Übersetzungen zum Beispiel des Aristoteles aus Italien einsetzt,[89] beginnt sich dagegen bereits ein neu motivierter „despre-

85 Siehe zur rinascimentalen Verbindung von Geist und Emotion Vickers, „On the Practicalities of Renaissance Rhetoric", 1982, S. 135f.

86 Gil Fernández spricht von „la ruptura con el legado de la Antigüedad producida por la invasión árabe en la baja Edad Media". *Panorama social del humanismo español (1500–1800)*, 1981, S. 46. Dagegen muss sicherlich das kulturelle Vergessen ins Feld geführt werden, das dazu beigetragen hat, dass – nicht mit der maurischen Invasion, sondern mit der Reconquista – das Erbe der prärinascimentalen Übersetzerschule von Toledo und damit auch die Auseinandersetzung mit Autoren wie Aristoteles, Platon oder Galen in Vergessenheit geriet; noch im 13. Jahrhundert war die Wertschätzung der muselmanischen Gelehrsamkeit und Literatur nicht durchweg durch die Ablehnung der islamischen Religion gestört. Vgl. Chejne, *Historia de España musulmana*, 1999, S. 367–376. In Aragón war die kulturelle Elite darüber hinaus bereits im frühen 15. Jahrhundert weiter in den Humanismus und die Auseinandersetzung mit antiken Autoren eingedrungen, wie u. a. die beeindruckende Bibliothek des Marqués de Santillana beweist, die neben den großen italienischen Renaissance-Humanisten (Dante, Petrarca, Boccaccio, Leonardo Bruni u. a.) ebenfalls Werke der griechischen (Homer, Thukydides, Platon) und der römischen Antike (Cicero, Seneca, Vergil, Ovid, Titus Livius, Lukan) umfasste. Vgl. Santillana, *Poesía lírica*, 2008, S. 21 (Introducción).

87 Gil Fernández, *Panorama social del humanismo español (1500–1800)*, 1981, S. 48.

88 Aufgrund politischer und militärischer Aufgaben war der hohe Adel selten ‚sesshaft' und förderte im Namen des *gusto* höfischer Vergnügungen darüber hinaus v. a. die bildende Kunst und das Theater in der Volkssprache. Das Ideal der *letras* blieb darüber hinaus für lange Zeit inkompatibel mit der Vorstellung militärischer Männlichkeit, das die Ritter der Reconquista als Ideal der *armas* verherrlichten. Der niedere Adel hingegen hatte selbst einen zu geringen Bildungsgrad, um humanistische Kultur zu fördern. Dies war in der spanischen Renaissance fast ausschließlich über die Krone oder den Klerus möglich. Vgl. ebd., S. 290–295.

89 Der Italiener Leonardo Aretino hatte griechische Autoren der Antike ins Lateinische übertragen. Seine Texte wiederum werden ins Spanische übersetzt, z. B. die *Nikomachische Ethik* (Sevilla 1493, Zaragoza 1509) oder Platons *Phaidros* (um 1445). Vgl. ebd., S. 205.

cio"[90] gegen die Latinität durchzusetzen, als im Zuge politischer Propaganda unter den *Reyes Católicos* und insbesondere von Antonio Nebrija das *Volgare* aufgewertet wird.[91] Das Griechische wurde praktisch überhaupt nicht gelehrt und gelesen. Dennoch ist nicht nur Isabella dem Studium der antiken Sprachen zugetan. Auch als politische, diplomatische und wissenschaftliche Sprache gewinnt das Lateinische nach 1500 wieder an Gewicht.[92] 1552 schließlich gründet Karl V. in Salamanca ein erstes offizielles *Colegio de Gramática* sowie zwei Jahre später das *Colegio Trilingüe*, das sich dem Studium des Lateinischen, Griechischen und Hebräischen widmen wird.[93] Unweigerlich bleibt jedoch die hispanische Rezeption der antiken Klassiker durch ein doppeltes System innerer und äußerer Zensur belastet. Nachdem im Zuge der Gegenreformation die Inquisition erstarkt, wird auch die Auseinandersetzung mit den *gentiles* gefährlich.[94] Im Zuge des Tridentinischen Konzils werden viele Werke auf den Index gesetzt und gerade die in protestantischen Ländern erschienenen Übersetzungen der Klassiker wieder verboten. Kommentare zur Antike entwickeln deshalb ab der zweiten Hälfte des 16. Jahrhunderts einen immer stärkeren apologetischen Ton, der – ähnlich wie der Versuch, die kulturelle Distanz über das Mittel der Allegorese zu überbrücken – vor dem historischen Kontext als Taktik der intellektuellen Selbstverteidigung verstanden werden muss.[95]

Die späte Rezeption der aristotelischen Affektlehre gehorchte auf der iberischen Halbinsel ihrerseits eigenen Gesetzen. Lange Zeit blieben Rhetorik und Poetik als Einführungswissen für junge Männer in die Schulen verbannt. Nachdem Encina bereits um das Jahr 1492 von der Ethik des Aristoteles schrieb „que agora se lee",[96] macht den Auftakt zu einer kritischen Auseinandersetzung erst Antonio Llull (1510–1582) mit *De oratione libri septem* (1558), einem ausgearbeiteten Kommentar zur aristotelischen Rhetorik, der

90 Ebd., S. 66.

91 Vgl. Braselmann, *Humanistische Grammatik und Volkssprache*, 1991, S. 148–169.

92 Die *Reyes Católicos* waren durchaus bestrebt, *letrados* in einflussreiche Posten zu befördern. Aus diesem Grund erlassen sie 1493 ein königliches Dekret, in dem für Funktionäre am Hofe und in städtischen Verwaltungen eine mind. zehnjährige Studienzeit in „derecho civil y canónico" vorgeschrieben wird. Allerdings fällt die Regel schon bald der Vernachlässigung und schließlich dem Vergessen anheim. Vgl. Gil Fernández, *Panorama social del humanismo español (1500–1800)*, 1981, S. 89.

93 Ebd., S. 52f.

94 Gil Fernández erwähnt die berühmte Episode, als die Inquisition im Jahr 1505 die Papiere Antonio Nebrijas konfisziert. Vgl. ebd., S. 205.

95 Vgl. ebd., S. 474f.

96 Encina, *Obras completas*, Bd. I, 1978, S. 226.

auch deren Bedeutung für die Poetik berücksichtigt.[97] Jahre später übersetzt Pedro Simón Abril (1530–1595) die Werke des Aristoteles, so etwa im Jahr 1584 die *Nikomachische Ethik* und die darin enthaltene Diskussion der Affekte[98] – diese bleibt allerdings unpubliziert. Als Summe des rinascimentalen Wissens um die aristotelische Poetik können schließlich die *Tablas poéticas* (1604, publ. 1617) von Francisco Cascales (1569–1642) gelten. Sie beschreiben wenig Neues, sondern sind vielmehr zum Zeitpunkt ihres Erscheinens bereits anachronistisch, da sie größtenteils die humanistischen Poetiken Italiens zusammenfassen. Stellenweise handelt es sich bei den *Tablas*, das hat Antonio García Berrio nachgewiesen, um ein „plagio literal“[99] der Werke von Francesco Robortello, Antonio Minturno oder Torquato Tasso. Die große Bedeutung der Katharsis etwa entlehnt Cascales insbesondere von Lodovico Castelvetro und seinem Kommentar *Poetica d'Aristotele*. Auch der Spanier betont deren Nützlichkeit, denn mittels der Katharsis „aprenden quál es de lo que nos emos de doler, y emos de temer“.[100]

Angst und Mitleid werden im Zuge dessen von Cascales zum Ziel der kathartischen Operation erklärt und insofern von dem Verdacht freigesprochen, selbst schädliche Affekte zu sein, deren man sich entledigen müsse – schließlich gebietet die christliche Nächstenliebe, das Mitleid zu pflegen. Aus diesem Grund erscheinen auch im *Tesoro de la lengua castellana* des Covarrubias 1611 unter dem Eintrag „afecto“ bei der Aufzählung der Affekte an erster Stelle *compasión* und *misericordia*: „es pasión del ánima, que redundando en la voz, la altera y causa en el cuerpo un particular movimiento, con que movemos a compasión y misericordia, a ira, y a venganza, a tristeza y alegría; cosa importante y necesaria en el orador“.[101] *Misericordia* ist bei Thomas von Aquin neben der zwischenmenschlichen Nächstenliebe vor allem als göttliche Barmherzigkeit und somit als Teil der Liebe Gottes zu den Menschen gefasst, der, da Gott nicht leiden kann, auch nicht wie die anderen Affekte mit Leid verbunden

97 Vgl. Kohut, „Die spanische Poetik zwischen Rhetorik und Historiographie“, 1994, S. 88, sowie zu Llulls Pathos-Theorie, die sowohl Aristoteles als auch Cicero und Quintilian aufgreift, Martínez-Falero, „La teoría de la *inventio* en Antonio Llull“, 2001, S. 387. In Italien erscheinen die ersten Übersetzungen der Texte des Aristoteles dagegen bereits im 13. Jahrhundert.

98 „Finalmente, por causa de los afectos decimos que nos alteramos o movemos; pero por causa de los virtudes o vicios no decimos que nos movemos, sino que estamos de cierta manera dispuestos.“ *Ética a Nicómaco*, übers. v. Pedro Simón Abril, 1984, S. 82 (1106a).

99 García Berrio, *Introducción a la poética clasicista*, 2006, S. 17.

100 Cascales, *Tablas poéticas*, 1975, S. 38.

101 Covarrubias, *Tesoro de la lengua castellana*, 2006, S. 49.

ist.[102] Das mittelalterliche Christentum wertet nach dem Aufruf der Stoiker zu Ataraxie die emotionale Erregung also durchaus wieder auf, will sie aber im Menschen nur dann als tugendhaft werten, wenn sie eine von der *ratio* gesteuerte Bewegung des *appetitus intellectivus* ist.[103] Hierin liegt der wesentliche Unterschied, der zwischen der mystischen *compassio* und dem Pathos als Leid besteht.

Bei der *compassio* handelt es sich nicht nur um das Mitleid des Mensch gewordenen Christus, sondern seit dem 13. Jahrhundert auch um den christlichen *affectus devotionis* par excellence. Denn die Frömmigkeit, die bei der Betrachtung von Kunstwerken erzeugt werden soll, wird ab diesem Zeitpunkt ebenfalls unter die Affekte gerechnet.[104] Dabei verwandelt sich die quintilianische Phantasie in gewisser Hinsicht in einen geistigen Glaubensakt. Denn gerade durch die Betrachtung von Passionsszenen soll der Gläubige nach willentlicher, innerlicher Andacht zur *Imitatio* des Mitleids Christi angehalten werden. Die christliche Lehre und Kunst gibt also ein bereits kodifiziertes Bildprogramm für pathetische Gebärden vor,[105] dessen Einfluss auf die Kultur des frühneuzeitlichen Spanien sicherlich nicht unterschätzt werden darf. Sein kultureller Abstand zur aristotelischen Theorie des Pathos zeigt aber, inwiefern gerade die „Rezeptionsgeschichte" von antiken *pathêmata* im katholischen Spanien zugleich ganz wesentlich „Transformationsgeschichte"[106] gewesen ist.

Den vielleicht eindrücklichsten Beitrag zu dieser spannungsreichen Transformationsgeschichte des Pathos hat deshalb wenig überraschend ein spanischer *converso* geliefert, der nach Paris, Brüssel und England ins Exil geflohen war. Juan Luis Vives (1492–1540), einer der international wirksamsten

102 Rombach / Seiler, „*Eleos – misericordia – compassio*", 2009, S. 251, zitieren die einschlägigen Passagen aus der *Summa theologica*.

103 „Das heidnische Pathos wird zum christlichen Ethos, zur zweiten Tugend nach der Gottesliebe transformiert." Ebd., S. 265.

104 Siehe den Überblick ebd. Sie zeigen dies u. a. an Giottos Bildprogramm in der „Beweinung Christi" (ca. 1304–1306).

105 Zu den unterschiedlichen Bildformeln der Pietà bei Giovanni Bellini und Andrea Mantegna, die im Spannungsfeld der Trauervorstellungen exemplarischer Selbstkontrolle (*moderatio*) und affektiver Überwältigung (*lamentatio*), zwischen leiser und lauter Klage, stehen, vgl. Jussen, „*Dolor* und *Memoria*", 1995. Siehe hingegen zur moralischen Kontrolle von Passionen durch vorgeschriebene Gesten der Körpersprache in der Frühen Neuzeit, gerade für Frauen und exemplarisch in den vor dem potentiell gefährlichen Uterus gefalteten Händen von Leonardos Mona Lisa, Filipczak, „Poses and Passions", 2004, S. 71–73. Zur gefalteten Hand als Zeichen der Trauer und der Klage bei Leonardo (*Das Abendmahl*) vgl. ebd., S. 86.

106 Unter diesen Begriff stellen die Herausgeber des Bandes *Pathos, Affekt, Emotion*, 2009, ihre Auseinandersetzung mit der Kultur- und Literaturgeschichte des Gefühls. Harbsmeier / Möckel, „Antike Gefühle im Wandel", 2009, S. 24.

spanischen Humanisten der Epoche, steht an einer Schnittstelle, was die Bewertung des Pathos angeht, denn in seinem eigenen Werk hat er sich durchaus widersprüchlich zur Rolle der Emotionen geäußert.[107] In der Frühphase dominieren die Affekte als Thema, später hingegen gewinnt mit zunehmender Verteidigung des christlichen Glaubens die Bedeutung des *explicare* und damit des *sermo* im Gegensatz zu *probare* und *movere* die Oberhand. Im Zuge dessen verhandelt Vives auch das Verhältnis des ästhetischen *deleite* der *verba* zur christlichen Vorliebe für die *res*. So betrachtet er als einer der Ersten Literatur als „gozo puro“[108] und emanzipiert damit den ästhetischen Genuss. Er richtet sich mit diesem stilistischen Programm vor allem gegen die korrumpierte Logik der Pseudo-Dialektiker und betont, die Rhetorik müsse immer aus einem praktischen Lebenswissen schöpfen. Deshalb ist Pathos für Vives nie allein „persuasive embellishment“,[109] sondern hat eine vorrangig gesellschaftliche Funktion: eine, so Edward W. George, „community-binding function“.[110] Der Affekt wird dabei als eine Form der interpersonalen Kommunikation weitergedacht. Dies erlaubt es, kognitive und passive Anteile des Affekts zu versöhnen. Schließlich handelt es sich dieser Logik zufolge bei den Affekten um „actividades provocadas en el alma por un agente distinto de sí misma“,[111] also auch um geglückte Interaktion.

Daneben begegnet man in den Schriften Vives' einer eigentümlichen Rückbindung der Affektlehre an die theologische Anthropologie. Inwiefern dies als Symptom einer inneren Zensur des konvertierten Juden interpretiert werden muss, dessen Vater nach einem jahrelangen Inquisitionsprozess auf dem Scheiterhaufen verbrannt wurde, kann hier nicht erschöpfend geklärt werden.[112] Immerhin befindet sich Vives anscheinend in einer argumentativen Sackgasse, wenn er Rhetorik, Stil und *verba* gegen das katholische Dogma aufwerten, zugleich aber geschichtsphilosophisch in dieses eingliedern will. Das Problem beruht auf seiner Auseinandersetzung mit der Erbsünde. Diese ist kein Theologumenon der jüdischen Religion, sondern dort als ‚Sündenfall' einzig historisches Initiationsmoment des Bösen. Für Vives steht sie im Verbund

107 Vgl. dazu Noreña, *Juan Luis Vives y las emociones*, 1992.

108 García Berrio, *Introducción a la poética clasicista*, 2006, S. 100.

109 George, „Rhetoric in Vives“, 1992, S. 134.

110 Ebd., S. 119.

111 Noreña, *Juan Luis Vives y las emociones*, 1992, S. 232.

112 1543 verfasst Vives die Schrift *De veritate fidei christianae*, in dessen drittes Buch er eine Diatribe gegen das Judentum einfasst. Dort sprechen zwei Stimmen, ein humanistischer Christ und ein gläubiger Jude, in einem philosophischen Dialog. Der Text kann also in gewisser Hinsicht als prototypisch für die kulturelle Schizophrenie Vives' aufgefasst werden. Vgl. Parello, „La apologética antijudía de Juan Luis Vives“, 2008. Zum Exil Vives' siehe Kamen, *The Disinherited*, 2007, S. 20–25.

mit der Frage, warum wir Affekte ‚erleiden' müssen und uns z. B. untereinander nicht ausschließlich durch rationalen *discursus* verständigen können. Dazu erläutert George:

> Originally, discourse could rely on mere explanation; but with the darkness attending original sin, explanation no longer sufficed, hence the search for a method which would convince when the speaker did not. Now, appeals are made to probability or emotions, the latter powerful because of sin.[113]

Weil also der gefallene Mensch den Affekten unterworfen ist, kann er sich nicht mehr mit Worten allein verständlich machen und ist deshalb von den anderen Menschen unwiederbringlich getrennt. Gerade der Umstand aber, dass er im Bann seiner Affekte steht, ermöglicht Vives zufolge eine neue, machtvolle Form der zwischenmenschlichen Verständigung. Darin liegt jedoch das Paradox: In späteren Texten wird Vives die menschlichen Affekte aus eben dem Grunde beginnen abzulehnen, weil diese den Menschen zu sehr den Tieren gleichmachen.

Die Erregung von Affekten und das Pathos sind, so beschreibt es Vives in *De ratione dicendi* (1533),[114] Folge der Tyrannis der Sünde: „qual per tyrannidem peccati vehementer invaluerunt in animo, ut regnum ac potentia rationis concussa, et debilitata est" (II, 11, 156). Sie sind Zeichen einer gefallenen Menschheit, die mittels der von Gott gegebenen Affekte beweisen soll, ob sie guten oder schlechten Gebrauch von diesen machen kann (vgl. ebd.), und damit eine Möglichkeit, Exemplum für christliches Verhalten zu werden.[115] Als außerordentlichen affektiven Sündenfall und im aristotelischen Sinne unethischen Umgang mit dem Affekt bezeichnet Vives vor allem die Selbstliebe, „quo fit, ut contractus universus calor inversus, relinquat exteriora frigida" (II, 14, 164). Denn wenn der Selbstverliebte alle affektive Hitze nach innen zieht, verweigert er das Gebot der ‚pathetischen', ja emphatischen Interaktion mit dem Anderen. Die quintilianische Phantasie hingegen wird im Vergleich zur selbstverliebten Kälte als Fähigkeit aufgefasst, sich wieder in den Anderen hineinzuversetzen (vgl. II, 14, 165). Damit fällt auch sie unter das christliche Gebot des Mitleids[116] und die affektische Technik der Phantasie entpuppt sich als „ejercicio real de

113 George, „Rhetoric in Vives", 1992, S. 161.

114 Zitiert nach Vives, *De ratione dicendi*, 1998.

115 Zum Beispiel des Zornes die Erläuterung bei Noreña: „Dios nos dio la ira para provocar en nosotros el deseo de un comportamiento ejemplar". *Juan Luis Vives y las emociones*, 1992, S. 229.

116 Siehe zur Bedeutung des Mitleids insb. Kap. VII, 5 in Vives, *De Anima et Vita*, 1992. Hier definiert Vives das Mitleid als *proprium* der menschlichen Natur.

algunos poderes otorgados por Dios",[117] die den Menschen überhaupt erst zum Menschen macht. Pathos ist hier nicht pathologisch, sondern wie schon bei Aristoteles therapeutisch. Weil die Tränen aber nicht nur Zeichen des Mitleids, sondern zugleich Zeichen der tierischen Natur des Menschen sind, schwebt der Affekt bei Vives beständig zwischen der Vorstellung von *enfermedad* und *medio de autorrealización*.[118]

Empathisches Pathos, das zum Medium der Selbstverwirklichung werden kann, beruht darauf, dass nur die in der eigenen Seele empfundenen Affekte bewegen: „ut jam non moveant nos affectus alieni, sed casus ipsi, tamquam si nobis aut nostris contigissent" (II, 14, 166). Die Rede allein ‚entflammt' demzufolge nicht (vgl. II, 14, 168). Vives unterstreicht dies jedoch seinerseits mit Metaphern, die auf einzigartige Weise die Macht der *verba* in den Mittelpunkt rücken und seinen Sprachduktus veranschaulichen. So bezeichnet er etwa das Schwinden der Effekte, wenn die pathetische Rede mit ihren „verbis tragicis et metro" (II, 14, 170) nachlässt, in Anklang an Quintilians Sturm als Nachlassen des ‚Pathos-Windes'. Kurz darauf veranschaulicht er den Gedanken, den er diskursiv entwickelt hat, an der Metapher von ‚Affekt-Wellen', die sich im Zuhörer gegenseitig verstärken oder im Sinne der aristotelischen Hemmung verringern können „tamquam undae in mari" (II, 14, 171). Damit bebildert Vives nicht nur seinen Diskurs. Die Metaphern bewirken auch, dass die Idee, die wir uns mit ihrer Hilfe von der Wirkung der Affekte machen können, ohne von ihnen affiziert zu sein, ästhetisch genießbar und unser eigenes geistiges Handeln wird. Schließlich kann nur die eigene Geistestätigkeit die Metapher entschlüsseln und den entsprechenden Genuss produzieren: Wir *sehen* die Affektwellen, weil wir sie *gedacht* haben. In gewisser Hinsicht verklammern sich hier die humanistische Liebe zum Wort und die humanistische Verteidigung der Affekte – und verbünden sich unterschwellig gegen die Dominanz des rein christlichen Mitleidsgebotes, das bei Vives fortwirkt. Vives hat die Kraft der Affekte daneben vor allem gegen die Stoiker in Schutz genommen und immer wieder betont, Menschen seien keine Steine, sondern gerade deshalb menschlich,

---

117 Noreña, *Juan Luis Vives y las emociones*, 1992, S. 228.

118 Vgl. ebd., S. 229. Schon Augustinus hatte den Sündenfall des Menschen in die Passion (selbst das Mitleid!) problematisiert. Nur den Engeln und Gott gelänge es demzufolge, den Leidenden ohne ein Gefühl von Mitleid zu helfen oder ohne Zorn zu strafen: „Sed adhuc merito quaeri potest, utrum ad vitae praesentis pertineat infirmitatem etiam in quibusque bonis officiis huiusce modi perpeti affectus, santi vero angeli et sine ira puniant, quos accipiunt aterna Dei lege puniendos, et miseris sine miseriae compassione subeniant, et periclitantibus eis, quos diligunt, sine timore opitulentur […]." Augustinus, *De civitate dei*, Bd. I, 1979, S. 572.

weil sie fühlen können.[119] Der spanische Humanist erklärt in der ersten Hälfte des 16. Jahrhunderts den Affekt mithin zum *proprium* der menschlichen Gattung, weil dieser zwischen Geist, Wort und Körper steht: Pathos, „buscando, de forma natural, la expresión corporal y su manifestación en el comportamiento observable“,[120] funktioniert nicht ohne „alguna forma de cognición previa“[121] und doch wohl auch – Vives' Text straft hier seine eigenen Argumente Lüge – vor allem wegen der menschlichen Fähigkeit, zu sprechen und durch Sprache Bilder in der geistigen Vorstellung zu bilden.

El Pinciano schließlich (Alonso López Pinciano, 1547–1627) liefert am Ende des Jahrhunderts mit seiner *Philosophía Antigua Poética* (1596)[122] eine endgültig neuzeitliche und säkularisierte Sicht auf das Pathos. Der Mediziner scheute sich nicht, die aristotelische Affekthygiene wieder explizit in seine Poetik zu integrieren und im Zuge dessen das Pathos von christlicher Dogmatik zu lösen. So entnimmt er in der *Epístola octava* die Formulierungen und Erklärungen zum tragischen Pathos direkt aus Aristoteles (vgl. Bd. II, insb. S. 311–340). Fasziniert daran hat ihn aus dem Blickwinkel der Medizin der Heileffekt eines tragischen Endes. Weil dieses von negativen Affekten reinigt, sei, so El Pinciano, die vollkommenere Tragödie immer eine pathetische und nicht etwa ethisch oder didaktisch, eine *tragedia morata* (vgl. Bd. II, S. 88). Affekt und Imagination verstand er dabei als vornehmlich natürlichen Vorgang, der seinerseits auf Sinneswahrnehmungen basiert – er ist also vielleicht so etwas wie der Urvater der Kognitionstheorie.[123]

Besonders aufschlussreich für Pincianos Resäkularisierung des Pathos ist eine Passage in der *Epístola primera*, wo er die quintilianische Phantasie wieder gegen die christliche Abwertung der Fiktion befürwortet, und zwar

---

119 Vives argumentiert in dieser Ablehnung der Stoa durchaus orthodox, da bereits seit Laktanz die negative Wertung des Mitleids aufgeweicht wurde. Vgl. Rombach / Seiler, *„Eleos – misericordia – compassio“*, 2009, S. 257f. Siehe zur ‚entmenschlichenden' Wirkung der Affekte allgemein Seneca, *De ira*, 1976, S. 96–98 (I, 1, 1 u. I, 1, 5–6). Gerade über den Zorn verfügt Seneca zufolge nur das Vernunftwesen Mensch. Vgl. ebd., S. 102–104 (I, 3, 4–7). Besonders scharfe Kritik an den ‚steinernen' Weisen der Stoa übte in der Frühen Neuzeit Erasmus von Rotterdam; „Man hole sich einen weisen Mann zu einem Gelage: Entweder ist er in brütendes Schweigen versunken, oder er stört mit aufdringlichem Problematisieren. Bittet man ihm zum Tanz, möchte man glauben, ein Kamel schwinge das Tanzbein.“ *Das Lob der Torheit*, 1949, S. 30. Über den „Überstoiker Seneca“ hält Erasmus fest, er schaffe mit seiner Philosophie „ein marmornes Menschenbild, stumpf und ohne jedes menschliche Gefühl“. Ebd., S. 36.

120 Noreña, *Juan Luis Vives y las emociones*, 1992, S. 234.

121 Ebd., S. 237.

122 Zitiert nach López Pinciano, *Philosophía Antigua Poética*, 1973.

123 Vgl. Shepard, *El Pinciano y las teorías literarias del Siglo de Oro*, 1962, S. 33.

bezeichnenderweise mit Rückgriff auf den berühmten goldenen Berg:[124] Die Literatur „ya finge especies de montes q[ue] nu[n]ca fueron; ya de las especies del mo[n]te y de las del oro, haze vn mo[n]te de oro" (Bd. I, S. 48). Er scheint dies ebenso fröhlich bejahen zu können wie die spiegelbildliche Phantasterei von Liebenden, die sich in ihren Affekten und Pathosfiguren unendliche geistige Fiktionen vorspielen: „agora se quexan, agora abominan los días y tiempos, agora hazen votos, agora cuentan sus vidas, agora lloran, agora en medio de sus lla[n]tos no caben de regozijo, y esto, especial, aco[n]tece a los amantes" (Bd. III, S. 246). Die spanische Renaissancepoetik entlehnt also aus der Rezeption der antiken Rhetoriken des Aristoteles und Quintilians das kreative Potenzial des Affekts. Er hat nichts mehr mit dem kontemplativen *affectus devotionis* zu tun, sondern verweist vielmehr auf die freie Lust des Geistes am Fabulieren. All diese Attribute finden sich auch in bukolischen Texten des 16. Jahrhunderts. Dort erzählen Schäfer ihre Geschichten, weinen und klagen, und erweisen sich dabei oder dadurch als besonders geeignete Dichter. Denn die Hitze der Liebe, das betont schon Vives in *De Anima et Vita* (1538), regt eine Geistestätigkeit besonders an: das poetische *ingenium*.[125]

Aus den hier gezeigten Entwicklungslinien lässt sich schließen, dass die Lehre von den Affekten einen thematischen Nukleus des spanischen Humanismus zwischen Antikenrezeption und Gegenreformation, zwischen Modernisierung und Tradition bildet. Dabei wird meines Erachtens in Spanien, stärker noch als in Italien oder Frankreich, an den Rändern des offiziellen gegenreformatorischen Diskurses ein neues Modell des frühneuzeitlichen Subjekts entwickelt.[126] Es grenzt sich nicht nur von religiösen Dispositiven ab, sondern stellt seine gesellschaftliche, innerweltliche Existenz und die Liebe zu Sprache und Phantasie in den Mittelpunkt. Insofern meine ich, dass man den heute zum Beispiel im Deutschen gebräuchlichen Begriff des ‚Pathischen'

---

124 Siehe zum Nachweis des Sprichworts *aureos polliceri montes* (χρυσῆ ὄρη ὑπισχνεῖσθαι, goldene Berge versprechen) als Hyperbel den Eintrag I 9,15 in Erasmus von Rotterdam, *Adagia*, 1972, S. 452–454.

125 Vgl. Buch IV, 27 in Vives, *De Anima et Vita*, 1992, S. 273. Im Gegenteil dazu steht das mittelalterliche Erbe: „La mentalidad medieval desconfía de la literatura." Shepard, *El Pinciano y las teorías literarias del Siglo de Oro*, 1962, S. 11.

126 Vgl. zur reformatorischen Aufwertung des Affekts und der affektsteuernden Rhetorik etwa Strier, „Against the Rule of Reason", 2004, und Kahn, „The Passions and the Interests in Early Modern Europe", 2004, S. 220–223, die am Beispiel des Streites zwischen Giovanni Battista Guarini und dem Gegenreformator Giason Denores in Italien über die Darstellung der Passionen herausarbeitet, wie gerade in der Schäferliteratur die ästhetische Repräsentation von (simulierten) Leidenschaften im Kontext einer Wiederentdeckung der rhetorischen *persuasio* und *phantasia* steht.

als reine „Sphäre des Erleidens“[127] für die Frühe Neuzeit nicht in Anschlag bringen kann. Wenn Kathrin Busch und Bernhard Waldenfels[128] pathische Ästhetik als „Widerfahrnis oder Ereignis jenseits der Selbstmächtigkeit des schaffenden oder rezipierenden Subjekts“[129] auffassen, muss ich für meinen Untersuchungsgegenstand kritisch einhaken. Ich möchte hier in Anlehnung an das rhetorische Pathos, das ‚sozialisierende‘ Pathos bei Vives und die Repräsentation von affizierenden Ereignissen oder Prozessen (*pathêmata*) vielmehr von ästhetischer Pathematik[130] sprechen, die mit einer sehr spezifischen Form der Selbstmächtigkeit und des gesellschaftlichen Handelns verbunden ist. Das ‚pathematische‘ Subjekt verstehe ich deshalb als Symptom der einsetzenden frühneuzeitlichen Individualisierung und eines veränderten Blickes auf die Welt: „Las emociones, por lo tanto, no nos informan sobre la realidad en sí misma, sino sólo sobre la manera en que cada individuo percibe la realidad.“[131] Damit einher geht ein neues Selbstbewusstsein des Menschen, der sich als Affekttier erkennt, aber den Affekt nicht mehr als Fluch, Sünde oder Makel erlebt, sondern zu einer philosophischen und künstlerischen Selbsttechnik wandelt.

127 Busch / Därmann, „Einleitung“, 2007, S. 12.

128 Zum Konzept des Pathischen bei Waldenfels im Sinne einer phänomenologischen Ästhetik der Widerfahrnis siehe „Zwischen Pathos und Response“, 2006, sowie zur Abgrenzung von pathetisch, pathologisch und pathisch ders., „An Stelle von …“, 2007, S. 38.

129 Busch, „Ansteckung und Widerfahrnis“, 2007, S. 70.

130 Aufgrund des tendenziell abwertenden Sprachgebrauchs, der sich in der Moderne und als Erbe der Stilpathologie mit dem Begriff *pathetisch* verbindet, werde ich den Begriff des *Pathematischen* vorziehen, der vom Pathem und insofern vom affektischen Ereignis ausgeht. Robic-de Baecque nutzt ihrerseits in ganz ähnlicher Absicht den Begriff des ‚Pathischen‘, um gegenüber dem Pathetischen das affektische Potential hervorzuheben: „Là où ‹ pathétique ›, ou ‹ ce qui émeut vivement et profondément notamment par le spectacle ou l'évocation de la douleur ›, renvoie par ailleurs à l'ordre des sensibilités morales et esthétiques, ‹ pathique › aurait selon moi le mérite de dire, sans connotation, le mouvement physique et psychique des affects“. *Le Salut par l'excès*, 1999, S. 94, FN 72. Busch und Därmann fassen dies als Insistieren des Affekts in der Repräsentation auf, das den Körper in den Vordergrund spielt und die Grenzen des Sagbaren markiert. Vgl. Busch / Därmann, „Einleitung“, 2007, S. 23. Wegen der konnotativen lexikalischen Nähe von pathisch zu *pathicus* (lat. Bezeichnung für solche, die sich zur lasziven und insb. analen Lust missbrauchen lassen) und aufgrund des spezifischen phänomenologischen Gebrauchs des Pathischen bei Busch und Waldenfels habe ich mich hingegen in Abgrenzung für die Bezeichnung des *Pathematischen* entschieden.

131 Noreña, *Juan Luis Vives y las emociones*, 1992, S. 238. Insofern ist anzudenken, ob die pathematische Hinwendung zum Individuum die Kulturwende der Renaissance nicht doch gerade als Prozess der Individualisierung ausweist, weniger als einen weiterhin der mittelalterlichen „Autoritätskultur“ verpflichteten, wie bereits Johan Huizinga insistiert hatte. Vgl. Huizinga, *Das Problem der Renaissance*, 1952, S. 39.

2.2 Bukolische Pathosformeln: Zur Politik der Form

Um damit zur eingangs gestellten Frage zurückzukommen, wie es um die Veräußerung der inwändigen Affekte im literarischen Pathos bestellt ist, möchte ich an dieser Stelle ein Zwischenfazit ziehen: Anders als in der christlichen Tugendallegorie, die in der Psychomachia jeweils einen konkreten Affekt symbolisiert, veräußert die rinascimentale Pathosformel meines Erachtens die innere Aktivität der *phantasia* und somit das affektive ‚Handeln' (*nec cogitare, sed facere*).[132] Das innere Bewegt-Werden, das zum Beispiel in wehenden Haaren und Gewändern Form gewinnt, ist eine Veräußerung der Affizierung,[133] die als Vorstellungsbild selbst wiederum affiziert. Somit gehorcht eine wirkungsästhetische Pathosformel einer alt bekannten Tradition, die auch oder gerade für die Bukolik von jeher zentral gewesen ist: der Metapoetik. Die Pathosformel ist eine Art Meta-Metapher der Dichtung und des dichterischen *ingenium*. In der Figuration von Affekten gehen bukolische Texte aber durchaus noch weiter. Deshalb soll es in diesem Kapitel darum gehen, wie frühneuzeitliche

---

132 Warburg leitet seinerseits die Pathosformel in Botticellis *Venus* aus den Dichtungen des Homer und Poliziano her („so war demnach der Dichter der Geber und der Maler der Empfänger") und bezieht seine Darlegungen zur Darstellung von Bewegung im Allgemeinen auf Albertis *De pictura*, wo die Phantasie äquivalent zur antiken Rhetorik besonders hervorgehoben wird: „An dieser Malerregel des Alberti haben Phantasie und Reflexion gleichen Antheil. Einerseits freut es ihn, Haar und Gewandung in starker Bewegung zu sehen: er lässt dann seiner Phantasie Spielraum, die dem willenlosen Beiwerk organisches Leben unterlegt; in solchen Augenblicken sieht er Schlangen, die sich ineinander verstricken, Flammen, die emporzüngeln, oder das Geäst eines Baumes." Warburg, „Sandro Botticellis ‚Geburt der Venus' und ‚Frühling'", 2010, S. 46 u. 48. Den Zusammenhang zwischen Pathos und *phantasia* in der Frühen Neuzeit, insb. bei Vico und Ficino, hebt auch Tomlinson hervor. Vgl. „Five Pictures of Pathos", 2004, S. 197.

133 In der Moderne hat dies erstmals, in Anlehnung an den Warburg-Kollegen Cassirer, Langer herausgearbeitet. Sie definiert Kunst, darunter auch die Literatur, als Symbolisierung des Gefühls, die durch eine „utmost conceptual power, imagination", erreicht wird, sprich die *phantasia*: „Art is the creation of forms symbolic of human feeling." *Feeling and Form*, 1953, S. 40. Dabei legt sie unter Verwendung des Begriffes *virtual life* besonderen Stellenwert auf die Abstraktheit des symbolisierten Gefühls: „The poet uses discourse to create an illusion, a pure appearance, which is a non-discursive symbolic form. The feeling expressed by this form is neither his, nor his hero's, nor ours. It is the meaning of the symbol." Ebd., S. 211f. Literarische Poiesis wird bei Langer demnach als Transformation des Biologischen und Sozialen in Form aufgefasst, die der *partage du sensible* Rancières bereits in Ansätzen nahekommt. Zuletzt hat Ott die Affizierung als Verhandlung der „Ränder des Erkennbaren" zwischen Repräsentation und Performanz eingeordnet, die das Individuum konstituiert und zugleich in Umwelt „immer komplexer involvier[t]". Vgl. *Affizierung*, 2010, S. 15–18.

Pathosformeln über Metapoetik hinaus auch politische Aussagekraft entwickeln können.

2.2.1 *Poetik der bukolischen* gallardía

Den Auftakt zur Befürwortung einer pathematischen Subjektivität des Bewegt-Werdens liefert Encina bereits 1496 in seiner *Arte de poesía castellana*, wenn er betont: „[E]ntre las otras cosas en que ecedemos a los animales brutos es una de las principales, que hablando podemos espremir lo que sentimos."[134] Besonders die antike Affektgattung der Ekloge und ihre frühneuzeitliche Fortentwicklung sind (und nicht etwa nur bei Encina) wesentlich Teil des hier eingangs geschilderten Prozesses. Allerdings stellt die Ekloge den Leser selbst vor neue, gattungsgeschichtliche Probleme. Denn dass es sich bei der niederen Gattung der Bukolik mit ihrem gattungstypologisch eher einfachen Stil[135] überhaupt um eine Gattung des Pathos handeln könne, ist nicht selbstverständlich. Pinciano sieht in ihren „juegos, conuersaciones y otros passatie[m]pos tales" (Bd. III, S. 230) vielmehr das leichte und spielerische Gegenmittel gegen die Melancholie, die bei der Lektüre ‚ernster' Texte entstehe.[136] Dagegen bezeichnet er die Elegie mit ihren „lamentaciones" (Bd. III, S. 246) als Affektgattung par excellence. Trotzdem findet sich in einer konzisen Definition bei Cascales das beinahe nonchalante Zugeständnis, dass auch die Ekloge in erster Linie „patética y affectuosa" sei:

> La écloga es imitación de una breve actión de personas rústicas, en estilo humilde, sin bayle, ni canto. […] En ella más comúnmente se pintan y descriven las *passiones y affectos* de las personas, que sus propriedades y costumbres; porque la materia del poeta bucólico es principalmente *amores, quexas, contenciones*, y algunas veces alabanças. Por donde *por la mayor parte viene a ser patética y affectuosa* qualquier écloga.[137]

134 Encina, *Obras completas*, Bd. I, 1978, S. 7.

135 „[S]u estilo es humilde y tema siempre las metáphoras pocas q[ue] vsa del oficio dellos. Algunos pone[n] differencia de estilo entre los bucólicos y boyerizos y ovejeros y cabreros; y dan estilo mayor a los primeros, y mediano a los de en medio, y menor a los vltimos; y que, por ser los boyerizos pastores más nobles, dieron nombres de bucólicos a todos los poemas pastorales". López Pinciano, *Philosophía Antigua Poética*, Bd. III, 1973, S. 245.

136 „[E]l estudio de las letras más graues, quando es muy continuo y que guarda perpetuidad, enuenena y emponçoña, y aun mata a vn hombre con la mucha melancholía y solicitud". Ebd., S. 230.

137 Cascales, *Tablas poéticas*, 1975, S. 173 (Hervorh. K. P.).

Zu diesem Zwecke sei es erlaubt, im Stil „gallardía"[138] zu zeigen, also Würde, die, erinnert man sich an die römische *aptum*-Regel, eher dem hohen Redegegenstand und etwa dem Pathos der Tragödie zusteht. Die Ekloge wird im Zuge dessen als Text der Klage den *lamentaciones* der Elegie anverwandelt. Anders aber als in der Tragödie ist das bukolische Pathos nicht oder nicht nur in ein Syntagma von Geschehnissen gefügt. Je nachdem, ob es sich um Gedichte, theatrale Eklogen oder Romane handelt, wird bukolisches Pathos – als Reihe von Liebesklagen, möchte man sagen – paradigmatisiert.

Dass die damit markierte Leerstelle der aristotelischen *Poetik* zwischen der mythisch-syntagmatischen Tragödie und dem Epos mit seiner episodenhaften Ausdehnung im Paradigma (vgl. *Poetik* 17, 1455b u. 23, 1459b) als solche auch in der Renaissancepoetik nicht extensiv problematisiert worden ist, muss nicht verwundern.[139] Schließlich wäre es ein Anachronismus, von Aristoteles zu verlangen, die Bukolik zu berücksichtigen, die erst hundert Jahre nach ihm mit Theokrit in der bis heute bekannten Form geschaffen wurde. Wie in der Antike wurde dann auch in der Frühen Neuzeit die Bukolik, *faute de mieux*, als eine Mischform, als Hybrid interpretiert, wie etwa von Luis Alfonso de Carvallo in *El cisne de Apolo* (1602), der von der Varianzbreite der Bukolik spricht und sie drei möglichen Formen zuordnet: „la poesía exagemática y mista y dramática".[140]

Die Sprache der Bukolik bewegt sich also über die Grenzen der *genera* und des *ornatus* hinweg.[141] Hat die rinascimentale Poetik die Frage, wie es dabei um Paradigma und Syntagma bestellt ist, auch nicht eigens zum Thema gemacht, so lässt sich doch versuchsweise Folgendes festhalten: Der Affekt entfaltet sich in der Bukolik (vor allem der Ekloge) zunächst nicht vorrangig in den Geschehnissen, sondern vor allem als paradigmatisiertes, scheinbar ‚unsichtbares' Pathos, also in Form aneinandergereihter Liebesklagen im und über das Wort. Selbst im Schäferroman bleibt in der Folge eingelagerter Erzählepisoden der

---

138 Ebd., S. 174. Cascales ergänzt an gleicher Stelle, es müsse sich dennoch um eine „genuina y natural imitación de las rústicas actiones" handeln. Berücksichtigt man allerdings, in welch großem Maße die Schilderung von rustikalen Tätigkeiten in der hispanischen Schäferliteratur im Vergleich zur Antike zurücktritt, kann man dies beinahe vernachlässigen.

139 Dante sprach hingegen bezüglich der *carmen bucolicum* bereits von einer Ausprägungsform der *genera narrationum poeticarum*, also der Erzählliteratur in Versform. Vgl. Dante, *Epistola a Cangrande*, 1995, S. 12.

140 Carvallo, *El cisne de Apolo*, 1997, S. 308. Sowie bereits im *Universal vocabulario en latín y en romance* des Alfonso de Palencia (1490): „*Egloga* es dicha quasi interlocución de acto fabuloso, conviene saber dragmática." Zitiert nach Lawrance, „La tradición pastoril antes de 1530", 1999, S. 110.

141 Vgl. die Beiträge in Álvarez Hernández / Weiss, *Bukolik und Liebeselegie zwischen Antike und Barock*, 2017.

Affekt immer mittelbar, wenn er gegenüber Dritten geschildert wird. Dies hat nachgerade distanzierenden Effekt. Vordergründig erscheint die Bukolik also mit ihren Sequenzen der *amores, quejas* und *contenciones*, ob als Ekloge oder Roman, wie eine paradigmatisierte Tragödie (oder syntagmatisierte Elegie) des Affekts. Nicht nur deswegen wurde immer wieder dafür plädiert, nicht von der bukolischen Gattung, sondern vielmehr vom bukolischen Modus zu sprechen.[142]

Darin kann aber durchaus eine tragische Handlung zwischen nahestehenden oder verfeindeten Personen auftauchen. Schließlich entwickelt gerade Montemayor die Gattung weiter, indem er dieses Element aus der Romaneske übernimmt. Das Pathematische scheint sich nämlich nicht ausschließlich in rhetorischen Stilfiguren und expressiven Sprechakten, sondern auch in serialisierten Pathosnarrativen entfalten zu können.[143] Als Beispiel führt Joachim Knape das Narrativ irritierter Bewegung an, das oft den Konflikt bei unglücklich Liebenden in den Raum und die Zeit des Erzählens übersetzt und in der Bukolik im Paradigma der Flucht über Jahrhunderte und Ländergrenzen hinweg immer wieder auftaucht. Das Ziel eines solchen Pathosnarrativs ist es, im guten alten Sinne *evidentia* zu erzeugen bzw. die *phantasia* des Hörers oder Lesers anzuregen. Deshalb halte ich neben dem szenischen und rhetorischen Pathos die Untersuchung der Narrativierung des Pathos[144] in der

---

142 Vgl. Steigerwald, „Arcadie historique", 2001, S. 72, und in Anschluss an Genette Nauta, „Gattungsgeschichte als Rezeptionsgeschichte am Beispiel der Entstehung der Bukolik", 1990.

143 Knape benutzt den Begriff des „Pathosnarrativs" als rhetorisch-literarisches Äquivalent zur berühmten, bildlichen Pathosformel Warburgs. Demzufolge ist das Pathosnarrativ ein Element in der Zeit, das sich innerhalb von erzählenden Texten auf der *histoire*-Ebene entfaltet. Es ist sprachlicher Vollzug einer pathetischen Situation (als Handlungsfolge), geprägt durch Pathosauslöser, Pathosträger und Pathoshandlung. Vgl. „Rhetorischer Pathosbegriff und literarische Pathosnarrative", 2010, S. 32 u. 35, sowie die Definition als „spezifisch konturierte verbalsprachliche Vollzüge einer Affekthandlung im Erzählkontext" und „in der jeweiligen Textur verankerte Appelle an die Imagination": „Ein Pathosnarrativ liegt also vor, wenn im Erzählen eine pathetische Handlung wenigstens ansatzweise simulativ *vollzogen*, das heißt als Gestus textlich so vorgeführt wird, dass wir sie in unserer Imagination nahezu zeitgleich als Bewegung nachvollziehen können." Ebd., S. 34, 42 u. 43 (Hervorh. im Original).

144 Pathosszenen sind schon im homerischen Epos und der antiken Tragödie „erzählerische Kerne". Dachselt, *Pathos*, 2003, S. 41. Das Handlungspathos kristallisiert sich deshalb vor allem in Momenten der Klimax oder Peripetie bzw. führt den Wendepunkt der Handlung herbei. Daneben kann eine Pathosszene ebenfalls Ausdruck einer „emotionalen Grundstimmung" sein, die sich im Einzelbild konkretisiert. Ebd., S. 43. Als Beispiel, wie dies zur Verdichtung eines Charakters beitragen kann, führt Dachselt den Moment in der *Ilias* an, als Hektor seinen kleinen Sohn Astyanax beruhigt, indem er seinen Helm abnimmt. Anders als in der Kunst bedarf es aber in der Literatur, so Dachselt, immer

Bukolik für besonders zentral, wenn man der Affektpoetik der *phantasia* auf die Spur kommen will. Denn bukolisches Pathos ist meines Erachtens in der Frühen Neuzeit genau genommen die Vision eines pathematischen Eindrucks als anthropologischer Welt- und Selbstbezug. Diese Vision wird aktiv heraufbeschworen und somit bewusst und kreativ immer wieder wiederholt.[145] Wie aber kann diese literarische Pathosformel zu einer Politik der Form, einer literarischen Intervention werden?

2.2.2 *Interstitium der Form in der Pathosformel* (*Aby Warburg*)

Hier gilt es noch einmal zum Ursprung und der Entstehungsgeschichte der Pathosformel zurückzugehen. Didi-Huberman beschreibt anschaulich, wie sich am bereits erwähnten Beispiel der Ninfa die affektisch wandelbare Energie einer Pathosformel aus der ‚Form im Kontext' entschlüsseln lässt. Das gilt auch für Warburg selbst. Denn die Nymphe verwandelt sich bei ihm in eine Metafigur der künstlerischen Pathosformel und ihrer Entstehung.[146] Um 1900 ist Warburg nicht nur durch seine Frau mit symbolistischen Künstlern in Kontakt, sondern rezipiert ebenfalls die Abhandlung *La Danse grecque antique d'après les monuments figurés* (1896) von Maurice Emmanuel und die Dynamogramme der tanzenden Loïe Fuller. Beide sind symptomatisch für eine erneute visuelle Renaissance der Mänade im Fin de Siècle.[147] Es handelt sich hier um einen Epochenstil, der zur Konzeptualisierung der Pathosformel das seine beigetragen haben dürfte. Emmanuel im Besonderen hatte sich intensiv mit der Bedeutung der Kleidung von dargestellten Tänzerinnen auseinandergesetzt. Getanzt wird, wie von Fuller eindrucksvoll vorgeführt, nicht nur mit dem Körper und dessen gesteigerter Gestik, sondern in der Tat auch mit der Kleidung. Bei der tanzenden Schrittes fliehenden oder herbeieilenden Nymphe, die mithilfe dieses bewegten Beiwerks in Szene gesetzt wird, kann man

---

einer „immanenten Notwendigkeit" der Pathosszene, damit diese nicht klischeehaft und kitschig wird, aus diesem Grund erklärt sich die innere Anbindung der Pathosszene an das Handlungspathos. Vgl. ebd., S. 44. In diesem Sinne muss relativiert werden, dass selbst die dramatischen und narrativen Untergattungen der Pastorale allesamt einem lyrischen Modus zuzurechnen seien. Vgl. Poggioli, *The Oaten Flute*, 1975, S. 39.

145 Zentral für die *phantasia* in der Frühen Neuzeit ist ihr Zusammenhang mit den strikt kogitativen Fähigkeiten, denn u. a. die Liebeskrankheit, die in der Bukolik im Mittelpunkt steht, wird, so etwa bei Peter von Spanien, als eine pathologische Affizierung der *virtus fantastica* verstanden. Ihre Aufgabe liegt darin, wahrnehmbare Formen in *absentia* ihrer außersprachlichen Referenzobjekte zu bewerten, zu unterscheiden, zusammenzusetzen oder zu trennen. Vgl. Wack, *Lovesickness in the Middle Ages*, 1990, S. 91f.

146 Vgl. zum Typus Peters, „Nymphe", 2022, sowie Traninger / Enenkel, *Nymphs in Early Modern Culture*, 2017.

147 Vgl. Didi-Huberman, *L'Image survivante*, 2002, S. 248–265.

von Emmanuel ausgehend deshalb von einer Visualisierung eines fluiden Zwischenraums sprechen, der durch das fließende, bewegte Gewand zwischen dem Körper und seiner Umwelt entsteht. Didi-Huberman hat diese Diagnose auf die warburgsche Pathosformel übertragen und eben diese Visualisierung des Zwischenraums betont. Erst durch die Bewegung im Tanz wird ein in sich neutrales Interstitium plastisch – und affektisch: der vermittelnde Zwischenraum zwischen dem Körper und seiner Umwelt („l'espace intersticiel entre le corps et l'atmosphère qu'il habite"[148]).

Das gleichsam mittanzende Gewand der Mänade und Nymphe ist insofern eine bedeutungsvolle Metapher der widersprüchlichen Einbettung des Subjekts in die Kultur. Genau jener in Bewegung geratene, plastisch werdende, aber sich stets verändernde Zwischenraum, den die Kleidung im Tanz schafft, ausfüllt und wieder verlässt, wäre meines Erachtens in diesem übertragenen Sinne der Ort der Aushandlung einer oppositionellen Pathematik. Denn in der Darstellung von Körpergesten und Emotionen werden in der Frühen Neuzeit nicht nur vorgegebene Skripts der Gesellschaft so erfüllt,[149] dass sie dem herrschenden Regime entsprechen und etwa die Machtverteilung im politischen Raum oder der religiösen Norm widerspiegeln – der frühneuzeitliche Mensch ‚zieht' sich seine Kultur nicht ‚an' wie eine Uniform. Über einen formalisierten und beweglichen Zwischenraum, der zugleich Distanz schafft als auch Affekte übermittelt, steht das Subjekt vielmehr mit dem Raum der Kultur und Politik in Verbindung. Dieser Zwischenraum der Form ist es, den in der Literatur seinerseits der Dichter vermittels der *phantasia* aktiv zu beeinflussen vermag und den jeder Leser in seiner eigenen Aktivierung der *phantasia* zum Leben erweckt.

Mit dieser Gedankenfigur des pathematischen *espace intersticiel* möchte ich vorschlagen, die im bukolischen Pathos ausgespielte frühneuzeitliche Subjektivität auf eine Art zu fassen, dass die Intersubjektivität der Affekte und der politische wie soziale Schallraum der Inszenierung von Gefühlen deutlicher wird.[150] Denn pathematische Figurationen sind so verstanden

148 Vgl. ebd., S. 262.

149 Vgl. zum emotionalen Skript Kern Paster / Rowe / Floyd-Wilson, „Introduction", 2004.

150 Siehe hierzu ebenfalls die Thesen von Riley zu Sprache und Affekt, die eine Trennung von subjektivem Innen und sozialem Außen deshalb leugnet, weil kulturell geformte Sprache und deren Formeln immer bereits konkrete Muster des Gefühlsausdrucks liefern. Daraus schließt sie bezüglich der vermeintlichen Innerlichkeit des Gefühls: „we are outside from the start". *Impersonal Passion*, 2005, S. 52. Sprache wird so bei ihr zu einer affektiven Topographie auf der Membran zwischen Innen – dem Subjekt – und Außen – der Gesellschaft. Mithilfe dieses Sprachmodells lässt sich also an den *espace intersticiel* der Pathosformel auch literaturwissenschaftlich anschließen. Vgl. ebd., S. 55.

nie Zeichen eines individuellen Gefühlsausdrucks, sondern vielmehr wie die Nymphe unpersönliche Helden eines formal inkarnierten, gesellschaftlichen Unbewussten.[151] Hier gilt es zu erwähnen, dass auch aus Sicht der aktuellen Soziologie Emotionen nicht als rein psychologische, sondern kulturelle und soziale Tatsachen gelten, da wir über Emotionen soziale Beziehungen eingehen und „kulturelle Formen des Personseins“[152] verwirklichen. Gebärden, die eine innere Emotion über den Körper nach außen kommunizieren, sind keine spontan eingesetzten Körpergesten, die ‚passieren‘, sondern sie sind kulturell oder sozial geregelt und fallen damit in den Bereich der kodifizierten „Körpertechniken“,[153] wie sie Marcel Mauss beschrieben hat. Mit dem Konzept der Körpertechnik lassen sich in dieser Hinsicht auch Gesten des Pathos als einverleibte Sozialisation begreifen. In der Frühen Neuzeit kommt Sprach- und Körperpathos schließlich auf vielleicht einzigartige Weise zusammen: In Traktaten über gute und hofmännische Umgangsformen, den sozialen Einsatz von Affekten oder über das Reiten, Tanzen und Kämpfen als ständische Distinktionstechniken entsteht deren soziale Realität vor unseren Augen als körperlich *und* emotional performierte Realisierung.[154]

---

151 Vgl. Didi-Huberman, *L'Image survivante*, 2002, S. 256.

152 Illouz, *Gefühle in Zeiten des Kapitalismus*, 2007, S. 10.

153 Siehe dazu weiterführend Schroer, *Soziologie des Körpers*, 2005, und Moldenhauer, *Die Einverleibung der Gesellschaft*, 2010. Der französische Soziologe Mauss hat als Erster die sozialen Gesten des Körpers als Körpertechniken bezeichnet, die uns Wesentliches darüber verraten, wie Individuen sich zur gesellschaftlichen Ordnung ins Verhältnis setzen. Er versteht Körpertechnik als eine reglementierte, „traditionelle und wirksame Handlung“, die anerzogen wird. „Die Techniken des Körpers“, 1989, S. 205. Es existiert also in der Sozialisierung des Menschen eine ‚Erziehung zum Habitus‘, zum Gehen, zum Sitzen, selbst zum Schwimmen. Das Erlernen der in einem spezifischen kulturellen Kontext ‚richtigen‘ Körpertechnik ist „durch und für die soziale Autorität aufgebaut“. Ebd., S. 218. Bourdieu wird die bei Mauss explizierten sozialen Faktoren Nationalität, Geschlecht und Alter dann um die Kategorien der Klasse und Macht erweitern. Über ihre Techniken sind menschliche Körper demzufolge mehrdimensional im sozialen Raum verortet und erst aus dieser Verortung heraus treten sie als soziale Akteure in Erscheinung: „Die von den sozialen Akteuren im praktischen Erkennen der sozialen Welt eingesetzten kognitiven Strukturen sind inkorporierte soziale Strukturen.“ *Die feinen Unterschiede*, 1982, S. 730. Mauss zum Beispiel würde, was die pathematischen Körpertechniken anbelangt, sicherlich in Kulturen unterscheiden, die *mit* ihren Händen, und solche, die *ohne* diese klagen. Boquet / Nagy, „Une histoire des émotions incarnées“, 2011, S. 15, verbinden explizit emotionale Techniken mit den Körpertechniken nach Mauss und behandeln diese als Schnittstelle von Körper, Kultur und Geschichte.

154 Siehe dazu die Beiträge in Mallinckrodt, *Bewegtes Leben*, 2008, und zeitgenössisch v. a. Castigliones *Il libro del Cortegiano*, 1528, in Boscáns spanischer Übersetzung 1534, sowie Graciáns *El discreto*, 1646.

Auch in der Literatur werden diese Konventionen selbstverständlich zitiert und perpetuiert. Trotzdem geht kein literarischer Text in der Mimesis an Kultur- und Körpertechniken auf. In der Auseinandersetzung mit frühneuzeitlichen emotionalen Skripts und ihrer Darstellung gilt es auf die nachgerade theatrale Inszenierung von Emotionalität oder spezifischen Emotionen zu achten. Mein Eindruck ist, dass sie – oftmals deutlicher als in der Moderne – Elemente wie Klassenzugehörigkeit Beruf oder Geschlecht in den Vordergrund stellen.[155] Um spontanen, individuellen oder authentischen Gefühlsausdruck handelt es sich hier kaum. Dies wird erst im späten 18. Jahrhundert der Fall sein. Vielmehr sollte man gerade Pathosszenen in der Frühen Neuzeit eher im Sinne der Aushandlung sozialer Emotionen denken. Christopher Tilmouth hat diesbezüglich von einer „intersubjective structure“[156] gesprochen. In Abgrenzung von und Auflehnung gegen den stark rezipierten Stoizismus, der die *perturbationes* als eine Form des falschen Bewusstseins ablehnt,[157] muss dabei immer wieder neu ausgehandelt werden, wie sich die Passivität des *affectus* in Aktivität oder (Selbst-)Affektion umwandeln lässt. Eine besondere Rolle in dieser Diskussion spielt späterhin Spinoza, der in seiner *Ethica* (posthum 1677) gegen den cartesianischen Dualismus und gegen die augustinische Lehre die beiden Pole von Körper und Geist, Affekt und Handeln wieder zusammenführt.[158]

Mithin ist die Pathosformel nicht nur deswegen anthropologisch relevant, weil jede körperliche Geste bereits Affekte formal zu bannen versteht oder Körpertechniken repliziert. In der Literatur folgen auf diese Gesten zugleich „Ausdrucksformen zweiter Potenz“.[159] Durch die Entlehnung und Neufügung von Pathosszenen und rhetorischem Pathos aus anderen Gattungen und durch die affektische Inversion des Schäferkörpers bildet die spanische Bukolik genuine Pathosformeln aus, die ich vor dem Hintergrund jener gesellschaftlichen und politischen Umwälzungen, die Spanien zwischen 1492

155 Vgl. Filipczak, „Poses and Passions“, 2004, S. 71. Körperzeichen sind im Zeitkontext also nicht nur mit theoretischen Überlegungen über die Natur der Affekte verbunden, sondern immer überdeterminierte visuelle Zeichen und stehen als Index für Stand und Geschlecht für „socially shaped feelings“. Ebd., S. 88.

156 Tilmouth, „Passion and Intersubjectivity in Early Modern Literature“, 2013, S. 17. In seiner Auseinandersetzung mit frühneuzeitlicher Subjektivität betont er – analog zur Figur des *espace interstitiel* –, dass diese, insbesondere was die Emotion angeht, als ein Widerstreit zwischen äußeren Einflüssen, „perpetually intruding into, and forming, the self“, und innerem Handlungswillen aufgefasst wurde: „Early modern identity is best understood as the fruit of a dialogue between intersubjectivity and this inwardly generated agency.“ Ebd., S. 18 u. 22.

157 Ebd., S. 24.

158 Vgl. Leo, „Affective Physics“, 2013, S. 43.

159 Saxl, *Gebärde, Form, Ausdruck*, 2012, S. 101 (Hervorh. im Original).

und 1559 erlebt, als formale Symptome des kollektiven Unbewussten deuten werde. Cornelia Zumbusch spricht in ihrem Vergleich der hysterischen Symptomtheorie bei Freud mit der warburgschen Bildtheorie von einer „therapeutischen Intervention“[160] der Form: Insofern ist das einzelne Bild nicht nur Symptom des kollektiven Unbewussten,[161] sondern auch eine Form von dessen Durcharbeitung. Für meinen Gegenstand heißt das konkret: Die bukolische Form ist in der Frühen Neuzeit immer zeitgenössisches Gewand *und* in Bewegung gebrachte, tanzende Form.

2.2.3 *Exemplarische Lektüren der choreographischen und agonistischen Pathosformel*

Ob Encina, der um 1506 selbst in Rom weilte, den Fund des Laokoon ebenfalls verfolgte, ist vielleicht nicht mehr zu rekonstruieren – darf aber dennoch zumindest angenommen werden. Seine eigenen Texte stellen nicht nur unter Beweis, wie sehr er von den mythologischen Umzügen und Theaterstücken beeindruckt war, die er am Hofe der Päpste Alexander VI. und Julius II. miterlebte. Er ist auch einer der Autoren, die sich vom pathetischen Gestenspiel der antiken Plastik haben anstecken lassen.[162] Wie diese literarischen Pathosformeln im Einzelnen aussehen können, möchte ich an dieser Stelle deshalb anhand einiger separat herausgegriffener Szenen beleuchten, die bei Encina wie bei Boccaccio, Sannazaro, Cervantes, Tasso und Góngora das literarische Fortwirken pathetisch gesteigerter Gestik belegen. Dabei gehe ich nicht chronologisch vor, sondern orientiere mich an der von Didi-Huberman eingeführten Unterscheidung der choreographischen und der agonistischen Pathosformel. Beiden Typen werde ich einzelne Textstellen zuordnen, um anhand dessen den politischen Schallraum dieser visuellen Typen zu überprüfen.

Erinnern wir uns an die von Didi-Huberman geschilderte choreographische Pathosformel der Ninfa, die Warburg mit Blick auf Botticelli und Ghirlandaio beschrieben hatte, so sticht etwa eine Schilderung in Sannazaros *Arcadia* (1504) heraus, bei der man meint, Botticellis fleischgewordene Flora vor Augen zu haben.

---

160 Zumbusch, „Gesteigerte Gesten‘“, 2007, S. 285.

161 „Der Bildbestand *ist*, im übertragenen Sinne, das Unbewußte des Kollektivs.“ Zumbusch. *Wissenschaft in Bildern*, 2004, S. 104.

162 In Spanien reicht diese Faszination und Aneignung bis zu El Greco, dessen spanische Version der Laokoon-Gruppe 1609 entstand und die mythologische Landschaft um Troja durch eine historische Darstellung Toledos im Hintergrund der Szene ersetzt.

Et ella delicatissima e di gentile e rilevata statura andava per li belli prati con la bianca mano cogliendo i teneri fiori. De' quali avendo già il grembo ripieno, non più tosto ebbe dal cantante giovene udito "Amaranta" nominare, che abandonando le mani e 'l seno, e quasi essendo a se medesma uscita di mente, senza advedersene ella, tutti gli caddero, *seminando la terra di forse venti varietà di colori*.[163]

Hier bezieht sich Sannazaro wohl nicht nur auf zeitgenössische Malerei und den Humanisten Poliziano, sondern vor allem auf klassische Dichter wie Ovid und dessen Darstellung der Proserpina,[164] sowie auf Dante, der in der *Divina Commedia* die vorbildliche Matelda ganz ähnlich beim Sammeln von Blumen beschrieben hatte.[165] Allerdings fügt Sannazaro diesem Tableau ein Moment von Aktivität hinzu, das den tänzelnden Schritt der Nymphe beschleunigt und in Flucht umwenden wird. In dem Moment, als sie sich vom Sänger Galicio genannt hört, lässt sie die Blumen fallen, die sich auf der Erde zu einem Teppich aus Farben verstreuen. Hier erkennt man zum einen den Moment einer Affizierung durch den bukolischen Gesang: als Amaranta erschrickt. Zum anderen zeigt sich eine deutliche Parallele zur vorangegangenen, erotisch aufgeladenen Schilderung Amarantas, die aus Sicht des Erzählers eine nicht unähnliche Affizierung unter Beweis stellt. Diese war jedoch nicht dem Gesang, sondern den Reizen des weiblichen Körpers geschuldet:

Quindi a la marmorea e delicata gola discendendo, vidi nel tenero petto le picciole e giovenile mammelle, che a guisa di duo rotondi pomi la sottilissima veste in fuori pingivano; per mezzo de le quali si discernava una vietta bellissima et oltra modo piacevole a riguardare; la quale, però che ne le secrete parti si terminava, *di a quelle con più efficacia pensare mi fu cagione*.[166]

163 Sannazaro, *Arcadia*, 2013, S. 110 (Hervorh. K. P.).

164 „Kühlung spenden die Zweige und mancherlei Blumen der Feuchtgrund. / Ewig ist Frühling da. Als Proserpina hier in dem Haine / spielt und Veilchen pflückt und weiße, schimmernde Lilien, / als sie im Mädcheneifer ihr Körbchen, den Bausch des Gewandes / füllt und im Wettstreit sucht, die Gespielen im Lesen zu schlagen, / sieht und begehrt und raubt sie zugleich fast der Herrscher des Orcus" (*frigora dant rami, varios humus umida flores: / perpetuum ver est. quo dum Proserpina luco / ludit et aut violas aut candida lilia carpit, / dumque puellari studio calathosque sinumque / implet et aequales certat superare legendo, / paene simul visa est dilectaque raptaque Diti*[.]). Ovid, *Metamorphosen*, 1972, S. 182f. (V, 390–395).

165 „[E] là m'apparve, sì com' elli appare / subitamente cosa che disvia / per maraviglia tutto altro pensare, / una donna soletta che si gia / e cantando e scegliendo fior da fiore / ond' era pinta tutta la sua via." Dante, *La Divina Commedia*, Bd. II, 2008, S. 831f. (*Purgatorio*, XXVIII, 37–42).

166 Sannazaro, *Arcadia*, 2013, S. 109f. (Hervorh. K. P.).

Der Blick, der über die Brüste bis hin zu den geheimsten Teilen des weiblichen Körpers streift, lässt dabei im Spiel zwischen Körper („le picciole e giovenile mammelle") und Kleidung („la sottilissima veste") das Begehren plastisch werden. Der Text sublimiert den erotischen Impuls des Mannes in der Folge scheinbar so weit, dass er im symbolischen Blumenteppich Amarantas aufgeht. Durch das Lexem *seminare* („seminando la terra") ist freilich selbst dann noch das Semen präsent, weil es nicht allein für die Blumenpracht des *locus amoenus* verantwortlich zeichnet, sondern nachgerade einen aufgeschobenen Erguss des affizierten Erzählers zu benennen scheint. Hier hat man es also mit einem innerhalb der Szene und ihrer Handlung inszenierten, buchstäblich ‚semantischen' Überschuss zu tun, der die Idealität der bukolischen Welt implizit auf den Eros und den Affekt hin entgrenzt. Die Gestik der fliehenden Nymphe birgt damit auch eine spannungsreiche Dualität aus Ideal und Eros, die dadurch entsteht, dass körperliches Begehren das arkadische Tableau durchbricht und von diesem wieder visuell im Blumenteppich gebannt werden muss.

Boccaccio hatte dies bereits vor Sannazaro im *Ninfale fiesolano* (1344) in eine Fluchtbewegung der Nymphe übersetzt, deren choreographische Pathosformel indirekt auch die Grenzen Arkadiens zieht. Hier erkennt man unweigerlich die Ursprungsform eines bukolischen Pathosnarrativs, das die visualisierte Dualität aus Ideal und Eros dynamisiert und zu einem integralen Bestandteil der Handlung macht. Bei Boccaccio verliebt sich der Schäfer Africo inmitten einer vom strengen Gesetz[167] der keuschen Göttin Diana dominierten arkadischen Gemeinschaft in die Nymphe Mensola, die ihm jedoch zunächst immer wieder zu entkommen versucht. Mit einer Gruppe schöner Nymphen flieht sie vor ihm, „ricogliendo loro archi, n' andaro / su verso 'l monte, e qual pur per la piaggia / forte fugien, come fiera selvaggia."[168] Dabei wird im Text mehrfach explizit die topographische Grenze des arkadischen Tales betont, wenn Mensola auf ihrer Flucht nicht nur im dunklen Wald, sondern zum Beispiel „sul gran colle del monte pervenne"[169] und dort aus dem Blickfeld des Schäfers verschwindet: „Appena avea finito il suo parlare / Africo, quando Mensola giugnea / in sul gran monte, e videla passare / dall' altra parte, e più non la vedea."[170] Verzweifelt ruft Africo an einer Stelle aus, rhetorisch gesteigert durch

167 „E se avenisse pur ch' ell' uom trovasse, / fugga 'l como nimico ciascun' ora, / acciò che inganno o forza non usasse / contra di voi; chè qual fosse ingannata, / da me sarebbe morta e sbandeggiata." Boccaccio, *Ninfale fiesolano*, 1913, S. 6 (ottava 21).

168 Ebd., S. 16 (ottava 64).

169 Ebd., S. 28 (ottava 114). Siehe auch: „dove una valle i duo monti divide" und die Rede von Arkadien als durch die Berge abgezirkeltem „vallone". Ebd., S. 14 (ottava 55 u. 56).

170 Ebd., S. 29 (ottava 119).

den auffälligen Parallelismus: „Io vengo a voi come di voi amico, / e voi fuggite me come nimico.“[171] Das sexuelle Begehren wird hier also in eine Bewegung der Figuren im Raum übersetzt, die mit der semantischen Opposition von Freundschaft und Feindschaft zugleich das Innen und Außen des bukolischen Raumes markiert. Nicht zuletzt wird dies eine besonders eindrückliche Schilderung Mensolas zur Folge haben:

> La ninfa correa sì velocemente,
> che parea che volasse, e' panni alzati
> s'avea dinanzi per più prestamente
> poter fuggir, e aveagli si attaccati
> alla cintura, sì che apertamente
> di sopra a' calzerin ch'avea calzati
> mostrò le gambe e 'l ginocchio vezzoso,
> ch' ognun ne diverria disideroso.[172]

Die Kleidung, die dabei wieder in den Vordergrund rückt, umspielt nicht etwa andeutungsvoll den begehrenswerten Körper der Frau: Sie wird von ihr gut sichtbar auf Höhe des Gürtels befestigt und gibt entsprechend die nackten Beine preis. Fast so rasch wie im Flug tanzen die Beine der fliehenden Nymphe. Das bewegte Beiwerk ist durch das Pathosnarrativ also maximal gesteigert und repräsentiert eindrucksvoll die drohende Gefahr, die vom erotischen Begehren ausgeht. Es verwundert deshalb kaum, dass Africo Mensola seinerseits wie ein Jäger dem Wild nachsetzt. Mit der Hilfe der Göttin Venus gelingt es Africo endlich, sich in Frauenkleidung verborgen in die Gruppe der Nymphen einzuschleichen.[173] Als er sich Mensola zu erkennen gibt, kommt es aufgrund ihrer erneuten Gegenwehr zur Vergewaltigung,[174] auf die die Nymphe mit einem Selbsttötungsversuch reagiert. Von Africo aufgehalten erwacht schließlich auch in ihrem Herzen die Liebe. Sie lässt sich auf ihren Verfolger ein und empfängt vom Schäfer ein Kind. Das Begehren ist bei Boccaccio also eines, das nur durch Gewalt zur Erfüllung kommt und nicht etwa wie später bei Sannazaro mithilfe der Sublimierung eingehegt wird. Weil die Nymphe damit allerdings zwangsläufig das strenge Gesetz ihrer Herrin Diana bricht, wird sie sich weigern, Africo wiederzusehen, und dieser stürzt sich in

171 Ebd., S. 16 (ottava 65).
172 Ebd., S. 26 (ottava 109).
173 Ein Stratagem, das noch in d'Urfés *Astrée* eingesetzt werden wird.
174 „E tanto dentro vi diè della testa, / ch' egli entrò dentro, non già con riposo, / ma con battaglia grande, e urlamento, / e forse che di sangue spargimento.“ Boccaccio, *Ninfale fiesolano*, 1913, S. 57 (ottava 244). „Po' che Mensola vide esserle tolta / la sua virginità contra sua voglia, / forte piangendo ad Africo fu volta[.]“ Ebd., S. 57 (ottava 246).

die Fluten, während Diana Mensola nach der Geburt ihres Sohnes Pruneo in einen Fluss verwandelt.

Wenig idyllisch wird also die Strenge eines gesellschaftlichen Gesetzes, das Sexualität regeln soll, aber dennoch nicht kontrollieren kann, in ein bukolisches Pathosnarrativ übersetzt. Obwohl der menschliche Eros, der den arkadischen Raum zu sprengen droht, teils in distanzierenden Formeln gebannt scheint, ist das unglückliche Ende doch unausweichlich. Gerahmt wird der Text nun allerdings durch die Geschichte des erwachsenen Sohnes der beiden unglücklich Liebenden, der am Hofe des mythischen Atlas nicht nur durch seine Position als Hofmarschall zu politischen Ehren kommt, sondern aufgrund einer klugen Eheschließung mit der Dame Tironea auch gesellschaftlich Anerkennung findet, um am Ende selbst über das Königreich zu herrschen. Es stellt sich daher die Frage, wieso eine Reflexion über soziale Normen und politische Herrschaft hier mit der Erzählung einer bukolischen Gründungsgewalt gekoppelt ist. In der Renaissancepoetik Boccaccios lässt sich, wie mir scheint, das antike Vorbild des erotisch-gewaltsamen Pathos nur dann mit christlicher Ethik vereinbaren, wenn letztere das Ergebnis der sexuellen Vereinigung für einen politischen Ursprungsmythos nutzbar macht. Nicht ohne Grund wird der Sohn der Vergewaltigung seiner Mutter die politisch kluge und sozial legitimierte Heirat mit Tironea gegenüberstellen. Politisch handlungsfähig ist nach dem Fazit des Textes erst derjenige, welcher zügellosen Eros durch christliche Mäßigung beherrscht. Im Gegenzug entwirft Boccaccio die bukolische Welt der Schäfer und Nymphen als fast (alp)traumhafte Gegenwelt des Vorgesellschaftlichen, die in der tragischen Vereinigung des Weiblichen und Männlichen Ursprung für Genealogie und gesellschaftliche Ordnung ist.

Bei Miguel de Cervantes wird der arkadische Raum durch die Fluchtbewegung der ‚Nymphe' dann endgültig geschlossen, gerade weil sich die Protagonistin aus der Gesellschaft bewusst zurückzieht. Im ersten Teil des *Don Quijote* (1605) verwehrt die schöne Marcela ihren klagenden Verehrern den Zutritt zu ihrer bukolischen Enklave, weil sie sich mit ihren Freundinnen dort vor den unkontrollierten Passionen der Männer zurückgezogen hat. Als sie zum ersten Mal innerhalb der Handlung auf- und zur Beerdigungsfeier des jungen Grisóstomo hinzutritt, der aus Liebe zu ihr verstorben war, wird sie zunächst als eine ganz ähnlich idealisierte „maravillosa visión" geschildert, wie es der Typus der bukolischen Ninfa vorsieht. Dann jedoch ergreift sie das Wort, um genau dieses Stereotyp vor den Augen des Lesers von sich zu weisen.

> Y queriendo leer otro papel de los que había reservado del fuego, lo estorbó una *maravillosa visión* – que tal parecía ella – que improvisamente se les ofreció a los ojos; y fue que, por cima de la peña donde se cavaba la sepultura, pareció la pastora Marcela, tan hermosa, que pasaba a su fama su hermosura. Los que

> hasta entonces no la habían visto la miraban con admiración y silencio; y los que ya estaban acostumbrados a verla no quedaron menos suspensos que los que nunca la habían visto. Mas apenas la hubo visto Ambrosio, cuando con muestras de ánimo indignado le dijo:
>
> —¿Vienes a ver por ventura, ¡oh fiero basilisco destas montañas!, si con tu presencia vierten sangre las heridas deste miserable a quien tu crueldad quitó la vida? ¿O vienes a ufanarte en las crueles hazañas de tu condición, o a ver desde esa altura, como otro despiadado Nero, el incendio de su abrasada Roma, o a pisar arrogante este desdichado cadáver, como la ingrata hija al de su padre Tarquino? [...]
>
> —No vengo, ¡oh Ambrosio!, a ninguna cosa de las que has dicho, – respondió Marcela –, sino a volver por mí misma, y a dar a entender cuán fuera de razón van todos aquellos que de sus penas y de la muerte de Grisóstomo me culpan; y así, ruego a todos los que aquí estáis me estéis atentos, que no será menester mucho tiempo ni gastar muchas palabras para persuadir una verdad a los discretos.[175]

An der Szene ist bemerkenswert, wie auf die epiphanische Erscheinung der Frau zunächst eine pathetische Rede des Hauptanklägers Ambrosio folgt, der sie als tödlichen Basilisken und zweiten Nero verunglimpft. Marcela antwortet darauf – die Nymphe[176] spricht! – mit einer rationalen Erörterung, warum es unsinnig sei, sie für den Tod Grisóstomos verantwortlich zu machen. In der Folge verschwindet sie ganz ähnlich wie Mensola oben auf einer Anhöhe, mit den emanzipierten Worten: „Yo nací libre, y para poder vivir libre escogí la soledad de los campos."[177] Allerdings haben sich die topographischen Raumverhältnisse im Vergleich zu Boccaccio insofern verkehrt, als man davon ausgehen kann, dass Marcela in einen nunmehr unzugänglich gewordenen arkadischen Raum lesbischer Liebe zurückkehrt und zugleich den historischen Raum der Männer der Gegenwart der Nymphen für immer beraubt.[178]

Die *admiración*, mit der die Szene begonnen hatte und die der Text unterstreicht, weil zweimal gesagt werden muss, wie beeindruckend Marcela ist (für diejenigen, die sie zum ersten Mal sehen, und für diejenigen, die sie bereits kennen, also eigentlich für alle), bleibt hier als eine Art *stupor* angesichts des geschlossenen bukolischen Raumes („lo más cerrado de un monte") bestehen. Er erlaubt keine Kanalisierung im Eros mehr, weder in der Sublimierung noch in der Gewalt: „Y en diciendo esto, sin querer oír respuesta alguna, volvió las espaldas y se entró por *lo más cerrado de un monte* que allí cerca estaba, dejando

---

175 Cervantes, *Don Quijote*, Bd. I, 1978, S. 185 (Hervorh. K. P.).

176 Selbstverständlich ist die Figur Marcela keine Nymphe im mythologischen Sinne. Ihre Beschreibung reiht sich jedoch ein in die Geschichte des Typus der Nymphe, so wie auch Warburg ihn gebraucht.

177 Cervantes, *Don Quijote*, Bd. I, 1978, S. 186.

178 Vgl. Leopold, „Gender Trouble und politische Phantasie in der spanischen Bukolik Früher Neuzeit", 2016.

admirados, tanto de su discreción como de su hermosura, a todos los que allí estaban."[179] Die gegenseitige Affizierung von Mann und Frau, die in Affekten der Liebe, der Wut und der Trauer ausagiert wird, wird so in eine scharfe Kritik an den zeitgenössischen Geschlechterverhältnissen und die ungleich verteilten Rollen in der Gesellschaft umgelenkt. Dass im utopischen Raum des Romans dabei die Aktivität der Frau und die Passivität den klagenden, am Grab ihres Freundes weinenden Männern zugesprochen wird, bezeugt, wie Cervantes die Normen der spanischen Mehrheitsgesellschaft im Medium der bukolischen Fiktion invertiert. Die Choreographie der Renaissance-Nymphe, die im Bunde stand mit der Ethik des tugendhaften Verzichts auf Körperlichkeit, hat sich hier in eine raumsemantische Inszenierung von Gesellschaft verwandelt, die quer steht zum Rollenbild der tugendhaften Schönen. Dass die Frau, die seit Boccaccio als fliehendes Objekt des Begehrens in das Figurenpersonal der Bukolik eingelassen ist und sich bei Sannazaro vor dem Eros des Mannes nur erschrecken konnte, im komischen Roman des Cervantes ungerührt die Unsinnigkeit dieser männlichen Phantasmen aufdecken kann, zeigt, wieviel Spielraum die bukolischen Pathosformeln bieten.

Aber nicht allein die in Arkadien seit Anbeginn ansässige Nymphe, sondern auch die agonistische Pathosformel, die Warburg am Beispiel des Laokoon entwickeln wird, ist in der frühneuzeitlichen Bukolik präsent. Hier kommt also Didi-Hubermans zweiter Typus zum Tragen, den ich – wiederum in sprunghaften Einzelbildern – kurz umreißen möchte. Bei Encina etwa taucht die agonistische Pathosformel implizit in dem Moment auf, als er in der *Égloga de Plácida y Vitoriano* (1513) seine Protagonistin in tödlicher Selbstumschlingung zeigt.

Por menos embaraçarme
en los miembros *impedidos*,
para más presto matarme
muy bien será desnudarme
y quitarme los vestidos
que me estorvan;
ya los miembros *se me encorvan*
y se turban mis sentidos.[180]

Ihr Schicksal gleicht dem der Mensola insofern, als auch sie durch ein Eheversprechen verführt wurde und daraufhin die Gesellschaft verlassen muss. Ihr Selbstmord indes wird zunächst gelingen, bevor es mithilfe der Götter zu einer

179 Cervantes, *Don Quijote*, Bd. I, 1978, S. 188 (Hervorh. K. P.).
180 Encina, *Teatro completo*, 1998, S. 330 (Hervorh. K. P.).

glücklichen Wiederbelebung kommt und sie und Vitoriano wieder vereint werden. Die Textstelle nun zeigt sie im Niedersinken und Todeskampf. Ihre Gliedmaßen sind dabei nicht etwa elegant und schön, sondern vor innerem Leiden gekrümmt und behindern die Bewegung des eigenen Körpers („impedidos", „se me encorvan"). Je mehr sich ihre Sinne verdunkeln, desto stärker verkrampft sich auch ihr Leib. Der Ausschluss aus der Gesellschaft wird mithin als starrer Krampf und körperliche Entblößung figuriert, denn selbst ihre Kleidung legt Plácida zur größeren Effektsteigerung in diesem Moment ab. Hervor tritt dabei ein ähnlich mit dem Tode ringender Leib, wie ihn die Laokoon-Gruppe zeigt. Durch das Abstreifen des *espace intersticiel* der Kleidung, die bei der Nymphe immer wieder die Grenze zwischen dem sozial verträglichen Affekt und dem unbändigen menschlichen Begehren gezogen hatte, wird Plácida so auf die nackte Realität der Interpellation[181] durch die Norm reduziert.

In Tassos *Aminta* (1573/80) taucht ein ganz ähnliches Bild auf, wenn dort der Titelheld der Nymphe Silvia just in dem Moment ansichtig wird, da sie nackt an einen Baum gefesselt ist, weil ein eifersüchtiger Satyr sich ihrer bemächtigen will.

1233 [E]cco miriamo a un'arbore legata
1234 la giovinetta ignuda come nacque,
1235 ed a legarla fune era il suo crine:
1236 il suo crine medesme in mille nodi
1237 a la pianta era avvolto; e 'l suo bel cinto,
1238 che del sen virginal fu pria custode,
1239 di quello stupro era ministro, ed ambe
1240 le mani al duro tronco le stringea;[182]

Ebenso wie im Laokoon die Schlangen die Bewegung der menschlichen Muskeln duplizieren und in ihrer Wirkung steigern,[183] verkörpert auch die durch ihr eigenes Haar festgebundene Sylvia einen animalischen Trieb,[184] der Eros und Tod zusammenführen wird. Symptomatisch ist dafür der Gürtel, der Sylvias keuschen Schoß bewachen sollte, jetzt aber ihre Hände brutal an den Baumstamm fesselt und somit die Scham entblößt. Die Bedrohung geht dabei bezeichnenderweise nicht mehr vom verliebten Schäfer, sondern

181 Siehe zum Konzept der Interpellation als Anrufung des Subjekts Althusser, „Idéologie et appareils idéologiques d'État", 1970.

182 Tasso, *Aminta*, 1995, S. 100.

183 Siehe Didi-Huberman, *L'Image survivante*, 2002, S. 162, zur Ähnlichkeit von Schlange, Faltenwurf und Eingeweiden.

184 Vgl. ebd., S. 161, 225 u. 231. Didi-Huberman leitet diese Betonung des Animalischen bei Warburg u. a. aus dessen Rezeption der Affektlehre Darwins her.

stellvertretend von dem halb animalischen Satyr aus, Aminta hingegen rettet Sylvia durch seine Kunst mit Pfeil und Bogen. Weil das Arkadien Tassos aber durch das Prinzip der Ehre eingetrübt ist, kann sich Sylvia ihrer Scham nicht erwehren und flieht vor Aminta – weniger aus Prinzip wie die Diana-Nymphe Mensola, denn aus innerer Not, weil sie ihre eigene Nacktheit schockartig durch die Augen des Geliebten erfährt.

Wenn später die widerspenstige Sylvia über dem scheinbar toten Aminta weinend zusammenbricht, erinnert sie in ihrem Liebesleid, das sich endlich in den Tränen sichtbar für alle Bahn bricht, auch an die antike Mänade: „in guisa di baccante / gridando e percotendosi il bel petto, / lasciò cadersi in su 'l giacente corpo: e *giunse viso a viso e bocca a bocca*."[185] (Vv. 1940–1943) Von der jungfräulichen Jägerin, die dem Mann entflieht, hat sie sich zu einer von Amor tief getroffenen und somit durch Liebespathos nobilitierten Figur gewandelt. Diese neuerliche Umschlingung, die zwei Gesichter und Münder in einer genuinen Pathosformel zusammenführt („giunse viso a viso e bocca a bocca"), wird deshalb den tödlichen Eros, dem Sylvia am Baume ausgesetzt war, in einen glücklichen Bund der Liebenden überführen.

Im spanischen Barock erreicht die agonistische Pathosformel schließlich einen ungeahnten Höhepunkt. Bei Luis de Góngora etwa taucht die pathematisch gesteigerte Umschlingung der Körper erneut auf, allerdings in mehrfacher erotischer Inversion. Gegen Ende der *Soledad primera* (1613) treten auf einer Hochzeitsfeier zwei Ringer auf, die – scheinbar zu Ehren des Paares – einen Kampf zum Besten geben. Die Episode ist aber so von Homoerotik geprägt,[186] dass man die dabei hervortretenden Muskeln, das quellende dunkle Haar und die verknoteten Leiber („de recíprocos nudos impedidos") kaum als harmlosen Wettstreit lesen kann:

963 Llegó la desposada apenas, cuando
964 feroz ardiente muestra
965 hicieron dos robustos luchadores
966 de sus músculos, menos defendidos
967 del blanco lino que del vello obscuro.
968 Abrazáronse pues los dos, y luego
969 humo anhelando el que no suda fuego,
970 *de recíprocos nudos impedidos,*
971 cual duros olmos de implicantes vides,
972 yedra el uno es tenaz del otro muro:

185 Tasso, *Aminta*, 1995, S. 154 (Hervorh. K. P.).

186 Siehe zur mit Anspielungen auf die antike Literatur angereicherten Homoerotik des Textes allgemein und der Szene im Besonderen De Armas, „Embracing Hercules / Enjoying Ganymede", 2002, S. 133f.

973 mañosos, al fin, hijos de la tierra,
974 cuando fuertes no Alcides,
975 procuran derribarse, y derribados,
976 cual pinos se levantan arraigados
977 en los profundos senos de la sierra.[187]

Wie Stephan Leopold gezeigt hat, ist die Umschlingung der Körper der zentrale „polymorphe Signifikant"[188] des ganzen Textes. Denn die behaarten Männerkörper im Ringkampf werden nachgerade als Kontrafaktur der bevorstehenden Hochzeitsnacht entworfen. Dabei ist bemerkenswert, dass die botanische Metapher des Efeus die Frau als Begehrensobjekt nurmehr stellvertretend in die Szene einlässt und dafür den gefährlichen Agon zwischen zwei Männern auf deren mögliche, gemeinsame homoerotische Lust hin entgrenzt. Dieser Signifikant erlaubt eine Kommunikation gegen den Strich einer heteronormativen Ordnung der christlichen Gesellschaft, an deren Ritual des Ehebundes das Außerhalb der Norm und ein „Subjektivitätsentwurf im Zeichen hysterischer Aphasie"[189] zur Darstellung kommen können.

Der Text agiert dies stilistisch ebenfalls im für Góngora typischen, hochkomplexen Hyperbaton aus, der die visuelle Pathosformel um eine stilistische Pathosformel ergänzt: Satzteile geraten hier wie Körperteile in gegenseitige Verschlingung. Nicht zu vernachlässigen ist außerdem, dass über den Gebrauch der internen Fokalisierung, die der *desposada* die für sie fatale Imagination eines erotischen Männerbundes zuschiebt, das homoerotische Pathos stellvertretend auch in die *phantasia* der Leser gelangt. Ähnlich wie bei Cervantes wird so über die Inversion von normativen Genderkategorien die Idealität des arkadischen Raums unterlaufen. Metonymisch steht demzufolge die spanische Gesellschaftsordnung selbst zur Debatte. Es darf deshalb nicht überraschen, dass die erotische Umschlingung im Raum des Imaginären auch als ein tatsächliches, agonales Ringen verkörpert wird: Ist doch die Homoerotik das eigentlich Unsymbolisierbare in einer Gesellschaft, die das *peccatum nefandum* mit dem Tode bestraft.[190] Eine derart drastische bukolische Pathematik hat ihren Ort aber nicht erst in der dunklen und spielerischen Ästhetik des Barock, sondern ist bereits in früheren Texten präsent. Deshalb lohnt es

187 Góngora, *Soledades*, 1989, S. 116 (Hervorh. K. P.).

188 Leopold, *Die Erotik der Petrarkisten*, 2009, S. 334.

189 Ebd., S. 336.

190 Siehe zum Siglo de Oro als homosexuelles „Siglo de Terror", in dem es immer wieder zu Inquisitionsprozessen und Hinrichtungen kam, Crompton, *Homosexuality & Civilization*, 2003, S. 291–320. Nach 1550 wurden etwa in Spanien mehr Homosexuelle hingerichtet als Protestanten. Vgl. ebd., S. 297.

sich, deren Entwicklungslinien beginnend mit Encina über das gesamte 16. Jahrhundert zu verfolgen.

Diese Darstellung soll freilich nur als ein erster *aperçu* dienen, was das bukolische Pathos in der Frühen Neuzeit an Möglichkeiten bietet. Es wird mir im Folgenden nicht nur darum gehen, visuelle Typen[191] wie die Nymphe oder die laokoontische Umschlingung zu identifizieren, sondern unterschiedliche Koppelungen des rhetorischen, szenischen und narrativen Pathos zu beschreiben. Denn nicht nur Pathosformeln der Figuren und ihrer Gebärden (sprich: Figurationen von bewegtem Beiwerk) gehören zum Pathos dieser Texte. Genauso präsent ist die Interaktion der Figuren, die sich zu mythischem Handlungspathos steigern kann, sowie ein pathematischer Stil, der das äußere durch das innere Pathos ergänzt und in eine deutlich hörbare, hohe Tonlage übersetzt. Als programmatisch kann hierzu ein Gesang des Chors im zweiten Akt des *Aminta* gelten, wo es über die Liebesliteratur heißt: „e spesso (oh strana e nova / eloquenza d'Amore!) / spesso in un dir confuso / e 'n parole interrotte / meglio si esprime il core / e più par che si mova, / che non si fa con voci adorne e dotte"[192] (vv. 1166–1172).

Dabei wird zu zeigen sein, dass diese rhetorisch gesteigerte Aussprache des Herzens nicht im Sinne moderner Subjektivität oder sentimentaler Innerlichkeit agiert, sondern die *parole interrotte* der bukolischen Pathematik einen Schallraum im Gesellschaftlichen und Politischen besitzen. Bukolisches Pathos ist dabei kein reiner Reflex auf kulturelle, gesellschaftliche und politische Gegebenheiten, sondern Inkorporation und Desinkorporation des Politischen zugleich. Schließlich kann weder bei Cervantes noch bei Góngora die Rede davon sein, dass ihre Figuren deshalb durch rhetorisches, szenisches oder Handlungspathos greifbar würden, weil sie sich den Körpertechniken, emotionalen Skripts und verbindlichen Normen ihrer Zeit durch blinde

191 Siehe zur visuellen Affektdarstellung als Affizierung bei Alberti: „Ferner wird ein Vorgang die Seelen der Betrachter dann bewegen, wenn die gemalten Menschen, die auf dem Bild zu sehen sind, ihre eigene Seelenregung ganz deutlich zu erkennen geben. Die Natur nämlich, die in unvergleichlichem Maße an sich reißt, was ihr gleicht: die Natur also schafft es, dass wir mit den Trauernden mittrauern, dass wir die Lächelnden anlächeln, dass wir mit den Leidenden mitleiden. Solche Seelenregungen aber geben sich durch die Bewegungen des Körpers zu erkennen." *De pictura*, 2011, S. 269. Alberti stellt also „Bewegungen der Seele – die Gelehrten nennen sie Affekte" (*motus* [...] *animorum, quos docti affectiones nuncupant*) –, den Bewegungen des Körpers (*motis corporum*) gegenüber. Ebd., S. 272f. Die Formel „Sed hi motus animi ex motibus corporis cognoscuntur", ebd., S. 268, entspricht dem Konzept der Pathosformel und dem ‚bewegten Beiwerk'. Bei Cascales hatte es zur Ekloge geheißen: „En ella más comúnmente *se pintan* y descriven las passiones y affectos de las personas". *Tablas poéticas*, 1975, S. 173 (Hervorh. K. P.).

192 Tasso, *Aminta*, 1995, S. 92.

Mimesis unterwerfen. Wie politisch die bukolische Form in Spanien tatsächlich gewesen ist, zeigt sich besonders plastisch dort, wo das Spiel mit Genderkategorien auch das sozial Mögliche oder politisch Gewünschte in Bewegung bringt.

2.3 Schäfer in neuem Gewand: Pathematische Subjektivität

Am Beginn dieses theoretischen Teils stand die Frage, woher die frühneuzeitliche Beschäftigung mit dem Pathos stammt und wie durch die spanische Rezeption und Weiterentwicklung antiker Konzepte daraus eine Affektpoetik der *phantasia* ableitbar wurde. Anschließend bin ich über die Beschreibung der gattungstheoretisch unerwartbaren bukolischen Pathosformel der Frage nachgegangen, wie diese Poetik formal zu fassen ist. Zu guter Letzt möchte ich nun die noch offene Frage beantworten, warum ein pathetisches Register in der Frühen Neuzeit Verhandlungsort für Subjektivität werden kann. Dafür setze ich die Annahme voraus, dass es einem pathematischen Subjekt nicht um die literarische Inszenierung von Individualität zu tun ist, sondern vielmehr um die formale Verhandlung des *espace intersticiel* zwischen Subjekt und Gesellschaft.

2.3.1 *Pathematische Selbsttechnik und poetische Erschwerung*

An dieser Stelle möchte ich deshalb, um mein Theoriekapitel zu schließen, auf das Konzept der Technologien des Selbst von Michel Foucault zurückgreifen. Foucault hat damit eine unter anderem in und über Texte vollzogene Sorge des Subjekts um sich selbst beschrieben.[193] Für ihn stand in Anlehnung an antike Quellentexte die ethische Normierung und Selbstkontrolle des Subjekts im Vordergrund.[194] Ich hingegen möchte die These aufstellen, dass hinsichtlich der spanischen Bukolik von 1492 bis 1559 von einer pathematischen Selbsttechnik gesprochen werden kann, die das Subjekt immer mit Blick auf die Gesellschaft in Szene setzt.

Obwohl der Einfluss christlicher Ethik auf der iberischen Halbinsel von Isabella *la católica* bis zum Tridentinum ungebrochen war, scheint es doch so, als böte die bukolische Literatur jener Zeit die Möglichkeit, Subjektivität nicht

---

193 Vgl. Foucault, *Die Sorge um sich*, 1986, S. 53–94. Da dieser Theoriekomplex für meine These so zentral ist, werden die entsprechenden Texte in deutscher Übersetzung zitiert.

194 Vgl. Foucault, „Die politische Technologie der Individuen", 1993, S. 169, wo Foucault von den „ethischen Selbsttechniken" spricht.

dominant über das Ethos, sondern verstärkt über das Pathos zu denken. Foucaults Definition der Technologie des Selbst lautete folgendermaßen:

> Technologien des Selbst, die es dem Einzelnen ermöglichen, aus eigener Kraft oder mit Hilfe anderer eine Reihe von Operationen an seinem Körper oder seiner Seele, seinem Denken, seinem Verhalten und seiner Existenzweise vorzunehmen, mit dem Ziel, sich so zu verändern, daß er einen gewissen Zustand des Glücks, der Reinheit, der Weisheit, der Vollkommenheit oder der Unsterblichkeit erlangt.[195]

Besonderes Augenmerk gilt es hier auf die Operationen „an seinem Körper oder seiner Seele" zu legen, denn diese sind vielleicht nicht ausschließlich auf der Seite der Disziplin anzusiedeln. Das Wirken der Operation kann auch affektisch und insofern als ein zustoßendes *Ein*wirken auf Körper und Seele interpretiert werden. Schon in der antiken Sorge um sich (*cura sui / epimeleia heautou*) stand das *auto* als selbstbezügliche Handlung im Vordergrund.[196] Nebem dem Ethos, das auf Glück, Reinheit und Weisheit abzielt, stellt aber das Pathos gleichfalls eine autoaffektive Einheit dar. In der Antike wurde Pathos bekanntlich als Leiden an einer irrationalen Bewegung der Seele aufgefasst und die am Körper, dem Gedächtnis oder im Schreiben vollzogenen Selbsttechniken dementsprechend als Heilmittel gegen dieses Leiden.[197] Durch meditative Praktiken wie Läuterung und Kontrolle der *phantasiai*[198] oder die Konzentration auf jederzeit abrufbare Erinnerungen zum einen beziehungsweise die gedankliche Imagination möglichen Leidens als bereits zugestoßenes Unglück zum anderen konnte das Subjekt somit zum Arzt der eigenen Seele werden. Insbesondere im Umkreis der Stoa fällt es dem Subjekt selbst zu, das Geschwür der pathologischen Leiden zu kurieren. Lesen, die Beratung durch einen philosophischen Meister und das Schreiben erhalten dabei die Funktion, die Heilung des Pathos durch das Ethos zu begleiten.

Im frühneuzeitlichen Humanismus hingegen kann man trotz der konfessionellen Rahmung, die stark definierte ethische Parameter vorgibt, von einer Vorliebe für eine „lecture ‹ à chaud › des textes" sprechen, eine Konfrontation zwischen einem lesenden oder schreibenden Subjekt und Texten, „où sont inscrits la passion du sujet écrivant, les mouvements de son cœur, ses luttes

195 Foucault, „Technologien des Selbst", 1993, S. 26.

196 Vgl. ebd., S. 35. Hier wird die „Subjekt-Seele" (*chresis*) ein „Subjekt von Handlungen, Verhalten, Beziehungen, Haltungen". Foucault, *Hermeneutik des Subjekts*, 2009, S. 83f.

197 Ebd., S. 604 sowie S. 116 u. 130–133 hinsichtlich der Analogie zur Heilkunst.

198 Ebd., S. 75.

et sa foi".[199] Schreiben, Lesen, Ethos und Pathos gehen eine neue Koppelung ein. Dabei steht ebenfalls ein handelndes Subjekt im Vordergrund. Allerdings erzieht dieses sich nicht zu größter Kontrolle, sondern wird zum Subjekt, indem es *als* ‚Affekttier' lernt, die eigene Vorstellungskraft für geistiges Handeln (*phantasia*) zu nutzen. Wenn Sorge um sich bedeutet, „sich selbst [zu] erkennen",[200] so erkennt sich auch das pathematische Subjekt: inwiefern es von anderen Subjekten, sich selbst und der Welt affiziert wird.

Wenn dazu in der Literatur noch die phänotypische Externalisierung der wiederentdeckten *phantasia* tritt, so werden etwa in der Liebes- und Schäferliteratur die Leidenschaften weniger zum Schweigen als zum Sprechen gebracht. Die frühneuzeitliche Bukolik erschafft in ihren Schäfern und Schäferinnen also Pathosformeln der Affizierung. Die Sprache, die bei Platon ein Instrument der handelnden Seele war wie der Körper auch, ist dabei gerade zur Möglichkeitsbedingung geworden, um die Erkenntnis der Figuralität von Sprache und mithin des Abgrundes zwischen dem Subjekt, der Welt und den anderen zu befördern. Hier kommt es zu einer interessanten Überkreuzung: Zum einen ist die Wiederentdeckung der antiken Rhetorik, antiker Autoren und ihrer literarischen Selbsttechniken sicherlich mit dafür verantwortlich, dass die Schrift als Ort der Subjektivierung aufgefasst werden kann. Trotzdem tritt dabei nicht nur das stoische Ethos, sondern auch der Zusammenhang von Logos und Pathos in den Vordergrund. Wie wir bei Encina exemplarisch sehen werden, gelingt so die Lösung vom christlichen Code der *compassio*. Ein Autor wie Encina befreit sich damit zumindest teilweise auch vom ethischen Regime der Wahrheitsakte (der seit dem 3. und 4. Jahrhundert herrschenden Pastoralmacht),[201] das sich Foucault zufolge im christlichen Kontext zur Fremdbestimmung des Subjekts wandelt (*assujettissement*). Dies geht so weit, dass Encina auf einer Pilgerreise im Heiligen Land unter der Hand seine Skepsis bekundet und beim Glaubensbekenntnis auf rhetorische Kniffe zurückgreifen muss. Nicht die ethisch fundierte, sondern die pathematische Selbstbemeisterung und Selbsterkenntnis wird hier Praxis der Subjektivierung.[202] Sie

---

199 Meerhoff, „La Passion du Sujet", 2000, S. 107f. Meerhoff diskutiert in seinem Beitrag, wie in der protestantischen Hermeneutik die inspirierte Lektüre der von Gott ausgehenden Inspiration des Paulus am Ethos ausgerichtet ist, aber dennoch einer ‚erhitzten' Lektüre und einer Auseinandersetzung mit der antiken Rhetorik geschuldet ist. Vgl. ebenso Robic-de Baecque, *Le Salut par l'excès*, 1999.

200 Foucault, *Hermeneutik des Subjekts*, 2009, S. 112.

201 Vgl. Foucault, *Dits et Écrits*, Bd. II, 2001, S. 944 (Nr. 289, „Du gouvernement des vivants", 1980), und Foucault, *Hermeneutik des Subjekts*, 2009, S. 68. Zur Pastoralmacht siehe auch das Kap. 6.2.

202 Vgl. Foucault, *Dits et Écrits*, Bd. II, 2001, S. 1032 (Nr. 304, „Subjectivité et vérité", 1981).

unterwirft sich weder den Anforderungen eines weltlich-höfischen noch eines christlich-ethischen Regimes ganz und gar.[203]

In der Liebesliteratur allgemein treten dabei an die Stelle der Askese die Inkorporation des verlorenen Liebesobjekts und das Wissen um das figural Abständige der Sprache, die den eigenen und den fremden Affekt nie einholen kann. In der Bukolik im Besonderen rücken an die Stelle ethischer Meditation und Probe[204] narrativierte Pathosszenen und formelhafte Figurationen des Affekts. Anstatt stoisch-meditative Kontrolle von Vorstellungen oder christliche Bekenntnisverpflichtung zur Wahrheit im Namen der Autorität ins Zentrum zu stellen, gerät in der pathematischen Technologie des Selbst die affektive Phantasie als kognitives Handeln in den Mittelpunkt. Dennoch bleibt sie immer auf das Andere des Subjekts bezogen.

Externalisiert wird diese Technologie des Selbst in der Dichtung. Schon bei Petrarca ist die „Selbstsorge, die einem zerborstenen Ich seine Integrität restitutieren soll, […] unlösbar verwoben mit Literatur."[205] Den *Canzoniere* deutet Gerhard Regn deshalb als Auswuchs einer frühneuzeitlichen Subjektivität, die sich nur scheinbar (wie im Konversionstext des *Secretum*) vom Weltlichen abwenden will, der Welt aber im Aufschub dieser Konversion verhaftet bleibt – eine Linie, die in Italien Bembo mit seiner selbstbewussten literarischen Suche nach der *gloria* der Dichterkrone fortsetzen wird. Regn spricht bereits hier von einer „Neuverortung der Selbstsorge",[206] denn Bembo geht es nicht mehr um christliche Selbstfindung, sondern um die Selbstsorge im Zeichen des petrarkistischen Eros, sprich: eines pathematischen Codes, der menschliche Affekte in hoher Stillage heroisiert. Der späte Bembo steigert dies bis zu einer rhetorischen „Poetik der Erschwerung"[207] seiner *rime in morte*, in der ein pathetischer Stil endlich als „Platzhalter des Ethischen"[208] fungiert. Hier wird offenbar, so Regn, wie „postmittelalterliche Selbstsorge sich im Kraftfeld der

203 Siehe zum Übergang von einer christlich devoten Literatur zu einer pathematischen *écriture* im Zeitalter der Gegenreformation in Frankreich Robic-de Baecque, *Le Salut par l'excès*, 1999.

204 Vgl. Foucault, „Technologien des Selbst", 1993, S. 47.

205 Regn, „Petrarkistische Selbstsorge und petrarkistische Selbstrepräsentation", 2004, S. 97.

206 Ebd., S. 107. Bereits Foucault sprach von einer „Neuordnung" der antiken Selbstsorge beginnend mit Platon, die zwar auf alte Praktiken zurückging, aber im Kontext der Kunst des Regierens eine neue Funktion erhielt. Vgl. Foucault, *Hermeneutik des Subjekts*, 2009, S. 76.

207 Regn, „Petrarkistische Selbstsorge und petrarkistische Selbstrepräsentation", 2004, S. 122.

208 Ebd., S. 121.

Ästhetik vollzieht und danach drängt, sich in ästhetische Selbstrepräsentation zu verwandeln".[209]

Regns Konzept eines ästhetischen Platzhalters des Ethischen ist nicht minder zentral für die Bukolik. Schließlich handelt es sich dabei zum einen um Literatur über das Dichten: Die Bukolik ist immer schon metapoetischer Kommentar einer bestimmten Ästhetik.[210] Zum anderen operiert sie auf der Vermittlungsachse zwischen Pathos und Ethos und stellt dabei in den Mittelpunkt, wie ein dichtendes Subjekt als ein weltliches und über die Schrift konstituiert werden soll. In diesem Zusammenhang zu nennen wäre Encinas Fileno aus der *Égloga de Fileno, Zambardo y Cardonio*[211] (publ. 1509), der vor seinem Selbstmord sein Musikinstrument zerschlägt und damit stellvertretend für den bukolischen Dichter ein zerborstenes Ich repräsentiert, das durch den Affekt innerlich zerrissen und von der Welt entzweit ist. Dennoch dient die bukolische Dichtung auch dabei einer literarischen Restitution des Subjekts, das erst in seiner Zerrissenheit als Affekttier zu Tage tritt.[212] So könnte man also für die in Spanien zeitverzögert auftretende Poetik rhetorischer Erschwerung die These aufstellen, dass gerade die Bukolik mit ihren zahlreichen Entlehnungsmöglichkeiten des Pathematischen aus christlichen, politischen und poetischen Diskursen spätestens ab 1492 dezidiert und bewusst einen pathetischen Stil ausbildet. Hier handelt es sich mitnichten um formale Ausrutscher. Die pathematische Selbsttechnik in der Literatur, die sich des *espace intersticiel* der

---

209 Ebd., S. 125. Vgl. ebenfalls Kahn, „The Passions and the Interests in Early Modern Europe", 2004.

210 Vgl. dazu einschlägig Nelting, *Frühneuzeitliche Pluralisierung im Spiegel italienischer Bukolik*, 2007, S. 19, der die Bukolik als eine epistemologisch, nicht jedoch politisch konstituierte Gattung auffasst, in der vermittels der Metapoetik im Raum der Fiktion neue Autoritätsmodelle ausgehandelt würden. Er spricht diesbezüglich von einer „inauthentischen Form von Subjektivität". Ebd., S. 17. Dies wird man, zumindest was den Anachronismus der ‚Authentizität' angeht, relativieren müssen.

211 Encina, *Teatro completo*, 1998, S. 257–285, hier: v. 557. Siehe dazu weiter unten, Kap. 3.3.1.

212 In der Frühmoderne kehrt der philosophische Topos zurück, dass reines Pathos den Menschen zum gequälten Tier mache, allerdings verkehrt Schiller das starke Leid in einen zu überwindenden Widerstand, den das Vernunftwesen Mensch handelnd bezwingen solle, und das ästhetische Pathos ordnert er dem Prinzip des übersinnlichen Erhabenen unter: „Der, welcher einem Schmerz zum Raube wird, ist bloß ein gequältes Thier, kein leidender Mensch mehr; denn von dem Menschen wird schlechterdings ein moralischer Widerstand gegen das Leiden gefodert [sic!], durch den allein sich das Princip der Freyheit in ihm, die Intelligenz, kenntlich machen kann." Schiller, „Über das Pathetische", 1962, S. 200. Bemerkenswerterweise besteht die Freiheit des Subjekts Schiller zufolge aber gerade in der Einbildungskraft, rechtes Handeln als möglich vorzustellen, letzten Endes also in einer ethisch gewendeten *phantasia*. Vgl. ebd., S. 216 u. 220.

Form bedient, tritt vielmehr als Platzhalter an die Stelle einer christlich auf das Jenseits hin perspektivierten, ethischen Sorge um das eigene Seelenheil, wie man sie aus dem Bild-Affekt-Programm der *compassio* oder der affektischen *imitatio Christi* kennt.

Für die Diskussion frühneuzeitlicher Subjektivität zwischen 1492 und 1559 ist dieser Befund besonders aufschlussreich, weshalb es an dieser Stelle gilt, an die politischen Kontexte der poetischen Erschwerung zu erinnern. Wie bereits eingangs erwähnt ist Spanien in dieser Epoche geprägt von der Geburt seines Territorialstaats und der Konsolidierung einer neuen, zentralistischen Form der Herrschaft, bevor es mit dem Tridentinum in eine Phase größerer institutioneller, theologischer und politischer Kontrolle eintritt. Dabei offenbart sich, dass auch die pathematische Selbsttechnik auf den sozialen und politischen Kontext hin offenbleibt. Dies unterstreicht bereits Foucault, dessen Darstellungen mit Platons *Alkibiades I* einsetzen, wo die Selbstsorge bekanntlich an die *techne* des Regierens gekoppelt war: Soll doch der Jüngling Alkibiades durch die Sorge um sein Selbst dazu befähigt werden, andere zu führen und die Stadt zu lenken.[213] Selbsttechnik ist ursprünglich also zugleich als soziopolitische Technik gedacht worden, als „politische[] Technologie der Individuen",[214] bevor im augustinischen Zeitalter die Sorge um sich reiner Selbstzweck wird. Rechnet man diesen Ursprung im Politischen nun zur Poetik der Erschwerung hinzu, erscheint mit einem Mal auch der pathematische, ästhetische Platzhalter des Ethischen in einem neuen Licht. Denn wenn sich hier das Subjekt, das sich als Teil eines sozialen und politischen Gebildes empfindet,[215] diesem Sozialgefüge nicht über das Ethos angliedert, sondern die pathematischen Konflikte betont, die im Rahmen der Sozialisierung und damit des Ein- *und* Ausschlusses aus Gesellschaft auftreten, geht es nicht mehr nur allein um ästhetische Selbstrepräsentation.

Lila Abu-Lughod etwa hebt hervor, dass poetische formale ‚Erschwerung' dazu dienen kann, in restriktiven emotionalen Gemeinschaften sanktionierte Freiräume zu schaffen.[216] Sie werden dadurch politisch, dass sie die Inszenierung von Emotionen erlauben, die den sozialen und moralischen Regeln der hegemonialen Gesellschaft widersprechen. Die Frage, die sich hier

---

213 Vgl. Foucault, *Hermeneutik des Subjekts*, 2009, S. 77.

214 Foucault, „Die politische Technologie der Individuen", 1993, S. 169.

215 Vgl. Foucault, *Die Sorge um sich*, 1986, S. 110–129.

216 Zu emotionalen Gemeinschaften als „groups in which people adhere to the same norms of emotional expression and value – or devalue – the same or related emotions" siehe Rosenwein, *Emotional Communities*, 2006, S. 2. Rosenwein positioniert sich hier u. a. auch zu Foucault, wenn sie hervorhebt, es handle sich bei Emotionen um „shared vocabularies and ways of thinking that have a controlling function, a disciplinary function". Ebd., S. 25.

stellt, lautet: Steht pathematische Selbsttechnik in der Frühen Neuzeit auf der Seite souveräner Macht und geltender Normen – einer beherrschbaren *techne* des richtigen Herrschens und richtigen Fühlens – oder agiert sie im Sinn eines oppositionellen Widerstands gegen diese, wenn die hohe Stillage vor allem Schutz bieten soll?[217] Die vermeintliche Gretchenfrage an die spanische Bukolik, wie sie es, entstanden im politischen Dunstkreis von einflussreichen Mäzenen, Fürsten und Königen, mit der Macht halte, erlangt dadurch neue Bedeutung. Denn anders als im Falle der spätmittelalterlichen pastoralen Spiele, die allegorisch eine Feier der Herrschaft im Schafspelz der Bukolik darboten, ist die frühneuzeitliche Bukolik, was den politischen Gehalt ihrer Texte angeht,[218] wesentlich komplexer.

2.3.2 *Politisches Pathos bei Antonio de Guevara und Diego de San Pedro*

Antonio de Guevara, dessen Text *Menosprecio de corte y alabanza de aldea* (1539) in Spanien sehr prägend war und das Prinzip der ländlichen Enklave noch einmal für seine Zeitgenossen aktualisiert, ist ein exzellentes Beispiel für diese Problematik, obwohl er selbst eher eine Theorie der dörflichen Peripherie als eine Praxis bukolischen Dichtens abgeliefert hat. Nachdem er zunächst in jungen Jahren an den Hof der Katholischen Könige gekommen war, seine Familie aber nach dem Tode Philipps des Schönen und damit des Sieges der Fraktion um Ferdinand rapide an Einfluss verlor, wurde Guevara

217 Abu-Lughod hebt das kreative Potential von (Liebes-)Dichtung an der Schnittstelle von Diskursen, Emotionen und Macht hervor: „I want to suggest instead that these discourses are not templates, but rather languages that people can use to express themselves. In enabling people to express experiences, these discourses may enable them to feel those experiences. […] New combinations are always possible, to give voice and perhaps life to new sentiments that go beyond what has already been said and felt. In that sense, poetry may be not just a symbol of the individual's freedom to defy culture's power to define and delimit experience, but also a tool to be used in that defiance." „Ideology and the Politics of Sentiment", 1986, S. 258. Siehe darüber hinaus zu Emotionen als diskursive, kollektive und verkörperte Praktiken Abu-Lughod / Lutz, „Introduction", 1990, und Lutz, *Unnatural Emotion*, 1988, S. 7.

218 Exemplarisch hat etwa Kahn an Guarinis *Il Pastor fido* (publ. 1590) die Bedeutung des Affekts für die Bukolik herausgearbeitet: Sie zeigt, dass in der frühneuzeitlichen Bukolik zeitgenössische politische Philosophien wie die der machiavellistischen Staatsräson so kommentiert werden, dass die Frage des politischen Interesses in die Sprache des Gefühls übersetzt wird. Sie liest dies symptomatisch im Sinne einer formalen Inkorporation einer neuen, ästhetisierten Gesellschaftsordnung, die sich auf die Rhetorik des Textes hin verlängert: „*Il Pastor fido* is political both because it places the *satisfaction* of the passions (both the characters' and the reader's) at the center of a newly aestheticized social order and because it makes this aesthetic ideology itself an object of rhetorical analysis and thus, potentially, of political interest." „The Passions and the Interests in Early Modern Europe", 2004, S. 230 (Hervorh. im Original).

in seiner zweiten Karriere am Hof Karls V., an den er als Prediger zurückkehrte, Historiker, Propagandist und Analytiker der beginnenden spanischen Zentralmonarchie. Ihm wurden teils sogar wichtige politische Reden Karls zugeschrieben, in denen dieser sein imperiales Projekt verteidigte. Auch wenn Guevara insgesamt nicht der große Erfolg am Hofe beschieden war, den er sich zeitlebens erhofft hatte, so wird der Einfluss des viel gelesenen Autors und seiner Ideale auf die Politik des noch jungen Kaisers doch immer wieder zu Recht betont.

Im *Menosprecio* reflektiert Guevara darüber, wie die Gesellschaft am Hofe funktioniert und unter welche Zwänge sie die einzelnen Subjekte dabei setzt. Er, der in jungen Jahren dem Hofleben nicht abhold war, kritisiert nun die Genuss- und Verschwendungssucht, die Rivalität und Zurschaustellung, die ökonomisches Kapital in soziales Kapital und in Macht zu übersetzen sucht. Dem gelte es, wie der nunmehr Bischof von Mondoñedo gewordene Guevara bekundet, den Rücken zu kehren. Nur auf dem Land könne der Christenmensch vom Pfad der Sünde ablassen: „Es privilegio del aldea que allí sea el bueno honrado por bueno y el ruin conoscido por ruin, lo cual no es así en la corte ni en las grandes repúblicas, a do ninguno es servido y acatado por lo que vale sino por lo que tiene."[219] Von Beginn an wird diese Erkenntnis auf die eigene Erfahrung und damit auf eigenes Leiden zurückgeführt: „sepáis que todo lo que dijere en este vuestro libro este vuestro siervo no lo ha soñado ni aun preguntado, sino que lo vio con sus ojos, paseó con sus pies, tocó con sus manos y aún lloró en su corazón".[220] Solcherart fasst der Chronist des eigenen Lebens die Sphäre des Hofes als Metonymie der Welt auf und setzt das Handeln in dieser ausschließlich mit dem Leid gleich. Zugleich wird die ländliche Enklave, die nicht zufällig an einen klösterlichen Raum des Rückzugs erinnert, mit einer ethischen Disziplinierung des Einzelnen assoziiert. Die Aufgabe des Subjekts soll es dort sein, als neuer Stoiker im Inneren jene Affekte zu besiegen, die am Hofe unkontrolliert herrschen: „Si las afecciones y pasiones que cobró el cortesano en la corte lleva consigo a su casa, más le valiera nunca retraerse a ella, porque en la soledad son los vicios más poderosos y los hombres más flacos."[221] Damit aktualisiert Guevara nicht nur den Topos des *beatus ille* und der ländlichen Enklave: Er stellt auch unter Beweis, dass die periphere *aldea* durch das Medium der Affekte intrinsisch mit dem Zentrum der Polis

219 Guevara, *Menosprecio de corte y alabanza de aldea*, 1984, S. 177.
220 Ebd., S. 107f.
221 Ebd., S. 151. Siehe zur neostoizistischen Schließung der bukolischen Enklave ebenfalls Kap. 6.2.

verbunden ist und zunehmende Steuerung der Affekte von außen in ihr Gegenteil umschlagen kann: in Weltverachtung und eine Wendung nach innen.[222]

Allerdings besteht Opposition für Guevara nun darin, Leid zu kontrollieren und Pathos in Ethos zu verwandeln. Genuin bukolische Texte der gleichen Epoche sind dagegen auf eine Steigerung des Pathos ausgerichtet – der Sprechakt eines Traktats aus der Feder eines Predigers und der Sprechakt eines literarischen Textes sind durchaus verschieden. Dennoch ist Guevara hier aufschlussreich, weil sein Traktat zumindest den Anschein macht, als befürworte er eine bukolische Politik der Opposition, wenn er propagiert, man müsse sich aus dem korrupten Hofleben zurückziehen aufs Land und sich dort in ethischer Selbstkontrolle üben.[223] Ihm geht es dabei aber vor allem um die Kontrolle der gefährlich überbordenden Imagination und somit befindet sich der Moralist Guevara auf der Seite jener internalisierten Selbstkontrolle, wie sie Norbert Elias[224] für die zivilisierte Gesellschaft und Foucault für die christliche Pastoralmacht[225] in Anschlag bringen.

Die Verachtung des Hofes ist jedoch ein zweischneidiges Schwert: Denn obwohl der starke Affekt der Verachtung von Guevara indirekt zur Selbsttechnik erklärt wird,[226] um Begehren und Imagination zu überwinden,[227] bedroht der Raum des Landes den Hofmann nichtsdestoweniger mit einer sozialen Leere und schädlichen Muße, einer „empty time",[228] die zu neuer Imagination – und Dichtung! – verführt und so zu guter Letzt in Selbstverachtung münden muss. Der dörfliche wie pastorale Raum ist bei Guevara also sowohl Möglichkeitsbedingung für ein ethisches Leben[229] als auch Nährboden von Melancholie, Begehren und neuer, potentiell schädlicher *phantasia*.[230]

---

222 Und dies obwohl der Text an den König Portugals, Johann III., gerichtet war und Guevara sein Schreiben – ganz im Sinne einer oppositionellen Rhetorik, die sich den Mächtigen annähert, um sie hernach in eine rhetorische Falle zu locken – pragmatisch als „hablar con temor y servir con amor" bezeichnet. Ebd., S. 109.

223 Vgl. Avilés, „Care of the Self", 2006, S. 78.

224 Elias spricht bekanntlich von der allmählichen „Ausschaltung physischer Gewaltmittel" im Laufe des Zivilisationsprozesses und stattdessen von „ständiger Selbstkontrolle der Affekte". Elias, *Die höfische Gesellschaft*, 2002, S. 379.

225 Guevaras Text hat einen dezidiert „confessional tone", befindet sich also klar unter der Ägide der christlichen Wahrheitsakte. Vgl. Avilés, „Care of the Self", 2006, S. 82.

226 Er betont, es gelte die Kunst des „cómo ha de vivir" zu schulen, „que cada uno trabaje de conoscer a sí mismo", und dass dies mit „ejercicios" verbunden sei. Guevara, *Menosprecio de corte y alabanza de aldea*, 1984, S. 143, 148 u. 155.

227 Vgl. Avilés, „Care of the Self", 2006, S. 81. Siehe zu den lügenhaften Erfindungen am Hofe Guevara, *Menosprecio de corte y alabanza de aldea*, 1984, S. 183 u. 192.

228 Avilés, „Care of the Self", 2006, S. 85.

229 Vgl. ebd., S. 84.

230 Vgl. Guevara, *Menosprecio de corte y alabanza de aldea*, 1984, S. 155.

Das von ihm solcherart entworfene Subjekt befindet sich mithin in einem gefährlichen *double bind*, der topographisch über die Opposition von Hof und Land Kontur gewinnt. Soll es im öffentlichen Leben agieren und seine Selbstsorge hintanstellen, da Ethik in der Politik keinen Platz mehr hat? Oder soll es sich aus dem öffentlichen Leben zurückziehen und auf dem Lande die Sorge um sein Selbst im schlimmsten Falle so weit maximieren, dass daraus eine pathematische Falle wird, die das Subjekt verschlingt? Hier stehen gut sichtbar ein ethischer und ein pathematischer Code im Widerstreit, der sich daran entspinnt, wie das Individuum – mitsamt seinen Affekten und Bedürfnissen – zur Welt der Menschen und der Macht steht.

Offensichtlich bietet die literarische Form dafür einen anderen Ausweg, womit es zu deren pathetischem Register zurückzukehren gilt. Abu-Lughod hat diesbezüglich den Terminus der „protective veils of form"[231] geprägt. Diese sind ein nützliches Instrument in einem Widerstreit, wie ich ihn eben geschildert habe. Denn im Schutzmantel der poetischen – erschwerten – Form können deviante Gefühle, die dem geltenden moralischen Kodex einer Gesellschaft widersprechen, poetisch im Sinne eines gewissen überindividuellen Universalismus ausgedrückt werden und so eine neue Form von Gemeinschaft innerhalb der Gemeinschaft begründen.[232] Das kulturelle Kapital einer anspruchsvollen Form und eines hohen, z. B. tragischen Registers tragen dazu bei. Poetische Erschwerung des Stils kann also in der Tat im Kontext der sozialen Normierung von Emotionen und Handlungen konkrete politische Relevanz besitzen.

Ein frühes und für die Liebesdichtung in Spanien einflussreiches Vorbild für diese politisch motivierte Erneuerung der Poetik ist Diego de San Pedros sentimentaler Roman *Cárcel de amor* (1492). Darin liebt der Ritter Leriano die Kronprinzessin Laureola und mit ihr stellvertretend auch den politischen Körper des Staates. Sein individueller Liebesaffekt steht jedoch im Konflikt mit der Loyalität gegenüber seinem Lehnsherrn und König Gaulo, weshalb er seinem Rivalen zur Verteidigung gegen dessen falsche Anschuldigungen, er habe Laureola verführt, antwortet: „si fuerça de amor ordenó el pensamiento, lealtad virtuosa causó la limpieza dél".[233] Das Liebesgefängnis als Topos und die alles verheerende „saña del rey"[234] als Bedrohung der liebenden Individuen wird bei San Pedro also gekoppelt mit der Darstellung einer affektökonomisch

231 Abu-Lughod, „Ideology and the Politics of Sentiment", 1986, S. 238.

232 Auch wenn diese oppositionelle Anti-Struktur teilweise den hegemonialen Diskurs, z. B. über die Thematisierung von Normen zu Ehre und Sexualität, stützt. Abu-Lughod arbeitet dies an der Liebesdichtung von Beduinenvölkern heraus.

233 San Pedro, *Cárcel de amor*, 2008, S. 95.

234 Ebd., S. 106 u. 109.

sehr komplexen prämodernen Subjektivität zwischen *amor* und *lealtad*,[235] zwischen Affekt und tugendhafter Mäßigung, die bis zur Selbsttötung geht. Wie Xuan Jing mit Rückgriff auf Max Weber darüber hinaus gezeigt hat, entwirft der königstreue San Pedro hier im Jahr der Rückeroberung Granadas einen spanischen Ursprungsmythos rationaler Herrschaft durch einen Richterkönig, der die emotionale Bindung zwischen einem charismatischen Anführer (Leriano) und dem politischen Körper (Laureola) – ein mittelalterliches Konzept von Herrschaft – liebesallegorisch verabschiedet.[236] Damit wird ein neues Pathosregime eingeläutet, das auf der Entsinnlichung des Politischen und der Verschiebung des Affekts in die Literatur fußt.[237]

Hier drängt sich der Vergleich zur frühneuzeitlichen Bukolik des Siglo de Oro nachgerade auf, da sich diese nicht nur an prestigiösen antiken Vorbildern, sondern auch an der Erneuerung der europäischen Poesie orientiert. In diesem Fall erlaubt das kulturelle Kapital einer zusätzlich pathematisch gesteigerten Variante der Schäferdichtung nicht nur Abweichung vom katholischen Dogma, sondern auch eine komplexe Aushandlung jenes sozialen Drucks, der sich im Kontext der neu gebildeten, zunehmend zentralistischen Höfe entwickelt. Die bukolische Enklave ist dem sentimentalen Roman zum einen und dem Oppositionsverhältnis Hof-Land von Guevara zum anderen dann insofern überlegen, als es ästhetisch mit energetisch reversiblen Formeln des Liebespathos gefüllt werden kann, die aus der unkontrollierbaren *phantasia* erwachsen. *Amor* und *lealtad* werden somit in ihrem Widerstreit dauerhaft verbunden. Wie Iser festgehalten hat, macht die bukolische Fiktion das Subjekt sich selbst im „Außerhalb" seines Selbst verfügbar, sprich: Es bietet dem Subjekt externalisierte Objekte des geistigen Handelns: „Außer sich zu sein heißt daher, sich nicht zu transzendieren, sondern zu inszenieren; in der Maske sich zu überschreiten erlaubt dann, immer anders bei sich selbst sein zu können."[238] Pathematische Subjektivität hinterlässt in der Literatur der Frühen Neuzeit also deshalb ihre Spuren, weil sie die fiktionale Überschreitung und mit dieser die Bewegung hin zum Pathos begrüßt und deren Spielarten an die Stelle der Heilung des Pathos durch die Ethik setzt. Dabei bleibt allerdings die historische Welt im literarischen Pathos – auch formal – kopräsent. Genau diese Verbindung zwischen Innen und Außen, Subjekt und Gesellschaft gilt es zu beleuchten.

---

235 Siehe dazu einschlägig mit Bezug auf die Interpellationstheorie Althussers Folger, *Escape from the Prison of Love*, 2009, S. 112–131.

236 Xuan, „Das Liebesgefängnis und die Entsinnlichung der Politik", 2015, S. 139.

237 Vgl. zum Wandel höfischer Emotionalität in Spanien ebenfalls Kap. 3.1.3.3.

238 Iser, *Das Fiktive und das Imaginäre*, 1991, S. 144.

Im Kontext frühneuzeitlicher Emotionalität muss aber bedacht werden, dass es leicht zu Fehllektüren kommt, wenn wir unsere moderne Auffassung von Emotionalität auf frühere Jahrhunderte übertragen wollen.[239] Universell sind die in *protective veils of form* zur Darstellung gebrachten Gefühle wie Trauer oder Liebe immer nur im Sinne einer synchronen (Mit-)Teilbarkeit von emotionalen Codes, die ihnen zugrunde liegen, nicht jedoch im überzeitlichen, diachronen Sinne. Das Konzept des emotionalen Skripts, das Gail Kern Paster, Katherine Rowe und Mary Floyd-Wilson hier gebrauchen,[240] ist meines Erachtens insofern geeignet, um Verwandlungen wie die des Pathos zu fassen, die bei Encina weg vom christlichen Skript der *compassio* und hin zur humanistisch geprägten Pathematik führt, die das Affekttier Mensch ins Zentrum stellt und seine Phantasiebegabung feiert. Beide Skripts haben in vielerlei Hinsicht normierenden und affizierenden Charakter. Encinas Texte sind deshalb nicht auf einer teleologischen Linie zu verorten, die zu immer größerer individueller Freiheit führte, sondern zeigen, wie einzelne literarische Texte an emotionalen Regeln der Mehrheitskultur vorbei entweder einen Ausbruch in den ungeregelten Affekt oder aber formelhafte, stilistisch erschwerte Formen nutzbar machen.

Die bukolische Pathosformel ist eben keine mnemotechnische Selbstprüfung eines Einzelnen oder christliche Buße. Noch ist sie reine Erfüllung eines emotionalen Programms und damit affektische Investition in die Normen der Mehrheitskultur. Vielmehr stehen in literarischen Formen des sozialen Gefühls pathematische Investition und Intervention nah beieinander.[241] Ohne die Interventionsqualität der Form sollte man deshalb einen pathetischen Redestil in der frühneuzeitlichen Literatur nicht denken. Sie führt ein Moment der differenzierenden Strukturierung in das Feld zwischen Subjekt und Gesellschaft ein, das Innen und Außen gegenüberstellt. Im bewegten *espace intersticiel* der pathematischen Form ist aus diesem Grund eine kulturelle Politik des Gefühls[242] nie allein gemeinschaftsstiftend und ideo-

---

239 Das umgekehrte Problem, was die diachrone Darstellung und Konzeptualisierung von Individualität oder Emotionalität angeht, hat Schmitt am Beispiel der homerischen Epen thematisiert, die aus der Perspektive der Moderne oft zu Unrecht zu einer „archaisch-mythischen Naivität" verkleinert wurden, in der das Individuum nichts gezählt habe. *Der Einzelne und die Gemeinschaft in der Dichtung Homers und in der Staatstheorie bei Platon*, 2000, S. 26.

240 Siehe zum „mismatch of modern and early modern emotion scripts" Kern Paster / Rowe / Floyd-Wilson, „Introduction", 2004, S. 12.

241 Siehe zur Diskussion des Konzepts das Ende der Einleitung, Kap. 1.4.

242 Vgl. Ahmed, *The Cultural Politics of Emotion*, 2014, S. 8. Siehe ebenso bereits früher Williams, *Marxism and Literature*, 1977, S. 132. Williams stellt die Verbindung zur Literatur explizit her: „The hypothesis has a special relevance to art and literature, where the true

logisch, sondern produziert semantische Überschüsse, die einer Identifikation mit der Gemeinschaft auch produktiv widersprechen. Der Widerspruch gelingt vor allem deshalb, weil der poetisch erschwerte Stil zum schützenden Schleier wird, der Abweichung von der Norm durch das Prestige der Form kaschiert. Ästhetische Platzhalter des Ethischen und *protective veils of form* kommen demnach im literarischen Pathos zusammen. Gerade für das Spanien des 16. Jahrhunderts, in dessen kultureller Politik des Gefühls das imperiale Projekt und der Aufstieg der Zentralmonarchie neue Formen von sozialer Kontrolle und Selbstunterwerfung der Subjekte erzeugen, muss die Doppelhelix aus Investition in und Intervention gegen das politische Projekt also mitgedacht werden. Darin besteht meines Erachtens die pathematische Selbsttechnik des frühneuzeitlichen Subjekts. Auch die Frage, warum sich in diesem Moment die literarischen Schäfer in einem neuen Gewand zeigen, das an das bewegte Beiwerk aus Tragödie und Epos erinnert, kann von dieser Warte aus neu in den Blick kommen.

Eine literarische Figur ist in diesem Zusammenhang und im Falle etwa von Encina und Garcilaso exemplarisch. Es handelt sich um Dido, die der Tradition zufolge seit Vergil als eine tragische Figur begriffen werden kann,[243] deren Eros zugunsten der Gründung Roms geopfert wird. Die sich selbst tötende Dido mit ihrer letzten Verfluchung des Geliebten ist damit eine traditionelle Affektfigur, in der die Pathematik des liebenden und scheiternden Individuums, das im tödlichen Zwist liegt mit der Politik, bildhaft ausagiert wird:

688 illa gravis oculos conata attollere rursus
689 deficit; infixum stridit sub pectore volnus.
690 ter sese attollens cubitoque adnixa levavit,
691 ter revoluta toro est oculisque errantibus alto
692 quaesivit caelo lucem ingemuitque reperta.

Jene, bemüht, zu erheben die schweren Augen, versinkt in / Ohnmacht wieder, es zischt in der Brust die klaffende Wunde. / Dreimal hob sie, gestemmt auf den Ellenbogen, empor sich, / dreimal sank sie zurück und suchte flackernden Auges / hoch am Himmel das Licht und seufzte, da sie's gefunden.[244]

social content is in a significant number of cases of this present and affective kind, which cannot without loss be reduced to belief-systems, institutions, or explicit general relationships, though it may include all these as lived and experienced, with or without tension […].“ Ebd., S. 133. Zu *structures of feeling* in der Romantik und insb. der Form der Idylle siehe ders., *The Country and the City*, S. 78f.

243 Siehe zum Dido-Drama und der dramatischen Verdichtung des Epos bei Vergil Binder, „Vergil, die Aeneis und Dido“, 2000, S. 14.

244 Zitiert nach der Übersetzung von Johannes Götte. Vergil, *Aeneis*, 1997, S. 172f.

Bemerkenswert ist nun, dass Encina die aus dem Epos stammende und eindeutig tragisch markierte Figur der Dido in seiner *Égloga de Plácida y Vitoriano* (1513) als Hintergrundfolie der niedersinkenden Plácida benutzt, um deren Ausschluss aus der Welt der Gesellschaft und der Norm zu untermalen.[245] Der Übergang zwischen den zwei Welten des weltlichen und des bukolischen Raums[246] ist an eine traditionelle pathematische Figur gekoppelt, die das Ihre zur poetischen Erschwerung des Stils beiträgt. Das intertextuelle Spiel mit Dido kann insofern als eines jener Symptome dafür gelesen werden, wie Encina sich von der christlichen Affektlehre löst: Anders als Augustinus, der bereute, über den Tod Didos in jungen Jahren Tränen vergossen zu haben, schämt er sich kaum, sondern verwandelt seine Plácida durch die entschlüsselbaren Pathosformeln antiker Tragik in eine pathematische Figur. Geht man noch ein paar Jahrhunderte weiter, so kommt man bei Hector Berlioz an, der um 1815 wiederum einen neuen, nämlich romantisch geprägten Affekt mit der Figur Didos verbindet: Im Alter von 12 Jahren erleidet Berlioz, tief beeindruckt u. a. von der romantischen Selbstinszenierung Chateaubriands, bei der Lektüre des vierten Buches der *Aeneis* unter den Augen seines Vaters ein „frisonnement nerveux“[247] und bricht zusammen. Ab 1856 wird er dieser tiefen Beeindruckung durch Vergil in *Les Troyens* ein musikalisches Denkmal setzen.

In aller Knappheit zeichnet sich hier eine kultur- und literaturgeschichtliche Linie von Lektüren und Verwandlungen Didos ab, die zugleich unterschiedliche emotionale Register und deren emotionale Skripts verdeutlichen: ein christliches bei Augustinus, das auf kontrolliertes Ethos eingenordet ist; ein frühneuzeitlich pathematisches bei Encina, das Körper, Sprache und Affekt von Subjekten im Konflikt mit Gesellschaft und Politik in den Mittelpunkt stellt; und zu guter Letzt ein romantisch individualistisches bei Berlioz, das ganz auf persönliches, ‚authentisches‘ Erleben und künstlerisches Schaffen des Subjekts abhebt. Dies erlaubt zum einen den Anschluss an Fragen, die innerhalb der Emotionsgeschichte etwa von William Reddy unter dem Begriff des emotionalen Regimes besprochen wurden und in dieser Arbeit im Kapitel zu Montemayor näher ausgeführt werden sollen. Zum anderen wird daran exemplarisch zu zeigen sein, wie im *espace intersticiel* der frühneuzeitlichen Bukolik die zwei Welten von Eros und Polis aufeinandertreffen. Die darin inszenierten pathematische Subjekttechniken changieren zwischen der *techne* eines unterworfenen Subjekts und der, mit Warburg, Abu-Lughod oder Chambers gesprochen, formalen Opposition bzw. Intervention. Dieser Frage

245 Vgl. zur detaillierten Analyse des Textes Kap. 3.2.2.

246 Vgl. Schmidt, *Bukolische Leidenschaft*, 1987, S. 239–264.

247 Zitiert nach Kohrs, *Hector Berlioz' „Les Troyens“*, 2011, S. 71.

im Besonderen widmet sich das Kapitel zu Garcilaso, der die affektischen Platzhalter des Ethischen in seinen Eklogen feiert und die Patho-Logik der Bukolik somit auf die Spitze treibt.

Während bei Garcilaso die pathematische Subjektivität jedoch schon voll ausgeprägt vorliegt, werden wir am Beispiel Encinas wesentlich deutlicher herausarbeiten können, aus welchen Quellen sich diese speist und wie sie sich – innerhalb weniger Jahrzehnte – in Spanien literarisch entwickelt. Insofern verdient Encina neue Aufmerksamkeit, denn kaum einer in Spanien hat so deutlich den großen Schritt von der Welt des Mittelalters in die der Renaissance vollzogen wie er. An Encina werden die Entlehnungsformen und Entwicklungsstränge der frühneuzeitlichen Bukolik erkennbar. Nur mit Blick darauf, wie es Encina gelingt, politische, religiöse, soziale und individuelle Pathemata gegeneinander auszuspielen, können wir heute das innovative Potential der spanischen Bukolik erfassen – ein neuer Blick, der uns erlauben wird, sie von jener modernen Form tief empfundenen, individuellen Gefühls abzugrenzen, die aus der Kultur der bürgerlichen Idylle heraus das Verständnis der frühneuzeitlichen Bukolik bisher allzu oft verschattet hat.

KAPITEL 3

Entlehnungsformen des Pathos: Juan del Encina

Auf der literaturgeschichtlichen Wendeltreppe,[1] die von der Antike zur Bukolik des Siglo de Oro führt, spielt Encina eine besondere Rolle.[2] Nicht zufällig publiziert er 1496 gemeinsam mit seinen Jugendwerken des ersten *Cancionero* eine Übersetzung der *Bucolica* des Vergil. Sie stellt das frühe humanistische Interesse des Autors unter Beweis, bewegt sich allerdings am Rande der Adaptation: Um den *Reyes Católicos* Ferdinand und Isabella zu huldigen, überträgt Encina darin Figuren und Szenerien Vergils auf die iberische Halbinsel. Er entlehnt also nicht nur pastorale Formen aus der Antike und aktualisiert deren ästhetische *pathêmata*, sondern fügt ihnen eine neue Form des politischen Pathos hinzu: ein Pathos, das ohne Rückgriff auf die Selbstinszenierung der gerade geborenen hispanischen Monarchie nicht zu verstehen ist – schließlich erzeugt diese eine frühe Form von höfischer Emotionalität, die aus dem Prozess kultureller *renovatio* in Spanien nicht wegzudenken ist.[3] So belegen Encinas Paratexte an die Könige oder seine Gönner, die Herzöge von Alba, dass er auch in der Form des panegyrischen und hohen Pathos der Lobrede bewandert war. Dieses politische Pathos spiegelt zugleich seinen sozialen Ort

1 Elias verwendet dieses Bild für sein Konzept vom Prozess der Zivilisation. Insbesondere anlässlich der *Astrée* spricht er von der im Zuge der Affektkontrolle erreichten „Stufe der Selbstdistanzierung", denn die darin handelnden Figuren „sind gewissermaßen auf eine höhere Stufe der Wendeltreppe des Bewußtseins hinaufgestiegen. Von ihr aus können sie sich selbst zugleich auf der vorausgehenden Stufe sehen und handeln sehen, können sich selbst dort im Verkehr mit anderen Menschen betrachten und beobachten." *Die höfische Gesellschaft*, 2002, S. 430. Zugleich geht dies jedoch mit einem höheren Bewusstsein über die Verstellung des Gefühls einher. Vgl. ebd., S. 429. Schnell ergänzt aus Sicht der Literaturwissenschaft dann die wiederholt laut gewordene, zeitgenössische Kritik an Elias und spricht von notwendigen, entlastenden ‚Nischen' im dialektisch aufzufassenden Prozess der Zivilisierung, in dem Sinne dass sich ästhetische Nischen des ungezähmten Affekts mit einer versuchten Kontrolle des Affektiven abwechseln. Vgl. „Kritische Überlegungen zur Zivilisationstheorie von Norbert Elias", 2004.

2 Siehe zu einer ersten Version dieses Kapitels die Ausführungen in Peters, „De la Arcadia a Castilla", 2017.

3 Das Konzept ‚Spanien' als Nation existiert allerdings, das hebt die aktuelle Geschichtsschreibung hervor, erst seit Beginn des 19. Jahrhunderts und dem Unabhängigkeitskrieg gegen Napoleon. In der Frühen Neuzeit hingegen war die iberische Halbinsel in der Hand des *Hispaniarum rex*, also des Königs ‚*der* Spanien' oder iberischen Nationen (Kastilien, Aragon, Katalonien, Navarra, teilweise Portugal). Siehe Kamen, „The Myth of the Historic Nation", 2008.

 | DOI:10.30965/9783846768020_004

und die Herausbildung einer höfischen Kultur im Zeichen der frühneuzeitlichen Monarchie wider. Seine theatralen Eklogen wiederum wandeln sich Schritt für Schritt vom christlichen Weihnachts- und Passionsspiel zur mythologischen Feier der heidnischen Welt. Sie stellen eindrucksvoll unter Beweis, wie es gelingen kann, mit Hilfe der rinascimentalen Wiederbelebung antiker Mythologie eine neue Konzeption der Liebe zu entwickeln, die sich nicht mehr dem christlichen Dogma und dessen Pathos der *Amor Dei* unterwirft.

Im Werk Encinas finden sich deshalb meines Erachtens zahlreiche Entlehnungsformen des Pathos in einer transformativen Verkreuzung und Hybridisierung, die für die weitere Entwicklung der Schäferliteratur in Spanien richtungsweisend gewesen sind. Hinzu kommt, dass dieser Prozess der Transformation von einer kreativen Arbeit Encinas an der Gattung begleitet wird, die im europäischen Vergleich ihresgleichen sucht: Angereichert durch Elemente der italienischen Liebestopik, der provenzalischen Pastourelle, des spanischen Ritterromans oder der *novela sentimental*, der mythologischen *fabula* und der antiken Elegie verwandelt sich die Bukolik unter seiner Feder in einen Brennspiegel der frühneuzeitlichen Literatur.

An dieser Transformationsgeschichte muss zunächst das Verhältnis seiner bukolischen Texte zu Vorläufern aus dem weiten Feld der pastoralen Allegorien genauer betrachtet werden. Autoren wie Encina war ja mit der christlichen Allegorie des guten Schäfers ein habitualisiertes narratives Schema an die Hand gegeben. Es wurde selbstverständlich auch immer wieder als Instrument ethischer und sozialer Normierung eingesetzt.[4] Der Umgang der Epoche mit Vergils *Bucolica* ist hier besonders aufschlussreich, denn dessen IV. Ekloge

4 Ich gehe allerdings nicht davon aus, dass, wie einige zeitgenössische Emotionstheoretiker meinen, literarische Geschichten über Gefühle grundsätzlich und ausschließlich als intersubjektive Medien „normativer Lebenskonzepte“ verstanden werden müssen. Vgl. Voss, *Narrative Emotionen*, 2004, S. 187f. Die Plastizität eines narrativierten Lebensbezugs kann zwar in Affekterzählungen reglementierend auf den Hörer rückwirken, der sein eigenes Leben nach dem vorgestellten Programm überdenken oder an ihm ausrichten soll. Nussbaum sieht darin das ‚Lernen von Emotion‘. Dieser ideologischen Schule steht jedoch immer auch ein affektives Ausbrechen zur Seite. Nussbaum hebt hervor, dass Emotionen in sozialer Interaktion – und in Form von Erzählungen – stets *paradigmatisch* erlernt werden. Vgl. Nussbaum, *Love's Knowledge*, 1990, S. 293. Während dies, abgesehen von ideologischen Affekten, bereits in früher Kindheit geschehe, ist das Ver- oder Neulernen von emotionalen Programmen immer wieder Gegenstand literarischer Texte: „We learn emotions in the same way that we learn our beliefs – from our society. But emotions, unlike many of our beliefs, are not taught to us directly through propositional claims about the world, either abstract or concrete. They are taught, above all, through stories.“ Ebd., S. 287. Dennoch bleibt auch der Protest gegen erlernte Programme oft in diese eingelagert. Nussbaum zeigt dies an Becketts Protest gegen die religiösen Narrative von Liebe und Schuld, der selbst auf diesen Narrativen basiert. Dies gilt es stärker zu betonen.

wurde zu einer quasi prophetischen Geschichte über Christus umgedeutet. Encina hat allerdings weder die Gattungstraditionen der spätmittelalterlichen Pastoralallegorie noch die gängigen Affektprogramme seiner Zeit einfach blind übernommen. Sicherlich, auch er ruft in seiner Vergilübersetzung oder seinen religiösen Stücken vorgegebene Affektprogramme auf, die allegorisch entschlüsselt werden sollen und damit normativ wirken: im Sinne christlicher Ethik oder politischer Panegyrik. Gleichwohl entfalten seine Texte, wie ich zeigen möchte, neue Facetten einer pathematischen Subjektivität abseits der christlichen Doxa. Er gibt habitualisierte emotionale Skripts wie das der *compassio* nicht einfach pädagogisch an seine Leser weiter, sondern nutzt die Ausdrucksmöglichkeiten seiner Texte, um diese Programme zu ‚verlernen' und in neues Pathos zu verwandeln. Dabei verabschiedet er sich nicht zuletzt von der Pastoralallegorie alter Schule.

Dass die Ekloge zum Medium dieses grundlegenden Transformationsprozesses werden sollte, ist kein Zufall. Wie Carvallo im dritten Dialog (§ XXIV) seines *Cisne de Apolo* über die Gattung festhält, handelt es sich bei der Ekloge um „diálogos, discursos, tratados o competencias entre pastores, debajo de cuyos nombres y figuras pastoriles *ha de haber sentido alegórico, significando cosas altísimas*, como el de las églogas de Virgilio, que algunas significan la venida de Cristo".[5] Hier ist jenes traditionelle und habitualisierte narrative Schema auf den Punkt gebracht, nach dem seit dem Mittelalter der bukolische Eros vorchristlicher Literatur im Sinne der Integumentum-Lehre in einen christlichen *affectus devotionis* verwandelt wurde.

Der Prozess ist auf der einen Seite durchaus produktiv: Nur weil der verdeckte Redegegenstand der christlichen Heilsgeschichte als *cosa altísima* unter der Schäferrede vermutet wird, ist ein dem sublimen Redegegenstand angemessener hoher Stil in der Ekloge überhaupt denkbar. Die Vergilrezeption spielt hier deshalb eine zentrale Rolle, weil die autochthon christlichen Schäferspiele des Mittelalters sich immer bewusst an den *genus humile* hielten. An Übersetzungen und Kommentierungen der IV. Ekloge Vergils hingegen sieht man, wie deren christianisierende Lektüren und Rekontextualisierungen für die Politik der Habsburger[6] es möglich machten, die *aptum*-Regel langsam aufzuweichen.

Auf der anderen Seite legitimiert jedoch die Allegorese der klassischen Texte nicht nur, dass diese weiterhin gelesen werden konnten. Oft stellt sie

---

5 Carvallo, *El cisne de Apolo*, 1997, S. 308 (Hervorh. K. P.).

6 Zur politischen Fortführung der Semantik des Herrschers als guter Hirte unter Karl V. siehe Maravall, *Carlos V y el pensamiento político del Renacimiento*, 1960, S. 224–231 („La utopía del buen pastor").

deren moralisches Skandalon durch die spirituelle Deutung kalt und verändert also ihre Affektpoetik.[7] Ein Hirt wie Vergils männerliebender Corydon oder die Figuren der ovidschen *Metamorphosen* schienen für den christlichen Leser eine echte Herausforderung zu sein – man errät es aus Carvallos Formulierung, es *müsse* den allegorischen Sinn geben (*ha de haber sentido alegórico*). Deshalb wurden die Autoren der Antike entweder wie im Falle des *Ovide moralisé* als Sammler eines lügenhaften Stoffes (*mençongniable matire*),[8] oder aber assimilierend als nahezu prophetische Verkünder der christlichen Wahrheit bezeichnet. Beides stellt unweigerlich Distanz zum Gegenstand her.

Ob in frühneuzeitlichen Lektüren Vergils der ‚skandalöse' Affekt, der aus der Antike bis ins 16. Jahrhundert nachhallt, abgekühlt, „auxiliar de la moral"[9] und damit im strengeren Sinne affektlos wird, oder aber die Quelle für die *renovatio* eines paganen Pathos mit neuer Intention abgibt, muss jeweils im einzelnen Fall geklärt werden. Zu diesem Zweck steht im Folgenden die Frage im Mittelpunkt, wie Schritt für Schritt an die Stelle der pastoralen Allegorie das bukolische Dichten und sein Pathos treten. Während Encina etwa in der Adaptation der *Bucolica* den messianischen Gedanken bereits als Ideologem *weltlicher* Herrschaft einsetzt, wird er sich in seinen eigenen Eklogen vollends vom Pathos des christlichen *affectus devotionis* lösen – zu Gunsten einer selbstbewussten Verteidigung der literarischen Kunst, Affekte zur Sprache zu bringen und beim Leser oder Zuschauer auszulösen.

3.1 Vergilrezeption und pastorale Allegorien

3.1.1 *Von der christlichen zur weltlichen Allegorie (Petrarca)*

Augustinus bereute wie bereits erwähnt, über Didos Tod Tränen vergossen und darüber die Not seiner eigenen Seele vergessen zu haben.[10] Aus Sicht des katholischen Dogmas steht dem lesenden Christenmenschen nämlich nur die devotionale Allegorisierung antiker Texte und nicht deren affektische Rezeption an – dies käme ja einer Ansteckung durch heidnisches Pathos gleich. Im

7 Vgl. Meier, „Überlegungen zum gegenwärtigen Stand der Allegorie-Forschung", 1976, S. 17.

8 Zitiert nach ebd., S. 16.

9 Shepard, *El Pinciano y las teorías literarias del Siglo de Oro*, 1962, S. 12.

10 „Quid enim miserius misero non miserante se ipsum et flente Didonis mortem, quae fiebat amando Aenean, non flente autem mortem suam, quae fiebat non amando te, deus, lumen cordis mei et panis oris intus animae meae et virtus maritans mentem meam et sinum cogitationis meae?" Augustinus, *Confessiones*, 2004, S. 38 (I, 13, 22). Siehe zu den Pathosnarrativen in der Darstellung der Dido bei Vergil Knape, „Rhetorischer Pathosbegriff und literarische Pathosnarrative", 2010, S. 39f.

Renaissancehumanismus ist die Allegorese dann jedoch oft nur noch Mittel der Apologetik und ermöglicht eine neuerliche Rezeption dieses Pathos – sie war also in vielen Fällen weitaus mehr Taktik als Überzeugungstat.[11] Für die allegorisierende Deutung der *Bucolica* gibt es außerdem ausreichend antike und spätantike Vorbilder, von einem glatten Bruch zwischen Antike, Mittelalter und Frühmoderne kann mithin gar nicht die Rede sein. Bereits bei Quintilian wird im achten Buch der *Institutiones Oratoriae* als Beispiel für die Allegorie eine Textstelle aus Vergils *Bucolica* zitiert. Dort entschlüsselt Quintilian den Schäfer Menalcas als *figura auctoris*: „hoc enim loco praeter nomen ceterea propriis decisa sunt verbis, verum non pastor Menalcas, sed Vergilius est intellegendus" (VIII, 6, 47). Die Allegorie selbst wird bei Quintilian mit der berühmten Formel definiert: „aliud verbis aliud sensu ostendit" (VIII, 6, 44). Es stehen sich in der allegorischen Rede mithin *verba* und *sensus* gegenseitig ausschließend gegenüber. Nicht die *verba* – so etwa den Schäfernamen Menalcas –, sondern den Sinn müsse man verstehen: *Vergilius est intellegendus*.[12] Es ist jedoch nicht unwesentlich, dass Quintilian hier auf eine Allegorie des Dichters und nicht auf theologische oder politische Heilsgeschichte abhebt.

Erst im christlichen Mittelalter wird allegorisches Schreiben oder Lesen gleichbedeutend mit der Heilslehre. Weil in der Hermeneutik der göttliche Sinn hinter den Gleichnissen der Bibel entschlüsselt oder aber in Predigt und Kommentar neue Metaphern für die göttliche Wahrheit gefunden werden müssen, gerät die Allegorie zur christlichen Denkform schlechthin. Die Allegorie verwandelt sich also in ein Medium der Dogmatik: „Ihre funktionale Bestimmung zielt auf die Lehre (*doctrina*). Ihr Wesen kennzeichnet der synonym-metaphorische Begriff *involucrum*: sie ist verhüllte Wahrheitsaussage."[13] Damit verbindet sich das Versprechen, zur Wahrheit des Textsinnes vordringen zu können, wenn es gelänge, an den Worten ‚vorbeizulesen'.[14]

---

11 Vgl. Plett, „Renaissance-Poetik. Zwischen Imitation und Innovation", 1994, S. 15f., sowie Dante, *Epistola a Cangrande*, 1995, S. 8–10 (VII–VIII). Beispielhaft hat schon Curtius zur theologischen Poetik im italienischen Prähumanismus bemerkt, sie sei so dogmatisch nicht gewesen. Vgl. „Theologische Poetik im italienischen Trecento", 1940.

12 Bereits wenn sich kleine Hinweise auf die *res* in die Rede mischen, spricht Quintilian von der vermischten Form der Allegorie (*permixta*; VIII, 6, 47). Man unterscheidet heute zwischen der implikativen (Quintilians reine Allegorie) und der explikativen Form (Quintilians *permixta*). Vgl. Kurz, *Metapher, Allegorie, Symbol*, 2004, S. 43f. Die bei weitem schönste Form der Rede sei jedoch, so Quintilian, wenn Gleichnis, Allegorie und Metapher zusammen kämen: „illud vero longe speciosissimum genus orationis, in quo trium permixta est gratia, similitudinis, allegoriae, translationis" (VIII, 6, 44).

13 Meier, „Überlegungen zum gegenwärtigen Stand der Allegorie-Forschung", 1976, S. 10.

14 Siehe dazu die kritische Erweiterung des Konzepts aus Sicht der Semiotik: „Es gibt jedoch kein Sagen ohne Meinen. Es gibt keinen Satz ohne illokutionäre Kraft. Worte können

So kann in Vergils IV. Ekloge etwa im Wort *puer* das Christuskind als eigentlicher Sinn vor den Augen des christlichen Lesers Form annehmen, weil erst das ‚Ding', auf den sich der Buchstabensinn bezieht – der Knabe – der eigentliche Bedeutungsträger ist.[15] Die Hermeneutik überträgt diese typologische Beziehung zwischen Wort, Referent und Ereignis, die das heilige Bibelwort strukturiert, dann auf andere Texte – und zwar nicht nur im Sonderfall der literarischen Personifikationsallegorie. *Wie* der geistige Sinn eines beschriebenen Gegenstandes entschlüsselt werden muss – ob der Löwe z. B. Christus, einen Häretiker oder den Teufel bezeichnet – ist von den vielfachen Eigenschaften des allegorischen Gegenstandes und dem jeweiligen Kontext abhängig. Mit Blick *worauf* diese „Bedeutungswelt" vom Hermeneutiker jedoch entschlüsselt werden muss, bleibt gleich: mit Blick auf die christliche Heilslehre.[16] Dass gerade der gute Hirte und damit die pastorale Szene ein Element konventioneller christlicher Allegorisierung darstellt, muss in diesem Zusammenhang nicht eigens ausgeführt werden.

Die *verba* erfüllen hier eine wenngleich spirituelle, so doch vorrangig illustrative Funktion, weil sie von der eigentlichen Bedeutung noch weiter entfernt sind als der Gegenstand, den sie bezeichnen. Die Worte bleiben menschliche Ausdrucksform, wohingegen Gott sich in den Dingen selbst offenbart. Auch wenn die frühe Bibelallegorese sehr wohl kreative Züge trug, wird in der theoretischen Reflexion darauf der rhetorischen *delectatio* im Vergleich zur spirituellen *utilitas* meist nur eine untergeordnete Rolle zugesprochen.[17] Sogar der Unterschied zwischen weltlichen Allegorien, wie man sie in der Literatur findet, und religiösen Allegorien wird vor allem als ein Unterschied der *res* definiert, als frühe Form einer präzisen Differenzierung von Faktualität und Fiktionalität. Dabei kristallisiert sich als offizielle Lehre heraus, dass fiktionale Allegorie

---

nicht geäußert werden ohne irgendeine kommunikative Absicht. Die Allegorie sagt sehr wohl, was sie meint – sie sagt es eben direkt und indirekt. Sie meint, was sie sagt (verbis), und sie meint damit und dadurch noch etwas anderes (sensu), auf das es vor allem ankommen kann. Der Autor einer Allegorie will das Gesagte so verstanden wissen, daß es verstanden wird und noch etwas anderes mitverstanden wird." Kurz, *Metapher, Allegorie, Symbol*, 2004, S. 38.

15 In diesem Sinne fasst Ohly den „geistigen Sinn des Wortes" in der christlichen Allegorese. Vgl. „Vom geistigen Sinn des Wortes im Mittelalter", 1958, S. 4.

16 Ebd., S. 7.

17 „Die rhetorischen Qualitäten und die plane Erzählung bereiten dem Leser Vergnügen, die Nachahmung der formalen Kunst und die offenen Lehren und Exempel des Werks fördern ihn (*gemina utilitatis*), der notwendig verhüllte Sinn der *fabulosa narratio* schließlich führt ihn zur tieferen *utilitas* der Selbsterkenntnis, die die Grundlagen der *natura et conditio humana* berührt." Meier, „Überlegungen zum gegenwärtigen Stand der Allegorie-Forschung", 1976, S. 51.

nur „spontan", die christliche Allegorie dagegen notwendigerweise und verlässlich „immer gleich und verbindlich" auf Intendiertes verweisen kann.[18] Die Erkenntnis, die sich bei der Lösung des Rätsels im Falle der christlichen Allegorie einstellt, ist also in keinerlei Hinsicht überraschend, sondern immer schon – wenn auch im Rahmen eines ausdifferenzierten Deutungsraums – im Voraus ‚gewusst'.

Das Gegenstück dazu bilden fiktionale, weltliche oder poetische Allegorien. In ihnen, ganz besonders etwa in der Minnedichtung, gilt bereits, dass der Text zunehmend auf seine ästhetische Wirkung hin ausgerichtet ist, auf die „autonome Setzung des Textes" und den vom Dichter dabei verwendeten „Redeschmuck".[19] An diesem Punkt angelangt, ist die Entwicklung „von der Allegorie als Denkform zur allegorischen Kunstform"[20] vollzogen. So wird im Laufe dessen, was Hans Robert Jauss die „Geistesgeschichte des Unsichtbaren" nennt,[21] der allegorische Code frei für die weltliche Liebe und fiktionale Liebeserzählungen. Mit dem moralischen *sensus spiritualis* zielte die christliche Allegorie immer auch auf allgemein menschliche Fragen. Auf diesem Wege öffnet sich im Spätmittelalter die Allegorie auf drei innerweltliche Bereiche: auf das Politische, das Psychologische und das Individuelle.[22] Über *fin'amor* und *Dolce stil nuovo* setzt in der allegorischen Formensprache ein Prozess der Verinnerlichung ein. Hier hat sich die topographisch externalisierte und bildhafte Allegorie vom Format des mittelalterlichen Rosenromans und seiner Psychomachia bereits in eine unsichtbare Allegorie des Herzens verwandelt.[23]

Kurz darauf kommt es im italienischen Trecento – wieder mit Blick auf die bukolische Gattung – endgültig zu jener neuen Konstellation von *sensus* und *verba*, die eine Öffnung auf das Individuelle unabdingbar werden lässt: Petrarca, der in einem Brief vom 2. Dezember 1349 an seinen Bruder Gherardo die Bedeutung der Allegorie für die Theologie und für die Poetik erläutert (*Familiaria* 10, 4), schließt den gleichen Text mit einer langen Exegese seiner eigenen ersten Ekloge „Parthenias"[24] aus dem *Bucolicum carmen* (1346–1357).

---

18 Ebd., S. 45.

19 Vgl. Blank, *Die deutsche Minneallegorie*, 1970, S. 27f., sowie vertiefend und zur Übertragbarkeit der Minneallegorie über den Eros hinaus Kraß, „Freundschaft als Liebe", 2015.

20 Jauss, „Entstehung und Strukturwandel der allegorischen Dichtung", 1968, S. 244.

21 Ebd., S. 147.

22 Siehe zur Begriffstrias Meier, „Überlegungen zum gegenwärtigen Stand der Allegorie-Forschung", 1976, S. 32, und allgemein Lewis, *The Allegory of Love*, 1953.

23 Vgl. Jauss, „Entstehung und Strukturwandel der allegorischen Dichtung", 1968, S. 243.

24 Ein dezidiert vergilianischer Auftakt, der analog zu Tityrus und Meliboeus die beiden Figuren Silvius und Monicus als in Bewegung bzw. statisch vorstellt. Allerdings ist das Leid hier beim Alter ego Petrarcas, dem in Bewegung befindlichen Silvius angesiedelt, dem der eigene Bruder sein Streben nach Ruhm vorwirft: „Quis vel inaccessum tanto

Im Zuge dessen gibt er die Dualität von christlichem *sensus* und allegorischen *verba* auf und verschiebt sie auf eine Triangulierung von Allegorie, Dichtung und Dichter:[25] Zunächst fasst er noch recht konventionell jedes allegorische Sprechen als hochtönendes, vom alltäglichen Sprechen abgehobenes Loblied auf das Göttliche auf (als eine Form der pathetischen Rede also!). Anschließend jedoch plädiert er dafür, die weltliche Dichtung nicht zu verachten, sei sie doch diesem Loblied wesensverwandt: „Halte also, Bruder, von Dir nicht fern, was, wie Du siehst, bei den liebsten und heiligsten Freunden Christi Gefallen fand. Achte auf die Inhalte, und wenn diese wahr und gesund sind, nimm sie in jeder beliebigen Sprachgattung auf."[26] (*Noli itaque, frater, horrere quod Christo amicissimis ac sanctissimis viris placuisse cognoscis; sensibus intende, qui si veri salubresque sunt, quolibet stilo illos amplectere.*[27]) So wertet er – wenn auch nur aufgrund wahrer und ‚gesunder' Inhalte – durch Analogisierung von Theologie-Allegorie-Poesie die *verba* (der allegorischen ‚Sprachgattung') auf: „Wenig fehlt, und ich sage, die Theologie sei Poesie über Gott."[28] (*parum abest quin dicam theologiam poeticam esse de Deo.*[29])

Im Anschluss macht sein Brief allerdings eine erstaunliche Kehrtwende: Denn was er in der Exegese seines eigenen literarischen Textes entschlüsselt, sind keineswegs christliche Wahrheiten, sondern autobiographische Fakten und eine selbstbewusste, rinascimentale *imitatio* antiker Vorbilder wie Vergil und Homer. Zwar tauchen konventionelle Hinweise auf Christus und die Gottesmutter in seiner Allegorese noch auf, diese nehmen aber tatsächlich eher randständigen Charakter an – die mythologischen Verweise auf Pallas Athene und Apollo sind vielmehr als Teil der fiktionalen bukolischen Welt bereits ins poetische Recht gesetzt.[30]

Besonders eindrücklich gestaltet sich schließlich das Initiationsereignis, das Petrarca im Brief schildert und mithilfe dessen er den Beginn seines Dichtens untrennbar mit sich selbst als Dichter verbindet – der die Gestalt des Hirten Silvius in der Ekloge annehmen wird:

---

sudore cacumen / Montis adire iubet, vel per deserta vagari / Muscososque situ scopulos fontesque sonantes?" Petrarca, *Bucolicum carmen*, 2005, S. 24–26 (vv. 8–10).

25 Vgl. Baier, „Christliche und heidnische Poetik im *Bucolicum Carmen*", 2005, S. 147–149.

26 Brief 10, 4 vom 2. Dezember 1349 an den Bruder Gherardo, siehe Petrarca, *Familiaria*, Bd. I, 2005, S. 540–548, hier: S. 541f.

27 Petrarca, „Liber decimus, 4", 1934, S. 303.

28 Petrarca, *Familiaria*, Bd. I, 2005, S. 540.

29 Petrarca, „Liber decimus, 4", 1934, S. 301.

30 „Quod per Palem iurat Silvius, pastorale iuramentum est; Pales enim est pastorum dea; posset apud nos intelligi Maria, non dea sed Dei mater. […] Apollo autem, filius Iovis, dicitur ingenii deus; per quem Iesum Christum accipio, verum Deum verum Die filium; deum, inquam, ingenii ac sapientie […]." Ebd., S. 307f.

> Dort also [an der Quelle der Sorgue in Gallien] war mir zumute wie einem, der unter drückenden Verhältnissen nichts Grosses zu beginnen wagt und gleichzeitig ausserstande ist, einfach nichts zu tun. Denn von Kindheit auf war ich dazu erzogen worden, ständig etwas – ich hoffe: Gutes! – oder wenigstens irgend etwas zu treiben.
>
> Einen Mittelweg schlug ich daher ein, indem ich Bedeutenderes aufschob, um mich mit dem zu beschäftigen, was mir die Lage erleichtern könnte. Und eben der Ort und die waldigen Winkel waren es, die mir nahe legten, etwas Ländliches zu dichten, da mich, den oft von Sorgen gequälten, schon die aufgehende Sonne in die Wälder hinaus trieb, woher mich erst die hereinbrechende Nacht wieder heimwärts drängte. So begann ich denn zu schreiben, was ich schon früher geplant hatte, das heisst ein Hirtengedicht in zwölf Eklogen. Unglaublich ist, in wie wenigen Tagen ich damit fertig war; so sehr beflügelte mich die Örtlichkeit [lat.: *tantum ingenio locus calcar addiderat*]![31]

Diese durchaus konventionelle Begründung, das Schreiben von Hirtendichtung als geeignete Beschäftigung in Zeiten des *otium* und als Heilmittel gegen „the evil of idleness"[32] zu verstehen, greift später noch Encina in seiner *Arte de poesía castellana* auf. Damit bezieht Petrarca aber auch die Produktion allegorischer *verba* in der Bukolik stärker auf dichterisches Ingenium[33] als auf christliche Meditation oder rein ethisch regulierende Praktiken. Das Ethos des Sprechers ist hier deutlich an den sozialen Stand und eine pathematische Aktivität gekoppelt, die den Sprecher im Hier und Jetzt verortet. Schließen wird der „Parthenias" dann im Übrigen mit einem Verweis von Silvius auf eine epische Dichtung über Scipio Africanus, das unvollendet gebliebene Werk *Africa* von Petrarca. Dass hier der Schäfer dem Schilfrohr des einfachen bukolischen Stils den Gesang epischer Stoffe anvertrauen will,[34] mutet im Kontext des pastoralen Setting seltsam an – erweist sich aber als ein Einfallstor nicht

---

31 Petrarca, *Familiaria*, Bd. 1, 2005, S. 542. Lat. Original: „Illic ergo tunc eram eo animo qui, sicut sub tanta rerum mole magnum aliquid aggredi non auderet, sic omnino nichil agere nesciret, ab infantia mea bono utinam, sed certe in actu perpetuo enutritus. Media via igitur electa est, ut maioribus dilatis, aliquid pro solatio illius temporis meditarer. Ipse autem loci habitus et recessus nemorum, quo me sepe curis gravidum lux oriens urgebat et unde me sola nox rediens pellebat, ut silvestre aliquid canerem suasere. Quod ergo pridem in animo habueram, bucolicum carmen XII eglogis distictum, scribere orsus, incredibile est quam paucis diebus absolverim; tantum ingenio locus calcar addiderat." Petrarca, „Liber decimus, 4", 1934, S. 303f.

32 Andrews, *Juan del Encina*, 1959, S. 72.

33 Vgl. dazu Encinas *Prohemio en la copilación de sus obras*: „no menos ingenio requieren las cosas pastoriles que las otras". *Obras completas*, Bd. I, 1978, S. 33.

34 „Carmine fama sacro caret hactenus, et sua virtus / Premia deposcit; pavitans ego carmina cepi / Texere: tentabo ingenium, vox forte sequetur / Orphea, promeritum modulabor harundine parva." Pertrarca, *Bucolicum carmen*, 2005, S. 36 (vv. 120–123).

nur für den hohen Stil des Epos in die Welt der Bukolik, sondern auch für neue *fama* des Dichters, der sich mit dem Ruhmesgedicht auf Scipio Africanus und in Nachahmung des großen Epikers Vergil zugleich selbst Dichterruhm erschreiben will.[35]

Wenn die Theologie mit ihren allegorischen Bildern also Poesie über Gott ist, so ist die Bukolik Poesie über den Dichter. Ganz in diesem Sinne gibt sich in *Familiaria* 10, 4 Petrarca als Silvius und den Hirten Monicus als seinen Bruder Gherardo zu erkennen. Will Petrarca „zuerst den Wortlaut und nachher den tieferen Sinn"[36] (*primo quid dicam, deinde quid intendam*[37]) seiner bukolischen Allegorie angeben, so versteckt sich im *sensus* dennoch kein geistiger Inhalt mehr, ja Silvius folgt dem zweimaligen Aufruf des Monicus, sich mit ihm in die *vita contemplativa* zurückzuziehen, gerade nicht. Der Brief und die darin enthaltene Hermeneutik überblenden vielmehr allegorisch drei Räume: den stilisierten Ort des eigenen Schreibens (die Quelle der Sorgue in Gallien), die fiktive Topographie der Ekloge (oder jegliche arkadische Dichtungsnatur) und die außerliterarische, menschlich-reale Geographie (eine Grotte in der Nähe des Klosters bei Montrieux). Dabei wird das allegorische *velum* bisweilen arg dünn, etwa wenn Petrarca betont: „Die ‚gleiche Mutter' hatten die beiden [Silvius / Francesco und Monicus / Gherardo] und überdies den gleichen Vater; und das ist nicht Allegorie, sondern nackte Wahrheit."[38] (*Unam fuisse gentricem amborum, quin utrunque insuper parentem, non allegoria sed veritas nuda est.*[39]) Eine nackte, autobiographische Wahrheit, die nicht mehr vom allegorischen Kleid verschleiert, sondern unverhüllt (beziehungsweise spielerisch in das verführerische Gewand eines poetischen *velum* gekleidet) dem Leser entgegen tritt, rückt hier an die Funktionsstelle jener Wahrheit, die Petrarca zunächst noch als Wahrheit des Glaubens in der allegorischen Form befürwortet hatte. Damit hat sich ein Wandel vollzogen, der den erneuten Anschluss an Traditionen antiker Bukolik erlauben wird, die ebenfalls als Dichtung über das Dichten verstanden wurde.

3.1.2 *Geistliche Allegorese: Der Vergilkommentar von Juan Luis Vives*

Noch im 16. Jahrhundert jedoch hielt sich gegen diese neu erwachte Form der fiktional-poetologischen Allegorie auch die Tradition der geistlichen Allegorese bukolischer Dichtung. Vives hat im Jahr 1537 und damit kurz vor seinem

35 Siehe zum Einfluss des epischen Pathos auf die Bukolik, der in Spanien insb. durch die Rezeption der *Pharsalia* Lukans vermittelt wird, weiter unten, Kap. 4.3.

36 Petrarca, *Familiaria*, Bd. I, 2005, S. 542.

37 Petrarca, „Liber decimus, 4", 1934, S. 304.

38 Petrarca, *Familiaria*, Bd. I, 2005, S. 544.

39 Petrarca, „Liber decimus, 4", 1934, S. 306.

Tod drei Jahre später einen Kommentar zu Vergils *Bucolica* verfasst, dem es genau in diesem Sinne der geistlichen Allegorese noch darum zu tun war, den Text auf „sensa […] sublimiora",[40] nämlich auf den *sensus* der christlichen Botschaft hin, zu erhöhen. Über die konventionelle Interpretation hinaus, dass Tityrus als autobiographische Maske[41] seines Autors gedient habe, bindet Vives seinen Kommentar vor allem in die Lehre über das christliche Mitleid ein, die er zeitgleich entwickelt. Zur I. Ekloge und zur Klage des Meliboeus („Ehrfurchtslos übernimmt der Soldat die gepflegten Gefilde, / er, der Barbar, diese Saaten: wohin hat uns elende Bürger / Zwietracht gebracht! Wir bestellten das Land für dieses Gesindel!" *[I]mpius haec tam culta novalia miles habebit, / barbarus has segetes. en quo discordia civis / produxit miseros, his nos consevimus agros!*[42]) bemerkt er: „Omnia haec sunt *pathetica*, plena *commiserationis*; movent enim *misericordiam* mala quae nos urgent, et bona quae amittimus".[43] Damit könne der Leser sich also empathisch dem Meliboeus gleich und ihn insofern zu seinem Nächsten machen. Auch die Pragmatik der Ekloge selbst wird von Vives entsprechend auf das christliche Motiv übertragen, denn er sieht darin eine implizite Anrufung des Kaisers, sich nun seinerseits mitleidig zu zeigen: „ut Augustum [Octavian] ad *misericordiam* erga municipes suos Mantuanos adduceret".[44] Seine Exegese der letzten Verse des Originals schließlich bewegt sich vollends im Bereich der illustrativen Allegorese: Im lateinischen Original lädt der Hirte Tityrus den enteigneten Meliboeus, der ins Exil gehen muss, wenigstens über den kurzen Zeitraum der Nacht in die pastorale Enklave seines Hauses ein und initiiert damit am Ende des Auftakttextes der Sammlung den bukolischen Raum als einen heterotopen Raum des Aufschubs.[45] Vives nun verwandelt diese Einladung in eine exemplarische

40 Vives, „In Allegorias Bucolicorum Vergilii", 1782, S. 2. Folgende lateinische Ausgaben des Textes waren im 16. Jahrhundert bekannt: *Bucolica et Georgica* (1498), *Bucolica*, hg. v. Fadrique de Basilea, Burgos 1499, *Bucolica serio emendata, cum scholiis*, Fr. Santii Brocensis (El Brocense), Salamanca 1591. Vgl. Bayo, *Virgilio y la pastoral española del Renacimiento*, 1970, S. 12.

41 Vgl. Vives, „In Allegorias Bucolicorum Vergilii", 1782, S. 5, sowie S. 8 zur autobiographischen Deutung des Textes.

42 Vergil, *Landleben*, 1987, S. 32 (vv. 70–72).

43 Vives, „In Allegorias Bucolicorum Vergilii", 1782, S. 11 (Hervorh. K. P.). *Misericordia* wird in der span. Übersetzung mit *compasión* wiedergegeben: „Todo este pasaje es *patético* y rebosa *conmiseración*, porque los males que nos acucian y los bienes que perdemos mueven a *compasión*". Vives, *Interpretación de las* Bucólicas *de Virgilio*, 1997, S. 54 (Hervorh. K. P.). Die ganze Passage ist der Frage nach dem Mitleid gewidmet.

44 Vives, „In Allegorias Bucolicorum Vergilii", 1782, S. 11 (Hervorh. K. P.).

45 Vgl. Leopold, „Gender Trouble und politische Phantasie in der spanischen Bukolik Früher Neuzeit", 2016.

Geste, die beispielhaft Mitleid mit dem Nächsten unter Beweis stellt. Sie soll den Leser – an erster Stelle Oktavian, aber natürlich v. a. den christlichen Leser – dazu anregen, aus dem vorgeführten Mitleid heraus selbst *misericordia* zu entwickeln: „Probitatem suam ostendit erga miserum, et Octavianum allicit ad miserandum exemplo suo."[46] Damit ist die *utilitas* des antiken Textes unter Beweis gestellt: Die Annahme ist, dass es sich dabei um ein *exemplum* des zweithöchsten Gebots handelt, das Gott an den Menschen erlassen hat, das Gebot der Nächstenliebe. Auch das Pathos der oben angeführten Rede des verzweifelten Meliboeus wird dadurch als *affectus devotionis* in das Deutungsschema der *compassio* eingepasst.

Im Vergleich zu dieser Deutung, die nur mit Blick auf Vives' Fortführung der antiken Pathoslehre[47] zu verstehen ist, gibt sich seine Exegese der IV. Ekloge fast konventionell: „Itaque omnia sunt de Christo, de quo et nos interpretabimur".[48] Die Verkündung der Geburt eines *puer*, der ein neues Goldenes Zeitalter[49] anbrechen lasse, sei also nicht auf Oktavian, sondern vielmehr immer schon auf Christus gemünzt. Diese Deutung kann als Gemeinwissen der Frühen Neuzeit bezeichnet werden und muss daher nicht überraschen.[50] Bemerkenswerter ist hingegen der deutliche Hinweis, den Vives darüber abgibt, dass der allegorische *sensus* des Textes auch eine Erhöhung der Stillage erlaubt bzw. einfordert. Im Umweg über die im Original intendierte politische Panegyrik, vor allem aber über den Umweg der christlichen Allegorese wird die Angemessenheit eines höheren *ornatus* in der Rede begründet, die den pastoralen Text deutlich vom *genus humile* abhebt.

3.1.3 Translación de las Bucólicas de Virgilio (*1492*)

Encina nun hatte sich nicht annähernd so philologisch hohe Ziele gesteckt wie Vives. Während dieser den vergilschen Text fast Zeile für Zeile kommentiert, überträgt Encina die Eklogen ins Kastilische, in spanische Versmaße und noch dazu auf die politische Situation seiner Zeit. Er verfährt also mit dem

---

46 Vives, „In Allegorias Bucolicorum Vergilii", 1782, S. 11. In der span. Übers.: „Muestra [Títiro] su bondad con el miserable [Melibeo] y con su ejemplo despierta la compasión de Octaviano." Vives, *Interpretación de las* Bucólicas *de Virgilio*, 1997, S. 55.

47 Vgl. Kap. 2.1.1. und 2.1.2.

48 Vives, „In Allegorias Bucolicorum Vergilii", 1782, S. 32.

49 Bei Vergils Goldenen Zeitalter soll es sich wohl tatsächlich um den Frieden von Brundisium (40 v. Chr) gehandelt haben. Vgl. die Hinweise des Herausgebers ebd., S. 100f.

50 Siehe die berühmte Deutung des Servius in *Servii Grammatici*, Bd. III.2, 1902, S. 77, S. 79 und das Zitat: „Aestimavit enim Virgilius, quod de Augusto praedixit Sibylla, cum de Christo omnia prophetavit." Ebd., S. 78, nach dem cod. Paris 11308. Ähnlich allegorisch gelesen wird demzufolge auch die bukolische Natur: „SERPENS idest diabolus. HERBA idest doctrina gentilium." Ebd., S. 80.

klassischen Text sehr frei in dem Sinne, den Abril bei seiner Übersetzung des Aristoteles „el verter de los lugares"[51] genannt hat: Er versetzt sich nicht an den Ort des Textes, den er übersetzt, sondern holt ihn in seine eigene Welt. Marcial Bayo wirft Encina sogar vor, er habe es verstanden, „servirse de los textos más que servirlos".[52] Dennoch kann man den Texten bezüglich der hier gestellten Frage nach der Verwandlung des bukolischen Pathos weitaus mehr abgewinnen, als Bayos Interpretation vermuten ließe.

Die *Translación de las Bucólicas de Virgilio*[53] wurde gemeinsam mit poetologisch aussagekräftigen Paratexten in den *Cancionero* des Jahres 1496 aufgenommen und ist wahrscheinlich um 1492 entstanden. Auch Encina kannte die mittelalterliche Tradition und Überlieferung des Vergilkommentators Servius, wie sein Vorwort belegt (vgl. *OC* I, S. 220). Die christliche Allegorese der *Bucolica* dagegen wird bei ihm nur als rhetorischer Taschenspielertrick benutzt, um den *Reyes Católicos* gegenüber, denen er den Text widmet, die Wahl des *genus humile* zu entschuldigen (Encina hält sich hier also im Gegensatz zu Vives noch an die traditionelle *aptum*-Regel des christlichen *sermo*): „No tengáys por mal, manánimos príncipes, en dedicaros obra de pastores pues que no ay nombre más convenible al estado real, del qual nuestro Redentor, que es el verdadero rey de los reyes, se precia mucho, según parece en muchos lugares de la Sagrada Escritura." (*OC* I, S. 221) Im Mittelpunkt steht bei ihm nicht die Verherrlichung Gottes und seiner Gebote,[54] sondern die Applikation des Vergiltextes auf die Herrschaft Ferdinands und Isabellas: „estas *Bucólicas* quise trasladar, trobados en estilo pastoril, aplicándolas a los muy loables hechos de vuestro reynar" (*OC* I, S. 220).

3.1.3.1 Pathos der Reconquista in der *Égloga I*

Der Ort, an dem er diese *aplicación* ausführt, sind die *argumentos*, die den einzelnen Eklogen vorangestellt werden. Gleich die erste Ekloge wird auf das Gründungsereignis der Herrschaft der *Reyes Católicos* bezogen. Encina deutet die Gegenüberstellung von Tityrus und Meliboeus als Gegenüberstellung der ehemals feindlichen Lager, die im Erbfolgekrieg mit dem König von Portugal für oder gegen Isabella Partei ergriffen hatten. Meliboeus ist also deshalb

---

51 *Ética a Nicómaco* 1984, S. 42 (Prólogo).

52 Bayo, *Virgilio y la pastoral española del Renacimiento*, 1970, S. 11.

53 Zitiert wird nach der von Ana María Rambaldo besorgten Ausgabe Encina, *Obras completas*, 1978. Im Falle der Verstexte unter Angabe der Verse sowie im Rahmen der Prosa- und Paratexte mit der Sigle *OC*.

54 Trotzdem nimmt er der Konvention halber, so will es scheinen, einige christianisierende Veränderungen am Text vor, um den heidnischen Inhalt zu beschneiden, z. B. indem er die Jungfrau Maria in den Text einführt (vgl. *OC* I, S. 273).

enteignet, weil er zur Reihe derjenigen „cavalleros" gerechnet wird, die nach dem Frieden von Tercerías de Moura (1480) „fueron despojados de sus haziendas por ser rebeldes" (*OC* I, S. 232). Das Loblied des Tityrus auf die Stadt und den Gönner, der bei Vergil als Stellvertreterfigur Oktavians interpretiert wird, verwandelt sich dementsprechend in das Lob von „realeza y corte" (*OC* I, S. 233). An die Stelle des Liebestausches und *cambio de señora*, der Galatea durch Amaryllis ersetzt, tritt bei Encina ein *cambio de señor*: von Portugals König Alfons V. zu Ferdinand.[55] Mit der Liebesentscheidung für Ferdinand hat sich Tityrus als treuer Untertan erwiesen, der nun auch in den Genuss des heilenden „remedio" (ebd.) kommen darf, den die Herrschaft der *Reyes Católicos* verspricht, als sie die Schrecken des Krieges beenden.

Wie stellt sich dies im Gedichttext dar?[56] Bereits an der ersten Rede des Meliboeus werden die formalen Veränderungen sinnfällig, die Encina vornimmt:[57] An die Stelle des Hexameters tritt der *octosílabo* und Vergils Fünfzeiler wird auf drei Strophen von jeweils acht Zeilen Länge ausgeweitet. Diese wiederum erinnern mit ihrer refrainartig anmutenden semantischen Verbindung der letzten Verse an mittelalterliche Liedformen, so dass sich die Rede einem ländlichen Gesang anverwandelt.

Tytiro, quán sin cuydado
que te estás so aquesta haya,
bien tendido y rellenado,
yo, triste, descarrïado,
ya no sé por dó me vaya,
¡ay carillo!,
tañes tú tu caramillo,
no ay quién cordojo te traya. (*Égloga I*)

Die ganze Szene wird durch die einfache Sprache und die Strophenform an kastilisch-iberische Pastoralformen angepasst.[58] Denn mit den Paarreimen, mit der Abweichung des sechsten Verses in der Silbenzahl und mit der Reimbindung des zweiten Verses an den Refrain, der schließlich in Variation in den anderen beiden Strophen wiederkehrt, erinnern die Strophen an die Form

55 Vgl. Bayo, *Virgilio y la pastoral española del Renacimiento*, 1970, S. 28.
56 Encina, *Obras completas*, Bd. I, 1978, S. 232–245.
57 Zu Vergleichen zwischen Original und Übersetzung aus linguistischer und metrischer Perspektive siehe Bayo, *Virgilio y la pastoral española del Renacimiento*, 1970.
58 Dies auch inhaltlich am Ende, wo die Einladung Tityrus' statt gepresster Milch „pan de trigo / y aun miga cocha de cuega" (vv. 292f.) enthält.

des parallelistischen *cosante*.[59] Das *cosante*[60] gehört seinerseits zum Formenrepertoire der galizisch-portugiesischen Lyrik des Mittelalters, insbesondere der *cantigas de amigo*;[61] auch hier wurden kürzere und längere Verse gemischt und über einen Refrain gereimt. Die *cantigas de amigo* – Liebeslieder eines einfachen Mädchens aus dem Volk – bilden gemeinsam mit den *cantigas de amor*, die ein Poet an eine Dame richtet, sowie Einflüssen aus der trobadoresken und provenzalischen Dichtung die Quelle der mittelalterlichen *pastorela* – eine autochthon romanische Form bukolischer Dichtung. Bei dieser generischen Entwicklung vermittelt das *cosante* der *cantigas de amigo* in erster Linie die einfache und volkstümliche Sprechweise der Schäferin. Er ist noch nicht zwingend in das dramatische Handlungsmuster aus Begegnung, Werbung und Verführung[62] der späteren *pastorela* eingespannt. Als Wiederholung topischer Gefühle sind die *cantigas de amigo* auf der iberischen Halbinsel vielmehr das Samenkorn der paradigmatisch-affektischen Gattungen, denn in ihnen steht nicht der Intellekt, sondern das Gefühl im Mittelpunkt: „Por eso, se ve que la *cantiga de amigo* no va dirigida a la inteligencia. Repitiendo siempre las mismas sensaciones simples, trata de producir, y lo consigue maravillosamente, efectos obsesivos."[63] Erst die *pastorela* verbindet sich mit dem aristokratischen Ideal höfischer Liebe und verbreitet sich ausgehend vom portugiesischen Hof bis nach Kastilien, wo sie nach dem *Libro de buen amor* spätestens mit den *Serranillas* des Marqués de Santillana zu Beginn des 15. Jahrhunderts zur gängigen Form aufsteigt.[64]

Encina verwirklicht hier also metrisch bereits das, was er in der *Arte de poesía castellana* als Aufgabe des „trobar en nuestra lengua" (*OC* I, S. 7) bezeichnet hatte. Er begnügt sich nicht mit einer Paraphrase des Vergiltextes, sondern arbeitet diesen so um, dass seine zeitgenössischen Zuhörer und Leser ihre

59 Vgl. dazu Lesser, *La pastorela medieval hispánica*, 1970, S. 28–32.

60 Traditionell sind die Verbindung strophischer *pareados* mit einem gleich bleibenden, kurzen Refrain (*estribillo*), daktylischen 7- bis 12-Silbern und die semantischen Wiederholungsstrukturen. Vgl. Baehr, *Spanische Verslehre auf historischer Grundlage*, 1962, S. 247–250. In Kastilien war das *cosante* nicht aus den höfischen *Cancioneros*, sondern als volkstümlich-mündliche Dichtung nur indirekt und rudimentär aus den *Cancioneros musicales* bekannt. Encina seinerseits hat viele Liedtexte verfasst und muss mit der Form vertraut gewesen sein.

61 Vgl. die Textsammlung in Nunes, *Cantigas d'amigo*, 1926–28.

62 In der *pastorela* trifft ein *caballero* auf eine Schäferin und will diese mit Versprechungen oder Geschenken verführen. Lesser spricht von *encuentro, diálogo amoroso* und *desenlace* (*rechazo* oder *aceptación*). Vgl. *La pastorela medieval hispánica*, 1970, S. 22.

63 Ebd., S. 33f.

64 Als Brücke wird der anonym verfasste Text *La razón de amor con los denuestos de agua y de vino* (um 1205) aufgefasst. Vgl. ebd., 148.

eigene autochthone Tradition in kastilischer Sprache wiedererkennen.[65] Mit der „castización“[66] der antiken Gattung nobilitiert er zugleich die Dichtungsformen in der Volkssprache. Das heißt nicht, dass er sich mit der rein volkstümlichen Bukolik identifiziert. Im Gegenteil nutzt er gerade die Hybridisierung der Gattungen und Stilebenen, um sich selbst als Dichter einer bereits ‚nobilitierten‘ Form der Pastorale zu entwerfen: In der VII. Ekloge stellt er deshalb die rustikale Hirtensprache des *Sayagués*[67] dem „tono elevado y aristocrático“[68] des Schäferpoeten Corydon entgegen und betont, dieser singe hier (wie auch in den anderen Eklogen) „en persona del autor de aquesta obra“ (*OC* I, S. 300). Als Corydon distanziert sich Encina mithin von der autochthonen und rustikalen Sprechweise der einfachen Schäfer, die er auftreten lässt. Die Differenz der Stile und Traditionen wird also nicht einfach verwischt, sondern im Gegenteil besonders hervorgehoben, um Encinas dichterische Leistung in den Vordergrund zu stellen, der sowohl den Stil der „poesía pastoril elevada y noble“ als auch den Stil der „pastoral arrebatada, pícara y dialectal“[69] nachahmen kann.

Die reimenden Schlussverse der ersten Strophen sind aber über die metrische Form hinaus auch deshalb bemerkenswert, weil dort durch die dreimalige Wiederholung die Differenz zwischen dem glücklich unter einer Buche musizierenden Tityrus und dem unglücklichen Meliboeus besonders herausgehoben wird: „no ay quién cordojo te traya“; „no tienes quién te dé guerra“; „no te das nada por nada“ (vv. 8, 16, 24). Die Rede wird zur Anklage, die dreimal den Finger erhebt und deutlich markiert, wer hier das bessere Los gezogen hat. Die Begriffe *cordojo* (*tristeza* / *dolor*) und *guerra* sind die zentralen Elemente eines dadurch stilistisch untermalten Pathos, das die Rede durchzieht, denn

---

65 Er folgt also einer Methode des Übersetzens, die Schleiermacher die Nachbildung genannt hat: „Entweder der Uebersezer läßt den Schriftsteller möglichst in Ruhe, und bewegt den Leser ihm entgegen; oder er läßt den Leser möglichst in Ruhe und bewegt den Schriftsteller ihm entgegen. Beide sind so gänzlich von einander verschieden, daß durchaus einer von beiden so streng als möglich muß verfolgt werden, aus jeder Vermischung aber ein höchst unzuverlässiges Resultat nothwendig hervorgeht, und zu besorgen ist daß Schriftsteller und Leser sich gänzlich verfehlen.“ „Über die verschiedenen Methoden des Übersezens“, 1963, S. 47.

66 Vgl. den Kommentar der Herausgeberin Rambaldo in der Fußnote zu v. 18, Encina, *Obras completas*, Bd. I, 1978, S. 233.

67 Besonders auffällig ist die tonale Verschiebung hin zu dieser rustikalen Tradition auch in der Übersetzung der III. Ekloge. Der *Sayagués* ist als komisches linguistisches Attribut des *pastor bobo* seit dem Mittelalter konventionalisiert.

68 Vgl. den Kommentar der Herausgeberin Rambaldo in der Fußnote zu vv. 61–70, Encina, *Obras completas*, Bd. I, 1978, S. 303.

69 Bayo, *Virgilio y la pastoral española del Renacimiento*, 1970, S. 57.

der Schmerz, der Tityrus nicht angreifen kann, ist der Schmerz des Krieges – von dem bei Vergil an dieser Stelle nicht die Rede ist. Meliboeus ist in seinem Schmerz bei Encina im Übrigen auch sprachlich isoliert: Er tritt nicht wie bei Vergil schon zu Beginn als Teil eines „nos" auf, das die Heimat verlassen muss, sondern in der ersten Rede ist mehrfach nur von der ersten Person Singular, dem „yo", die Rede. Die Isotopie *cordojo – guerra* markiert außerdem die Öffnung der Klage auf das politische Pathos, das hier im Mittelpunkt steht. Selbst der pastorale „reposo" (v. 22) des Tityrus wird durch die Basisopposition mit der *guerra* in ein politisches Paradigma integriert, obwohl er scheinbar allein den arkadischen Gepflogenheiten gehorcht. Unterstrichen wird das Pathos zuletzt durch metrische und rhetorische Mittel. Während das Sängerpathos von Tityrus durch den Endreim „penas" – „cadenas" (vv. 19–20) fast lieblich erscheint, stößt Meliboeus in einer erregten *exclamatio* hervor: „¡ay carillo!" (v. 6).

Eine wesentliche Veränderung wird zudem in der Präsentation der Szene vorgenommen. Während Vergil eine verhältnismäßig kurze Einführung liefert, die beschreibt, was man vor Augen habe – Tityrus unter dem Baum mit der Hirtenflöte –, gebraucht Encina in seiner Version eine Reihe von Elementen, die einer allgemeinen Narrativierung der Szene zuträglich sind. Zum Vergleich noch einmal Original und Übersetzung:

1 Tityre, tu patulae recubans sub tegmine fagi
2 silvestrem tenui musam meditaris avena:
3 nos patriae finis et dulcia linquimus arva.
4 nos patriam fugimus: tu, Tityre, lentus in umbra
5 formosam resonare doces Amaryllida silvas.

Tityrus, du ruhst hier unterm Dach breitästiger Buche, / übst auf kleiner Flöte ein Lied versonnen vom Walde. / Wir aber lassen das Land der Väter, traute Gefilde, / müssen das Vaterland fliehn! Du aber, geruhsam im Schatten, / Tityrus, lehrst die Wälder den Widerhall: „Schön' Amaryllis!"[70]

1 Tytiro, quán sin cuydado
2 que te estás so *aquesta haya,*
3 *bien tendido y rellenado,*
4 yo, *triste, descarrïado,*
5 ya no sé por dó me vaya,
6 ¡ay carillo!,
7 tañes tú tu caramillo,
8 no ay quién cordojo te traya.

70 Zitiert nach der zweisprachigen Ausgabe von Johannes und Maria Götte. Vergil, *Landleben*, 1987, S. 28f.

9 Yo *lazerado, aborrido,*
10 he dexado ya mi tierra,
11 ando acossado y huydo,
12 y tú estaste *aquí* tendido
13 a sabor por esta tierra,
14 canticando
15 por las silvas retumbando,
16 no tienes quién te dé guerra.

17 Cantas dos mil cantilenas
18 de Amarilis, tu adamada,
19 deslindándole tus penas,
20 tus presiones y cadenas,
21 tiénesla bien canticada,
22 con reposo,
23 a la sombra gasajoso,
24 no te das nada por nada. (*Égloga I*; Hervorh. K. P.)

In der Verlängerung der Szene ist Einiges auffällig: Zum einen unterstreicht Encina die Lokaldeixis, um dadurch die Positionen der Figuren im Raum und ihre Gegenüberstellung zu markieren („aquesta haya"; „aquí"; vv. 2 u. 12). Zum anderen betont Meliboeus über Gerundivformen die Tatsache, dass er gerade im Begriff ist zu fliehen, sich mitten in der Bewegung befindet, Tityrus dagegen in der pastoralen Ruhe verharrt („[yo] *ando* acossado y huydo, / y tú estaste aquí tendido / a sabor por esta tierra, / *canticando* / por las silvas *retumbando*"; vv. 11–15; Hervorh. K. P.). Auch der Gesang des Tityrus an seine geliebte ‚Amaryllis' wird dadurch plastisch, wie die dritte Strophe unter Beweis stellt. Attribute und Adjektive schärfen zuletzt die Darstellung der beiden Schäfer, die individualisiert und in der Charakterisierung runder erscheinen („bien tendido y rellenado"; „triste, descarrïado"; „lazerado, aborrido"; vv. 3, 4, 9). Die ganze Szene verwandelt sich bei Encina in eine Pathosszene, die den Affekt des Meliboeus verräumlicht, verzeitlicht und als narrative emotionale Sequenz präsentiert. Zugleich perspektiviert sie die bukolische Opposition von Ruhe und Leid auf den politischen Kontext hin: die *guerra*.

In der ersten Rede des Tityrus wird dann der wohltätige Gott, von dem bei Vergil die Rede ist, als ein von Gott geschenkter wohltätiger König beschrieben, dem, auch hier fügt Encina Einiges hinzu, die Liebe des Sprechers und seine pathetische Rede gelten: „¡O buen zagal Melibeo, / quánto bien nos hizo Dios!, / dionos rey de tal asseo / que todo nuestro desseo / se nos cumple ¡juro a ños!" (Vv. 25–29) Die Freiheit, die Tityrus genießt, wird in der Folge mit den pastoralen Freuden der natürlichen Fülle semantisch ebenso verschaltet wie mit der klaren Zuordnung, unter welchem Herrn diese Fülle der Natur möglich ist. Selbst die Elemente der pastoralen Landwirtschaft wie *ganado* und *queso* werden somit zu Indikatoren der politischen Lage.

121 Desque aqueste rey nos tiene
122 y al otro señor dexamos
123 mucho ganado nos viene,
124 y aun a Dios, como conviene,
125 harto diezmo le pagamos
126 de buen peso;
127 ya podremos hazer queso
128 para en villa que vendamos.

129 Mas en el otro poder
130 libertad no se esperava,
131 no gozávamos plazer,
132 nada osávamos vender
133 porque no se nos pagava;
134 las haziendas,
135 con trabajos y contiendas,
136 ninguno no las labrava. (*Égloga I*)

Galatea als Liebesobjekt taucht nicht mehr auf. Dagegen fügt Encina im Anschluss, wo im Original Meliboeus Amaryllis anspricht, eine direkte Rede des Tityrus an den König ein. Darin unterwirft sich Tityrus mit seiner Dichtung und dem Versprechen, den Herrscher zu lieben, als guter Dichtervasall:[71] „yo servirte codicio" (v. 176). Die Abweichung ist selbstverständlich eklatant. Der Schäfer richtet seinen Liebesgesang – die *cantilenas de Amarilis*, von denen zu Beginn die Rede war – nun explizit an denjenigen, der sich hinter der pastoralen Allegorie der Geliebten verbirgt: den König.

137 Maravillado me siento
138 ¡o gran rey! qué cosa fuesse
139 passarme por pensamiento
140 de tener atrevimiento
141 que en tus hechos yo escriviesse;
142 tu justicia
143 a todos pone codicia
144 que en loarte nadie cesse. [...]
169 Mas, agora, ya que entiendo
170 algún poco deste *oficio*,
171 ya que voy más conociendo,

71 Man weiß, dass Encina über die Vermittlung seiner Gönner, der Herzöge von Alba, an den Hof des Kronzprinzen Johann gekommen war und mit dieser Schrift auf eine Förderung durch die *Reyes Católicos* hoffte, diese blieb jedoch aus. Als er zudem bei der Neubesetzung der Kantorenstelle der Kathedrale von Salamanca im Jahr 1498 übergangen wurde, verließ Encina enttäuscht Spanien in Richtung Rom, um am Hof des Borja-Papstes Alexander VI. ab 1500 endlich jene finanzielle Förderung z. B. durch Kirchenpfründe zu erhalten, die er sich immer erhofft hatte. Vgl. den Kommentar des Herausgebers Pérez Priego in Encina, *Teatro completo*, 1998, S. 13f. (Introducción).

favor te pido *serviendo*
porque luza mi *servicio*;
quien te *quiere*
sírvate como supiere,
que yo *servirte codicio*. (*Égloga I*; Hervorh. K. P.)

Damit wird Tityrus Sprachrohr des Autors und die Figur durchbricht den fiktionalen Rahmen der pastoralen Welt. In diesem Sinne ist das ganze Gedicht auf seine politische Pragmatik am Hofe hin offen, wahrscheinlich wurde es sogar direkt in Anwesenheit des Königspaars rezitiert. Wenn nicht schon mit den Paratexten, so ist spätestens ab diesem Zeitpunkt die Adressierung der pastoralen Fiktion an die Welt der Herrschaft eindeutig in den bukolischen Text selbst eingedrungen. Das Pathos der Lobrede hat sich in einen Akt auf der politischen Bühne verwandelt: in literarische Investition. Im Vordergrund steht der Liebesdienst (*servicio, oficio, querer, codiciar*), den der Sprecher dem König erweisen will.

Aus diesem Grund deutete James Richard Andrews in seiner einschlägigen Lektüre zur Bedeutung der Rhetorik bei Encina bereits 1959 die *Translación* als einen Akt strategischer Triangulierung:[72] Andrews zufolge stellt Encina über das Bindeglied des prestigiösen Klassikers Vergil – immer im Medium einer Theatralisierung des Selbst und eines performativen Gebrauchs von dichterischer Rede – eine Verbindung zwischen sich und den Monarchen her, die ihm aufgrund seines niedrigen sozialen Standes und der verweigerten ökonomischen Unterstützung im echten Leben nie gewährt werden sollte.[73] Überall dort, wo sich Encina in das Gewand eines demütigen *servicio* hüllt, spricht sich demzufolge auf paradoxe Weise sein dichterisches, rinascimentales Selbstbewusstsein aus. Sinnbild dieses Strebens ‚hinauf zu den Höhen der Herrscher' ist die mythologische Figura des Prometheus, die Encina zu diesem Zwecke immer wieder unverhohlen bemüht.[74] Dass Tityrus, alias Prometheus, alias Encina hier am Ende den König direkt im affektiv besetzten Liebes-Du ansprechen kann, deutet also darauf hin, dass sich Encina zwar zu unterwerfen, vermittels des eingesetzten Pathos aber auch Nähe zum Herrscher zu simulieren weiß.

Von der religiösen Allegorie, die noch Vives aus dem Vergil-Text herauslesen wird, ist dagegen nicht mehr die Rede. Im Gegenteil liefert Encina mit seiner

72 Vgl. Andrews, *Juan del Encina*, 1959, S. 36.

73 Allerdings wird ihm und seinem Bruder Francisco im Dezember 1493 in Valladolid eine *Licencia de armas* ausgestellt, was zumindest auf eine bestimmte Form der Anerkennung schließen ließe. Vgl. Archivo General de Simancas, RGS, LEG, 149312, 186.

74 Vgl. das „Prohemio en la copilación de sus obras", Encina, *Obras completas*, Bd. I, 1978, S. 2.

Adaptation der I. Ekloge nicht nur eine politische Allegorie auf die Geschichte Spaniens und seine Herrscher. Er stellt exemplarisch unter Beweis, wie sich der Affekt des dichtenden Höflings in der Frühen Neuzeit der *Amor Regis* ausliefert. Durch den explikativen Einschub der Rede an den König liefert er sowohl einen poetologischen Kommentar dazu („me parava yo a pensar / que estarías enojado / en verme tan descuydado / no escrevir de tu reynar"; vv. 146–149) als auch indirekt einen hermeneutischen Schlüssel für die Allegorie, die innerhalb der Fiktion durch die Kontrastierung der Figuren gezeichnet wird. Kurz gesagt: Als Panegyrik und Dienst am König soll die Schäferallegorie gedeutet werden. Der ganze Text – zusammengesetzt aus *argumento*, pastoraler Fiktion und eingeschobenem Metakommentar – ist als Sprechakt direkt an den königlichen Empfänger gerichtet.

Aus diesem Grund wird auch kein sonderliches Pathos auf das innerfiktionale Ende gelegt, das Vives später als Exemplum christlicher Nächstenliebe deuten wird. Der Dialog der zwei Schäfer tritt in den Hintergrund. Nur das – in jeder Hinsicht weltliche – Mitleid des Königs wird angesprochen, soll dieser sich doch des Poeten erbarmen und ihn durch seine Gnade und Freigebigkeit fördern. Aber dabei spielt die ethische Dimension keine Rolle mehr. Im Zuge dessen werden nicht nur das kontemplative Moment des Affekts in den Hintergrund gedrängt und die streng rhetorische Intention des Textes offenbar (Pathos ist in der Panegyrik immer rhetorisch funktionalisiert und gleichzeitig durch diese Dimension affektisch neu ‚erhitzt'). Auch inhaltlich fällt an den Übersetzungen Encinas auf, dass er ungewöhnlich geringe Berührungsängste mit der mythologischen Welt seines paganen Ausgangstextes zu haben scheint. Man kann bereits bei diesen Texten also von einer frühinascimentalen Hybridisierung der christlichen und der mythologischen Welt sprechen.[75]

3.1.3.2 Vorläufer der politischen Pastoralallegorie in Spanien

Encina war sicherlich nicht der Erfinder der politischen Pastoralallegorie. Vielmehr kann die Ersetzung politischer *res* durch pastorale *verba* um 1500 als ein Element des kastilischen Zeitgeistes verstanden werden. Trotzdem geht Encina über diesen hinaus. In den *Coplas de Mingo Revulgo* (ca. 1464) etwa war eine fast ausschließlich satirische Tradition begründet worden, die

75 Die Christianisierung des Textes ist keineswegs konsequent, sondern lässt vielmehr heidnische und christliche Kosmologie direkt koexistieren, z. B. in der VIII. Ekloge („y pues Dios tal perfeción / en vosotras, Musas, puso"; *OC* I, S. 316, vv. 199f.) oder in der IV. Ekloge, wenn der Sprecher Daphnis (den verstorbenen Prinz von Portugal) „su silla / con los santos colocado" (*OC* I, S. 286, vv. 194f.) einräumt, nur um in der direkt darauf folgenden Strophe Pan und die Nymphen anzurufen (*OC* I, S. 286, vv. 202 u. 204).

politische Ereignisse im Schäfergewand verhandelt.[76] Der Text wurde durch die Glossierung und Deutung des Fernando del Pulgar bekannt und gilt als wichtigste Referenz für die sprachliche Ausbildung des rustikalen *Sayagués*, einer niedrigen Stilebene, die Encina, wie oben beschrieben, mit dem Vergiltext amalgamieren wird. Noch 1517 feiert El bachiller de la Pradilla in Valladolid mit seiner *Égloga real* Karl I.[77] Dieser Text wiederum ist als pastorale Panegyrik affektische Investition in Reinform. Und Francisco de Madrid, der 1495 Ferdinand als Schäfer in einer *Égloga* auftreten lässt, bedient sich dabei ausschließlich am christlichen Bild des guten Hirten. Seine Allegorie präsentiert den Herrscher als denjenigen, der die Schafe vor den (französischen) Wölfen schützen wird.[78] Ähnlich wie die *Oratio in celebritate uictorie Malachitanae per*

---

76 Hier unterhalten sich Mingo Revulgo, der für die *república* steht und sich über deren Herrscher (interpretiert als Heinrich IV., Bruder von Isabella *la Católica*) beklagt, und der prophetische Schäfer Gil Arribato, der entgegenhält: „por los pecados del pueblo da Dios príncipe defectuoso e hipócrita" (so die Glosse von Fernando del Pulgar). Im Zentrum steht eine Figuration der christlichen Tugenden und Todsünden, die als Hunde und Wölfe auftauchen und für den Verfall des Staates verantwortlich gemacht werden. Pulgar, *Letras*, 1958, S. 223. An einer Stelle wird der Text explizit hinsichtlich der politischen Ereignisse auf der iberischen Halbinsel, als er die Katholischen Könige und insb. Isabella als von Gott geschickte Retterin und *pastora buena* der gespaltenen *república* preist: „Dios, [...] movido más por su misericordia que por la enmienda del pubelo, le dió por su reina y pastora la reina Doña Isabel, hija del rey Don Juan el Segundo, que casó con el rey Don Fernando de Aragón, por cuya diligencia y gobernación en muy poco tiempo se convirtió toda la injusticia en justicia, toda la soberbia en mansedumbre, y todas las guerras y disensiones, que había muchas y de diversas calidades, se convirtieron en paz y sosiego". Ebd., S. 224. Der Text von Pulgar, dem Sekretär und Botschafter Isabellas, wurde wohl um 1485 angefertigt.

77 Wie Palencia vor ihm übersetzt Pradilla das lateinische Original seines Textes auf Wunsch des Königs ins Kastilische, um der Glorie des Herrschers besser dienen zu können. Vgl. den Prolog in Pradilla, *Égloga real*, 1518, S. 9.

78 Das Stück führt mit kurzer Zeitverzögerung historische Ereignisse auf: Karl VIII. war in Italien einmarschiert und der Borgia-Papst hatte sich in der Engelsburg verschanzen müssen, bis er durch die Unterstützung der spanischen Herrscher in Süditalien den Eindringling verdrängen konnte. Franciscos Stück erinnert damit seinerseits an die vom Lateinischen ins Kastilische übertragene Allegorie *Batalla campal de los perros contra los lobos* (1457) des Alfonso de Palencia. Vgl. Lawrance, „La tradición pastoril antes de 1530", 1999, S. 115f. Dieser Text wiederum ist eine humanistische Nachahmung von Homers *Batrachomyomachia* und sollte der historischen Chronik von Palencia als satirisches Vorspiel dienen, er hat also andere gattungstechnische Ursprünge als die antike Pastorale. Vgl. Fernández de Palencia, *Dos tratados*, 1876, S. vi. Palencia war Historiker und Sekretär am Hofe von Heinrich IV., Alfons sowie Isabella und Ferdinand und somit direkt im Einzugsbereich der Macht tätig, sah sich aber immer wieder von ihr enttäuscht. Die Bezeichnung „lobo" kristallisiert sich im 15. Jahrhundert als abwertende Beschreibung der Aristokratie („noble") heraus, die *Batalla* ist also vor allem sozialkritisch zu deuten und reflektiert die politischen Kämpfe zwischen unterschiedlichen aristokratischen Parteien in den 1440er

serenissimos Ferdinandum et Helisabeth Hispaniarum principes catholicos feliciter parte (Rom, 1487) des Pedro Boscá feiert auch Francisco die Herrschaft der *Reyes Católicos* als (erhoffte oder bereits eingetretene) Wiederkehr des Goldenen Zeitalters. Das Feld der politischen Pastoralallegorie wird also über drei Eckpfeiler abgesteckt: Satire des Rustikalen, Lob des Herrschers und Gleichsetzung des Herrschers mit dem Hirten Christus, der die Menschheit erlöst. Die allgemeinen Bezüge der Allegorie sind klar und die Texte damit auch klar deutbar.

Deshalb spricht Charlotte Stern bei diesen allegorischen Formen und theatralen Repräsentationen von einem „static drama", dessen Ziel immer kinetisch sei: „to arouse the audience to action".[79] Im Falle der *Égloga* des Francisco de Madrid ist das, was sich hinter dem „velo alegórico pastoril"[80] verbirgt, vielleicht am eindeutigsten noch mit der Tradition der christlichen Allegorese verbunden. Dabei sticht wiederum ins Auge, wie Francisco sich an christlichen Formen der Affekterregung orientiert. Nachdem die Figur des Evandro, der als Sprachrohr des Autors fungiert, zuerst den wilden Peligro (Karl VIII.) mit christlicher Moral beschwichtigen wollte, preist er Fortunado (Ferdinand) schließlich dafür, dass er Pantheón (Papst Alexander VI.) gegen die wilden Hunde des Peligro beistehen will. Evandro wirkt allerdings auch dann immer mäßigend und erinnert klagend an die Verheerungen des Krieges. Am Ende stimmt er gemeinsam mit dem Publikum ein Gebet für den Frieden an. Die Kinese der von ihm gebrauchten Rhetorik zielt mithin nicht auf eine politische Aktion, sondern ist ins Zeichen des *movere* einer religiösen *compassio* gestellt,

---

und 1450er Jahren, insb. in der Stadt Sevilla, aus der Palencia stammte. Vgl. Tate, „Political Allegory in Fifteenth-Century Spain", 1977, S. 184. Tate nennt den Text die erste politische Allegorie, die sich mittels eines „antiseignorial sentiment" auf zeitgenössische Ereignisse in Kastilien bezieht. Ebd., S. 186.

79 Stern, „The *Coplas de Mingo Revulgo* and the Early Spanish Drama", 1976, S. 332. Bei Palencia wird u. a. die affektisch aufgeladene Klagerede der Wölfin Amártula, die ihren von den Hunden zerfleischten Gemahl Harpaleo beweint, als Teil einer rhetorischen Manipulation zum Krieg entlarvt: „dió aullidos de mucha amargura, i despues de luengas endechas invocó el poder de Antarton, al qual dixo que si vengança no buscase muy presto, perderia su señorio, porque de dia en dia caian los muy fuertes guerreros". *Dos tratados*, 1876, S. 30, sowie S. 42, wo Gravaparon den Geist des Harpaleo effektvoll anruft, um den König zu überzeugen. Insgesamt wird durch den Wechsel zahlreicher Reden und Gegenreden die Macht der Rhetorik in Politik und Kriegsführung hervorgehoben. Palencia widmet im Übrigen seinen späteren Traktat über Militärführung (*Tratado del triunfo de la perfeçion militar*) bezeichnenderweise dem äußerst einflussreichen Erzbischof von Toledo, Alonso Carrillo (lat. Original), sowie dem Comendador Fernán Gómez de Guzmán (span. Übersetzung), der später zum Protagonisten von Lopes *Fuente Ovejuna* werden sollte. Vgl. Tate, „Political Allegory in Fifteenth-Century Spain", 1977, S. 172f.

80 Blecua, „La *Égloga* de Francisco de Madrid", 1983, S. 41.

die das Leid der *pastores* in Erinnerung ruft. Am Ende verwandelt sich die theatrale Repräsentation in ein gemeinsames religiöses Ritual:

> 481 Y todos nosotros, con las manos juntas,
> 482 rodillas por suelo, digamos "Amen".
> 483 Vosotros cantando rogalde tanbién
> 484 que sean las respuestas según las preguntas.[81]

Deshalb hielt Joseph Gillet, der ‚Wiederentdecker' der *Égloga*, schon 1943 fest:

> The final tableau [...] is like nothing so much as a corner in some fifteenth-century altar-piece, in which the patron, with his wife and many children, raises his eyes from a restless, tragic world, ever under the spell of Death [...] to a Christian's promise of eternal security and peace.[82]

Das größte Verdienst des Textes liegt daher auch nicht im durchweg konventionellen Inhalt der christlichen Allegorie oder seinem konventionellen affektischen Programm, es liegt vielmehr im Stil. Denn obwohl die Tradition der rustikalen Schäferallegorie seit dem *Mingo Revulgo* für die Pastorale den komischen Stil vorsah, wählt Francisco v. a. in der letzten Szene einen *sermo grande*, der traditionell der Tragödie vorbehalten ist.[83] Der Text im *arte mayor* wird auf seinen Gegenstand – den König – angepasst und erlaubt daher bereits eine höhere pathematische Bandbreite. Besonders augenfällig wird dies an der Klage des Evandro:

> 445 ¡O mundo caduco, mesón de mortales,
> 446 do hombres y enojos reposan y muertes!
> 447 ¿Qué mal ay creçido con quien no conçiertes?
> 448 ¿Qué bien tan conforme que no desyguales?
> 449 ¡O presta mudança del çielo y estrellas!
> 450 ¡O dura discordia de los elementos!
> 451 ¡O rauias infernas, que vuestros tormentos
> 452 apaçiguastes con nuestras querellas![84]

Auch wenn dieses Pathos noch Teil einer religiös motivierten Rhetorik ist und den Affekt der *compassio* in den Vordergrund stellt, legitimiert es dennoch – über den Umweg des politischen Gegenstandes – die Übertragung des rhetorisch hohen Pathos in den *genus humile*.

---

81 Zitiert nach ebd., S. 65.
82 Gillet, „Égloga hecha por Francisco de Madrid (1495?)", 1943, S. 280.
83 Vgl. Blecua, „La *Égloga* de Francisco de Madrid", 1983, S. 44.
84 Zitiert nach ebd., S. 64.

3.1.3.3 Höfische Emotionalität in *arte mayor: Églogas II, IV* und *IX*

Encina stellt seinerseits bei der Übersetzung der IV. Ekloge Vergils unter Beweis, dass auch er den *arte mayor* dort für besonders angemessen hält, wo das politische Pathos seinen Höhepunkt erreicht. Es ist seine einzige Übersetzung in *arte mayor* und fällt damit am deutlichsten aus dem konventionellen Programm des *Sayagués* heraus. Encina überträgt die prophetische Ekloge nicht mehr auf die Geburt Christi, sondern deutet sie als Text über die Geburt des Prinzen Johann. Er verweist damit nur zu deutlich auf den politischen Messianismus seiner Zeit. Selbst wenn im Zuge dessen noch die Jungfrau Maria auftaucht, wird das christliche Moment der Allegorie doch in dem Sinne marginalisiert, dass es eine der Konvention geschuldete Ersetzung der paganen Justitia durch die Gottesmutter ist und ausschließlich besiegelt, dass die hier gefeierte politische Ordnung eine von Gott gewollte Weltordnung darstellt.[85] Der Affekt selbst jedoch, der darin auftaucht und im *sermo grande* präsentiert wird, ist wie schon bei Thyrsis ein politischer Affekt der Unterwerfung unter die Liebe des Herrschers, nicht unter die Gebote Gottes.

Die Gründe dafür sind historischer Natur. Unter den *Reyes Católicos* hatte das, was man spätestens seit der päpstlichen Kongregation *de propaganda fide* Gregors XV. Propaganda nennt, eine zentrale Bedeutung im politischen Herrschaftsgefüge. José Manuel Nieto Soria begründet diese Notwendigkeit, symbolische Repräsentation strategisch zu konzertieren, damit, dass die Dynastie der Trastámara sich bereits seit der „manera anómala"[86] der Thronbesteigung Heinrichs II. im Jahr 1369 in einer Legitimationskrise befand. Der Bürgerkrieg und die Tatsache, dass kurze Zeit nach Heinrich ein anderer Trástamara in Aragonien auf den Thron gelangt, führen dazu, dass die Dynastie ein besonders dichtes Netzwerk propagandistischer Selbstdarstellung entwickelt. Dabei wird der von Ferdinand und Isabella proklamierte *poderío real absoluto* zum veritablen Slogan. Er revitalisiert die Idee eines christlichen Staates, führt aber im Gegenzug auch zur Theologisierung königlicher Macht. Die Durchlässigkeit von religiösem zu politischem Kult ist dann dort offensichtlich, wo explizit vom „culto real"[87] gesprochen wird. Insbesondere im Zuge der Reconquista bedient sich das Königspaar gezielt an der Rhetorik der Kreuzzüge und entwirft Ferdinand als neuen Führer der Christenheit.[88] Damit wurden die *Reyes*

85 Siehe zum Messianismus bei Encina Bayo, *Virgilio y la pastoral española del Renacimiento*, 1970, S. 45f.

86 Nieto Soria, „La Realeza", 1999, S. 28.

87 Carrasco Manchado, „Propaganda política en los panegíricos poéticos de los Reyes Católicos", 1995, S. 525.

88 Der damit einhergehende Messianismus soll nicht nur gegen die Apokalyptik der Zeit gewirkt haben, sondern beschwor auch eine imperialistische Hoffnung auf die tatsächliche Rückeroberung Jerusalems und Afrikas.

Católicos im Zeichen des verteidigten Christentums als „modelo de virtud“[89] entworfen, denen die besondere Liebe ihrer Untertanen zustand.

Die Tugend ist seit den mittelalterlichen Fürstenspiegeln selbstverständlich ein topisches Ideologem und geht auch mit dem Glauben an die Manifestationen des *poderío real absoluto* einher, z. B. der Idee königlicher Gnade oder Gunst.[90] Am Hofe verwandelt sich jede Form panegyrischer Rede zugleich in Darstellung und Apologetik dieser absoluten Macht. Sie war tatsächlich sehr produktiv, denn sowohl im mündlichen Vortrag als auch in lyrischen Texten der *Cancioneros* oder *pliegos sueltos* erreichte die Botschaft vom *poderío real absoluto* ein großes Publikum. Ana Isabel Carrasco Manchado nennt diese Gattung literarischer Apologetik deshalb eine „guerra contra la impopularidad“.[91] Diese benutzt etwa die einprägsame Form des Liedes und macht Anleihen an der Liturgie, um die Siege der Könige in der Reconquista oder gegen Frankreich zu verherrlichen. Eine besondere Rolle spielten aber auch diejenigen politischen Rituale, die wie die *Entradas reales* die Begegnung der Untertanen mit ihren Königen zum Teil der Theatralisierung von Herrschaft machten. Im Besonderen die *Entrada*, wie sie von den ‚Reisekönigen‘ Ferdinand und Isabella praktiziert wurde, war eine Kulturtechnik, die breite Anerkennung der Autorität produzieren sollte und dies dadurch erreichte, dass eine ganze Stadt sich zum Empfang versammelte, um den *amor al Rey* öffentlich zu bekräftigen. Dazu muss bemerkt werden, dass *amor* und *temor* immer Hand in Hand gingen, die affektische Bindung der Untergebenen an den Herrscher im feudalen Affektprogramm also bipolar und spiegelbildlich zur kindlichen Beziehung des Sohnes zum Vater entworfen wird.[92] Sie bewirkt im Bereich der Panegyrik eine

89 Nieto Soria, „La Realeza“, 1999, S. 36.

90 Besonders einflussreich waren hier der *Speculum regum* (1341–44) des Alvarus Pelagius (insb. die letzten 61 Kapitel, der eigentliche *Tractatus de Virtutibus*, der teils aus Schriften anderer Autoren übernommen wurde) und der *Regimiento de príncipes* (1478) von Gómez Manrique. Siehe zur Tradition des Fürstenspiegels in Spanien, die spätestens im 15. Jahrhundert auch weg von der moralisch-didaktischen hin zur juridischen Diskussion über den idealen Herrscher verschoben wird, Nieto Soria, „Les Miroirs des princes dans l'historiographie espagnole“, 1999, Nogales Rincón, „Los espejos de príncipes en Castilla“, 2006, sowie zum Fortwirken bis ins 17. Jahrhundert Mühleisen, „Weisheit – Tugend – Macht“, 1990.

91 Carrasco Manchado, „Propaganda política en los panegíricos poéticos de los Reyes Católicos“, 1995, S. 520.

92 Vgl. Bermejo Cabrero, „Amor y temor al Rey“, 1973. Die Begriffe geraten im 15. Jahrhundert zur veritablen Formel, so etwa bei Juan de Mena: „de vuestro nombre *temydo* / tanto luze en Oçidente. / soes de quien nunca os vydo / *amado* publycamente“ oder im *Cancionero de Baena*: „muy *temido* e muy *amado*“. Zitiert nach ebd., S. 108 (Hervorh. B.C.). Dabei steht die Liebe an erster Stelle, die Furcht wird aus ihr abgeleitet und ist nicht mit schreckhafter Angst gleichzusetzen, sondern vielmehr Spiegelbild der ehrfürchtigen Bindung

affektische Investition[93] in jene Form der Herrschaft, die den Spätfeudalismus der *Reyes Católicos* auszeichnet: die, mit Max Weber gesprochen, charismatische Herrschaft. Sie fasst den Herrscher als besonders vorbildlich oder gottgesandt auf und mündet daher in eine affektische Anerkennungsdialektik, den Anführer lieben zu *müssen*.[94] Weber spricht von einer „emotionale[n] Vergemeinschaftung",[95] die sich völlig außerhalb eines rationalen Alltags ansiedelt. Sie stellt dem charismatischen Herrn eine Gefolgschaft, ja genuine Jünger an die Seite, welche sich ihrer affektiven Bindung an die Herrschaft immer wieder – dem Herrn gegenüber oder untereinander – versichern. Politische Affektrituale wie die *Entradas* bezeugen also die Legitimität des Monarchen[96] über den sichtbar gewordenen Affekt der Untergebenen und haben ein klar definiertes Ziel: ‚*hacer ver* que el triunfo *ya* se ha producido".[97]

Weil sich die charismatische Herrschaft aber auf Dauer stellen und ‚veralltäglichen' muss, bildet sie, zumal im Bereich monarchischer Herrschaft, neben den ritualisierten auch neue und internalisierte Formen der Anerkennungsdialektik aus. Im 15. Jahrhundert hat dieser kanalisierte Affekt schließlich gerade zum großen politischen Projekt der *Reconquista* das Seine beigetragen:

---

des Vasallen an seinen Lehnsherrn. Mithin handelt es sich bei *amor y temor al Rey* um ein feudales Affektprogramm, das in der politischen *face-to-face* Kommunikation die paternalistische Beziehung zwischen Vater und Sohn bzw. Gott und Mensch dupliziert, vom Herrscher aber auch gute und tugendhafte Herrschaft fordert. Vgl. ebd., S. 110 u. 113. Siehe den spätmittelalterlichen Fürstenspiegel *Avisaçión de la dignidad real* (ca. 1445), insb. Abschnitt XIV zur Tugend des Herrschers, sowie Abschnitt IX zu dessen Gottgleichheit, die wiederum in Analogie *amor, temor* und *obediencia* der Untertanen einfordere: „Aqui es de notar que el rey conuiene mucho amar a Dios sobre todas las cosas por que Dios es bueno, largo, piadoso, justo, graçioso. E asy el rey confiara en Dios e tenerlo a con reberençia deuida e abra voluntad de lo seruir. E por esto da Dios graçia a los de su reyno *que amen e teman e obedescan a su rey*. E tal rey sienpre acaba bien, ca sus cosas e obras son de Dios e por Dios. E commo dize Salomon: El coraçon del rey es en la mano de Dios, e por eso sus obras se fazen e son conformes a Dios." (Hervorh. K. P.) Zitiert nach der von Hugo O. Bizzarri bereitgestellten Fassung Ms. Biblioteca Nacional de Madrid 1159 [http://parnaseo.uv.es/Memorabilia/Memorabilia6/Avisacion.html, am 06.05. 2013].

93 Siehe zum Begriff der libidinösen Investition in das Politische Jameson, „Third-World Literature in the Era of Multinational Capitalism", 1986, S. 72 sowie Kap. 1.3. der Einleitung.

94 „Im Fall der charismatischen Herrschaft wird dem charismatisch qualifizierten Führer als solchem kraft persönlichen Vertrauens in Offenbarung, Heldentum oder Vorbildlichkeit im Umkreis der Geltung des Glaubens an dieses sein Charisma gehorcht." Weber, *Wirtschaft und Gesellschaft*, 1972, S. 124, sowie zur Pflicht der Anerkennung ebd., S. 140.

95 Ebd., S. 141. Vgl. zur literarischen Darstellung der charismatischen Form der Herrschaft in Spanien Xuan, „Das Liebesgefängnis und die Entsinnlichung der Politik", 2015.

96 Vgl. zu historischen Beispielen Strong, *Feste der Renaissance*, 1991, S. 15–24.

97 Carrasco Manchado, „Propaganda política en los panegíricos poéticos de los Reyes Católicos", 1995, S. 525, der als Beispiel den Triumph Isabellas über Johanna nennt.

> Perhaps the key to Isabella's success was that by combining the role of a popular messiah with that of a courtly *dame sans merci*, she was able to canalise the energies of the aristocracy, which had previously been vented on internal rebellion, into the completion of the Reconquest.[98]

In Zusammenhang damit steht die historische Entwicklung einer höfischen Kultur, die sich immer stärker über Normen der Etikette, der Rede und des Verhaltens definiert. Aus einer ersten emotionalen Vergemeinschaftung formt sich dann in der Geschichte des zentralisierten Absolutismus in Europa allmählich jene von Norbert Elias und Doris Kolesch angenommene höfische Emotionalität aus, die durch gesteigerte Selbstkontrolle der Affekte geprägt ist.[99] Sie wandelt *amor y temor al Rey* zur Praxis eines, so Elias, gezähmten oder „gepreßten“[100] Herzens – das sich aber paradoxerweise eine besonders erhitzte Rhetorik des Pathos zu eigen machen wird. Nukleus und Spiegel dieser Kultur ist ihr „espacio festivo“,[101] dessen Aufgabe es ist, die königliche Souveränität und die Beziehung der Höflinge zum Souverän zu inszenieren.[102] In diesem Kontext schließlich stehen auch die politischen Pastoralallegorien. Sie sind *mise en abyme* einer affektischen Unterwerfung unter die tugendhaften ‚Hirten‘ eines wehrhaften und idyllischen Kastiliens. Damit beginnt der Mythos vom spanischen Siglo de Oro.

Um noch einmal zu Encina zurückzukommen: In seiner Übersetzung, die im Einzugsfeld der eben geschilderten höfischen Emotionalität einer charismatischen Herrschaft entsteht, versteht auch er es, auf deren Klaviatur zu spielen.[103] Dennoch scheinen mir seine Texte über reine Propaganda hinauszugehen. Darin unterscheiden sie sich ganz wesentlich von ihren Vorgängern. In der II. Ekloge[104] etwa ersetzt Encina die Liebesklage Corydons an Alexis

98 Boase, *The Troubadour Revival*, 1978, S. 112.

99 Vgl. Kolesch, *Theater der Emotionen*, 2006.

100 Elias, *Die höfische Gesellschaft*, 2002, S. 381.

101 Nieto Soria, „La Realeza“, 1999, S. 60.

102 Penzkofer spricht im Falle der frühen Eklogen Encinas von einer „comunicación de la cercanía“, die nur durch die Autorität des Hofes garantiert erscheint, die gewaltsame Realität des beginnenden Zentralismus und seiner Ständeordnung jedoch eher maskiert. „Espacios cercanos y lejanos en el teatro de Juan del Encina“, 2013, S. 22 u. 28. Dennoch glaube ich nicht, dass es sich im Falle Encinas um reine „ideología aristocrática ordenada desde arriba“ handelt. Vgl. ebd., S. 29.

103 Vgl. die Formulierung „Devemos servillos, amallos, temellos / con las voluntades muy mucho amorosas.“ (*OC* II, S. 69). Sowie zum topischen Gebrauch des Bildes eines politischen guten Hirten etwa „tan alto pastor“ (*OC* II, S. 79). Bereits kritisch kontextualisiert taucht die Bezeichnung auf in „Juan del Enzina porque algunos le preguntavan qué cosa era la corte y la vida della“: „Es un anxambre de abejas / que todas van tras su rey, / es un pastor y una grey, / pastor de cien mil ovejas“ (*OC* II, S. 31).

104 *OC* I, S. 246–257.

durch seine Klage an Ferdinand. Betrachtet man dabei diejenigen Elemente der Übersetzung, die dem lateinischen Original hinzugefügt wurden, ergibt sich im Feld der Amplifikationen[105] eine klare semantische Isotopie: *escribir* (*eloqüencia*) und *servir* stehen dabei an erster Stelle.[106] So wird unterstrichen, dass die bukolische Rede sich bewusst auf das überzeugende Moment des Logos, auf das rhetorische *movere* besonnen hat. Andernfalls hätte man sich bei der *amplificatio* ja wie bei Vives z. B. die hermeneutische Deutung des Textes im christlichen Sinne vorstellen können. In Encinas Zugabe zum Text eingeschlossen ist jedoch eine Verteidigung der *eloqüencia* und eine poetologische Reflexion auf das pastorale *aptum*: Denn wenn der Sprecher „torres pomposas" und „grandes cosas" (vv. 231f.) den „montes y silvas" und „hechos llanos" (vv. 237f.) auch gegenüberstellt, so plädiert er doch dafür, dass seine – einfache, aber eloquente – Rede als angemessene Gabe akzeptiert werde.

61 Piensas quiça, por ventura,
62 la escritura
63 de los cantos pastoriles,
64 aunque en palabras más viles
65 se figura,
66 que no requiere cordura?
67 Aunque tu muy gran poder
68 deva ser
69 más loado y más mereces,
70 doblarás con tu querer
71 mi saber
72 si tú, rey, me favoreces.

73 ¡O gran rey de gran potencia
74 y prudencia!
75 por la color no te creas
76 aunque ser pastor me veas,
77 tu ecelencia
78 me dará gran eloqüencia,
79 por ser rústico zagal
80 y assí tal
81 de ti desechado estoy. (*Égloga II*)

105 Siehe zur humanistischen Übersetzungspraxis und ihren Akkulturations- und Amplifikationstechniken Burke, „Culturas de traducción en la Europa Moderna", 2010, S. 31–38.

106 Corydon wird als „trobador" (v. 2) bezeichnet; über ihn heißt es: „para te aver de servir / y escrevir / algo de tu merecer" (vv. 34–36). Sein Leid wird gesteigert: „y aun de noche me desvelo" (v. 54) und immer wieder als dem König geschuldeter Affekt bezeichnet: „téngote mucha afición, / con razón, / rey sobre todos los reyes" (vv. 91–93). Der König schließlich wird angerufen, „ver las obras de [s]us siervos" (v. 111).

Auch in der *Arte de poesía castellana* verteidigte Encina diese Fähigkeit der rhetorisierten Poesie, Herzen zu erhitzen und zu erweichen: In seinem Vorwort an den Prinzen Johann ist die Rede von Beispielen gelungener Redekunst, die „con la fuerça de sus versos de tal manera inflamó" (*OC* I, S. 11), dass „la suavidad de la poesía enternecía los duros coraçones de los tiranos" (*OC* I, S. 12). Seine Vergilübersetzungen scheinen dieser klassischen Rhetorisierung der Poesie Folge zu leisten. Sie transformieren in dieser Hinsicht auch die Gattungsformen der pastoralen Allegorie, die seine Zeitgenossen aus der christlichen, der rustikalen oder der politischen Allegorie kannten.

Wie zu erwarten steht, sind für Encina insbesondere die Paratexte Ort dieses rhetorischen Pathos. Er beruft sich darin u. a. auch auf das lyrisch-rhetorische Erbe, das über Rom und die lateinische Sprache auf die iberische Halbinsel gekommen sei (vgl. *OC* I, S. 14) und seine Symbolfigur in der Figur des Orpheus findet, der die Unterweltsgötter erweicht (vgl. *OC* I, S. 12). Das panegyrische Pathos der Lobrede und seine Stilhöhe sind also explizit aus der Antike entlehnt. Betrachtet man das Vorwort der *Translación* an die Könige Ferdinand und Isabella, sticht dabei nicht nur der gelehrte Verweis auf die antike Rhetorik,[107] sondern auch das rhetorische Register dieser Panegyrik ins Auge: Rhetorische Fragen („¿quién será tan dino [...]?" *OC* I, S. 218), Apostrophierung („¡O, invitíssimos príncipes [...]!" Ebd.), Hyperbel („vosotros soys la cumbre de todos los príncipes y reyes [...]"; *OC* I, S. 219) und *captatio benevolentiae* („No sé para qué me pongo en alabaros, pues entrar por este camino es querer agotar el mar, ni mi saber me da lugar para ello." Ebd.) rahmen die Verteidigung des einfachen Stils, den er in den folgenden Übersetzungen mit Blick auf die Gattungstradition anwenden wird. Jeremy Lawrance, dem eine sehr präzise literaturgeschichtliche Einordnung der *Translación* und die nach Andrews vielleicht erste begründete Würdigung ihrer Bedeutung zu verdanken ist, wollte ihren Wert vor allem in der Weiterführung des rustikalen Sayagués und des *arte menor*[108] im Gewand der klassischen Bukolik erkennen.[109] Ich hingegen glaube nicht, dass die Texte Encinas darin aufgehen. Genauso wenig wird hier jenes ethische Gebot perpetuiert, das noch Pulgar in der *Glosa* zu den

---

107 Aus dem Verweis auf Ciceros *De oratore* zieht Encina die Legitimation für sein *atrevimiento* und gleichzeitig flicht er an dieser Stelle wohl eine der frühesten spanischen Verteidigungen der *imitatio-aemulatio*-Poetik ein: „Y esso mesmo quando Archiloco y Sófocles y Píndaro florecieron, no faltaron otros que escribiesen, aunque no pudieron bolar tan alto, que ni el gran estilo de Platón espantó a Aristóteles, ni el mesmo Aristóteles a otros muchos sin cuento [...]." Vgl. *OC* I, S. 222.

108 Blecua spricht diesbezüglich von einem „sacrilegio estético". „Virgilio en España en los siglos xvi y xvii", 1985, S. 68.

109 Vgl. Lawrance, „La tradición pastoril antes de 1530", 1999.

Coplas de Mingo Revulgo (ca. 1464) hervorhob: „se ordenaron a fin de amonestar al pueblo a bien vivir".[110] Die Übersetzungen ziehen vielmehr das bukolische Genus von der Ethik ab und umgeben seine niedrige Stilhöhe mit einem rhetorischen Rahmen, der innerhalb der Übersetzungen die Erhöhung des Stils überall dort erlaubt, wo die Panegyrik wieder aufgegriffen wird.

Schließlich ein Letztes: Im Unterschied zu Franciscos Fortunado tritt der König bei Encina nie als Figur, sondern nur vermittelt über die Rede des Hirten auf. Somit wird das panegyrische Pathos in das Innere der Phantasie des Lesers verlagert, der sich in die Position des liebenden Corydon versetzen kann. Affektisch betrachtet ist der Text also nicht in erster Linie Fürstenspiegel, wie Encinas Vorworte verkünden (vgl. *OC* I, S. 227), sondern ein Spiegel für den Höfling, der über die Narrativierung des Affekts und seine Figuration in Corydon reflexiven Abstand zur eigenen emotionalen Unterwerfung unter den *amor al rey* gewinnen kann. Das Pathos der panegyrischen Allegorie ist in Gestalt der bewegten Affektfiguren bei Encina kein ‚schon Gewusstes' wie im Falle der christlichen Allegorie. Der Text zielt vielmehr auf eine Aktualisierung des Affekts in der Lektüre und macht auf diesem Wege deutliche Aussagen über die sozialen Bezüge seiner Rede.

An einer Stelle schließlich wird das Tor, das Encina damit zum subjektiven Affekt aufstößt, fast gefährlich weit. Seine Bukolik und ihr Pathos werden dadurch in der Tat von einer affektischen Investition in das Politische punktuell zu einer oppositionellen literarischen Intervention, die ihren gesellschaftlichen Rahmen qua Sprache affektpoetisch verwandelt.[111] In der IX. Ekloge[112] lässt Encina nämlich zwei maurische Hirten auftreten, die sich auf dem Weg nach Granada über den Sieg der *Reyes Católicos* unterhalten. Vergils Meris tritt sogar als Mohammed auf (vgl. *OC* I, S. 322) und klagt hier und an anderer Stelle: „¡Qué cosa tan mala y fea, / cosa que nunca temimos / ni pensamos, / que un estrangero possea / lo que nosotros hezimos / y ganamos!" (Vv. 13–18) Sicherlich ist nicht zu leugnen, dass auch diese Ekloge die Siege Ferdinands und Isabellas verherrlichen soll. Dennoch lässt der Text an dieser Stelle Raum für ein individuelles Pathos, das den Besiegten gehört und somit affektisch aus dem panegyrischen Programm herausfallen sollte. Franciscos Peligro war eine völlig flache Figur gewesen, die nach der politischen Propaganda als zweifelsfrei gefühlloser Feind gezeichnet wurde. Encinas klagender Mohammed dagegen ist wohl so etwas wie der ‚goldene Berg' des katholischen Kastiliens: Er ist eigentlich unvorstellbar. Damit erlaubt das elegische Moment der

---

110 Pulgar, *Letras*, 1958, S. 159.

111 Siehe dazu die Einleitung dieser Arbeit, Kap. 1.4.

112 *OC* I, S. 322–332.

Texte nicht nur die Paradigmatisierung und Inszenierung des Affekts, sondern auch die Darstellung seiner Subjektivierung und Innerlichkeit. Genau an der Schnittstelle zwischen dem politisch-allegorischen und dem rhetorischen Pathos tritt bei Encina die Stimme eines Subjekts hervor, das als pathematisches Subjekt nicht in der politischen Botschaft aufgeht. Vielleicht verwundert es da nicht, dass diese Übersetzung Encina bei den Königen letztendlich keine Gunst verschaffte.

Bayo hatte die Vergilbearbeitungen der spanischen Renaissance als „negativas a la porosidad del arte virgiliano“[113] bezeichnet und Encina dabei einen ästhetisch sehr geringen Rang eingeräumt. Allerdings zeigt sich an Encinas Übersetzungen nicht nur, wie sich zu Beginn der kastilischen Renaissance und vor dem Hintergrund ihres politischen Kontexts bukolische Formen samt ihrer Affektprogramme produktiv haben verschieben lassen. Die *Translación* stellt auch Encinas Gespür für die kulturelle Durchlässigkeit der antiken Affekte für seinen historischen Ort unter Beweis. Die Bukolik ist – und wird es in seinen eigenen Eklogen bleiben – für Encina mehr als die *imitatio* klassischer Vorbilder: Sie ist der Ort einer transhistorischen *und* einer zeitgenössischen kulturellen Verhandlung.[114] Zum einen übernimmt Encina diejenigen Elemente seines Ausgangstextes, die einer Ausarbeitung des politischen Pathos zuträglich sind: die Huldigungen an Oktavian, die in Vergils Text eingefasst sind.[115] Zum anderen deutet sich schon in der I. Ekloge die Vertiefung des subjektiven Pathos des leidenden Schäfers zu einer narrativierten Szene des Affekts an, die im Zeichen frühneuzeitlicher Subjektivität agiert. Sie erfüllt weder das Programm der christlichen *compassio* noch ausschließlich das bereits bekannte Programm der spätmittelalterlichen volkstümlichen Bukolik. Mit seiner ambivalenten Doppelhelix aus politischem und subjektiviertem Pathos, das einmal

113 Bayo, *Virgilio y la pastoral española del Renacimiento*, 1970, S. 9.

114 Damit ist Encina ein Mann der Renaissance, die Burke nicht als Zäsur, sondern vielmehr als „a particular cluster of changes in Western culture“ verstanden wissen will und die sich natürlich auch mit dem Blick auf mittelalterliche Traditionen vollzog. *The Renaissance*, 1987, S. 5. Bayos Urteil, Encina übersetze die *Bucolica* aus einem rein mittelalterlichen Geist heraus, kann ich dagegen nicht vollends zustimmen. „Traduce las *Bucólicas* con espíritu medioeval, con versos medioevales inadecuados y con apasionado interés actualista.“ Bayo, *Virgilio y la pastoral española del Renacimiento*, 1970, S. 13. Weitaus deutlicher operiert Encinas „Triunfo de Amor“ (1516) im Sinne der mittelalterlichen Traditionen, u. a. der Tradition der allegorischen (Gottes-)Liebe. Vgl. *OC* II, S. 82–136.

115 Vgl. zum Einsatz des heroischen Pathos in Vergils *Aeneis* Fantham, „L'Emploi de l'*éthos* et du *pathos* chez Virgile“, 2000. Vergil verstand es dort, zwischen Pathos und Ethos, das auf der Ebene der Figuren eingesetzt wird, und Ethos und Pathos, die über die Stimme des Erzählers an die Leser gerichtet sind, zu unterscheiden. Das panegyrische Pathos der *Bucolica* müsste also ebenfalls auf der Ebene der *narratio* angesiedelt werden.

nach außen und einmal nach innen strebt, erweist sich Encinas Text vielmehr als absolut zeitgemäß – und richtungsweisend.[116]

Zuletzt kann man voraussetzen, dass Encina die bukolische Dichter-Genealogie der II. Ekloge, die Corydon / Encina als Nachfahren des Daphnis auszeichnet, ebenso poetologisch deutet wie andere Vergilexegeten[117] und damit das Lob des Königs als oberste Priorität seines poetischen Programms verkündet. Und dies nicht etwa, weil er die Klage des männerliebenden Hirten durch seine Verteidigung des panegyrischen Pathos um die anthropologische Dimension der Leidenschaft verkürzen will.[118] Die Verschiebung auf das panegyrische Pathos ist vielmehr, so will mir scheinen, in ganz spezifischem Sinne auch rinascimentale Poetik, denn diese schreibt sich in ein neues soziales Programm ein, das mit der Herrschaftsform der *Reyes Católicos* aufkommt: die affektische Unterwerfung des Höflings im Zeichen des *amor al rey*. Seit Antonio de Nebrijas Verteidigung der Nationalsprache und deren Metrik aus dem Jahr 1492 wird die „dignidad del arte poética“[119] gerade als Würde der romanischen Tradition entworfen. Sie stellen den Versuch dar, eine „nationale Dichtungstradition“[120] zu begründen. Dieser verschreibt sich auch der Nebrija-Schüler Encina. Die generische und strukturelle Hybridität späterer Renaissancebukoliken kommt deshalb zu weiten Teilen daher, dass mittelalterliche iberische Metrik und traditionelle, volkstümliche Bukolik in ein Zeichen des alles Spanische propagierenden *amor al rey* verwandelt wurden. Das ist deshalb relevant, da weder das bukolische Pathos noch die entsprechenden literarischen Formen in Spanien als reine Derivate der römischen und italienischen Vorlagen bezeichnet werden können.[121] Encinas Vergilübertragung ist weniger

---

116 Ähnlich positiv urteilt bereits Lawrance, der sich gegen die üblicherweise abfällig ausfallenden Urteile über die *Translacion* stellt und betont, sie als Topik einer mittelalterlichen Mentalität zu verstehen, sei „un juicio debatible“. „La tradición pastoril antes de 1530“, 1999, S. 104. Encina erweise sich dagegen mit der Übertragung in Versen, der theoretischen Apologie der *adaptación* und mit der bewussten Verschmelzung von antiker Form und aktuellem Zeitbezug als „uno de los pioneros en la práctica de la imitación“. Ebd., S. 113.

117 Siehe zu dieser Deutungstradition ebenfalls Vives, *Interpretación de las* Bucólicas *de Virgilio*, 1997, S. 65–67.

118 „Vivir es desear. El deseo es un mal, porque nos encadena y lleva fuera de nosotros, sin descanso, de un apetito a otro. Enzina, al introducir el afán de escribir las glorias del rey Católico, destruye, en cuanto a Coridón, la visión admirable del muestrario de instintos ciegos, en el que el hombre es un caso más.“ Bayo, *Virgilio y la pastoral española del Renacimiento*, 1970 S. 43.

119 Shepard, *El Pinciano y las teorías literarias del Siglo de Oro*, 1962, S. 19.

120 Kohut, „Die spanische Poetik zwischen Rhetorik und Historiographie“, 1994, S. 80.

121 Hier weiche ich ab von Plett, „Renaissance-Poetik. Zwischen Imitation und Innovation“, 1994, S. 7f. Plett markiert zudem das Ende der Renaissance mit der Verabschiedung des

eine Übersetzung als „generische Intertextualität“,[122] sie ist es im Zeichen ihres politischen Kontextes und gerade in diesem Sinne richtungsweisend für die frühneuzeitliche Geschichte der romanischen Bukolik. Dabei greift Encina bewusst eine Vielzahl allegorischer Programme auf – christlicher, politischer und poetologischer Art –, ergänzt sie aber durch Pathosnarrative, die in der allegorischen Semiotik nicht aufgehen. Insbesondere die innere Kommunikation zwischen Text und Paratext scheint mir deshalb, um einen Begriff Knapes abzuwandeln, jener Ort zu sein, wo ein wechselseitiger, performativer „Gestus der *Affektspiegelung*“[123] zum Tragen kommen kann. Durch den Rückbezug auf das hohe Pathos der Panegyrik, das im Paratext offen zu Tage tritt, wird der bukolische Text gleichfalls pathetisch. Der selbstbewusste Dichter Encina, der sich prometheisch hinter dem Fürstenlob des Paratextes versteckt, ‚pathematisiert‘ jedoch nicht nur die lyrische, sondern auch die rahmende Rede, weil er sie an seine individuelle Situation, an seinen Lebens- und Weltbezug bindet.

3.2 Im Zeichen Amors: Liebe als Innerweltlichkeit

Encina ist allerdings in die Literaturgeschichte weniger als Übersetzer Vergils denn als Schöpfer des kastilischen Renaissancetheaters eingegangen, als *Patriarca del Teatro Español*.[124] Nachdem er zuerst einige religiöse Weihnachts- und Passionsstücke verfasst hatte, feierte er in seinen bekanntesten Eklogen die Macht Amors. Dabei absorbiert er aus der antiken Welt ein Liebespathos, das sich endgültig vom *affectus devotionis* und auch vom bekannten politischen Allegorieprogramm löst. In der frühen *Representación sobre el poder del Amor*[125] gibt er die Urszene dieses Liebespathos zum Besten. Der Text entstand

---

imitatio-Prinzips im Zuge der französischen *Querelles des Anciens et des Modernes*. Dies muss insofern differenziert werden, als nicht nur das Prinzip, *imitatio* durch *aemulatio* zu ergänzen, immer schon mit einer selbstbewussten Verteidigung von Transformation statt Imitation einherging. Gerade für den spanischen ‚Sonderweg‘ der Bukolik, wie er hier am Beispiel Encinas skizziert wurde, ist dies der Fall.

122 Plett, „Gattungspoetik in der Renaissance“, 1994, S. 147. Vgl. Lawrance, „La tradición pastoril antes de 1530“, 1999, S. 118, der außerdem nachweist, dass auch Encinas Ansatz als Weiterentwicklung der mittelalterlichen Tradition der Übersetzung und Glossierung der *Egloga Theodoli* (10. Jahrhundert) verstanden werden kann. Vgl. ebd., S. 104f. Dennoch übersteigt Encinas Text mit seiner Abwandlung der pathematischen Struktur deren pädagogischen Charakter.

123 Knape, „Rhetorischer Pathosbegriff und literarische Pathosnarrative“, 2010, S. 38.

124 Vgl. Andrews, *Juan del Encina*, S. 98.

125 Die *Representación sobre el poder del Amor* ist erst im *Cancionero* von 1507 (Salamanca) abgedruckt und damit nach dem *Cancionero* von 1496 entstanden, wurde jedoch noch

im Jahre 1497 kurz vor dem Tod des noch jungen Kronprinzen Johann, der sich mit der exzessiven Liebe zu seiner Gemahlin Margarete von Österreich aufgebraucht haben soll. In Encinas Einakter legt sich der Schäfer Pelayo mit dem Gott Amor an und wird vom Liebespfeil getroffen, der ihn wie tot zurück- sowie der Sorge anderer Schäfer und eines Escudero überlässt. Am Ende wird nicht nur die Allmacht des Liebesgottes bestätigt – „¿Quién podrá de mi poder / defender / su libertad y alvedrío? / pues puede mi poderío / herir, matar y prender" (vv. 6–10) –, sondern als Heilmittel gegen die unheilbare Liebeskrankheit[126] auch ein gemeinsames Lied angestimmt. Der stumme[127] und innere Affekt, der Pelayo getroffen und wortlos gemacht hat – „De dentro tengo mi mal, / que de fuera no ay señal" (vv. 252f.) –, wird in ein äußeres Zeichen – in Sprache – verwandelt. Denn, so lehrt der in der höfischen Liebe bewanderte Escudero den einfachen Hirten:

426 [...] no puede ser más gloria,
427 ni victoria,
428 por servicio de las damas,
429 que dexar vivas las famas
430 en la fe de su memoria. (*Representación sobre el poder del Amor*)

Es handelt sich bei dem kurzen Einakter also um einen Triumphbogen für den Gott Amor,[128] der das neue Bildprogramm der paganisierenden Renaissance

vor dem Tod des Prinzen Johann am 4. Oktober 1497 in dessen Anwesenheit aufgeführt. Zitiert werden die Theaterstücke nach der neueren, von Pérez Priego besorgten und kommentierten Ausgabe Encina, *Teatro completo*, 1998, hier: S. 201–220.

126 Siehe zur Liebeskrankheit in der Frühen Neuzeit einschlägig Wack, *Lovesickness in the Middle Ages*, 1990.

127 Auf die drängende Frage des Bras: „Pues dime, dime de qué, / que bien sabes que me dan / tus dolores gran afán" anwortet Pelayo: „No podré" (vv. 211–214). Noch später betont Bras: „la fe de dentro está" (v. 435).

128 Vgl. den Kommentar des Herausgebers Pérez Priego in Encina, *Teatro completo*, 1998, S. 25 (Introducción). Es handelt sich bereits im (Spät-)Mittelalter um einen gebräuchlichen Topos, vgl. Lorris / Meun, *Le Roman de la Rose*, 2006, S. 132, und die Abbildungen in Petrarca, *I Trionfi*, 1549. Encina imitiert sowohl Petrarca als auch die Erzählsituation des Rosenromans in seinem *Triunfo de Amor* (1496), der im Paratext ebenfalls als Traumerzählung entworfen ist: „Los aquexados pensamientos que a los tristes amadores acompañar suelen me pusieron tal cuydado, desde el principio de mi mocedad, que jamás de mi memoria passiones enamoradas se partían; y un día, en el mes de mayo, después que el sol se retraxo por dar lugar a la noche, contemplando en amores, desseoso de saber quién más en ellos alcançar pudiesse, me dormí. Y fue mi sueño tan breve que poco lugar tuvieron mis miembros de descansar, porque el codicioso Desseo, de parte del dios Cupido, muy apressuradamente me llamava para que gozar pudiesse de unas fiestas que en sus palacios aquella noche se celebravan." (*OC* II, S. 83)

auf die Bühne holt und dabei zugleich ein neues literarisches Programm der Affekte reflektiert. Denn das, was den beklagenswerten Pelayo hier trifft, ist ein unberechenbarer und christlich nicht eingehegter Affekt, der nur über die literarische Sprache kanalisiert werden kann.

3.2.1 *Theater als Liturgie: Die christliche* compassio *der Verónica*

Dennoch hat das Theater des 15. Jahrhunderts seine Ursprünge auch in kirchlichen Repräsentationsformen. Die Kirche wusste sich theatraler Effekte zu bedienen, zum Beispiel bei der Aufführung von Szenen aus der Bibel an bestimmten Feiertagen. Dabei stand allerdings nie das Spektakel selbst, sondern immer die erbauliche Inszenierung im Mittelpunkt: Die Zuschauer sollten in ihrem Glauben bestärkt und durch oft sogar multimediale[129] Inszenierungen mit Donner- und Lichteffekten, Schwefelgerüchen und Musik beeindruckt werden. Denn, so schon Alfons der Weise: „mueven a los homes a facer bien et haber devocion en la fe".[130] Die weltlichen Theaterformen *sui generis* dagegen wurden, etwa von Isidor von Sevilla, als unmoralische *artes ludicrae* beschimpft.[131] In gewisser Hinsicht hat sich aber das weltliche Theater aus Techniken und Modalitäten des geistlichen Spiels entwickelt. Aufgrund fehlender Theaterpoetiken orientierten sich Schauspieler lange Zeit an Handbüchern zur „*actio* litúrgica",[132] um die Deklamation literarischer Texte, die anfangs nur von Mimen begleitet wurde, zu inszenieren. Auch mit der Welt der Politik stand die christliche Repräsentationstradition in Verbindung, denn die sich entwickelnde Liturgie des Staates mit dem Herrscher im Zentrum[133] verwendete oft die gleichen oder sogar dieselben Elemente wie christliche Prozessionen – Drachen und Monster wurden nicht selten zwischen *Entrada* und Prozession hin- und hergereicht.[134]

Die Darstellung selbst jedoch stand in der Kirche im Zeichen des *affectus devotionis*. Im einflussreichen Konzil von Aranda wurde deshalb 1473 der Unterschied markiert zwischen „larvas, ludos, monstra, spectacula, [...] sermones illicitos" auf der einen und „honestas representationes et devotas, quae

129 Siehe allgemein zur Herausbildung einer szenisch-theatralen Kultur im Mittelalter, insb. in Form der *Visitatio sepulchri*, sowie zu den *effetti speciali* des liturgischen Theaters Allegri, *Teatro e spettacolo nel Medioevo*, 1988, S. 169, dagegen zur mystischen Vision *ad occi chiusi* bei den Kirchenvätern, z. B. Novatian, ebd., S. 126f.

130 *Las Siete Partidas del Rey don Alfonso el Sabio*, Bd. I, 1807, S. 276.

131 Zitiert nach Gómez Moreno, „La teoría teatral en la Edad Media", 2003, S. 88.

132 Castro Caridad, „El arte escénico en la Edad Media", 2003, S. 74.

133 Vgl. Strong, *Feste der Renaissance*, 1991, S. 35.

134 Vgl. Castro Caridad, „El arte escénico en la Edad Media", 2003, S. 67.

populum *ad devotionem movent*"[135] auf der anderen Seite. Erst im Übergang vom mittelalterlichen zum rinascimentalen Hofritual wird auch der *ludus* aufgewertet. In Städten entwickelt sich eine Form des Frontaltheaters, die eine fiktionale Welt von der Realität des Zuschauers abzusetzen beginnt, und auch in den Palästen werden ständige Theaterräume geschaffen. Die Staatsreligion der rinascimentalen Könige propagiert darüber hinaus ein neues ‚devotionales' Bildprogramm, wendet sich von der Liturgie ab und dem Mythos zu. So dürfte auch Encina, der seit Beginn des neuen Jahrhunderts am Papsthof in Rom weilte, den mythologischen Triumphzug gesehen haben, der dort 1501 bei der Hochzeit von Alfonso de Este mit Lucrecia Borgia aufgeführt wurde.[136] Wie die frühe *Representación sobre el poder del Amor* unter Beweis stellt, brachte Encina in seinem geistigen Gepäck allerdings schon ein humanistisches Bewusstsein für die Bedeutung des Mythos mit. An seinen Werken lässt sich deshalb die Amalgamierung der christlich-sakralen Affektpoetik mit einer neu erwachten säkularen Ästhetik besonders gut nachzeichnen.

Bevor er allerdings die befreiende Macht Amors entdeckt, pflegt Encina – zwischen 1490 und 1492 Kaplan in der Kathedrale von Salamanca – die religiöse Devotion in Reinform. Im Passionsspiel *Representación a la Passión y muerte de Nuestro Redentor*[137] etwa, das im ersten *Cancionero* 1496 veröffentlicht wurde, greift er die traditionelle *Visitatio sepulchri* auf. Das Stück wurde in der Kapelle des Herzogs von Alba aufgeführt[138] und macht sowohl die zeitgenössische liturgische Aufführungspraxis als auch das christliche Pathos deutlich, die dabei zum Einsatz kamen. Die liturgischen Inszenierungen nutzten insbesondere den Kirchenraum als semiotisches Element der Aufführung. Dabei wurde, wie im Falle der *Visitatio sepulchri*, der Chorraum in einen Spielraum verwandelt, der sich mit der Sphäre des Heiligen auf dem Altar überschnitt. In der Passion verweist Encina zum Beispiel auf den entsprechenden Aufbau am Altar, das „monumento" (v. 60) und Grab Christi, das wie die Prozessionsstandarte („pendón"; v. 159) üblicherweise bei Passionsspielen Teil des ‚Bühnenbildes' bildete.[139] Die Figuren – Hijo und Padre – bewegen sich auf derjenigen Achse darauf zu, die in der liturgischen Raumsemantik für die spirituelle Aszendenz steht: in Richtung des „allá" des Grabes, auf das die

135 Tejado y Ramiro, *Colección de cánones*, Bd. V, 1859, S. 24f. (Hervorh. K. P.).

136 Vgl. Strong, *Feste der Renaissance*, 1991, S. 84. Zu Encinas Biographie siehe ebenfalls Domínguez Casas, *Arte y etiqueta de los Reyes Católicos*, 1993, S. 163–165.

137 Encina, *Teatro completo*, 1998, S. 117–129.

138 Vgl. den Kommentar des Herausgebers Pérez Priego in Encina, *Teatro completo*, 1998, S. 120, FN zu v. 88.

139 Vgl. García de la Concha, „Dramatizaciones litúrgicas pascuales de Aragón y Castilla en la Edad Media", 1977, S. 155f., sowie zu Juan del Encina ebd., S. 163.

Figuren vermutlich auf einer schrägen Rampe zugehen („andacá"; vv. 15 u. 25). Der Engel, der zuletzt, als Hijo und Padre beim Grabe Christi auf Verónica treffen, vom Himmel herabsteigt, wurde vermutlich mittels der Technik der beliebten „artilugios aéreos"[140] aus der Vertikalen herabgelassen, die raumsemantisch für die Achse des Göttlichen steht.[141]

Im rezitativen Kern des Geschehens steht jedoch die Nacherzählung der Verónica, die von Passion und Tod des Heilands berichtet. Darin eingeschlossen ist die folgende pathetische Apostrophe der Gottesmutter Maria:

No sé quién pueda contar
el tormento y dolor suyo:
no ay dolor que iguale al tuyo,
¡o madre, Virgen sin par,
singular!
Ver quién es el hijo y cuyo,
mucho deve lastimar.
¡O, qué dolor de sentir
sentimiento dolorido!
Madre que tal ha perdido
es dolor verla bivir,
qu'es morir.
Y la muerte le es partido
pues es menos de sufrir.
¡O, anima traspassada
con cuchillo de dolor!
¡Ver morir al Redentor,
ay de ti, madre cuitada,
lastimada!
Fue tu lástima mayor
que a muger nunca fue dada.
¡O, madre que tal pariste,
tu sentimiento lloremos,
pues con tanta razón vemos
el gran dolor que sentiste
y sufriste! (*Representación a la Passión y muerte de Nuestro Redentor*)

Im Vortrag fällt nicht nur die Symmetrie der pathetischen Ausrufe auf, sondern auch die *copla de pie quebrado*, die seit Jorge Manrique an Trauer angesichts

140 Castro Caridad, „El arte escénico en la Edad Media", 2003, S. 75.

141 „El espacio físico del templo puso al servicio de las representaciones distintos planos: el horizontal, que representa la tierra y lo mundano; el inclinado en sentido ascendente, que indica el camino hacia lo sagrado; y el vertical, que remite al cielo y a la esfera de lo divino." Ebd., S. 57. Siehe hingegen zur Ergänzung durch die horizontale Achse und zur „desmitificación de la distancia" bei Encina Penzkofer, „Espacios cercanos y lejanos en el teatro de Juan del Encina", 2013, S. 21.

des Todes gemahnt.[142] Die direkte Ansprache Marias ist ein nicht minder traditionelles Element pathetischer Rede. Dabei wird jedoch nicht der individuelle Schmerz der Sprecherin betont, sondern Marias Trauer sichtbar gemacht. Sie soll den Zuschauer zur Nachahmung anregen, den Tod Christi zu beklagen, und ist insofern direkt vergleichbar mit den Tableaux der devotionalen Bildsprache. Auch deren Betrachtung soll in erster Linie das empathische Pathos der *compassio* auslösen.[143]

Zum Symbol dieser kontemplativen Struktur wird im Stück Verónicas „paño", das Tuch, das als sichtbares Zeichen der Passion zurückgeblieben ist: „Si queréis, / su passión apassionada / aquí la contemplaréis" (vv. 194–196) Die Figuren sollen sich also wie die Zuschauer von Bildern erweichen lassen: Das Ziel des Stückes ist, „emocionar a través de la vista".[144] Am Ende wird ein gemeinsames Gebet angestimmt: „Hagamos aquí oración, / las rodillas en el suelo, / las manos puestos al cielo / con mucha devoción / a afición [...]" (vv. 274–278). So wenig die pathetische Rede eine individuelle Stimme kennt,[145] so wenig kennt das christliche Spiel eine Grenze zwischen dem fiktionalen und dem pragmatischen Raum der Vorführung. Der Zuschauer ist also kein passiver Betrachter, sondern nimmt an einem religiösen Ritual teil.[146] Insofern und durch die „preocupación doctrinal"[147] der Rezitative geht dieses frühe

---

142 Vgl. Manrique, *Coplas que hizo Jorge Manrique a la muerte de su padre*, 1991.

143 Siehe zur Tradition der mittelalterlichen inneren Meditation und direkten Nachahmung der Trauer Marias das „private theatre of the heart", McNamer, *Affective Meditation*, 2010, S. 1. McNamer liefert als Erste eine einlässliche Diskursgeschichte der Emotion christlicher *compassio* und entlarvt sie als kulturelles Gender-Konstrukt, das vom 11. Jahrhundert bis zur Reformation einer „insistent feminization" unterlag, als Gefühls-Skript performativen Strukturen wie auch der bei Encina noch gängigen interpellierenden Aufforderung gehorchte, die den Leser oder Zuhörer zum Zeugen und aktiven Teilnehmer macht und insofern der dezidiert männlichen Logik des klagenden Schäfers der Frühen Neuzeit entgegen steht. Ebd., S. 11f. Vgl. dazu Traninger, „Im Tal der Tränen", 2016. Vgl. zur dirigierten Theatralik des Pathos in mittelalterlichen Passionsspielen auch Grimm, „Affekt", 2000, S. 25 (*Ästhetische Grundbegriffe*, Bd. I) sowie zur Problematisierung der Trauer bei Augustinus, die durch emotionale Konditionierung an die Devotion gebunden werden muss: „uncontrolled weeping is converted into decorous tears of repentance". Ettenhuber, „'Tears of Passion' and 'Inordinate Lamentation'", 2013, S. 209.

144 Gómez Moreno, „La teoría teatral en la Edad Media", 2003, S. 100.

145 Verónica als Figur und die anderen Figuren der religiösen Stücke sind „incapaces de individualizarse; como los evangelistas hablan sin sentir". López Moreno, „Juan del Encina y Lucas Fernández", 2003, S. 177.

146 „El pueblo que acude al templo para asistir a ceremonias litúrgicas no es un espectador de una representación, sino un partícipe del oficio religioso." Castro Caridad, „El arte escénico en la Edad Media", 2003, S. 69. Vgl. ebenfalls Stern, „The Early Spanish Drama", 1973, S. 181.

147 López Moreno, „Juan del Encina y Lucas Fernández", 2003, S. 177.

Stück Encinas vollends im *affectus devotionis* auf: Im Mittelpunkt des Spektakels steht das christliche Wunder.[148]

3.2.2 Égloga de Plácida y Vitoriano (*1513*)

Welch große Entwicklung Encina in den nächsten Jahren durchlaufen wird, lässt sich im Vergleich mit Totenklage und Auferstehung in der *Égloga de Plácida y Vitoriano*[149] (1513) nachvollziehen. Es ist sein letztes und ausgefeiltestes Stück, das bereits Anzeichen einer echten, voll dramatisierten *comedia* aufweist. In der „Vigilia de la enamorada muerta", in der Vitoriano über Plácidas toten Körper sein Schicksal beklagt, verselbständigen sich das Spektakel und mit ihm das elegische, säkulare Pathos der Klage. Parodistisch stellt Encina darin seine Abkehr vom christlichen *sermo* unter Beweis, indem er über Seiten hinweg liturgische lateinische Formeln mit dem spanischen Text seines Helden verkreuzt:

1698 *Et gloriabuntur omnes*
1699 quantos te tienen temor,
1700 pues pagas sus aficiones
1701 y les das por galardones
1702 tormento, pena y dolor,
1703 tú, que solo
1704 truxiste por fuerça Apolo
1705 a la tu prisión y amor. (*Égloga de Plácida y Vitoriano*; Hervorh. im Original)

Auch sprachlich rückt damit an die Stelle des Empfängers dieses Gebetes der pagane Amor („*oremus* con devoción"; v. 2099; Hervorh. K. P.), dessen Macht Vitoriano zugleich fürchtet und verherrlicht. Amor, der sogar Apollo bezwang, wird zum Herrn aller Götter. Im Verbund mit der liturgischen Sprache entlehnt Encina an dieser Stelle zugleich Pathoselemente aus dem liturgischen Theater, säkularisiert sie im Zuge der pastoralen Ekloge aber vollständig. Im Gegenteil: Der Liebesdienst verwandelt sich in einen Gottesdienst! Zugleich tritt in der

148 „The goal of this kind of contemplation was to reach the heart by way of the imagination […]." Yarbro-Bejarano, „Juan del Encina's *Representación a la Pasión*", 1982, S. 272. Hierbei kommt es zu antisemitischen Anschuldigungen, die in den zeitgenössischen Repräsentationen der Passion Christi oft zum Affektprogramm dazugehörten, bei Encina jedoch auch durch eine versöhnliche Inklusion der Juden und *conversos* konterkariert werden. López Morales betont dagegen anlässlich Encinas erster Weihnachtsekloge: „carece de elementos sacros". „Juan del Encina y Lucas Fernández", 2003, S. 172. Vgl. außerdem zu der hier nicht näher ausgeführten, selbstbewusst poetologischen Analogie von leidenden und lichtbringenden Christus und Prometheus sowie Encina Andrews, *Juan del Encina*, 1959, S. 113.

149 Encina, *Teatro completo*, 1998, S. 287–371.

Sprache seiner Klage ein subjektivierter Affekt zu Tage, insbesondere als Vitoriano in der Toten das erste Mal seine geliebte Plácida erkennt:

¡Desdichado, *yo soy muerto*,
si buena suerte no adiestra!
¡O, maldita mi ventura!
Cierto es ella. ¡Muerta está!
Oy entro en la sepultura
lo menos de mi tristura:
para más mal basta ya,
mi dolor
ya *no puede ser mayor*.
¡*Ay*, que el alma se me va! (*Égloga de Plácida y Vitoriano*; Hervorh. K. P.)

Vergleicht man diese Klage mit der Klage der Verónica knapp zwanzig Jahre zuvor, so erscheint Vitorianos Rede als pathematische Sprache einer menschlich gewordenen Liebe. In seiner Rhetorik fallen nicht nur die vielen Exklamationen auf. Auch die Interjektion („¡Ay!"; v. 1451), die Hyperbel („no puede ser mayor"; v. 1450), die parataktische Syntax und die Prosopopöie in Vitorianos Ansprache der *ventura* entpuppen sich als konventionelles Stilprogramm des rhetorischen Pathos. Trotzdem verzichtet Encina auf die geordnete Symmetrie der Rede, wie sie uns in Verónicas Anbetung der Muttergottes begegnet, und stellt keinen rhetorischen Ornat wie Anaphern oder Alliterationen zur Schau. Seine Rede ist nicht pathetisch im Sinne der späteren Stilpathologie, sondern pathematisch und markiert eine merkliche Wendung in das Innere des Subjekts. Nicht ohne Grund beginnt seine Klage mit dem Ausruf „¡yo soy muerto!" (v. 1442). Der Affekt, der den leidenden Liebenden trifft, wird als eigener Tod gefühlt. Die Szene geht damit über das empathische Mitleid und dessen normierten Ausdruckskanon weit hinaus.[150]

Als Vitorianos Leid in Freude umschlägt, sind daran wiederum die heidnischen Götter beteiligt: Denn nur durch die Intervention der Venus wird Merkur am Ende Plácida von den Toten erwecken: „Cuerpo de elemento

150 Dies insbesondere auch deshalb, weil Vitorianos Trauerklage nicht mehr als „rituelle Erinnerung der sozialen Ordnung" interpretiert werden kann. Vgl. Jussen, „*Dolor* und *Memoria*", 1995, S. 210. Jussen belegt diese spätmittelalterliche Form der sozial normierten Trauerklage u. a. an der *Devise du gouvernement de la sage princepce demourée veuve* (1405) Christine de Pizans, in der die Trauer nicht vorrangig als Trauer*gefühl* geschildert wird, sondern vielmehr als Trauer*verhalten*, das von der sozialen Rolle bestimmt wird und das Individuum anders als die Liebenden Vitoriano und Plácida aus der Gesellschaft nicht aus-, sondern einschließt. Vitoriano dagegen lässt sich von seinem Gefühl überwältigen und entzieht sich mit seiner Ohnmacht zeitweise sogar vollständig jeglicher sozialen Kommunikation.

oscuro, / por mi poder soberano, / te requiero y te conjuro / que de aqueste suelo duro / te levantes bivo y sano" (vv. 2388–2392). Diese negromantische Wiedererweckung der sündigen Selbstmörderin und der deutliche Verweis auf das heidnische Totenreich (vgl. vv. 2449f.) legen den Verdacht nahe, dass es sich bei dem Stück zumindest an dieser Stelle um eine Art innerweltliches Passionsspiel handelt. Die mythologische Welt und ihre Figuren werden dabei im Sinne Hans Blumenbergs nicht als Bürgen einer alternativen Transzendenz, sondern vielmehr als Anthropomorphisierung des Göttlichen und Umweg um die christliche Doktrin genutzt.[151] Insofern überrascht es nicht, dass Encina in seiner größten Amor-Dichtung, dem *Triunfo de Amor* (1496), eine Vielzahl mythischer Helden und Heldinnen zitiert, um ein Paradigma der „desdichados amadores" wie in einer Art paganer Unterwelt der Liebe zu entwerfen: Neben Phädra tauchen dort die „desamparada Dido" und Medea, „la muy llorosa" (*OC* II, S. 99), als Bürgen des menschlichen, allzu menschlichen Liebesleidens auf.[152] Bei ihnen allen lenkt der Mythos unseren Blick bewusst auf das Leben im innerweltlichen Hier und Jetzt. Zugleich zieht er das Pathos vom Übersinnlichen ab: „Der mythische Akzent liegt auf der Welt, nicht auf der Macht, die über sie verfügt."[153]

Im Verhältnis zur politisch-höfischen Allegorie findet dabei eine Verschiebung auf die höfische Emotionalität des frühneuzeitlichen Subjekts statt und im Abstand zur Liturgie[154] verwandelt sich das Pathos der Liebe bei Encina in den goldenen Weg zu neuer Innerweltlichkeit. Denn der mythische

---

151 Als „imaginative Ausschweifung anthropomorpher Aneignung der Welt und theomorpher Steigerung des Menschen" hat der Mythos in der Renaissance demzufolge die Funktion, die Redeverbote des Monotheismus zu unterlaufen, das Weltbild auf das Menschliche zu öffnen und „Depotenzierung dessen, was ängstet", zu sein. Blumenberg, „Wirklichkeitsbegriff und Wirkpotential des Mythos", 1971, S. 13 u. 50. Zur Verschiebung von der Allegorese zur Aufwertung der Fiktion, die „gegenüber dem Kriterium der außerästhetischen Wahrheit indifferent" werden kann, in der ital. Renaissance-Rezeption des Mythos vgl. auch Stillers, „Zwischen Legitimation und systematischem Kontext", 1994, S. 47.

152 Siehe zur Tragik der Figur der Phädra bei Racine, ihrer weltbezogenen Subjektivität und ihrer erotisch bedingten ‚In-die-Welt-Geworfenheit' Critchley, „I Want to Die, I Hate My Life", 2008. Mit Bezug auf die *Confessiones* von Augustinus und den jansenistischen *deus absconditus* verteidigt Critchley hier die These, dass Phädras innerer Konflikt und ihre pathetische Tragik aus der Paradoxalität abzuleiten seien, dass sich das Dasein in der Welt allein dadurch offenbart, dass man der Existenz (als Selbst) zu entkommen sucht.

153 Blumenberg, „Wirklichkeitsbegriff und Wirkpotential des Mythos", 1971, S. 54.

154 Vgl. Surtz, *The Birth of a Theater*, 1979, S. 32. Eine wichtige Entlehnung aus der Messe ist die doppelte Semiotik der allegorischen Schäfer, die zugleich zeitgenössische und biblische Schäfer bedeuten konnten, wie etwa in Encinas ersten Weihnachtseklogen. Sie verraten Encinas Anlehnung an „a ritual world in which all times and spaces co-exist", an die „timeless present of the Mass". Ebd., S. 44 u. 51.

Amor ist anders als die göttliche Vorsehung blind: Jeder kann von seinen Pfeilen getroffen werden. Damit steht die Liebe im Zeichen Amors für die Produktion von Kontingenz und für die Durchlässigkeit von Standesgrenzen.[155] So betont Amor in der *Representación sobre el poder del Amor*, dass er alle sozialen Differenzen nivellieren und noch den höchsten Herren zum Menschen machen könne: „Hago de los aldeanos / cortesanos / y a los simples ser discretos, / y a los discretos perfectos, / y a los grandes muy humanos." (Vv. 56–60) Die Liebe im Zeichen Amors ist eine Liebe des Menschen.

3.2.3 Égloga de Cristino y Febea (*1509*)

Am deutlichsten und noch deutlicher als in der *Representación sobre el poder del Amor* findet diese mythische Hinwendung zur Innerweltlichkeit ihren Ausdruck in der *Égloga de Cristino y Febea*[156] (1509). Darin ist die Abkehr vom statischen und rituellen Drama bereits vollzogen.[157] Der Schäfer Cristino will in der Einsamkeit Eremit werden: „Todo lo quiero dexar / y darme a servir a Dios."[158]

---

155 Siehe zu dieser These der rhetorischen Dringlichkeit zum Zwecke der Anreicherung sozialen Prestiges Andrews, *Juan del Encina*, 1959.

156 Encina, *Teatro completo*, 1998, S. 237–256.

157 Stern, „The Early Spanish drama", 1973, S. 178, unterscheidet „drama as ritual or social pastime, in which recorded dialogue is incidental or nonexistent, and drama as art or literature, in which the written text is paramount". Auch die Intention der Texte variiere, je nachdem, ob sie eine praktische oder eine ästhetische Einstellung des Publikums zum Ziel haben. Vgl. ebd., S. 182. Damit gehe, so Stern, eine Entwicklung von emotionaler Teilhabe zu psychischer Distanz einher, die erst mit der fiktionalen Welterzeugung des Kunstdramas möglich sei. Dennoch muss diese Beschreibung bezüglich der Vorhersehbarkeit und semantischen Restriktion der Emotion im Sinne christlich ‚legitimierter' Affekte präzisiert werden. Die ersten liturgischen Schäferdramen im Rahmen von Corpus Christi-Feiern in Toledo sind erst für das Jahr 1445 nachzuweisen, wesentlich später also als für das durch Frankreich geprägte Katalonien. Vgl. McKendrick, *Theatre in Spain*, 1989, S. 8. McKendrick betrachtet den Aspekt der *performance* („impersonation"; ebd., S. 10) als *sine qua non* des Theaters und ordnet insofern weder die *Coplas de Mingo Revulgo* noch Francisco de Madrids *Égloga* diesem zu. Im Falle von Encina spricht sie von „dramatic primitivism", aber auch von einer bewussten Destabilisierung des liturgischen Rituals. Ebd., S. 11f.

158 Das ist bereits in gewisser Hinsicht unorthodox, denn die Weltzurückgezogenheit und innere Spiritualität der Eremiten widerspricht der rituellen Öffentlichkeit des Katholizismus, wie sie zum Beispiel in der gemeinsam gefeierten Eucharistie zu Tage tritt. Die egoistische *contemplatio Dei* des Eremiten hingegen ist eher mystischen Formen der Glaubenserfahrung oder dem unorthodoxen Aussteiger-Katholizismus zuzurechnen, wie er in Spanien durch die Adamiten vertreten wurde. Die Interiorisierung des Glaubens ist außerdem in gewisser Hinsicht schon protoprotestantisch, da sie die persönliche Beziehung zu Gott betont. Cristino ist also eine doppelte Aussteigerfigur, die zugleich die brüchigen Ränder der katholischen Doxa markiert. Vgl. Büttner / Werner, *Circumcellionen und Adamiten*, 1959, S. 80.

(Vv. 69f.) Das zürnt ihm der Liebesgott Amor, weil dieser Cristino immer die Treue gehalten hat, sein Liebesvasall ihn nach seinen Abenteuern aber für den Dienst an Gott aufgibt, um Buße zu tun.[159] Da schickt ihm Amor die Nymphe Febea, die ihn wie der Teufel den Heiligen Antonius versuchen wird. Dieses mittelalterliche Legat des christlichen Subtextes wird nun in der Folge in Gestalt der Renaissancenymphe[160] positiv überschrieben. Denn nur weil Cristino sich tatsächlich unsterblich in Febea verliebt und diese sich sofort wieder entzieht, lässt Cristino, der ‚Christ', von seinem Plan ab und geht in die Welt hinaus, um von seiner Liebe zu singen und Febea zu suchen:

334 ¡Ay triste! No sé qué diga,
335 No puedo dexar amores
336 ni dolores;
337 pues que no quieres dexarme,
338 forçado será tornarme
339 a la vida de pastores.
340   Mi Febea se me es ida,
341 ya no ay vida
342 en mi vida ni se halla;
343 forçado será buscalla
344 pues qu'el amor no me olvida. (*Égloga de Cristino y Febea*)

Mit dieser Erinnerung an die verlorene Geliebte ist *der* zentrale Topos der Bukolik für die Frühe Neuzeit erneut aus der Wiege gehoben: Denn die Hirtenlieder von nicht erwiderter oder verlorener Liebe,[161] wie sie bereits Theokrit und Vergil kennen, werden hier an der Schwelle zur Frühen Neuzeit als Memoria eines arretierten Phantasmas aktualisiert, das die Liebe zum transzendenten christlichen Gott durch die Liebe zu einem innerweltlichen abwesenden Objekt ersetzt.[162] Das Lied, das der zum *pastor* bekehrte Cristino und sein Freund Justino am Ende gemeinsam anstimmen, ist wie der Gesang des Schäfers Pelayo Stellvertreter für ein nicht erfülltes körperliches Begehren.[163]

Diese Ersatzstruktur steht im Zentrum dessen, was Giorgio Agamben die „Topologie der Kultur"[164] genannt hat. Agamben zeichnet nach, wie sich aus

159 AMOR: „Hete dado mil favores / en amores / y agora tú me dexavas" (vv. 396–398).

160 Siehe zum Topos der fliehenden Nymphe erstmals Boccaccio, *Ninfale Fiesolano*, 1913, S. 16 u. 29 (ottava 64 u. 119), sowie die Kommentare in Kap. 2.2.3.

161 „Man liebt ja vor allem, wenn sich bei der Abwesenheit des Geliebten Schmerz einstellt." Aristoteles, *Rhetorik*, 2007, S. 54 (1370b).

162 Vgl. allgemein Leopold, *Liebe im Ancien Régime*, 2014, S. 97–115.

163 Vgl. Leopold, „Gender Trouble und politische Phantasie in der spanischen Bukolik Früher Neuzeit", 2016.

164 Agamben, *Stanzen*, 2005, S. 55.

dem Spätmittelalter und dem *Dolce stil nuovo* die Pneumo-Phantasmalogie der Liebe an den Humanismus als „anthropozentrische Weltsicht“[165] vermittelt. Dort gibt sie schließlich die Grundlage dafür ab, wie der Mythos einen literarischen „Spielraum“[166] für frühneuzeitliche Subjektivität zu schaffen. Denn weil die Liebe zu einem in der Memoria arretierten Phantasma[167] zugleich eine Sublimierung des körperlichen Eros *und* einen fundamental narzisstischen Selbstgenuss des (Künstler-)Subjekts darstellt, ist die frühneuzeitliche Liebe eine säkularisierte Form des Affekts, „die aus der Theologie gerade dadurch ausschert, daß sie sich nicht mehr auf den der Welt entzogenen Gottessohn richtet, sondern aus einem in das Subjekt verlagerten ‚oggetto perduto‘ speist“.[168] Für Agamben sind Pygmalion, der sich in seine eigene Schöpfung verliebt, und Narziss, der sein Spiegelbild anschmachtet, die Referenzfiguren für dieses Denken, das Liebe als Innerweltlichkeit entwirft und dabei ein Subjekt erfindet, das sich von der christlichen Ethik emanzipiert. Das Dichten über die Liebe ist demzufolge immer auch ein Liebesdienst am eigenen Selbst.[169]

> Denn das pneumatische Band, welches Phantasma, Wort und Begehren eint, erschließt einen Raum, in dem das poetische Zeichen als der einzige Zufluchtsort erscheint, der Liebeserfüllung bietet, und das liebende Begehren als das Fundament und der Sinn der Poesie […]. Das poetische Wort setzte sich damit als den Ort, an dem der Bruch zwischen dem Begehren und seinem ungreifbaren Objekt – den die mittelalterliche Psychologie durch ihre Gleichsetzung des Eros mit dem Jüngling, „der sein Spiegelbild so sehr liebte, daß er daran verstarb“, tiefsinnig zum Ausdruck gebracht hatte –, versöhnenden Ausgleich findet, während die tödliche „heroische“ Krankheit, in der Amor die saturnische Maske des melancholischen Wahns anlegte, ihre Befreiung und ihre Adelung feiert.[170]

Genau gegen diesen narzisstischen Affekt hatte sich im Übrigen Vives in seiner Theorie der christlichen Empathie ausgesprochen, beziehungsweise versucht er in seiner Auseinandersetzung mit dem Platonismus und der

165 Leopold, *Die Erotik der Petrarkisten*, 2009, S. 24.

166 Blumenberg, „Wirklichkeitsbegriff und Wirkpotential des Mythos“, 1971, S. 43.

167 Vgl. Folger, *Escape from the Prison of Love*, 2009, S. 44–71, insb. S. 64 zur „mnemonic *imago*“. Das Phantasma ist ein bildlicher Eindruck, „von der vorstellenden Kraft empfangen und aufbewahrt, auch wenn der Gegenstand, der ihn hervorgerufen hat, abwesend ist“. Agamben, *Stanzen*, 2005, S. 120. Vgl. Platon, *Philebos*, 1991, S. 106–109, dazu, wie das ‚innere Gemälde‘ immer im Zeichen des Begehrens steht (39b-39e).

168 Leopold, *Die Erotik der Petrarkisten*, 2009, S. 21.

169 Die Kunst oder Poesie des *joi d'amour* wird zum Kreuzungspunkt einer „u-topischen Topologie“; im *topos outopos* des versprachlichten Affekts im Gedicht öffnet sich für das Subjekt der Spielraum des Eros als Kreuzungspunkt von Phantasma, Begehren und Wort. Agamben, *Stanzen*, 2005, S. 204.

170 Ebd., S. 204f.

Phantasmatologie die narzisstische Liebe unter das Primat der Nächstenliebe zu subsumieren: „cuando el amado se contempla y reconoce en el ánimo del amante se ve impulsado a amar a éste, pues entiende que es como si habitara en él; de modo similar los niños besan su propia imagen en los espejos."[171] Bei Vives kann dies nur zur Versklavung des Geliebten führen, es sei denn, der Liebende könne aus dem Narzissmus und der Wiedererkennung des Selbst im Anderen ableiten, er müsse diesen folglich genauso lieben wie sich selbst.

Anders jedoch in der Bukolik. Dort wird das wieder und wieder besungene Phantasma zur bespielbaren Fläche einer pathematischen *phantasia* im Sinne Quintilians.[172] Denn die pastorale Deixis am Phantasma hat nichts mit idyllischer Erfüllung zu tun, sondern verweist immer auf die „Reliquien einer mit der paradiesischen Signatur versehenen Vergangenheit".[173] Deshalb ist der Ärger im bukolischen Liebesparadies nicht nur vorprogrammiert, sondern programmatisch: Entgegen ärztlicher Empfehlung dient der *locus amoenus* auch in späteren Texten weniger als Heilmittel, um das Phantasma der Liebe an frischer Luft ‚auszukurieren'.[174] Die pathematische Feier des *amor hereos* ist vielmehr wie schon in der provenzalischen Liebeslyrik „bewußte Umkehr und freche Kampfansage an die von den Ärzten empfohlenen Liebesabhilfen".[175]

Ein wesentlicher Unterschied zum *Dolce stil nuovo* ist allerdings, dass in der Bukolik phantasmatische Innerlichkeit auf die Figuren projiziert wird: Ihre pathetische Sprache und ihr pathetisches Handeln führen vor, inwiefern das passive Erleiden in ein künstlerisches Instrument verwandelt werden kann. Gleich ist beiden poetischen Gattungen, dass der Verlust der Geliebten nicht nur Grund zur Klage gibt, sondern als Urgrund des Dichtens ja auch gewollt werden muss. Encinas Nymphe Febea kündet ebenfalls von dieser

---

171 Vives, *De Anima et Vita*, 1992, S. 253 (II, 15).

172 In diesem Sinne hebt sich die Renaissancepastorale sowohl von der rustikalen Satire als auch von volkstümlichen Traditionen und Festen des Mittelalters ab, welche etwa in „mock wedding celebrations" Schäfer auftreten ließen, die einen erotischen Monolog zu Ehren der Fruchtbarkeit der Braut zum Besten gaben. Stern nennt letztere „preaesthetic", allerdings sieht sie das ästhetische Moment des späteren Theaters vor allem in dessen fixierter Textualität, emotionaler Distanz und der individuellen Autorschaft. „The Early Spanish Drama", 1973, S. 187 u. 189.

173 Agamben, *Stanzen*, 2005, S. 56. Vgl. ebenfalls zur Nähe von Bukolik und Elegie Stöckinger, „Über bukolisches und elegisches Begehren", 2015.

174 „Es empfiehlt sich auch, die Lebensweise zu ändern und sich unter Freunden aufzuhalten, Orte aufzusuchen, wo es blühende Wiesen, Berge, Wälder, Düfte und Dinge gibt, die schön anzusehen sind, Vogelgesang und Musikinstrumente." Bernard Gordon, *Lilium medicinale*, um 1285. Zitiert nach Agamben, *Stanzen*, 2005, S. 180.

175 Ebd., S. 182.

ambivalenten Begehrensstruktur. Sie ist Versprechen und Entzug in einem, wird Cristino erst insistierend zu sich rufen und sich dann in Nichts auflösen:

311 Ven acá, padre bendito,
312 muy contrito.
313 Aquí soy por ti venida
314 quiérote más que a mi vida
315 y párlasme tan poquito. [...]
329 Torna, *tórnate pastor,*
330 si quiés que quiera quererte.
331 Assí no te puedo ver,
332 ¡ay querer!,
333 aunque quiera serte amiga. (*Égloga de Cristino y Febea*; Hervorh. K. P.)

Febeas Ruf zur Umkehr holt Cristino nicht nur aus der selbstgewählten Einsamkeit des christlichen Glaubens in die Welt und die Liebe zurück („tórnate pastor"; v. 329),[176] sondern betont auch den Abstand zwischen den Liebenden – nicht ihre empathische Annäherung. Die Erfüllung des Begehrens, die in dessen Nichterfüllbarkeit umschlägt, wird zur Bedingung der Möglichkeit des Liebens erhoben. Dieser paradoxen Situation, die körperlichen Eros aufwertet, weil er das Dichten ermöglicht, zugleich aber den Eros bezähmt und sublimierend in Sprache umbiegt, kann und will der literarische Schäfer nicht entkommen.

Daher ließe sich auch Encinas zeitgleich entstandene *Égloga de Fileno, Zambardo y Cardonio*[177] als eine Form der ‚Tragödie zweiter Teil' interpretieren: Dort tritt Fileno als klagender Liebender auf, der mit dem Phantasma der Geliebten[178] in die Welt geschickt wurde und fortan nur noch um sie trauern kann.

89 Mandáronme amar y amando seguir,
90 una figura formada en el viento
91 que, quando a los ojos más cerca la siento,
92 mis propios sospiros la hazen huir. (*Égloga de Fileno, Zambardo y Cardonio*)

Encinas dramatische Eklogen sind also Einlösung der chiastisch verbundenen Prophezeiung des Gottes Amor in der *Representación sobre el poder del Amor*: „Yo pongo y quito esperança, / yo quito y pongo cadena" (vv. 31f.). Stärker noch

176 Hier frappiert die Nähe des Textes zum *Mingo Revulgo*, in dem die Umkehr noch gänzlich nach der christlichen Tugend- und Morallehre aufgefasst wurde: „Torna, tórnate a buen hanzo". Pulgar, *Letras*, 1958, S. 221.

177 Encina, *Teatro completo*, 1998, S. 257–285.

178 Siehe ebenfalls in der *Égloga de Plácida y Vitoriano*: „Dentro en mí contemplo en ella, / siempre con ella me sueño, / no puedo partirme della" (vv. 817–819).

als bei Boccaccio, der den literarischen Topos der fliehenden Nymphe für die Frühe Neuzeit aktualisiert hatte, steht dabei das sprachliche Vermögen des Dichters oder Dichterschäfers im Mittelpunkt, den Verlust des Begehrensobjektes durch Dichtung zu kompensieren. Mit der Nymphe Febea hat Encina die Personifikation dieser Hoffnung und Fessel geschaffen.

3.2.4 Égloga de Mingo, Gil y Pascuala (*1496*)

Die Innerweltlichkeit der Bukolik spiegelt sich bei Encina jedoch auch dort, wo er an Stelle des allegorischen Raums christlicher Heilsgeschichte den sozialen Raum des innerweltlichen Subjekts in Szene setzt. Zwei Eklogen sind dafür repräsentativ: Die im Palast der Herzöge von Alba vor 1496 aufgeführte *Égloga representada en requesta de unos amores*[179] sowie die daran anschließende *Égloga de Mingo, Gil y Pascuala.*[180] Sie reflektieren die neue, höfische Form der pastoralen Liebe und definieren einen neuen Raum des höfischen Theaters. Die Transformationen, die damit einhergehen, werden sichtbar an Encinas Weiterentwicklung der mittelalterlichen *pastorela*. Diese war mit der Lyrik der Troubadours und über das Einfallstor des Herrschaftsgebiets „à demi-française"[181] Barcelona im 12. Jahrhundert auf die iberische Halbinsel gelangt. Der Herzog von Santillana hat in seinen *Serranillas* Anfang des 15. Jahrhunderts die Form schließlich endgültig hispanisiert. In der *pastorela* begegnet, wie bereits erwähnt, vor ländlicher Kulisse ein *caballero* einer Schäferin, wird von ihren Reizen angezogen, besticht sie mit Geschenken und wird von ihr entweder erhört oder aber abgewiesen. Sie ist also eine dramatische Kleinform, die meist in nur dürftig narrativ gerahmten Dialogen[182] die syntagmatische Folge von „encuentro", „diálogo amoroso" und „desenlace" („rechazo" / „aceptación") inszeniert.[183] Dabei handelt es sich, zwar nicht ausschließlich, jedoch oft, um eine burlesk-ironische Inszenierung der Liebe, ja um eine „historia picaresca erótica",[184] die aus der sozialen Abständigkeit des aristokratischen *caballero* auf die Schäferwelt hinabblickt und jenen doch mit dieser ‚erotisch kontaminiert'.[185]

179 Encina, *Teatro completo*, 1998, S. 161–170.

180 Ebd., S. 171–189.

181 Jeanroy, *La Poésie lyrique des Troubadours*, Bd. I, 1973, S. 202.

182 Vgl. ebd., S. 284.

183 Lesser, *La pastorela medieval hispánica*, 1970, S. 22.

184 Ebd., S. 119.

185 „De ce thème la pastourelle est une élaboration aristocratique qui ne pouvait se produire que dans un milieu où il semblait piquant de voir affrontées la courtoisie et la rusticité ; par les partis pris qui très généralement s'y font jour, elle trahit nettement cette origine." Jeanroy, *La Poésie lyrique des Troubadours*, Bd. II, 1973, S. 285.

Encina greift diese Struktur in seinen Eklogen insofern auf, als er seine Schäferin Pascuala noch stärker, als dies in den Vorlagen bereits der Fall ist, zwischen zwei Männer stellt, die um sie buhlen: den Schäfer Mingo und den *escudero* Gil. Das Liebesdreieck bewirkt jedoch etwas, was in der *pastorela* so nur topisch war, nicht jedoch im Rahmen einer dramatischen Handlung ausgeführt wurde: Im ersten Stück entscheidet sich Gil, für Pascuala die Rechte seines Standes aufzugeben und als Schäfer zu leben. Ein Jahr später, im zweiten Stück, bringt er seine Geliebte und das rustikale Schäferpaar Mingo und Menga an den Hof der Alba.[186] Dort lassen sich diese überzeugen, auch *cortesanos* zu werden, so dass am Ende die Macht der Liebe als Macht bestätigt wird, die sogar Standesgrenzen überwindet („mudar los estados"; v. 287) und Schäfer in Aristokraten verwandelt („mudar el pellejo"; v. 276):

273 Es tan huerte zagalejo,
274 miafé, Menga, el amorío
275 que con su gran poderío
276 haze *mudar el pellejo*,
277 haze tornar moço al viejo
278 y al grossero muy polido,
279 y al muy feo muy garrido,
280 y al muy huerte muy sobejo.
281 Haze tornar al cruel,
282 quando quiere, piadoso;
283 haze lo amargo sabroso,
284 haze que amargue la miel,
285 haze ser dulce la hiel,
286 y quita y pone cuidados
287 haze *mudar los estados*. (*Égloga de Mingo, Gil y Pascuala*; Hervorh. K. P.)

Während Santillana in *La Moçuela de Bores* mit dem Angebot „Señora, pastor / seré, si queredes: / mandarme podedes / como a servidor"[187] (vv. 32–35) nur ein gebräuchliches Element der Liebeswerbung aus der französischen und provenzalischen *pastourelle* aufgegriffen hatte, setzt Encina dieses Motiv in Handlung um. Im ersten Stück dominiert die konventionelle Struktur der *pastorela*. Nachdem zuerst der verheiratete Schäfer Mingo um Pascuala geworben hatte, die ihn abblitzen ließ, becirct sie der *escudero* mit seiner galanten Sprache („Essas trónicas,[188] señor, / allá para las de villa"; vv. 61f.) und mit dem

186 Siehe zur Weiterentwicklung der *pastorela* im Stück Pérez Priego, „La égloga dramática", 2002, S. 78.

187 Santillana, *Poesía lírica*, 2008, S. 113.

188 In der Bedeutung von „retóricas". Vgl. den Kommentar des Herausgebers Pérez Priego in Encina, *Teatro completo*, 1998, S. 163, FN 61.

Versprechen auf Geschenke („te haga presto rica / si quieres tener mi amor"; vv. 59f.). In einem burlesken Wettbieten um die Gunst der Angebeten unterliegt der sozial niedrigstehende Mingo, auch wenn Pascuala Gil in einen Schäfer verwandelt: „si os queréis tornar pastor, / mucho más os quiero a vos" (vv. 183f.).

Im zweiten Stück jedoch wird die Folge dieses Rollentausches vorgeführt und zugleich der Raum der Handlung aus der pastoralen Szene in den Palast verlagert. Diese raumsemantische Inversion wird besonders dadurch unterstrichen, dass Mingo – gespielt von Encina selbst[189] – nicht über die Schwelle zu treten wagt („No me mandes entrar más"; v. 8). Man kann sich die Komik der Szene gut vorstellen. Aber obwohl die rustikalen Schäfer in beiden Stücken immer auch Gegenstand des Spottes sind, hat die *burla* doch noch eine andere Funktion, als nur Standesgrenzen oder Encinas eigenes Streben nach sozialem Aufstieg zu markieren. Monique de Lope hebt durchaus zu Recht hervor, dass sich der sozial niedrig geborene Encina[190] aus seinem eigenen Wunsch, sozial zu reüssieren, mit dem höfischen Publikum gegen die rustikalen Schäfer verbündet.

> En prêtant à Mingo ce comportement social maladroit, Encina situe l'enjeu de l'action dans le rapport de communication, et, en entraînant les rires, affirme son propre succès. La distance qui se creuse de cette façon entre le poète et son masque de berger rustique est celle de la culture.[191]

Der Abstand der Kultur ist aber ein mehrfacher. Zum einen ist der Übergang in den Raum des Palastes zugleich metapoetischer Kommentar, denn Encina perpetuiert zwar die Formen der satirischen Bukolik, glänzt dann aber v. a. mit denjenigen Stücken, die eine frühneuzeitliche Schäferliebe in den Mittelpunkt stellen. Erst darin und erst aus dem Raum der zivilisierten Kultur ist ein sentimentalischer und idealisierender Blick auf das Schäferleben möglich, weshalb an dieser Stelle die *alabanza de aldea* auch nicht die Flucht aus der Stadt motiviert, sondern im Raum der höfischen Szene einzig als nostalgische Erinnerung auftaucht, als Mingo sich schon entschieden hat, *cortesano* zu werden:

> Ya sabes qué gozo siente
> el pastor muy caluroso
> en bever con gran reposo
> de bruças agua en la fuente

189 Vgl. ebd., S. 171.

190 Sein Vater Juan de Fermoselle war Schuster und Encina änderte seinen eigenen Namen in dem Augenblick, als er Kaplan in Salamanca wurde. Vgl. den Kommentar des Herausgebers Pérez Priego ebd., S. 11f. (Introducción).

191 De Lope, „L'Églogue et la cour", 1987, S. 145.

o de la que va corriente
por el cascajal corriendo,
que se va toda riendo.
¡O, qué prazer tan valiente! (*Égloga de Mingo, Gil y Pascuala*)

Die idealisierte Schäferdichtung konstituiert sich demzufolge dadurch, dass sie das rustikale Schäfergewand ablegt und der phantasmatischen Erinnerung an ein besseres, einfaches Leben gedenkt. Dies tut sie aus dem Raum des eingehegten und zivilisierten Affekts heraus. Dieser Raum wiederum ist der Hof, der mit einer ganz eigenen sozialen Morphologie aufwartet.[192] Der soziale Raum als gefüllter Raum, der über menschliche Handlungen, Körper und Körpertechniken, soziale Klassifikationen wie Geschlecht, Rang und soziale Beziehungen definiert wird, bildet quasi den impliziten Mitspieler der Dramenhandlung, und dies nicht nur, weil die Zuschauer sich teils in Figuren verwandeln, die innerhalb des Stückes angesprochen werden.[193]

Hinzu kommt, dass Mingos Sträuben Lachen hervorruft und auch als hysterisches Symptom der Zivilisierung der Schäferwelt zu verstehen ist. Denn während im bukolischen Außenraum (der Satire) der *gozo* gebot, muss der *cortesano* im höfischen Innenraum (der höfischen Pastorale) äußerlich, sprachlich und mental diszipliniert werden. Mingos Verwandlung in einen *galán* geht damit einher, dass ihm Leibrock („sayo"; v. 418) und Birett („bonete"; v. 439) angepasst werden und Gil seine Körperhaltung korrigiert:

GIL Ponte el bonete de tema
y en el costado la mano.
MINGO ¿Y para qué en el costado?
GIL Porqu'es muy gran galanía. (*Égloga de Mingo, Gil y Pascuala*)

So ist das Stück auch ein Spiegel des höfischen Publikums, das aus der Kontrolle der Affekte und Instinktkörper die Kulturtechnik der höfischen Liebe hervorgebracht hat. Über die öffentliche Dressierung des Sozialkörpers macht Encina – wenn auch in komischer Tonlage – den *espace intersticiel* zwischen Individuum und Gesellschaft plastisch sichtbar. Die *Égloga de Mingo, Gil y Pascuala* begründet in diesem Sinne nicht nur das Liebesdreieck der spanischen Bukolik,[194] sondern verweist immer schon auf deren gesellschaftlichen

192 Vgl. Fantoni, „The City of the Prince", 2009, S. 45.

193 De Lope, „L'Églogue et la cour", 1987, S. 135, betont: „La *sala* définie par la présence ducale y est dite en contiguïté totale à l'éspace fictif de la campagne où paît le troupeau."

194 Vgl. López Moreno, „Juan del Encina y Lucas Fernández", 2003, S. 181.

Ort.[195] Bemerkenswert ist dabei, dass Encina hier und in Folge die Bandbreite der Rhetorik und der rhetorischen Tonlagen nutzen wird, um im pathetischen Pitch einen Schutzraum für ästhetische Abweichung zu schaffen. Sein Theater schert unter dem schützenden Schleier der Stilhöhe aus altbekannten Affektprogrammen aus, die dem christlichen Subjekt der Epoche in seiner kontrollierten Lebenswelt zur Verfügung standen. Damit wird die pathematisch erschwerte Form mehr und mehr zum Platzhalter des Ethischen und die Bukolik kann Ort einer pathematisch-ästhetischen Selbsttechnik werden. Besonders gut wird dies sichtbar, wenn Encina schließlich die Mittel der Tragödie einsetzt – als nachgerade therapeutische Intervention der Form. Damit ist in der Tat das frühneuzeitliche Theater aus der Wiege gehoben.

3.2.5 *Plácida als neue Dido*

Nicht ohne Grund nennt Encina selbst seine bereits eingangs erwähnte *Égloga de Plácida y Vitoriano* (1513) endlich „comedia" (v. 79). Sie ist durch kurze komische Einlagen rustikaler Schäfer in mehrere Teile oder ‚Akte' unterteilt[196] und als vielleicht einziger seiner venerischen Texte mittels eines kathartischen Handlungspathos strukturiert, das – so das Verständnis der Komödie im 15. Jahrhundert – in ein gutes Ende umschlägt. Die Übergänge zwischen Ekloge und Drama sind unter anderem deshalb im 15. Jahrhundert fließend, weil Encinas Zeitgenossen Vergils Eklogen als dramatisches Genre wahrgenommen

---

195 Deshalb muss man hier Stern korrigieren, die in Encinas frühen Stücken eine reine Perpetuierung des rituellen, spätmittelalterlichen Dramas sehen wollte. Weil der Raum der Fiktion mit dem Aufführungsraum koinzidiert, wenn Herzog und Herzögin direkt von Mingo angesprochen werden, erlaube, so Stern, diese Form des präaristotelischen Theaters keine ästhetische Einstellung zur Fiktion. Es beschwöre vielmehr „an aura of actuality that impedes or at least discourages aesthetic detachment". „The Early Spanish Drama", 1973, S. 191. Erst mit der Virtualisierung von Zeit und Raum in den symbolischen Formen der mimetischen Handlung sei das ästhetische Drama der Frühen Neuzeit geschaffen worden. Stern denkt „rebirth of dramatic art" also immer in Begriffen emotionaler Distanzierung, der „rediscovery of aesthetic distance". Ebd., S. 198. Ich meine dagegen, dass Encina innerhalb seines Stückes ein großes Gespür für den Prozess der kulturellen Distanzierung selbst beweist und dass, die nächste Analyse wird es zeigen, ihm gerade auch aus diesem Grund die mimetische und höfische Pastorale ein Ort pathematischer Techniken bleiben sollte. Stern bezieht sich in dem Aufsatz zu diesem Zweck immer wieder auf die Begriffe „psychical distance" (Bullough) und „virtual future" (Langer). Vgl. ebd., S. 179f. Andrews hatte die „fusion of fiction and reality" dagegen im Sinne der „oratorical presence" interpretiert, die in Encinas Werk wiederholt ausgestellt wird. Vgl. *Juan del Encina*, 1959, S. 133 u. 108.

196 Vgl. López Morales, „Juan del Encina y Lucas Fernández", 2003, S. 188. Darin lässt sich eine Vorform des *entremés* erkennen.

haben.[197] Trotzdem gilt es anzumerken, dass sich hier nicht nur Ort und Personal des Stückes verändern – die Ekloge zeigt eine deutliche „ambientación urbana, con personajes de 'villa' y cortesanos amantes".[198] Auch das bukolische Pathos gewinnt ein neues Element hinzu, da Encina über die Handlungsfolge das syntagmatische Pathos der Tragödie und genuine Pathosnarrative in die Gattung integriert.

Die Tragödie entspinnt sich, weil die Liebenden Plácida und Vitoriano sich entzweit haben. Sie flieht in die Berge, um sich zu töten, während er zuerst Hilfe bei seinem Freund Suplicio und danach auf dessen Anraten Ablenkung bei der Prostituierten Flugencia sucht. Als er Plácida dann doch nacheilt, erfahren er und Suplicio von ihrer überstürzten Flucht und finden sie schließlich tot auf: Sie hat sich mit einem Dolch erstochen, den sie einst von Vitoriano erhalten hatte. An dieser Stelle entfaltet sich auch das Pathos der Handlung: Denn Encina versteht es, zum einen das unheilvolle Ereignis des Todes effektvoll auf die Bühne zu bringen, als die entkleidete Plácida sich fast liebend mit dem Tod verbindet.[199] Zum anderen verknüpft er ihren Tod so mit dem Augenblick der Anagnorisis, dass der Text tatsächlich bis fast zuletzt im Modus der Tragödie verharrt. Vitoriano kommt nicht nur zu spät, um Plácida zu retten, sondern erkennt erst über ihrem bereits toten Körper, dass sein Geschenk ihr den Tod brachte:

1489 ¡O, cruel,
1490 que mi puñal es aquel!
1491 Yo di causa a tanto mal.
1492 Yo lo dexé por olvido,
1493 burlando un día entre nos.
1494 Mira como lo ha tenido
1495 muy guardado y escondido
1496 para dar fin a los dos. (*Égloga de Plácida y Vitoriano*)

Sowohl die Katharsis im virtuellen Raum der Handlung als auch die innerweltliche Liebe, die dabei zum Konflikt wird, stellt Encinas Ablösung vom rituellen

197 Vgl. Surtz, *The Birth of a Theater*, 1979, S. 28, sowie die Poetik von Giovan Giorgio Trissino (1549) in Weinberg, *Trattati*, Bd. II, 1970, S. 13.

198 Pérez Priego, „Juan del Encina en busca de la comedia", 1995, S. 118. So sagt Plácida von sich: „no tengo dicha en cosa / siendo rica y poderosa / y de tal emparentada" (vv. 195–197) und Suplicio warnt Vitoriano davor, nachts in der Stadt auf die Straße zu gehen: „Muchas vezes te he rogado / y pedido y suplicado / que de noche no andes fuera. / Ten reposo / y en tiempo tan peligroso / no salgas desta manera" (vv. 339–344).

199 Vgl. Encina, *Teatro completo*, 1998, S. 330f. und Kap. 2.2.3.

Drama und seiner Affektstruktur unter Beweis.[200] Da die Liebenden sich nicht von den Bildern im Kopf lösen können und weil weder Plácidas lange Klage noch Vitorianos erotische Ablenkungsmanöver von der Liebeskrankheit heilen, wird die Liebe zur Tragödie. Im Zuge dessen marginalisiert Encina die topisch rustikalen Schäfer zu komischen Randfiguren. In das Zentrum rückt vielmehr die „patética desesperación amorosa"[201] im bukolischen Außenraum, der aus dem sozialen Raum der Gesellschaft ausgenommen wurde.

Denn die Ekloge erzählt in gewisser Hinsicht die entgegengesetzte Bewegung der unbedarften Schäferin Pascuala: Am Anfang der Handlung steht Plácida, die die Stadt und den Raum der zivilisierten Gesellschaft verlässt, um in den wilden Außenraum der Berge zu fliehen. Noch später wird Vitoriano das Motiv dieser Flucht betonen: „de poblado huir / por alexarse de gente" (vv. 916f.). Plácida wechselt also vom Raum der Kultur und der Gesellschaft in den Raum einer ‚mitleidenden' Natur über,[202] die sich als Kulisse eines pathematischen, klagenden Subjektes entpuppt.

225 Por las ásperas montañas
226 y los bosques más sombríos
227 mostrar quiero mis entrañas
228 a las fieras alimañas
229 y a las fuentes y a los ríos,
230 que aunque crudos,
231 aunque sin razón y mudos,
232 sentirán los males míos. (*Égloga de Plácida y Vitoriano*)

---

200 Es handelt sich also bei der Ekloge in keinster Weise um ein statisches Drama, wie Stern zu zeigen meinte. Vgl. Stern, „The Early Spanish Drama", 1973, S. 196.

201 López Moreno, „Juan del Encina y Lucas Fernández", 2003, S. 187.

202 Ruskin hatte bezüglich dieser Form der Anthropomorphisierung bekanntlich von einer *pathetic fallacy* gesprochen: „The state of mind which attributes to it these characters of a living creature is one in which the reason is unhinged by grief. All violent feelings have the same effect. They produce in us a falseness in all our impressions of external things, which I would generally characterize as the 'Pathetic fallacy'." „Of the Pathetic Fallacy", 2000, S. 369. Ihm zufolge ist eine vollständige Anthropomorphisierung nur in zweitklassigen Dichtern (wie Keats und Tennyson) anzutreffen, während ein „poet of true imaginative power" zwischen dem Lebendigen und dem Stofflichen immer zu unterscheiden wisse. Ebd., S. 370. Dies hat mit Ruskins Höherbewertung der intellektuellen Kontrolle von Emotionen zu tun, während er dennoch (nicht unähnlich der antiken Lehre der *phantasia*) einräumt: Ist ein Subjekt „over-dazzled by emotion", so sei dies „a more or less noble state […]; and it is in general a sign of higher capacity and stand in the ranks of being, that the emotions should be strong enough to vanquish, partly, the intellect, and make it believe what they choose". Ebd.

Damit verlässt sie auch den Handlungsort der konventionellen Patrizierkomödie, die sich in der Stadt zwischen ihr, Vitoriano und Flugencia hätte abspielen können. Stattdessen befindet sie sich in einer marginalen Sphäre der Zivilisation.[203] Hier können wunderbare Dinge geschehen wie ihre Erweckung von den Toten am Ende. Insofern entpuppen sich die Berge als ein Ort des Umwegs, der auch dazu dient, aus der Welt der sozialen und der christlichen Norm in die Welt der mythischen Götter zu entkommen. Wie der Wald bietet er den Liebenden die Möglichkeit, zumindest imaginär der Welt der Kultur zu entfliehen.[204] Der Außenraum, der sich in den lieblichen, noch ländlich kultivierten Teilraum der *pastores bobos* und in den wilden, wunderbaren Teilraum der Berge unterscheiden lässt,[205] wird zum Ort der Prüfung und Wiedererweckung, vor allem aber zu einem dreidimensionaler Raum, der von den Figuren ausgefüllt und von ihnen durchschritten werden kann.[206] Damit ist an die Stelle des christlich reglementierten Wunders[207] das gefährliche *magicus* bzw. das verblüffende *mirabilis* getreten, das für die anti-christliche Erneuerung des Wunderbaren in der Frühen Neuzeit charakteristisch ist. Es verwundert daher nicht, dass das Stück im Jahr 1550 als einziger von Encinas Texten auf den Index gesetzt wurde.[208]

In der Handlung versteckt ist schließlich eine tiefgründigere Bedeutung der räumlichen Enklave. Denn der Außenraum ist darum ein Bereich des Übergangs, weil er den liminalen Status seiner Protagonistin symbolisiert. Plácida scheint hier nicht nur einen körperlichen, sondern einen sozialen Tod zu sterben,[209] um daraufhin mit Hilfe der mythischen Götter wieder neu in die Gesellschaft integriert zu werden. Dies ist von der Forschung bis dato nicht kommentiert worden. Wenn man aber den Hinweisen des Textes nachgeht und nicht, wie

---

203 Siehe zur symmetrischen Anlage des Stückes als Diptychon Penzkofer, „Espacios cercanos y lejanos en el teatro de Juan del Encina“, 2013, S. 34–36.

204 Vgl. Le Goff, *Phantasie und Realität des Mittelalters*, 1990, S. 88.

205 Siehe zu dieser Pathosformel der „Kontrastharmonie“ Curtius, „Die Ideallandschaft“, 1948, S. 209.

206 Siehe zu dieser Dreidimensionalität des Raums Penzkofer, „Espacios cercanos y lejanos en el teatro de Juan del Encina“, 2013, S. 39. Venus spricht am Ende in Anlehnung an die Geschichte Hiobs von der Prüfung des Vitoriano. Vgl. Encina, *Teatro completo*, 1998, S. 363.

207 Vgl. Le Goff, *Phantasie und Realität des Mittelalters*, 1990, S. 40 u. 46, sowie zum heilsgeschichtlichen Kampf des Ritters in der Welt der Aventure, die zunehmend phantastischen Charakters ist, aber den Sieg des Ritters zur *mervoille* und „Befreiung aus teuflischer Verstrickung“ macht, Köhler, *Ideal und Wirklichkeit in der höfischen Epik*, 1956, insb. S. 95 u. 100–106, hier: S. 105.

208 Vgl. Pérez Priego, „Juan del Encina en busca de la comedia“, 1995, S. 125, FN 14.

209 So sagt der einfache Schäfer Pascual: „Iva […] por tan ásperas montañas / y por sierras tan estrañas / que es impossible ser viva“ (vv. 1041–1045).

üblicherweise geschehen, die in den Text eingefügte ‚Celestina-Episode' mit Eritea und Flugencia als reinen Zierrat abtut,[210] darf man vermuten, dass Plácidas Not, die sie aus der Gesellschaft vertreibt, tatsächlich nicht nur verletzter Liebesstolz ist, sondern mit einem durch *copula carnis* besiegelten *matrimonium clandestinum* und damit ihrer Entjungferung zu begründen ist. Gleich zu Beginn klagt sie, Vitorianos Schwüren Glauben geschenkt zu haben: „¡O, maldita la muger / que en juras de hombre confía!" (Vv. 135f.) Die *juras* verweisen hier nicht nur auf das Repertoire höfischer Liebesgelübde, sondern auch auf jenen Schwur, den ein Mann leisten musste, um sich – im Angesicht Gottes – mit einer Frau rechtsgültig zu vermählen.[211] Will Plácida außerdem aus der Stadt fliehen, um Buße zu tun (vgl. v. 173), und tötet sie sich zuletzt als zweite Dido (vgl. v. 1276), deren *culpa* nur durch den Tod gesühnt werden kann,[212] lässt dies wiederum darauf schließen, dass die Ehe mit Vitoriano wohl bereits vollzogen worden ist,[213] er sie danach aber rücksichtslos verlassen hat. Plácida klagt, dagegen helfe auch keine Zauberei: „Contra tal apartamiento / no prestan hechizerías / ni aprovecha encantamiento" (vv. 169–171). Mit den Begriffen

210 Vgl. den Kommentar des Herausgebers Pérez Priego in Encina, *Teatro completo*, 2008, S. 80 (Introducción).

211 Es galt demnach: „Consensus facit nuptias". Vgl. *Dictionnaire de la Theologie Catholique*, 1927, Sp. 2133–2135. Die Diskussion um das *matrimonium clandestinum* gehört zu den großen Streitfragen der Epoche, denn entgegen des römischen Rechts ist nach der protestantischen Auffassung die Zustimmung der Eltern bzw. der rechtliche Rahmen der Eheschließung nicht mehr dringend erforderlich, um einen rechtsgültigen Ehevertrag vor Gott einzugehen. Vgl. Troje, „Das *matrimonium clandestinum* in Humanismus und Reformation", 1992, S. 208.

212 Dido darf in der Frühen Neuzeit sicherlich als topische Heldin des ‚vollzogenen' Eros gelten, auch wenn die Tradition nach Vergil schwankt zwischen der den Affekten ausgelieferten, „vom Liebes-*furor* besessene[n], im Todes-*furor* sich selbst tötende[n]" Frau auf der einen und der moralischen Heldin, die sich einer zweiten Ehe verweigert, auf der anderen Seite. Binder, „Vergil, die Aeneis und Dido", 2000, S. 21. Die Parodie von Lucas Fernández auf Encinas Ekloge vereindeutigt die Parallele zwischen der Vorlage Plácida (hier: *la doncella*) und Dido: „¡Oh, muy noble reina Dido! / Ya creo tu mala suerte, / pues, con dolor muy crescido / y muy subido / diste a ti mesma la muerte." *Farsas y Églogas*, Bd. I, 2002, S. 62f. (vv. 91–95).

213 Auch hier wird die erotische Parodie von Fernández deutlich, was Vitorianos *burla* (vgl. v. 484) betrifft, und deutet darauf hin, dass die Zeitgenossen Plácidas Fehltritt eindeutig verstanden haben mussten: „Quien la honra pierde y fama / sin hallar lo que quisiera, / muera, muera". Ebd., S. 73 (vv. 385–387). Ein weiterer Hinweis darauf ist, dass es Vitoriano bei Encina versteht, äußerst plastisch und voll der ‚Gelüste' von Plácidas Brüsten zu berichten: „¡Y qué pechos / tan perfetos, tan bien hechos / que me ponen mill antojos!" (Vv. 806–808) In diesem Sinne kann ich mich hier nicht der Meinung Penzkofers anschließen, der betont, „las alcahuetas crean el perverso horizonte para la relación ideal entre los amantes". „Espacios cercanos y lejanos en el teatro de Juan del Encina", 2013, S. 35.

hechizería und *encantamiento* bezieht sich der Text an dieser Stelle direkt auf jene Praktiken, für die Rojas' Celestina ebenso bekannt war wie Encinas Eritea: auf die Liebeshexerei und das ‚Jungfernmachen'. Ich glaube daher nicht, dass der im Anschluss eingefügte Dialog zwischen der *tercera* Eritea und der Prostituierten Flugencia über diese Praktiken[214] einzig und allein schnödes Augenzwinkern in Richtung der spanischen *putas* gewesen ist, die bei der Aufführung des Stückes im Palast des Kardinals von Arborea 1513 anwesend waren.[215] Ebensowenig kann man von einem opportunistischen intertextuellen Zitat sprechen, das sich am Erfolg der *Celestina* bedienen wollte.[216] Die ‚Celestina-Episode' hat vielmehr innerhalb des Handlungspathos eine ganz konkrete Funktion: Sie ist der verrätselte Code für das, was zu Plácidas tragischem Tod führen wird. Denn anstatt Eritea um Hilfe zu bitten, entscheidet sich die aristokratische Plácida für den (sozialen) Tod. Im Moment ihres Todes wird sie sich wie mit einem zweiten Ehemann mit dem Knochenmann nackt niederlegen: Im liminalen Raum feiert sie eine invertierte Hochzeitszeremonie, die sich in eine symbolische Aufhebung des ersten, sozial fatalen *matrimonium* mit Vitoriano verwandelt.

1288 *Por menos embaraçarme*
1289 en los miembros impedidos,
1290 para más presto matarme
1291 muy bien será desnudarme
1292 y quitarme los vestidos
1293 que me estorvan;
1294 ya *los miembros se me encorvan*
1295 y *se turban mis sentidos.*
1296 *No te turbes ni embaraces,*
1297 recobra, Plácida, fuerças;
1298 cumple que te despedaces
1299 y con la muerte te abraces,
1300 deste camino no tuerças. (*Égloga de Plácida y Vitoriano*; Hervorh. K. P.)

Die Bewegtheit ihres Körpers – „ya los miembros se me encorvan" (v. 1294) – und deren Rückführung auf den inneren Affekt – „y se turban mis sentidos" (v. 1295) – entwerfen Plácida hier als Heldin einer Pathosformel, die an die Bildsprache der von Warburg vielfach zitierten Laokoon-Statue gemahnt – und

214 Vgl. Encina, *Teatro completo*, 2008, S. 309–314.

215 Vgl. López Morales, „Juan del Encina y Lucas Fernández", 2003, S. 187.

216 Pérez Priego spricht ihr zu, die „primera imitación en descendencia directa" der Celestina-Figur zu sein. „Juan del Encina en busca de la comedia", 1995, S. 125. McKendrick sieht dagegen bereits eine konkrete Kritik am Ethos der höfischen Liebe am Werk, ohne dies weiter zu kommentieren. Vgl. *Theatre in Spain*, 1989, S. 14.

die als Pathosszene zugleich in das größere Handlungspathos der Ekloge und mithin in ein genuines Pathosnarrativ eingebunden ist. Dabei fällt auf Ebene des Textes das zweifache Echo der Signifikanten ins Auge: „Por menos embaraçarme" (v. 1288); „No te turbes ni embaraces" (v. 1296). Neben der hier eigentlichen Bedeutung, sie solle nicht ablassen von ihrem Vorhaben, tritt durch den insistierenden Gebrauch des Lexems eine zweite Bedeutung hervor: die ihres *embarazo*, der mit dem Tod ausgelöscht werden soll.[217]

Dass damit auch die topische höfische Liebe konterkariert wird, in deren Diskursfeld sich das Stück einschreibt, ist unübersehbar. Encinas *comedia* ist also weitaus mehr als nur ein Beitrag zu einer idealistischen, auf Verzicht abgestellten „cultura afectiva".[218] Denn anstelle ausschließlich auf das Erbe der *novela sentimental* zu setzen, ergänzt Encina dieses im intertextuellen Zitat der *Celestina* mit seiner eigenen Karikatur: Hatte doch Fernando de Rojas im Jahr 1499 mit der *Celestina* nicht nur die spanische Tragikomödie begründet, sondern auch das sentimentale Erbe im Stile von *Cárcel de amor* (1492) dekonstruiert. Encina nun bejaht und durchkreuzt dieses Erbe zugleich. Denn die höfische Liebe bietet zum einen die Möglichkeit, mittels eines alternativen Affektprogramms, das gegen die christliche Doktrin der *compassio* arbeitet, Innerweltlichkeit als menschlichen Affekt vorzustellen. Zum anderen jedoch hält sich Encina zu der Tradition höfischer Liebe aufgrund ihres aristokratischen Nimbus auf Distanz.

In Kastilien muss dies auf die historischen Umstände zurückgeführt werden. Die Entwicklung des Liebescodes der höfischen Liebe folgte dort nicht nur auf Einflüsse durch die maurische Kultur und die arabische Rezeption des Neoplatonismus,[219] sondern breitete sich vor allem aus, als am Hofe Aragoniens provenzalische Literatur gefördert und gelesen wurde. Roger Boase deutet dann den aufkommenden *Troubadour Revival* unter den Trastámara als Reaktion der Herrscherkaste auf eine Krise der mittelalterlichen aristokratischen Werte und die zunehmende soziale Mobilität. Schon im 12. Jahrhundert werden Texte über die höfische Liebe Symptom einer „general

217 Die Bedeutung leitet sich ab von portug. *baraça* (span. *lazo, cordón*); *embarazado* ist nachgewiesen für 1495, *embarazo* für 1460. Vgl. *Breve diccionario etimológico de la lengua castellana*, 1961, S. 221. Wann allerdings die Semantik des Störens oder Verhinderns erweitert wird auf die Schwangerschaft der Frau, ist nicht eindeutig nachzuvollziehen. Immerhin verwendet Encinas Zeitgenosse Alfonso de Palencia 1490 den Begriff im Sinne von *embraçado con grand vergüença* (ein Ausdruck für Scham). Vgl. *Nuevo Tesoro lexicográfico*, Bd. V, 2007, S. 3968.

218 Parrilla, „Encina y la ficción sentimental", 1999, S. 127.

219 Siehe zu dieser Herleitungshypothese Boase, *The Origin and Meaning of Courtly Love*, 1977, S. 62–75.

nostalgia",[220] einer romantisierend-idealisierenden Rückschau auf die Zeit Arturs und der Tafelrunde bzw. der Zeit von Johann II. oder Alfons V. Im gleichen Zuge produziert die Hochkultur mit dem kulturellen Ideal des Kulturlosen ihr eigenes, affirmiertes Gegenteil. Dieses Ideal ist es, das den Außenraum des bukolischen Lebens prägt.[221] Möglich ist dieses Ideal freilich nur von der Warte des Aristokraten aus. Im *Troubadour Revival*, der höfischen Liebe und ihren Codes propagiert also eine herrschende Minorität ihre eigenen Werte, die soziale Mobilität gerade unterbinden sollen. Dass Encina, der diesem Stand nicht angehörte und von ihm trotz seiner Bemühungen auch nicht anerkannt wurde, diese Werte zweckmäßig einsetzt, selbst aber nicht vertritt, steht somit außer Frage.

Insofern verschiebt sich bei ihm der Blick vom Ideal des höfischen Liebens auf dessen Eros. Er ist in der Vereinigung von *cor e cors* immer schon angelegt.[222] Allerdings stellt Encina nicht die Phase der Werbung in den Mittelpunkt und damit den hoffenden Blick auf Erfüllung, sondern das Danach, also die Folgen der später oft im Namen des Idealismus verschwiegenen erotischen Rückseite der höfischen Liebe: den *fiero desear*.[223] Von einer paradiesischen Signatur eines bukolischen Außenraums, der durch den gelebten Eros im städtischen Innenraum zuallererst konstituiert wurde, kann bei Encina also nicht die Rede sein. Hier darf daran erinnert werden, dass etwa der Arzt von Ferdinand *el Católico*, Francisco López de Villalobos, – als guter Leser der *Remedia amoris* von Ovid[224] – im *Sumario de la medicina* dazu geraten hatte, dass die bösen Dämpfe des Verliebten auch im geschlechtlichen Verkehr mit jeder von einer *alcahueta* zugeführten ‚Dame' abgebaut werden könnten[225] (was Vitoriano mit „Flugencia y su servicio" angeboten wird, „porque con tal exercicio / se quitan viejos dolores"; vv. 51–53). Ein zeitgenössischer medizinischer Diskurs wollte aus der geschlechtlichen Vereinigung also ein profanes Heilmittel machen. Parallel dazu existiert jedoch ein moralischer Code, der Plácida eben diese erotische ‚Abfuhr' untersagt. Eros ist also nicht nur idealisiertes Element

---

220 Boase, *The Troubadour Revival*, 1978, S. 81.

221 Vgl. Huinzinga, *Men and Ideas*, 1959, S. 86.

222 Siehe zu diesem provenzalischen Erbe in Encinas Epoche die Erläuterungen in Whinnom, „El idealismo del amor cortés", 1981, S. 27.

223 Whinnom spricht von einer „curiosa ceguera" der Forschung zur höfischen Liebe, denn selbst bei San Pedro sei bereits in der *Pasión trovada* jene eindeutig obszöne Geschlechtlichkeit im „otro sentido" der Buchstäblichkeit der Cancionero-Dichtung versteckt. Ebd., S. 29 u. 33.

224 „Eine beliebige such dir, bei der sich befriedigt die erste Lust" (*quamlibet invenias, in qua tua prima voluptas desinat*; vv. 403f.). Ovid, *Remedia amoris*, 2011, S. 36f. Siehe ebenfalls Wack, *Lovesickness in the Middle Ages*, 1990, S. 139–145.

225 Vgl. Whinnom, „El idealismo del amor cortés", 1981, S. 27.

einer innerweltlichen Subjektivität, die Liebe zur Selbsttechnik wandelt, sondern hat in einer ständisch geordneten und patriarchalen Gesellschaft handfeste und sozial bedeutsame Realität. Deshalb meine ich auch, dass sich Encinas Darstellung der Liebe von jenen Varianten liebender, individueller Innerlichkeit unterscheidet, wie sie spätere Jahrhunderte entwickeln werden. Affekt, Emotion und Pathos stehen im ausgehenden 15. Jahrhundert immer in expliziter Relation zur Gesellschaft, sie sind durch die symbolische Ordnung bedingt und keine Verabschiedung von ihrem Geltungsraum. Vor diesem Hintergrund, denke ich, sollte die Rekonfiguration der höfischen Liebe bei Encina gedeutet werden.

In Italien war dem Stück kein Erfolg beschieden. Die Hofgesellschaften in Mantua, Ferrara und Urbino hatten eine ausgewiesene Vorliebe für pastorale Schlüsseltexte, die sich ihnen als idealisierte Repräsentationen der höfischen Gesellschaft präsentierten.[226] Encinas Figuren dagegen sind keine Allegorien mehr, er bringt vielmehr mit Plácida einen exemplarischen Charakter auf die Bühne, der aus der (oberen) Mitte der Gesellschaft zu kommen scheint und sehr weltliche Probleme in den bukolischen Raum trägt. Im Zuge dessen verwandelt Encina nicht zuletzt den Außenraum der Schäfer in einen liminalen Ort der Verhandlung von sozialer Identität. Dabei würde ich als ein besonderes Verdienst Encinas ansehen, dass er dem bereits stark ausdifferenzierten Pathosregime eines San Pedro die wichtigen Elemente des Standes und des Geschlechts hinzufügt. Aus der Amalgamierung von sentimentalem Roman, Tragödie, Bukolik und Satire geht so eine hoch komplexe literarische Interventionsform hervor.

Encinas Eklogen ersetzen zugleich die ethische Belehrung durch emotionale Skripts wie die *compassio*, die wissend erkannt und glaubend bestätigt werden kann, durch die ‚heiße' Erregung der Affekte und das Pathos von Liebeshandlungen. Damit verabschiedet Encina sich von christlichen Modellen des Affekts und aktualisiert die *phantasia* Quintilians im Sinne affektischer Autosuggestion. Aus dieser Transformation erwächst eine frühneuzeitliche Liebes-Phantasmatologie, die Sprache und *fabula* zum Medium subjektiver Praxis erheben wird. Dennoch präsentiert Encina im Theater kein ‚reines' Subjekt und keine bruchlose Ideologie der höfischen Liebe, die dieses Subjekt über den poetischen Gebrauch von Sprache konstituierte. Hingegen wird im Sprechen über die Liebe immer wieder die Trennlinie zwischen ernstem Pathos

---

226 Vgl. Guidi, „Le Genre pastoral", 1987, S. 224, sowie ders., „Thyrsis ou la cour transfigurée", 1977. Einschlägiges Beispiel ist die dort besprochene, gemeinsam von Baldassare Castiglione und Cesare Gonzaga für Elisabetta Gonzaga und Guidubaldo di Montefeltro verfasste Ekloge *Tirsi* aus dem Jahr 1506.

und Komik aufgeweicht, so dass die Innerweltlichkeit der Liebe ihre eigene, neue Allegorie in Zeichen der ironischen Uneigentlichkeit finden wird.

3.3 Patho-Logik: Das bukolische Pathos als Kipp-Phänomen

Encina setzt sich bereits mit der intertextuellen Referenz auf die Tragikomödie *La Celestina* in der *Égloga de Plácida y Vitoriano* von einem rein höfischen Liebesdiskurs ab. Er tut dies aber auch dort, wo er das bukolische Pathos in durchschaubare Liebestaktik oder in provozierte Komik verwandelt. Insbesondere Vitorianos fingierte Rede an die Prostituierte Flugencia stellt unter Beweis,[227] dass pathetische Deklaration nicht mit gefühltem Affekt einhergehen muss. Im Gegenteil kann gerade im Bereich der Liebeswerbung und -klage der vorgespiegelte Affekt zur Bedrohung werden. Genutzt wird dies nicht zuletzt zur komischen Entlastung des Publikums. So wundert sich der rustikale Schäfer Pascual über den klagenden Städter Suplicio: „¡Mira qué negros gritillos / viene dando!" (vv. 2202f.), und scheint dabei direkt den Zuschauer anzusprechen. Das tragische Pathos der einen Rede erzeugt mithin eine zweite Tonspur in der Replik, die den bukolischen Text auf die Komik hin öffnet. Encina erweist sich damit aber nicht nur als Autor, der die Vielfalt bukolischer Formen und Genera[228] gekonnt einzusetzen versteht. Seine Texte sind zudem symptomatisch für ein wesentliches Merkmal des frühneuzeitlichen Pathos, das dieses von der Monologizität des christlichen Mitleidsskripts unterscheidet: Das bukolische Pathos kann kippen. Da sich Encinas Texte an der Schwelle zwischen spätmittelalterlicher Rustikale, christlicher Spielkultur und arkadischer Schäferei ansiedeln, tritt dies an ihnen besonders hervor.

Nicht erst die klassizistische Stilpathologie oder die romantische Poetik erkennen, wenn sie vom lächerlichen Pathos (Goethe), falschen Pathos (Novalis), aufgeblasenen Pathos (Eichendorff) oder seiner ironischen Brechung (Brentano) handeln,[229] dass Pathos in die Übererfüllung und damit

227 Vgl. Encina, *Teatro completo*, 2008, S. 305–308.

228 Encina gelingt es in seinen dramatischen Eklogen immer wieder, so Avalle-Arce, „hallar el precario punto de equilibrio entre la vertiente melodramática y la vertiente bufa". *La novela pastoril española*, 1974, S. 14. Brotherton hat angedeutet, dass die negative Rezeption von *Plácida y Vitoriano* in Rom 1513 ihrerseits insb. aufgrund der Mischung von Komik und Tragik zustande kam. Vgl. *The ‚Pastor-Bobo'*, 1975, S. 153f.

229 Siehe zur Übersicht der entsprechenden Texte Bär / Vollmann / Kraus, „Pathos", 2003, Sp. 710 (*Historisches Wörterbuch der Rhetorik*, B. VI), sowie Hoffmann, *Lebens-Ansichten des Katers Murr*, 2006, S. 26, zu einer karikierenden Hofszene, in der das Vivat auf den Fürsten das „durch den wunderlichen Kontrast jener Laokoontischen Gesichter mit dem

in die Lächerlichkeit abzugleiten droht. Vielmehr besteht seit der Antike ein Bewusstsein davon, wie eng Pathos und Ironie, Melodramatik und Burleske verschwistert sind. Aristoteles hält fest, dass Pathos in der Rede vom *enthusiasmos* des Redners geleitet und dem Redegegenstand angepasst sein müsse, damit es nicht ironisch, formelhaft oder komödiantisch wird.

> Über die Angemessenheit wird die sprachliche Form verfügen, wenn sie emotional [Pathos] ist und charaktervoll [Ethos] und wenn sie der zugrunde liegenden Sache entspricht. Die Entsprechung liegt vor, wenn man weder über gewichtige Dinge sorglos noch über geringfügige Dinge erhaben spricht, und wenn einem geringfügigen Wort kein Schmuck beigefügt ist; wenn aber nicht, scheint es komödienhaft zu sein [...]. (*Rhetorik*, III, 7, 1408a)

Es gilt also in der Rede ein rechtes Verhältnis von Pathos und Logos zu halten, um nicht ausschließlich durch ‚lautes Gepolter' affektisch zu manipulieren.[230] Auch Quintilian betont: „Nam et luctus et irae et indignationis aliquando etiam ridicula fuerit imitatio, si verba vultumque tantum, non etiam animum accommodarimus." (*Institutionis Oratoriae*; VI, 2, 26) Das dadurch hervorgerufene Gelächter und die Unwahrheit des Lächerlichen sind eine Bedrohung: „ridiculum dictum plerumque falsum est (hoc semper humile)" (VI, 3, 6). Der antiken Rhetorik zufolge handelt es sich beim Lachen um eine reine Gefühlsreaktion, die das Vernunfturteil durcheinanderbringt, als Konvulsion gar den Kontrollverlust des Körpers hervorruft (vgl. VI, 3, 9). Insofern folgert Quintilian, dass die Würde des Redners nie zugunsten eines Witzes geopfert werden dürfe (vgl. VI, 3, 30).

Eine Sonderform dagegen ist das ironische Sprechen, das Quintilian als eine Variante der Allegorie auffasst: „quia quod dicitur alibi verum est" (VIII, 6, 55) und „cum inrisu quodam contrario dicuntur iis, quae intellegi volunt" (VIII, 6, 56). In der Frühen Neuzeit scheint sich die uneigentliche Rede mit ihrer instabilen Verbindung zwischen Gesagtem und Gemeintem nachgerade dafür anzubieten, an die Stelle stabiler allegorischer Codes zu treten, wie wir sie aus der christlichen Allegorese und deren Emotionskultur kennen. Zumindest bei

---

lustigen Jubel erzeugte tragische Pathos der ganzen Szene eine Majestät gab, wie kaum zu denken".

230 „Auch macht die jeweils eigentümliche sprachliche Form die Sache überzeugend; denn die Seele zieht den falschen Schluss, dass es wahr sei, weil sie sich in Anbetracht derartiger Dinge in einem solchen Zustand befindet, so dass sie meinen, die Dinge verhielten sich so, auch wenn sich die Dinge nicht so verhalten, wie es der Redende sagt; und der Zuhörer befindet sich immer in einem ähnlichen emotionalen Zustand wie der emotional [mit Pathos] sprechende Redner, auch wenn er nichts sagt. Deswegen überschütten viele ihre Zuhörer, indem sie bloß Lärm machen." (*Rhetorik*, III, 7, 1408a)

Encina wird die Destabilisierung christlicher Skripts tatsächlich von der Ironie eines deplatziert wirkenden Pathos begleitet.

3.3.1 Égloga de Fileno, Zambardo y Cardonio (*1509*)

Die *Égloga de Fileno, Zambardo y Cardonio*[231] (publ. im *Cancionero* 1509) ist Encinas meist edierter und sein beliebtester Text. Er wird sich in Spanien als vorbildlich für die Gattung der dramatischen Ekloge erweisen.[232] Darüber hinaus ist die Ekloge von Fileno, Zambardo und Cardonio ein Text über das Sprechen bzw. sein Scheitern. Der unglücklich verliebte Schäfer Fileno klagt darin nacheinander seinen Freunden Zambardo und Cardonio sein Leid. Während jedoch ersterer nach einem Tag langer Arbeit sofort einschläft, wird letzterer angesichts von Filenos Frauenschelte so wütend, dass er das Gespräch abbricht. Obwohl Fileno sich also im Code der Bukolik gut auszukennen scheint und bereits um die heilsamen Effekte der bukolischen Logotherapie weiß, hört ihm der eine Schäfer nicht zu und der andere hört bewusst weg. Auf dieser Ebene präsentiert uns das kurze Stück eine Geschichte über die Unerzählbarkeit des Liebesleides.[233] Auf der logischen Achse erzählt es, Liebe sei inkommensurabel – oder auch: Es macht sich lächerlich, wer von Liebe spricht. Demgegenüber steht der formale Einsatz des *arte mayor*, der ähnlich wie im allegorischen Langgedicht *Triunfo de la Fama* (1519?) Encina dazu dient, unter Beweis zu stellen, dass er sich über die Dichtkunst der rustikalen Villancicos hinaus auch im Bereich ‚ernster' Dichtung beweisen kann. Die Souveränität der Form widerspricht demzufolge der inszenierten Sprachlosigkeit des Schäfers. Gebunden wird dieses Dilemma an die Frage, wie Passionen überhaupt mitgeteilt werden können.

Mis crudas passiones son de tal suerte,
que, si procuro tenerlas cubierto,
muestran defuera señales muy cierto
del corto camino que liev'a la muerte.
Mas cresce la pena en grado más fuerte
en comunicarlas con *quien no las siente*;
pues quise escogerte porque eres prudente
y porque mis males tu seso concierte. (*Égl. de Fil., Z. y C.*; Hervorh. K. P.)

231 Encina, *Teatro completo*, 1998, S. 257–285.

232 Vgl. Pérez Priego „Juan del Encina y el teatro de su tiempo", 1999, S. 145, ders., „La égloga dramática", 2002, sowie López Bueno, „La égloga, género de géneros", 2002, S. 16.

233 Siehe hierzu in Ansätzen bereits Peters, „Die andere Allegorie", 2015.

Encina scheint sich hier Dante anzuschließen, demzufolge die Liebesdichtung den hohen Stil erlaubt.[234] Bemerkenswert ist dann jedoch, wie gefühlte Passionen sich zum einen dadurch verstärken, dass man sie demjenigen mitteilt, „quien no las siente" (v. 38), und wie in der Folge zum anderen die Therapie des Liebeskranken durch falsches Pathos unmöglich gemacht wird. Ja, gerade jenes Motiv des unmöglich zu kommunizierenden Liebesleids erzwingt ein besonderes Augenmerk auf die Rhetorik. Texte wie diese arbeiten an der Sollbruchstelle zwischen dem, was gesagt wird, und dem, wie es gesagt wird – nach Paul de Man die Grunddefinition der sinnentstellenden Selbst-Dekonstruktion literarischer Texte.[235] Genau an dieser Sollbruchstelle kippt[236] die literarische Rede bei Encina zwischen einmal komischem, einmal tragischem Pathos hin und her und wird so ironisch. Die Rhetorik des Pathos treibt also hervor, dass die Semantik einer Rede mit deren Tonlage ‚kippen' kann und aus diesem Grunde auch kein verlässlicher semantischer Code (etwa für die Sprache der Liebe) verfügbar ist. Besonders zentral ist hier, dass jegliche Kippfigur nicht nur mit einem Aspektwechsel in der Semantik, sondern mit einem Umschlag der Wahrnehmung selbst und damit mit einem Bewusstsein über die „Figuralität des Redens"[237] überhaupt einhergeht.

Dass Semantik, Rhetorik und Affekt in der frühneuzeitlichen Pathematik dergestalt gekoppelt sind, darf nicht verwundern. Ist es doch vielleicht nur die figurative Sprache, die angemessene „Sprachgestalten der Affekte"[238] schaffen kann – Literatur ist also immer schon eine *Patho-Logik*.[239] So kann auch die Opazität[240] einer Liebesklage zur ironischen Allegorie über das Verhältnis von Sprache und Affekt werden und damit *als* Scheitern Wesentliches über

---

234 Vgl. Dante, *De vulgari eloquentia*, 1968, S. 36 (II, ii). Drei Stoffkreise sollen demzufolge im hohen Register der Volkssprache bedichtet werden: Tüchtigkeit mit den Waffen, Liebe und Tugend. In Abwandlung könnte man sagen: episches Pathos, Liebespathos und Ethos.

235 Vgl. De Man, *Allegories of Reading*, 1979, S. 25.

236 Vgl. Iser, „Das Komische: ein Kipp-Phänomen", 1976, S. 400. Zumbusch äußert die „Vermutung, dass der Gegensatz von hohem Ton und hohlem Pathos, von ekstatischem Überstieg und falscher Übertreibung nicht nur auf einer historischen Achse des sukzessiven Bedeutungsverfalls anzusetzen ist, sondern auf eine im Pathos grundsätzlich angelegte Ambiguität hinweist". „Probleme mit dem Pathos", 2010, S. 12.

237 Fries, „Das Kippen der Figuren", 2012, S. 28.

238 Poppenberg, „Vom Pathos zum Logos", 2009, S. 190.

239 „Das Denken der tropischen Rede ist die Gestalt der verwandelnden Wendung von Körperregungen und Affekten in geistigen Ausdruck." Ebd., S. 183. Der Begriff Patho-logie fällt, im Sinne eines Diskurses über das Pathos, bei Barthes, *Das Neutrum*, 2015, S. 139. Die Patho-Logik hingegen verstehe ich als eine bewusste poetologische Reflexion in Texten, was den Zusammenhang von Sprache, Pathos und Affekt angeht.

240 De Man, *Allegories of Reading*, 1979, S. 22.

die Affekte sagen, ohne sie selbst sagen zu können. Fileno zum Beispiel hofft hier, dass sein Gegenüber die Passionen oder *males*, an denen er leidet, durch seinen Verstand (*seso*) so ‚konzertiere', ordne oder in Einklang bringe, dass er von der Liebe kuriert wird. Das Gegenteil wird sich als richtig erweisen und nicht zuletzt deshalb, weil die Schäfer selbst untereinander nicht darüber einig werden können, wie eine pathetische Rede zur gefühlten Passion auf Deckung zu bringen ist. Gerade das Pathos ist schließlich, das hat Werner Hamacher in Anlehnung an De Man gezeigt, diejenige rhetorische Figur, die subjektiven Gefühlsausdruck und immediate Gefühlskommunikation am besten zu simulieren versteht – und doch diese und sich selbst gerade daher immer de-figuriert:

> Die Sprache des Pathos spricht nicht, sondern wiederholt nur, gleichsam stammelnd, ihr Unvermögen zu sprechen. [...] Die Sprache des Pathos – der Liebe, des Verlangens, der Begierde, oder auch der Angst und des Mißtrauens – ist also, sosehr sie ihr Wesen an der Illusion hat, eine Sprache der Desillusionierung über die Bedeutungsfähigkeit der Sprache [...].[241]

Obwohl also Encina immer wieder anhand seiner Figuren und deren innerweltlichen Liebe eine neue Bedeutsamkeit des Subjektiven anzunehmen scheint, entlarven seine Texte doch in ihrer rhetorischen Pathematik, dass Emotion in Sprache immer an Simulation grenzt.

Für das Pathos ist das Moment des Kippens schließlich deshalb von Bedeutung, da der zeitlich bedingte Umschlag an jenes Element des dramatischen Handlungspathos erinnert, das schon bei Aristoteles im Zentrum stand: die Anagnorisis.[242] Anders gewendet könnte man also behaupten, dass jedes Kipp-Phänomen Elemente des Pathos in sich trägt. Dies erlaubt eine Definition des Pathos, in der gleich mehreres zusammen kommt: die Rolle der Sprache für das Subjekt (in der Welt und in Gesellschaft); das Bewusstsein über die Uneigentlichkeit der eigenen Sprache sowie die Affizierung des Subjekts durch den Umschlag zwischen Zuständen mehr oder weniger glückenden oder beglückenden Erkennens der Welt – ein Schaukeln, Kippen oder Flattern,[243] das die *conditio humana* wohl kaum treffender auf den Punkt bringen könnte.

So entgleist auch bei Encina in dem Moment, als Fileno ansetzt, über seine unglückliche Liebe zu sprechen, das sprachliche Pathos und wirkt sofort komisch: Bei der Lektüre ist schnell offensichtlich, wie auf diesem Wege die referentielle Illusion des Redegegenstands ausgeschaltet wird und

241 Hamacher, „Lectio. De Mans Imperativ", 1998, S. 164.
242 Vgl. Fries, „Das Kippen der Figuren", 2012, S. 26.
243 Ebd., S. 27.

die bukolische Liebesrede nur mehr als entblößter rhetorischer Code ohne Gebrauchs- oder Kommunikationswert vor Augen steht.

¡O montes, o valles, o sierras, o llanos,
o bosques, o prados, o fuentes, o ríos,
o yervas, o flores, o frescos rocíos,
o casas, o cuevas, o ninfas, o faunos,
o fieras raviosas, o cuerpos humanos,
o moradores del cielo superno,
o ánimas tristes que estáis nel infierno,
oid mis Dolores si son soberanos! (*Égloga de Fileno, Zambardo y Cardonio*)

Hier arbeitet der Text ganz sichtbar auf der Ebene des syntagmatisierten Paradigmas: Es wird immer nur wieder das gesagt, was nichts aussagt. Damit ist aber zugleich in den Anaphern und Parallelismen ‚gesagt', dass das Begehren sich dem bukolischen Code gemäße, stets neue Objekte sucht, denen es sich in immer längeren Zeichenverkettungen anverwandelt, um sich selbst zu figurieren, oder die es, wie in diesem Fall, sogar direkt adressiert. Tatsächlich sind ja die meisten Bestandteile der angerufenen Natur topische Elemente einer arkadischen Natur. Hier jedoch gleichen sie einem rhetorischen Baukasten. Trotzdem sind Encinas Ekloge und ihr bukolisches Pathos mehr als „the awareness of the lie",[244] mehr als eine Ironie, die darum weiß, dass bukolisches Sprechen ein Spiel mit dem kulturell inszenierten Spielen von Natürlichkeit ist. Der Text ist vielmehr als Allegorie der Sprachlosigkeit der Liebe ein sprachliches Kunstwerk, das im Spielraum der Bukolik die Unverfügbarkeit der eigenen Affekte[245] – aber auch die einzig mögliche, sprachliche Verfügbarkeit über Affekte – vorführt.

Dabei wird eine Vielzahl komischer Effekte provoziert. Encina löst nachgerade ein, wovor Horaz noch gewarnt hatte, nämlich dass eine verlogene Rede bewirke, dass der Zuhörer entweder einschlafe oder lache: „male si mandata loqueris, / aut dormitabo aut ridebo".[246] Filenos Rede wird als ein solches falsches Pathos überall dort offenkundig, wo sich sein Hang zur stilistischen Entgleisung zeigt: etwa im etwas unangebrachten Epitheton des „Vulcano cornudo" (v. 128) oder der pertinenten Wiederholungsstruktur von „que gozes" (vv. 145, 147 u. 149f.). Auch Zambardo scheint Filenos Litanei keinen rechten Glauben zu schenken, denn er schläft ja in der Tat ein und unterbricht damit jene Kommunikation, die das Genre der Bukolik überhaupt erst legitimiert, den Schäfer-Dialog über die Liebe: „Por mucho que digas, por más que

244 Huinzinga, *Men and Ideas*, 1959, S. 84.
245 Vgl. Matzat, „Subjektivität im spanischen Schäferroman", 2008.
246 Horaz, *De arte poetica liber*, 1961, S. 19 (V, 104f.).

procures, / no me ternás despierto un momento“ (vv. 157f.). Encina setzt nun gerade das Scheitern von Kommunikation in Szene:[247]

97 Es lo que oyes, y aun mira qué digo:
98 que tuvo en los ojos fuerças tamañas
99 que me robó el alma y las entrañas,
100 y allá se lo tiene gran tiempo ha consigo.
101 Y aunque lo trata como a enemigo,
102 esle subjeto con fe tan leal
103 que quiere la muerte sufrir en su mal
104 más que la vida que tiene conmigo.
105 Sin alma la sigo, que avrás maravilla;
106 sin verla me yelo y en viéndola ardo.
107 ¡O, Dios, te duela! ¡Zambardo, Zambardo,
108 despierta, despierta y ave manzilla! (*Égloga de Fileno, Zambardo y Cardonio*)

Er bedient sich zu diesem Zwecke an der Rolle des *pastor bobo*,[248] die zunächst komische Entlastung liefert und eine Art materialistische Gegenfigur zur idealisierten Liebestopik bietet: „¿Por qué me topaste con este animal, / marmota o lirón, que vive en el sueño, / disforme figura formada en un leño / de paja o de heno relleno costal?“ (Vv. 177–180) Zambardo kritisiert aber seinerseits Filenos Liebesklage despektierlich als „esta tu hablilla“ (v. 112). Ihm schwebte eine andere Art pastoraler Gemeinschaft vor, wie sein Trauminhalt belegt: Dort hatte er fröhlich mit Schäfern beim Würfelspiel zusammen gesessen (vgl. v. 110), eine topische Szene wiederum der rustikalen Pastorale,[249] die hier figuriert durch den *pastor bobo* mit dem *pastor arcádico* und der Form der arkadisch-idealistischen Pastorale italienischen Zuschnitts jäh zusammenstößt. Darüber hinaus ist auffällig, dass Zambardos Traum eine gelungene homosoziale Gemeinschaft vorführt, deren Realisierung im Hier und Jetzt der Ekloge durch die geschlechtliche Liebe bereits unmöglich geworden ist – in gewisser Hinsicht verurteilt der Logik des Textes zufolge die affektive Natur des Menschen also zu einer anthropologischen Einsamkeit, die nur im Imaginären überwunden werden kann. Encinas Ekloge steht anders als Zambardos

247 Hier ist ebenfalls die Parodie von Lucas Fernández erwähnenswert, *Farsa o quasi comedia de la doncella, el pastor y el caballero*, eine Karikatur des Encina-Textes (publ. 1514), in der der Liebesschmerz eklatant sexualisiert, die inhärente Ironie des Pathos bei Encina jedoch verflacht wird. Vgl. *Farsas y Églogas*, Bd. I, 2002, S. 59–83, insb. S. 61 u. 65f., sowie López Morales, „Juan del Encina y Lucas Fernández“, 2003, S. 182.

248 Tatsächlich müssen die Abweichungen vom Typus ebenfalls hervorgehoben werden, so spricht Zambardo etwa nicht im *sayagués*. Vgl. Brotherton, *The ‚Pastor-Bobo‘*, 1975, S. 151.

249 Penzkofer nennt sie als ein typisches Element der inszenierten Nähe bei Encina. Vgl. „Espacios cercanos y lejanos en el teatro de Juan del Encina“, 2013, S. 30.

Traum allerdings gerade nicht im Zeichen dieses imaginären Ausbruchs: In ihr ist die Anthropologie des Affekts nicht zu überwinden. Paradoxerweise verkreuzt Encina demzufolge die Ideologie der idealistischen Eros-Dichtung der arkadischen Ekloge mit der rustikalen Pastorale, indem er der idealisierenden Zuflucht des Affekttiers Mensch in Arkadien nur im Traum des *pastor bobo* („este animal") einen Platz einräumt. Der Text kippt auch hier, schlägt um, da jene Anagnorisis gerade nicht auf der Ebene der dramatischen Handlung, sondern innerhalb der Stasis eines völlig konsequenzlosen Traums der Figur angesiedelt ist.

Daher nimmt es nicht Wunder, dass Encina im Anschluss explizit Bezüge zur *novela sentimental*[250] herstellt, nämlich in Gestalt des zweiten Gesprächspartners Cardonio und dessen Auffassung von der Liebe. Dieser ist selbst so unglücklich verliebt, dass er betont: „me dan grave pena agenos aferes" (v. 220, *aferes*: asuntos). So wird er angesichts von Filenos exzessiven *quejas* heftige Widerworte geben, anstatt Trost zu spenden:

> Si piensas, Fileno, que, porque tú vayas
> quexando, tus males se muestran mayores
> y yo, porque calle, los siente menores,
> en falsa razón tus sesos ensayas.
> Ni mengua el dolor ni passa las rayas
> por ser encubierto ni mucho quexarse,
> antes yo creo quexando menguarse
> y crescer quanto más cubierto lo trayas. (*Égl. de Fil., Z. y C.*)

Auf Cardonios widerwillige Nachfrage „¿Qué quieres?" (v. 232) und sein eher unduldsames Angebot, „Pues di, di, Fileno, quiçás podrá ser / que se amortigüe aqueste tu fuego" (vv. 241f.), folgt eine Frauenschelte Filenos, der Cardonio mit einem topischen Frauenlob widerspricht.[251] Fileno beharrt hier selbstsüchtig, fast kindlich: „mitiga tu seso, tus propias passiones / y escucha las mías, pues que te lo pido" (vv. 227f.). Cardonio jedoch repräsentiert ein zweites Realitätsprinzip, das dem von Zambardo der Struktur (gleichwohl nicht dem Inhalt) nach gleicht und ungefragt Filenos Rede die Stirn bietet. Auch Cardonio kann dem Liebespathos keinen rechten Glauben schenken und mahnt Fileno im Namen der Vernunft: „¿Quién te compele que sirvas y digas / esta muger que sin intervalo / dizes ser mala?" (Vv. 365–367) Er selbst schwelgt im Liebestaumel eines höfischen Liebenden auf Distanz, der Schönheit, Klugheit und

---

250 Sowie zur Ritterepik, siehe den Namen von Cardonios Geliebten, Oriana, die dem Universum des Amadís de Gaula entstammt. Vgl. den Kommentar des Herausgebers Pérez Priego in Encina, *Teatro completo*, 2008, S. 274, FN 394.

251 Vgl. Parrilla, „Encina y la ficción sentimental", 1999, S. 133f.

Anstand seiner Dame Oriana lobt und seinen idealisierten Affekt mit den Worten beschreibt: „puede divino llamarse aquel hombre / que tiene en el alma escrito su nombre“ (vv. 406f). Die Kluft zwischen ihm und Fileno wird in diesem Fall durch Cardonios Flucht in die imaginäre Welt seiner Innerlichkeit aufgerissen, in der er den Namen der Dame phantasmatisch – und folglich seine eigene Selbstvergrößerung, ja Vergöttlichung – genießen (sich aber nicht mehr unterhalten!) kann. Der bukolische Pakt[252] zwischen liebenden und klagenden Schäfern scheitert auch hier, ja erweist sich in seinem Scheitern als wiederum komisch, sobald sich Cardonio und Fileno streiten, wer das größere Liebesfeuer erleide:

203 FIL. Paresce que burlas, Cardonio, pues guarte
204 de verte en el fuego do están mis entrañas.
205 CAR. Diréte, Fileno, si mucho m'ensañas,
206 que tengo más parte que tú deste fuego. (*Égl. de Fil., Z. y C.*)

So wird nicht zuletzt Filenos Liebesmartyrium (vgl. v. 660), das an Leriano und dessen Schicksal in *Cárcel de amor* erinnert, karikiert, noch bevor Fileno sich im Namen der Liebe töten wird.

Die allseits bekannte Logotherapie in der Welt der Schäfer will also nicht gelingen.[253] Filenos Pathos macht zwar viel Gepolter, wird ihn aber nicht heilen: „soy hecho ronco llamando su nombre“ (v. 351). Die Tatsache, dass es dabei immer wieder zu Kipp-Phänomenen zwischen ernstem, tragischem und komischem Pathos kommen kann, kristallisiert sich als Symptom des bukolischen Pathos im Allgemeinen heraus. Im Sinne einer Ironie-Allegorie wird die Verbindung von *res* und *verba, logos* und *pathos* überall dort destabilisiert, wo der Sinn des rednerischen Pathos – einen Zuhörer zu überzeugen – eklatant aus dem Ruder läuft. Wenn dabei zunächst eine grundlegende Opposition besteht zwischen tragischem Pathos, das Mitleiden, und komischem Pathos, das Lachen erzeugen soll, so wird eine Kettenreaktion losgetreten, die sich dahingehend äußert, dass das Pathos zwischen Tragik und Komik zu wechseln

252 Siehe zum elegisch-tragischen Pathos der Klage um Moschus bei Theokrit Poggioli, *The Oaten Flute*, S. 69. Poggioli untersucht hier und in Folge die Koppelung von „funeral elegy“ und „pastoral of friendship“, u. a. bei Milton, als eine Feier einstmals freundschaftlich geteilter Muße. Vgl. ebd., S. 84 u. 86.

253 Ovid, *Remedia amoris*, 2011, S. 50f. (vv. 581–584), zur Bevorzugung der Gemeinschaft anderer anstatt der Einsamkeit sowie S. 65 (vv. 751–758) zur Vermeidung der Künste und vor allem des Gesangs und der Dichtung. Ovid empfiehlt also gerade nicht, das Lieben durch Dichten zu bekämpfen.

beginnt,[254] die Rhetorik des Pathos selbst instabil wird und sich der Text auf einer höheren Ebene in einen ironischen Sprechakt verwandelt:[255] „Denn im Kippen wird die in der Opposition der Positionen gründende Verläßlichkeit rückgängig gemacht."[256] Kipp-Phänomene solcher Art haben eine betont pragmatische Dimension, unterstreichen mithin selbst dann eine Kommunikation mit dem Rezipienten, wenn wie im vorliegenden Fall immer wieder das Scheitern von Kommunikation als solcher und die „Vernichtung der Referenz"[257] vorgeführt wird. Der Text nimmt auf diese Weise die Gestalt einer Geste an. Bei Encina führt sie vor, dass Affekte nur im Modus ironischer Sprach-Allegorien des Liebens zuhanden sind.[258] Hier überschreitet sein Text die phantasmatische Innerlichkeit der Petrarkisten und nähert sich der Vorstellung eines sozialisierenden, ‚freundschaftlichen' Affekts an – wenn auch *ex negativo*.

3.3.2 *Das Scheitern des pastoralen Pakts*

Lachen hat deshalb als Teil eines rhetorischen Kipp-Phänomens, das die antike Rhetorik als bedrohlichen Effekt eines falsch zur Anwendung gebrachten Pathos betrachtete, auch konkrete anthropologische Relevanz: „Das Überfordertsein kognitiver bzw. emotiver Vermögen bringt sich im Lachen insoweit zum Vorschein, als nun die Beherrschbarkeit des Körpers durch diese Vermögen geschwunden ist."[259] Das Lachen als Entgleisung, wie es Helmuth Plessner auffasst,[260] und die Formen des Pathos, das dieses hervorruft, sind patho-logische Figurationen der affektischen Natur des zur Sprache befähigten Menschen. Darüber hinaus feiert Encina so auch stilistisch das Affekttier Mensch, dem Erasmus von Rotterdam in seinem zeitgleich entstandenen *Lob der Torheit* (1509) gerade in Abgrenzung von der Affektlehre der Stoa und deren ‚steinernen Weisen', die sich aller Leidenschaft erwehren, ein Denkmal gesetzt hat. Der Humanist fasst darin bekanntlich die *conditio humana* als Fehlbarkeit des Einzelnen auf und betont die Dominanz der Leidenschaften

254 „Geht man davon aus, daß die im Komischen zusammengeschlossenen Positionen sich wechselseitig negieren, zumindest aber in Frage stellen, so bewirkt dieses Verhältnis ein wechselseitiges Zusammenbrechen dieser Positionen. Jede Position lässt die andere kippen." Iser, „Das Komische: ein Kipp-Phänomen", 1976, S. 399.

255 Im ironischen Sprechakt entsolidarisiert sich der Sprecher vom Sprechgegenstand und solidarisiert sich mit dem Leser oder Zuhörer. Vgl. Warning, „Ironiesignale und ironische Solidarisierung", 1976.

256 Iser, „Das Komische: ein Kipp-Phänomen", 1976, S. 400.

257 Ebd.

258 Siehe zum Konzept die Einleitung in Peters / Sauter, *Allegorien des Liebens*, 2015.

259 Iser, „Das Komische: ein Kipp-Phänomen", 1976, S. 401.

260 Vgl. Plessner, *Lachen und Weinen*, 1961.

im Vergleich zur Vernunft – beides Dinge, die ein echter Freund nachsehen könne. Nur die Anerkennung geteilter Torheit stifte Freundschaft[261] und damit menschliche Gemeinschaft. Erasmus leitet dies im Übrigen auch über Theokrit, den Begründer der Bukolik, her, von dessen Beschreibung der Liebe er die Torheit berichten lässt:

> Ist Cupido, der Urheber und Vater jeder Verbindung, nicht geradezu kurzsichtig? Da ihm (nach einem Worte Theokrits) das Unschöne schön erscheint, bringt er es fertig, daß jedem das Seine prächtig vorkommt, der Mümmelgreis die Vettel und der grüne Junge den Backfisch inbrünstig liebt. So ist es überall und erregt überall Gelächter, und doch fügen und festigen solche Lächerlichkeiten das gesellschaftliche Behagen.[262]

Wie später bei Luther und Calvin[263] wird auch bei Erasmus die soziale Natur des Menschen also über seine Fähigkeiten zur – wenngleich törichten – Leidenschaft und zur nachsichtigen Freundschaft definiert. Dabei handelt es sich um ein neu entdecktes emotionales Skript, denn die Autoren wenden sich offensichtlich gegen die orthodoxe Verdammung des ungezügelten Affekts. Encina zeigt seinerseits die Fallstricke von einsamer Leidenschaft auf der einen und freundschaftlicher Gemeinschaft auf der anderen Seite auf, indem er die instabile Verbindung von Sprache, Leidenschaft und Freundschaft auf der Ebene des Stils durchspielt.

Das ist vielleicht die allegorische Denk- bzw. Kunstform der frühneuzeitlichen spanischen Bukolik schlechthin: Während nämlich der pastorale Pakt zwischen Schäfer und Schäfer, über die Liebe zu sprechen, hier ganz offensichtlich in eine Sackgasse geführt wird und allen Regeln der Gattung widerspricht, gelingt indirekt jener pastorale Pakt zwischen Text und Zuhörer bzw. Leser, der einen Text über die Natur des menschlichen Begehrens erwartet. Encina hat sich mit seiner Ekloge nah an ein italienisches Vorbild, *Tirsi e Damone* von Antonio Tebaldeo, gehalten. Seine wesentliche Erweiterung im Vergleich zum Intertext jedoch ist die komische Destabilisierung des pastoralen Paktes vor Filenos Selbstmord, der dann den Text auch ins Tragische wendet. Erst ab Vers 435 kommt es zu einer passgenauen intertextuellen Nachahmung von Tebaldeo und damit einer Imitation der arkadischen Ekloge, wie sie in Italien gepflegt wurde.[264] Kurz vor Beginn der *imitatio* betont Encinas Fileno noch,

261 Vgl. Erasmus, *Das Lob der Torheit*, 1949, S. 24.

262 Ebd., S. 25.

263 Vgl. Strier, „Against the Rule of Reason", 2004, S. 26–32.

264 Die Erstausgabe von *Tirsi e Damone* stammt aus dem Jahr 1498, eine weitere folgt 1500 und eine von beiden lag Encina vor. Vgl. den Kommentar des Herausgebers Pérez Priego in der Einleitung von Encina, *Teatro completo*, 2008, S. 72, FN 79.

dass er sich in die Einsamkeit zurückziehe („Déxame solo buscar mi consuelo, / vete, Cardonio […]“; vv. 425f.) und jede Kommunikation abbreche: „No quiero consejo.“ (V. 454) Bisher wurde der Text vor diesem Abbruch der Kommunikation ausschließlich als grotesk-plumpe Bauernpastorale und recht billiger, klamaukhafter Effekt interpretiert. Allerdings wird das tragische Pathos des sterbenden Fileno durch das komische Pathos seiner Rede im ersten Teil wesentlich unterstrichen. Damit wird nicht nur nachgetragen, dass das Sprechen über die Liebe vielleicht lächerlich ist – bei Encina ist es das auffällig oft –, sondern dass der Schäfer der Sprache ausgeliefert ist, die ihn auf sich allein stellt und doch zu einer lesbaren, und immer wieder gelesenen, Figur macht. Auch makrostrukturell ist der Text mithin durch ein Kippen von Komik zu Tragik, durch eine fatale Peripetie gekennzeichnet. Cardonios Klage, Fileno habe ihm nicht einmal eine letzte Umarmung gegönnt (vgl. vv. 629–632), gewinnt erst im Vergleich zu Tebaldeo an Schlagkraft, weil sie noch einmal den mehrfachen Bruch des pastoralen Paktes im ersten Teil in Erinnerung ruft. Dort hatte Cardonio zu Fileno gesagt: „Yo soy contento pues quieres dexarte / solo contigo quexar tu passión“ (vv. 429f.) und damit den Encina-Teil quasi beschlossen. Dabei gilt es allerdings, genau hinzusehen: Die eigentümliche Konstruktion ‚Ich bin zufrieden, dass du dich mit dir selbst allein lassen willst im Beklagen deiner Passion‘ geht logisch nicht wirklich auf, da man sich nicht selbst ‚allein lassen‘ kann.[265] Als paradoxale rhetorische Figuration der Patho-Logik des Textes dagegen bringt der Text zur Sprache, was jeder Allegorie des Liebens zugrunde liegt, und betont zugleich, dass Cardonio und Fileno sich die brüderliche Umarmung im Liebesleid beiderseits verweigern.

Betrachtet man Filenos Sterbeszene schließlich genauer, so sind die hier tragisch gewordenen Wiederholungsstrukturen der Rede im aktuellen Kontext zwar nicht mehr komisch, sie gemahnen jedoch noch an Filenos Stilausrutscher im ersten Teil.

537 Maldigo aquel día, el mes y aun el año
538 que a mí fue principio de tantos enojos.
539 Maldigo aquel ciego, el qual con engaño
540 me ha sido guía a quebrarme los ojos.
541 Maldigo a mí mesmo, pues mi juventud
542 sirviendo a una hembra he toda expendida.
543 Maldigo a Zefira y su ingratitud,
544 pues ella es la causa que pierdo la vida. (*Égloga de Fil., Z. y C.*)

265 Als Christ mag es zwar angehen, in der *cura sui* aus freien Stücken allein zu bleiben, aber das sich selbst Verlassen ist logisch komplexer.

Bukolisches Sprechen und bukolisches Pathos verwandeln sich somit in eine Inszenierung, die nicht nur die Opposition zwischen Natur und Kultur als Konstrukt erkennt. Hier wird auch die Opposition zwischen empfundenen und vorgespielten Affekten als Gespinst zwischen komischer und tragischer Rede entlarvt, die ein ‚authentisches' Subjekt differenziert gebrauchen sollte. In dieser Form, denke ich, wird man pathematische Subjektivität als eine anthropologisch-poetologische Figuration zu verstehen haben, die sich als ein Prozess des Scheiterns und als selbst-bewusste Rhetorik in Szene setzt.

Besonders aussagekräftig ist in diesem Kontext Encinas Orpheus-Parodie, zu der der zweite Teil gerinnt, sobald man ihn vor dem Hintergrund des ersten zu lesen beginnt. In Nachahmung Orpheus' wollte Fileno, dass sein Dichterruhm den Tod überdauere: ‚yo te prometo que yo haga de suerte / que este trocarme no quede en olvido, / si bien por memoria quedasse mi muerte" (vv. 502–504). In seiner Selbsttötung jedoch verliert er die Kontrolle über seine eigene Hand, die ihm den Dienst verweigert (vgl. v. 593). Die Szene führt eindrucksvoll vor, wie ein souveränes Subjekt in einen sprechenden Geist und einen Körper, den man gerade nicht ‚hat', zerfällt. Am Ende zerschlägt Fileno sein Musikinstrument (vgl. v. 557) in dreißig Stücke, so dass zuletzt nur diese – als Metapher der Fragmentierung des Dichtersubjekts und seiner Rhetorik – zurückbleiben. An die Stelle eines orphischen Gesangs tritt bei Encina also eine bukolische Rede, die sich als innerlich ‚zersprungen' zu wissen scheint. Filenos Dichterruhm ist beschädigt, weil er, den viele zuvor als klugen Mann bezeichnet hatten, aufgrund seines Selbstmords für verrückt gehalten wird. In diesem Zusammenhang betont Cardonio: „Y peor es que siendo por sabio estimado, / luego que sea tu muerte sabida, / de todos serás por loco juzgado" (vv. 637–639). Zuletzt scheitert Fileno dann jedoch vor allem, weil am Ende an Stelle eines eigenen nachgelassenen Gedichts das Epitaph des *animal* Zambardo treten wird. Der wieder erwachte rustikale Schäfer, der beim Dichten dreimal ansetzen muss, erweist Fileno einen wahren Bärendienst: Eine besondere Ironie des Textes besteht darin, dass Zambardo in seinem Epitaph Filenos „passión" (v. 686) nur würdigen kann, indem er andere dazu aufruft, ihn so wie er selbst im Sinne der *compassio* zu bedauern – „Puesto que sea ageno pastor, / la mucha passión me ayuda y me tira / a decir de aquel falso, perverso de Amor" (vv. 685–687) –, von Cardonio aber erst dazu angehalten werden muss, sein Herz für Filenos Schicksal zu erweichen: „El coraçón, Zambardo, assegura" (v. 695). Filenos Tod wirkt also nicht wie ein Denkmal einer großen Liebespassion und ihrer Dichtung, sondern bekommt einen schalen Nachgeschmack, weil erneut die empathische Einfühlung zwischen den Schäfern in Frage gestellt wird.

Hinzu tritt in der Patho-Logik der Ekloge das Moment der rhetorischen Selbstbeobachtung, die um die Figuration und Repräsentation von Liebe weiß.

Die spanische Bukolik stellt also ein liebendes Subjekt in den Mittelpunkt, das weder im Sinne einer Tugendallegorie und nach dem Gesetz Gottes, noch nach den Idealen der Minneallegorie, sondern innerweltlich und über seine Beziehung zur Sprache symbolisiert wird. Die bukolische Tonspur des Pathos zeugt davon, wie die Allegorien des Liebens syntagmatisch und paradigmatisch verfügbar und ‚spielbar' gemacht werden. Die Unmöglichkeit, von der Liebe zu sprechen, ist hier die Ermöglichungsbedingung einer rhetorischen Sprache über die Liebe geworden, und das Begehren, das an die Grenze der Sprache stößt, spricht sich als pathematische Figur, als pathematischer Code aus: „por la mayor parte viene a ser patética y affectuosa qualquier écloga".[266]

3.3.3 *Schreiben als Offenbarung*

Die Reise durch Encinas Textuniversum hat gezeigt, wie er aus Traditionen des literarischen Pathos und durch das Umschreiben bukolischer Gattungen für sich eine neue Ontologie erschließt, die ihrerseits den Beginn der Frühen Neuzeit markiert. Der Encina der späten Eklogen hat sich vom theatralen Ritus der katholischen Oster- und Weihnachtsspiele so weit entfernt, dass selbst einer seiner letzten Texte, *Trivagia o Viaje a Jerusalem* (1521), ein autobiographisches Zeugnis seiner Pilgerreise ins Heilige Land, kein glaubwürdiges christliches Pathos mehr aufweist.[267] Vielmehr umkreist Encina darin ein leer gewordenes Zentrum der Ontologie, das er nurmehr in elegischem Pathos beklagen kann: „Jerusalem ora no ser qual ya fue, / ni yo en este punto ser ya qual ¡ay! era"[268] (vv. 39f.). Wenn er darin etwa die Besinnung auf geistliche statt sinnliche Inhalte mit seinem fortgeschrittenen Alter begründet (vgl. vv. 105–112) oder, „con fe protestando" (v. 129), die Abwendung vom Weltlichen mit der Berufung, Werke zu verfassen, „que puedan al ciego dar lumbre" (v. 132), so wird schnell ersichtlich, dass die spirituelle Reise vielmehr der Erkundung des eigenen Selbst gewidmet ist. Immer wieder überrascht die „sudden passage from external example to intimate self-awareness"[269] und eine Inflation des Persönlichen, wie sie durch die pathetische ¡ay!-Interjektion zelebriert wird. Andrews interpretierte die Reisebeschreibung gar als Werbemaßnahme,

---

266 Cascales, *Tablas poéticas*, 1975, S. 173.

267 Encina wird eine eher akzidentelle Kirchenlaufbahn bescheinigt: „una larga, circunstancial y tal vez no muy convencida carrera eclesiástica". Pérez Priego, „Juan del Encina en busca de la comedia", 1995, S. 117. Castro ging sogar davon aus, dass es sich bei Encina um einen *converso* gehandelt habe, der die Glaubensinhalte und Lebensentwürfe des Katholizismus nur aus taktischen Gründen annahm. Vgl. La Celestina *como contienda literaria*, S. 72 u. 83.

268 Zitiert wird nach der Textfassung in *OC* II, S. 187–243.

269 Andrews, *Juan del Encina*, 1959, S. 145.

die sich aus der messianischen Hoffnung auf Encinas (nie geschriebenes) großes Buch speise.[270]

Dabei setzt Encina das rhetorische Pathos immer dort ein, wo es um seine pathematische Subjektivität geht, zum Beispiel in der Apostrophe der eigenen fünf Sinne oder der eigenen Seele: „Venid, mis sentidos, sentid lo que passa" (v. 201); „¡O alma, mi alma!, ya tiempo sería / tus ojos y míos alçarlos de tierra" (vv. 241f.). Ja, er ergeht sich gar in der Pose des reuigen Sünders, in einer stark visualisierenden und emotionalisierenden Pathosszene: „¡O, pecador, vela de día y de noche, / que todo es perdido si el alma no cobras!" (Vv. 303f.)

Die Stätten christlicher Wunder hingegen, die eigentlich (Text-)Zeugen des Glaubens hervorrufen sollten, wirken bei Encina merkwürdig schal. Nach einer nachgerade pikaresken Reise von Rom über Venedig, wo er sich unter Anrufung von Pallas Athene und Mars in Jubelversen über das weltliche Wunder der Lagunenstadt auslässt („cierto parece ser cosa soñada"; v. 424), gelangt er in die Levante. Hier sieht sich Encina enttäuscht, denn nach der Lektüre anderer Texte hatte er sich mehr erwartet:

521 Yo creo que todo está muy mudado,
522 según otros quentan de aqueste viaje,
523 que no ay aquel modo de peregrinaje,
524 ni mucho de aquello del tiempo passado.
525 Lo uno y lo otro deve estar trocado:
526 iglesias no veo, capillas ni altares,
527 lo medio que dizen, ni en tantos lugares,
528 maguer deva ser todo muy venerado.

529 La tierra es estéril y muy degregosa,
530 a mi parecer, no sé si me engaño,
531 o quiçá lo causa yo yr en tal año,
532 mas ella no es bella ni muy deleytosa.
533 La más parte della es harto fragosa;
534 yo cierto lo tengo por admiración
535 que aquella aya sido la de Promissión,
536 con todo la estimo por más que preciosa. (*Trivagia*)

Das sterile, steinige Land der Offenbarung kann ästhetisch nicht den gewünschten Effekt – beziehungsweise den gewünschten Affekt – hervorrufen, sondern ausschließlich einen nachgerade rationalen „estimo" (v. 536).

270 „The intense concern with prestige led him to fuse and integrate worldly and religious elements into a single whole, since for him the center of the one and the other was benefit for self." Ebd., S. 150.

Immer wieder betont Encina das Sehen[271] („yo mesmo por mis ojos vi"; v. 547; „piedras algunas que por señal vi"; v. 731), aber das, *was* er sieht, ist eine Welt ohne Wunder, eine Steinwüste, in der jeder Stein besondere Bedeutung haben soll, diese aber nicht mehr ausstrahlt. Besonders deutlich wird das an jenen Stellen, wo er Pilgerorte besucht, deren Wunder er nur vom Hörensagen kennt („según dezían"; v. 743), oder das Grab Christi schildert:

> ¿Qué corazón ay que no se quebrante
> si es de christiano, por duro que sea,
> al tiempo y sazón que aquel lugar vea
> do Christo murió, y él puesto delante?
>
> Primero, en entrando al patio del templo,
> está en una piedra, según emos visto,
> la mesma señal do arrodilló Christo
> con la Cruz a cuestas. Lo qual yo contemplo
> que fue de humildad un claro exemplo
> de ser ensalçado el que se humillare,
> y más si en paciencia su cruz soportare,
> por donde con lloro mi *pluma* yo templo. (*Trivagia*; Hervorh. K. P.)

Hier bedient Encina zwar das Register der christlichen *compassio*. Die rhetorische Frage „¿Qué corazón ay que no se quebrante[?]" (v. 765) will aber dennoch nicht recht überzeugen, selbst wenn am Ende das Schreiben über das Erlebnis die Tinte der „pluma" (v. 776) und die Tränen des Autors zu vermischen scheint. In diesem Bild eines christlichen Schreibens des Affekts, das Tränen des Mitleids direkt in Tinte auf dem Papier übersetzen kann, wird der Besuch des Leidensweges Christi zur Urszene einer Affektpoetik erklärt. Freilich widerspricht dieser künstlerische Anspruch der Aussage, dass Encina als Abbild der Demut dort niedergekniet sei, wo Christus durch die Schwere des Kreuzes zu Boden gedrückt wurde. Die *imitatio Christi* ist an dieser Stelle derart selbstbewusst mit der eigenen literarischen Potenz verknüpft, dass dem Leser weniger das Wunder als vielmehr Encinas pathematisch empfundene Realität vor Augen steht.[272] Die Außenwelt fällt hier nicht mit einem Glaubenserlebnis

271 „Encina escribe sólo lo que ve (y lo hace con absoluto despego), mientras otros autores proyectan el sentimiento, la devoción y las informaciones librescas sobre la realidad de las cosas, transformándolas o haciéndolas coincidir con la información previa." Ynduráin, „Juan del Encina y el humanismo", 1999, S. 276.

272 So hält auch Ynduráin fest: In der *Trivagia* „la realidad ha abolido la sugestión, se ha desvanecido la maravilla". Ebd., S. 273.

zusammen. Wunder kennt man nur vom Hörensagen, in der Realität sind sie auf dieser fast touristischen Reise[273] nicht mit Gewissheit wiederzufinden:

> Y a la entrada della una piedra estava,
> con dos agujeros, *verdad no sé si es*,
> do dizen que tuvo metidos los pies
> en quanto el Calvario la gente cavava. (*Trivagia*; Hervorh. K. P.)

Obwohl hier also noch kein modernes Subjekt auf den Plan tritt, so zeigt Encinas autobiographischer Text doch deutlich, dass sich das Subjekt – konfrontiert mit der Ontologie einer metaphysisch leer werdenden Welt – nicht mehr allein als christliches Subjekt in Beziehung zu Gott oder als ethisches Subjekt in moralisch kodifizierbaren Beziehungen zu anderen definiert. Selbst das autobiographische Schreiben entpuppt sich als Akt weniger der Selbstaussprache, der Konversion oder Beichte denn als pathematische Selbsttechnik. Diese unterstreicht, dass die literarische Sprache genau dort zu intervenieren beginnt, wo sich das christliche Subjekt zuvor an den Worten vorbei mit einem emotionalen Skript zu identifizieren vermochte. Über die Koppelung von Affekt und Sprache erklärt sich das Subjekt selbst zu seinem Objekt. Dabei ist es nur der Macht der *phantasia* zu verdanken, dass im pathematisch gefüllten Wort auf die Steine am Wegesrand Gedankenbilder einer vormals gefüllten Wirklichkeit projiziert werden können. Die Sinne können dies jedoch nicht festhalten: Die Welt metaphysischer Wahrheiten und Wunder verschwindet in Encinas Schilderungen wie eine Zeichnung aus Wasser auf heißem Fels.

273 In anderem Kontext spricht Bazin von einer „émotion archéologique", die sich von jener des romantischen Pilgers abhebt. *Contes et Paysages*, 1923, S. 20.

KAPITEL 4

Das große und das kleine Pathos: Garcilaso de la Vega

Vielleicht kein zweites Mal in der Literaturgeschichte hat einer der berühmtesten Texte eines Autors, der schon in den Augen seiner Zeitgenossen zum Klassiker aufstieg, bei seinen Lesern so viel Irritation ausgelöst. Ganze Generationen von Philologen rauften sich, so scheint es, die Haare bei der Lektüre von Garcilaso de la Vegas (1501?-36) *Égloga II*, nannten sie „un enigma sin solución".[1] Schon sein Kommentator Fernando de Herrera beanstandete 1580 an der zweiten Ekloge, dass sie wegen ihrer Variationsbreite keine den einzelnen Elementen übergeordnete Schönheit besäße.[2] Das formal hybride[3] Langgedicht, das Schäferdialoge, neoplatonischen Liebesdiskurs, Lobrede, Ekphrasis und epische Szenen vermischt, wollte – gerade aufgrund der Martialität dieser epischen Einschlüsse – nicht recht zu den tradierten Gattungskonventionen der bukolischen Form passen. Und doch ist es gerade deswegen bis heute der wohl am meisten besprochene Text jenes Dichters, der von seinem Freund Juan Boscán euphorisch als Erneuerer der kastilischen Lyrik gefeiert wurde.[4]

1 Macdonald, „La *égloga II* de Garcilaso", 1974, S. 211.

2 Mit einem Zitat aus Catulls *Carmen* 86 über die Schönheit der Quintia, deren Einzelheiten für viele schön anzusehen seien, als Ganzes aber das Sprecher-Ich nicht überzeugt, unterstreicht er: „Totum illud formosa, nego." Zitiert nach Gallego Morell, *Garcilaso de la Vega y sus comentaristas*, 1972, S. 501.

3 Vgl. Strosetzki, „Garcilaso de la Vega. *Égloga segunda*", 1997. Boase wertet die Hybridität als formal produktives Experiment im Zusammenspiel von bukolischen und epischen Elementen. Vgl. „The Meaning of the Crow-Hunting Episode in Garcilaso's *Égloga segunda* (ll. 260–95)", 1988, S. 41. Kritik an der „incompatibility" des Epischen und Pastoralen hingegen äußerte nachhaltig schon Lumsden, „Problems Connected with the Second Eclogue of Garcilaso de la Vega", 1947, S. 257. Allgemein zu dieser Hybridisierung siehe Haber, *Pastoral and the Poetics of Self-Contradiction*, 1994, S. 14.

4 Der vom venezianischen Gesandten Andrea Navagero an Juan Boscán 1526 bei der königlichen Hochzeitsfeier in Granada übermittelte Dichtungsauftrag, von dem die rinascimentale Erneuerung der kastilischen Lyrik ihren Ausgang genommen haben soll, wird von letzterem folgendermaßen tradiert: „Porque estando un día en Granada con el Navagero, […] tratando con él en cosas de ingenio y de letras […] me dixo por qué no provava en lengua castellana sonetos y otras artes de trobas usados por los buenos authores de Italia. Y no solamente me lo dixo así livianamente, más aun me rogó que lo hiciese." Boscán, „A la duquesa de Soma", in: ders.: *Obra completa*, 1999, S. 118. Im gleichen Kontext räumt er Garcilaso eine Sonderrolle ein.

Die *Égloga II*, die 1533 am Hofe des spanischen Vizekönigs von Neapel entstand, ist mit insgesamt 1885 Versen Länge Garcilasos umfangreichster überlieferter literarischer Text. Er erzählt vom liebeskranken Schäfer Albanio, der zweimal von seiner Angebeteten Camila zurückgewiesen wird. Zweimal wird er versuchen, sich daraufhin selbst zu töten, und zweimal wird er durch das Einwirken äußerer Kräfte davon abgehalten: einmal von einem Windstoß und einmal von seinen Freunden Salicio und Nemoroso. Sie sind es auch, die ihn zum weisen Severo bringen wollen,[5] der seine Liebeskrankheit heilen soll. Während Albanio den Schlaf der Wahnsinnigen schläft, ist in Nemorosos Erzählung jene berühmte Ekphrasis eingelassen, die das bukolische Gedicht für Textformen des Pathos durchlässig macht. Über die ganze Länge der Verse 1169–1817 hinweg wird berichtet, wie der Flussgott Tormes dem Severo eine Urne[6] zeigt, auf der das glorreiche Schicksal des Hauses Alba dargestellt ist. Darin inbegriffen sind martialische Schilderungen der imperialen Kriege des neuen *César*, Kaiser Karl V.[7] (1500–1558), dessen treuer Vasall und genialer Kriegsherr Don Fernando, Herzog von Alba, im Jahr 1532 Wien gegen das osmanische Reich verteidigt. Dass diese epische Digression dennoch formal stringent komponiert ist, haben neuere Interpretationen gezeigt, die gewillt waren, stärker auf die politische Semantik der Ekphrasis einzugehen.[8]

Welche zentrale Rolle dabei jedoch das bukolische Pathos spielt, ist noch nicht besprochen worden. Feststellungen zum teils dramatischen („tragisch

5 Das historische Vorbild für die literarische Figur war Fray Severo Varini (1470–1548), der Präzeptor des jungen Herzogs von Alba, Don Fernando, dem das Loblied der Ekphrasis gewidmet ist.

6 Die Urne ist eine höchst komplizierte *mise en abyme* der Stimmen und Blicke. Basierend auf göttlicher Inspiration, durch die der alte Tormes vom Schicksal des Herzogs erfährt und die Urne herstellen kann, erlangt sie den materiellen Status einer Prophezeiung nur durch den Blick Severos, der sie wiederum Nemoroso im Gesang beschreibt, so dass dieser letztlich die Schilderung seinerseits an Salicio – und Garcilasos Leser – weitergeben kann. Diese intrikate Kette von *énonciations* wird beschrieben bei Madelpuech-Toucheron, „De l'image du Pouvoir au pouvoir de l'image", 2009, S. 104. Die problematischen Zeitkategorien, die diese Prophezeiung der zukünftigen Vergangenheit und vergangenen Zukunft aufruft, untersucht De Lope, „L'Oracle et le simulacre", 1997, S. 216.

7 Zur Biographie Karls V. siehe einschlägig Chaunu / Escamilla, *Charles Quint*, 2000.

8 Ramajo Caño, „Para la filiación literaria de la *Égloga II* de Garcilaso", 1996, S. 35, interpretiert den Text noch als simple Gelegenheitsdichtung. Zur tieferen politischen Semantik bei Garcilaso siehe Leopold, „Aeneas in Kastilien", 2012, Torres, *Love Poetry in the Spanish Golden Age*, 2013, S. 1–59, sowie O'Donoghue, „Pastoral Paratexts", 2015, S. 1–21.

modulierte Pastorale“[9]), teils rhetorischen („verbal assault“[10]), teils heroischen Pathos[11] bei Garcilaso bleiben meist ohne eine weiterreichende Verbindung zur formalen und semantischen Analyse seiner Texte. Deshalb möchte ich im Folgenden zeigen, wie Garcilaso eine genuin pathematische Poetik entwickelt, die allein aus der politischen Situation seiner Zeit heraus zu verstehen ist. Diese Poetik verbindet geschickt und durchaus bewusst rhetorisches, szenisches und narratives Pathos zu einem genuinen Pathostableau frühneuzeitlicher Subjektivität. Sie ist sowohl Teil von als auch Kontrastfolie gegen eine Unterwerfung des Subjekts unter hegemoniale Strategien der Macht und ihrer Selbstdarstellung.

Was aber, so möchte man einwerfen, reizte den Dichter Garcilaso daran, lyrische und epische Formen, kleines Liebes- und großes Kriegspathos im Raum der Bukolik in Dialog zu bringen?[12] Immerhin wird mit der Verschiebung zum *genus grande* der Anspruch einer antikisierenden Gattung, dem *genus humile* anzugehören, offenbar ad absurdum geführt. Hier hilft neben einem kritischen Blick auf die Poetik der Gattung[13] selbst auch ein Blick auf die Geschichte,

---

9 Wolfzettel, „Garcilaso mitológico?“, 2004, S. 121. So auch schon, wenngleich von moralisierender Warte aus, Jones, „The Idea of Love in Garcilaso's Second Eclogue“, 1951, S. 393, und Valbuena Prat, *Historia de la literatura española*, Bd. I, 1937, S. 451.

10 Horst, „Poetry and Power in Garcilaso's *Égloga Primera*“, 1987, S. 8. Seine Lektüre geht bereits ausführlicher auf den Zusammenhang von pathetischer Rhetorik und Semantik ein, ähnlich wie Nagel, „Garcilasos Landschaften“, 2008. Ich werde auf beide im Folgenden zurückkommen.

11 Vgl. Wescott, „Nemoroso's Odyssey“, 1995. Rivers nennt die Ekphrasis der zweiten Ekloge sogar „the first classical epic to be written in Renaissance Spanish“. „Nymphs, Shepherds, and Heroes“, 1972, S. 130.

12 Plett hat für die englische Renaissance nachvollzogen, wie dort das Aufbrechen generischer Canonices u. a. dazu geführt hat, dass bukolische und heroische Form in eine produktive Konjunktion gebracht werden konnten: „Demzufolge ist selbst die Synthese von höchster (heroischer) und niedrigster (pastoraler) Gattung statthaft, sofern die ‚Konjunktion‘ ästhetisch gelingt.“ „Gattungspoetik in der Renaissance“, 1994, S. 158. Vgl. ebd. zur italienischen und französischen Diskussion um die mit *Il Pastor fido* (1585) im Rahmen der Bukolik aufkommende Form der Tragikomödie.

13 Wie wir bereits bei Encina gesehen haben, ist in der Antike und ebenso in der spanischen Renaissance die Bukolik als gemischtes *genus* weitaus offener gewesen, als dies die moderne Rezeption wahrhaben wollte. Dies erschwert die generische Zuordnung von Garcilasos Eklogen zusätzlich: „The second ‘égloga’ would fall into the same category as Virgil's First and Ninth Eclogues, (dramatic); the first and third ‘églogas’ would be considered ‘epic’ or ‘mixed’ poetry. It was well known that mixed poetry could treat either heroic or bucolic themes.“ Komanecky, „Epic and Pastoral in Garcilaso's Eclogues“, 1971, S. 157. Encinas Texte sind Garcilaso wohl bekannt gewesen. Vgl. Lapesa, *La trayectoria poética de Garcilaso*, 1968, S. 112.

galt Garcilaso der Nachwelt doch als glänzendes Beispiel der glücklichen Verbindung von *armas y letras* in der höfischen Kultur des frühen 16. Jahrhunderts. Die biographische, aber auch literarische Relevanz dieser Verbindung wurde dennoch bisweilen unterschätzt oder zugunsten eines hermeneutischen Biographismus verdrängt, der in Garcilasos Liebeslyrik vor allem das Antlitz der einen oder der anderen Dame zu erkennen suchte, die er geliebt haben mag.[14] Tatsächlich gehen viele ästhetische Entscheidungen, die Garcilaso getroffen hat, auf seinen Erfahrungshorizont zurück. Dieser äußert sich aber immer im formalen Interstitium der Literatur. Der gebildete und höchst belesene Garcilaso hat ästhetische Entscheidungen ohne Zweifel bewusst und um ihrer selbst willen gefällt. Auch die Entscheidung für die pathetische Tonlage in bukolischer Form gehört dazu. Sie ist meines Erachtens Ausdruck einer pathematischen Subjektivität, wie sie vielleicht nur ein spanischer Aristokrat im Bannkreis des Habsburgerreiches Anfang des 16. Jahrhunderts äußern konnte.

Wenn er auch nicht mit ihm auf Augenhöhe stand (der Spanier fiel beim Kaiserpaar in Ungnade und wurde deshalb kurzzeitig auf eine Donauinsel und anschließend nach Neapel verbannt), so war Garcilaso doch aufmerksamer Augen- und Kronzeuge der frühen Herrschaftsjahre des Kaisers, der im Jahre 1516 als Carlos I der erste König von ‚Spanien' wurde.[15] Garcilasos

---

14 Siehe zur viel diskutierten Identifikation der portugiesischen Hofdame der Kaiserin, Isabel Freyre (1507–1536), mit der Elisa in den *Églogas I* und *III*, ebd., S. 130f. Zur Kritik an dieser biographistischen Deutung siehe McVay, „The Goddess Diana and the 'Ninfa degollada' in Garcilaso's *Égloga III*", 1993, und García Galiano, „Relectura de la *Égloga II*", 2000, S. 21. Die Bedeutung einer lange unbekannten ersten Liebe Garcilasos zur Dame Guiomar Carrillo, die Garcilaso außerehelich seinen ersten männlichen Nachkommen Lorenzo schenken sollte, wurde erst spät entdeckt. Das führte zu einer Gleichsetzung der Galatea mit Guiomar. Vgl. Vaquero Serrano, *Garcilaso*, 2002, S. 227f. Vaquero Serrano hat darüber hinaus Beatriz de Sá (1500–1530), die Ehefrau von Garcilasos älterem Bruder, als wahrscheinlichste Vorlage für die Figur der Elisa ausgemacht. Vgl. dies., „La fecha de muerte de Beatriz de Sá", 2011.

15 Nachdem zunächst alle anderen möglichen legitimen Thronfolger ausgefallen waren oder wie seine Mutter und sein jüngerer Bruder politisch neutralisiert wurden, vereint Karl als erster in der Geschichte Spaniens unter sich die Gesamtheit der hispanischen Territorien: Als Nachfahre der kastilischen Trastámara mütterlicherseits (Johanna I von Kastilien, ‚die Wahnsinnige', 1479–1555) und des aragonesischen Königshauses seines Großvaters (Ferdinand II., 1452–1516) löst er 1516 diesen als Regent eingesetzten Großvater ab. Darüber hinaus erbt er aufgrund der österreichischen Linie der Habsburger väterlicherseits (Philipp I. von Kastilien, ‚der Schöne', 1478–1506) neben dem Herzogtum Burgund, das ihm seit seiner Geburt zusteht, auch alle überseeischen Besitztümer und ein Reich, das in Europa „vom österreichischen Osten bis zum atlantischen Westen, vom friesischen Norden bis Neapel und Sizilien im mediterranen Süden" reichte. Schilling, *Karl V*, 2020, S. 15.

kurzes Leben war ereignisreich und er persönlich an vielen wichtigen Etappen des Regnums seines Souveräns beteiligt: An den Kämpfen gegen die aufständischen *Comuneros* 1520/21 in Spanien, Karls Hochzeit mit Isabella von Portugal 1526, der Hochzeit seiner Schwester Eleonore mit dem französischen König Franz I., der Kaiserkrönung Karls in Bologna 1530 sowie der Eroberung von Tunis im Jahre 1535. Garcilaso ist mithin Zeuge der sozialen und politischen Zugkräfte, die in dem Moment wirken, als mit der Habsburgerdynastie eine fremde Macht in Spanien die Zügel in die Hand nimmt und von dort aus zu einem weltumspannenden Reich anwächst.

Als Drittgeborener war er, um für seine Repräsentationspflichten sein Auskommen zu haben, vor allem auf die Gunst des Herrschers angewiesen.[16] Karl übertrug ihm zuletzt auch in der Tat einträgliche Pfründe, insbesondere die Stellung als Alcalde der Festung von Reggio. Der frühe Tod des Dichtersoldaten wurde anscheinend vom fast gleichaltrigen Karl sehr bedauert. Garcilaso aber konnte sich zeitlebens einer „ambivalence toward the patronage system"[17] nicht entschlagen. Die Nähe zum Herrscher, die zugleich eine Abhängigkeit war, blieb ihm eine Last. In seinen Gedichten – und nicht zuletzt in der Darstellung von Emotionen – nimmt sie Gestalt an.[18] Eine herausragende Rolle spielte dabei seine persönliche Involvierung in den *Comuneros*-Aufstand, der Spanien 1520/21 erschütterte. Angezettelt wurde dieser von Kritikern Karls in Garcilasos Heimatstadt Toledo, begleitet von ähnlichen Aufständen der *Germanías* in Barcelona. Die *Comuneros* lehnten eine ‚Fremdherrschaft' durch den in Gent sozialisierten, des Spanischen nicht mächtigen Karl ab, brachten seine ob ihres Wahnsinns neutralisierte Mutter Johanna wieder aufs politische Parkett und wollten die Macht der Cortes erhalten.[19] Wie es scheint, rebellierte Garcilaso in diesem bürgerkriegsähnlichen Konflikt zunächst an der Seite seines

---

Seit der Kaiserwahl 1519 zum römisch-deutschen Kaiser war er endgültig jener Herrscher, so die berühmte Formel, in dessen Reich die Sonne nie untergeht.

16 Sein Vater gleichen Namens, der als Botschafter in Rom zu Ruhm kam und noch von der sterbenden Isabella *la Católica* mit einer Empfehlung bedacht wurde, hatte ihm als Erbe allerdings den *montazgo* und *travesío* der Stadt Badajoz überlassen: Tributzahlungen für „el tránsito de ganado por un monte" und „impuesto por atravesar un sitio", die wohl kein unerhebliches Einkommen darstellten. Dennoch musste Garcilaso 1535 einen Rechtsstreit mit der Mesta ausfechten, die den *montazgo* nicht leisten wollte. Vgl. Vaquero Serrano, *Garcilaso,* 2002, S. 34 u. 276.

17 Cruz, „Self-Fashioning in Spain", 1992, S. 537.

18 Vgl. ebd., S. 535.

19 Vgl. den Überblick in Maravall, *Las comunidades de Castilla*, 1970, ders., *Carlos V y el pensamiento político del Renacimiento*, 1960, S. 235–315, und Pérez, *Los comuneros*, 2016, sowie im Detail weiter unten Kap. 4.3.1.

ältesten Bruders Pedro Laso, dem Familienoberhaupt der de la Vegas.[20] Beide standen bei den unvermeidlichen Auseinandersetzungen zwar am Ende auch auf der Seite des Königs, Pedro Laso wurde dennoch in der Folge nach Portugal verbannt. Garcilasos Beziehung zu seinen Brüdern war aber Zeit seines Lebens wohl sehr eng. Den Tod des jüngeren Bruders Don Fernando de Guzmán etwa, der 1528 in Neapel von einer Krankheit dahingerafft wird, beklagt er im Sonett XVI. Als er 1531 der Hochzeit seines Neffen beiwohnt, wird das von der Kaiserin Isabella als Affront gegen Karl gedeutet, weil die Eheschließung von der Krone nicht mit Wohlwollen betrachtet wurde und jegliche Verbindungen zur Familie Pedro Lasos wohl selbst nach dessen eingeschränkter Begnadigung 1526 unter Generalverdacht standen.[21] Isabella veranlasst auch Garcilasos Exil auf der Donauinsel, dem er mit der *Canción III* ein Denkmal gesetzt hat. Dort heißt es mit einem deutlichen Verweis auf den Souverän, der jahrelange Loyalität nicht gegen ein kleines Vergehen aufzuwiegen wusste: „El cuerpo está en poder / y en manos de quien puede / hacer a su placer lo que quisiere“ (vv. 27–29).[22]

Neben den glorreichen Ereignissen von Karls Aufstiegs kannte Garcilaso also nur zu gut die Schattenseiten dieser Konsolidierung imperialer Macht. Eine rein phantasmatische Episode, die ihm nachträglich durch Luis Zapata in dessen *Carlo famoso* (1566) angedichtet wurde, ist hier besonders aufschlussreich. Sie betrifft die Belagerung des Johanniterordens auf Rhodos. Zapata zufolge soll Garcilaso in jungen Jahren Seite an Seite mit seinem Freund Boscán und dem späteren Vizekönig von Neapel, seinem Förderer Pedro Álvarez de Toledo, gegen die Osmanen unter Sultan Süleyman dem Prächtigen gekämpft haben, der die Festung des Johanniterordens[23] auf Rhodos bereits seit Sommer 1522 belagerte. Dies ist eine nachträgliche Episierung von Garcilasos Lebens.[24] Mit großer Wahrscheinlichkeit war er nicht unter den wenigen Rittern, die im

20 Vgl. Vaquero Serrano, *Garcilaso*, 2002, S. 77.

21 So interveniert Karl V. noch persönlich, als er erfährt, dass Pedro Lasos Sohn, ebenfalls Garcilaso mit Namen, im Mai 1536 mit dem militärischen Nachschub nach Genua unterwegs ist. Er verbietet strikt, „so pena de la vida y de perdimiento de bienes que no venga ni entre en nuestra corte, ni en nuestro ejército, ni vaya ni esté en ningún reino ni señorío nuestro“. Sliwa, *Cartas, documentos y escrituras*, 2006, S. 139.

22 Zitiert werden die Gedichte nach der von Ignacio García Aguilar besorgten und kommentierten Ausgabe Garcilaso de la Vega, *Poesía*, 2020, hier: S. 267–271.

23 Da die Johanniter erst ab ihrer Ansiedlung auf der Insel Malta im Jahr 1530 – die Heimatlosigkeit des Ordens war eine direkte Folge seiner Kapitulation auf Rhodos – den Namen des Malteserordens annahmen, bleibe ich im Zuge dieser Darstellung bei der Bezeichnung der Johanniter.

24 Den Nachweis, dass Garcilaso bei dieser Schlacht nicht hatte anwesend sein können, weil er zur besagten Zeit erwiesenermaßen am Hof in Valladolid weilte, erbringt Vaquero Serrano, *Garcilaso*, 2002, S. 101–103.

Oktober die Blockade durchbrechen konnten, um die bedrängten Johanniter gegen das ob seiner schier unglaublichen Größe überwältigend wirkende Heer Süleymans zu unterstützen.[25] Die Lage in der belagerten Stadt war Zeitzeugen zufolge katastrophal und mit den ersten Herbststürmen verwandelten sich die Verteidigungsgräben in Schlammfelder.[26] Man könnte meinen, dem jungen Garcilaso sei hier im epischen Nachruhm die Möglichkeit geschenkt worden, in jene Welt einzutauchen, die Ariost in seinem monumentalen Ritterepos des *Orlando furioso* etwa zeitgleich, jedoch aus sicherer Distanz noch einmal beschwören sollte. Garcilasos angebliche Teilnahme an der Verteidigung von Rhodos gegen die Ungläubigen wird noch lange kolportiert werden und seinen Ruhm als Dichtersoldat festigen.[27] Seine eigenen militärischen Erfahrungen – insbesondere während der Schlacht von Tunis 1535 – haben ihm aber eine andere, wesentlich brutalere Realität der modernen Kriegsführung seiner Zeit nachhaltig ins Gedächtnis eingegraben: eine Kriegsführung im Namen eines imperialen Mythos, der besagt, die Christenheit müsse um jeden Preis gegen die Ungläubigen verteidigt werden. Sie wurde in der Belagerung von Rhodos für diejenigen, die an ihr beteiligt waren, zum blutigen Gemetzel. Aus diesem Grunde lohnt ein genauerer Blick auf die Hintergründe von Garcilasos „batalla fantasma",[28] auch wenn dieser sie nie ausgefochten hat.

Für die nachträgliche Episierung der Kämpfe um Rhodos zentral ist zunächst die Tatsache, dass die Existenz des Ritterordens auf der griechischen Insel einen Anachronismus darstellte: Dessen Piraterei war dem osmanischen Reich ein steter Dorn im Auge, „a freak Christian survivor of the medieval crusades".[29] Dennoch waren die Johanniter militärisch absolut auf der Höhe ihrer Zeit. Sie hatten die Festung von Rhodos nach neuesten Erkenntnissen verstärken lassen und waren sich während der monatelangen Belagerung der Unterstützung eines genialen Militäringenieurs, Gabriele Tadini, sicher. Der Venezianer Tadini zeichnete maßgeblich dafür verantwortlich, dass Süleyman nicht früher zum Erfolg kam. Doch auch er konnte den Lauf der Geschichte nicht aufhalten: Am 24. Dezember 1522 ergab sich der Großmeister des Ordens, Philippe de Villiers de l'Isle-Adam persönlich dem Sultan und am Neujahrstag 1523 zogen die Ritter – durchaus ehrenvoll und geschützt von der

---

25 Siehe zu einer detaillierten Beschreibung der militärischen Belagerung Crowley, *Empires of the Sea*, 2008, S. 17–28.

26 Ebd., S. 24.

27 Siehe etwa noch Gandoulphe, „L'Espagne impériale de Garcilaso", 1997, S. 164.

28 Vaquero Serrano, *Garcilaso*, 2002, S. 101.

29 Crowley, *Empires of the Sea*, 2008, S. 11. Die folgenden Schilderungen der Schlacht beziehen sich im Wesentlichen auf diese Quelle.

Kapitulationsvereinbarung mit dem Sultan – endgültig von ihrer letzten Bastion vor der Küste des Erzfeindes ab.

Weihnachten 1522 und Neujahr 1523 markieren somit eine epochemachende Wasserscheide für das christliche Europa: In den folgenden Jahrzehnten und bis zur Seeschlacht von Lepanto 1571 wird das Mittelmeer Schauplatz eines Ringens imperialer Mächte, das zwischen Süleyman und Karl bzw. ihren Nachfolgern ausgefochten wird. Darüber hinaus rivalisiert Karl V. stetig mit seinem Erzfeind Franz I. um die Vorherrschaft in Kontinentaleuropa – von den Konflikten mit dem Heiligen Stuhl oder dem aus dem Katholizismus ausscherenden Engländer Heinrich VIII. einmal ganz abgesehen. Dieses historische Ringen ist es auch, das auf allen Seiten affektisch besonders aufgeladene propagandistische Bilder und Erzählungen über den jeweiligen neuen Caesar notwendig macht.

Garcilaso selbst wird 1523 auf eigenen Wunsch in den Santiagoorden aufgenommen und damit Teil eines imperialen Narrativs, das auf der Verteidigung christlicher Lande gegen die Invasion der Ungläubigen beruht. In Spanien gemahnt es selbstverständlich an die Reconquista und ruft insofern die Herrschaftslegitimation der Katholischen Könige in Erinnerung. Hatte Garcilaso sich 1521 aber noch in letzter Minute auf die Seite Karls geschlagen, als es galt, in seiner Heimatstadt Toledo die *Comuneros* zu unterwerfen, so fallen in die anschließende Dekade seine kontroversen Auseinandersetzungen mit der Kaiserin Isabella, die subtile und etwas halsstarrige Unterstützung des abtrünnigen Familienzweigs seines ältesten Bruders und die Verbannung auf die Donauinsel. Auch wenn sich Garcilaso offenbar als Höfling Karls und wehrhafter Kämpfer für dessen Sache der imperialen Politik unterwarf, konnte er dennoch den Unwillen Caesars aufgrund seiner Loyalität zu den eigenen familiären und hispanischen Wurzeln nicht abwenden. Dieser Grundkonflikt des abhängigen Höflings wird von ihm in die hybride Form einer Dichtung gegossen werden, aus der *armas y letras* gleichermaßen pathetisch tönen.

1532 erscheint die dritte und maßgebliche Ausgabe des *Orlando furioso*. Garcilaso hat sie wohl im Gepäck, als er Karl V. 1535 auf dessen afrikanischen Feldzug nach Tunis begleitet.[30] Zwei Jahre nach seiner Lobrede auf den besonnenen Karl in der *Égloga II* befindet sich Garcilaso somit mitten im Auge des historischen Sturms, der durch das imperiale Ringen zwischen dem Habsburgerkaiser und dem osmanischen Reich entfacht wurde. Man mag sich den Kontrast zur Lektüre des italienischen Epos in seiner Tasche schwer

30 Vgl. Heiple, *Garcilaso de la Vega and the Italian Renaissance*, 1994, S. 226.

vorstellen: Er wird bei den Kämpfen ernsthaft verletzt[31] und zugleich Augenzeuge eines ungeheuren Blutbades. Die christlichen Heerscharen scheinen bei ihrem Einmarsch in Tunis Rache zu suchen für die Verheerungen, die der in der nordafrikanischen Stadt verbarrikadierte Admiral des Sultans Hayrettin Barbarossa zuvor in Italien angerichtet hatte, ebenso wie für die jahrelangen Plünderungen seiner Korsaren an der spanischen Küste und auf den Balearen. Der Einzug der imperialen Truppen wird zum Massaker: „It was hate at a visceral level."[32]

Karl, dessen militärischer Ruhm sich nachhaltig auf diese Episode und seine aktive Rolle in der Schlacht gründete, soll beim Einzug in die Stadt mit seinem Pferd über Leichen gestiegen sein, lässt sich aber von seinem eigens mitgereisten Hofkünstler Jan Cornelisz Vermeyen auf monumentalen Wandteppichen in der Pose des edlen Siegers verewigen. Wie Garcilaso die Eroberung von Tunis im Gedächtnis behält, erkennt man dagegen nur allzu deutlich an seinem Sonett XXXV, das er (zumindest imaginär) in La Goleta, dem Hafen von Tunis, an seinen Freund Boscán verfasst hat: Dort identifiziert er sich nicht mit den Siegern, sondern mit den Unterworfenen und beklagt, wie das christliche Imperium den afrikanischen Boden mit Blut neu befruchtet.[33] Das epische Pathos, das aus diesem Sonett deutlich spricht, arbeitet zwar durchaus an der Mythenbildung um den habsburgischen Caesar mit. Aber die kritischen Untertöne des Textes kann man nur dann überhören, wenn man den episierten Ritter Garcilaso – einen Helden nach der Art Ariosts – über die von ihm geschilderte, epische Gewalt und deren pathetische Tonspur stellt.

Vieles bleibt bei diesen biographischen Details natürlich unserer Vorstellungskraft überlassen. Aber es ist wohl nicht allzu spekulativ, wenn man annimmt, dass die militärischen Einsätze nicht spurlos an Garcilaso oder seinen Texten vorübergegangen sind. Noch in der Epistel an seinen Freund Boscán (1534)[34] – eine Hymne an die Freundschaft, die Garcilaso in Avignon verfasst, wo er das Grab von Petrarcas Laura besucht – erwähnt er die „duros pasos" (v. 22) der gemeinsam erlebten Vergangenheit. Und in der *Elegía I* klagt er anlässlich des Todes von Don Bernardino de Toledo nach dem Feldzug in Tunis:

---

31 Zwei Lanzenstöße verletzen ihn bei einem Scharmützel des 22. Juni am Mund und am rechten Arm, dem Tode nahe wird er vom Neapolitaner Federico Carafa in letzter Minute vom Schlachtfeld geholt. Vaquero Serrano, *Garcilaso*, 2002, S. 280.

32 Crowley, *Empires of the Sea*, 2008, S. 61.

33 Siehe hierzu genauer Kap. 4.4. Aus seinem Nachlass geht jedoch hervor, dass Garcilaso zum Zeitpunkt seines Todes vier Sklaven hatte: Román, Ham[an?], Fátima und Mariquita. Vgl. Sliwa, *Cartas, documentos y escrituras*, 2006, S. 161.

34 Garcilaso de la Vega, *Poesía*, 2020, S. 316–320.

¿A quién ya de nosotros el eceso
de guerras, de peligros y destierro
no toca, y no ha cansado el gran proceso?

¿Quién no vio desparcir su sangre al hierro
del enemigo? ¿Quién no vio su vida
perder mil veces y escapar por yerro?[35] (*Elegía I*)

Ich würde so weit gehen und vermuten, dass Garcilaso nicht erst durch seine Erfahrungen im nordafrikanischen Tunis ein Verständnis von der imperialen Kriegsführung davontrug, das quer steht zu deren propagandistischer Darstellung[36] und damit auch über die literarische Folie eines Ariost hinausgeht, der – bei aller Ironie – die Ritterwelt doch noch im Sinne der spätmittelalterlichen Ritterepik zu idealisieren hoffte. Den historischen *caballeros* standen trotz sicherlich geteilter Missionsgedanken keine magischen Hörner, Hippogryphen oder Zauberwaffen zur Verfügung.[37] In der näheren Auseinandersetzung mit der *Égloga II* wird zu sehen sein, dass Garcilaso sich zwar wie selbstverständlich an der Vorlage des *Orlando furioso* orientiert, dass er darüber hinaus aber auch Lukans dunkles Pathos aus dessen *Bellum civile* wiederzuerwecken weiß – nicht ohne Grund nennt er Karl V. *César* und den Herzog von Alba einen neuen Scipio. Garcilaso macht sich so zum literarischen Nachfahren des aus Córdoba stammenden Epikers Lukan. Dabei gilt es insbesondere auszuloten, inwiefern die Renaissance eines antiken Pathos[38] im Imaginären seiner Texte an die Schreckensszene des Bürger- oder Bruderkrieges gekoppelt ist – eines Krieges, in dem, nach den Worten Lukans, ein mächtiges Volk „seine siegreiche Hand gegen das eigene Herz kehrte" (*populumque potentem / in sua victrici conversum viscera dextra*; I, 2f.).[39] Die epische Tonspur der *Égloga II* ist nicht zuletzt aufgrund ihrer vielen unterschiedlichen Intertexte hochkomplex. Dennoch ist sie ein lesbares Enigma.

Und das nicht unbedingt aufgrund eines ‚glasklaren' allegorischen Gehalts allein, wie ihn im Jahr 1548 Thomas Sébillet für die Form der politischen Ekloge

35 Ebd., S. 292–305, hier: S. 294.

36 Vgl. in Ansätzen Arredondo, „El exceso de guerras, de peligros y destierro", 2003, S. 265f.

37 Karl V. verkörpert insofern auch das Ende des europäischen Rittertraums: „Alors que sur la politique impériale de Charles Quint souffle encore l'esprit de la chevalerie médiévale, l'Europe occidentale assiste à l'émergence des États nationaux." Gandoulphe, „L'Espagne impériale de Garcilaso", 1997, S. 169.

38 Siehe hierzu einschlägig Fraenkel, „Lucan als Mittler des antiken Pathos", 1970.

39 Hier und in Folge zitiert nach der Übersetzung von Wilhelm Ehlers. Lucanus, *Bellum civile*, 1978, S. 8f.

in Frankreich konstatierte.[40] Bei Garcilaso steht interessanterweise mit seinen Varianten des Narzissmythos gerade die sich verdunkelnde Fläche des Wassers als literarische Chiffre im Mittelpunkt, nicht das durchsichtige Glas. In der optisch unzuverlässigen und semantisch opaken Oberfläche des Wassers spiegelt sich, so meine These, ein von Konflikten geprägtes imperiales Subjekt. Auch Garcilasos pathematische Rhetorik ist nicht immer eindeutig. Der bukolische Raum wird dadurch, in den Worten von Isabel Torres, produktiver Spielraum, „to explore the price of Empire in human terms".[41]

Dass Karl mit seinem imperialen Projekt letztlich scheitert, Europa und die Christenheit unter seiner Ägide konfessionell zerbricht und der Kampf gegen die Osmanen mit seiner katastrophalen Niederlage 1541 vor Algier für Karl verloren scheint bevor ihn andere nach ihm gewinnen sollten – diesen Zusammenbruch des imperialen Mythos[42] hat Garcilaso nicht mehr erlebt. Er stirbt im Oktober 1536 in Nizza, nachdem er sich auf einem Feldzug in der Provence bei der Erstürmung eines Turmes nahe Le Muy eine schwere Verletzung zugezogen hatte. Für die imperiale Politik war dieses Scharmützel nur eines von vielen in der Auseinandersetzung zwischen Karl V. und Franz I. Für Garcilaso war es der ultimative Preis, den er für das Imperium zahlen musste.

4.1 Evidenz als Überwältigung: Rhetorisches Pathos

Pathetische Rede ist Rhetorik, ja, Rhetorik ohne Pathos ist schwer vorstellbar. Auch das bukolische Pathos ist zuallererst rhetorisches Pathos, noch bevor es in dramatische Szenen oder in ein episches Narrativ eingelassen wird: Es ist darauf ausgerichtet, Zuhörer wie Leser in den Bann zu schlagen und zu starken Vorstellungsbildern und Affekten zu rühren. Diese Affektregungen basieren darauf, dass vor dem inneren Auge der *phantasia* fremdes Leid ‚evident' wird. Ziel ist es, das Urteil des Zuhörers zu beeinflussen – darauf gründet schließlich

---

40 „[C]e Pöème, qu'ilz ont appellé Eclogue, est plus souvent un Dialogue, auquel sont introduis Bergers & gardeurs de bestes, traittans soubz propos & termes pastoraus, mortz de Princes, calamitéz de temps, mutations de Republiques […] soubz allégorie tant clère que les desseins des noms, des personnes, & de l'adaptation propre des propos pastoraus aus choses soubz iceus entendues & déduittes, les facent voir tant clèrement, comme s'apperçoit la peinture soubz le verre […]." Sébillet, *Art Poetique François*, 1548, S. 62.

41 Torres, *Love Poetry in the Spanish Golden Age*, 2013, S. 56.

42 „La conservation de la totalité de l'empire nuit aux intérêts des États qui le composent." Gandoulphe, „L'Espagne impériale de Garcilaso", 1997, S. 173. Gandoulphe zufolge geht mit dieser Entfremdung ein Erstarken des nationalen Bewusstseins einher.

das Pathos im Kontext der antiken Gerichtsrede.[43] Pathos geht also über die Überzeugungsarbeit des *Logos* hinaus, auch wenn es diesem zuträglich ist: Es will erst überwältigen, dann überzeugen.[44]

Auch das bukolische Pathos bei Garcilaso beginnt im Kleinen. Denn der Redeschmuck der Eklogen hält sich mitnichten überall an Regeln, die dem *genus humile*[45] angemessen sind. Punktuell und wie ich finde sehr überzeugend hat schon Robert ter Horst den „verbal assault"[46] des rhetorischen Pathos der *Égloga I*[47] herausgearbeitet. Er identifiziert das Moment der nachgerade gewaltsamen *captatio* als wichtigsten rhetorischen Effekt des Textes, der auf mehreren Ebenen ausgespielt wird: durch die Apostrophe des Gönners, dem das Gedicht gewidmet ist, Don Pedro de Toledo, Vizekönig von Neapel, bei dem der exilierte Garcilaso Aufnahme findet (vv. 7–42), durch die Anrufung der abwesenden Galatea – und Gottes (v. 91) – im Gesang des Schäfers Salicio (vv. 57–224) und die in ihrer Verzweiflung darüber hinaus gesteigerte Ansprache der toten Elisa durch Nemoroso (vv. 239–407). Noch den eigenen Tränen befiehlt Salicio insistierend im Imperativ immer wieder: „Salid [...] corriendo" (erstmals v. 70).

Selbst wenn es sich bei der *Égloga I* zunächst fraglos um eine recht klassische Ekloge handelt, ist deren ästhetischer Effekt durch diese wiederholten Anrufungsmomente doch erheblich gesteigert. Sie weichen den Gegensatz zwischen *locus amoenus* und paratextueller Verankerung in der erlebten Wirklichkeit auf ähnliche Weise auf, wie wir es von Encinas Paratexten gewohnt sind. Rhetorisch gleicht die Ekloge auf allen Ebenen einem rhetorischen Übergriff, ja einem taktischen Angriff auf diejenigen, die aufgrund von Machtverhältnissen, Gleichgültigkeit oder Tod den Sprecher in eine schwächere Position bringen. Der *caballero* Garcilaso lässt hier die semantische Grenze

43 Die *evidentia*, die z. B. durch Ekphrasis erzeugt wird, geht aus der Verbindung einer Erzählung (*narratio*) mit affektischer Energie (*energeia*) hervor: „in forensic oratory it has the additional function of making the audience into virtual witnesses by making them 'seem to see' the events described by the speaker". Webb, *Ekphrasis, Imagination and Persuasion*, 2009, S. 90. Mit Hilfe der durch Evidenzrhetorik erzeugten Bilder soll der Richter also in die Lage versetzt werden, ein Urteil so sicher zu fällen, als wäre er selbst Zeuge der Tat gewesen.

44 Siehe hierzu genauer Kap. 2.1.1.

45 Das *genus humile* bzw. *genus tenue* kennzeichnet ein Verzicht auf Tropen und Stilfiguren, damit es dem Ideal der nüchternen Einfachheit (*puritas*) und Deutlichkeit (*perspicuitas*) genügt. Rhetorisch betrachtet soll hier die Überzeugung qua logischer Argumentation (*docere*) die Sache für sich selbst sprechen lassen, ohne dass der Zuhörer oder Leser affektiv manipuliert wird. Vgl. Wilpert, *Sachwörterbuch der Literatur*, 1979, S. 789.

46 Horst, „Poetry and Power in Garcilaso's *Égloga Primera*", 1987, S. 8.

47 Garcilaso de la Vega, *Poesía*, 2020, S. 321–338.

zwischen *armas y letras* bewusst verschwimmen. Horst hat zu Recht betont, dass die *captatio* des Gedichts energetisch der Überwältigungsstrategie des pathetischen *genus* der Epik entspricht und diese Energie vom Epischen ins Lyrische umlenkt.[48] Von Pathos ist bei ihm aber an keiner Stelle ausdrücklich die Rede. Am Ende interpretiert er die erste Ekloge als Offenbarung, wie sich die Person des Dichters in die vom öffentlichen Leben und vom Gönner abhängige, doch zugleich affektiv souveräne Autonomie seines privaten Innersten zurückziehe.[49]

Besondere Brisanz entwickelt das Pathos dort, wo das lyrische Ich dem Vizekönig zu huldigen scheint, dabei aber subtil – und siegreich – seine Feder auf Kriegspfade führt: Horst spricht von einer „poetic campaign".[50] Das ist weitaus mehr als eine „Komplexität der Wechselbeziehungen zwischen textinternen und textexternen Rollen",[51] mit der Hans Ulrich Gumbrecht Garcilasos bukolische Texte in seiner Literaturgeschichte bedenkt. Der Dichter Garcilaso zwingt dem Vizekönig nämlich im Raum des literarischen Interstitiums durch geschickte Rhetorik seinen Willen auf. Der rhetorische Angriff wird buchstäblich mit einem militärischen Angriff verglichen und aufs Papier gebracht: „verás ejercitar mi pluma" (v. 24). Auch wenn Garcilaso an dieser Stelle dem Gönner ein Epos zu seinen Ehren verspricht, das er zu einem späteren Zeitpunkt zu schreiben gedenkt, versteht Horst das *ejercitar* zu Recht wörtlich. Die im Hier und Jetzt vorliegende Ekloge und die *Dedicatoria* selbst sind subtile rhetorische Gewalt, die sich an der epischen orientiert und den Zuhörer aus der Position des Überlegenen erfolgreich in eine passive Rolle manövriert. An Stelle eines heroischen Epos über die glorreichen Taten des Don Pedro liefert Garcilaso qua Rhetorik eine poetische Glorifizierung des pathematischen Erleidens.

Diese Spiegelung der eigenen Subjektivität im Medium der performativen Sprechakte, als die seine Eklogen gelesen werden müssen, ist es, um die es hier gehen soll. Im Gebrauch des formalen Interstitiums des bukolischen Pathos zeigt Garcilaso meines Erachtens, dass Literatur Intervention werden kann, Handlung im sozialen und politischen Raum: „the action of the poet".[52] Die

---

48 Garcilaso habe insbesondere mit dem Widmungsteil das Ziel verfolgt, „to appropriate epic energy to lyric goals". Horst, „Poetry and Power in Garcilaso's *Égloga Primera*", 1987, S. 4.

49 Ebd., S. 9. Hier müsste aus meiner Sicht anders argumentiert werden, weil die Deutung zu sehr von unserer modernen Vorstellung von Emotionalität und Innerlichkeit geprägt ist.

50 Ebd., S. 8.

51 Gumbrecht, Eine *Geschichte der spanischen Literatur*, 1990, S. 271.

52 O'Donoghue, „Pastoral Paratexts", 2015, S. 8. Ich stimme, wie im Weiteren zu sehen sein wird, O'Donoghue jedoch nicht vollends zu, wenn er behauptet: „Ronsard advocates the

Frage ist also, wie sich ein in der inszenierten Ohnmacht und im passiven Erleiden spiegelndes Selbst zu paradoxer Unabhängigkeit aufschwingt.

4.1.1 *Zur Tonspur der bukolischen Natur* (Égloga I)

Wenn der Leser einer Ekloge das lyrische Ich in den *locus amoenus* begleitet, wird er zunächst üblicherweise über die Elemente dieses idyllischen Naturraumes aufgeklärt: ohne *verde prado* kein *locus amoenus*, ohne *locus amoenus* – zumindest in der Frühen Neuzeit – keine Hirtendichtung. Auch Garcilaso beginnt seine drei *Églogas* mit diesem topischen *rite de passage*. Im Falle der ersten und dritten Ekloge ist davor jeweils eine Widmung platziert, einmal dem Vizekönig, einmal dessen Frau zu Ehren. Die zweite Ekloge hingegen beginnt, wir werden es weiter unten sehen, *in medias res* direkt im *locus amoenus* selbst. Die Brüche, die dadurch entstehen, sind eklatant. Zunächst jedoch gilt es genauer hinzusehen, wie die Darstellung der bukolischen Naturlandschaft in der ersten Ekloge funktioniert.

43 Saliendo de las ondas encendido,
44 rayaba de los montes el altura
45 el sol, cuando *Salicio*, recostado
46 al pie de un alta haya, en la verdura
47 por donde una agua clara con sonido
48 atravesaba el fresco y verde prado.
49 *Él*, con *canto acordado*
50 al rumor que sonaba,
51 del agua que pasaba,
52 *se quejaba* tan dulce y blandamente
53 como si no estuviera de allí ausente
54 la que de su dolor culpa tenía,
55 y así, como presente,
56 razonando con ella, le decía: (*Égloga I*; Hervorh. K. P.)

Die bukolische Szene setzt ein mit dem Sonnenaufgang, am Ende der Gesänge wird die Sonne wieder untergehen. Während in den ersten Versen noch das visuelle Spektakel des Lichts im Vordergrund steht, das Wasser und Berge im Auge des Betrachters entzündet, verschiebt sich der Fokus ab Vers 47 in den Bereich des Akustischen. Von diesem Augenblick an ist die Geräuschkulisse die vornehmliche Beschreibungskategorie, die Salicios Gesang über seine Liebesqualen rahmen wird. Die Sinnlichkeit der bukolischen Natur erscheint

political use of pastoral, while Garcilaso foregrounds his lyrical concerns, professing an intention to write pastoral poetry that is far removed from politics". Ebd., S. 1f.

also immer schon in Verbindung mit der Affektdarstellung.[53] Ja, mehr als das: Affektdarstellung und Tonkulisse – der intradiegetische bukolische Pitch,[54] sozusagen – sind untrennbar. Salicio begleitet den sanft sprudelnden Bach – den klingenden „rumor que sonaba, / del agua que pasaba" (vv. 50f.) – mit einer darauf harmonisch abgestimmten Tonspur: „con canto acordado" (v. 49). Ob die Ekloge damit tatsächlich immer „dulce y blandamente" (v. 52) klingt, darf dennoch in Frage gestellt werden.

Denn die scheinbar prästabilisierte Harmonie zwischen Natur und Mensch wird schon an dieser Stelle unterschwellig irritiert.[55] Die syntaktische Spreizung vom Subjekt des Satzes („Salicio", v. 45) zum Verb („se quejaba", v. 52) über mehrere Verse hinweg mutet nachgerade manieristisch an und verschiebt den extradiegetischen bukolischen Pitch auf der Ebene des lyrischen Ichs in Richtung eines pathetischen Redestils. Mitunter deshalb wurde wohl an dieser Stelle in der neuen Ausgabe von Ignacio García Aguilar 2020 ein neuer Satz gebildet, indem der Vers 48 mit einem Punkt abschließt – in der Cátedra-Ausgabe 2008 ist dies hingegen nicht der Fall.[56] Durch die Länge der Sequenz wirkt dort die Passage der Landschaftsbeschreibung stellenweise fast atemlos, in ihrem Rhythmus gestört. Die syntaktische Kaskade der Prädikate in den Versen 46–48 und der insistierende Parallelismus in Vers 50f. mit zwei weiteren Verben als Reimwörtern tragen das ihre zu dieser Wirkung bei. Rhetorisch und syntaktisch mutet der Moment des Eintretens in die Welt der Schäfer daher fremd an, weil er nicht zum „verde prado" (v. 48) einer idyllischen Natur passen will. Zwar setzt Garcilaso in Vers 49 noch einmal das Personalpronomen „él", um den syntaktischen Zug zu halten. Ein Hyperbaton direkt als Auftakt zu setzen, ist allerdings ein Fanal, das den Pitch der Ekloge als Ganzes zu überdenken gibt und vom Herausgeber deshalb auch nicht willkürlich übergangen werden sollte.

Wie schon Frank Nagel feststellt, sind Landschaftstropen bei Garcilaso keine „moralische[n] Allegorien" und „Spiegel der Affekte" mehr,[57] sie chaotisieren

---

53 „Sus 'paisajes' no son, esencialmente, ni 'idealizados' ni 'reales y localizados': son imágenes poéticas que expresan la idea, dando sensibilidad y claridad al sentimiento." Parker, „Tema y Imagen de la *Égloga I* de Garcilaso", 1974, S. 207f., mit Bezug auf Arce Blanco, *Garcilaso de la Vega*, 1930.

54 Siehe dazu die Einleitung, Kap. 1.4.

55 Siehe zur Kritik an Parker, der das neoplatonische Ideal hier noch unangetastet sehen wollte, Matzat, „Liebe und Natur in Garcilasos Eklogen", 2004, S. 100. Rivers, *Garcilaso de la Vega*, 1980, S. 64–74, legt besonderen Wert auf die ‚Widernatürlichkeit' des Verhaltens der Galatea.

56 Vgl. Garcilaso de la Vega, *Poesía castellana completa*, 2008, S. 37.

57 Nagel, „Garcilasos Landschaften", 2008, S. 309. Nagel versteht sie als Überbleibsel eines analogischen Denkens, das in der Natur den Willen Gottes erkennt.

vielmehr den Naturraum und legen den Schwerpunkt auf „phänomenale Wahrnehmung und ästhetische Vergegenwärtigung".[58] Damit verwandelt sich die literarische Darstellung von Landschaft für das frühneuzeitliche Subjekt in ein Medium „diesseitiger Affektrepräsentationen",[59] in denen gerade keine idyllische Korrespondenz herrscht. Der göttliche Plan ist der Natur Garcilasos verloren gegangen.

Das Außergewöhnliche an der *Égloga I* ist aber meines Erachtens, wie deutlich Garcilaso hier bukolische Topik, Affektrepräsentation und rhetorische Tonspur verklammert – und dies nicht nur an dieser Stelle. Als Salicio nämlich nach zwölf Strophen absetzt und der Sprecher wieder übernimmt, schließt er den Salicio-Teil mit einem erneuten Kommentar zur Geräuschkulisse. Während Salicio verstummt und nur noch Seufzer („sospirando", v. 226) und Weinen („llanto", v. 227) von sich gibt, stimmen belebte und unbelebte Natur in seine Klagen mit ein. Dieser orphische Topos der mitleidenden Natur, den Salicio kurz zuvor (vgl. vv. 197–206) ebenfalls bedient, wird in der Version des Sprechers jedoch erstaunlich gewendet. Denn die erste Antwort, die Salicio aus dem Naturraum entgegenschallt, ist das gewichtige Dröhnen des Berges, der so der Schwere des Schäferleidens Tribut zollen will: „queriendo el monte al *grave sentimiento* / de aquel dolor en algo ser propicio, / con *la pesada voz* retumba y suena" (vv. 228–230; Hervorh. K. P.). Pathetisch hervorgehoben durch das Hendiadyoin „retumba y suena" (v. 230) antwortet das erdbebengleiche Dröhnen des Berges Salicios „grave sentimiento" (v. 228) mit „pesada voz" (v. 230). Das ist nichts anderes als eine Übersetzung pathetischer Rhetorik in allegorische Natur. Keine Allegorie der Moral, keine Allegorie der Tugenden wohlgemerkt, sondern eine erweiterte Metapher[60] für lautes, menschliches Leiden. Der dröhnende Berg wird so zu einer erstaunlichen Metafigur des bukolischen Pathos.

Scheinbar aufgefangen wird das durch die süße Antwort der Nachtigall, die direkt im Anschluss ihr Mitleid bekundet: „La blanda Filomena, / casi como dolida / y a compasión movida, / *dulcemente* responde al son lloroso" (vv. 231–234; Hervorh. K. P.). Es ist höchst bemerkenswert, wie Garcilaso an dieser Stelle auf engstem Raum zwei konträre Tonspuren symbolisch gegenüberstellt. In der Tat haben wir es beide Male mit Metafiguren der bukolischen Tonhöhe zu tun: einer dröhnenden und einer mitleidig-süßen Stimme für den

58 Ebd., S. 314.

59 Ebd., S. 316.

60 Siehe zur Exteriorisierung der „reacción emotiva" in Betrachtung der Natur auch Lapesa, *La trayectoria poética de Garcilaso*, 1968, S. 100.

Ausdruck menschlichen Leidens.[61] Garcilaso liefert damit ein starkes Bild für das januskopfige Kippen der frühneuzeitlichen Bukolik zwischen pathetischer Schwere und Einfachheit. Dieses Kippen endet jedoch mitnichten in einer klaren Dichotomie aus Berg und Singvogel. Denn im schmerzvollen Gesang der Filomena („como dolida"; v. 232) drängt in der Renaissancedichtung über die Topik des süßen Gesangs hinaus deren gewaltsames mythologisches Legat an die Oberfläche: Schließlich ist Filomena / Philomela dem ätiologischen Mythos gemäß das Opfer einer Vergewaltigung, Verstümmelung und göttlichen Verwandlung, der süße Gesang der Nachtigall also immer schon ein verdächtiger Index für genuines Leiden.[62] Auch die italienische Dichterin Gaspara Stampa wird im Sonett CLXXIII *Cantate meco Progne, e Filomena* ihrer *Rime* (1554) die Nachtigall entsprechend remythologisieren. Bemerkenswert an ihrer Version ist, dass die Stimme des weiblichen lyrischen Ichs mit den gewaltsam zum Verstummen gebrachten und ästhetisch in den ‚süßen' Klang verschobenen Stimmen Proknes und Philomelas eine solidarische weibliche Leidensgemeinschaft des kunstvollen hohen Stils zu bilden scheint: „Dunque essendo più fresco il mio dolore, / *Aitatemi amiche* à disfogarlo, / Ch'io per me non ho tanto entro vigore. / E, se piace ad Amor mai di scemarlo, / *Io piangerò poi'l vostro* à tutte l'hore / Con *quanto stile, & arte* potrò farlo"[63] (vv. 9–14; Hervorh. K. P.). Dies scheint nachgerade ein Paradebeispiel für jene „protective veils"[64] des hohen Stils zu sein, die Abu-Lughod beschrieben hat: Die Unterdrückten innerhalb einer hegemonialen (hier: patriarchalischen) Ordnung finden unter dem Schutzmantel der Kunst ihre Stimme (wieder). In gewisser Hinsicht ließe sich Garcilaso in diese pathematische Gemeinschaft integrieren, da der Topos der ‚verbotenen' Zunge ihn auch in anderen Texten umtreibt[65] und dort mit dem Konflikt zwischen Künstler und Herrschaft in Verbindung gebracht wird.

---

61 Es handelt sich dabei zugleich um eine *mise en abyme* des Schäferwettstreits, einen „amoebean song of the elements". Fernández-Morera, *The Lyre and the Oaten Flute*, 1982, S. 46.

62 Vgl. Ovid, *Metamorphosen*, 1972, S. 218–231 (VI, 412–674). Bemerkenswert ist, dass schon die unheilvolle Hochzeit zwischen Tereus und Prokne von den Furien (Eumenides) begleitet wird (VI, 430f.).

63 Vgl. Stampa, *The Complete Poems*, 2010, S. 212. Für den Hinweis auf diese lyrische Remythologisierung der Nachtigall danke ich Dietrich Scholler. Zur tendenziell tragischen Spannung zwischen idyllischer Frühlingsatmosphäre und Leiden, die bei Stampa dem traumatischen Kern des Mythos entnommen wird und über die Topik bei Petrarca hinausgeht, vgl. Bondi, „'Cantate meco, Progne e Filomena'. Riscritture cinquecentesche di un mito ovidiano", 2011, S. 40.

64 Abu-Lughod, „Ideology and the Politics of Sentiment", 1986, S. 238. Siehe dazu Kap. 2.3.2.

65 Siehe zur Widmung der *Égloga III* den Beginn von Kap. 4.2.

Eine besondere Pointe ist in seiner ersten Ekloge danach eingefügt, wenn das lyrische Ich das Wort abgibt an die Musen (vgl. vv. 235–238), weil es das noch größere Leid Nemorosos nicht abbilden zu können glaubt. Die Stimme erster Ordnung kokettiert dabei mit angeblicher Schwäche, Mutlosigkeit und Unfähigkeit: „[...] que tanto / no puedo yo ni oso, / que siento enflaquecer mi débil canto" (vv. 236–238). Gerade durch den traditionellen Musenaruf allerdings löst sie trotz der *recusatio* paradoxerweise das Versprechen der Lobrede auf den Vizekönig ein, weil sie sich quasi zum epischen Dichter – aus eigener Schwäche – macht – eine Tatsache, die im Übrigen durch den Einstieg der *Égloga I* unterstrichen wird, wo der Sprecher bereits – noch vor der Widmungsrede – mit dem aus dem antiken Epos bekannten „he de cantar" (v. 3) zu sprechen angehoben hatte. Dort wo er dann die „pïérides" (v. 236) singen macht, haben wir es also mit Garcilasos Urszene seines bukolischen Epyllion[66] über pathematische Subjektivität zu tun.

Doch Garcilaso erlaubt sich auch hier eine ironische Kippfigur. Obwohl die Pieriden meist identisch mit den Musen sind[67] – und dies insbesondere in Vergils Eklogen (vgl. etwa *Bucolica*, III, 85 und VIII, 63) –, sind sie in Ovids *Metamorphosen*[68] (V, 294–678) genau ihr Gegenteil. Die Töchter des Pierus hatten dort die Musen und deren „leere[] Süße"[69] (*vana dulcedine*; V, 308f.) zum Gesangswettstreit herausgefordert, deutlich verloren und wurden daraufhin in krächzende Vögel verwandelt. Bei Ovid ist die Episode ausführlich nacherzählt, Garcilaso muss sie bekannt gewesen sein. Er zitiert Ovid im ganzen Text immer wieder, in erster Linie dessen mythologische Variante der bukolischen Liebe zwischen Polyphem und Galatea.[70] Das Zentrale an dieser Tatsache ist nun,

66 Allerdings fehlt in der ersten Ekloge – im Vergleich mit der zweiten – das narrative Element, das konstitutiv für ein tatsächliches Epyllion wäre. Dennoch ist meines Erachtens dieser Begriff noch am ehesten geeignet, um die Rumpfversion des – verhinderten – Epos, die in der Lobrede bereits thematisch ist, konzeptuell zu fassen.

67 Die Herausgeber der Cátedra-Ausgaben kommentieren entsprechend. Vgl. Garcilaso de la Vega, *Poesía castellana completa*, 2008, S. 43, FN 35, und Garcilaso de la Vega, *Poesía*, 2020, S. 336. Angelegt bereits bei Herrera, der die Pieriden analog zur antiken Tradition (vgl. Hesiod, *Theogonie*, 53) als Musen des Berges Pierio bezeichnet hatte. Vgl. Gallego Morell, *Garcilaso de la Vega y sus comentaristas*, 1972, S. 491. Siehe zu den Pieriden allgemein den Eintrag im *Neuen Pauly* von Walde, „Pieriden", 2000.

68 Ovid, *Metamorphosen*, 1972, S. 178–197.

69 Ebd., S. 178f.

70 Polyphem und Salicio werden in ihrem narzisstischen Begehren und dem Blick in den Wasserspiegel gleichgesetzt in diesen Versen: „Kenne ich doch mich selbst; ich habe mich neulich im klaren / Spiegel des Wassers gesehn, und gefallen hat mir mein Anblick" (*certe ego me novi liquidaeque in imagine vidi / nuper aquae, placuitque mihi mea forma videnti*; XIII, 840f.). Ebd., S. 506. Bei Garcilaso: „No soy pues bien mirado, / tan disforme ni feo; / que aun agora me veo / en esta agua que corre clara y pura" (vv. 175–178). Auch die

dass die Pieriden von Ovid aufgrund ihrer misslungenen Rhetorik kritisiert und als Beispiel schlechter Epik verunglimpft werden. Er macht sich eindeutig lustig über ihre „alte Begabung zu sprechen, krächzende Redseligkeit und endlos Verlangen zu schwatzen“[71] (*Nunc quoque in alitibus facundia prisca remansit / raucaque garrulitas stidumque immane loquendi*; V, 677f.). Für die bukolische Szenerie interessant ist die Erwähnung der Pieriden nicht nur, weil sie in Vögel verwandelt werden, sondern auch, weil im Wettstreit mit den Musen die Nymphen als Schiedsrichter auftreten. Sie wiederum gehören selbstverständlich zum traditionellen Inventar der Bukolik. Garcilaso überkreuzt also seine antiken Intertexte und eröffnet damit einen widersprüchlichen Schallraum für die frühneuzeitliche Bukolik, die ihr eigenes Pathos reflektiert. Der Text spricht folglich auf ähnliche Art und Weise mit doppelter Stimme, wie Adam Parry dies in der *Aeneis* Vergils nachgewiesen hatte. Dort ist das trauernde Pathos der italischen Verlierer um ihre Heimat – „the loss of Italy“[72] – eine Gegenstimme zum siegreichen Imperium Rom, das von den fremden Trojanern gegründet wird. Auch bei Garcilaso scheint es immer wieder (wie späterhin für die *Égloga II* zu zeigen sein wird) eine Dissonanz zwischen „private voice of regret“ und „public voice of triumph“[73] zu geben. Gekoppelt ist diese Dissonanz wie bei Vergil an den Einsatz von Pathos.

Dass Garcilaso an Ovid gedacht haben muss, ist nicht zuletzt daran zu erkennen, dass die siegreiche Muse Calliope bei Ovid mit Efeu bekränzt ist,[74] der als Motiv auch bei Garcilaso immer wieder ins Spiel gebracht wird. Außerdem erwähnt der spanische Dichter an einer anderen Stelle im Gedicht wie Ovid[75] die Lucina. Lucina (oder Eileithyia) war bei den Griechen und Römern eine bei der Geburt helfende Göttin und verschmilzt später mit Juno (bzw. Diana). Für den Pieriden-Mythos ist sie deshalb von Bedeutung, weil in Ovids Version die Mutter der Pieriden bei der Geburt ihrer Neunlinge, die sich später

Hyperbeln gleich zu Beginn, wenn Salicio Galatea beschreibt („más dura que mármol“, „más helada que nieve“; vv. 57 u. 59), ähneln Polyphems rhetorisch groteskem Monolog bei Ovid, der Galatea in XIII, 789–807 in einer schier unendlichen Reihe von superlativischen Hyperbeln schildert.

71 Ovid, *Metamorphosen*, 1972, S. 196f.

72 Parry, „The Two Voices of Virgil's *Aeneid*“, 1963, S. 69.

73 Ebd., S. 79.

74 So konkret an dieser Stelle: „So erhob Calliope sich, mit Efeu die offnen / Haare umkränzt [...]“ ([...] *et inmissos hedera conlecta capillos / Calliope* [...]; V, 338f.). Ovid, *Metamorphosen*, 1972, S. 180f. Garcilaso wendet das Motiv des Efeus in der Ekloge mehrfach an, assoziiert es mit den grausamen Frauen und kehrt so das Motiv der Siegreichen ins Phobische, siehe weiter unten.

75 „Neunmal / hat sie die mächtge Lucina gerufen, neunmal gebärend“ (*Lucinam noviens, noviens paritura, vocavit*; V, 304). Ebd., S. 178f.

mit den neun Musen messen wollen, Lucina um Hilfe anruft.[76] In Garcilasos *Égloga I* taucht die Göttin hingegen dort auf, wo Nemoroso sich Elisas Todesnacht zum zweiten Mal in Erinnerung ruft und berichtet, wie Elisa im Wochenbett verstarb:[77] „Verte presente agora me parece / en aquel duro trance de Lucina" (vv. 370f.).

Wenn aber nicht nur die Musen Vergils, sondern über den Umweg Ovid implizit auch die Pieriden – geboren unter Anrufung der Göttin Lucina – vom lyrischen Ich gebeten werden, Nemorosos Gesang zu ‚soufflieren', und die Pieriden als besonders schlechte Sängerinnen bekannt sind – was sagt das über Garcilasos Epyllion des pathematischen Leidens? Was soll der Anruf der ‚schlechten' Musen bedeuten, der sich in der semantischen Ambivalenz der *Piérides* verbirgt? Und in welcher Genealogie steht damit die pathetische Rhetorik des Gedichts, wenn man bedenkt, dass der Geburtsmythos mit Erwähnung Lucinas bei Garcilaso tödlich gewendet wird?

Eines ist bis hierher klar geworden: Auf allen Ebenen des Textes ist die *Égloga I* eine selbstreflexive rhetorische Inszenierung. Umso deutlicher sticht aufgrund dessen der Kontrast hervor, der durch die Metafiguren mitleidender Natur und den Einsatz von Salicios Rede hergestellt wird. Der erste Vorwurf, den dieser seiner herzlosen Geliebten macht, ist nämlich der zu großer Härte: „¡Oh más dura que mármol a mis quejas / y al encendido fuego en que me quemo / más helada que nieve, Galatea!" (Vv. 57–59) Ganz im Sinne der petrarkistischen Konvention, die von der Angebeteten nicht nur Zurückhaltung, sondern absolute Verweigerung verlangt,[78] ist Salicios Galatea härter als Marmor[79] und frostiger als Schnee. Das ist völlig erwartbar, aber spätestens als Garcilaso

---

76 Matzat stellt die Geburtsgöttin Lucina an dieser Stelle mit Diana bzw. Semele gleich, die Elisa hier nicht erhört, weil sie stattdessen ihren Geliebten Endymion aufsucht. Vgl. „Liebe und Natur in Garcilasos Eklogen", 2004, S. 103. Lucina ist jedoch u. a. bei Servius auch mit dem Ursprung bukolischer Dichtung verbunden (ihr Name leitet sich in einer Variante von lat. *lucus*, dt. der Hain, ab). Vgl. McVay, „The Goddess Diana and the 'Ninfa degollada' in Garcilaso's *Égloga III*", 1993, S. 21, der sie in der *Égloga I* ebenfalls mit Luna bzw. Diana identifiziert. Zum bisher ungelöst gebliebenen Rätsel der Lucina in der Ekloge Garcilasos siehe die FN 46 in Fernández-Morera, *The Lyre and the Oaten Flute*, 1982, S. 51.

77 Die beiden Schäfer Salicio und Nemoroso werden heute üblicherweise als zwei konträre Identifikationsfiguren eines in sich gespaltenen Garcilaso interpretiert. Vgl. Zimic, *Las églogas de Garcilaso de la Vega*, 1988, S. 29–33. Zur Gleichsetzung Elisas in der *Égloga III* mit Beatriz de Sá, der im Wochenbett verstorbenen Ehefrau seines älteren Bruders Pedro Laso, siehe zuletzt Gómez Moreno, „La ventura de la *Égloga III* de Garcilaso", 2014, S. 676.

78 Siehe zur Auratisierung des weiblichen, sich entziehenden Körpers bei Petrarca Leopold, *Die Erotik der Petrarkisten*, 2009, S. 71–87.

79 Barnard hebt hervor, dass der Marmor ein Stein für ästhetische Weiterbearbeitung und insofern in der marmorgleichen Galatea bereits ihre Verwandlung in eine Statue angedacht sei. Damit wäre sie ein Negativ zum Positiv des Pygmalionmythos und quasi

die affektische Kälte der Dame ein zweites Mal der mitleidenden Natur gegenüberstellt, wird man hellhörig. Direkt nach seiner Identifikation mit Orpheus insistiert Salicio: „Tú sola contra mí te endureciste" (v. 207). Galatea, die ihn für einen anderen verlassen und ihre frühere Liebe verraten zu haben scheint, ist jeder Rhetorik gegenüber – anders als die Berge, Bäume und Vögel – völlig immun. Sie ist ja wenig überraschend nicht einmal anwesend (ihre *ausencia* wird betont in v. 53 und am Ende verspricht Salicio, den *locus amoenus* zu verlassen, damit sie zurückkehren kann; vgl. vv. 214f.). So muss die Liebesklage des Schäfers unweigerlich ins Leere gehen. Das läuft der fiktiven Pragmatik zuwider, die noch kurz bevor er zu singen anhebt betont werden muss: „y así como presente, / razonando con ella, le decía" (vv. 55f.). Ist dies demnach überhaupt ein ernstgemeinter Versuch der *captatio*, wie Horst meinte, oder eine Klage, die vor allem eines will: klagen?[80] Denn der Versuch, die Dame zu erweichen, ist ja nicht nur von Anfang an zum Scheitern verdammt – zunächst muss er das sein im Zeitalter neoplatonischer Liebeskonzepte.[81] Im Kontext der Überwältigungsrhetorik, in deren Zeichen die *Égloga I* steht, ist die für die Bukolik durchaus klassische Härte der Galatea aber meines Erachtens eine wesentlich eindeutigere Kapitulationserklärung,[82] als die eingestreute petrarkistische Topik vielleicht vermuten ließe.[83]

Was wie hier im Augenwinkel des Lesers als ebenso variantenreiches wie zentrales Thema immer wieder auftaucht, ist die Unwiederbringlichkeit des Verlorenen. Desto bedeutender ist das imaginäre Vor-Augen-Stellen all dessen, was nicht präsent ist. Uns werden zahlreiche Bilder dafür geboten: So ist Salicio gleich mehrfach die Verlängerung eines sehenden Auges, etwa wenn er die gerade eben vom lyrischen Ich eingeführte Landschaft erneut beschreibt (vgl. vv. 71–80). Schon mit der Alptraumvision[84] in den Versen 115–125 und

---

ein Zeugnis für „the failure of words", die es nicht vermögen, sie zum Leben zu erwecken. *Garcilaso de la Vega and the Material Culture of Renaissance Europe*, 2014, S. 154.

80 Agamben deutet die petrarkistische Phantasmatik der Liebe deshalb als subjektivitätskonstituierende Ersatzhandlung der Frühen Neuzeit. Vgl. *Stanzen*, 2005 und das Kap. 3.2.3.

81 Siehe zur Eroslehre der Florentiner neben Ficinos Symposion-Kommentar *De Amore* (1469) insb. Bembo, *Gli Asolani*, 1504, und in Übersicht Friedrich, *Epochen der italienischen Lyrik*, 1964, S. 287–293.

82 Siehe zur petrarkistischen Liebeswerbung und zur Metamorphose von Stimme in Schrift Stierle, „Metamorphosen des Mythos", 2012.

83 Fernández-Morera, *The Lyre and the Oaten Flute*, 1982, S. 30, nennt die *Égloga I* stellenweise „un-Petrarchan", was er insb. auf die Intertextualität zu den antiken Vorlagen des Textes zurückführt, die den Intertext des *Canzoniere* durchkreuzen. Er interpretiert aber im Folgenden noch sehr biographistisch.

84 Zimic, *Las églogas de Garcilaso de la Vega*, 1988, S. 7, hebt daran hervor, dass die Tantalusqualen des Salicio, der sich im Traum immer wieder nach dem Wasser strecken muss,

noch klarer in den phobisch aufgeladenen Bildern in den Versen 135–137 und 161–165 wird deutlich: Der Sprecher gibt Vorstellungen wie die der Geliebten, die efeugleich die Arme um den Hals des anderen Mannes schlingt, oder der Schlangen, die sich mit Vögeln paaren, als sowohl kognitive als auch affektive Tätigkeit an die *phantasia* seiner Zuhörer weiter. Selbst scheinbar abgenutzte Topoi wie der Gegensatz zwischen der ‚erhitzten' Rede Salicios und der inneren Kälte seiner Adressatin werden demzufolge von Garcilaso explizit mit der diffizilen Frage nach der Repräsentation und Erzeugung von Affekten verbunden: als scheiternde oder gelungene Übertragung affektiver Energie über sprachliche Bilder.[85]

Hier gilt es deshalb, näher auf rhetorische Mittel zur literarischen Visualisierung einzugehen. Wie bereits eingangs erwähnt wurde, ist gerade die Ekphrasis eine Technik, deren Bedeutung für Garcilaso wir kaum überschätzen können. Sie ist die „affektsteigernde Figur"[86] par excellence. Wie andere Visualisierungstechniken basiert sie auf der in antiker Rhetorik und Poetik weit verbreiteten Theorie der *evidentia*. Bei Quintilian wird dieser Vorgang des Vor-Augen-Stellens (*sub oculos subiectio*) insbesondere in den Büchern VI, VIII und IX erwähnt.[87] *Evidentia* bedeutet nun gerade, etwas Abwesendes präsent zu machen. Durch in der *phantasia* erweckte mentale Bilder wird dabei zugleich *energeia* weitergegeben,[88] ganz so wie im phobischen Bild Galateas als Efeu.[89] Nagel sieht in dieser Energieübertragung zu Recht ein wesentliches Element von Garcilasos Affektpoetik, vor allem wenn es um die Darstellung von Landschaft geht.

> Gleichzeitig amalgamiert sich nun die perspektivische Erschließung als landschaftskonstitutive Subjektivitätsleistung mit einem affektiven Moment der Pathoserregung, das zugleich die Rezeptionsästhetik von *evidentia* charakterisierte.[90]

---

darauf hinweisen, dass die Beziehung mit Galatea niemals tatsächlich eine erfüllende gewesen sein kann.

85 Siehe zum Pathos als Transport Gödde, „Pathos in der griechischen Tragödie", 2016, S. 210.

86 Mit Bezug auf das Sonett XIII, Leopold, „Der Tod der Daphne als Garcilasos poetisches Gründungsopfer", 2008, S. 129.

87 Siehe insb. Quintilian, *Institutionis Oratoriae*, Bd. II, 1975, S. 287 (IX, 2, 40f.).

88 Die Wirkmächtigkeit der Ekphrasis und jeglicher rhetorischer Verfahren, die Evidenz erzeugen sollen, ist somit „the result of a controlled and conscious process of visualization". Webb, *Ekphrasis, Imagination and Persuasion*, 2009, S. 95.

89 Siehe zur Efeu-Metapher Matzat, „Liebe und Natur in Garcilasos Eklogen", 2004, S. 100, der hier aber nur den Bruch einer natürlichen Ordnung des Kosmos betont, weil der Efeu gewaltsam fortgerissen und umgesetzt werden kann.

90 Nagel, „Garcilasos Landschaften", 2008, S. 325.

In der Erzeugung literarischer Evidenz verbindet *phantasia* die Vorstellungswelt des Sprechers über das Medium der Worte mit der Imagination des Hörers bzw. Lesers. Die Worte sind es (auch wenn sie von Quintilian sträflich vernachlässigt werden), die Affekte beim Rezipienten auslösen – vorausgesetzt, sie sind in der Lage, pathematisch wirksame Bilder in dessen Vorstellungskraft zu erzeugen. Die konkreten Mittel für diesen Effekt nennt Ruth Webb u. a. mit Bezug auf die moderne Theorie literarischer Beschreibung bei Philippe Hamon (*Du descriptif*, 1993). Hierzu gehört nicht allein, konkrete Details zu einem bestimmten Thema in eine Erzählung einfließen zu lassen, sondern, Hamon zufolge, die lexikalische Kompetenz des Lesers anzusprechen.[91] Je größer die Varianzbreite der Prädikate, die zu einem Thema geliefert werden, umso größer demzufolge der mögliche pathematische Effekt.

Auch deshalb steigert der Nemoroso-Teil bei Garcilaso die Trauer Salicios noch um ein Vielfaches. Elisa, Nemorosos Geliebte, der dieser den Regeln des *canto amebeo*[92] folgend ebenfalls zwölf Kanzonenstrophen widmet, ist bereits verstorben und somit unwiederbringlich verloren.[93] Nemorosos Verse stehen allesamt im Zeichen der Erinnerung, sie sind elegische Dichtung der „memorias llenas de alegría" (v. 252).[94] Die bukolische Landschaft spielt als Auslöser und Speicher dieser Erinnerungen auch für Nemoroso eine große Rolle. Ganz deutlich heißt es gleich zu Beginn: „Y en este mismo valle, donde agora / me entristezco y me canso en el reposo, / estuve ya contento y descansado" (vv. 253–255). Die Gegenüberstellung des Leidens im Jetzt („me entristezco y me canso"; v. 254) und des Glücks der Vergangenheit („contento y descansado"; v. 255) wird durch den Parallelismus eindeutig unterstrichen.

Evidentia wird aber nicht allein durch *memoria* erzeugt. *Phantasia* hat für Garcilaso eine nicht minder zentrale Bedeutung. Eindrücklich setzt er

91 Vgl. Webb, *Ekphrasis, Imagination and Persuasion*, 2009, S. 105f., mit Bezug auf Hamon, *Du Descriptif*, 1993, S. 41, der dies als ‚anderes' Gedächtnis bezeichnet: „mémoire des stocks lexicaux *in absentia à reconnaître*" (Hervorh. im Original).

92 Siehe zum bukolischen Wechselgesang des amoebischen Liedes, das seit den Idyllen Theokrits bekannt ist, Gómez, „Amoebean Songs, from Garcilaso to Góngora", 2018.

93 Eine Steigerung der in der gesamten Ekloge dargestellten Disharmonie von der Störung der natürlichen Ordnung (Salicio / Galatea) hin zu einem widernatürlichen Schicksal (dem frühzeitigen und daher grausamen Tode Elisas). Vgl. Rivers, *Garcilaso de la Vega*, 1980, S. 70. Elisas Abwesenheit mündet daher in die poetische Konstruktion zahlreicher *memorabilia* und Ersatzobjekte, z. B. die Haare, die Nemoroso wie einen Fetisch verehrt. Vgl. Barnard, *Garcilaso de la Vega and the Material Culture of Renaissance Europe*, 2014, S. 162.

94 Vgl. Fernández-Morera, *The Lyre and the Oaten Flute*, 1982, S. 47. Zur formalen Entgrenzung der Bukolik in Richtung der antiken Liebeselegie siehe die Beiträge im Band Álvarez Hernández / Weiss, *Bukolik und Liebeselegie zwischen Antike und Barock*, 2017.

Visualisierungen dort ein, wo latent phobische Bilder den Raum pastoraler Natur selbst anzugreifen beginnen. In einer Passage, in der Nemoroso erläutert, wie auch ihm die Natur ihr Mitleid durch spiegelbildliches Verhalten zu zeigen scheint, mündet der Text deshalb erneut in eine Metafigur pathematischer Poetik:

299 [N]o hay bien que en mal no se convierta y mude.
300 *La mala hierba* al trigo ahoga, y nace
301 en lugar suyo *la infelice avena*;
302 la tierra, que de buena
303 gana nos producía
304 flores con que solía
305 quitar en sólo vellas mi enojos,
306 produce agora en cambio estos abrojos,
307 ya de rigor de espinas intractable.
308 *Yo hago con mis ojos*
309 *crecer, lloviendo, el fruto miserable.* (*Égloga I*; Hervorh. K. P.)

Leid übersetzt sich an dieser Stelle wieder in Natur und in Wettkampf, wenn der Efeu den Weizen erdrosselt („La mala hierba al trigo ahoga"; v. 300) und danach nurmehr minderwertiger Hafer wächst: „la infelice avena" (v. 301; die erudite, italianisierende Variante des span. *infeliz* hebt an dieser Stelle die Tonlage zusätzlich). Der Chiasmus in den vv. 300f. bringt dies auch rhetorisch zum Ausdruck, so dass die zwei schlechten Pflanzen (*hierba* und *avena*) den fruchtbaren Weizen buchstäblich im Klammergriff halten.

Im Syntagma der Ekloge verschärft sich dadurch der metaphorische Gehalt des Efeus: War er zu Beginn *secundum* für Galateas Untreue, ist er hier todbringender Würger des fruchtbaren Korns. Auf syntagmatischer Ebene rückt damit der unglücklich liebende (und dichtende!) Mann indirekt an die Stelle des Weizens und ist selbst dem Tode nahe – den Nemoroso sich ja herbeiwünscht, um Elisa im Himmel wiederzusehen. Die pathematische Zeugungsszene einer poetischen Dichtung, die keine männlich befruchtende Wirkung mehr hat, wird dennoch subtil ironisch gewendet, weil der Efeu im semantischen Paradigma des ovidianischen Musenwettstreits symbolisch für die siegreiche Calliope – und nicht nur für die grausamen Frauen der Schäfer – steht. Nemoroso wird also auch poetisch geschlagen, obwohl er als Gewinner aus dem implizierten Wettstreit mit Salicio hervorzugehen scheint.

Am Ende lassen seine Tränen auf dem Boden der ehemaligen Blumenwiese wie salziger Regen dornige Disteln („abrojos"; v. 306) wachsen. Hier darf daran erinnert werden, wie Garcilaso die Übersetzung des *Cortegiano* ins Kastilische, die sein Freund Boscán auf seine Anregung hin 1534 anfertigt, mit den Worten lobt, dass es ihm gelungen sei, im Stil „huir del afectación sin dar consigo en ninguna sequedad".[95] Dieses Ideal der Mäßigung kann man durchaus auch als Maßstab für seine Reflexion über die rhetorische Pathematik annehmen. Die wahre Tugend des Dichters sieht Garcilaso zumindest an dieser Stelle in der goldenen Mitte zwischen übertriebener Affektiertheit und emotionaler Dürre.

Die Distel als „fruto miserable" (v. 309) der Trauerklage aber ist eine höchst mehrdeutige metapoetische Metapher. Obgleich die Natur so zu leiden scheint wie Nemoroso, verkehrt sich hier das Verhältnis von Affekt und *locus amoenus* endgültig in das genaue Gegenteil von Harmonie. Der Sänger Nemoroso scheitert insofern, als er – statt pathetisches Krächzen wie die Pieriden – ein nicht minder abweisendes Dornengestrüpp ‚zeugt'. Salicios Leid vermochte es zwar noch, die süße Antwort der Nachtigall herauszufordern – aber auch seine Rhetorik wird von Stanislav Zimic als Ausdruck eines eitlen, gekränkten Künstlers interpretiert.[96] Dieser kann wie der monströse Kyklop Polyphem die erotische Zurückweisung Galateas nicht verkraften und antwortet darauf mit „tan patética e impotente desesperación".[97] Ja, in Anbetracht des mythologischen Legats Philomelas könnte man seine männliche Selbstdarstellung gar als sich verleugnende Täterperspektive interpretieren. Das gesteigerte Leid des Nemoroso zerstört dann im Symbolbild der affektisch aufgeladenen *phantasia* die Natur des Idylls, obwohl er selbst sich mit der Nachtigall gleichzusetzen meint (vgl. v. 324 und vv. 338–340). Das Pathos seiner Klage ist intradiegetisch im wahrsten Sinne des Wortes verheerend. Die emphatischen Epitheta,[98] die durch das Reimpaar „intratable" (v. 307) / „miserable" (v. 309) noch hervorgehoben werden, tragen das Ihre zur rhetorischen Überzeichnung seines phobischen Vorstellungsbildes bei. Bei aller Tragik wird Nemorosos Klage aber durch die extradiegetische Rahmung auch ironisiert. Das Urteil über den rhetorischen Pitch des bukolischen Schäferpathos bleibt also das weiter offene Ergebnis eines Dichterwettstreits auf höherer Ebene.

Das rhetorische Pathos kommt dann zum Höhepunkt, als Nemoroso in einem klassischen *Memento-mori*-Gedicht den Tod der schönen Elisa beweint. Seine Totenklage könnte man in dieser Form auch aus der Ekloge herausnehmen und dem Sonett XXIII (*En tanto que de rosa y azucena*)[99] vergleichend gegenüberstellen: Beide behandeln den petrarkistischen Überzeugungstopos, dass die Schönheit im Jetzt genossen werden muss, bevor Alter

95 Zitiert nach Sliwa, *Cartas, documentos y escrituras*, 2006, S. 128.

96 Vgl. Zimic, *Las églogas de Garcilaso de la Vega*, 1988, S. 9–12 u. 18–22.

97 Ebd., S. 22.

98 Garcilaso übernimmt den emphatischen Gebrauch von Adjektiven von Sannazaro. Vgl. Lapesa, *La trayectoria poética de Garcilaso*, 1968, S. 97f.

99 Zu den Bezügen zum Sonett XIII (*A Dafne ya los brazos le crecían*) siehe Leopold, *Die Erotik der Petrarkisten*, 2009, S. 153–157.

und Tod sie dahinraffen. Während das Sonett jedoch in der Aufforderung an die Frau noch Hoffnung erlaubt, ist in der *Égloga I* die Katastrophe bereits eingetreten – gerade infolge eines körperlichen Vollzugs, der im petrarkistischen System undenkbar, für den literarischen Kosmos der Antike hingegen weniger befremdlich ist. Aus diesem Grund ist Garcilaso auch kein lupenreiner Petrarkist, wie Leopold konzise festhält: „Die Geburt aus dem *corpus naturale* tötet die petrarkistische Dame".[100] An besagter Stelle in der Ekloge verschiebt sich entsprechend die Tonlage überdeutlich in Richtung pathetischer Affekterregung.

¿Dó están agora aquellos claros ojos
que llevaban tras sí, como colgada,
mi alma, doquïer que ellos se volvían?
¿Dó está la blanca mano delicada,
llena de vencimientos y despojos
que de mí mis sentidos le ofrecían?
Los cabellos que vían
con gran desprecio al oro,
como a menor tesoro
¿adónde están, adónde el blanco pecho?
¿Dó la columna que el dorado techo
con proporción graciosa sostenía?
Aquesto todo agora ya se encierra,
por desventura mía,
en la escura, desierta y dura tierra. (*Égloga I*)

Die disruptive Wirkung dieser Kanzonenstrophe wird besonders dadurch hervorgehoben, dass sie im Vergleich zu den anderen Kanzonen des Gedichts einen Vers mehr und also insgesamt fünfzehn enthält. Die Imagination des Todes lässt so auch den Körper des Gedichts anschwellen, als wäre die Klimax von Nemorosos Klagerede eine poetische Leibesfrucht, die mit dem hohen Pitch des rhetorischen Pathos anschwillt und danach verschwindet. Durch die zahlreichen Fragen im wiederholten „Wo?" (*dó* / *adónde*), zusätzlich gesteigert in v. 276 durch die in einen Vers gepressten zwei Fragesätze, werden die petrarkistischen Topoi des Schönheitskataloges (Haare, die das Gold vor Neid erblassen lassen; weiße Hand; strahlende Augen; anmutiger Hals; zarte Brust) mit der toten Elisa in die harte, kalte Erde hinabgesenkt. Das Vorstellungsbild eines Grabesgefängnisses für den schönen Körper der Frau ist, das muss nicht betont werden, ganz klar ein pathematisches (wie es in Spanien Jahrzehnte

100 Ebd., S. 157.

später Góngoras barocker Manierismus in dessen Sonett *Mientras por competir con su cabello* 1582 auf die Spitze treiben wird).

Die in der *phantasia* des Lesers erzeugte *evidentia* der affektiven Vorstellungsbilder wird dann maximiert und zugleich in einer religiösen Kehrtwendung[101] allem Anschein nach kathartisch gerettet, wenn Nemoroso am Ende die verstorbene Elisa – quasi aufgestiegen vom kalten Erdengrab – im Himmel imaginiert. Trauert Nemoroso zwar noch, dass Elisa ihn vergessen und auf der Erde zurückgelassen habe, so evoziert er doch einen neuen *locus amoenus*, ein genuines Paradies,[102] in dem die beiden wie Orpheus und Eurydice in den *Metamorphosen* Ovids[103] wieder vereint werden könnten.

394 Divina Elisa, pues agora el cielo
395 con inmortales pies pisas y mides,
396 y su mudanza ves, estando queda,
397 ¿por qué de mí te olvidas y no pides
398 que se apresure el tiempo en que este velo
399 rompa del cuerpo, y verme libre pueda,
400 y en la tercera rueda,
401 contigo mano a mano,
402 *busquemos otro llano,*
403 *busquemos otros montes y otros ríos,*
404 *otros valles floridos y sombríos,*
405 donde descanse y *siempre pueda verte*
406 *ante los ojos míos,*
407 sin miedo y sobresalto de perderte? (*Égloga I*; Hervorh. K. P.)

Phantasmatisch entwirft Nemoroso hier ein Anderes des irdischen *locus amoenus*, in dem selbst die Blumen in „otros valles floridos" (v. 404) wiederaufzuerstehen scheinen, die in seinem eigenen bukolischen (Vorstellungs-)Raum dahingerafft wurden (vgl. das „busquemos otro llano" in Vers 402 sowie seine Steigerungen in der Anapher und im insgesamt viermaligen Gebrauch des *otro*). Er stellt auch insofern einen Idealzustand dar, als dort Abwesendes nicht mehr qua *memoria* und *phantasia* imaginiert werden muss, sondern das Objekt des Begehrens selbst vor Augen tritt: „siempre pueda verte / ante los ojos míos" (vv. 405f.). Dennoch verharrt dieser paradiesische Raum im Modus

101 Siehe zur „metaphysical sublimation" an dieser Stelle z. B. Rivers, *Garcilaso de la Vega*, 1980, S. 73, mit Verweis auf eine ähnliche Bewegung in der ersten Elegie.

102 Zimic interpretiert dies als neoplatonischen Mystizismus eines Liebesparadieses, in dem allein Nemoroso und Elisa existieren. Vgl. *Las églogas de Garcilaso de la Vega*, 1988, S. 27.

103 Vgl. Ovid, *Metamorphosen*, 1972, S. 398f. (XI, 63–66). Siehe den Hinweis in Barnard, *Garcilaso de la Vega and the Material Culture of Renaissance Europe*, 2014, S. 169.

der nie erreichbaren Potentialität (*pueda*),[104] weil er mit der Beschwerde verbunden ist, dass Elisa sich bei den Himmlischen gerade nicht dafür einsetze, Nemoroso zu ihr kommen zu lassen.

Wie bei Salicio gilt es allerdings die extradiegetische Rahmung des Nemoroso-Teils mitzubedenken. Denn auch nach seiner Rede taucht der *monte* als pathematische Figur[105] wieder auf, allerdings jetzt, um die Differenz der Schäfer zum Naturraum zu unterstreichen: Während über den Hängen des Berges die Sonne untergeht, sind die beiden unglücklichen Sänger so sehr in ihre Klagen vertieft, dass sie erst wie aus einem Traumzustand erwachen müssen, um zu bemerken, wie spät es geworden ist. Hätten Sie die sich verfärbenden Wolken nicht gesehen, die ihnen das natürliche Ende des Tages anzeigen, hätte ihr Singen nie ein Ende gefunden.

408 *Nunca pusieran fin al triste lloro*
409 los pastores, ni fueran acabadas
410 las canciones que solo el monte oía,
411 *si mirando las nubes coloradas,*
412 al tramontar del sol orladas de oro,
413 *no vieran que era ya pasado el día*;
414 la sombra se veía
415 venir corriendo apriesa
416 ya por la falda espesa
417 del altísimo monte, y recordando
418 ambos como de sueño, y acusando
419 el fugitivo sol, de luz escaso,
420 su ganado llevando,
421 se fueron recogiendo paso a paso. (*Égloga I*; Hervorh. K. P.)

So warnt uns das Beispiel der Schäfer zuletzt, dass zu große Pathematik zu einem unnatürlichen Zirkel werden kann, die natürliche Zeit hingegen das Ende des Singens bedeutet. Mit ihrem schrittweisen Rückzug aus dem *locus amoenus* werden die Sänger wieder in den Rhythmus der Natur integriert und damit schließt der Text.

Kann man am Ende also tatsächlich von einer gelungenen rhetorischen *captatio* sprechen oder handelt es sich bei der *Égloga I* gerade nicht um einen rhetorisch ‚siegreichen' Text? Ich meine, dass man hier mit den immer

---

104 Die Stelle ist eine fast wörtliche Übersetzung der fünften Ekloge aus Sannazaros *Arcadia* (vv. 14–16; Sannazaro, *Arcadia*, 2013, S. 135). Vgl. Barnard, *Garcilaso de la Vega and the Material Culture of Renaissance Europe*, 2014, S. 168.

105 Er entspricht rhetorisch der *prosopopoeia* oder *fictio personae*, die Lausberg als „hochpathetische Figur" bezeichnet, welche besonders dazu geeignet sei, ein übersteigertes Bild in der *phantasia* zu erzeugen. *Handbuch der literarischen Rhetorik*, 1960, S. 411.

wieder hervorgetriebenen Koppelungen und Brüchen zwischen intra- und extradiegetischem Pitch argumentieren muss. An ihnen kristallisieren sich die – stellenweise durchaus ironischen – Effekte der Überwältigungsrhetorik aus. Sowohl auf Ebene des lyrischen Ichs als auch in den Schäferreden ist rhetorisches Pathos eindeutig identifizierbar. Darüber hinaus haben die für Affektrhetorik zentralen Elemente der *evidentia* und *phantasia* im ganzen Gedicht – und über alle Ebenen der lyrischen Pragmatik hinweg – einen immensen Stellenwert. Sie unterstützen immer wieder affektisch potenzierte, elegische oder sogar phobische Bilder, die über pastorale ‚Süße' des Stils und petrarkistische Liebestopoi[106] hinausgehen. Diese Bilder werden innerhalb der Wirkungskette der *evidentia* von Garcilaso über die Sprecherinstanzen an deren jeweilige Adressaten bzw. die Leser weitergegeben.

Das bukolische Pathos ist dadurch omnipräsent. Damit einher geht eine Reflexion über die Einsicht, dass Pathos und Einfachheit in der Bukolik Nachbarn sein können. Aber auch, dass Pathematik einen gewissen Grad an semantischer Instabilität mit sich bringt, der bis zum Lächerlichen gehen mag. Aus diesem Grund ruft Garcilaso die Pieriden als seine ambivalenten Musen an. Sein Epyllion pathematischer Subjektivität ist kein reines Epos der Sieger, sondern trägt den bitteren Beigeschmack der Distel im bukolischen Paradiesgarten. Wenn die Pieriden im epischen Gesangswettkampf die Unterlegenen waren und Garcilaso nicht nur den Musen des Gattungsvorbilds Vergil, sondern auch ihnen die Inspiration seiner Feder anheimstellt, so schreibt er die Geschichte menschlicher Affekte als eine Geschichte der Verlierer.[107]

Das passive Erleiden des Affekts wird darin dennoch nicht als Schwäche, sondern vielmehr als rhetorische und poetische Macht neu gedeutet. Dass dies für Garcilaso nicht unwesentlich ist, werden wir späterhin daran erkennen können, wie sehr er sich in seiner Sprecherposition immer wieder mit der epischen Verliererfigur Dido identifiziert, deren Schicksal schon in Elisa / Elissa anklingt. Zunächst jedoch möchte ich mich darauf konzentrieren, wie er in

106 Selbstverständlich ist Petrarcas Einfluss dennoch enorm. Die Forschung hat dies aber einlässlich und mit detaillierten Quellenverweisen behandelt, so dass ich die Einzelheiten dieser intertextuellen Linie von Garcilasos *imitatio / aemulatio*-Poetik nicht weiter kommentieren möchte. Siehe z. B. Fernández-Morera, *The Lyre and the Oaten Flute*, 1982, Heiple, *Garcilaso de la Vega and the Italian Renaissance*, 1994, und zur strategischen Aneignung des *corpus Petrarchae* insb. Leopold, *Die Erotik der Petrarkisten*, 2009, S. 133–162.

107 Siehe zum Unterschied zwischen Epos der Gewinner und Epos der Verlierer Quint, *Epic and Empire*, 1992. Er bezieht sich in Kap. 4 insb. auf Lukan und andere „epics of the defeated". Ebd., S. 131–209.

einer Metafigur der evidentiellen Vision genau diese Sprecher- und Subjektposition reflektiert: in seiner Neu- und Umschreibung des Narzissmythos.

4.1.2 *Erinnerung und zerbrochener Spiegel des Selbst* (Égloga II)

Wie wir zur Genüge feststellen konnten, dient der idyllische Naturraum der ersten Ekloge Garcilasos Sängern immer wieder als Erinnerungsraum an eine verlorene Liebe.[108] Besondere Relevanz entfaltet die affektische Spiegelung des Selbst in der Landschaft dann dort, wo sich ein unglücklich Liebender im Blick in einen Spiegel der Natur quasi an sich selbst erinnert. Erinnerung, Bild und Imagination des Subjekts fallen in eins, zum Beispiel als Salicio sein doch recht ansehnliches Konterfei im „agua que corre clara y pura" (v. 178) bewundert. Salicio ist hier aber, wie Mary E. Barnard gezeigt hat, nicht nur neuer Narziss,[109] sondern auch neuer Polyphem Theokrits bzw. Ovids und neuer Corydon Vergils – Stimmen über Stimmen aus Garcilasos literarischen Quellen überlagern sich. Der Blick in den Wasserspiegel erzeugt so kein narzisstisch genießbares, phantasmatisches Ganzes mehr. Vielmehr zerbricht das Spiegelbild:

> Salicio's song is in effect a rewriting, a pastoral fiction within a pastoral fiction: the failed voice of Polyphemus echoes in the failed voice of Corydon, now echoed in Salicio's voice. The *en abîme* structure mimics the shepherd's fragmentation and foreshadows the unhappy outcome.[110]

Dies vor allem, so meine ich, weil allwissende extra- und arrogante intradiegetische Rede wieder aufeinanderprallen. Gegen die dichterische Macht Salicios, der von Galatea anscheinend aufgrund seiner poetischen Fähigkeiten so gelobt worden war, dass er sich schon dem Vergil überlegen wähnte (vgl. vv. 173f.), steht das zerbrochene Ich eines „fractured self",[111] das Garcilasos Text vor Augen stellt. An die Stelle der Selbsterkenntnis im Spiegel tritt Selbsttäuschung, die an die Arroganz der Pieriden erinnert: Wie diese die Musen herausfordern wollten, so tut ähnliches auch Salicio gegenüber Vergil.

Die Situation verschärft sich mit dem wahnsinnig gewordenen Albanio der zweiten Ekloge: Dieser stürzt im Angesicht des Wasserspiegels unrettbar in die

---

108 Vgl. Matzat, „Liebe und Natur in Garcilasos Eklogen", 2004, S. 102.

109 Azar, *Discurso retórico y mundo pastoral en la* Égloga segunda *de Garcilaso*, 1981, S. 135, betont in Anschluss an Rivers die Bedeutung Ficinos für diese Neuinterpretation des Narzissmythos, weil in *De Amore* der Fehler vorgezeichnet ist, die Schönheit der Seele mit der trügerischen Schönheit des Körpers zu verwechseln.

110 Barnard, *Garcilaso de la Vega and the Material Culture of Renaissance Europe*, 2014, S. 157.

111 Ebd., S. 159.

Tiefe seines zerrissenen Selbst. Gleich zu Beginn der *Égloga II*,[112] die damit *in medias res* einsteigt, kommt auch er am „agua dulce desta clara fuente“ (v. 2) an. Durch den Wegfall der extradiegetischen Stimme eines lyrischen Ichs wird das Pathos seines Leidens aber sofort unmittelbar.

El medio del invierno está templada
el agua dulce desta clara fuente,
y en el verano más que nieve helada.

¡Oh claras ondas, cómo veo presente,
en viéndoos, la memoria de aquel día
de que el alma temblar y arder se siente!

En vuestra claridad vi mi alegría
escurecerse toda y enturbiarse;
cuando os cobré, perdí mi compañía.

¿A quién pudiera igual tormento darse,
que con lo que descansa otro afligido
venga mi corazón a atormentarse?

El dulce murmurar de este rüido,
el mover de los árboles al viento,
el suave olor del prado florecido

podrían tornar de enfermo y descontento
cualquier pastor del mundo alegre y sano:
yo sólo en tanto bien morir me siento.

¡Oh hermosura sobre el ser humano,
Oh claros ojos, oh cabellos de oro,
oh cuello de marfil, oh blanca mano!,

¿cómo puede ora ser que en triste lloro
se convertiese tan alegre vida
y en tal pobreza todo mi tesoro?

Quiero mudar lugar y a la partida
quizá me dejará parte del daño
que tiene el alma casi consumida.

¡Cuán vano imaginar, cuán claro engaño
es darme yo a entender que, con partirme,
de mí se ha de partir un mal tamaño! (*Égloga II*)

112 Garcilaso de la Vega, *Poesía*, 2020, S. 339–408.

Im Wasser des Baches erkennt Albanio nun nicht sein eigenes Spiegelbild, sondern sieht die Schatten der Vergangenheit düster heraufziehen, weshalb er zu fliehen gedenkt. Denn an eben diesem *locus amoenus* hat ihn Camila einst abgewiesen: Das Wasser, „symbol of pastoral peace", wird für Albanio „an ironic witness to his fall from grace, his loss of Camila".[113]

Es zieht ihn also an den Ort eines noch genauer zu untersuchenden Urverbrechens zurück – bei dem der Wasserspiegel eine zentrale Rolle gespielt hatte. Im Vergleich zu anderen Interaktionen von Schäfern mit der bukolischen Natur fällt sofort auf, dass die idyllische Topik von Anfang an gesprengt wird. Von der individuellen Warte Albanios aus gesehen ist der *locus amoenus* bereits *locus horridus*: „En vuestra claridad vi mi alegría / escurecerse toda y enturbiarse" (vv. 7f.).

Am Anfang der Ekloge steht deshalb die Frage: Warum ist Albanio wahnsinnig geworden und warum muss er es der Logik der Ekloge zufolge bleiben? Nachdem Camila ihren Kindheitsfreund Albanio lange gedrängt hatte zu verraten, was ihn bedrücke und wen er liebe, gesteht er ihr endlich, sie könne die dafür verantwortliche Person in der *clara fuente* erblicken. Bemerkenswert naiv eilt Camila zum Wasser, „y en *viendo* el agua, toda fué alterada, / en ella su figura sola *viendo*" (vv. 477f.; Hervorh. K. P.). Camilas *alteración* ist in der Tat eine ganz fundamentale und wird durch den Chiasmus deutlich markiert. Es geht hier aber nicht nur um den Verlust kindlicher Unschuld im Erkennen körperlichen Begehrens. Denn die große Wut Camilas, der ‚klar' wird, dass Albanios Begehren sie durch seinen männlichen Blick in eine passive *figura* verwandelt hat,[114] sticht pointiert aus dem bukolischen Paradigma heraus. Die Szene in ihrer Gänze werde ich in Kapitel 4.2.2 noch einlässlicher behandeln. Für Garcilasos Neuauflage des Narzissmythos ausschlaggebend ist an dieser Stelle, dass es eigentlich Camila ist, die sich im Blick ins Wasser selbst erkennt – als Bild, als Begehrensobjekt des Schäfers und als rhetorische *figura*. Nur reagiert sie nicht mit (Selbst-)Verliebtheit, sondern mit Wut.

Die Oberfläche des Wassers wird dabei zur beweglichen Drehachse zwischen Bild und Wirklichkeit. Die ganze Szene ist insofern eine Potenzierung der Evidenzpoetik, wie wir sie in der ersten Ekloge kennen gelernt haben. Es ist deshalb nicht überraschend, dass sie einen so starken Affekt bei Camila auslöst („la rabiosa enfermedad"; v. 481). Albanio wählt nur gerade keine Worte,

113 Rivers, „Nymphs, Shepherds, and Heroes", 1972, S. 127.

114 „Forced into a negative appropriation of the male gaze as both its subject and object, she confronts herself as emblematic 'Other' and refuses to identify with the idealized image against which the male subject has constructed itself […]." Torres, „Sites of Speculation", 2009, S. 882.

um im Geständnis seiner Gefühle Liebe bei Camila zu bewirken. Er versteht vielmehr den rhetorischen Gebrauch von Bildern in der pathetischen Rede (als Visualisierung, aber auch als sprachliche *figurae*) buchstäblich, wenn er ein Bild allein sprechen lassen will. Dieser Versuch, den Umweg über die Worte auszusparen und sich quasi gewaltsam Zutritt zur *phantasia* seiner Geliebten zu verschaffen, indem er ihr seinen Affekt als Bild aufnötigt, ist tragisch zum Scheitern verurteilt. Die dadurch übermittelte *energeia* entfaltet explosive Wirkung. Im Syntagma der Ekloge wird sein Übergriff durch die Parallelisierung mit der physischen Gewalt gegen Camila wenig später nachgerade als erster Vergewaltigungsversuch lesbar. Auch Camila hält Albanio vor: „¿Tú no *violaste* nuestra compañía, / quiriéndola torcer por el camino / que de la vida honesta se desvía?" (Vv. 817–819; Hervorh. K. P.)

Ich möchte Albanios Wahnsinn deshalb auch nicht zu einer „division between soul and body"[115] verkleinern oder als einfache Selbstliebe[116] verdammen. Traditionell wurde er oft ausschließlich im Sinne des Neoplatonismus gedeutet,[117] demzufolge Albanio einen falschen Zustand des Liebens verkörpere, den es zu kurieren gilt.[118] Royston O. Jones sieht sogar die Rettung des Gedichts als Ganzes, dessen Form er nichts abgewinnen kann, in der „dignity and thematic unity"[119] einer Verkörperung neoplatonischer Liebesideologie. Dem arbeitet insbesondere die Kontrastierung der einzelnen Figuren tatsächlich zu.[120] Garcilaso bleibt aber in seiner Lyrik nie reiner Imitation verhaftet

115 Rivers, „Albanio as Narcissus in Garcilaso's Second Eclogue", 1973, S. 303.

116 „Albanio es un Narciso despreciable, un egoísta que se ama más que a nadie." Macdonald, „La *Égloga II* de Garcilaso", 1974, S. 217.

117 Sein Kommentator Herrera betont die Vorstellung, durch den Augensinn könne Liebe ausgelöst, durch körperlich-irdische Schönheit im besten Falle also Erkenntnis einer Wahrheit höherer Ordnung bewirkt werden: „el amor entra por los ojos y nace del viso, que es la potencia que conoce; o sea, vista corporal, que es el más amado de todos los sentidos". Zitiert nach Gallego Morell, *Garcilaso de la Vega y sus comentaristas*, 1972, S. 329. Weil Albanio nicht bei der Kontemplation oder Konversation stehen bleibt, repräsentiert er demzufolge eine dritte Art der Liebe, den *deseo bestial*, der immer körperlich übergriffig ist. Vgl. ebd. sowie S. 510 u. 514f. zur Liebe Albanios.

118 Was selbst in der Spiegelfigur des Herzogs von Alba im eingelagerten Exkurs der Urne nicht ganz gelingt, weil auch dessen Hochzeitsnacht von Garcilaso als durchaus gewaltsam geschildert wird. Das beweist Matzat zufolge, „dass die soziale Kanalisierung der Leidenschaften, auf der das höfische Verhaltensideal beruht, ein schwieriges und nie vollständig gelingendes Unterfangen ist". „Liebe und Natur in Garcilasos Eklogen", 2004, S. 98.

119 Jones, „The Idea of Love in Garcilaso's Second Eclogue", 1951, S. 392.

120 Die Ekloge hat durch die Gegenüberstellung von Salicio, Albanio und dem Herzog von Alba bzw. der bukolischen und epischen Redeweisen die Form einer doppelten *recusatio*: „se hace condena del amor y exaltación de la milicia; y por otra parte, tenemos alabanza

und gerade sein Verhältnis zum Meister Petrarca wird von Daniel L. Heiple zurecht als Rivalität bezeichnet, als „rebellion against the need to imitate".[121]

Aus diesem Grund auch geht Albanios Wahnsinn meines Erachtens mit dem bukolischen Pathos Hand in Hand. Er ist, wie schon Rivers bemerkt, „comic and pathetic at the same time".[122] Gerade in seiner Reflektion auf den Zusammenhang von Sprache, Gewalt und Affekt ist er sogar explizit dem Epos entliehen. Denn die Szene, in der ein verzweifelt Liebender in einen idyllischen Naturraum kommt, dort Erkennungs- und Erinnerungszeichen seiner unglücklichen und hoffnungslosen Liebe erblickt und gewaltsam wahnsinnig wird, ist den zeitgenössischen Lesern aus dem *Orlando furioso* (Canto XXIII) bestens bekannt. In ihrer tragischen Spannweite wird diese Spielart des Wahnsinns von Garcilaso in der zweiten Ekloge nicht minder pathetisch moduliert. Ja, Orlando der Ritter und der Schäfer Albanio sind Brüder im (umnachteten) Geiste.[123]

Dies ist sicherlich nicht allein dem Umstand geschuldet, dass Ariost 1533, also just in dem Jahr verstirbt, in dem Garcilaso die zweite Ekloge in Neapel verfasst. Es mag durchaus eine Reverenz des Spaniers an den berühmten Italiener gewesen sein, seine Figur so sehr nach dem Vorbild Orlando zu modellieren. Seine Wahl hat darüber hinaus aber auch nachhaltige Auswirkungen auf seinen Text und die Form der Ekloge. Mit Garcilasos *Égloga II* erreicht das bukolische Pathos eine völlig neue Stufe.

Deshalb lohnt ein genauerer Blick auf die Vorlage.[124] Bei Ariost kommt Orlando ganz ähnlich im *locus amoenus* an wie Albanio: „Giunse ad un rivo che parea cristallo, / ne le cui sponde un bel pratel fioria, / di nativo color vago e dipinto, / di molti e belli arbori distinto."[125] (XXIII, 100, 5–8) Dort begegnet ihm aber kein Bild, sondern allüberall die in Schrift verwandelte Liebe Angelicas zu Medoro.[126] Deren Liebesknoten materialisiert sich im bukolischen Raum

de la vida retirada." Ramajo Caño, „Para la filiación literaria de la *Égloga II* de Garcilaso", 1996, S. 27.

121 Heiple, *Garcilaso de la Vega and the Italian Renaissance*, 1994, S. 56.

122 Rivers, „Nymphs, Shepherds, and Heroes", 1972, S. 129.

123 Vgl. Jones, „Ariosto and Garcilaso", 1962, S. 163.

124 Vgl. in Ansätzen ebd. und weitere Details in Kap. 4.2.3.

125 Ariosto, *Orlando furioso*, 2013, S. 780.

126 Angelica kommt bereits im XIX. Gesang im Schäfergewand, als „una doncella, / avolta in *pastorale* et umil veste" (Canto XIX, 17, 1f.; Hervorh. K. P.), im *locus amoenus* an. Ariosto, *Orlando furioso*, 2013, S. 640. Dort entflammt ihr bisher ungerührtes Herz in Liebe für den einfachen Soldaten Medoro (vgl. XIX, 26, 8) und sie gibt sich ihm hin. Ariost versteht mithin den bukolischen Raum im Sinne der Antike durchaus als Raum erotischer Erfüllung: „Angelica a Medor la prima rosa / coglier lasciò, non ancor tocca inante: / né persona fu mai sì aventurosa, / ch'in quel giardin potesse por le piante" (XIX, 33, 1–4). Ebd., S. 644.

Ariosts in unzähligen Inschriften auf Bäumen, in der Liebesgrotte und selbst im Haus des Schäfers, bei dem die beiden Zuflucht fanden: „Angelica e Medor con cento nodi / legati insieme, e in cento lochi vede. / Quante lettere son, tanti son chiodi / coi quali Amore il cor gli punge e fiede."[127] (XXIII, 103, 1–4) Anders als Albanio, der die Worte ausschalten will, um den Raum der Natur für ihn unmittelbar sprechen zu lassen, ist Orlando Opfer von zu viel Worten – einer durch fremde Affekte überschriebenen Natur. Die Liebesknoten des Rivalen materialisieren sich für ihn als Schriftfesseln und lösen nun ihrerseits eine explosionsartige Reaktion der Imagination aus: Die Vorstellung vom Liebesvollzug Angelicas mit einem anderen raubt ihm den Verstand. Orlandos Wahnsinn führt nicht nur so weit, dass er schließlich mehr Tier ist als Mensch – wie Albanio wird auch Orlando mit einem gefangenen Vogel verglichen.[128] In seiner Wut zerstört er zudem die *fonte* (vgl. XXIII, 129–131) als den Ort, wo ihm das Begehren Angelicas lesbar geworden ist. Das Epos bietet damit eine ähnlich allegorische Deutung der bukolischen Tradition an, wie später Garcilaso mit seiner Urnen-Ekphrasis einen Kommentar zum Epischen in seine Ekloge einlässt. Sowohl Ariost als auch Garcilaso liefern mit ihren wahnsinnigen Helden aber zugleich eine selbstreflexive „Hermeneutik der Leidenschaft",[129] zwei Tableaux pathematischer Subjektivität, die auf dem gewaltsamen Konflikt zwischen Imagination, Sprache und Affekt beruhen.

Bemerkenswert ist nun, dass Camila bei Garcilaso nicht nur der wahre Narziss, sondern auch eine Wiedergängerin Orlandos sein könnte. Denn sie ist es ja, die mit stummer Wut reagiert. Überhaupt zerbricht das fragmentierte Subjekt[130] in Garcilasos Eklogen in immer mehr Einzelteile, zum Beispiel dort, wo Albanio endlich selbst in den Wasserspiegel blickt. Ganz im Sinne des mythischen Vorbilds spricht er sein Bild in der dritten Person als Bruder an, verzweifelt aber daran, dass er nie Antwort erhält:

907 ¡Yo podré poco o hallaré testigo
908 de quien hurtó mi cuerpo! Aunque esté ausente,
909 yo le perseguiré como a enemigo.

910 ¿Sabrásme decir de él, mi clara fuente?
911 Dímelo, si lo sabes; así Febo
912 nunca tus frescas ondas escaliente.

127 Ebd., S. 780.

128 Vgl. Boase, „The Meaning of the Crow-Hunting Episode in Garcilaso's *Égloga segunda* (ll. 260–95)", 1988, S. 43.

129 Penzkofer, „Das unsichtbare Subjekt", 2004, S. 150.

130 Siehe zur pathetischen Fragmentierung von Subjekt und Sprache bei Sophokles Gödde, „Pathos in der griechischen Tragödie", 2016, S. 219.

Allá dentro en el fondo está un mancebo
de laurel coronado y en la mano
un palo, propio como yo, de acebo.

¡Hola! ¿Quién está allá? Responde, hermano.
¡Válasme Dios!: o tú eres sordo o mudo,
o enemigo mortal del trato humano.

Espirtu soy, de carne ya desnudo,
que busco el cuerpo mío, que me ha hurtado
algún ladrón malvado, injusto y crudo.

Callar que callarás. ¿Hasme escuchado?
¡Oh santo Dios, mi cuerpo mismo veo,
o yo tengo el sentido trastornado!

¡Oh cuerpo, hete hallado, y no lo creo!
¡Tanto sin ti me hallo descontento,
pon fin ya a tu destierro y mi deseo! (*Égloga II*; Hervorh. K. P.)

Hier fungiert die Fläche des Wassers weniger als Drehachse zwischen Imagination und Wirklichkeit denn als geschlossenes Fenster zum Ich („un poco de agua clara nos detiene"; v. 962). Albanio kann sich sehen, sein Körper erscheint ihm jedoch wie abgetrennt, ja im Exil („destierro"; v. 927). Er phantasiert sich zwar zunächst als lorbeerbekränzter Jüngling mit den Attributen von Mars und Merkur – als ritterlicher Held mithin. Ángel García Galiano sieht dies als Vorankündigung für die erfolgreiche Verschmelzung mit dem Ideal, das der Herzog von Alba im epischen Teil der Ekloge repräsentieren wird.[131] Aber das Pathos Albanios, als dieses Ideal-Ich[132] stumm bleibt („¡Válasme Dios!" V. 917), markiert genau das Gegenteil einer gelungenen Verschmelzung.[133] Vielmehr

131 Vgl. García Galiano, „Relectura de la *Égloga II*", 2000, S. 38. Als Doppelstruktur von Selbstverlust und Selbstgewinn, die das typologische Verhältnis der zwei Eklogenhälften als *Figura* und *Implementum* unterstreicht, interpretiert in Leopold, „Aeneas in Kastilien", 2012, S. 252.

132 Die Szene erinnert heutige Leser stark an die imaginäre Beherrschung des eigenen Körpers im frühkindlichen Spiegelstadium nach Lacan. Vgl. „Le stade du miroir comme formateur de la fonction du Je", 1966. Das Ideal-Ich wiederum stellt ein Wunschbild dar, an dem sich diese phantasmatische Selbstbeherrschung späterhin ausrichtet. Freud prägt die Begriffe Ideal-Ich und Ich-Ideal im Aufsatz „Zur Einführung des Narzißmus" von 1914. Vgl. *Psychologie des Unbewussten*, 1971, S. 60–63. Lacan, der sie von Freud übernimmt, führt sie in seinem Seminar vom 31. März 1954 ein. Vgl. *Les Écrits techniques de Freud*, 1975, S. 149–163.

133 Torres untersucht dieses „destructive self-knowledge" mit Blick auf die Illusionen und Selbsttäuschungen, „that lie at the heart of self-identity". „Sites of Speculation", 2009, S. 879.

heißt es an der wohl prägnantesten Stelle des Abschnitts: „Espirtu soy, de carne ya desnudo" (v. 919). Albanio erkennt mit Schrecken, dass er auf paradoxe Weise ‚nackter' Geist geworden ist, der sich von der Fleisch- und „Knochenschale"[134] des Körpers befreit hat. Sein Verbrechen gegen Camila rächt sich nun: Wie sie ist er im Wasser reine *figura* ohne Materie.

Was diese literarische Metafigur des rhetorischen Pathos angeht, ist Albanio allerdings Camilas genaues Gegenteil: Sie steht für einen stummen Affekt, er hingegen für das körperlose Pathos der Sprache.[135] Zwischen beiden ragt als unüberwindliche Grenze das pathematische Bild der *Evidentia*-Poetik auf. Sie ist in der *Égloga II* gerade nicht mehr Mittel der Wahl für erfolgreiche Übertragung affektiver *energeia*. Die rhetorische Energie entgleist vielmehr und zeichnet verantwortlich für katastrophale Auswirkungen. Albanios Wahnsinn und Camilas Wut sind so genommen zwei Seiten der gleichen Medaille: der Verwandlung pathematischer Subjektivität in literarische Form. Gerhard Penzkofer geht sogar so weit, die von Garcilaso entworfene Subjektivität Albanios als monströse Monologizität zu bezeichnen.[136] Für ihn ist sie mitnichten lächerlich, sondern eine Verzweiflung, die zum schmerzvollen „Garanten von Identität"[137] erhoben wird:

> Die Unveränderlichkeit und Intensität des Leids führt dazu, dass das Ich im Schmerz eine eigene, unverwechselbare Identität wahrzunehmen beginnt. Es schickt sich an, Subjekt zu werden. Die imaginäre Grenzenlosigkeit des Unglücks, das den ganzen Erdkreis erschüttert, bedingt andererseits jedoch einen irreduziblen Identitätsverlust, weil das Ich seine Geschlossenheit und Unterscheidbarkeit zugunsten imaginärer Größe aufgibt. Im vom Schmerz begründeten Größen-Ich, das sich in seinen Vorstellungen über die ganze Welt ausdehnt, werden die Erfahrung von Ich-Konsistenz und die Grenzziehungen der Ich-Demarkation gegeneinander ausgespielt und damit für die Begründung eines seiner selbst gewissen Subjekts unbrauchbar.[138]

Allerdings scheint mir das Scheitern Albanios, der von den Auswirkungen seiner eigenen Überwältigungsrhetorik überrumpelt wird, noch weiter zu gehen. Er lernt im Spiegel der Natur, dass die Evidenz des künstlerischen, künstlichen Bildes die Imagination so zu beherrschen vermag, dass der menschliche Verstand daran zugrundegeht. Bukolisches Pathos begegnet uns in Folge

---

134 Lucanus, *Bellum civile*, 1978, S. 443 (IX, 641).

135 Lumsden nennt es an dieser Stelle „studied pathos". „Problems Connected with the Second Eclogue of Garcilaso de la Vega", 1947, S. 270.

136 Vgl. Penzkofer, „Das unsichtbare Subjekt", 2004, S. 146.

137 Ebd., S. 147.

138 Ebd., S. 148.

dessen über alle pragmatischen Ebenen des Gedichts hinweg, sowohl in der Figurenrede als auch auf extradiegetischer Ebene. Denn im weiteren Verlauf gebraucht Garcilaso den aus dem heroischen Pathos bekannten *endecasílabo* mit internem Reim, wenn er das Schicksal seines Helden vor dem Wasserspiegel beschreibt.[139] Albanio lässt nämlich nicht ab, sondern beschuldigt sein Spiegelbild immer unnachgiebiger und fordert es auf: „Si no estás en cadenas, sal ya *fuera* / a darme *verdadera* forma de *hombre*, / que agora sólo el *nombre* me ha quedado" (vv. 934–936; Hervorh. K. P.). Wieder wird sein Identitätsverlust betont, der Form und Namen seines Selbst – Körper und *figura* – unversöhnlich gegenüberstellt. Der Rhythmus beschleunigt sich in dem Maße, wie auch sein Wahnsinn an Fahrt aufnimmt: „[…] Daca, *hermano*, / échame acá esa *mano*, y como *buenos* / amigos a lo *menos* nos *juntemos* / y aquí nos *abracemos*. ¡Ah, *burlaste*! / ¿Así te me *escapaste*? […]" (Vv. 969–973; Hervorh. K. P.). Zuletzt sagt Albanio sich selbst den Kampf an und will sich töten.

> ¡Oh manifiesto
> ladrón!, mas ¿qué es aquesto? ¡Es muy bueno
> vestiros de lo ajeno y ante el dueño,
> como si fuese un leño sin sentido,
> *venir muy revestido de mi carne*!
> ¡Yo haré que *descarne* esa alma osada
> aquesta mano airada! (*Égloga II*; Hervorh. K. P.)

Das Bild im Spiegel, das sich in Albanios Augen mit seinem Fleisch verkleidet hat (vgl. v. 990), soll nun durch den körperlosen Geist ‚desinkarniert' werden. Doch egal wie sehr Albanio auch an sein Gegenüber appellieren mag – die pathetische Überwältigungsrhetorik hat auf sein körperloses Gegenüber schlicht keine Wirkung. So lernt er ironischerweise, dass auch viele Worte kein Garant für die erfolgreiche Übertragung affektiver Energie sind.

Das mag irgendwie komisch wirken. Aber als Entwurf frühneuzeitlicher Subjektivität ist es zugleich tragisch, gerade wenn man bedenkt, dass die zweite Ekloge durch ihren explizit politischen Teil in der Ekphrasis auch die Existenz des kastilischen Höflings und seine Beteiligung am imperialen Mythos Karls V. zur Disposition stellt. Im Folgenden wird es mir deshalb darum gehen zu klären, inwiefern und warum Garcilaso mit seiner Variante des Narzissmythos die pathematische Urszene eines imperialen Subjekts vor Augen stellt. Um diesen Beweis führen zu können, gilt es allerdings zunächst auf szenisches und narratives Pathos einzugehen, die für Garcilaso nicht minder bedeutsam

139 Siehe zum Gebrauch in der epischen Ekphrasis Ramajo Caño, „Para la filiación literaria de la *Égloga II* de Garcilaso", 1996, S. 33.

waren. Gemeinsam mit dem rhetorischen Pathos bilden sie eine Trias, aus der sich der spannungsreiche Gehalt des bukolischen Pathos der *Églogas* speist.

4.2 Phänotypen des Affekts: Szenisches Pathos

Wenn der leidende Schäfer Albanio in der *Égloga II* sich zuletzt im gewaltsamen Angriff seiner Hand gegen sein Spiegelbild selbst zu desinkarnieren sucht, heißt es am Beginn der *Égloga III*[140] zweimal hinzusehen. Dort leistet Garcilasos lyrisches Ich einen bemerkenswerten poetischen Schwur und verwandelt sich auf ganz ähnliche Weise in ein körperloses Gespenst: In der vorangestellten Widmung der dritten Ekloge an eine Doña María,[141] die der *dedicatoria* der *Égloga I* an den Vizekönig ähnelt, betont der Sprecher, es gelte die Angesprochene über den Tod hinaus zu loben – selbst wenn seine Zunge schon tot und kalt in seinem Munde läge und seine von der Knochenschale befreite Seele bereits den Unterweltsfluss Styx überquert habe.

> Y aun no se me figura que me toca
> aqueste oficio solamente en vida,
> mas *con la lengua muerta y fria*[142] *en la boca*
> pienso mover la voz a ti debida;
> *libre mi alma de su estrecha roca,*
> por *el estigio lago* conducida,
> *celebrando te irá*, y aquel sonido
> hará parar las aguas del olvido. (*Égloga III*; Hervorh. K. P.)

Mag die Topik der Widmung diesen Sprechakt auch als Gabe entwerfen, verwandelt das starke Futur des „celebrando te irá“ (v. 15) ihn doch eigentlich in einen Schwur. Es ist meines Erachtens deshalb nicht willkürlich, dass Garcilaso sein desinkarniertes Sprechersubjekt dabei imaginiert, wie es den Styx überquert. Denn beim Styx werden in der Antike immer die heiligsten Schwüre geschworen (z. B. *Ilias*, XIV, 271).[143] Der Schwur beim Schwarzwasser, das den Hades umringt, ist aber ein schrecklicher Schwur, weil er mit Todesvisionen

140 Garcilaso de la Vega, *Poesía*, 2020, S. 409–426.

141 Möglicherweise die Gattin des Vizekönigs von Neapel, María Osorio Pimentel. Zur Debatte stehen aber auch María Enríquez, Herzogin von Alba, oder María de la Cueva, Gräfin von Ureña und Osuna. Vgl. den Kommentar des Herausgebers Burell in Garcilaso de la Vega, *Poesía castellana completa*, 2008, S. 120, FN 1.

142 Der Herausgeber entscheidet sich hier für die Schreibweise ohne Akzent und also die Synärese, um eine Hypermetrie zu vermeiden. Siehe den Kommentar in Garcilaso de la Vega, *Poesía*, 2020, S. 421.

143 Vgl. Waser, „Styx“, 1915.

verbunden ist und bei Meineid ein Verlust der Stimme für neun Jahre droht.[144] Das hieße konkret, die Gunst der hier besungenen Gönnerin mit der Gefahr einer Strafe aufzuwiegen, die den Dichter zu Stummheit verdammt: zu „todähnlicher Erstarrung, des Atems beraubt und der Sprache".[145]

Damit aber nicht genug, was die mythologischen Assoziationen dieser Stelle angeht. Der Styx ist darüber hinaus noch Hintergrund zweier weiterer unvergesslicher Szenen der europäischen Literaturgeschichte: Er ist Grund für die Unverwundbarkeit des Achilles, dessen Mutter Thetis ihn im Styx badet,[146] und er ist der Ort, an dem Orpheus die Herren der Unterwelt mit seinem Gesang bezwingt,[147] so dass er das Totenreich auf der Suche nach Eurydike betreten darf. Garcilasos lyrisches Ich imaginiert sich also auch als epischer Held und heroischer Dichter,[148] die beide den Tod bezwingen wollten – denen dies aber auf tragische Weise nicht gelang. Achilles ist genau dort weiter verwundbar, wo ihn seine Mutter beim Bad im Styx festhalten musste – an seiner Ferse. Und Orpheus wird sich bekanntlich auf dem Weg aus der Unterwelt verbotenerweise nach Eurydike umdrehen und sie so ein zweites Mal verlieren.

Zwar endet die besagte Strophe der *Égloga III* mit einem Triumph: Dem Versprechen, dass das eigene Singen den Unterweltsfluss des Vergessens, Lethe, der die elysischen Gefilde umgibt, zum Stillstand zwingen könne: „hará parar las aguas del olvido" (v. 16). Damit wäre der Zutritt zum – wenn auch heidnischen – Paradies (eines wohl irdischen, orphischen Nachruhms[149]) gesichert. Diese heroische Leistung ist aber durch die Situation des Sprechers gefährdet. Er ist den harten Regeln seines Schwures ebenso unterworfen wie dem prekären Schicksal der antiken Helden. Das von ihm emphatisch

---

144 Auch Garcilasos Kommentator Herrera verweist auf die antiken Mythen zum stygischen Schwur. Vgl. Gallego Morell, *Garcilaso de la Vega y sus comentaristas*, 1972, S. 566.

145 Waser, „Styx", 1915, Sp. 1570 mit Verweis auf Hesiod, Theog. 361, 383–403 u. 775–806.

146 Vgl. Statius, *Achilleis*, 1984, S. 14f. u. 124f. (I, 269f. u. I, 480).

147 Bei Ovid trägt Orpheus bemerkenswerterweise gerade kein Lied vor, sondern hält vor den Unterweltsgöttern Proserpina und Pluto eine fast juristisch anmutende Rede. Vgl. Ovid, *Metamorphosen*, 1972, S. 358–361 (X, 11–39). Die hier vorgeschlagene Übersetzung des ‚singen' für „sic ait" (v. 17) muss man deshalb wohl überdenken. Anders hingegen in den *Georgica* Vergils, wo der Gesang eindeutig im Vordergrund steht. Vgl. *Landleben*, 1987, S. 202–207 (IV, 453–527). Die direkte Auseinandersetzung mit dem Fährmann des Styx, Charon, steht bei Monteverdi im Vordergrund (*L'Orfeo*, 1607, III. Akt).

148 Zur Bedeutung des Orpheusmythos bei Garcilaso siehe Dadson, „From Voice to Silence", 2005. Er interpretiert bereits die tote Zunge in Vers 11 als Verweis auf den Mythos, da dieses Bild dem singenden Kopf des getöteten Orpheus ähnele. Vgl. ebd., S. 102. Siehe zur literarischen Quelle der „vox ipsa et frigida lingua" bei Vergil *Landleben*, 1987, S. 206f. (*Georgica*, IV, 525).

149 Siehe zur poetologischen Lesart des Orphischen als Sieg der Kunst über den Tod Torres, „Orphic Triumph in the Poetic Voice of Garcilaso de la Vega", 1992.

gezeichnete, heroische Selbst zwischen *armas y letras*, das die „espada" Achills und die orphische „pluma" (v. 40) gleichermaßen erfolgreich zu führen wisse, könnte jederzeit dem stygischen Bannfluch zum Opfer fallen – was dem Tod der eigenen Stimme gleichkäme.[150] In der Verknüpfung der Eklogen untereinander wird das Ideal-Ich des Sprechers dadurch als eine ebenso verrückte Illusion entlarvt wie der siegreiche *mancebo de laurel coronado*, den Albanio im Wasser erblickt. Die *desincarnación* des Schäfers ist in dieser poetologischen Wendung endgültig zu einer greifbaren Bedrohung geworden.

Deshalb verdient durchaus Erwähnung, dass auf den traditionellen Musenanruf des Gedichts (vgl. vv. 29–32) der nicht minder topische Hinweis folgt, die Dichtung verlange der geneigten Hörerin ab, „al bajo son de mi zampoña ruda" (v. 42) hinabzusteigen:

Aplica, pues, un rato los sentidos
al bajo son de mi zampoña ruda,
indigna de llegar a tus oídos,
pues *de ornamento y gracia va desnuda*;
mas a las veces son mejor oídos
el *puro ingenio* y *lengua casi muda*,
testigos limpios de ánimo inocente,
que la curiosidad del elocuente. (*Égloga III*; Hervorh. K. P.)

Denn die Behauptung, die Ekloge gehorche dem Gebot des rhetorisch Schmucklosen („de ornamento y gracia va desnuda"; v. 44), ist nicht allein durch die Tatsache ironisch gebrochen, dass wir es hier mit dem Versmaß des *endecasílabo heroico* zu tun haben. Das Positiv zum Negativ der Eloquenz bildet an dieser Stelle im Gedicht zudem ein „puro ingenio", der sich in einer (fast) stummen Sprache, „lengua casi muda" (v. 46), den Weg bahnen soll. Die von Garcilaso bediente Opposition ist also mitnichten allein die zwischen hohem und niedrigem Stil (mit der Bewegung des *llegar a* in v. 43 wird dieser Aufstieg vom Niedrigen des *bajo son* in die Höhe ja zunächst assoziiert). Vielmehr geht der bukolische Gesang paradoxerweise Hand in Hand mit dem Verstummen: Unschuldig ist dieser Behauptung zufolge nur diejenige Sprache, die keine gelehrte Rhetorik zwischen Gefühl und Ausdruck schiebt. Vielleicht ist sie aber auch nur die einzig vorstellbare Zuflucht, bevor den Sprecher der Bannfluch der Mächtigen trifft. Bukolische Dichtung in niedrigem Stile wäre demzufolge die letzte Bastion vor dem drohenden poetischen Verstummen. Bräche Garcilaso den eingangs geleisteten Schwur, indem er es versäumte,

150 Barnard betont in ihrer Interpretation mehrfach das Scheitern und Verstummen der (orphischen) Stimmen, was zuletzt in Nemorosos „disembodied voice" mündet. „Correcting the Classics", 1992, S. 7.

seinen mächtigen Patronen zu huldigen, wäre seine Zunge endgültig stumm, *muerta y fria*. Zu Recht also darf man wie Anne J. Cruz bei Garcilaso von einer „ambivalence toward the patronage system"[151] sprechen. Sie kommt in den Gedichten selbst und deren Poetik zur Genüge zum Ausdruck.

Die Ekloge, die darauf folgt, mutet nun zunächst wie eine Scheinlösung für den Konflikt an, der schon in den anderen Eklogen zur Debatte stand: die folgenreiche poetische Verknüpfung von Affekt, Imagination und Sprache. Weil wir es bei der *Égloga III* zugleich mit einer der handlungsärmeren und der wohl selbstbezüglichsten der Reihe zu tun haben, tritt dies besonders hervor. Den Hauptteil des Gedichts machen Ekphrasis-Strophen[152] aus, die jeweils unterschiedlichen Liebesepisoden gewidmet sind und die Frage der *evidentia* im Vergleich zur ersten Ekloge noch um einiges verschärfen. Weniger das Klagen des eigenen als die Verwandlung des fremden Leides in Kunst steht hier nämlich im Mittelpunkt. Damit breitet sich das bukolische Pathos in einer Reihe von pathematischen Szenen in der Fläche aus.

Zum Begriff der Pathosszene selbst: Hier möchte ich bewusst zwischen szenischem und tragisch-dramatischem Pathos unterscheiden.[153] Denn schon Aristoteles bevorzugte bekanntlich jenes Pathos, das durch die Handlung entsteht, wenn Peripetie, Anagnorisis und Katastrophe dem Ziel der Katharsis zuspielen.[154] Demzufolge ist ein punktuelles, auf der Bühne sichtbares pathetisches Geschehen der pathetischen Fabel als solcher unterlegen. Gerade wenn man es aber nur mit einer Art ‚Rumpffabel' zu tun hat wie im Falle der lyrischen Ekloge, muss man auch die Ebene ihrer Szenen berücksichtigen. Dies erlaubt nicht zuletzt die Anwendung des Pathos-Begriffes über die Grenzen der Genera hinweg.

Dem Akt untergeordnet, ist die Szene eigentlich die „kleinste Aufbaueinheit im Drama" und hat die Form eines „innerlich geschlossenen Handlungsabschnittes".[155] Sie ist ein einzelnes Handlungssegment mit üblicherweise konstant bleibendem Figurenpersonal und wird meist durch ein Auf- und Abtreten derselben demarkiert. Für die Pathosszene könnte man demzufolge

---

151 Cruz, „Self-Fashioning in Spain", 1992, S. 537.

152 Ferretti, Bucolica mente, 2017, S. 140, spricht von einem gesteigerten „ekphrastische[n] Schau-Charakter", dessen Bewegungsbilder die *phantasia* der Leser mobilisieren sollen.

153 Siehe zur Unterscheidung der bildlichen (panoramatischen) und der dramatischen Szene (mit Bezug auf *Madame Bovary*) Lubbock, *The Craft of Fiction*, 1955, S. 69–76.

154 Vgl. Rees, „Pathos in the Poetics of Aristotle", 1972, S. 6, Vives, *De anima et Vita*, 1992, S. 294 und Kap. 2.1.1.

155 Wilpert, *Sachwörterbuch der Literatur*, 1979, S. 812.

vorläufig festhalten, dass sie eine räumlich und zeitlich begrenzte,[156] auf einer (enger oder weiter gefassten) Bühne sichtbare, affektische Interaktion[157] (der Figur mit sich oder mehrerer Figuren untereinander) ohne Eingreifen einer Vermittlungsinstanz distanzlos[158] zur Darstellung bringt. Sie visualisiert, wie sich Affekt im Handeln[159] – und weniger in der Sprache allein – Bahn bricht.

Als visualisierender Ausschnitt einer Handlung ist sie darüber hinaus mit der literarischen Beschreibung eines sinnlich-materiellen Kunstgegenstandes strukturverwandt. Szenisches Pathos und ekphrastische Pathosszene sind zwei Spielarten des gleichen Prinzips. Sie unterscheiden sich allein darin, dass im szenischen Pathos Figuren sprechen und ohne das Eingreifen eines Erzählers agieren, in der Ekphrasis hingegen ihr Handeln im Stillstand beschrieben wird,[160] wenn wie in der Renaissancelyrik üblich auf dem beschriebenen Gegenstand ein Epyllion zu sehen ist.[161] Solange dabei aber Mimesis an der Distanzlosigkeit szenischer Darstellung betrieben und starke Affektwirkung intendiert wird, ist auch die Ekphrasis eine Form der Pathosszene.

Die Pathosszene hat insofern sowohl visuelle als auch theatrale und narrative[162] Komponenten. Für die *Égloga III* von Bedeutung ist sie zum einen, weil nach der Widmung zu Beginn der Hauptteil der Ekloge durch ein markantes Auf- und wieder Abtreten einer Gruppe von Nymphen gerahmt ist (vgl.

---

156 Zu „the subtle definition, enclosure, occupation or limitation of space, however briefly, by means of carefully orchestrated entrances and exits" siehe Decker, „The Epic ‚Scene'", 1981, S. 349.

157 Petsch, „Von der Szene zum Akt", 1933, S. 170f., spricht von einer „Ballung" von Energien im Verbund mit ‚aufsteilender' Bewegung und kondensiert insofern Peripetie und Umschlag des ganzen Dramas in der einzelnen Szene.

158 Siehe zur Nähe des Lesers zum Geschehen im szenischen Erzählen Kayser, *Das sprachliche Kunstwerk*, 1963, S. 182. In diesem Kontext erwähnt Kayser auch das Tableau und dessen Füllbarkeit mit Pathos, das aber leicht ins Posenhafte abgleite. Vgl. ebd., S. 184.

159 Knape, „Rhetorischer Pathosbegriff und literarische Pathosnarrative", 2010, S. 43, spricht vom Pathosnarrativ, wenn eine „pathetische Handlung wenigstens ansatzweise simulativ *vollzogen*, das heißt als Gestus textlich so vorgeführt wird, dass wir sie in unserer Imagination nahezu zeitgleich als Bewegung nachvollziehen können" (Hervorh. im Original). Allerdings ist der Begriff für meine Zwecke hier sowohl zu weit als auch zu kleinteilig aufgefasst, weil er sich meines Erachtens weder von der Momentaufnahme einer warburgschen Pathosformel noch von den allgemeinen Prinzipien der *Evidentia*-Poetik ausreichend abgrenzen lässt.

160 Decker nennt ein „temporary static image or frozen pantomime as one of the several possible 'scenic' configurations, as one of the means available to occupy and thus to limit space". „The Epic 'Scene'", 1981, S. 360.

161 Vg. Paterson, „Ecphrasis in Garcilaso's *Égloga tercera*", 1977, S. 73.

162 Zur Funktion der (stummen) Szene im Epos siehe Petsch, „Epische Grundformen", 1928, S. 389, sowie u. a. in Verbindung zur Erzeugung von Pathos Colonnelli, „Cena de caracteres na épica arcaica e na tragédia grega clássica", 2017.

vv. 93–96 und 373–376). Zum anderen aber auch deswegen, weil wir es bei diesem Text mit einer bewussten Reihung von ekphrastischen Einzelszenen zu tun haben. Nachdem die vier Nymphen des kastilischen Flusses Tajo bei Toledo dem Wasser entstiegen sind, sieht man ihnen zunächst dabei zu, wie sie jede eine *tela* kunstvoll bearbeiten. Während Filódoce, Dinámene und Climene mythologische Szenen verewigen,[163] widmet die letzte der Nymphen, Nise, dem Drama um die tote Elisa aus der *Égloga I* ihr Werk. Über alle drei Eklogen hinweg erschafft Garcilaso so eine verknüpfte bukolische Welt:[164] Der Sänger Salicio aus der ersten Ekloge taucht an der Seite Albanios in der zweiten wieder auf und Nemoroso erscheint von neuem auf dem Wandteppich der Nise in der dritten.

Der Eindruck einer geschlossenen, idyllischen Szene,[165] den der Text zunächst erwecken will, wird allerdings dadurch gestört, dass zum einen das Abtreten der Nymphen suspendiert werden muss (vgl. vv. 281–288), damit diese dem *canto amebeo* der zwei Schäfer Tirreno und Alcino lauschen können. Indem die Bewegung der Nymphen eingefroren wird, just in dem Moment, als sie ins Wasser zurücksteigen wollen, verschwimmt auch die Grenze zwischen der ersten und einer neuen Szene.[166] Zum anderen nehmen qua rhetorischer Ekphrasis zahlreiche in die Nymphenszene eingelassene pathematische Darstellungen vor dem inneren Auge des Lesers Gestalt an. Sie sorgen dafür, dass die Ekloge zur immer weiter in die Tiefe gestaffelten *mise en abyme* verschachtelt wird. Diese *mise en abyme* aber steht eindeutig auf der Seite des

163 Analog zur Grottenszene im XII. Prosastück der *Arcadia* Sannazaros, in der Nymphen ebenfalls die Geschichte um Orpheus und Eurydike darstellen. Vgl. *Arcadia*, 2013, S. 294 (XII, 16f.). Garcilaso bezieht sich fast wortwörtlich auf die Vorlage, wo bereits die Rede war von den Nymphen, „che con bianchi e tottilissimi cribri cernivano oro separandolo da le minute arene" und eine „tela" von „meraviglioso artificio" (XII, 16) erschaffen. Bei Garcilaso heißt es zum aus dem Flusssand gesiebten Gold entsprechend: „Las telas eran hechas y tejidas / del oro que el felice Tajo envía, / apurado después de bien cernidas / las menudas arenas do se cría" (vv. 105–108).

164 Vgl. Rivers, „La paradoja pastoril del arte natural", 1974, S. 300.

165 Die Rumpffabel der Ekloge beginnt mit einer eindrücklichen Schilderung eines gegen die Außenwelt und die heiße Mittagssonne abgeschlossenen *locus amoenus*: „Cerca del Tajo, en soledad amena, / de verdes sauces hay una espesura, / *toda de hiedra revestida y llena,* / que por el tronco va hasta el altura, / y *así la teje arriba y encadena* / que el sol no halla paso a la verdura; / el agua baña el prado con sonido, / alegrando la vista y el oído" (vv. 57–64; Hervorh. K. P.). Barnard verweist auf die Villengärten in Rom, die Garcilaso selbst gesehen hat und die wie z. B. im Falle der Villa Medici-Madama oft ein Nymphaeum beinhalteten. Vgl. *Garcilaso de la Vega and the Material Culture of Renaissance Europe*, 2014, S. 127.

166 Fernández-Morera, *The Lyre and the Oaten Flute*, 1982, S. 76, spricht an dieser Stelle von einem *diminuendo*.

Ornamentalen, das der Sprecher zu Beginn noch als Element studierter Eloquenz von sich weisen wollte.

Die Entscheidung, ob es sich um eine einzige Szene handelt oder nicht, wird noch dazu erschwert, wenn man die Frage des konstanten Figurenpersonals aufgreift. Streng genommen entwirft die dritte Ekloge ein serielles Paradigma: Die Schicksale von Orpheus und Eurydike, Apollo und Daphne, Venus und Adonis, Nemoroso und Elisa, Tirreno und Flérida, Alcino und Filis – sie alle gleichen sich auf die eine oder andere Weise. Auch wenn die Ekloge als Ganzes also immer neues Figurenpersonal addiert, bleibt sie gewiss auf ein bestimmtes Paradigma beschränkt.[167] Dieses Paradigma ist es, das für pathematische Effekte nutzbar gemacht wird. Es entfaltet – als Pathosszene(n) – eine andere Wirkung als das Syntagma eines im strengen Sinne tragischen Pathos, das erst durch die Kombination von einzelnen Pathosszenen mit der Linearität von dramatischer Katastrophe und Katharsis entsteht.

In der Ekloge agieren die genannten Figuren jedoch gerade nicht: Ihre Handlungen sind auf den *telas* der Nymphen ebenso in der Bewegung eingefroren wie die Bewegung der Nymphen selbst. Handlungspathos wird auf diese Weise zugleich evoziert wie auch arretiert. Wie dies dem Text durch eine Steigerung von *evidentia* durch ekphrastische Darstellung gelingt und was dies wiederum mit einem bukolischen Pathos unter Androhung des tödlichen Bannfluchs zu tun hat, steht deshalb im Fokus meiner nun folgenden Diskussion der *Égloga III*. Anschließend werde ich die Interaktion zwischen der wütenden Camila und dem liebeskranken Albanio zum Anlass nehmen, die Verbindung des szenischen mit dem tragischen Pathos in der *Égloga II* genauer zu beschreiben.

4.2.1 *Ekphrasis, Paradigmatik und stummer Orpheus* (Égloga III)

Während Camila und Albanio ihre *figuras* im Wasserspiegel höchst bedrohlich fanden, wird in der dritten Ekloge nicht nur das Wasser deutlich positiver als Medium des produktiven Übergangs inszeniert.[168] Auch die erfolgreiche *figuración* ist gleich mehrfach wörtlich als Ergebnis des „artificio“[169] (v. 117) der

---

167 Die von den Nymphen ekphrastisch dargestellten Liebeshandlungen zumindest drehen sich alle um „la muerte que separa cruelmente a los amantes“. Zimic, *Las églogas de Garcilaso de la Vega*, 1988, S. 79. Allerdings repräsentieren die Hirten am Ende eine weniger tragische Variante dieses Themas, weil der Tod in deren scheinbaren Idyll noch nicht eingegriffen hat.

168 Siehe zum Wassermotiv in der dritten Ekloge Fernández-Morera, *The Lyre and the Oaten Flute*, 1982, S. 76–80.

169 Die Gleichsetzung zwischen künstlerischer Tätigkeit und Poetik im Gedicht ist augenfällig, z. B. in der Doppeldeutigkeit von Begriffen wie „convenía“ und „estilo“, die auf poetisches Decorum verweisen. Vgl. Rivers, *Garcilaso de la Vega*, 1980, S. 79.

Nymphen genannt.[170] Ja, die dargestellten *figuras* seien so lebensecht, dass „[…] al parecer, el cuerpo vano / pudiera ser tomado con la mano“ (vv. 271f.). Den Künstlerinnen der intradiegetischen Ebene erster Ordnung gelingt es also vortrefflich, fremde Affekte überzeugend darzustellen. Konkret geht es in den drei mythologischen Darstellungen um das Liebesleid von Orpheus und Eurydike (Filódoce, vv. 121–144), Apollo und Daphne (Dinámene, vv. 145–168) sowie Venus und Adonis (Climene, vv. 169–192). Insbesondere am Beispiel dieser letzten Episode um den sterbenden Adonis[171] ist gut zu erkennen, wie Garcilaso in seinen Bildbeschreibungen auf Pathematik setzt.

177 Tras esto, el puerco allí se via [Synärese] herido,
178 de aquel mancebo, por su mal valiente,
179 y el mozo en tierra estaba ya tendido,
180 abierto el pecho del rabioso diente,
181 con el cabello de oro desparcido
182 barriendo el suelo miserablemente;
183 las rosas blancas por allí sembradas
184 tornaban con su sangre coloradas. (*Égloga III*)

In dieser elegant konstruierten Kanzonenstrophe (*ottava rima*) ist es mitnichten eine gesteigerte Tonlage oder rhetorisches Ornat, das bukolisches Pathos bewirkt. Garcilasos lyrische Sprache wurde nicht umsonst von der Forschung gerne als besonders klar, bar jeder emotiver Wirkung bezeichnet: „La poésie de Garcilaso n'est ni un chant, ni un langage chiffré, ni une incantation : c'est un *parler*.“[172] Dass die Eklogen dennoch auf rhetorisches Pathos zurückgreifen, haben wir im vorherigen Kapitel gesehen. An der vorliegenden Stelle rückt allerdings – in scheinbar größter sprachlicher Ruhe – das szenische Pathos in den Vordergrund.

Die drei der Episode gewidmeten Strophen entsprechen streng genommen drei Einzelbildern,[173] auf denen die Tötung des Adonis durch den wilden Eber

---

170 Als *figurado/a* bzw. *figuró* in den vv. 123, 129, 137, 199, 250; alternativ kommt das Sehen – „se via“ (v. 177) bzw. „se veían“ (v. 217) – oder das Malen – „pintado“ (v. 201) – zum Einsatz.

171 Siehe zur darin gespiegelten Rivalität zwischen *pluma* und *espada*, weil es der Kriegsgott Mars ist, der in den Eber fährt und damit die Liebesgöttin um ihren Geliebten bringt, Paterson, „Ecphrasis in Garcilaso's *Égloga tercera*“, 1977, S. 85f.

172 Gerhardt, *Essai d'anaylse littéraire de la pastorale*, 1950, S. 167 (Hervorh. im Original). Bei Fernández-Morera, *The Lyre and the Oaten Flute*, 1982, S. 97, ist die Rede von Garcilasos Gabe der *selection, simplification* und *concentration*.

173 Garcilaso und seine Zeitgenossen hatten – z. B. in der reich ausgestatteten Bibliothek der Accademia Pontaniana in Neapel – illustrierte Ausgaben der *Metamorphosen* Ovids zur Hand, weshalb auch seine Konzentration auf das Szenische der ovidianischen Episoden im Vergleich zur fließenden Transformation der Verwandlung nicht überrascht.

dargestellt ist.[174] Nachdem zunächst der Hintergrund der Jagdsszene inmitten eines von Eichen bewachsenen Felshanges etabliert wurde (vgl. vv. 171–176), erscheinen im Mittelbild des Triptychons beide Kontrahenten tödlich verwundet (vgl. vv. 177–184). Die Reihe schließt das Bild der über den Körper des Adonis gebeugten, klagenden „Venus dolorida" (v. 186).[175] Sie wird von der Trauer so überwältigt, dass sie selbst als eine der Unsterblichen dem Tode nahe ist: „casi amortecida" (v. 188). Die wohl eindrücklichsten visuellen Details dieses Triptychons sind das goldene Haar des niedergestreckten Jünglings, das den Boden fegt (vgl. v. 182), die von seinem Blute rot gefärbten weißen Rosen[176] (vgl. vv. 183f.) und der Versuch der Göttin, im Kuss den letzten Odem ihres Geliebten aus dessen sterbendem Mund einzufangen.

189 boca con boca coge la postrera
190 parte del aire que solia [Synärese] dar vida
191 al cuerpo por quien ella en este suelo
192 aborrecido tuvo al alto cielo. (*Égloga III*)

Ein pathetisches Syntagma wird hier also zumindest angedeutet: Mit der Exposition der Szene als Jagd, der Klimax der Verwundung und dem Schlussbild des Kusses als Katastrophe erfüllt die Sequenz streng genommen sogar die Bedingungen des tragischen Pathos. Trotzdem steht die Wirkung der einzelnen

---

Den denkbaren Einfluss der italienischen Übersetzung, verlegt von Lucantonio Giunta in Venedig (1497), des Wiederabdrucks der dort beigefügten Holzschnitte in der lateinischen Ausgabe von Giorgio Rusconi (Venedig, 1517) oder Alessandro Paganinos Ausgabe von 1526 (Toscolano) etwa auf das mythologische Exemplum von Iphis und Anaxarete in der *Ode ad florem Gnidi* zeigt McCallister, „A Woodcut Retold", 2020, S. 63–65. Bemerkenswert ist, dass in diesen zeitgenössischen Holzschnitten oft zwei unterschiedliche Zeitpunkte der mythologischen Handlung in ein Bild integriert wurden. Das erinnert stark an die *telas* in der *Égloga III*.

174 Zimic zufolge ein drastisches Symbol der Eifersucht: „un símbolo espléndidamente gráfico e impresionante de las sospechas y de los celos que, provocados por imprudencia o indiscreción, embisten, hieren, humillan, desfiguran y matan del modo más atroz al corazón humano". *Las églogas de Garcilaso de la Vega*, 1988, S. 87.

175 Garcilaso bezog sich wohl u. a. auf das dritte Idyll Theokrits, wo die trauernde Venus den toten Adonis an ihre Brust hält. Vgl. *Gedichte*, 1999, S. 34f.

176 Traditionell handelt es sich eigentlich um ein Adonisröschen, die weißen Rosen hingegen, die vom Blut eingefärbt werden, sind im Mythos der Venus zugeordnet, als diese auf dem Weg zum sterbenden Adonis ihre Füße an den Dornen der Rosen verletzt. Bei Ovid ist die Verwandlungsepisode in den Gesang des trauernden Orpheus eingelassen, der Eurydike bereits zum zweiten Mal verloren hat. Vgl. *Metamorphosen*, 1972, S. 384–395 (X, 525–739). Garcilaso unterstreicht mit der Wahl dieses Mythos also die eigene Identifizierung mit Orpheus, die in der *dedicatoria* zum Ausdruck kam.

Szenen, die wie *stills* im Film die Höhepunkte der Handlung markieren,[177] fraglos im Vordergrund.

In den separaten Bildern nun bleibt das Figurenpersonal in der Tat immer gleich: Adonis und der Eber als ebenbürtige Gegner in der Jagd („un puerco [...] de braveza estraña, / [...] / contra un mozo no menos animoso"; vv. 173 u. 175) – Adonis und der Eber gleichermaßen tödlich getroffen – der tote Adonis und die dem Tode nahe Venus („casi amortecida"; v. 188). Pathos wird aber gerade dort aktiviert, wo nicht das Identische harmonisch nebeneinander steht, sondern hervorgehoben ist, was nicht zusammenpassen will und auch nicht in der Katharsis einer gelungenen Metamorphose aufgefangen werden kann: Die schönen Haare werden zu Borsten eines grotesken Besens,[178] das vergossene Blut verändert die natürliche Farbe der Blume und die himmlische Göttin hatte den sterblichen Geliebten und dessen irdische Welt bevorzugt („por quien ella en este suelo / aborrecido tuvo al alto cielo"; vv. 191f.).

Wenn Göttin und Mensch sich schließlich im letzten Kuss „boca con boca" (v. 189) vereinen, verwandelt sich der Affekt der Trauer in stumme Handlung. Nicht nur schließt der Kuss den Mund, der nicht mehr sprechen kann. Auch die Handlung der Venus selbst ist stummer Ausdruck ihres Leids, das sich dennoch in der *phantasia* des Lesers energetisch entfalten kann. Darin besteht die evidentielle Wirkung dieser Pathosszene. Der letzte Atem-Zug („[...] *coge* la postrera / parte del aire que solia [Synärese] dar vida / al cuerpo [...]"; vv. 189–191, Hervorh. K. P.), der vom sterbenden Körper des Adonis in den göttlichen Körper der Frau wandert, ist dafür eine besonders gelungene pathematische Figur. Es handelt sich hier meines Erachtens um eine ähnliche Metafigur des Pathos, wie sie uns schon in der *Égloga I* begegnet ist. Die Göttliche gibt in diesem Bild keine Inspiration ein, wie man vielleicht meinen könnte, sondern nimmt den menschlichen Lebensatem an sich – nicht unähnlich, wie die *enargeia* des Affekts, der in einer visualisierenden Pathosszene evoziert wird,[179] medial quasi den Besitzer wechseln kann. Dadurch lebt das in Venus körperlos weiter, was den Körper des Adonis am Leben erhielt.

Das Bild der Nise verschiebt danach abrupt den Fokus: Darauf ist keine „antigua historia" (v. 196) abgebildet, sondern das spanische Hier und Jetzt

177 Mit der „arrested pose" verbunden ist ein Tempuswechsel zum Präsens, mittels dessen Paterson zufolge ein Arretierungspunkt für das innere Auge etabliert wird. „Ecphrasis in Garcilaso's *Égloga tercera*", 1977, S. 83.

178 Im *Tesoro* des Covarrubias heißt es zu *barrer* mit Verweis auf den Besen eindeutig: „recoger con la *escoba* cualquiera cosa que esté en el suelo". *Tesoro de la lengua castellana o española*, 2006, S. 295 (Hervorh. K. P.).

179 Siehe zu *enargeia* und visualisierender Szene Barnard, „Correcting the Classics", 1992, S. 10–12.

der Nymphe, die das Geschehen verewigt, rückt ins Zentrum. Nise hat Nemorosos Klagen über den Tod seiner Elisa am Ufer des Tajo zur Genüge selbst vernommen, um dessen Leid aus zweiter – aber bestens informierter – Hand berichten zu können:

253 porque de todo aquesto y cada cosa
254 estaba Nise ya tan informada
255 que, llorando el pastor, mil veces ella
256 se enterneció escuchando su querella (*Égloga III*)

Was die Ohrenzeugin Nise allerdings zunächst zur Darstellung bringt, ist – als Hintergrund der Szene – die Heimatstadt Garcilasos, das kastilische Toledo: „lo figuró en la parte donde él [el Tajo] baña / la más felice tierra de la España" (vv. 199f.). Ganze zwei Strophen widmet die Ekloge der Beschreibung von Toledo auf einer vom Tajo umgürteten Anhöhe:

201 Pintado el caudaloso rio [Synärese] se vía,
202 que, en áspera estrecheza reducido,
203 un monte casi alrededor ceñía,
204 *con ímpetu corriendo y con ruïdo*;
205 querer cercarlo todo parecía
206 en su volver, mas era afán perdido;
207 dejábase correr en fin derecho,
208 contento de lo mucho que había hecho.

209 Estaba puesta en *la sublime cumbre*
210 del monte, y desde allí por él sembrada,
211 aquella *ilustre y clara pesadumbre*,
212 de antiguos edificios adornada.
213 De allí con *agradable mansedumbre*
214 el Tajo va siguiendo su jornada
215 y regando los campos y arboledas
216 con *artificio* de las altas ruedas. (*Égloga III*; Hervorh. K. P.)

Dabei fällt auf, wie variabel im Vergleich zu der vorherigen Ekphrasis die Blickachse bei dieser Bildbeschreibung ist. Denn die beiden Strophen sind streng genommen genau gegensätzlich fokalisiert: In den Versen 201–208 nimmt der Betrachter den Standpunkt des Flusses ein, der wild, ungestüm „y con ruïdo" (v. 204) die Anhöhe in seinem Lauf fast gänzlich umfassen will, sich zuletzt aber damit zufrieden gibt, geradewegs weiter zu fließen. Eine laute, bedrohliche Natur scheint hier durch den Berg wie gezähmt und in Bahnen gelenkt. Direkt im Anschluss wechselt der Standpunkt auf den erhabenen Gipfel (vgl. v. 209), auf dem die Stadt Toledo thront und von wo aus („desde allí", „[d]e allí"; vv. 210 u. 213) man den Flusslauf beobachten kann.

Besonders ins Auge sticht, dass der Fluss nun aus der Distanz mit dem Attribut der Sanftheit versehen ist („agradable mansedumbre"; v. 213), während qua Reimparadigma die menschengemachte Stadt im Zeichen der gewichtigen, „ilustre y clara pesadumbre" (v. 211) steht. Allein lässt die buchstäbliche Erhabenheit der Anhöhe („la sublime cumbre"; v. 209) die Sachlichkeit der Rede kippen, die in den anderen Szenendarstellungen vordergründig zum Einsatz kam. Es spricht nicht mehr das Bild für sich und für den Affekt, sondern die sprachliche Vermittlungsinstanz schiebt sich fokalisierend vor die Linse unserer Vorstellung. Von der Stadt aus betrachtet, wird das Wasser des Flusses nicht nur seines natürlichen, lauten Pathos beraubt, sondern auch nutzbar gemacht für die Bewässerung der Felder, dank des „artificio" (v. 216) großer Räder. Übrig bleibt von diesem theatralen Aufzug die Einsicht: Die Natur ist nur sanft, wenn man sie vom Standpunkt der kulturellen Schwere aus betrachtet. Ganz so, wie auch die Idylle des *locus amoenus* ein Produkt kultureller Überformung ist.

Zugleich ist der durch die Andeutung einer Fokalisierung gelenkte Blick an dieser Stelle des Gedichts ein Indiz dafür, dass die von ihm und seiner Gönnerin geliebte Heimat („campo y soledad que amaste", v. 34) einen anderen Affekt erzeugt als die Szenerien der klassischen Bukolik, in der sich der hochgradig intertextuelle Text eingerichtet hat. An dieser Stelle wechselt die Ekloge kurzzeitig aus der pastoralen Welt in die der Georgik. Mit der zweiten Nennung des *artificio* im Gedicht wird explizit ein Raum der Kultur der reinen Natur gegenübergestellt. So wie die *telas* der Nymphen Kunstwerke sind, so schaffen die Bewohner der frühneuzeitlichen Stadt eine künstlich überformte, nützliche Natur. Kastilien ist also nicht mit dem *locus amoenus* am Ufer des Tajo deckungsgleich. Vielmehr ist die bebaute Natur erhabenes Exemplum, wie Natur bezwungen werden kann. Dass dies wiederum korrespondiert mit der Frage, ob der Mensch in der Lage ist, auch seine eigene Affektnatur zu zähmen, drängt sich geradezu auf. In die Sprache der Affekte übersetzt lautet diese Exposition: Aus der Distanz und im literarischen Interstitium der Form verwandelt sich pathematische Natur in ein angenehmes Bild, ohne laut tönen zu müssen.

Deshalb meine ich, dass man ausgehend von dieser Exposition für die Pathosszene der Nise in Anschlag bringen darf, dass auch deren patriotisches Tableau zunächst eine weitere Variante jenes bukolischen Paradigmas darstellt, das Garcilaso im Text etabliert: Überwältigung durch Schmerz (hier allegorisiert zum stürmischen Fluss, der alles zu verschlingen droht) und darauffolgende kulturelle Formgebung des Affekts.[180] Im Falle des Orpheus-Mythos ist dieser

---

180 Matzat spricht von einer „Engführung von Liebeskatastrophen und Naturschönheit". „Liebe und Natur in Garcilasos Eklogen", 2004, S. 105.

Topos offensichtlich (und für die Bukolik seit Theokrits *Eidyllion I* angelegt): „it is art which orders and simplifies nature, rendering it intelligible; it is a clear sense of artistic distance which converts grief into beauty".[181] Aber auch für die Handlung um Apollo und Daphne auf Dinámenes zweiter *tela* spielt die Bezwingung von Schmerz durch Kunst eine Rolle, da Daphne sich bekanntlich in den vom Gott der Dichtung verehrten Lorbeer verwandelt, der fürderhin das Haupt ausgezeichneter Dichter krönen wird. Wenn sich dort die weißen Füße zu „torcidas raíces" (v. 165) krümmen, klingt allerdings auch das gewaltsame Moment der Verwandlung von Natur in Kunst an. Das mythologische Schlusstableau der Venus, die den Atem des Adonis aus dessen totem Mund raubt, lässt einen nicht minder bitteren Beigeschmack zurück. Und selbst die Nacherzählung des Orpheus-Mythos ist bei Garcilaso nicht reiner Triumph des Gesangs, denn nach dem zweiten Verlust der Eurydike endet die letzte ihm gewidmete Strophe in der *Égloga III* mit der Klage des Sängers, die „en vano" (v. 144) an der Seite des Berges erklingt.

Das szenische Pathos der *Égloga III* mag in diesem Sinne rhetorisch ruhig und sanft fließen. Die dort evozierten pathematischen Bilder selbst allerdings verkörpern keine *agradable mansedumbre*. Damit wiederholt die dritte Ekloge das, was die erste durch den Kontrast zwischen intra- und extra-diegetischem bukolischen Pitch hervorgetrieben hatte, nun also auf anderer Ebene: Hier sind es Darstellung (rhetorischer Stil des *bajo son*) und Dargestelltes (visualisierte Pathosszene), die nicht zu versöhnen sind.

Im Zentrum der nun visuell etablierten Szene taucht – im Bild der Nise und somit auf zweiter Ebene – eine neue Gruppe von Nymphen auf, die, „en el semblante tristes" (v. 221), den Tod der Elisa aus der *Égloga I* beweinen. Die *mise en abyme* der Ekloge[182] besteht dann darin, dass eine dieser Nymphen auf eine Pappel ein Epitaph schreibt, das die tote Elisa sprechen macht. Dieses sprachliche Kunstwerk ist sowohl eine Wiederholung des *artificio* der *telas* erster Ebene als auch deren Widerspruch[183] – handelt es sich doch jetzt um verschriftlichte wörtliche Rede und gerade nicht um eine weitere Ekphrasis.

Das visuelle Syntagma der Nise besteht im Detail aus folgenden Einzelschritten: Exposition der Szene in der Darstellung von Toledo (vv. 197–216) – Auftreten der Nymphen, die trauern und Blumen verstreuen (vv. 217–224) – Zoom

---

181 Rivers, *Garcilaso de la Vega*, 1980, S. 86. Vgl. auch ders., „La paradoja pastoril del arte natural", 1974, S. 294.

182 Siehe zur Unterscheidung in *mise en abyme de l'énoncé, de l'énonciation* und *du code* Dällenbach, *Le Récit spéculaire*, 1977, S. 123–138.

183 Und eine letzte Steigerung, was das gewaltsame Pathos angeht. Vgl. Rivers, „La paradoja pastoril del arte natural", 1974, S. 300, und Fernández-Morera, *The Lyre and the Oaten Flute*, 1982, S. 92.

auf die Trauergebärden der Nymphen (vv. 225–228) und die tote Nymphe (vv. 229–232) – Hervortreten der schönsten Nymphe, die Elisas Epitaph auf einem Baum verewigt (vv. 233–240) – wörtliche Rede der toten Elisa (vv. 241–248) – die Darstellung der unglücklichen Liebesgeschichte von Elisa und Nemoroso auf der „tela artificiosa" (v. 249), „aqueste lamentable cuento" (v. 257), wird konstatiert wenngleich nicht nacherzählt (vv. 249–256) – Koda in Form einer Bemerkung, dass nicht nur die Baumnymphen (zweite Ebene), sondern auch die Nymphen des Reiches von Neptun (erste Ebene) von diesem Unglück haben sprechen hören (vv. 257–264).

In der Beweinung der Elisa und der Schilderung ihres toten Körpers – das bisher wohl meistkommentierte Element des Textes: die *ninfa degollada*[184] (vgl. v. 230) – scheint sich zu wiederholen, was schon in den mythologischen Szenen zum Einsatz kam: eine arretierte Pathosszene des Leids, ausgedrückt in körperlicher Gebärde. Die trauernden Nymphen mit „el cabello desparcido" (v. 225) und Elisas auf den Blumenflor hingestreckter Leichnam greifen alle Elemente der evidentiellen Affektpoetik erneut auf, ja steigern das szenische Pathos im brutalen Schockbild der Nymphe mit durchschnittener Kehle in einem letzten Crescendo.

Allerdings wird danach mit dem Epitaph etwas völlig Neues eingeschoben – formal unterstrichen durch das buchstäbliche Auf- bzw. Beiseitetreten der einzelnen Nymphe („apartada algún tanto"; v. 237), die damit die Schreibszene auch als neue Szene in der Szene einläutet. Anstatt jedoch Nähe zu den Leidenden zu erzeugen, wie man es angesichts der wörtlichen Rede Elisas

184 Zimic zufolge kondensiert das Bild ein dramatisches Pathos der Gewalt und Trauer: „condensa, con intensa y estremecedora emoción, todo el horror, toda la angustia que Nemoroso siente en el momento de la repentina muerte de su amada". *Las églogas de Garcilaso de la Vega*, 1988, S. 95. Dieser Schrecken hat unweigerlich Abwehr erzeugt: Bereits in der Ausgabe von El Brocense 1577 wurde *degollada* zensiert zu *igualada*. Grossi hingegen will sie als Inbegriff einer ästhetizistischen These verstanden wissen: „es la imagen de la estetización (o sublimación) total de la violencia desordenadora del tiempo". „Orden y violencia en Garcilaso", 1994, S. 194. Interpreten der Ekloge haben mehrfach versucht, Bezüge zu zeitgenössischen Tafelbildern herzustellen, um die Drastik der Szene zu erläutern. Martínez-López erinnert etwa an die bildliche Darstellung der Procris. Vgl. „Sobre 'aquelle bestialidad' de Garcilaso (égl. III.230)", 1972, S. 12. Er sieht im Werk Garcilasos insgesamt einen „innegable deseo de violencia" und bezeichnet die Stelle ebenso wie das Sonett XXXVI als symptomatisch für „el Garcilaso 'negro'". Ebd., S. 17f. Zur „piktographische[n] Intertextualität" im Zeichen des *ut pictura poesis* und zum Verweis auf die konkrete Procris-Darstellung von Piero di Cosimo siehe Leopold, „Der Tod der Daphne als Garcilasos poetisches Gründungsopfer", 2008, S. 138. Auch eine Andeutung auf die Opferung Iphigenies hat die Forschung sehen wollen. Vgl. McVay, „The Goddess Diana and the 'Ninfa degollada' in Garcilaso's *Égloga III*", 1993, S. 26. Boscán besaß wohl eine Euripides-Ausgabe und gebraucht selbst in einem anderen Gedicht das Wort *degollar*. Vgl. ebd.

vermuten möchte, rückt das Schriftmedium die Figur auf Distanz. Nemoroso bleibt in Nises Version der Geschichte gar völlig stumm. Elisa als Verkörperung der verschwindenden Eurydike[185] und Nemoroso als neuer, stummer Orpheus büßen im Abgrund der lyrischen *mise en abyme*, die sich durch die Szene in der Szene zusätzlich verdoppelt, ihre Körperlichkeit ein: „Seen like this, Elisa and Nemoroso appear only vaguely as if at the end of a long, dark tunnel, barely present at all."[186] Während die Pathosszene also Nähe zum Gegenstand herstellt – und so beim Betrachter Affekte des Mitleids und Schauers erzeugen kann –, verhindert das Wort, an die leidende Elisa heranzutreten. Elisa, die wie Eurydike den Styx bereits überschritten hat, spricht als Gespenst aus der sie verewigenden Schrift. Der materielle Stoff ihrer *figura* und die Materialität ihrer Affekte entgleiten dem Zugriff des Betrachters ganz ähnlich wie Eurydike dem Orpheus. Deshalb ist es so prägnant, dass die Macht der Darstellung der Nymphen gepriesen worden war als die Fähigkeit, *figuras* zu erzeugen, deren „[...] cuerpo vano / pudiera ser tomado con la mano" (vv. 271f.). Implizit wird die komplexe Struktur der Ekloge an dieser Stelle zu einer formalen Reproduktion der Unterwelt.

Damit kommen wir wieder am Ausgangspunkt des Gedichtes an. Denn das Zitat des Orpheus-Mythos ist bei Garcilaso immer mit der Bedrohung poetischer Stummheit verbunden. Dazu gehört, dass er aus dem Exil auf der Donauinsel einige Texte verfasst hat, in denen er sich als verbannten Orpheus am Ufer des Flusses imaginiert,[187] der so singt wie der antike Dichterfürst am Ufer der Struma. Sowohl in der *Ode ad Florem Gnidi*[188] als auch der *Canción III*[189] ist dies der Fall. In letzterer wirft er seine Worte gar ins Wasser („pues no hay otro camino / por donde mis razones / vayan fuera de aquí, sino corriendo / por tus aguas y siendo / en ellas anegadas"; vv. 56–60) und verwandelt sich

185 Vgl. Dadson, „From Voice to Silence", 2005, S. 104.

186 Ebd.

187 Vgl. Paterson, „Ecphrasis in Garcilaso's *Égloga tercera*", 1977, S. 80–82. Zur Präsenz Ovids und seiner *Tristia* III bzw. XII, 1–6 siehe Pozuelo Yvancos, *La invención literaria*, 2014, S. 19.

188 Whitby, „Transformed into What?", 1986, versteht die darin auftauchende Verwandlung des liebenden Mannes in eine „viola" nicht als Verweis auf die Blume, sondern auf das Streichinstrument der Bratsche (span. *vihuela*), die im *Cortegiano* als ideales Begleitinstrument des Gesangs evoziert und von den Zeitgenossen Garcilasos mit der orphischen Lyra assoziiert wurde, aber ein zeitgenössisches Instrument darstellt. Vgl. ebd., S. 137. Im Gedicht steht also nicht nur Rhetorik als Mittel der Überzeugung und Verwandlung (*persuasio*) – der gegen ihren Geliebten hart bleibenden Angesprochenen – im Mittelpunkt, sondern auch die Überlegenheit der Renaissancelyrik über die antiken Vorlagen. Garcilaso als neuer Orpheus lässt in diesem Gedicht die *cíthera* der epischen Gesänge und die antike *lira* hinter sich, um Neues zu schaffen. Vgl. ebd., S. 140.

189 Garcilaso de la Vega, *Poesía*, 2020, S. 267–271.

somit in eine Version des abgeschlagenen Kopfes des toten Orpheus, der noch nach dem Tode weiter zu singen und zu klagen vermag. Allein ist in Garcilasos Variante dieser Nachruhm nicht nur mit der Klage über das Exil, sondern auch mit dem Tod assoziiert, da er seine *canción* mit anderen Liedern „que se me han muerto en la boca“ (v. 71) vergleicht.[190] Hier ist der stygische Bannfluch also bereits über ihn gekommen – sei es auch nur, weil Fortuna ihn von „patria“ und „bien“ (*Égloga III*, v. 19) fernhält und sein Schreiben immer wieder unterbricht (vgl. ebd., vv. 21–24).

Wenn nun aber, wie die Forschung betont, die desinkorporierte Elisa in der *Égloga III* als Symbolfigur des literarischen Nachruhms des Spaniers fungiert, ja, ihr Tod als „poetisches Gründungsopfer, auf dem sich die heimatliche Kulturgemeinschaft konstitutieren kann“,[191] verstanden werden muss, gilt es, die orphische Pose des Toledaners Garcilaso noch einmal zu präzisieren – insbesondere, wenn man bedenkt, dass Elisas Epitaph den Nachruhm im Schriftmedium mit Distanz zum Affekt erkauft:

241 "Elisa soy, en cuyo nombre suena
242 y se lamenta el monte cavernoso,
243 testigo del dolor y grave pena
244 en que por mí se aflige Nemoroso
245 y llama: *'Elisa'. 'Elisa'* a boca llena
246 responde el Tajo y lleva presuroso
247 al mar de Lusitania *el nombre mío*,
248 donde será escuchado, yo lo fío." (*Égloga III*, Hervorh. K. P.)

Auch hier spielt ein Fluss eine wichtige Nebenrolle, soll doch der Tajo Elisas Namen bis in den Atlantik tragen. Damit wird kastilische Natur gegen die antiken Quellen gesetzt[192] – und gegen Garcilasos *imitatio* am Vorbild Petrarca,[193] der alle poetischen Nachkommen überschattet. Nemorosos Rufen verwandelt sich so in ein weitreichendes Echo (vgl. v. 245), auch wenn er selbst im Gedicht

190 Der Herausgeber García Aguilar kommentiert hier in dem Sinne, dass die ‚toten Worte‘ im Mund eine „imposibilidad de expresar y verbalizar libremente la complejidad de su difícil situación“ symbolisieren. Ebd., S. 271.

191 Leopold, „Der Tod der Daphne als Garcilasos poetisches Gründungsopfer“, 2008, S. 128.

192 Im antiken Mythos wird der Kopf des von Mänaden zerrissenen Orpheus im Wasser des Hebros und übers Meer bis zur Insel Lesbos gespült. Vgl. Ovid, *Metamorphosen*, 1972, S. 398f. (XI, 50–55). Dort soll er nicht nur einen Kult, sondern selbst nach dem Tode noch andere Dichtung inspiriert haben.

193 Leopold betont, dass bei Garcilaso die Legitimation des spanischen *corpus naturale* nur über eine Verbindung mit dem italienischen „Kulturkörper – dem semiotischen *corpus Petrarchae*“ möglich ist. „Der Tod der Daphne als Garcilasos poetisches Gründungsopfer“, 2008, S. 123.

nicht spricht.[194] Diese Stelle wurde durchaus positiv gelesen, als selbstbewusste Deklaration, der *eigene* Name des Dichters und nicht nur der Elisas werde bis ans Ende der Welt zu hören sein, dank der sanften Muse des bukolischen Stils: „[Garcilaso] limits his lyre, but the sound of it travels far [...].“[195] In der Vorstellung, der eigene Name werde mit dem Fluss in alle Welt getragen, kommt aber auch ein Bewusstsein des imperialen Subjekts über seinen Standort im Raum der weltlichen Macht zum Ausdruck, wie bereits Alan K. G. Paterson bemerkt:

> What I wish to suggest is that the poet has measured his achievement against the metamorphosis of Spain, in the poet's own life, into the centre of an empire which lay not only towards the Mediterranean and Italy, but north, west and south across the Atlantic.[196]

Dazu gesellt sich der zuletzt nachgestellte *canto amebeo* der beiden kastilischen Schäfer Tirreno und Alcino. Als die Nymphen erster Ordnung wieder hinabtauchen wollen in das Reich des Wassers, verharren sie, weil sie deren Gesang hören. Diese Reaktivierung des bukolischen „son süave“ (v. 295) oder „dulce son“ (v. 371) ist quasi Garcilasos aus den literarischen Quellen der „antigua historia“ (v. 196) hervorgestiegene Neuauflage bukolischer *mansedumbre*. Der Gesang soll den beiden Hirten die Arbeit erleichtern, echte Tragik dagegen scheint in der bukolischen Pose der zwei ausgeschlossen. Dennoch wiederholen sich Elemente des Liebespathos, die aber wie reine (fast blutleere) rhetorische Figuren wirken, wenn man sie mit der *pesadumbre* der antiken Pathosszenen vergleicht. Seiner klassischen Form und bukolischen Topik ist es auch zu verdanken, dass dieser Teil und damit die gesamte Ekloge systematisch als Überwindung von Garcilasos eigener wilden Liebesvergangenheit verstanden worden ist: In Tirreno und Alcino habe sich der Sieg der Kultur über die Natur endlich erfüllt[197] und zugleich die spanische Literatur ihre Überlegenheit bewiesen.

Nichtsdestoweniger ist auch dieses patriotische und selbstbewusste Tableau des Dichters eine Reflexion über den bukolischen Pitch. Denn die geliebten

194 Zimic will Orpheus in der Ekloge als Inkorporation eines alten Selbst Nemorosos verstanden wissen. Erst in der Akzeptanz des Todes und einer höheren Spiritualität käme der Mensch im Angesicht der Trauer zu sich. Vgl. *Las églogas de Garcilaso de la Vega*, 1988, S. 98.

195 Fernández-Morera, *The Lyre and the Oaten Flute*, 1982, S. 97.

196 Paterson, „Ecphrasis in Garcilaso's *Égloga tercera*“, 1977, S. 88.

197 Mager, *Imitatio im Wandel*, 2003, S. 214, hebt allerdings hervor, dass rhetorische *energeia* an dieser Stelle verloren gehe, da die beiden Hirten in ihrem Repertoiregesang ganz eindeutig eine künstliche Situation besingen.

Frauen der Schäfer verkörpern hier zwei Prinzipien,[198] die sich unterschiedlich auf den Raum bukolischer Natur auswirken: Während die Anwesenheit der Flérida den *locus amoenus* schützt und erhält, verheert ihn die Abwesenheit der wütenden Filis: „pero si Filis por aquí tornare, / hará reverdecer cuanto mirare" (vv. 351f.). Selbst wenn pathematische Natur sich im literarischen Interstitium der Form in ein angenehmes Bild verwandeln lässt (dafür steht an dieser Stelle Tirrenos Gesang über die süße Flérida), ringt Garcilaso bis zuletzt mit der formalen Dämpfung[199] des Affekts. Immer wieder kontrastiert er eine ruhige Tonlage der Sprache mit gesteigerten Affektbildern. Das Crescendo der Ekloge liegt deshalb meiner Meinung nach in deren serialisierten, paradigmatischen Phänotypen des Affekts verborgen. Selbst im *dulce son* des *canto amebeo* wird dieser Konflikt nicht gelöst: Während Tirreno mit den Frühlingswinden Céfiro und Favonio einen ruhigen bukolischen Pitch beschwört, singt Alcino vom „furor del animoso viento" (v. 329), der Zerstörung bringt.

Erfüllt das lyrische Ich also in „voluntad honesta y pura" (v. 1) seinen Schwur, den Ruhm der Patronin im *bajo son* der Bukolik zu garantieren? Mir scheint, dass Garcilaso durch sein szenisches Pathos durchaus bewusst immer wieder pathematische Kontrapunkte setzt, die sich der symbolischen Unterwerfung unter das Gebot der affektiven Ruhe entziehen. Zugleich ist ein patriotischer Affekt angesichts einer kastilischen Natur / Kultur, die die Antike beerbt und übertrifft, in der *Égloga III* kaum zu leugnen. Garcilaso teilt ihn mit der Familie seiner Gönner, dem Haus der Alba und dessen Frauen. Dennoch schafft er zugleich mit der stummen orphischen Zunge und Elisas Epitaph eine mächtige Chiffre für das Dilemma, im Medium der Schrift Affekte sprechen zu machen. Am Ende ist die Stimme, die man den Mächtigen ‚schuldet' („la voz a ti debida"; v. 12), erst frei, wenn sie tot ist, denn nur der gespenstische Ton („aquel sonido"; v. 15) „hará parar las aguas del olvido" (v. 16.).

4.2.2 *Die Wut der Nymphe* (Égloga II)

Die zweite Ekloge ist nicht nur wesentlich länger als die erste und dritte, sie ist auch, was ihre Theatralität anbelangt, um einiges expressiver. Man kann sich eine Aufführung des stark dialogischen Textes ohne Weiteres vorstellen.[200]

198 Zur Vorlage der VII. Ekloge Vergils siehe Fernández-Morera, *The Lyre and the Oaten Flute*, 1982, S. 93–96.

199 Siehe zum Konzept Spitzer, „Die klassische Dämpfung in Racines Stil", 1931.

200 Vgl. Lapesa, *La trayectoria poética de Garcilaso*, 1968, S. 111, und Azar, „La textualidad de la *Égloga II* de Garcilaso", 1978, S. 179. Schon Herrera bemerkt in seinem ersten Kommentar zur zweiten Ekloge: „Esta égloga es poema dramático, que también se dice activo, en que no habla el poeta, sino las personas introducidas […]". Zitiert nach Gallego Morell, *Garcilaso de la Vega y sus comentaristas*, 1972, S. 501.

Deshalb überrascht es kaum, dass szenisches Pathos hier noch an Bedeutung gewinnt. Auf ein Element möchte ich dabei vor allem eingehen: den Konflikt zwischen Camila und Albanio, der zu dessen Wahnsinn führt. Daran fällt auf, dass die Ekloge nicht die gesamte Handlung dramatisch präsentiert, sondern wir es mit einer ähnlich geschrumpften Fabel zu tun haben wie in der *Égloga III*. Während dort jedoch die Handlung auf der Erzählebene erster Ordnung den langen Bildbeschreibungen den Rang abtritt, ist hier die durchaus vorhandene theatrale Handlung zwischen den auftretenden Figuren dadurch beschnitten, dass zum einen deren erster Teil Salicio in der Nacherzählung berichtet wird und wir zum anderen das Ende der Auseinandersetzung nicht erfahren. Ob es endgültig zur Tragödie oder einer glücklichen Lösung zwischen dem liebenden Albanio und der wütenden Camila kommt, wissen wir bis zuletzt nicht.

Dennoch lässt sich an ihrer Liebeshandlung eine wesentlich explizitere Struktur des tragischen Pathos ausmachen, ist es doch so, dass die Geschichte um Camila und Albanio eine Art Miniaturtragödie[201] innerhalb der Ekloge konstituiert. Die dazugehörige Szenenfolge besteht aus diesen Abschnitten:

> *Nacherzählung:*
> *Exposition* im Bericht der Jugendfreundschaft zwischen Camila und Albanio mit detaillierten Beschreibungen der gemeinsamen Jagd und Albanios erwachendem erotischen Begehren (vv. 161–331)
> *Peripetie* in der ersten Szene an der Quelle, als Albanio Camila sein Begehren über ihr Spiegelbild offenbart (vv. 419–484)
> anschließende Beschreibung von Albanios Liebesleid, das zur *Klimax* des ersten Selbstmordversuches führt (vv. 485–670)
> *Figurendialog:*
> Camilas Ankunft im *locus amoenus* und ihre Version des Konflikts (vv. 720–765)
> *Anagnorisis*, als Albanio an der Quelle den Körper der schlafenden Camila erblickt und sich anschickt, sie zu überwältigen (vv. 766–801)
> *Retardatio*, in der es zur gewaltsamen Auseinandersetzung und der klug eingefädelten Flucht der Frau kommt (vv. 802–864)
> *Katastrophe* des Wahnsinns und zweiter Selbstmordversuch Albanios, der von Nemoroso und Salicio verhindert wird (vv. 865–1037)

Weil wie bereits eingangs erwähnt die unvermittelte Darstellung auf die letzten Sequenzen ab Vers 720 reduziert wurde, ist es hier wieder die der tragischen *fabula* untergeordnete Ebene der Szene, die besondere Relevanz entfaltet. Dabei kann sowohl zwischen der zweiten Pathosszene der Liebenden an der

201 Ein erster Überblick über die darin angelegte dramatische Fabel, Peripetie und Wiederholungsstruktur findet sich in Azar, „La textualidad de la *Égloga II* de Garcilaso“, 1978, S. 180.

Quelle und den darauf folgenden Schäferdialogen als auch zwischen monologischen und dialogischen Partien unterschieden werden. Affekt, der sich im Handeln der Figuren – und nicht ausschließlich in deren Sprache – Bahn bricht, wird also einmal als in Handlung eingebetteter Monolog, einmal im direkten Dialog inszeniert. Beides ist aber anders als die Ekphrasis in der dritten Ekloge keine ‚stumme' Szene, in der körperliche Gebärde und visuelle Pathosformeln vorrangig sind. Vielmehr verbindet Garcilasos Miniaturtragödie die Struktur tragischer Katharsis mit rhetorischem Pathos der Sprache und szenischem Pathos des Handelns.

Sie alle drehen sich um das, was man als provisorischen Titel der Tragödienhandlung wählen könnte: die Wut der Nymphe. Camila wird bereits zu Beginn explizit mit der topischen Figur der Renaissancenymphe gleichgesetzt[202] und ist von Anfang bis Ende der sichtbaren Handlung immer eines: wütend. Grund dafür ist die bereits oben geschilderte Offenbarung ihres Spiegelbildes als Gegenstand von Albanios Begehren. Ihre Reaktion darauf folgt prompt, wie Albanio zu berichten weiß:

479 Y no de otra manera, arrebatada,
480 del agua rehuyó que si estuviera
481 de *la rabiosa enfermedad* tocada,

482 y sin mirarme, *desdeñosa y fiera*,
483 no sé qué allá entre dientes murmurando,
484 me dejó aquí, y aquí quiere que muera. (*Égloga II*; Hervorh. K. P.)

Die gescheiterte Interaktion zwischen Camila und Albanio ist einem mythologisierenden Dekor durchaus nicht fremd. Eigentlich ähnelt die Frau darin der Göttin Diana, der sie sich geweiht hat. Diese hatte den Jäger Aktaion bestraft, weil er sie beim Baden beobachtet.[203] Garcilasos Camila,[204] die wütend unhörbare Worte durch die Zähne presst, hat mit ihrem göttlichen Vorbild aber schon wegen der Menschlichkeit ihrer Reaktion wenig gemein, selbst wenn

202 „[E]n su verde niñez siendo ofrecida / por montes y por selvas a Dïana, / ejercitaba allí su edad florida." (Vv. 173–175)

203 Garcilaso übernimmt auch hier konkrete Angaben wie die Mittagsstunde aus der ovidianischen Version des Mythos. Vgl. Morros, „El tema de la guerra y de la caza en Garcilaso", 2003, S. 236–239.

204 Die durch ihren Namen und ihre gewaltsame Natur selbstverständlich auch dem vergilischen Epos entliehen ist, siehe dazu Kap. 4.3.1. Auf die Assoziationen sowohl zu Camilla als auch die Querverbindungen zur Dido-Tragödie verweisen Ramajo Caño, „Para la filiación literaria de la *Égloga II* de Garcilaso", 1996, S. 28f., Matzat, „Liebe und Natur in Garcilasos Eklogen", 2004, S. 97, und Leopold, „Aeneas in Kastilien", 2012, S. 259.

sie Albanio einen ähnlichen Tod an den Hals wünschen mag wie Aktaion, der, verwandelt in einen Hirsch, von seinen eigenen Jagdhunden zerfleischt wurde. Die Nymphen indes waren ursprünglich Schutzgöttinnen idyllischer Naturräume, die den Menschen Zugang zu deren Geheimnissen verschafften.[205] Sie sind also eine für den Menschen durchaus offene mythologische Gestalt, die zwischen Natur und Kultur vermittelt. Von Camila heißt es deshalb zu Beginn (wenn auch aus Sicht des erzählenden Albanio):

¿Qué montaña dejó de ser pisada
de nuestros pies? *¿Qué bosque o selva umbrosa*
no fue de nuestra caza fatigada?

Siempre con mano larga y abundosa,
con parte de la caza visitando
el sacro altar de nuestra santa diosa, (*Égloga II*; Hervorh. K. P.)

Als Kinder waren sie und Albanio also eine harmonische Einheit – „que de ella un punto no sabia [Synärese] apartarme“ (v. 181). Beide gemeinsam erwiesen der Göttin Diana mit ihrer Jagd die Ehre und machten sich Berge und Wälder Untertan (vgl. vv. 186f.). Erst als Albanios Freundschaft sich in Eros[206] verwandelt, stößt ihn Camila wenig überraschend zurück.

Schließlich hat sich der Phänotyp der Nymphe in der Renaissance zu der Figur für unbefriedigte Lust und phantasmatische Liebesobjekte schlechthin entwickelt.[207] Bei Garcilaso verkörpert sie an anderer Stelle darüber hinaus eine Facette der Verzweiflung des neuen Orpheus:[208] Indem die Nymphen im Sonett XI[209] nicht von ihren *telas* aufblicken, verweigern sie dem lyrischen Ich die künstlerische Anerkennung. Sie sind gerade keine positiven Figuren der erfüllten Kommunikation mit der geheimnisvollen Natur oder Vermittler zur antiken Welt mehr, sondern Hüterinnen eines in seiner perfekten Schönheit abgeschlossenen, unzugänglichen Kosmos:

205 Vgl. Larson, *Greek Nymphs*, 2001, S. 73–78.

206 Matzat argumentiert, Albanio verliere durch sein sinnliches Begehren den Einklang mit der Natur, während Salicio und Nemoroso für die „Freiheit von der Liebe“ stünden. „Liebe und Natur in Garcilasos Eklogen“, 2004, S. 95.

207 Vgl. Agamben, „Nymphs“, 2011, und Baert, „Nymphe (Wind)“, 2013. Siehe ebenfalls Kap. 2.2.3. und 3.2.3. Die Antike kannte dieses Motiv selbstverständlich auch, man denke nur an den Daphne-Mythos, der als Urszene einer Kunst gelesen werden kann, die aus frustriertem körperlichem Vollzug entsteht.

208 Vgl. Fernández-Morera, *The Lyre and the Oaten Flute*, 1982, S. 86.

209 Garcilaso de la Vega, *Poesía*, 2020, S. 196f.

1 Hermosas ninfas que, en el río metidas,
2 contentas habitáis en las moradas
3 de relucientes piedras fabricadas
4 y en columnas de vidrio sostenidas;

5 agora estéis labrando embebescidas
6 o tejendo las telas delicadas,
7 agora unas con otras apartadas,
8 contándoos los amores y las vidas;

9 dejad un rato la labor, alzando
10 vuestras rubias cabezas a mirarme,
11 y no os detendréis mucho según ando,

12 que o no podréis de lástima escucharme
13 o, convertido en agua aquí llorando,
14 podréis allá despacio consolarme. (*Soneto XI*)

Der Appell des Subjekts an eine gleichgültige Nymphe entspricht auch der lebensweltlichen Wahrnehmung der Frühen Neuzeit, da diese Stasis[210] in mehr als einer Statue rinascimentaler Gärten verewigt worden war. Es gilt diesen Kontrast für die Literatur der Epoche also mitzubedenken, um der warburgschen Pathosformel der bewegten Nymphe nicht allein das Feld zu überlassen.

In der *Égloga II* macht jedoch vor allem der Umstand hellhörig, wie exzessiv Camila und Albanio – deren Geschichte des ersten Teils (wenngleich mit wichtigen formalen Variationen) auf dem Vorbild Sannazaros beruht[211] – das Geschäft des Jagens betreiben.[212] Denn in der Tat entpuppt sich das wilde Wüten der Jäger als semantisches Samenkorn für ein ganzes Paradigma des Affekts. Ich würde so weit gehen zu behaupten, dass erotische Leidenschaft und passionierter, gewaltsamer Furor[213] im Text wechselseitig aufeinander verweisen. Nicht umsonst verwandelt sich Albanio zuletzt in einen

210 Vgl. Enenkel / Traninger, „Introduction", 2018, S. 2f.

211 Die Exposition kommt einer fast wörtlichen Übersetzung der Erzählung Carinos in der Prosa VIII (8–58) der *Arcadia* Sannazaros gleich. Vgl. Sannazaro, *Arcadia*, 2013, S. 172–185.

212 Bei Garcilaso heißt es über die Gewalt der Jagd: „con tal fuerza la presa, y tal violencia, / se engarrafaba de la que venía, / que no se dispidiera sin licencia" (vv. 287–289). Nach einer Aufreihung aller Vogelarten, die Camila und Albanio erlegt haben, folgt – wie in der Vorlage bei Sannazaro: „A ningún ave o animal natura / dotó de tanta astucia que no fuese / vencido al fin de nuestra astucia pura" (vv. 308–310). Zum *gozo* des Jägers siehe Azar, *Discurso retórico y mundo pastoral en la* Égloga segunda *de Garcilaso*, 1981, S. 106f.

213 Span. *ira* wird übersetzt u. a. als „súbito furor" bei Covarrubias, *Tesoro de la lengua castellana o española*, 2006, S. 1106. Auch Seneca setzt mit Verweis auf Horaz die Wut mit Wahnsinn gleich. Vgl. *De ira*, 1969, S. 96f. (I, 1, 2).

metaphorischen Wiedergänger seiner eigenen Jagdbeute[214] – an der ersten Stelle zudem, die inhaltlich signifikant von der *Arcadia* abweicht. Obwohl er dabei die Position gewechselt hat und vom Täter zum Opfer geworden ist, so ist doch offensichtlich, dass die gleiche Gewalt am Werk sein muss. Mit dem Hinweis auf Albanios Verstoß gegen neoplatonische Liebeslehre ist es also hier wieder nicht getan. Vielmehr gilt es mit Blick auf die Explosivität affektiver Energien, die in der *Égloga II* rhetorisch und theatral in Szene gesetzt wird, zu fragen, wie der buchstäblich wild gewordene, „*fiero* destino“ (v. 169; Hervorh. K. P.) Albanios in seinem Begehren für Camila[215] – die *ninfa* „fiera“ (v. 482) – Ausdruck findet.

Man darf sich bei dieser Frage an die Natur-Kultur-Dichotomie[216] der dritten Ekloge erinnert fühlen, die um das Thema des zu zähmenden Pathos kreist. Trotzdem wird noch zu diskutieren sein, ob die zweite Hälfte der *Égloga II* in der epischen Ekphrasis diese Dichotomie tatsächlich im Namen des Imperiums heilend entwirrt oder nicht.[217] An dieser Stelle möchte ich mich vorerst damit begnügen, den Weg nachzuzeichnen von der kindlichen Jagd über den erotischen Furor bis zu Albanios narzisstisch-jähzornigem Selbstzerstörungstrieb („mano *airada*“; v. 992; Hervorh. K. P.) – und die Kollateralschäden auf diesem Weg identifizieren.

Die Affektwirkung der bukolischen Handlung wird bereits angedeutet, als Albanio Salicio zu erzählen beginnt. Im Akt der Erinnerung bedient auch er das rhetorische Mittel der *evidentia* (Vor-Augen-Stellen), und zwar indem er sich und seine Zuhörer in die Vergangenheit zurückversetzt:

> y *póneme delante* aquella gloria
> *pasada* y la presente desventura
> para espantarme de *la horrible historia*. (*Égloga II*; Hervorh. K. P.)

Es handelt sich bei seinem Bericht rhetorisch um eine *translatio temporum*,[218] eine der wichtigsten Funktionen der *evidentia*. Der ganze erste Teil der

214 Siehe dazu im Detail das folgende Kap. 4.2.3.

215 Siehe Herreras Kommentare zu Albanios *deseo bestial* in Gallego Morell, *Garcilaso de la Vega y sus comentaristas*, 1972, S. 510 u. 514f.

216 So bei Leopold, der zum Motiv der Jagd festhält: „Es ist hier also gerade die von jeder Kultur entkoppelte Jagdlust, die das wilde, naturhafte Begehren in Albanio weckt.“ „Aeneas in Kastilien“, 2012, S. 261.

217 „Die diskontinuierliche Zeit des Liebesaufschubs ist also die Vorankündigung der Erfüllung in der Ehe ebenso wie die sinnlose Gewalt der beiden Jugendlichen auf die sinnvolle Gewalt im Dienste des Imperiums vorverweist.“ Ebd., S. 251.

218 „Because of its [*evidentia*'s] capacity to make the audience feel present at past and future events, this effect is also called 'translatio temporum' or, in Greek, metastasis or

bukolischen Miniaturtragödie bis einschließlich der ersten Klimax gehorcht daher auf übergeordneter Ebene vor allem den Gesetzen des rhetorischen Pathos – schließlich handelt es sich um eine Geschichte, die Schrecken erzeugt („horrible historia"; v. 154).

Der Kontrasteffekt, den dann der Wechsel zur dramatischen Präsentation bewirkt, könnte deutlicher nicht sein: Albanio entdeckt nach seinem Wiederauftreten auf die Szene die schlafende Camila an der gleichen Quelle, die Ort der berichteten Handlung gewesen war. Jetzt allerdings befinden sich beide Figuren in der Tat ‚vor unseren Augen' und das szenische Pathos übernimmt. Albanio selbst wird dessen gewahr, als er in der Anagnorisis-Szene seine geliebte Freundin erkennt. Er hält sie zunächst für eine Nymphe des *locus amoenus*, ist sich aber nicht sicher, ob er seinen Augen trauen darf oder nicht: „Si *mi turbada vista* no me miente, / paréceme que vi entre rama y rama / una ninfa llegar a quella fuente." (Vv. 766–768; Hervorh. K. P.) Der Übergang zwischen *phantasia* und Objektwelt ist also für die Figur durchaus holprig. In diesem Moment, der der gewaltsamen Transgression vorausgeht, haben wir es demzufolge noch mit einer weiteren Transgression zu tun: Es ist offensichtlich kein Leichtes, die in Albanios Imagination repräsentierte Camila gegen die ‚wirkliche' zu tauschen. Die monologische Pathosszene, die darauf folgt, ist eine formale Entsprechung dieser Zwischenstufe – auch die dialogische Interaktion wird zunächst noch aufgeschoben.

Aber selbst im Monolog ist der erhöhte Pitch durch die Ausrufe- und Fragesätze schon klar zu erkennen:

775 ¡Oh santos dioses!, ¿qué es esto que veo?
776 ¿Es error de fantasma convertida
777 en forma de mi amor y mi deseo?

778 Camila es esta que está aquí dormida;
779 no puede de otra ser su hermosura.
780 La razón está clara y conocida:

781 una obra sola quiso la natura
782 hacer como ésta, y rompió luego apriesa
783 la estampa do fue hecha tal figura. (*Égloga II*)

Die Tatsache, dass Albanio Camila sofort wieder als *figura* bezeichnet, ist ein weiteres Indiz dafür, dass er damit kämpft, Phantasie und Wirklichkeit auseinanderzuhalten. Zwar rechtfertigen die Intertexte, die Garcilaso benutzt

metathesis (a 'transference [of time]') (9.2.41)." Webb, *Ekphrasis, Imagination and Persuasion*, 2009, S. 100, mit Bezug auf Quintilian.

hat,[219] den Hinweis auf die Formgebung der menschlichen Schönheit. Dennoch ist der Begriff der *figura* in den Eklogen Garcilasos nie unschuldig. Man hat den Eindruck, Camila materialisiere sich auch vor unseren Augen als „forma de [...] deseo" (v. 777) nur schrittweise: vom mentalen Vorstellungsbild über die harte Gussform („estampa"; v. 783) zum lebendigen Körper, der zu guter Letzt aus der Erstarrung des Schlafes erwacht und für die dialogische Interaktion mit Albanio bereit ist.

Es folgt die wohl eindrücklichste Pathosszene des Textes: Albanio beschließt, die Widerspenstige zu fassen und sich den Liebespreis mit Gewalt zu holen. Über mehrere Strophen hinweg hält er sie fest (vgl. vv. 802–862).

CAM. Suéltame ya la mano, que el aliento
me falta de congoja.
ALB. He muy gran miedo
que te me irás, que corres más que el viento.
CAM. No estoy como solía, que no puedo
moverme ya, de mal ejercitada.
¡Suelta, que casi me has quebrado un dedo! (*Égloga II*)

Erst als Camila zu einem Trick greift und Albanio dazu überredet, für sie im Wasser nach einer angeblich verlorenen Goldbrosche zu suchen, lässt er sie los und sie kann fliehen. Garcilaso führt damit die choreographische Pathosformel der fliehenden *ninfa* („[...] corres más que el viento"; v. 834) auf bemerkenswerte Weise eng mit der agonistischen des Kampfes[220] („Suéltame ya la mano [...]"; v. 832). Das maximiert den pathematischen Effekt.

Die Affekte jedoch, die sich im sichtbaren Handeln zwischen den beiden Figuren Bahn brechen – markiert durch ein explizites Auf- und Abtreten der Beteiligten –, sind nicht etwa vorrangig die des Begehrens und der Abscheu. Beide Figuren sind vor allem wütend: Albanio über Camilas Zurückweisung, Camila über die Zerstörung ihrer Freundschaft. Visualisiert wird dieses affektische Ringen im körperlichen Agon (dessen Drastik man erahnt, wenn Camila klagt, er habe ihr fast den Finger gebrochen). Camilas finales Abtreten von dieser Pathosszene könnte dann wirkungsvoller kaum sein, ist sie doch unwiederbringlich aus dem Textraum der Ekloge verschwunden. Damit schließt sich

219 Kramer weist die intertextuellen Bezüge der Formulierung auf den *Orlando furioso* und Petrarcas Sonett 159 nach. Vgl. „Frühneuzeitliche Räume des Visuellen", 2004, S. 116. Sie integriert die Szene in ihre These einer wahnsinnigen Dissoziierung zwischen empirischem Raum und Bildraum, die im ganzen Text über das in Varianten auftauchende Dispositiv des Spiegels immer wieder ausagiert werde.

220 Siehe zu den beiden Varianten der Pathosformel nach Warburg Didi-Huberman, *L'Image survivante*, 2002, S. 265, und das Kap. 2.2.3.

der Kreis zur choreographischen Pathosformel der Nymphe. Bei Garcilaso entweicht sie Albanios Händen sogar zweimal: erst zähneknirschend, dann mit einem gewaltigen Ruck, als er ihre Hand loslässt.

So unterstreicht die Unterteilung in Nacherzählung und szenische Präsentation mit ihrer Struktur der steigernden Reprise das innere Drama des Konflikts.[221] Damit aber nicht genug, was das Paradigma der Wut anbelangt. Denn durch die inhärenten Verdoppelungen begegnet uns auch ein anderes Element des Textes mehrfach: Salicios Reaktion auf Albanio. Der Schäfer Salicio bietet seinem Freund zunächst gemäß den Regeln des pastoralen Pakts an, sich emotional zu erleichtern und damit im Gesang selbst zu heilen: „que el mal, comunicándose, mejora" (v. 142). Er zeigt sich als ein empathischer Zuhörer („[...] en oillo / me aflijo"; vv. 122f.), der sich – selbst vom Liebesleid gezeichnet („[...] aun traigo las señales de las llagas"; v. 358) – im geteilten Schmerz brüderlich mit Albanio vereinen will:

Si ni con todas mañas o esperiencia
esta grave dolencia se deshecha,
al menos aprovecha, yo te digo,
para que de *un amigo que adolesca*
otro se condolesca, que ha llegado
de bien acuchillado a ser maestro. (*Égloga II*; Hervorh. K. P.)

Die antithetische Mittelachse des leidenden und geheilten Freundes (vgl. vv. 353f.) unterstreicht den affektiven Tausch, den Salicio verspricht und der das Grundparadigma der bukolischen Renaissancedichtung ausmacht: dass Männer, die gemeinsam singend über ihr Liebesleid klagen, sich gegenseitig Abhilfe leisten können. Das setzt allerdings nicht nur wechselseitige Empathie voraus, sondern auch ein wesentlich weniger problematisches Verhältnis zwischen Imagination, Affekt und Sprache, als es die frühneuzeitlichen Texte zulassen. Schon bei Encina haben wir gesehen, dass der pastorale Pakt zum Scheitern verurteilt ist. Bei Garcilaso scheitert er noch spektakulärer.

Denn obgleich Albanio ja in der Tat im ersten Durchlauf von seinem Leid berichtet, führt es zu Irritationen, als er plötzlich abbricht und Salicio Desinteresse vorwirft: „Ser debe aquesta historia aborrecida / de tus orejas [...]"

221 Auf höherer Ebene wiederholt wird diese Struktur durch das allegorische Verhältnis zwischen dem ersten bukolischen und dem zweiten epischen Teil der Ekloge: der Ekphrasis. Dort kann die Schilderung des Herzogs von Alba als Implementum der Figura Albanios gelesen werden. Vgl. Leopold, „Aeneas in Kastilien", 2012, S. 252. Zur Struktur der steigernden Reprise im Ritterroman siehe Warning, „Formen narrativer Identitätskonstitution im höfischen Roman", 1979, S. 36f.

(vv. 332f.). Salicio fordert Albanio heraus, er solle dem launischen Amor nicht die Kontrolle über seine Rede überlassen:

389 ¿Cómo, y no tienes algún hora enojo
390 de ver que amor tu misma lengua ataje
391 o la desate por su solo antojo? (*Égloga II*)

Hier führt das Versprechen einer affektiven Reinigung durch den Gesang zum ersten Mal in eine Sackgasse. Albanio fährt Salicio in einer wütenden Reaktion, einer „respuesta tan aceda y tan odiosa“ (v. 403), über den Mund und beschimpft ihn, er als einfacher Hirt solle sich nicht als Philosoph aufspielen und ihm gute Ratschläge erteilen:

392 Salicio amigo, cese ese lenguaje;
393 cierra tu boca y más aquí no la abras;
394 yo siento mi dolor, y tú mi ultraje.

395 ¿Para qué son maníficas palabras?
396 ¿Quién te hizo filósofo elocuente,
397 siendo pastor de ovejas y de cabras?

398 ¡Oh cuitado de mí, cuán facilmente
399 con espedida lengua y rigurosa,
400 el sano da consejos al doliente! (*Égloga II*)

Danach lässt er sich zwar wieder zum Erzählen überreden. Aber auch in der nächsten Interaktion mit seinem Freund wirft er diesem „artificio“ (v. 694) und „arte“ (v. 705) vor, weil Salicio einzig an den Verstand Albanios appellieren wollte. Wie später die dramatische Pathosszene zwischen Albanio und Camila hat diese erste szenische Auseinandersetzung zur Folge, dass mit Albanio eine der Figuren abrupt abtritt („[...] yo voyme en otra parte“; v. 706). Damit endet die dialogische Pathosszene des ersten Teils. Noch bevor wir den Liebenden an der Quelle dabei zusehen, wie sie im wahrsten Sinne des Wortes miteinander ringen, konnten wir beobachten, dass der schäferliche Dialog zu einer Schwundstufe des pastoralen Pakts verkommt. Auch Albanio und Salicio befinden sich – wenngleich nur rhetorisch – in einer agonalen Situation. Gerade in ihrem Dialog (der wie die anderen szenischen Teile der Albanio-Handlung auch kein Teil der literarischen Vorlage Sannazaro gewesen war) wird hervorgetrieben, dass der Affekt der Wut, an dem die Hauptfiguren in diesem *locus amoenus* zu leiden scheinen, so destruktiv ist, dass er weder bukolische Therapie noch eine Rezeptionssituation erlaubt, wie sie die Tragödie voraussetzt: dass die Zuhörer des Leids zu Mitleid stimuliert und von diesen

Affekten gereinigt werden. Deshalb auch, meine ich, ist das Versprechen des pastoralen Pakts hier über Kreuz gestellt mit der Hoffnung auf eine tragische Katharsis.

Worin besteht demzufolge das tragische Scheitern Albanios, wenn seine Geschichte den Gesetzen einer – wenngleich formal komplexen – Tragödie entspricht? Und wie verwandelt sich der Text, wenn an die erste steigernde Reprise die distanzierende Wiederholung in der Ekphrasis quasi als dritter Akt angeschlossen wird? Zur Beantwortung dieser Fragen kehre ich zunächst zurück zu Albanios Vergleich mit dem eigenen Jagdopfer. Denn der Topos der Vogeljagd ist in der *Égloga II* das vielleicht eindrücklichste Motiv, das die Entsprechungen von Wut, Gewalt und Eros untermalt. Darüber hinaus lässt sich an diesem Motiv auch die Frage nach dem Verhältnis des paradigmatischen szenischen zum syntagmatischen tragischen Pathos bei Garcilaso genauer beantworten. Danach werde ich im Kapitel zur epischen Gewalt auf der Tragödie letzten Akt zu sprechen kommen.

4.2.3 *Gefangen im Netz der Liebe: Zum Topos der Vogeljagd*

Szenisches Pathos zeichnet im Handeln der auftretenden Figuren Phänotypen des Affekts, Poppenberg spricht in ähnlichem Kontext von „Affektgestalten".[222] Während in der *Égloga III* der stumme Affekt der Trauer im Mittelpunkt steht, ist es in der *Égloga II*, wie wir gesehen haben, derjenige der wortreichen Wut. Zusätzlich realisiert Garcilaso diese Darstellung rhetorisch über die zahlreichen Tiervergleiche, die seine Protagonisten metaphorisch auf ihre primitive Affektnatur zurückwerfen: Als Camila zum ersten Mal auf die Szene tritt, spricht sie etwa von einem Rehbock, den sie bei der Jagd verwundet und bis an die Quelle verfolgt habe. Dass damit Albanio gemeint sein muss,[223] ist kaum zu leugnen: „por aquí el corzo vino que ha traído, / después que fue herido, atrás el viento" (vv. 721f.). Sie selbst wird in dieser erweiterten Metapher vom Wind verkörpert, dessen heftige Reaktion Albanio nach der Zurückweisung buchstäblich umgeworfen hatte. Der Vergleich der widerwilligen Frau mit dem Wind kommt ja ebenso prominent bei Filis in der *Égloga III* zum Einsatz. Direkt vor seinem ersten Selbstmordversuch stellt Albanio auf ganz ähnliche Weise einen Bezug her zwischen der Geliebten und dem Sturm,[224] der vom lauten Meer

222 Poppenberg, „Góngoras Version Arkadiens in der *Fábula de Polifemo y Galatea*", 2008, S. 299.

223 In der literarischen Topik ist der Hirsch jedoch zunächst mit der verzweifelten Liebe der Dido assoziert. Vgl. Rivers, „Nymphs, Shepherds, and Heroes", 1972, S. 134, sowie Matzat, „Liebe und Natur in Garcilasos Eklogen", 2004, S. 87.

224 Garcilasos Kommentator Herrera nennt den Wind ein tragisches Element. Vgl. Boase, „The Meaning of the Crow-Hunting Episode in Garcilaso's *Égloga segunda* (ll. 260–95)",

heranrauscht und seine Klagen übertönt, nennt Camila aber zugleich einen asiatischen Tiger:

563 ¡Oh fiera —dije— más que tigre hircana
564 y más sorda a mis quejas que el rüido [Synärese]
565 embravecido de la mar insana,

566 heme entregado, heme aquí rendido,
567 he aquí que vences; toma los despojos
568 de un cuerpo miserable y afligido! (*Égloga II*)

Camila ist also das Raubtier und Albanio das Opfer. Die Liebeswunde wird so durch den wiederholten Referenzrahmen der Jagd pathematisch potenziert, wenn die unzugängliche Dame den Liebenden wie ein unschuldiges Reh schlägt.

Dennoch meine ich, dass der Text bei dieser blutigen Metaphorik nicht stehen bleibt. Vielmehr erschafft Garcilaso seine eigene visualisierende Pathosformel, um den Affektschock, der durch die erotische Zurückweisung entsteht, szenisch in Form zu gießen. Es ist dies die auf den Boden hingestreckte Krähe, die Camila und Albanio als Kinder zum Heranlocken weiterer Opfer gebrauchen, und in die sich Albanio in seinem *stupor* auch phänotypisch verwandeln wird.[225] Zur Krähe heißt es in der Exposition, die ausführlich die Jagdbräuche der beiden Kinder beschreibt:

269 clavándola en la tierra por las puntas
270 estremas de las alas, sin rompellas,
271 seguiase [Synärese] lo que apenas tú barruntas.

272 Parecia [Synärese] que mirando las estrellas,
273 clavada boca arriba en aquel suelo,
274 estaba a contemplar el curso de ellas; (*Égloga II*)

1988, S. 47. Die *Comentaristas* waren sich uneinig über den Wert der Neuerfindung des Windes. Herrera bezeichnet ihn als eine unnötige Variation von Sannazaros Tauben, Tomás Tamayo de Vargas (1622) hingegen sieht darin eine Verbesserung: „Garci-Lasso lo mejora, atribuyendo no a agüero, sino al estorbo natural del viento, el remedio del despecho de Albanio" Gallego Morell, *Garcilaso de la Vega y sus comentaristas*, 1972, S. 523 u. 637.

225 Bereits Matzat hebt die Parallele der beiden Szenen hervor, will die Krähe aber als Metapher für sinnliche Liebe gedeutet wissen. Vgl. „Liebe und Natur in Garcilasos Eklogen", 2004, S. 97f. Boase, „The Meaning of the Crow-Hunting Episode in Garcilaso's *Égloga segunda* (ll. 260–95)", 1988, S. 41, betont die „moral degradation" als *tertium* und reduziert Albanio so auf eine lächerliche Figur.

Wie gekreuzigt wird die Krähe auf dem Boden fixiert[226] und blickt in den Himmel, wo sie den freien Flug ihres Schwarms beobachten muss. Aus Mitleid stößt dieser zu ihr herunter – nur, um anschließend selbst in einer „fiera lucha" (v. 293) eingefangen und getötet zu werden. Albanio erfüllt dann seinen *fiero destino*, wenn er sich in diesen Typus verwandelt:

> y por el paso en que me ves te juro
> que ya me iba a arrojar de do te cuento,
> con paso largo y corazón seguro,
>
> cuando una fuerza súbita de viento
> vino con tal furor que de una sierra
> pudiera remover el firme asiento.
>
> De espaldas, como atónito, en la tierra
> desde a gran rato me hallé tendido,
> que así se halla siempre aquel que yerra. (*Égloga II*)

Auf den Boden niedergeworfen wie irgendein Sünder ist Albanio, aber da auch er auf dem Rücken liegt und „como atónito" (v. 659) dort für einige Zeit verharrt, gerät er in die gleiche passive Position wie die Krähe, die Augen zum Himmel gerichtet. Der Vergleich des verliebten Mannes, der im Netz der Liebe in die Falle geht, mit einem Vogel kommt schon bei Ariost zum Einsatz: „come l'incauto augel che si ritrova / in ragna o in visco aver dato di petto, / quanto più batte l'ale e più si prova / di disbrigar, più vi si lega stretto."[227] (XXIII, 105, 3–6) Die von Garcilaso präsentierte Visualisierung der auf dem Boden hilflos arretierten Krähe mündet deshalb in eine – ebenfalls von Ariost entliehene – affektive Starre der männlichen Hauptfigur. Hatte es doch auch über Orlando geheißen: „Afflitto e stanco al fin cade ne l'erba / e ficca gli occhi al cielo, e non fa motto."[228] (XXIII, 132, 1–2) Hier wird nicht allein ein symbolischer Vergleich zwischen Liebe und Vogeljagd hergestellt, sondern der Text erschafft einen pathematischen visuellen Typus neuer Prägart.

Für die Diskussion des bukolischen Pathos ist diese Form des Vergleichs deshalb so zentral, weil sie geradezu die groteske Inversion von Pathos bedeutet: einen Affektschock anstelle eines Bewegtwerdens durch *pathêmata*. Wo zuvor körperlich exaltierte Wut gewesen war, herrscht nun die Hypokinese des Katatonikers. Deshalb auch schlage ich vor, diesen innovativen Typus als Garcilasos ganz eigene bukolische Pathosformel zu betrachten. Neben die

226 Vgl. Leopold, „Aeneas in Kastilien", 2012, S. 261.

227 Ariosto, *Orlando furioso*, 2013, S. 781.

228 Ebd., S. 790.

choreographische und die agonistische Pathosformel tritt damit eine katatonische. Der *stupor* des Affektschocks ist dabei an ein Schweigen gekoppelt, das erneut Garcilasos Motiv des Verstummens ins Spiel bringt: Übersetzt sich doch span. *atónito* nicht nur als Verblüffung, sondern auch als Sprach- bzw. Tonlosigkeit. Die katatonische Pathosformel der Krähe markiert demzufolge den maximal gespannten Null- und Umschlagpunkt des pathematischen Pitch.

Ganz anders in der Vorlage Sannazaro (*Prosa VIII*): Dort rettet sich der angesichts der eigenen *follia* klug gewordene Carino selbst vor dem Sturz in die Tiefe, nachdem er zwei schnäbelnde Tauben beobachtet und als wohlwollendes Vorzeichen interpretiert hatte: „Dai quali io (sì come da prospero augurio) prendendo speranza di futuro bene, cominciai *con più saldo consiglio a colpare me stesso del folle proponimento* che seguire voluta avea, cioè di cacciare con cruda morte reparabile amore."[229] (VIII, 54; Hervorh. K. P.) Direkt im Anschluss kehrt die gekränkte Geliebte zu ihm zurück und umarmt ihn mitleidig. Der Kontrast zu Garcilaso könnte größer kaum sein.

Beachtenswert finde ich an dieser Stelle zudem, dass auch Albanio wie der Vogel mitleidige Gefährten anzieht. Wie der Krähenschwarm, „la espesa y negra banda" (v. 241) und „aquella banda amiga" (v. 250), vom Leid der Krähe am Boden, so lassen sich andere namenlose *pastores* der bukolischen Welt vom niedergeschlagenen Albanio überwältigen (wohlgemerkt noch vor seinem Selbstmordversuch und somit vor der visuellen Gleichsetzung mit der gefangenen Krähe). Sie eilen herbei, als sie den Schäfer klagen und seufzen hören: „y todos con los gestos lastimeros / me preguntaban cuáles habían sido / los acidentes de mi mal primeros" (vv. 521–523). Dass deren Mitleid ebensowenig Heilung bringt wie das Gespräch mit Salicio unterstreicht die Tatsache, dass im bukolischen Raum der *Égloga II* empathische Liebestherapie niemals von Erfolg gekrönt ist. Der Logik der metaphorischen Gleichsetzung zufolge sind die anderen Schäfer vielmehr in einer ähnlich tödlichen Gefahr wie die Krähen. Wurden diese von Camila und Albanio gefangen, so droht den Schäfern, vom Jäger Amor überwältigt zu werden, falls sie zu lange Albanios Klagen lauschen. Pathematische Kommunikation ist also entweder zum Scheitern verurteilt oder brandgefährlich.

Wie aber verhalten sich das angedeutete Syntagma des tragischen Pathos und das Paradigma des szenischen Pathos zueinander, insbesondere wenn man die katatonische Pathosformel als Dreh- und Angelpunkt des Dramas in den Blick nimmt? Offenbar wird sichtbares Pathos in der zweiten Ekloge zum einen in die Rhetorik ausgelagert, zum anderen theatral betont: In der *translatio temporum* oder den Tiervergleichen verharrt das szenische Pathos in der

229 Sannazaro, *Arcadia*, 2013, S. 184.

evidentia einer nacherzählten oder metaphorisierten Vergangenheit, in den theatralen Pathosszenen hingegen nehmen Wut und Gewalt im Handeln überhand. Die katatonische Pathosformel schließlich bringt den stummen *stupor* angesichts eines überwältigenden Affekts bildreich und paradox ‚zur Sprache'.

Immer wieder ringt Garcilaso mit diesem Abgrund zwischen Affekt, Subjekt und Sprache, vor allem, wenn es um die Kommunikation zwischen mehreren Subjekten geht.[230] Einen euphorischen pastoralen Pakt als Lösung scheint er abzulehnen. Struktur und Fabel der Miniaturtragödie verschwinden deshalb hinter dem dominanten und statischen Paradigma pathematischer Szenen. Albanio bleibt bis zuletzt (fast) unheilbar krank: „No es tiempo de curalle" (v. 707), hält Salicio zu einem früheren Zeitpunkt fest, und Nemorosos Frage, „¿Parécete que puede ser curado?" (v. 1034), bleibt offen. Dieser Stillstand im Paradigma ist es auch, der die Hoffnungslosigkeit des zentralen Konflikts zum Ausdruck bringt. Rational und sozial ist Albanios Affekt nicht beizukommen – obgleich Salicio und Nemoroso dies vorschlagen, womit sie wie Severo neostoizistische Philosophie[231] zu verteidigen scheinen.

Bleibt noch ein Allerletztes zum szenischen Pathos zu sagen: Wie in der *Égloga III*, wo die bukolische *mise en abyme* formal die Unterwelt reproduziert und der orphische Sänger mit dem Horror des Todes der eigenen Zunge kämpft, und wie im Bild der Venus, die dem toten Mund des Adonis die im Pathos übertragbare *energeia* entreißt, ist auch in der *Égloga II* das bukolische Pathos immer von den Schatten des todesgleichen Verstummens begleitet. Da die schwach ausgeprägte tragische Fabel dafür keinen kathartischen Ausweg anbieten kann, springt der Text noch einmal in jenes Genus, das sich in der vergilisch anmutenden, gewaltbegabten Camila als Wiedergängerin aus der *Aeneis* bereits angekündigt hatte: das Epische. Genau diese Erweiterung soll im nun Folgenden im Zentrum stehen, da sich an ihr die Funktion des bukolischen Pathos für das imperiale Subjekt und seine ‚tragische' Subjektivität erweist.

---

230 Penzkofer spricht von Albanio als Beispiel von Garcilasos „drastische[n] Bilder[n] der Alienation". „Das unsichtbare Subjekt", 2004, S. 145.

231 Nemoroso erzählt von seiner Heilung durch den weisen Severo, in der jener die Ketten seines gefesselten Herzens durch rationalen *discursus* und „alabanzas de la libre vida" (v. 1106) sprengte: „Así curó mi mal con tal destreza / el sabio viejo, como te he contado, / que volvió el alma a su naturaleza, / y soltó el corazón aherrojado." (Vv. 1125–1128) Severo tritt somit als Repräsentant moralischer Selbstdisziplin aus „stoischem Humanismus" auf. Strosetzki, „Garcilaso de la Vega", 1997, S. 246. Siehe zum Einfluss des Neostoizismus auf spätere bukolische Texte Kap. 6.2.

4.3 Erzählte Gewalt: Episches Pathos

Der enigmatische letzte Teil der Ekloge steht nun noch einmal auf ganz andere Weise im Zeichen des Todes. Nachdem der wahnsinnige Albanio eingeschlafen ist, berichtet Nemoroso zunächst seinem Freund Salicio, wie er am Ufer des Tormes dem weisen Severo[232] begegnete und dieser ihn von seinem Liebesleid heilte (vgl. vv. 1041–1128). Anschließend gibt er, wie bereits erwähnt, zum Besten, wie der Flussgott des Tormes Severo eine Urne zeigt, auf der die Geschichte des Hauses Alba dargestellt ist (vgl. vv. 1161–1826). Diese weit ausgreifende Ekphrasis ist es, die als Fremdkörper innerhalb der bukolischen Form (trotz ekphrastischer Vorbilder wie dem Akanthus-Becher bei Theokrit, *Eidyllion I*) immer wieder zu Irritationen geführt hat.

Besonders im Fokus stehen hier die Heldentaten des Herzogs von Alba, *el Gran Duque* Fernando Álvarez de Toledo (1507–1582), der 1532 die Heerscharen Süleymans vor Wien zurückdrängte und zu einem der berühmtesten Feldherren seiner Epoche aufsteigen sollte. Garcilaso setzt seinem Freund, den er unter anderem nach Wien und Tunis begleitete, mit diesem Teil der Ekloge ein literarisches Denkmal.[233] Beginnend mit Albas Vorfahren, Geburt, Jugend und Hochzeit arbeitet sich die Diegese zu den militärischen Heldentaten – der Schilderung der *praxis* in enkomiastischer Rede – vor. Nach dem Sieg über den „turco fiero" (v. 1742), den Fernando für seinen Herrscher Karl V. erringt und den der ihn begleitende Garcilaso bezeugen kann, kehrt der Herzog heim nach Alba de Tormes, wo ihn nicht nur die tugendhafte Ehefrau sehnlichst erwartet, sondern seine Ankunft auch ein neues goldenes Zeitalter idyllischer Fülle einzuläuten scheint (vgl. vv. 1720–1742). Der Herzog von *Alba* wurde deshalb in der Forschung oft als heilsames Exemplum gegen den Wahnsinn seines Namensvetters *Albanio* interpretiert,[234] durchläuft doch Fernando wie der Schäfer in seiner Vita ebenfalls Phasen der erotischen Überwältigung, weil ihm

---

232 Dieser scheint den vollendeten epischen Dichter zu repräsentieren und erfüllt dadurch vordergründig eine pädagogische Funktion im Text. Vgl. Komanecky, „Epic and Pastoral in Garcilaso's Eclogues", 1971, S. 165.

233 Vgl. Zimic, *Las églogas de Garcilaso de la Vega*, 1988, S. 35.

234 „Fernando, in contrast, leads a life of rational choice, controlling his appetite when called to higher service and thus attaining the happiness of connubial bliss as a reward." Wescott, „Nemoroso's Odyssey", 1995, S. 475. Siehe zu dieser Interpretationstradition ebenfalls Jones, „The Idea of Love in Garcilaso's Second Eclogue", 1951, Lapesa, *La trayectoria poética de Garcilaso*, 1968, S. 123, Rivers, „Nymphs, Shepherds, and Heroes", 1972, Macdonald, „La *Égloga II* de Garcilaso", 1974, Azar, *Discurso retórico y mundo pastoral en la* Égloga segunda *de Garcilaso*, 1981, S. 136–137, und Ramajo Caño, „Para la filiación literaria de la *Égloga II* de Garcilaso", 1996. Zimic verteidigt hingegen genau das Gegenteil dieser moralisierenden Lektüren. Vgl. *Las églogas de Garcilaso de la Vega*, 1988, S. 50.

die Liebesgöttin Venus persönlich beisteht. Allerdings versteht Fernando es, dieses Erleiden des Affekts mit Unterstützung des Kriegsgottes Mars in militärischen Triumph und eine produktive *vita activa* im Zeichen des imperialen Mythos umzumünzen. Albanio und der Herzog von Alba stehen demzufolge, so Leopolds Deutung, in einem typologischen Verhältnis von Figura und Implementum.[235]

Ob und wo die Vorbildlichkeit des kaiserlichen Heerführers ihre Grenzen hat, wird noch zu besprechen sein. Eingangs möchte ich zunächst herauspräparieren, wie Garcilaso im Gedicht seinen Helden Fernando nicht nur mit Albanio vergleicht, sondern auch mit dem Herrscher. Im Verlauf der streng betrachtet epischen Handlung der Lobrede wird Karl V. – reichlich erwartbar – immer wieder als Caesar bezeichnet („César triunfante", v. 1503[236]), ganz im Sinne seiner gebräuchlichen Anrede: *Sacra Cesárea Católica Majestad.*[237] Dieser ultimative Signifikant der Herrschaft aber ist bei Garcilaso seltsam doppelbelichtet.[238] Denn seine eigentliche Hauptfigur Fernando entpuppt sich ebenfalls als Wiedergänger des antiken Caesar. An zwei Stellen der Urnenbeschreibung wird er auf diese Weise, wenngleich subtil, zur hispanischen Alternative des Habsburgerkaisers erhoben.[239] Antonio Gargano verweist in seiner Lektüre des Textes nicht zu Unrecht auf die spezielle Form des *Basilikos Logos*, eine Lobrede, die in der byzantinischen Rhetorik an niemand Geringeren als den Kaiser gerichtet war.[240] Die Urnenbeschreibung verwandelt sich so in eine Apostrophe des in Garcilasos Augen *wahren* Souveräns. Fernandos Vorfahr Fadrique (vgl. vv. 1204–1214) war im Übrigen ein Cousin von Ferdinand *el católico* gewesen. Was es damit auf sich haben könnte, wird noch zu sehen sein.

---

235 „Die diskontinuierliche Zeit des Liebesaufschubs ist also die Vorankündigung der Erfüllung in der Ehe ebenso wie die sinnlose Gewalt der beiden Jugendlichen auf die sinnvolle Gewalt im Dienste des Imperiums vorverweist." Leopold, „Aeneas in Kastilien", 2012, S. 251.

236 Sowie vv. 1521, 1577, 1661 u. 1677.

237 So etwa in einem Brief seiner Ehefrau, der Kaiserin Isabella, an den Kaiser. Vgl. Sliwa, *Cartas, documentos y escrituras*, 2006, S. 110.

238 Garcilaso setzt den Ehrentitel bewusst und spielerisch auch in seiner neulateinischen *Ode ad Genesium Sepulvedam* ein. Vgl. Briesemeister, „Garcilasos neulateinische Dichtung", 2004, S. 59.

239 Die textuell unterstrichene römische Genealogie der Hauptfigur, die Fernando mit Aeneas gleichsetzt, erzeugt eine imperiale „Doppelspitze" im Gedicht. Leopold, „Aeneas in Kastilien", 2012, S. 267.

240 Vgl. Gargano, „„Las estrañas virtudes y hazañas de los hombres"", 2012, S. 16.

Die erste Gelegenheit für die Gleichsetzung von Fernando und Caesar bietet sich bei der Überschreitung der Pyrenäen, einer „naturaleza arrogante y llena de fuerza“,[241] die von Garcilaso folgendermaßen beschrieben wird:

1433 Los *montes Pireneos*, que se estima
1434 de abajo que la cima está en el cielo
1435 y desde arriba el suelo en el infierno,
1436 *en medio del invierno atravesaba.*
1437 La nieve blanqueaba, y las corrientes
1438 por debajo de puentes cristalinas
1439 y por heladas minas van calladas;
1440 el aire las cargadas ramas mueve,
1441 que el peso de la nieve las desgaja.
1442 Por aquí se trabaja *el duque osado*,
1443 del tiempo contrastado y de la vía,
1444 con clara compañía de *ir delante*; (*Égloga II*; Hervorh. K. P.)

Meines Erachtens zieht der Text hier eine Parallele zum wuchtigen Auftakt von Lukans *Bellum civile*, wo Caesar beschließt, sein Heer über die Alpen gen Süden zu führen und damit den Bürgerkrieg auslöst – selbst gegen das verzweifelte Einschreiten der allegorischen Roma, die ihn davon abhalten will. Bei Lukan heißt es in dieser Szene: „Schon hatte Caesar in Eilmärschen die verschneiten Alpen überstiegen“[242] (*iam gelidas Caesar cursu superaverat Alpes*; I, 183). Garcilaso verlegt seine Darstellung zwar auf iberischen Boden und in das Grenzgebirge, das die spanische Halbinsel von Zentraleuropa trennt, schlachtet aber die Attribute, die im *gelidas* bei Lukan nur angeklungen waren, vortrefflich aus. Die winterliche Szene wird über fünf Verse hinweg detailliert beschrieben und mündet in die heroische Bestätigung des „ir delante“ (v. 1444). Fernando lässt sich selbst von der gefrorenen Natur nicht davon abhalten, immer weiter zu gehen. Damit ist nicht nur seine Pflichterfüllung und moralische Stärke exemplarisch vorgeführt, sondern im *ir delante* des „duque osado“ (v. 1442) klingt meines Erachtens nicht zufällig Karls Motto *Plus Oultre* an. Literarisch hat Garcilaso seinen persönlichen Freund damit als Konkurrenten um den Kaisertitel ins Spiel, zugleich aber das Dräuen eines politischen Konflikts mit aufs Parkett gebracht. Denn wo zwei um den Titel des Caesar ringen, ist der Bürgerkrieg, den Lukan beschrieb, nicht mehr weit.

Ein weiteres Mal tritt der Herzog in der Rolle Caesars auf, diesmal noch deutlicher. Als er auf der Reise von Paris nach Köln den Rhein überquert,

241 Arce Blanco, *Garcilaso de la Vega*, 1930, S. 112. Die Autorin stellt jedoch in Abrede, dass diese Natur – im Gegensatz zum *locus amoenus* – Garcilaso interessiert habe.

242 Lucanus, *Bellum civile*, 1978, S. 18f.

erinnert sich der Fluss selbst an die glorreiche Vergangenheit des römischen Vorgängers von Fernando: „Tomábale en su seno el caudaloso / y claro rio [Synärese], gozoso de tal gloria, / trayendo a la memoria cuando vino / el vencedor latino al mismo paso." (Vv. 1471–1474) Fernando wird so erneut als Transgressor entworfen. Im *Bellum Gallicum* heißt es pikanterweise zur Notwendigkeit der ersten Rheinüberschreitung in das Herrschaftsgebiet der Germanen – des „mismo paso" (v. 1474), dem auch Fernando mit seiner Reiseroute folgt: Caesar habe sie deshalb als unabdingbar erachtet, weil er den germanischen Stämmen beweisen wollte, dass ein römisches Heer nicht allein technisch dazu in der Lage sei, sondern vor allem, sie damit ähnlich ängstigen könne wie umgekehrt die Germanen jene Gallier, die deren Übergriffe vom Grenzfluss aus zu erleiden haben.[243] Damit legt die *memoria* der *Égloga II* die Episode intertextuell als Akt der souveränen Machtdemonstration an und verweist zugleich auf das zeitgenössische Ringen um die politische Hegemonie in Europa. Karl V. vollzieht schließlich, als Burgunderfürst in ‚Gallien' geboren aber auf germanischem Boden gekrönt, auf dem Weg nach Spanien genau die entgegengesetzte Bewegung: Er ist es, der an dieser Stelle mit den feindlichen Germanen gleichgesetzt wird (und seinerseits vielleicht in Furcht versetzt werden soll).

Wenn der Herzog von Alba auch die „gloria" (v. 1472) des siegreichen, wahren Caesar zu verkörpern vermag, steht seine Heroisierung dennoch in deutlichem Kontrast zu den Bedrohungsszenarien, die aus den antiken Quellen sprechen. Nicht nur zwei Caesaren, sondern zwei historische und literarische Blicke auf den römischen Caesar und seine geschichtliche Rolle treten hier gegeneinander an: die Selbstdarstellung des späteren Kaisers im *Bellum Gallicum* gegen die anti-imperiale *refutatio* aus der Feder Lukans, die aus Caesar einen „titanische[n] Verderber"[244] macht. Nicht zuletzt wegen dieser Kopräsenz beider Visionen, meine ich, darf man die Entdifferenzierungskrise,[245] die durch die zwei Caesarenhäupter im Gedicht heraufbeschworen wird, nicht unterschlagen. Sie steht deutlich auf Seiten der realen Krise, die die historisch rezente Erfahrung des Bruderkrieges der *Comunidades* für die

243 In Caesars Darstellung heißt es zu den Gründen der Rheinüberquerung: „Da er sah, daß die Germanen sich so leicht verleiten ließen, nach Gallien zu kommen, wollte er, daß sie auch für ihre eigene Sicherheit fürchteten, wenn sie sähen, daß ein römisches Heer es fertigbringe und wage, über den Rhein zu setzen" (*cum videret Germanos tam facile impelli, ut in Galliam venirent, suis quoque rebus eos timere voluit, cum intellegerent et posse et audere populi Romani exercitum Rhenum transire*; IV, 16). Caesar, *Bellum Gallicum*, 1981, S. 158f.

244 Gundolf, „Caesar", 1970, S. 13.

245 Siehe zum Begriff Girard, *La Violence et le sacré*, 1979, S. 76f. Es basiert auf dem Konzept der mimetischen Rivalität, das gesellschaftliche Spannungen antreibt und in Opferkrisen mündet.

Spanier bedeutet hatte. Im Folgenden werde ich in meiner Interpretation deshalb darauf abheben bei aller Glorifizierung des Helden Fernando (deren Ursprung in der *Aeneis* Leopold eindrücklich belegen konnte[246]) auch das Vorbild des epischen Anti-Imperialismus der *Pharsalia* mitzulesen. Denn wenn man Lukans pathetisches Erbe berücksichtigt, ist die formale Hybridität der *Égloga II* semantisch noch einmal neu zu fassen.

Ob man das Encomium der Ekloge überhaupt episch nennen dürfe oder nicht, darüber allerdings besteht Uneinigkeit in der Forschung. Inés Azar zum Beispiel lehnt eine Lektüre dieses panegyrischen Exkurses als Epos ab, weil sie die „equilibrada conjunción de amor y guerra, de gozo íntimo y de acción pública"[247] als antiheroisch[248] erachtet. Strosetzki hingegen will in der Verbindung des Venerisch-Bukolischen mit dem Martialisch-Heroischen ein *remedium* gegen die „Identitätskrise des Adels"[249] erkennen. Für Garcilaso und seine Zeitgenossen habe der Begriff des Epischen sowieso vor allem metapoetisch-formale Bedeutung gehabt, so Peter M. Komanecky: „'épico' probably had the connotation of 'imitating' the voice of another within a work in which a poet also speaks for himself".[250] Howard B. Wescott seinerseits vertritt die These, dass die in der Ekloge auftretenden Männer als vier Typen auf einer Skala neoplatonischer Liebe gesehen werden müssten, eine „ideological agenda",[251] die man auch auf Garcilasos andere Eklogen ausweiten könne. Das Ideal des gemäßigten und zugleich heroischen Fernando wäre somit der zentrale Fluchtpunkt der *Églogas I–III*.

All diesen Interpretationen ist jedoch eines gemein: Sie folgen, um Torres erneut zu zitieren, einem „misguided desire to solve the perceived problem of the text's disunity".[252] Gerade *dass* epische und bukolische Elemente hier so nah und unversöhnt beieinander stehen – flankiert durch die starke Theatralik des ersten Teils –, macht den Text meines Erachtens zum wichtigsten literarischen Vermächtnis Garcilasos. Deshalb ist es so gewinnbringend, nach dem formalen Mehrwert der *disunity* zu fragen und das Epische der Urnenbeschreibung nicht auf positive, idealisierende Heroisierung zu beschränken. Die generische Erwartungshaltung, die damit einhergeht, lautet nämlich: „epic will contain the glorification of a national destiny of power and conquest, […] it

246 Vgl. Leopold, „Aeneas in Kastilien", 2012.

247 Azar, *Discurso retórico y mundo pastoral en la* Égloga segunda *de Garcilaso*, 1981, S. 129.

248 Vgl. bereits Azar, „La textualidad de la *Égloga II* de Garcilaso", 1978, S. 197f.

249 Strosetzki, „Garcilaso de la Vega", 1997, S. 249.

250 Komanecky, „Epic and Pastoral in Garcilaso's Eclogues", 1971, S. 158.

251 Wescott, „Nemoroso's Odyssey", 1995, S. 474.

252 Torres, „Sites of Speculation", 2009, S. 886.

will conform to an aristocratic martial ethos".[253] Insbesondere Lukan hat aber gezeigt, dass phobische Darstellung martialischer Gewalt, nationales Unheilsnarrativ und Epik sich keinesfalls ausschließen. Die epische Gleichung muss deshalb nicht *Epos = Pathos + Heros* lauten, sondern ist auch in der Variante *Epos = Pathos + Phobos* zu haben. Nicht umsonst läutet Garcilasos Nemoroso seine epische Darstellung gleichfalls mit dem Verweis auf „cosas / estrañas y *espantosas*" (vv. 1154f.; Hervorh. K. P.) ein. Eines ist Epik allerdings immer: durch rhetorisches, szenisches und Handlungspathos erzeugte Steigerung in der Darstellung einer als historische Geschichte empfundenen Gründungserzählung einer Kultur- oder Nationalgemeinschaft. In der Regel erreichen epische Texte dieses Ziel durch systematische formale Wiederholung und Ausweitung. Die *amplificatio* ist deshalb eines ihrer wichtigsten rhetorischen Mittel und wird auch im Weiteren eine zentrale Rolle spielen.

Blickt man mit David Quint auf das Vorbild Lukan, so wird das Interesse deutlich, das für Garcilaso und seine Zeitgenossen von diesem alternativen Klassiker ausgegangen sein mochte. Denn Quint ordnet das *Bellum civile* der Kategorie des Epos der Verlierer zu – eine für Garcilaso anscheinend vertraute Kategorie, wenn man sich an den ambivalenten Anruf der Pieriden in der *Égloga I* erinnert. Das Verlierer-Epos ist gekennzeichnet durch semantische „opposition to the imperial establishment",[254] die sich in „lack of form, or bad form"[255] verdoppelt. Weil sich das Epos der Verlierer der Einheitserzählung des Imperiums verweigere, neige es gerade im Falle Lukans zu „episodicity and sprawling misshapenness".[256] So spiegelt sich das Unheilsnarrativ der verfeindeten römischen Brüder, die sich gegenseitig das Herz durchstoßen, nicht nur in zahlreichen Verstümmelungsszenen,[257] sondern auch in der narrativen Tendenz zur Digression. Quint macht darin die Ideologie der Form des antiimperialen Epos aus, denn Lukans *Pharsalia* ist in sich formal so zerrissen wie der römische *body politic* aufgrund des Bürgerkriegs. Epische Gewalt ist also nicht notwendigerweise und ausschließlich martialisches Ethos. Vielmehr trägt sie in sich das Potential, zur Allegorie politischer Gewalt zu werden:[258]

253 Quint, *Epic and Empire*, 1992, S. 137. Vgl. auch Wilpert, *Sachwörterbuch der Literatur*, 1979, S. 232.

254 Quint, *Epic and Empire*, 1992, S. 133.

255 Ebd., S. 134.

256 Ebd.

257 „The narrative disunity of the *Pharsalia* corresponds to a body in pieces, mutilated until it is beyond recognition." Ebd., S. 141.

258 Vgl. Teskey, *Allegory and Violence*, 1996.

> To portray history from the perspective of the lost republican cause and to counter the unifying historical fictions and narratives of imperial ideology, both bodies and poems must fall into pieces.[259]

Wie ich bereits zu Beginn des Kapitels herausgearbeitet hatte, ließe sich für Garcilaso behaupten, dass er an Stelle einer *lost republican cause* eine *lost hispanic cause* vor Augen gehabt haben mag, als er die *Égloga II* verfasste: die nahe Vergangenheit des gescheiterten Aufstands der *Comuneros* gegen den als Fremdherrscher wahrgenommenen Karl.[260] Dies werde ich unter 4.3.1 und 4.3.2 näher ausführen, geleitet von der Hypothese, dass dem Pathos der eingelagerten panegyrischen Form zweiter Ordnung (der rhetorischen Glorifizierung des Helden als spanischem Aeneas in der Bildbeschreibung) ein widersprüchliches Pathos der zerbrochenen Form erster Ordnung antwortet. Auf übergeordneter Ebene obsiegt in der *Égloga II* mit Hilfe des bukolischen Pathos ein stilistisch und generisch ‚unordentliches' Prinzip. Es verwandelt den Text in ein fragmentiertes Epyllion der Besiegten. Wie dies mit der Darstellung des imperialen Mythos – der Vertreibung der Osmanen – zum einen und der Rhetorik des Affekts zum anderen verknüpft ist, wird uns jetzt zu beschäftigen haben. Keinesfalls möchte ich dabei jedoch die These verfechten, dass Garcilaso sich der Ideologie imperialer, katholischer Ausdehnung völlig verweigert oder offen feindlich gegen den Kaiser argumentiert habe.[261] Der Text zeigt vielmehr, wie gespalten Garcilaso angesichts seiner persönlichen Unterwerfung unter diesen Mythos gewesen sein muss.[262] Man sollte nicht vergessen, dass selbst Lukan seinem Epos aus taktischen Gründen ein viel diskutiertes Encomium Neros vorangestellt hatte.[263]

Ebenso wenig ist zu ignorieren, dass schon Vergils *Bucolica* mit der Abgrenzung von den Schrecken des Bürgerkrieges begannen. Dort klagt Meliboeus: „wohin hat uns elende Bürger / Zwietracht gebracht"[264] (*en quo discordia*

---

259 Quint, *Epic and Empire*, 1992, S. 147.

260 Siehe zu dieser Einordnung bereits Leopold, „Aeneas in Kastilien", 2012, S. 269–272.

261 Wie etwa Graf, „From Scipio to Nero to the Self", 2001. Diese Lektüre unterstreicht überzeugend die Bruchstellen des imperialen Mythos in Garcilasos Werk, unterschlägt aber teils die Ambivalenzen des Autors und seiner Texte, wie Torres hervorhebt. Vgl. *Love Poetry in the Spanish Golden Age*, 2013, S. 36.

262 Cruz spricht über „strongly conflictive emotions" in Garcilasos Gedichten. „Self-Fashioning in Spain", 1992, S. 535.

263 Siehe die zahlreichen Beiträge, die im dritten Abschnitt der Textsammlung von Rutz versammelt sind und die Ironie, Pragmatik oder Tragik des Prooemiums diskutieren, das mit dem doppelzüngigen Lob des Nero ein Ende des heroischen Rom zu beschwören scheint. Vgl. Rutz, *Lucan*, 1970, S. 283–353.

264 Vergil, *Landleben*, 1987, S. 32f.

civis / produxit miseros; I, 71f.). Der Bürgerkrieg ist also seit ihren römischen Anfängen immer potentiell das Gegenbild zur bukolischen Idylle gewesen. Er endete erst in der Schlacht von Philippi (42 v. Chr.), in der Oktavian, der spätere Kaiser Augustus, die Caesarmörder Brutus und Cassius besiegt. In Vergils Schäfern Meliboeus und Tityrus stehen die Landenteignungen der vertriebenen Verlierer dieses historischen Konflikts dem Makarismus der Gewinner[265] explizit gegenüber. Das Fazit Vergils lautet (und Garcilaso dürfte sich dem angeschlossen haben): *Discordia civis* endet für den einen in der idyllischen Enklave – den anderen führt sie ins Exil.

Deshalb werde ich unter 4.3.3 zuletzt die literarischen Verheerungen der bukolischen Enklave genauer behandeln, wie sie unter anderem Ariost und Lukan vorgemacht haben. Was die pathematische Idealisierung des spanischen Naturraums angeht, wird man sich vor diesem Hintergrund fragen dürfen, wie idyllisch die kastilische Idylle in Garcilasos Version wirklich gewesen ist – und inwiefern er damit ein *rewriting* der ersten Ekloge Vergils vorlegt. Denn auch seine Bukolik basiert anscheinend auf der Urszene einer politischen Rivalität um den Caesarentitel.

Die drei Eklogen Garcilasos sind also in der Tat miteinander verknüpft, allerdings nicht allein, was ihr Figurenpersonal anbelangt. Sie alle sind im Gebrauch des bukolischen Pathos literarische Sprechakte im politischen Raum des Kaiserreiches und zeigen, dass selbst die Enklave der Schäfer als Teil des Imperiums verstanden werden muss. Der stygische Bannfluch über dem stummen Exilierten (*Égloga III*) und das Epyllion pathematischer Subjektivität der schlechten Epiker (*Égloga I*) koinzidiert mehrfach mit der formalen Opposition gegen die imperiale Einheitsideologie in der *Égloga II*. Immer wieder imaginiert Garcilaso dabei – und das selbst in seiner Mimesis an orphischer Eloquenz – imperiale Subjektivität als den drohenden Verlust einer lustvoll genießbaren Einheit des Selbst. Sogar im Ausdruck exaltierter patriotischer Affekte droht noch die Gefahr eines schockartigen, todesgleichen Verstummens. Deshalb lohnt der analytische Blick auf die Gewaltszenen in Garcilasos Miniaturepos mindestens so sehr wie die Beschreibung der Miniaturtragödie des ersten Teils der zweiten Ekloge. Erzählte Gewalt ist mithin doppelt zu verstehen: als dargestellte Gewalt des Krieges und symbolische Gewalt, die vom Imperium auf das – unterworfene – *subiectum* einwirkt. Welche literarischen Investitionen damit einhergehen, auf welchem kulturellen Apparat dies beruht und wie Identifikation dabei immer mit affektischen Ausbrüchen gekoppelt ist, soll nun in den Fokus kommen.

---

265 Leopold geht mit Quint auf diese Linie der epischen Gewinner und deren Hinweise auf Dido und Aeneas näher ein. Vgl. „Aeneas in Kastilien", 2012, S. 256–262.

4.3.1 *Das pathetische Espressivo des Bürgerkriegs*

Im Kommentar zu dem von ihm übersetzten *Bellum civile* spricht Wilhelm Ehlers, wie ich finde, sehr pointiert vom „pathetische[n] Espressivo seiner Tonsprache".[266] Spätestens seit Eduard Fraenkels richtungsweisendem Aufsatz zu Lukan als Mittler des antiken Pathos,[267] der auf einen Vortrag in der Warburg-Bibliothek 1927 zurückgeht, besteht Einigkeit darüber, dass es insbesondere die Rezeption dieser ausdrucksstarken Tonsprache gewesen ist, die beginnend mit dem italienischen Trecento eine literarische Ästhetik der pathetischen Steigerung an die Moderne übermittelt. In der Tat beziehen sich sowohl Dante[268] als auch Petrarca[269] auf den antiken Autor und nutzen ihn, um „la dignità stilistica negata alla storia dalla pratica medievale"[270] auf ihre Geschichtsdarstellungen zu übertragen.

Die *editio princeps* des Bürgerkriegsepos war von Konrad Sweynheym und Arnold Pannartz 1469 in Rom vorgelegt worden, Petrarcas *De viris illustribus*, wo er sich in der Darstellung Caesars[271] an Lukan orientiert, erscheint 1476. In Spanien wiederum ließ sich der Marqués de Santillana für seine Bibliothek eine spanische Prosaübersetzung des *Bellum civile* anfertigen[272] – dazu sollte man wissen, dass Garcilasos Vater ein Enkelkind von Santillanas Schwester gewesen ist. Mag einigen Zeitgenossen der Text nicht im Original (wie für den neulateinisch dichtenden Garcilaso angenommen werden kann) oder über diese Prosaübersetzung bekannt gewesen sein, so sicherlich in der Übertragung des Martín Lasso de Oropesa, die unter dem Titel *La hystoria que escriuio en latin el poeta Lucano* zum ersten Mal 1530 in Anverso erscheint (mit Nachdrucken u. a. 1541 in Lissabon und 1544 in Valladolid).[273] Das Vorbild des 39 n. Chr. in Córdoba geborenen Schriftstellers Lukan war nicht zuletzt

266 Lucanus, *Bellum civile*, 1978, S. 582.

267 Fraenkel, „Lucan als Mittler des antiken Pathos", 1970.

268 Vgl. Highet, *The Classical Tradition*, 2015, S. 79. Der Dante-Kommentator Benvenuto Rambaldi von Imola ordnet Lukan wegen seiner erhabenen Ausdrucksformen der Tragödie zu (*tragicum*). Vgl. Fraenkel, „Lucan als Mittler des antiken Pathos", 1970, S. 18. Dante übernahm von ihm maßgeblich die Rolle der *virtù* sowie die „römische Kolossalität und imperialische Geste ohne die maßvolle Strenge und klare Diesseitigkeit des Klassischen" in der Geschichtsdarstellung. Ebd., S. 39. Diese Übernahme des Pathos ging weit über rein stoffliche Übernahmen wie die der Erichtho (9. Gesang des *Inferno*) oder des Schlangenkatalogs (24. Gesang des *Inferno*) hinaus.

269 Fraenkel weist Bezüge in den Sonetten 44 und 102 nach. Ebd., S. 47. Aber auch Petrarcas patriotische Kanzone 128 „Italia mia" zitiert mit der *tedesca rabbia* (v. 35) eindeutig Lukan.

270 Crevatin, „Il pathos nella scrittura storica del Petrarca", 1995, S. 166.

271 Vgl. ebd., S. 157.

272 Vgl. Finiello, „Lucans Ericthо in der spanischen Literatur des *Siglo de Oro*", 2009, S. 177.

273 Vgl. Prieto, „Origen y transformación de la épica culta en castellano", 1979, S. 213.

wegen der Übertragungsmöglichkeit seines Textes auf die geschichtliche Erfahrung der Reconquista so bedeutsam.[274] Die Präsenz Lukans zu Beginn des 16. Jahrhunderts und die Rolle, die er für Garcilaso – teils über den Umweg Petrarcas – gespielt haben dürfte, lässt sich also kaum leugnen. Dass ihm damit über Ovid hinaus noch eine weitere antike Quelle der Inspiration für die Eklogen zur Verfügung stand (abgesehen von den offensichtlichen Gründungsvätern, Theokrit und Vergil), ist meines Wissens allerdings bis heute noch nicht Gegenstand der hispanistischen Debatte gewesen.[275] Der intertextuelle Bezug auf die beiden berühmtesten verfemten Dichter des römischen Reiches – der eine von Augustus verbannt ans Schwarze Meer,[276] der andere von Nero aus politischen Gründen zum Selbstmord gezwungen – spricht jedoch Bände: Er offenbart, auf welche Weise Garcilaso die Spannung aus Investition in und Intervention gegen das Affektregime des Habsburgerreiches literarisch umzusetzen verstand.

Worin besteht nun formal gesehen das pathetische Espressivo des Epischen? Lukan, der maßgeblich von seinem Onkel Seneca und dessen Tragödien beeinflusst gewesen war, neigt Fraenkel zufolge rhetorisch nicht allein zur *amplificatio* der Gewaltdarstellung und des Grauens (man denke nur an den Schlangenkatalog[277]), sondern grundsätzlich zur superlativischen Steigerung, wie beispielsweise im ersten Vers über die *bella plus quam civilia*.[278] Vergleicht man darüber hinaus etwa die Darstellung des Orakels in der *Aeneis* mit der Figur der gequälten und unwilligen Pythia bei Lukan (*Bellum civile*, V, 120–224), so wird auch die visuelle Pathosformel ihrer gesteigerten Bewegung erkennbar, die, so Fraenkel, „den Raum erfüllt, alles Körperliche ringsumher ergreift und mit geradezu explosiver Kraft in die Weite schleudert".[279] Fraenkel vergleicht den Effekt gar mit barocker Ästhetik. Hinzu kommt insbesondere eine Syntax der kurzen Glieder, eine „Enge des Sprachraums",[280] semantisch gekoppelt an

274 Vgl. Finiello, „Lucans Erictho in der spanischen Literatur des *Siglo de Oro*", 2009, S. 175.

275 Abgesehen von kurzen Erwähnungen Lukans bei Ramajo Caño, „Para la filiación literaria de la *Égloga II* de Garcilaso", 1996, S. 35, der Severo mit Figulus vergleicht, sowie zu Gewaltdarstellungen Fernández-Morera, „Garcilaso's Second Eclogue and the Literary Tradition", 1979, S. 52.

276 Garcilaso erinnert daran in seiner ersten lateinischen Ode und überträgt die Situation auf sein eigenes Exil in Neapel. Vgl. Lumsden, „Garcilaso de la Vega as a Latin Poet", 1947, S. 338.

277 Auf den Garcilaso in seiner zweiten Elegie verweist: „Si donde el sol ardiente reverbera / en la arenosa Libia, engendradora / de toda cosa ponzoñosa y fiera" (vv. 175–177). Garcilaso de la Vega, *Poesía*, 2020, S. 311.

278 Vgl. Fraenkel, „Lucan als Mittler des antiken Pathos", 1970, S. 24.

279 Ebd., S. 28.

280 Ebd., S. 31.

verblüffende Pointen am Ende von Sinnabschnitten, und ein, mit den Worten Friedrich Gundolfs, generelles „Pathos der Völkertragik".[281] Die berühmte Fokussierung auf die historische Welt und die Ausklammerung der mythischen, die damit einhergeht und Lukan mehrfach den Vorwurf einbrachte, kein Epiker, sondern Historiker zu sein, schien auf die Spanier besonderen Reiz ausgeübt zu haben. Auch Autoren wie Camões und Ercilla wenden sich später von der magischen Welt des literarischen Kanons von Ferrara ab und stellen nationale Geschichte in den Mittelpunkt.[282]

Ein konkreter Hinweis, dass Garcilaso das *Bellum civile* aus erster oder zweiter Hand kannte, findet sich in der *Égloga II* neben der Pyrenäenüberquerung im Zitat eines der wohl berühmtesten stehenden Ausdrücke, die aus der Feder Lukans stammen: des *furor teutonicus* („furoris Teutonici"; I, 255f.). In der Übertragung von Lasso de Oropesa wird dies übersetzt als „la ira de los Teutonicos",[283] bei Petrarca bereits wieder aufgenommen in der Kanzone „Italia mia" als „tedesca rabbia".[284] Garcilaso hingegen entscheidet sich für „la fiera Alemaña" und „alemán fiero" (*Égloga II*, vv. 1491 u. 1535). Das antike Echo ist – gerade durch die zweimalige Nennung – unüberhörbar. Nennenswert ist meines Erachtens darüber hinaus, dass Garcilaso durch den verschobenen Fokus (wildes Deutschland statt Wut der Deutschen) eine klanglich wesentlich klarere Bezugnahme zum Original herstellt, als hätte er sich für span. *ira* (wie der Übersetzer), *saña* oder Petrarcas *rabbia* (span. *rabia*) entschieden: In *fiero,-a* (von lat. *ferus*, wild) klingt lat. *furor* noch deutlich mit, was den Schluss nahelegt, dass Garcilaso, der von seinen Zeitgenossen für seine neulateinischen Gedichte gerühmt wurde,[285] den Text im Original gelesen hat. Auch semantische Gründe mag die übersetzerische Freiheit gehabt haben, die er sich an dieser Stelle nimmt. Denn dadurch wird die epische Digression inhaltlich, formal und buchstäblich an Albanios bukolischen *fiero destino* und die Tiermetaphorik des ersten Teils seiner Ekloge angeschlossen. Dessen Höhepunkt wiederum war nicht umsonst eine Krise, die in ihrer Tragik an die *„fureurs* raciniennes"[286] erinnert.

---

281 Gundolf, „Caesar", 1970, S. 14. Zitiert auch von Fraenkel, „Lucan als Mittler des antiken Pathos", 1970, S. 36.

282 Vgl. Prieto, „Origen y transformación de la épica culta en castellano", 1979, S. 230.

283 Vgl. in der Ausgabe von Lissabon 1541, BNE: Signatur Simón Díaz. BLH, XII, nº 5775.

284 Petrarca, *Canzoniere*, 1987, S. 120–127 (v. 35). Vgl. Fraenkel, „Lucan als Mittler des antiken Pathos", 1970, S. 47.

285 Vgl. Lumsden, ‚Garcilaso de la Vega as a Latin Poet", 1947, und Briesemeister, „Garcilasos neulateinische Dichtung", 2004.

286 Carayon, „Le Monde affectif de Garcilaso", 1930, S. 248. Hervorh. im Original.

Pathetisches Espressivo wird dann meines Erachtens insbesondere dort von Garcilaso ausgeschlachtet, wo in der Panegyrik das Imperium seine ersten blutigen Opfer fordert: In der Darstellung der glorreichen Linie der Alba kommt der Text zunächst auf den Tod des Vaters seines Helden zu sprechen. Don García Álvarez de Toledo Zúñiga fiel 1510 nach wohl vorbildlichem Einsatz in der hoffnungslos gescheiterten Schlacht um die afrikanische Insel Djerba (span. *los Gelves*). Hier wird zum ersten Mal im Text das ideologisch zentrale Schlachtfeld betreten zwischen christlichen Rittern und Musulmanen. Da das bukolische Pathos sich dabei eindeutig an der epischen *amplificatio*[287] bedient, möchte ich die Stelle in Gänze zitieren:

¡*Oh patria lagrimosa*, y cómo vuelves
los ojos a los Gelves, *sospirando*!
Él está ejercitando el duro oficio,
y con tal arteficio la pintura
mostraba su figura que dijeras,
si pintado lo vieras, que hablaba.
El arena quemaba, el sol ardía,
la gente se caía medio muerta;
él solo con despierta vigilancia
dañaba la tardanza floja, inerte,
y alababa la muerte gloriosa.
Luego la polvorosa muchedumbre,
gritando a su costumbre, le cercaba;
mas el que se llegaba al fiero mozo,
llevaba, con destrozo y con tormento,
del loco atrevimiento el justo pago.
Unos *en bruto lago de su sangre*,
cortado ya el estambre de la vida,
la cabeza partida revolcaban;
otros claro mostraban espirando,
de *fuera palpitando las entrañas*,
por las fieras y estrañas cuchilladas
de aquella mano dadas. Mas el hado
acerbo, triste, airado fue venido;
y, al fin, él, confundido de alboroto,
atravesado y roto de mil hierros,
pidiendo de sus yerros venia [Synärese] al cielo,
puso en el duro suelo la hermosa
cara, como *la rosa matutina*,
cuando ya el sol declina al mediodía,
que pierde su alegría y marchitando
va la color mudando; o en el campo
cual queda *el lirio blanco* que el arado

287 Vgl. Quint, *Epic and Empire*, 1992, S. 140.

1259 crudamente cortado al pasar deja,
1260 del cual aun no se aleja presuroso
1261 aquel color hermoso o se destierra,
1262 mas ya la madre tierra descuidada,
1263 no le administra nada de su aliento,
1264 que era el sustentamiento y vigor suyo,
1265 tal está el rostro tuyo en el arena,
1266 *fresca rosa, azucena blanca* y pura. (*Égloga II*, Hervorh. K. P.)

Gleich zu Beginn gemahnt die „patria lagrimosa" in ihrem Seufzen an Lukans allegorische Roma, die sich Caesar ebenfalls in tiefer Trauer und seufzend entgegengestellt hatte (vgl. I, 186–190). Bei Garcilaso blickt sie zum Ort des Geschehens und beklagt den Verlust des spanischen Helden. Die Unerträglichkeit der afrikanischen Hitze kommt in den Versen 1232f. zum Ausdruck und mag trotz der reduzierten Topik auch von Catos Wüstenmarsch im IX. Buch des *Bellum civile* inspiriert gewesen sein.[288] Eigentlich beachtenswert finde ich aber die Darstellung kriegerischer Gewalt, die darauf folgt. Denn die Art und Weise, wie García seine Feinde vom Leben zum Tode befördert, erinnert unleugbar an Lukans martialisches Pathos.[289] Hier wie dort kommt eine dezidierte Zerstückelungsästhetik zum Tragen: Auf groteske Weise werfen die Besiegten ihre abgeschlagenen Köpfe zu Boden (span. *revolcar*[290]) und schwimmen sodann in einem See ihres eigenen Blutes. Andere stoßen ihren letzten Lebensodem aus in dem Moment, in dem ihnen auch die Gedärme aus dem Innern treten. Diese *cosas espantosas* stehen zwar im Dienste der Glorifizierung des spanischen Heros, können sich ihrer phobischen Wirkung aber kaum entschlagen.[291]

Der gefallene García nun verwandelt sich, als er blutend in den heißen Sand sinkt, metaphorisch in eine Blume (Herrera nennt ihn „la flor de la gente

288 Herrera widmet der Schlachtszene einen sehr ausführlichen historischen Kommentar, wo er u. a. auf den afrikanischen Pesthauch und die Strapazen der Wanderung durch die Wüste eingeht. Vgl. Gallego Morell, *Garcilaso de la Vega y sus comentaristas*, 1972, S. 538–541.

289 Mager sieht in diesem exzessiven „epischen Tapferkeitsideal" das Scheitern der Figur – im Gegensatz zu Fernando, der dann auch im Heroischen zu Mäßigung fähig sei. *Imitatio im Wandel*, 2003, S. 175.

290 Bei Covarrubias ist das Verb nur in der reflexiven Form vermerkt: „REVOLCARSE. […] Echarse en el suelo, volviéndose de una parte a otra. Esto hacen las bestias cuando se ven sueltas y en pelo […]. Revolcarse en su sangre, morir a puñaladas súbitamente." *Tesoro de la lengua castellana o española*, 2006, S. 1409. Die Verknüpfung mit dem Blut scheint im Gedicht auch auf letztere Bedeutung hinzuweisen und stellt die explizite Verbindung zum Kampfesgeschehen dar. Besonders bemerkenswert ist die Animalität, die sich darin semantisch verbirgt.

291 Siehe zu *phobos* und Pathos Gödde, „Pathos in der griechischen Tragödie", 2016, S. 214.

española“[292] – womit allerdings zunächst nur seine besondere Vorbildlichkeit markiert wird). Ja, man fühlt sich fast an eine sublimierende Metamorphose im Stile Ovids erinnert. Die *dispositio* der Stelle gleicht der vieler Sonette: erster Vergleich mit der Rose, die im Laufe des Tages ihre Farbe verliert (vv. 1254–1257), zweiter Vergleich mit der Lilie, die vom Pflug aus dem Felde gerissen und vom Lebensquell der Mutter Erde abgeschnitten wird (vv. 1258–1264), Synthese in der letzten Pointe (vv. 1265f.). Diese Pointe aber lautet, dass der „rostro tuyo en el arena“ (v. 1265) zugleich ein blutleeres Weiß der ausgerissenen Lilie und das verwelkende Blassrot einer morgendlichen Rose zeige – offensichtlich handelt es sich dabei trotz der bekannten metaphorischen Elemente und der intertextuellen Vorlagen[293] gerade nicht allein um eine idealisierende Stilisierung seiner männlichen Schönheit und *pureza* (vgl. v. 1266). Vielmehr wird das Gesicht des Helden in ein vom eigenen Blut bespritztes weißes Laken verwandelt, so dass die *frescura* der (immerhin verwelkten!) Rose im letzten Vers nurmehr bitter ironisch aufstößt. Das subtile Spiel mit der aus dem Petrarkismus bekannten Blumenmetaphorik und deren Transposition vom Bereich der Venus in den des Kriegsgottes Mars macht meines Erachtens den eigentlich expressiven Schrecken dieser Szene aus.

Damit noch nicht genug: Zerstückelt ist der Text auch, weil im Dienste des heroischen Binnenreims zahlreiche Zeilensprünge gesetzt werden. Diese narrativieren und rhythmisieren die Darstellung und sind zugleich formaler Ausdruck der zerschlagenen Körper, um die es hier geht. Lukans Tonsprache klingt darüber hinaus aus der Bezeichnung des Schicksals (eine für Lukans ganzes Epos zentrale kosmische Kraft) als „el hado / acerbo, triste, airado“ (vv. 1248f.). Dicht gedrängt in den drei Epitetha zwingt sich uns der Schrecken des Schicksals nachgerade auf und wird durch die drei parallelistischen Beschreibungen des Helden, die direkt im Anschluss folgen (vgl. vv. 1250–1252), noch betont. Metaphorik, Wiederholungsstrukturen, Visualisierung von Gewalt, syntaktische Enge und paradoxe Pointe – sie alle stehen im Dienste eines Pathos, das aus dem Bereich des Epischen entlehnt wurde und insbesondere auf das pathetische Espressivo Lukans verweist.

4.3.2 *In der Umarmung des Imperiums*

Wie aber ist es um den eigentlichen Helden Fernando und seine Kriegstugenden bestellt? Dessen heroische Größe ist im Text wie die seines Vaters kaum zu leugnen. Interessant ist auch in seinem Fall, wie er im Gegensatz zu den Besiegten entworfen wird – und wie sich die anfänglich beschworene

292 Zitiert nach Gallego Morell, *Garcilaso de la Vega y sus comentaristas*, 1972, S. 541.

293 Vgl. ebd., S. 541–543.

Rivalität der zwei Caesaren zuletzt in einer brüderlichen Umarmung auflöst. Bei seinen Feinden hat Fernando eine Wirkung, die der Caesars auf die germanischen Stämme durchaus ähnelt. In einer ausführlichen Passage über den Effekt seines auf der Donau mächtig heranrauschenden Heeres wird beschrieben, wie der von ihm ausgelöste Affekt des *temor* dem „otro bando" (v. 1638) kalt durch Mark und Bein fährt:

1638 *El temor* enajena al otro bando
1639 el sentido, volando de uno en uno;
1640 entrábase importuno por la puerta
1641 de la opinión incierta, y siendo dentro,
1642 *en el íntimo centro allá del pecho,*
1643 *les dejaba deshecho un hielo frío,*
1644 *el cual como un gran río en flujos gruesos*
1645 *por medulas y huesos discurría.*
1646 Todo el campo se vía conturbado,
1647 y con arrebatado movimiento
1648 sólo del salvamento platicaban. (*Égloga II*; Hervorh. K. P.)

Die Angst raubt Süleymans Osmanen nicht nur den Verstand, sie entfremdet sie gar von sich selbst (span. *enajenar*). Nachdem sich Zweifel in das Innerste ihrer Herzen eingeschlichen haben, verwandeln sich diese Zweifel dort durch den rhetorisch stark gesetzten Pleonasmus in kaltes Eis (vgl. v. 1643), das sich als große Affektwelle im ganzen Körper verteilt – eine ingeniöse Verschiebung vom Bild des Donauwassers zum menschlichen Pathos. Die Stelle ist vielleicht eine der deutlichsten bei Garcilaso, was die physiologische Seite des Affekts anbelangt.[294] Sie wechselt aber auch die Perspektive: von der Sicht Fernandos zu den Besiegten.

Darüber hinaus stellt sie sich in eine Reihe mit Passagen des Textes, in denen ein dereguliertter, überwältigender Affekt zur Sprache kommt. Der Gegensatz zu regulierten und regulierbaren Affekten ist eine der zentralen semantischen Hauptachsen des Gedichts, nicht nur im antithetischen Paar Albanio und Nemoroso, weil letzterer im vorhöfischen, „kulturellen Nicht-ort"[295] der Schäferwelt bereits geheilt wurde, sondern zum Beispiel auch in Fernandos Vita. Denn als Venus ihm in jungen Jahren eine schlafende Nymphe zeigt (vgl. vv. 1371–1378), wird er ebenfalls von heftigem Verlangen ergriffen.

294 Herrera, der in seinem Kommentar der zweiten Ekloge im Übrigen immer wieder auf Galen eingeht, führt dies sogar noch expliziter aus: „Espesándose y condensando la sangre y los espíritus, se hacen al principio unas como sombras, de donde nace aquel demasiado miedo […]." Zitiert nach Gallego Morell, *Garcilaso de la Vega y sus comentaristas*, 1972, S. 560.

295 Leopold, „Aeneas in Kastilien", 2012, S. 251.

Sobald sich dann bei seiner Eheschließung herausstellt, dass María Enríquez, seine Angetraute, jene schlafende Nymphe gewesen ist (die selbstverständlich die schlafende Camila des bukolischen Teils spiegelt), kann er kaum zurückgehalten werden, sich auf sie zu stürzen[296] (vgl. vv. 1415f.). Damit aber noch nicht genug. Leopold liefert in seiner Lektüre der *Égloga II* den wichtigen Hinweis, dass María Enríquez zugleich eine Wiedergängerin der antiken Dido ist, die Aeneas in Karthago verlassen hatte, um seinem imperialen Auftrag der Gründung Roms nachzukommen:

> Erotik als rein triebhafte Liebe präfiguriert in beiden Fällen eine Ehepolitik, in der Genealogie und Reich zusammenstehen, ebenso wie die Verweiblichung der Protagonisten auf künftige Vermännlichung vorausdeutet.[297]

Deshalb auch ist Camilas[298] bzw. Marías drohende Vergewaltigung intrinsisch mit der Frage imperialer Gründung verquickt: Erst der gezähmte, regulierte Affekt steht im Dienste des Reiches.

Mit diesen Körperbildern des entweder dirigierten oder ungeregelten Pathos verwandelt sich die Ekloge in eine *mise en scène* sozialer und politischer Inkorporation des (männlichen[299]) Subjekts. Der Schäfer Albanio repräsentiert darin eine tragische Desinkarnierung des Selbst im Wahnsinn, wohingegen der zum epischen Helden aufgestiegene Herzog zuletzt als glorreiche Inkarnation der hegemonialen Macht gefeiert wird. In diesem Sinne handelt es sich bei der *Égloga II* tatsächlich vordergründig um einen nationalpädagogischen Text, einen Text affektischer Investition in die Normen des emotionalen und politischen Regimes.[300] Er führt vor, was es mit jener Verwandlung ungeregelter Affekte in hegemonialen, transzendentalen Mythos auf sich hat, von der Beasley-Murray spricht.[301] Beasley-Murray betont, dass

---

296 Herrera lehnt die Stelle aus moralischen Gründen ab. Sie sei des Dichters nicht würdig: „muy ajeno es de su modestia y pureza". Zitiert nach Gallego Morell, *Garcilaso de la Vega y sus comentaristas*, 1972, S. 546.

297 Leopold, „Aeneas in Kastilien", 2012, S. 260. Siehe auch Matzat, „Liebe und Natur in Garcilasos Eklogen", 2004, S. 98.

298 Camila ihrerseits ist der *Aeneis* entliehen und dort eine „figura bellísima dedicada integramente a la milicia". Ramajo Caño, „Para la filiación literaria de la *Égloga II* de Garcilaso", 1996, S. 28f.

299 Mager, *Imitatio im Wandel*, 2003, S. 176, hebt die latente Bedrohung des Männlichen durch das Weibliche hervor, das den Text durchzieht, etwa in Camilas Tendenz, zur Amazone zu werden.

300 „The status of epic traditionally enjoyed as the highest of the genres is significant, since it was considered the most suitable for teaching the Homeric *areté*, or ideas of nobility, and the *paideia*, or classical curriculum [...]." Wescott, „Nemoroso's Odyssey", 1995, S. 476.

301 Siehe dazu die Einleitung dieser Arbeit, Kap. 1.4.

bei der Gründung politischer Gemeinschaften deregulierte Affekte zunächst dafür eingesetzt werden, Einheit zu stiften. Sobald diese in emotionale Erzählungen über die Identität dieser Gemeinschaft verwandelt – und also affektisch kaltgestellt – wurden, ist aus der Gemeinschaft ihre eigene Transzendentalie geworden: „The estate is an 'apparatus of capture' that transforms affect into emotion, multiplicity into unity, intensity into the extension of territorial Empire. This is the state's 'incorporated, structural violence'."[302] Dieses emotionale ‚Einfangen' des Subjekts ist es also, was die strukturelle Gewalt der Hegemonialmacht ausmacht.

Deshalb ist es hier das persönliche Verhältnis zwischen Karl und Fernando, das prominent dem Scheitern des pastoralen Pakts im ersten Teil der Ekloge gegenübergestellt wird.[303] Nachdem der Herzog durch halb Europa zu seinem Souverän geeilt war, umarmen sich die beiden bei dessen Ankunft in Regensburg zum ersten Mal innig: „Con amorosos ojos, adelante, / Carlo, César triunfante, le abrazaba / cuando desembarcaba en Ratisbona."[304] (Vv. 1502–1504) Die durch Emotionen gesteuerte Integration des imperialen Subjekts in die Einheit des Reiches verwandelt sich an dieser Stelle symbolisch in die liebenden Augen des Kaisers. Es verwundert daher kaum, dass es genau in diesem Moment mit der Caesarenrivalität ein Ende hat und Karl endgültig triumphiert („César triunfante"; v. 1503). Immer wieder betont der Text im Folgenden diese neu gewonnene Einheit aus Herrscher und Vasall, wenn sie sich gemeinsam beraten, nebeneinander am Ufer der Donau einschlafen und dort beide zugleich einen prophetischen Siegestraum eingeflüstert bekommen. Sie kulminiert, als nach dem Sieg über die Osmanen die allegorische Victoria ihrerseits beide Männer in die Arme schließt.

1675 Resplandeciente y clara, de su gloria
1676 pintada, la Vitoria se mostraba;
1677 a César abrazada [var.: abrazaba[305]], y no parando
1678 los brazos a Fernando echaba al cuello. (*Égloga II*)

Der Mythos, dass das Individuum zur siegreichen Einheit des Imperiums dazugehört, nimmt so im affektiven Phänotypus der Umarmung aus Kaiser, Herzog und Victoria Form an. Diese ist das genaue Gegenteil des desinkarnierenden

302 Beasley-Murray *Posthegemony*, 2010, S. 138.

303 Torres hebt hervor, dass mit Nemorosos „contained ekphrastic space of an ordered masculine genealogy" ein funktionierendes homosoziales Netzwerk geschaffen wird. „Sites of Speculation", 2009, S. 881.

304 Siehe das Konzept der homosozialen Gemeinschaft nach Sedgwick, *Between Men*, 1985.

305 Als sinnfälligere Variante in den Ausgaben von Rivers (*Obras completas con comentario*, 1974, S. 405) und Morros (*Obra poética y textos en prosa*, 2001, S. 221).

Blicks Albanios auf sein Spiegelbild, das er wie einen Bruder umarmen will, aber nicht zu greifen vermag (vgl. vv. 969–972). Darin besteht der Höhepunkt der Lösung, die der Text für die drohende *discordia* zweier konkurrierender Oberhäupter anzubieten scheint. Weil Fernando sich nicht berufen fühlt, das Schicksal des siegreichen Feldherrn Caesar zu wiederholen, der nach seinen militärischen Siegen im Außenraum den römischen Innenraum verheert, ist die Gefahr des Bürgerkrieges gebannt. Indem er sich von den liebenden Armen seines Souveräns um- bzw. ‚einfangen' lässt, unterwirft sich Fernando auch dessen Machtmonopol.

Fernandos Qualitäten als Heerführer seines Kaisers liegen nun eben gerade darin, dass es ihm gelingt, nicht nur sich selbst zu bezwingen, sondern auch Karls heterogenes Völkerheer emotional zu vereinen, in eine imperiale Einheit zu verwandeln – und zwar bemerkenswerterweise vor allem, weil sich alle Völker in ihm ‚spiegeln' können (vgl. vv. 1534–1548).[306] So erkennt der italienische Teil des Heeres in Fernando den eigenen „valor primero" (v. 1547), womit ganz deutlich der Verweis auf Aeneas hergestellt ist. Seine quasi römische Tugend führt auch zum Vergleich von Fernando mit Scipio Africanus.

1549 En él ve la manera misma y maña
1550 del que pasó en España sin tardanza,
1551 siendo solo esperanza de su tierra,
1552 y acabó aquella guerra peligrosa
1553 con mano ponderosa y con estrago
1554 de *la fiera Cartago* y de su muro,
1555 y del terrible y duro su caudillo,
1556 *cuyo agudo cuchillo a las gargantas*
1557 *Italia tuvo tantas veces puesto.* (*Égloga II*; Hervorh. K. P.)

Allerdings ist der Text mit dieser neuerlichen Bezugnahme auf antike Reichsgeschichte durchaus mehrdeutig. Das phobische Bild, wie Karthago Italien das Messer an den Hals gelegt habe, erinnert die Zeitgenossen des Dichters zwar an die zahlreichen Plünderungen, die sie von nordafrikanischen Piraten an der italienischen Küste erleiden mussten – unter der Ägide eben jenes Hayrettin Barbarossa, der in Tunis von Karl ausgeschaltet werden sollte. Fernandos Ruhm ist insofern unleugbar, war der Herzog doch ebenfalls und wesentlich am Feldzug nach Tunis beteiligt. Aber auch Karl selbst inszenierte sich immer wieder gerne als neuer Scipio, weshalb wir weiter unten noch einmal auf diese Identifikationsfigur werden zurückkommen müssen. Und schließlich war die Vernichtung Karthagos – jenes Karthago, wo Dido für den imperialen Auftrag

306 Vgl. Macdonald, „La *Égloga II* de Garcilaso", 1974, S. 212.

des Aeneas geopfert wird – für Garcilaso keine rein positive Referenz.[307] Karthago und Dido verwandeln sich späterhin sogar in seine zentrale Chiffre der tragisch Besiegten.

Die dominante, erste Linie des Textes arbeitet aber, wie wir sehen konnten, mit klaren Verweisen auf Vergils *Aeneis* und insofern auf ein Epos der römischen Sieger, nicht der Besiegten (wenn dem auch die Hypothese der *two voices*[308] des Textes gegenübergestellt werden sollte). Die intertextuellen Referenzen auf die Schildbeschreibung und deren Vorankündigung der Schlacht bei Actium (*Aeneis*, VIII, 626ff.) oder der Prophezeiung der Reichsgründung durch Anchises im Elysium (VI, 756ff.) sind überdeutliche Hinweise dafür. Die nationale Gründungserzählung der *Matière de Rome* wird von Garcilaso also auf eine politisch und historisch entscheidende Phase des Habsburgerreiches angewandt. Seine Version aktualisiert im Figuralverhältnis von Albanio und Fernando, so Leopold, die Struktur steigernder Reprise des Reichsgründers Aeneas, der Karthago hinter sich lassen muss, um Rom zu gründen.[309] Ganz im Sinne der *translatio imperii*[310] überträgt Garcilaso das kulturelle Kapital des römischen Imperiums symbolisch auf den Kaiser, damit Karl aus dieser Phase als neuer *César triunfante* hervorgehen kann.

Dass diese Geschichtsdarstellung auf der Urne vom Flussgott des Tormes abgebildet worden war, macht allerdings hellhörig. Denn der Fluss ist für die Spanier ein, wie Torres betont, „non-negotiable symbol of national identity".[311] Man muss deshalb unweigerlich nach dem spanischen Anteil an dieser imperialen Erzählung fragen. Mit den zahlreichen Verweisen auf den Konflikt zwischen Rom und Nordafrika, der in der Zerstörung Karthagos endet, arbeitet diese zweite Linie des Textes nicht nur mit der *Matière de Rome*, sondern auch mit der *Matière de Carthage*. Sie fragt nach den Opfern nationaler Gründung und Konsolidierung, ja, stellt sich immer wieder auf die Seite der Besiegten. Diese zweite, nationale Gründungserzählung Garcilasos ist wegen des Bezugs auf die hispanische Geschichte der *Comuneros* jedoch kein Heils-, sondern ein Unheilsnarrativ.

---

307 Vgl. Rodríguez García, „Epos delendum est", 1998.

308 Vgl. Parry, „The Two Voices of Virgil's *Aeneid*", 1963.

309 Leopold, „Aeneas in Kastilien", 2012, S. 254. Dass die Ekloge aber Fernando damit in die Position des eigentlichen Reichsgründers spielt, kommentiert Leopold ebd., S. 255 u. 267–269. Durch die Nähe des römischen Alba Longa, wo Aeneas mit Lavinia den ersten römischen König Silvius zeugen wird, zu Alba de Tormes wird Karls Vasall eine römische Genealogie zugesprochen, die ihn (bzw. den bukolischen Albanio) zum Wiedergänger des Silvius macht.

310 Vgl. Torres, *Love Poetry in the Spanish Golden Age*, 2013, S. 4.

311 Torres, „Sites of Speculation", 2009, S. 887.

Der Aufstand der *Comunidades de Castilla* gegen ihren König wurde dadurch entfacht, dass der junge Karl sich zu Beginn seiner Herrschaft einige strategische Fehler leistete. Um seine militärischen Konflikte mit Frankreich und später seine Bewerbung um die Kaiserkrone zu finanzieren, erhoben er und seine flämischen Berater, allen voran der eingesetzte Regent Adrian von Utrecht (später Papst Hadrian VI.) bzw. Karls einflussreichster Minister, Guillaume II. de Croÿ, Seigneur de Chièvres, immer höhere Steuern in Spanien – und das, obwohl gerade dessen kastilisches Zentrum (Valladolid / Toledo) noch spürbar unter den Folgen der wirtschaftlichen Krise Anfang des Jahrhunderts litt, weil dort kaum Außenhandel betrieben wurde.[312] Für Ärger hatte bereits gesorgt, dass Karl sich am 14. März 1516 nicht in Spanien, sondern in Brüssel zum König von Kastilien und Aragón ernennen ließ. Von den spanischen *nobles* wurde dies wie ein „golpe de estado“[313] wahrgenommen. Erst 1517 kommt Karl nach Spanien, bleibt aber unbeliebt – auch weil er zunächst kein Wort Spanisch spricht und seinen flämischen Hofstaat in politisch zentrale Positionen bringt. Seine Höflinge treten fast wie Eroberer auf und erregen folgerichtig besonders bei den Aristokraten großen Unwillen. Erster Widerstand geht dann allerdings von den Städten und deren Bürgertum aus, die sich angesichts neuer drohender Staatsausgaben für Kaiserwahl und Reichskampagnen nach der Abreise Karls nach Deutschland gegenseitig aufwiegeln. Die Ziele der *Comuneros*, die anfangs noch erfolglos an den König plädiert hatten, waren: die Begrenzung von *servicios* und Steuern, der Vorbehalt politischer Ämter für Kastilier und insbesondere die Forderung eines kastilischen Regenten. Aus Angst, ihre Heimat könne absteigen zu einer Provinz des Kaiserreichs, die zu dessen Zwecken langsam ausgeblutet wird, befreien die *Comuneros* am Ende sogar Karls Mutter Johanna aus ihrem Turm in Tordesillas und bringen sie vorübergehend als eigentlichen, spanischen Souverän ins Spiel.

Während zu Beginn einige Adelshäuser mit den *Comuneros* paktiert hatten, wendet sich die Aristokratie dann zusehends von der Rebellion der anderen Stände ab, als es am 1. September 1520 zu einem von der Junta unterstützten Aufstand des Volkes gegen den Grafen von Buendía kommt. Der Konflikt endet offiziell mit der Schlacht von Villalar am 23. April 1521, bei der die Truppen der *Comuneros* vernichtend vom Heer des Kaisers geschlagen werden. Die wichtigsten Anführer, unter ihnen Juan de Padilla aus Toledo, werden noch vor Ort in Anwesenheit von Karls Heerführern hingerichtet. Nur Juan de Padillas Witwe, María Pacheco, leistet bis Ende Oktober 1521 in Toledo Widerstand, bevor sie nach Portugal flieht. Nach der endgültigen Niederschlagung erlässt

312 Vgl. Pérez, *Los comuneros*, 2016, S. 27.
313 Ebd., S. 32.

Karl 1522 eine Amnestie für die Beteiligten – einen *Perdón General*, allerdings mit einigen wichtigen Ausnahmen. Dies markiert den endgültigen Sieg der Monarchie über die anderen Stände in Spanien und ist Karls erste Beweisprobe für den imperialen Mythos der Habsburger.

Die Geschichtswissenschaft hat über die Bedeutung dieser Bewegung viel gestritten. Die einen sehen in Karls Sieg die Konsolidierung einer modernen, zum Absolutismus hinstrebenden Staatsform, die den rückwärtsgewandten Verteidigern des mittelalterlichen Feudalismus entgegen trat. Die anderen wollen hingegen eine Verteidigung demokratisch-partizipativer Freiheitsideen erkennen, die, ausgehend vom städtischen Bürgertum, erste Revolution der Moderne und Entwicklung eines „sentimiento protonacional".[314] Am Ende waren wohl vor allem wirtschaftliche Gründe verantwortlich für den gewaltsamen Verlauf des Konflikts. Es gilt aber dennoch daran zu erinnern, dass die Katholischen Könige in Spanien immer von den Städten (auch gegen den Adel!) verteidigt worden waren, anders als die Monarchie in Flandern oder Burgund.[315] Dass die Städte sich so vehement gegen ihren neuen Herrscher wandten, spricht dafür, wie sehr dieser Carlos I auf kastilischem Territorium als Fremdherrscher wahrgenommen wurde.

Die Beteiligung der in Toledo ansässigen Familie Garcilasos in diesem Konflikt ist es nun, die diesen langen Exkurs zur Geschichte rechtfertigt. Denn deren Verbindungen zu den *Comuneros* waren offenbar eng. Der Dichter wagt im Frühjahr 1520 in den Cortes von Santiago de Compostela sogar den öffentlichen Widerspruch gegen Karl V., als er als Procurador Mayor die Interessen Toledos vertritt.[316] Zu diesem Zeitpunkt war sein älterer Bruder Pedro Laso bereits vom Bann des Königs getroffen. Er hatte vor dem Ayuntamiento in Toledo eine Rede gehalten, in der er sich ereifert: „¿quién puede hablar sin pesadumbre del desbarajuste total producido por los afrentas, osadía y codicia de los flamencos, que llevan ya tres años saqueando a España?"[317] An gleicher Stelle äußert er harsche Kritik an der Besetzung des Erzbistums von Toledo durch den 19-jährigen Neffen des Seigneur de Chièvres. Als er mit einem persönlichen Vorsprechen beim König diesen zunächst für seine Seite gewinnen will, reagiert Karl äußerst ungehalten und verbannt Pedro auf dessen Sitz

314 So lautet die These von Maravall, *Las comunidades de Castilla*, 1970, S. 43.

315 Vgl. ebd., S. 40f.

316 Der Augenzeuge Gonzalo de Ayora berichtet die Szene folgendermaßen: „En otra manera, que antes consintiria hazerse quartos y su alteza mandarle cortar la caveza antes de consentir ni otorgar cosa de tanto perjuicio de su ciudad y del rreyno." Zitiert nach Goodwyn, „Garcilaso de la Vega, Representative in the Spanish Cortes", 1967, S. 227.

317 Im Original auf Latein. In der Übersetzung von Rodríguez Peregrina zitiert nach Vaquero Serrano, *Garcilaso*, 2002, S. 58.

auf Gibraltar. In Toledo werden derweil Häuser von adeligen Familien zerstört und Königstreue vertrieben.[318] Garcilaso selbst war zu diesem Zeitpunkt noch vor Ort. Vaquero Serrano legt überzeugend dar, dass Garcilaso entgegen der lange kolportierten Meinung der Forschung, er sei von Beginn an auf der Seite des Kaisers gestanden, erst nach Padillas Hinrichtung – mit anderen ehemaligen *Comuneros* – die Stadt verlassen hat.[319] Er wechselt die Seiten also in der Tat recht spät, wahrscheinlich im Mai 1521 und mithin nach der entscheidenden Schlacht von Villalar. Seine Geliebte Guiomar Carrillo, mit der er in diesem Interim des Bürgerkrieges in Toledo seinen Erstgeborenen zeugt, war wohl mit María Pacheco befreundet und sicher auf Seiten der *Comuneros*.[320]

Nachdem er zu den Truppen des Kaisers übergelaufen ist, wird Garcilaso dann in der Schlacht von Olías verletzt. Da der einflussreiche Juan de Ribera diese Heldentat im Namen des Kaisers nachträglich besonders hervorhebt, ereilt Garcilaso nicht das gleiche Schicksal wie seinen Bruder. Der hatte zwar zuletzt mit den kaiserlichen Truppen in Navarra gegen die Franzosen gekämpft, wurde aber dennoch vom *Perdón General* ausgenommen und brachte in der Folge Jahre in Portugal zu. Die Rache des siegreichen Kaisers konnte Garcilaso aber selbst in engster Nachbarschaft bezeugen: Karl lässt in Toledo die *Casa Solar* der Padilla verbrennen und Salz auf die Erde streuen, damit dort nichts mehr wachsen könne – eine symbolische Geste, die ihn zum neuen Scipio im kastilischen Karthago macht.[321]

Die Familie der Alba hingegen stand von Beginn an aus eigenem Machtkalkül auf Seiten des Kaisers. Der damalige Herzog, Fadrique, reist gemeinsam mit seinem Zweitgeborenen, Pedro, und seinem gerade erst 13-jährigen Enkel, Fernando, mit dem König nach Flandern, als der Konflikt in Kastilien zu brodeln beginnt. Später werden die Alba Karls Schlachten auch auf spanischem Boden schlagen. Die Loyalität der Familie ist also unzweifelhaft. Unweigerlich erkennt man in Garcilaso und Fernando so die zwei Protagonisten von Vergils erster Ekloge wieder: Der eine stand lange auf Seiten der Verlierer, der andere, wenngleich wesentlich jünger, auf der der Gewinner. Wahrscheinlich war nur durch die spätere Protektion der Alba die Karriere Garcilasos zu retten.

Dennoch bot Fernando auch die Möglichkeit, für Spanier wie Garcilaso, die vom historischen Ausgang der *Comunidades* enttäuscht gewesen sein müssen, zum imaginären Hoffnungsträger zu werden. Entfernt mit dem katholischen

318 Vgl. ebd., S. 67.
319 Vgl. ebd., S. 77.
320 Vgl. ebd., S. 86f.
321 Vgl. Heiple, *Garcilaso de la Vega and the Italian Renaissance*, 1994, S. 223.

König Ferdinand verwandt, repräsentiert er theoretisch – wie Johanna – eine genuin hispanische Autorität und somit die Möglichkeit eines einheimischen Souveräns. Wenn er in der zweiten Ekloge mithin zunächst als möglicher Caesar gehandelt wird, so ist dies nicht nur Garcilasos Schmeichelei seines Gönners geschuldet, sondern ebenso der Tendenz des Verliererepos, das schicksalshafte ‚Scheitern' der Geschichte und deren denkbare anderen Verläufe vorzuführen.[322] Karl selbst ist sich der Bedrohung, die von seinen kastilischen Granden ausging, durchaus bewusst gewesen. In einer Belehrung seines Sohnes, des späteren Philipp II., gibt er eine Anekdote zum Besten, wie *El Gran Duque* einmal versucht haben soll, gegen königlichen Willen in den *Consejo Real* vorzudringen, und deswegen gemaßregelt wurde.[323] Nicht zufällig also löst sich am Ende der Urnenvision der alternative Caesar bei Garcilaso in ein blendendes, sonnengleiches Bildnis auf,[324] das Severos Augen nicht mehr zu fassen vermögen: „[…] esto todo / que en ecesivo modo resplandece / […] / es lo que aquella diestra mano osada / y virtud sublimada de Fernando / acabarán entrando más los días" (vv. 1782–1787). Diese Zukunftsvision eines anderen Sonnenkönigs ist aber, wie die Geschichte weiß, unerfüllt geblieben.

In der *Égloga II* nun wird der Anblick der besiegten ‚Türken' zum deutlichen Hinweis, dass Garcilasos Text vor dem Hintergrund der *Comunidades de Castilla* gelesen werden muss.[325] Der imperiale Triumphzug zeigt die unterworfenen Barbaren als eine gesichtslose Masse, die im wahrsten Sinne des Wortes von der Macht des Imperiums zerschlagen wurde:

1681 Estaba figurado un carro estraño
1682 con el despojo y daño de la gente
1683 bárbara, y *juntamente allí pintados*
1684 cativos amarrados a las ruedas,
1685 con hábitos y sedas varïadas;
1686 lanzas rotas, celadas y banderas,
1687 armaduras ligeras de los brazos,

322 Vgl. Quint, *Epic and Empire*, 1992, S. 137–140.

323 „El duque de Alba quisiera entrar con ellos …, y por ser cosa del gobierno del Reino donde no es bien que entren Grandes, no lo quise admitir, de que no quedó poco agraviado … De ponerle a el ni a otros Grandes muy adentro en la gobernación os habeis de guardar, porque por todas vías que el y ellos pudieren, os ganaran la voluntad, que después os costará caro …". Zitiert nach Fernández Álvarez, *Felipe II y su tiempo*, 1998, S. 48f.

324 Vgl. De Lope, „L'oracle et le simulacre", 1997, S. 214f.

325 Lorenzo schlägt dies auch für einige seiner Sonette vor. Vgl. „After Tunis", 2004, S. 20. Wie ich hoffe zeigen zu können, ist nicht allein die petrarkistische Tradition in der Version Garcilasos, sondern auch dessen bukolisches Pathos ein „critical companion of empire". Ebd., S. 22.

1688 *escudos en pedazos divididos,*
1689 vieras allí cogidos en trofeo,
1690 con que *el común deseo* y voluntades
1691 de *tierras y ciudades* se alegraba. (*Égloga II*; Hervorh. K. P.)

Wenn sich am Ende imperiales Begehren auch im Sieg über die Osmanen als „común deseo“ (v. 1690) behaupten mag, drängt in den Signifikanten, die hier dicht an dicht stehen, doch ein ganz anderes Schlachtfeld im Subtext hervor. Denn im Adjektiv *común* schwingt das Substantiv *el común*, dt. das Volk, mit.[326] Es gemahnt wie die explizit genannten „tierras y ciudades“ (v. 1691) an die städtischen *Comuneros*.[327] Ebenso verweisen die in viele Teile zerbrochenen Schilde nicht nur auf die Waffen der Barbaren, sondern auch auf die *escudos*, dt. Stadtwappen, der in *ihrem* geteilten Begehren zerschlagenen *Comunidades*. Der Sieg Karls, der auf ungarischem Boden mit Fernandos Hilfe die Osmanen zurückdrängt, ist also eine glorreiche Überblendung der phobischen Erinnerung an seinen Sieg auf kastilischem Territorium. Sein imperiales Begehren Widerstand niederzuringen, kommt figural darin zum Tragen, dass im ganzen *carro* kein einziges Individuum zu erkennen ist, die einzelnen Gegner sind allein „*juntamente* allí pintados“ (v. 1683; Hervorh. K. P.). So wird auf dem Triumphwagen das Imperium in einem negativ konnotierten Phänotyp als großer, alle gefräßig inkorporierender (Reichs-)Körper dargestellt.

Beasley-Murray geht davon aus, dass im Sinne der Gemeinschaft geregelte Affekte nie völlig in der Identifikation aufgehen. Es bleibt immer noch ein affektischer Rest (*escape*), der die politische Inkorporierung des Subjekts stört.[328] Die Verschiebung des negativen Affekts auf das Feindbild der Türken markiert deshalb meines Erachtens genau den Moment, wo Garcilasos Text einen pathematischen Ausbruch aus der imperialen Gründungserzählung subtil zur Schau stellt – obwohl er seit Beginn seines dichterischen Nachruhms immer wieder zum Teil derselben gemacht worden war. Gegen den pädagogischen *récit* seiner Ekloge, der davon handelt, wie man den eigenen Körper für das

326 Im Spanischen der Epoche ein Begriff für das einfache Volk, „el pueblo llano“. Vaquero Serrano, „Un episodio toledano en la Guerra de las Comunidades“, 2003, S. 45.

327 Damit ist dieser Ausdruck in seiner Doppeldeutigkeit einer der zentralen „semantische[n] Knoten“ im Gedicht. Siehe zum Begriff Warning, „Interpretation, Analyse, Lektüre“, 1997, S. 22.

328 Vgl. Beasley-Murray, *Posthegemony*, 2010, S. 139. Anders argumentiert z. B. O’Donoghue, der behauptet, Garcilaso „posits his pastoral world as an escape from courtly concerns“ und „refuge“. „Pastoral Paratexts“, 2015, S. 26f. Darunter ist Eskapismus, kein disruptiv-oppositioneller *escape* nach Beasley-Murray zu verstehen.

Imperium nutzbar machen und so die *admiratio* aller erzeugen kann,[329] entwirft Garcilaso also eine pathematische Opposition im formalen Interstitium der Literatur.[330] Dennoch braucht diese ihrerseits Verlierer, um den negativen Affekt des Verliererepos aufzufangen: die Sündenböcke[331] des imperialen Mythos, Süleymans Osmanenkrieger. Während Fernando brennt, „por colorar su lanza en turca sangre" (v. 1663), ist Garcilasos Feder ihrerseits auf die Feinde des Imperiums angewiesen, um stellvertretend mit deren Blut und in antiimperialem Gestus das Pathos der kastilischen ‚Völkertragik' nachzuzeichnen.

4.3.3 *Gras, das aus Gebeinen sprießt*

Am Ende des VII. Buches seines Bürgerkriegsepos fasst Lukan die Verheerungen des Krieges als eine Inversion pastoraler Üppigkeit auf: „kein Hirte ließe unbekümmert seine Schafe im Grase weiden, das aus römischen Gebeinen sprießt"[332] (*nullusque auderet pecori permittere pastor / vellere surgentem de nostris ossibus herbam*; VII, 864f.). Thessalien sei so mit den Knochen der Gefallenen ‚gedüngt', dass daraus zwar Pflanzen hervorsprießen, es aber kein Hirte je wagen würde, seine Schafe auf diese unheilsvolle Weide zu führen. Durch den Gebrauch des *nos* fügt sich Lukan im lateinischen Original gar selbst in die Reihe derjenigen Römer ein, die zum Opfer des Konflikts wurden. Dies ist ein deutlicher Gegenentwurf zur Gründungsszene von Vergils *Bucolica*, wo der eine Schäfer ins bittere Exil aufbrechen muss und der andere den pastoralen Rückzugsort genießen darf.

Auch Garcilaso gewährt scheinbar einen euphorischen Blick auf das Land der erfüllten Versprechungen. Sobald Fernando nach erfolgreich geschlagener Türkenschlacht in der Heimat Alba ankommt und von den Armen seiner

329 Salicio bezeugt diese Wirkung, sobald Nemoroso mit seiner Erzählung endet: „Espantado me tienes / con tan estraño cuento, / y al son de tu hablar embebecido, / acá dentro me siento, / oyendo tantos bienes / y el valor deste príncipe escogido, / bullir con el sentido / y arder con el deseo / por contemplar presente / aquel que, estando ausente, / por tu divina relación ya veo." (Vv. 1829–1839) Zu Salicios Verführung im Diskurs und der Partizipation von Ästhetik an subjektivierenden Wirkweisen der Macht, siehe Madelpuech-Toucheron, „De l'image du Pouvoir au pouvoir de l'image", 2009, S. 102.

330 Siehe zur möglichen Ironie und Oppositionsmöglichkeit des Fürstenlobs Chambers, *Room for Maneuver*, 1991, S. 66–70, sowie die Einleitung dieser Arbeit, Kap. 1.4. Zu Garcilaso wurde diesbezüglich auf die selbstbewusste Forderung einer Souveränität der Kunst abgehoben, die autonom sei vom *negotium* des Leben. Vgl. Horst, „Poetry and Power in Garcilaso's *Égloga Primera*", 1987, S. 8f.

331 Siehe zur kulturgeschichtlichen und literarischen Funktion des Sündenbocks einschlägig Girard, *La Violence et le sacré*, 1979.

332 Lucanus, *Bellum civile*, 1978, S. 346f.

liebenden Frau umschlungen wird, stimmt die Natur in die Feier ein und potenziert sich selbst zu einem überdimensionierten kastilischen *locus amoenus*:

> 1720 Con su Fernando caro y señor pío
> 1721 la tierra, el campo, el río, el monte, el llano
> 1722 alegres a una mano estaban todos,
> 1723 mas *con diversos modos* lo decían:
> 1724 los muros parecían de *otra altura*,
> 1725 el campo, en hermosura de *otras flores*
> 1726 pintaba mil colores *desconformes*;
> 1727 estaba el mismo Tormes figurado,
> 1728 en torno rodeado de sus ninfas,
> 1729 vertiendo claras linfas con instancia,
> 1730 *en mayor abundancia que solía*;
> 1731 del monte se veía el verde seno
> 1732 de ciervos todo lleno, corzos, gamos,
> 1733 que de los tiernos ramos van rumiando;
> 1734 el llano está mostrando su verdura,
> 1735 tendiendo su llanura así espaciosa,
> 1736 que a la vista curiosa nada empece
> 1737 ni deja en qué tropiece el ojo vago. (*Égloga II*; Hervorh. K. P.)

Erde, Feld, Fluss, Berg, Ebene: Sie alle sind sich einig, dass sie mit der Rückkehr des glorreichen Herzogs und dem Sieg des Imperiums ebenfalls – in glücklicher Einheit – aufgerufen sind, sich über die Maßen zu überbieten.[333] Hierin könnte man nun einen neu gewonnenen Einklang des Menschen mit der Natur erkennen, den Albanio verloren zu haben schien.[334] Auch Torres behauptet, die Passage stelle „nature's function as a symbol of the moral and cosmic order"[335] wieder her, nachdem die natürliche Ordnung im ersten Teil auf den Kopf gestellt worden war.

Es ist aber fraglich, ob es Garcilaso an dieser Stelle wirklich um Ordnung geht. Denn besonders auffällig ist, dass qualifizierende Adjektive in dieser Beschreibungssequenz eher die Nebenrolle spielen („claras linfas"; v. 1729; „verde seno"; v. 1731; „tiernos ramos"; v. 1733). Vielmehr stehen dem Interpreten

333 Siehe zum Verhältnis bukolischer und episch geschilderter Natur: „Während jene sich geschichtsvergessen im von triebhafter Gewalt gezeichneten Naturraum abspielt, steht diese im Zeichen der sakralisierten *communitas*, des Sacrum Imperium, und damit zugleich im Zeichen der Kultur, die es gegen ein wildes Anderes, die Türken, zu behaupten gilt." Leopold, „Aeneas in Kastilien", 2012, S. 264.

334 Vgl. Matzat, „Liebe und Natur in Garcilasos Eklogen", 2004, S. 95, zur Sinnlichkeit der Liebe Albanios, die der natürlichen Ordnung widerspreche.

335 Torres, „Sites of Speculation", 2009, S. 888. Auch Herrera deutet Natur als göttliche Ordnung: „su propia definición es ser orden de las obras divinas". Zitiert nach Gallego Morell, *Garcilaso de la Vega y sus comentaristas*, 1972, S. 504.

ungewöhnlich viele Adjektive einer Abweichung bzw. Steigerung zur Verfügung (*otra, otras, mayor, desconforme*) oder Substantive, die an die Stelle des Attributs treten. So erfahren wir von der Ebene („llano"; v. 1734), dass sie in ihrer Ebenenhaftigkeit („llanura"; v. 1735) und Grüne („verdura"; v. 1734) sich an Weite selbst zu übertreffen scheint. Erinnert man sich an die topische Beschreibung des *locus amoenus* als *verde prado*, stößt diese zirkelhafte Verschiebung ins Substantivische der *verdura* befremdlich auf.[336] Durch die *figura etymologica* von *llano* zu *llanura* verdoppelt sich der Beschreibungsgegenstand weiter, ohne dabei jedoch eine konkrete Semantik auszubilden.

Auch dass die Mauern der Stadt Alba die Ankunft ihres Herren feiern, indem sie eine „otra altura" (v. 1724) entwickeln, kann zwar über das bei Herrera zitierte Sprichwort über Alba de Tormes entschlüsselt werden: „es baja de muros y alta de torres".[337] Wenn sogar Albas Mauern in die Höhe schießen, scheint sich der Ruhm des Ortes maximal zu vergrößern. Man darf sich hier durchaus an die superlativischen Steigerungen bei Lukan erinnert fühlen. Dass dieses übersteigerte Bild allerdings keine reine Feier des Heimatortes des Herzogs sein kann, spricht meines Erachtens allein aus der Verwendung der „colores desconformes" (v. 1726) kurz danach. Die *disconformidad* ist eine unmissverständliche Geste der Ablehnung einer herrschenden Ordnung (auch gegen das ästhetische Prinzip *variatio delectat*). Wenn auf dem Feld die Blumen eine in sich uneinige Schönheit vieler verschiedener Farben präsentieren, so mag diese Schönheit zwar natürlich sein, ordentlich hingegen ist sie nicht.

Bemerkenswert ist darüber hinaus, dass Schäfer – oder Menschen überhaupt – in diesem Raum der superlativischen Natur nicht auftauchen. Allein der Flussgott Tormes und seine Nymphen sind Teil der Szene. Weder werden die zahlreichen Hirsche von Jägern beim Wiederkäuen gestört, noch die Fruchtbarkeit des Feldes nutzbar gemacht oder Tiere von Schäfern auf die mit Blumen geschmückte Weide geführt – als wäre über sie ein ähnlicher Bannfluch gesprochen wie bei Lukan. Das Landlob Garcilasos, der die Texte des Horaz sehr gut kannte und den Topos des *beatus ille* immer wieder in seine Lyrik integriert,[338] ist vielmehr die Beschreibung eines menschenleeren Raums.

Dieses Landlob zitiert streng genommen nicht einmal die bekannten Elemente einer milden Pastoralnatur. Zuletzt wird der Blick eines Schäfers nur

---

336 Wiewohl eingeräumt werden muss, dass Garcilaso *verdura* auch andernorts als Substantiv zur Beschreibung des *locus amoenus* gebraucht, so etwa in der *Égloga I* (vv. 46 u. 216) und *Égloga III* (v. 62).

337 Gallego Morell, *Garcilaso de la Vega y sus comentaristas*, 1972, S. 563.

338 Vgl. den Eingangskommentar von El Brocense zur zweiten Ekloge. Ebd., S. 286.

angedeutet, wenn es heißt, die Weite der Ebene sei so erstaunlich, „que a la vista curiosa nada empece / ni deja en qué tropiece el ojo vago“ (v. 1736f.). Aus der Trägheit des *ojo vago*, das sich bei diesem Anblick nirgendwo festhalten kann bzw. über nichts ‚stolpert‘, spricht das *otium* des Idyllenbewohners. Das Vorbild Horaz und sein Lob des ländlichen *otium* zitiert Garcilaso im gleichen Text bereits direkt zu Beginn. Dort betritt Salicio die Szene, indem er ein klassisches *beatus ille* zum besten gibt.

¡Cuán bienaventurado
aquel puede llamarse
que con la dulce soledad se abraza,
y vive descuidado
y lejos de empacharse
en lo que el alma impide y embaraza!
No ve *la llena plaza,*
ni *la soberbia puerta*
de los grandes señores,
ni los aduladores
a quien la *hambre del favor* despierta;
ni le será forzoso
rogar, fingir, *temer* y estar quejoso. (*Égloga II*; Hervorh. K. P.)

Die Passage stellt die höfische Welt der „grandes señores“ (v. 46) anschließend der milden Natur des *locus amoenus* gegenüber und verortet sich so ganz explizit in der Tradition des *menosprecio de corte*. Die neostoizistische „Affektnegation“[339] des *vivir descuidado*, die damit einhergeht, erlaubt es dem Idyllenbewohner, die Schmeichelei der Mächtigen und damit verbundene Affekte wie die Furcht hinter sich zu lassen.[340] Dass es sich bei diesem *locus amoenus* allerdings gerade nicht um einen affektlosen Raum handelt, beweist die darauffolgende Miniaturtragödie um den wahnsinnigen Albanio und die wütende Camila. Salicio repräsentiert damit entweder ein Ideal, das nicht erfüllt werden kann oder in gewisser Hinsicht komisch scheitern soll.[341] Schon an dieser Stelle spricht die Ekloge mit uneinigen Stimmen. Auch weil der überfüllte Stadtplatz und das hochmütige Tor des Herrenpalastes angesprochen werden, denn dadurch entfaltet das *beatus ille* im Dialog mit der Schilderung Albas am

339 Strosetzki, „Garcilaso und das antike Landlob“, 2004, S. 35.

340 Der Gegensatz von *locus amoenus* und *locus horridus* geht insbesondere auf die Texte Senecas und dessen Wunsch nach Autonomie und *securitas* gegenüber dem Kaiser Nero zurück. Vgl. Papaioannou, „Landscape Architecture on Pastoral Topography in Lucan's *Bellum Civile*“, 2012, S. 86.

341 Vgl. Mager, *Imitatio im Wandel*, 2003, S. 181.

Ende eine beunruhigende Ironie. Was ist die Ekphrasis schließlich anderes als eine kunstvolle *adulación* des Herzogs?

Bei der Schilderung Albas in den Versen 1720–1737 tritt dann nicht zufällig an die Seite des Schäferauges ein zweiter, neugieriger Blick („la vista curiosa"; v. 1736), dem sich beim Betrachten der Szene nichts in den Weg stellt. Dahinter versteckt sich ein ganz anderer Leser der Naturlandschaft als der *ojo vago*. Er scheint Stellvertreter des Lesers der Ekloge zu sein, ist die *curiosidad* doch nichts weniger als ein Zeichen hermeneutischer Auseinandersetzung mit der Welt.[342] Wenn dieser aufmerksame, neugierige Blick weit in die Tiefe der idyllischen Landschaft vordringen kann, steht das aber auch für eine gänzlich andere Lesebewegung als die hermeneutische Trägheit, die eine idyllische *llanura* passiv genießt, ohne sie tatsächlich zu bemerken. Deshalb meine ich, dass man diesen letzten Akt der Glorifizierung Fernandos und seiner Heimat als Kritik an einer Idyllentradition verstehen kann, die sich in ihrer Künstlichkeit völlig von der Welt verabschiedet. Garcilaso lässt durch die Hybridisierung mit den epischen und enkomiastischen Elementen der *Égloga II* einen formalen und semantischen Widerspruch zu dieser Tradition in die Tiefe seines Textes ein. Denn Salicios Aussagen über die idyllische Enklave sind mit der bukolischen Pathematik Garcilasos ebensowenig in Einklang zu bringen wie mit der Schilderung der kastilischen Idylle Alba. Garcilaso verfasst seine Eklogen vielmehr im Zeichen der *curiosa vista* als konkrete Interaktion mit der Gegenwart in all ihrer historischen Tiefe, seine bukolische Welt besitzt „the potentiality of a politicized pastoral space".[343] Das darin eingesetzte bukolische Pathos ist kein emphatischer Rückzug[344] des Höflings und Soldaten in die Kunst, aber auch keine naive Lobhudelei.

Aus diesem Grund wirkt die semantisch und menschlich leere Natur, die er im Ausklang seiner Ekphrasis entwirft, als letztes Störzeichen, das in der *Égloga II* auf das historische Legat der *Comunidades* verweist. Denn der aufmerksame Leser kann sich bei dieser Passage wieder des Eindrucks nicht erwehren, dass der Text mit doppelter Stimme spricht, wie die Naturelemente, die „con diversos modos lo decían" (v. 1723). Weder ähnelt der hier entworfene Raum dem *otro llano* im Jenseits, den Nemoroso in der *Égloga I* als Raum erfüllender Distanzlosigkeit zur Geliebten ausphantasiert. Noch ist die Stadt Alba inmitten der sie umgebenden Natur mit der Beschreibung Toledos in

342 Der neugierige Blick repräsentiert in der Ekloge auch an anderer Stelle eine Position des erwachten Wissens und kommt ebenfalls in den einander gegenübergestellten Frauenfiguren der *ninfa dormida* und der *doncella despierta* zur Austragung. Vgl. Leopold, „Aeneas in Kastilien", 2012, S. 270f.

343 O'Donoghue, „Pastoral Paratexts", 2015, S. 3.

344 So die These ebd., S. 26.

der *Égloga III* zu vergleichen. Während dort der Triumph der Kultur über die Natur und des Menschen über den Affekt patriotisch gefeiert werden wird, ist die Darstellung des kastilischen Nationalsymbols, des Flusses Tormes, hier vor allem formale Metalepse für die unterschiedlichen diegetischen Ebenen der erzählten Handlung. In ihrer semantischen Glätte ist sie völlig affektlos.

Garcilaso stellt mithin zwei Versionen kastilischer Geschichte in der Welt seiner Eklogen gegenüber: die faktische Geschichte, in der das Imperium mit Hilfe der Alba den Sieg über die *Comuneros* errang, und die kontrafaktische Geschichte eines siegreichen Toledo. Im Raum jener Ekphrasis, die vom imperialen Sieg berichtet, kann das aufständische Toledo aus diesem Grund nur als zerschlagenes Phantom in den besiegten Osmanen wiederkehren.[345] Darin ist Garcilasos Rewriting der ersten Ekloge Vergils verborgen: Der Gewinner Tityrus und der Verlierer Meliboeus verwandeln sich in Salicio / Fernando und Albanio / Garcilaso. So wird auch der Integration in die Welt des imperialen Mythos immer mit Widerstand begegnet:

> The value of Virgil in *Eclogue II* lies not in specific scenes or events, but in the broader situation of the individual protagonists and their world, a relationship which carries a weight of struggle and power. The determining dichotomy of *Eclogue II* is the poem's desire for integration and its simultaneous resistance to it.[346]

Eben deshalb ist die zweite Ekloge als Ganzes ein Epyllion der Verlierer. Weil sich Garcilaso anscheinend mit dem Schicksal des landvertriebenen Römers identifizieren konnte, bricht in seinen Werken auch der *locus horridus* der vom Bürgerkrieg gezeichneten Heimat und des Exils an mehreren Stellen in die pastorale Welt ein.

Der *locus horridus* oder *terribilis* ist den Grenzwanderungen zwischen Bukolik und Epik an sich nicht unbekannt. Bei Ariost[347] etwa verwandelt sich der Ort der Liebe zwischen Angelica und Medoro in einen ähnlichen Ort des Schreckens, als der ob seines Verlusts wahnsinnig gewordene Orlando an die *fonte* zurückkehrt, diese zerstört (vgl. XXIII, 129–131) und die nichtsahnenden

---

345 In dieser Hinsicht ließe sich auch die *ninfa degollada* der *Égloga III*, Elisa, die vor toledanischer Szene nacherzählt wird, als eine solche phantasmatische Figur der Besiegten deuten.

346 Torres, „Sites of Speculation", 2009, S. 890.

347 Jones betont zu den Parallelen zwischen dem *Orlando furioso* und der zweiten Ekloge: „the entire 'urn' episode is clearly derived from Ariosto's description of the prophetic scenes depicted on the tapestry adorning the marriage-bed of Ruggiero and Bradamante". „Ariosto and Garcilaso", 1962, S. 153, mit Verweis auf Keniston, *Garcilaso de la Vega*, 1922, S. 252.

Schäfer, die ihm über den Weg laufen, vom Leben zum Tode befördert. Dem ersten reißt er „con la facilità che torria alcuno / da l'arbor pome, o vago fior dal pruno“[348] (XXIV, 5, 7f.) den Kopf ab und erschlägt hernach mit dem enthaupteten Körper drei weitere. Was also, wenn Albanio, der Bruder Orlandos, aufwacht? Für ihn ist der kastilische Ort der Handlung immerhin von Beginn der dramatischen Handlung an ein Schreckensort der Erinnerung an sein Leid gewesen.[349] Ist er wirklich bereit, von Severo geheilt zu werden, wie es seine Freunde sich erhoffen – weil er, anders als Orlando,[350] einschläft? Oder schläft er den Schlaf der Wahnsinnigen und wird ihnen danach vielleicht die Köpfe abreißen?

Selbst in Lukans Verliererepos zerschlagener Menschen- und Staatskörper sind Sophia Papaioannou zufolge „pastoral disiecta membra“[351] zu finden. Wie später Garcilaso ging er dafür den intertextuellen Umweg über die *Aeneis*. Während dort mehrere Passagen eingelassen sind, die im Dienste epischer Ideologie stehen,[352] ist der naive Schäfer bei Lukan ausschließlich Zeuge jener verheerenden Katastrophe,[353] die der Bürgerkrieg bedeutet hatte. Es ist wiederum Vergil, der die Folie dafür abgegeben hat. Denn auch Aeneas ist zunächst Schäfer, der die Zerstörung von Troja aus der Distanz beobachtet (vgl. *Aeneis*, II, 304–308).

Lukans „pastoral anxieties“[354] des in der Welt des Epos fremden Schäferzeugen finden dann ein spätes Echo im *ojo vago* Garcilasos. Der naive, desinteressierte Blick, der an die Stimme Salicios erinnert, vermag allerdings den schieren Umfang der politischen Katastrophe Kastiliens ebensowenig zu

348 Ariosto, *Orlando furioso*, 2013, S. 794.

349 Der *locus horridus* als „Spiegelbild seelischer Erregung und dichterischer Inspiration“ wird, darauf verweist Strosetzki, bei Garcilaso an anderer Stelle explizit auf seine eigene Situation bezogen, so u. a. in der *Canción III* über das Exil auf der Donausinsel. Vgl. „Garcilaso und das antike Landlob“, 2004, S. 32. Aber auch die wilde Natur der Felsenlandschaft, in der Albanio sich töten will, steht in dieser Linie. In der *Canción I* nutzt Garcilaso die Beschreibung eines *locus horridus*, um die Liebesverzweiflung des lyrischen Ichs zu unterstreichen. Vgl. *Poesía*, 2020, S. 257 (vv. 1–6).

350 Auf die erste Zerstörungswut Orlandos an der Quelle folgt jener katatonische Schockzustand, in den auch Albanio nach der Zurückweisung durch Camila verfällt. Eine weitere Parallelisierung ihres Schicksals ist durchaus vorstellbar. Allerdings schläft Orlando in der Zwischenphase gerade nicht ein wie Albanio, sondern verbringt drei Tage und Nächte wach, was endgültig seinen Wahnsinn auslöst (vgl. XXIII, 132, 1–4). Vgl. Ariosto, *Orlando furioso*, 2013 S. 790.

351 Papaioannou, „Landscape Architecture on Pastoral Topography in Lucan's *Bellum Civile*“, 2012, S. 77.

352 Vgl. ebd.

353 Vgl. ebd., S. 89.

354 Ebd.

fassen wie die Weite des Raums, den er betrachtet. Der Text und sein Gegenstand verlangen vielmehr nach der zweiten Stimme einer *curiosa vista*, die auf der Seite der Verlierer steht, um zu ergründen, welche Gebeine im kastilischen Gras verborgen liegen. Vom kleinen Pathos der Liebe zum großen Pathos des Krieges treibt diese die *epic anxieties* einer pathematisierten Ekloge hervor.

4.4 Das ‚tragische' Subjekt des Imperiums: Pathematische Poetik

Wie wir bereits gesehen haben, ist das nordafrikanische Karthago in Garcilasos Vorstellungswelt ein paradoxer Ort: Zum einen erweist sich unweit davon die Macht des neuen Scipio Karl V., der in der zweiten Elegie[355] als „César africano" (v. 5) besungen wird, nachdem er 1535 siegreich aus Tunis zurückgekehrt war. Zum anderen bleibt das antike Karthago in *La Goleta*, wo Garcilaso (vielleicht) sein Sonett XXXIII an Boscán schreibt, gespenstisch kopräsent. Hier geht die Erinnerung an den siegreichen Scipio über in die noch weiter zurückliegende, mythische Vergangenheit: die epische Episode um Dido und Aeneas. Darüber hinaus korrespondiert die Zerstörung Karthagos in der persönlichen Erinnerung des Dichters mit dem Sieg über die Padilla in Toledo, deren Palast Karl wie ein neuer Scipio niederbrennen ließ.[356] Der für imperiale Ideologie und Propaganda so wichtige Erinnerungsort Karthago gibt also Garcilasos „personal fatalism regarding Caesarism"[357] und die Fallstricke seiner pathematischen Subjektivität zu erkennen.

Auch wenn das Sonett inzwischen mehrfach, z. B. von E. C. Graf, Anne J. Cruz, Richard Helgerson,[358] Isabel Torres und Javier Lorenzo in dieser Hinsicht kommentiert worden ist, haben nur José María Rodríguez García[359] und Eugenia Fosalba[360] zentral gemacht, dass es darin zu einer Identifikation der Dichterstimme mit der leidenden Dido kommt. Gerade diese Tatsache führt jedoch exemplarisch vor, wie Garcilasos Texte als politische Intervention und pathematische Selbsttechnik verstanden werden können. Um meine Ergebnisse zum

355 Garcilaso de la Vega, *Poesía*, 2020, S. 306–315.

356 Karls Parallelisierung mit Scipio wurde oft über die Charaktertugenden der *fortitudo* und *sapientia* hergestellt, die auch in historischen Quellen über den Römer als dessen ausgezeichnete Charaktereigenschaften hervorgehoben worden waren. Vgl. Lorenzo, „After Tunis", 2004, S. 20.

357 Graf, „From Scipio to Nero to the Self", 2001, S. 1325.

358 Helgerson, *A Sonnet from Carthage*, 2007.

359 Rodríguez García, „Epos delendum est", 1998, S. 152.

360 Fosalba, „Versión oficial de la Jornada de Túnez y desvío afectivo en el soneto XXXIII de Garcilaso", 2019, S. 94.

bukolischen Pathos und zur Inszenierung imperialer Subjektivität zusammenzufassen, möchte ich deshalb meinerseits abschließend auf *A Boscán desde La Goleta*[361] zu sprechen kommen:

Boscán, las armas y el furor de Marte,
que *con su propia fuerza* [var.: sangre[362]] el africano
suelo regando, *hacen que el romano*
imperio reverdezca en esta parte,

han reducido a la memoria el arte
y el antiguo valor italïano,
por cuya fuerza y valerosa mano
África se aterró de parte a parte.

Aquí donde *el romano encendimiento,*
donde el fuego y la llama licenciosa
solo el nombre dejaron a Cartago,

vuelve y revuelve amor mi pensamiento,
hiere y enciende el alma temerosa,
y en llanto y en ceniza me deshago. (*Soneto XXXIII*; Hervorh. K. P.)

Das Sonett beginnt panegyrisch, wenn es die Bezwingung der Osmanen feiert und im Sinne der *translatio imperii* als noch bedeutender als den Sieg des „antiguo valor italïano" (v. 6) darstellt. Allerdings ist das in frischem Grün neu auferstandene römische Reich – das Reich Karls V. – aus einem grotesk mit Blut besprengten afrikanischen Boden gewachsen.[363] Die gleiche phobische Metapher lag Lukans Gras, das aus Gebeinen sprießt, zugrunde. Auch hier identifiziert sich Garcilaso also schon tendenziell nicht etwa mit den Siegern, sondern mit den Besiegten.[364] In den Terzetten kommt es dann zu einem erstaunlichen Blickwechsel, der dies weiter unterstreicht: Während zuvor die Perspektive einer imperialen *memoria* eingenommen wurde, positioniert sich der Sprecher mit der stark markierten Lokaldeixis im neunten und dem Personalpronomen im zwölften Vers mitten im Geschehen, „releases itself

361 Garcilaso de la Vega, *Poesía*, 2020, S. 240–242.

362 So die Variante in Garcilaso de la Vega, *Poesía castellana completa*, 2008, S. 202, die mir aufgrund der primären Wortbedeutung von *regar*, die immer mit Flüssigkeiten in Verbindung gebracht wird, eher einleuchtet.

363 Rodríguez García erinnert an die Stelle in der *Aeneis*, wo Dido als Alternative zu ihrem Selbstmord in Erwägung zieht, Aeneas zu töten und ihn im Sand liegen zu lassen. „Epos delendum est", 1998, S. 159. Das Bild wäre demzufolge auch ein Phantasma eines gescheiterten imperialen Auftrags.

364 Vgl. Cruz, „Arms versus Letters", 2002, S. 196f.

from the monolithic subject of empire".[365] Die glorifizierende Distanz auf das Geschehen geht so verloren. Vielmehr verschlingt am Ende die Feuersbrunst auch den (liebenden) Sprecher, bis nurmehr Asche von ihm übrigbleibt: „y en llanto y en ceniza me deshago" (v. 14).[366] In diesem starken Bild der eigenen Vernichtung wird Pathos zum Medium, um die Vision des Subjekts im Ästhetischen noch zu retten – obgleich diese Vision mit einem tragischen Schrecken[367] und der Verweiblichung im Leiden erkauft sein mag.

Die passive, weibliche Position des Ich ergibt sich aus seiner Identifikation mit der (erst in Liebe, dann buchstäblich) brennenden Dido und mithin mit dem orientalischen Anderen des christlichen Reiches. Das Gedicht erwähnt das Feuer zum ersten Mal mit Bezug auf die Zerstörung Karthagos durch Scipio („el romano encendimiento"; v. 9), bevor es auf Dido und deren staatsgefährdenden Eros umzuschwenken scheint („la llama licenciosa"; v. 10). Ihr zunächst rein metaphorisches Liebesfeuer führt im Mythos bekanntlich auf den Scheiterhaufen, wo sich die Verzweifelte zuletzt mit dem Schwert des Geliebten ersticht. Am Ende des IV. Buches der *Aeneis* werden diese Leiden der Dido ausführlich geschildert. Im Übergang vom IV. zum V. Buch wechselt dann bei Vergil die Perspektive, als nicht mehr Dido aufs Meer, sondern Aeneas vom Schiff aus zurück nach Karthago blickt, dessen Mauern im Flammenrot erglühen (vgl. *Aeneis*, V, 3f.). Wenn sich bei Garcilaso im zweiten Terzett also die Seele des Sprechers im *aquí* entzündet und unter Wehklagen in Asche verwandelt, so spielt sich das lyrische Ich auch räumlich in die Rolle der verlassenen Dido auf afrikanischem Boden und kehrt die epische Bewegung Vergils hin zur Blickachse des Heros wieder um. Öffentliches und privates Interesse, männliche Gewalt und weibliches Leiden, epische *memoria* im Dienste des Imperiums und pathematischer Impuls des Subjekts stehen sich in den zwei Hälften des Gedichts gegenüber:

> The poem condenses the memorialising responsibilities of epic (to challenge the present and future with the past) by articulating a nation's politico-cultural navel-gazing in the intimate experience of a poet / soldier-lover who is wrestling with the combined weight of private and collective histories.[368]

---

365 Rodríguez García, „Epos delendum est", 1998, S. 159.

366 Feuer und Asche werden zudem in der Epistel an Boscán am Ende genannt, wo es um Lauras Grab in Avignon geht. Garcilaso de la Vega, *Poesía*, 2020, S. 318 (v. 85).

367 „Der tragische Schrecken scheint seine ästhetische Wirkkraft nicht zuletzt aus seiner ‚Aisthetisierung' zu beziehen: Er wird schonungslos zu einem Phänomen der Wahrnehmung, des Sehens und des Hörens, gemacht." Gödde, „Pathos in der griechischen Tragödie", 2016, S. 227.

368 Torres, *Love Poetry in the Spanish Golden Age*, 2013, S. 43.

Rodríguez García will darin vor allem eine Ablehnung des Epos zugunsten der Liebeslyrik erkennen, da die Gedanken an eine zerstörerische Liebe das lyrische Ich unterbrechen und „the expectations of an epic closure“[369] frustrieren. Karthago erscheint ihm deshalb als imaginärer Ort einer Neukonfiguration des Subjekts qua literarischer Introspektion.[370] *A Boscán desde La Goleta* wäre in dieser Hinsicht das Gegenstück zur *Égloga II*, wo Garcilaso genau die entgegengesetzte Bewegung – vom kleinen Pathos der Liebe zum epischen Pathos des Krieges – vollzieht.

Berücksichtigt man jedoch, wie Garcilaso textübergreifend immer wieder an einem pathematischen Epyllion der Besiegten zu schreiben scheint, wird man hier auch anders argumentieren können. So betrachtet ist die Liebeswunde, die das lyrische Ich vom Erinnerungs- und Schreckensort Karthago aus als verzehrendes Feuer auffasst, ein wesentlicher Teil des imperialen Narrativs. Mit reiner Introspektion haben wir es bei dieser Affektpoetik gerade nicht zu tun. Vielmehr nutzt Garcilaso die Kontrastwirkung, die durch den Gegensatz traditioneller Liebeslyrik (des Petrarkismus hier, der Bukolik dort) mit der Epik entsteht, zur Darstellung eines in das Politische verwickelten, pathematischen Subjekts.

Die Gleichsetzung des im Pathos aufgelösten Subjekts mit den Opfern des Imperiums taucht in Garcilasos Texten tatsächlich vielerorts auf. In der ersten Elegie etwa vergleicht das lyrische Ich sein Leid mit dem Wehklagen der weinenden Venus (die in derselben Szene gezeigt wird wie in der *Égloga III*, über dem toten Körper des Adonis), „en su llanto estarse deshaciendo“ (*Elegía I*,[371] v. 228). Pathos (*llanto*) und Selbstauflösung des Ich (*deshacerse*) stehen wieder nebeneinander. Dazu gilt es zu erwähnen, dass die erste Elegie dem jungen Bruder des Herzogs von Alba, Don Bernardino, gewidmet ist, der nach dem Feldzug in Tunis infolge einer Krankheit noch im Feldlager auf Sizilien verstarb. Er zählt also ebenfalls zu den Opfern der imperialen Kriegsführung. Die Trauer über seinen Verlust gleicht wiederum der morbiden Untergangsstimmung, mit der zu Beginn der zweiten Elegie[372] das auf Sizilien stationierte Heer Karls beschrieben wird. Die Truppen des *César africano*, „la vencedora gente“ (v. 6), bieten trotz aller Euphorie über ihren neuen Scipio einen wenig glorreichen Anblick. Ähnlich wie im Sonett XXXIII gebraucht Garcilaso eine Wachstumsmetapher für den Krieg, um genau das Gegenteil jeglicher

369 Rodríguez García, „Epos delendum est“, 1998, S. 155.

370 Vgl. ebd., S. 161. Er stellt in diesem Kontext mehrfach Bezüge zur Textvorlage des Augustinus her.

371 Garcilaso de la Vega, *Poesía*, 2020, S. 292–305.

372 Ebd., S. 306–315.

Fruchtbarkeit zu untermalen: „[…] que unos vamos / muriendo por coger de la fatiga / el fruto que con el sudor sembramos" (vv. 7–9). Wie Lukan eingeschlossen in das *nosotros*, das hier vor Erschöpfung stirbt, erntet der Dichtersoldat von den Samen, die er mit seinem Schweiße auf dem (Schlacht-)Feld gesät hat, nur den Tod.

Mehrfach stellen die Elegien ihrerseits die semantischen Felder der Liebe und des Krieges vor allem vermittels der Metapher des Feuers über Kreuz. So heißt es in der *Elegía II* über die quälende Liebe: „de aqueste vivo fuego, en que me apuro / y consumirme poco a poco espero" (vv. 190f.). Der Sprecher vergleicht sich dort mit dem in der Heimat verbliebenen Freund Boscán, der von einem sicheren Strand aus beruhigt aufs Meer blicken und die Liebe seiner Ehefrau genießen darf. Dass Garcilaso an dieser Stelle mit der Beschreibung eines „troyano encendimiento" (v. 152) die große Liebe der Gattin mit Helenas Liebe zu Paris gleichsetzt, lässt jedoch aufhorchen. Zwar ist das Liebespaar Paris / Helena ein Gegenmodell zu Aeneas / Dido, weil der erste Troyaner die Geliebte mit sich über das Meer führt, der zweite hingegen gerade nicht. In Helenas Liebesbrand ist aber selbstverständlich der brennende Untergang Troyas, auf den ihre Entführung hinauslaufen wird, bereits präfiguriert. Auch der *troyano encendimiento* ist also in gewisser Hinsicht ein Unheilszeichen, das belegt, dass eine Trennung des privaten Eros von politischer Gewalt schlicht unmöglich ist.

Stellt man diese punktuellen Referenzen auf den Krieg in Garcilasos Lyrik Werken seiner Zeitgenossen gegenüber, wie etwa der Verteidigungsschrift eines Alfonso de Valdés über den *Sacco di Roma* (*Diálogo de las cosas acaecidas en Roma*, 1527), fallen vor allem die Auslassungen auf, die „omisiones"[373] des Krieges an sich. Trotzdem beklagt Garcilaso mitunter, dass er keinen gerechten Krieg habe führen dürfen, und fühlt sich offensichtlich als „mercenario" (*Elegía II*, v. 157) in den Händen der Mächtigen. Entgegen seiner wohl erstaunlichen Kühnheit in der Schlacht zeichnet der Dichtersoldat Garcilaso kein heroisches Bild dieses ‚Geschäfts', das ihn zeitlebens begleiten sollte. So hebt auch Bienvenido Morros an der *Égloga II* den bereits erwähnten „espectáculo morboso"[374] von Don Garcías Sterben hervor und erkennt Ähnlichkeiten mit der Ästhetik des *tremendismo*. Wenn im gleichen Text der Italiener Severo aus seiner kriegsgebeutelten Heimat nach Alba flieht, um der „furia infernal" (*Égloga II*, v. 1066) des Krieges zu entrinnen, so sprechen daraus nicht nur intertextuelle Verweise auf Erasmus,[375] sondern Garcilasos Grundhaltung

373 Arredondo, „El exceso de guerras, de peligros y destierro", 2003, S. 266.
374 Morros, „El tema de la guerra y de la caza en Garcilaso", 2003, S. 234.
375 Vgl. ebd., S. 230–233.

gegenüber den politischen Krisen seiner Zeit, die Morros als „desengaños y desencantos"[376] zusammenfasst.

Der Dido-Komplex repräsentiert für Garcilaso dann in der Tat den Kulminationspunkt dieser semantischen Amalgamierung von Liebe, Krieg und Zerstörung des Ich. Die afrikanische Königin taucht in seinen Gedichten mehrfach auf. So kann Elisa aus der *Égloga I* als heroische Wiedergängerin der Elissa gedeutet werden, „the other name for Dido",[377] auch weil, wie Martínez-López gezeigt hat, der Vergleich Elisas mit einem Schwan aus Ovids erster Epistel der Dido an Aeneas[378] entnommen ist (vgl. *Heroides*, VII, 3–4). Desweiteren wurde das Sonett X, das mit einer Übersetzung aus der *Aeneis* (IV, 651) einsetzt, als Anspielung auf Dido[379] interpretiert und in der *Égloga II* ist kaum zu übersehen, wie zuerst die bukolische Camila[380] und María Enríquez[381] danach unterschiedliche Aspekte Didos verkörpern. In *A Boscán desde La Goleta* verlässt die literarische Inszenierung schließlich endgültig den Raum gelehrter Anspielung und gebraucht – wie bereits in der zweiten Ekloge – den Dido-Komplex für eine buchstäbliche Positionierung des Sprechers gegenüber imperialer Ideologie. Dido ist also Garcilasos wichtigste pathematische Symbolfigur dafür, wie Lyrik zum „critical companion of empire"[382] aufsteigt. Liebeslyrik im Zeichen der für den imperialen Mythos geopferten, epischen Dido gehorcht den Regeln einer pathematischen Poetik der Verlierer.[383]

Die Subjektivität, die der ehemalige *Comunero* Garcilaso darin zur Darstellung bringt, wird als ‚tragischer' Untergang des Subjekts entworfen – aufgrund der semantischen Ambivalenz wahlweise vom Liebesaffekt oder der imperialen Gewalt verzehrt. Sie erinnert nicht zufällig an die problematische Subjektivität des Aeneas, zu der Parry zusammenfassend festhält: „Aeneas' tragedy is that he cannot be a hero, being in the service of an impersonal power."[384] Zugleich konstituiert Garcilasos pathematische Vision des Untergangs aber

376 Ebd., S. 240.

377 Wescott, „Nemoroso's Odyssey", 1995, S. 480.

378 Vgl. Martínez-López, „Sobre 'aquella bestialidad' de Garcilaso (égl. III.230)", 1972, S. 14.

379 Vgl. Lumsden, „Problems Connected with the Second Eclogue of Garcilaso de la Vega", 1947, S. 255.

380 Der verletzte Hirsch, den Camila verfolgt, ist in der Topik mit Didos verzweifelter Liebe assoziiert. Vgl. Rivers, „Nymphs, Shepherds, and Heroes", 1972, S. 134.

381 Die für die glorreiche Genealogie zunächst zu verlassende Ehefrau Fernandos und ihr Kontrastbild in Camila unterstützen das typologische Verhältnis der beiden männlichen Figuren. Vgl. Leopold, „Aeneas in Kastilien", 2012, S. 265.

382 Lorenzo, „After Tunis", 2004, S. 22.

383 Die bei Vergil im Gegensatz zu Aeneas in ihrem tragischen Pathos als eine echte Heldin gezeichnet ist. Vgl. Parry, „The Two Voices of Virgil's *Aeneid*", 1963, S. 77.

384 Ebd., S. 80.

ein Subjekt, das einen symbolträchtigen Ort zu wählen versteht, um die eigene Rolle im politischen und kulturellen Apparat durchaus selbstbewusst zu behaupten. Das Sonett lässt eindeutig auf das schließen, was Grossberg die zeitgenössische *sensibility* einer Kultur genannt hat – dank der zur Schau gestellten affektischen Investition in einen Ort, „at which we can construct our own identity as something to be invested in, as something that matters".[385] Ob Garcilaso in der Tat in La Goleta gestanden haben mag, als er die Feder ansetzte, oder vielmehr La Goleta nur als imaginären Ort qua Schrift produziert, als er in Rom den Triumphzug Karls V.[386] nach dessen Rückkehr bezeugt, ist dabei zweitranging. Am Ende steht das hier entworfene Subjekt indirekt wie ein Phönix aus der Asche Karthagos wieder auf, wenn es in der kulturellen *memoria* einen ähnlichen Rang einnimmt wie die mythische Dido.

Die pathematische Selbsttechnik der Lyrik Garcilasos besteht mithin darin, Pathos als autoaffektive Einheit für komplexe Entwürfe spanischer Subjektivität unter Karl V. zu nutzen. Das bukolische Pathos in all seinen Spielarten zeigt im Besonderen, dass passives Erleiden des Affekts durch die Kraft der *phantasia* in Handeln umgelenkt werden kann. Immer wieder trotzen die Dichterstimme und die Figuren der Eklogen dabei der eigenen Ohnmacht und verwandeln Affekte in einen paradoxen Ursprung von Agentialität. Auch in *A Boscán desde La Goleta* kommt dies zum Tragen. Dort wird zunächst der Liebe die Macht zugesprochen, das Denken des Ichs zu beherrschen („vuelve y revuelve amor mi pensamiento"; v. 12). Die selbstbezügliche Zirkularität,[387] die den Sprecher hier in den Affekt einschließt und schließlich zur Entzündung der Seele führt („hiere y enciende el alma temerosa"; v. 13), ist dann aber zugleich der Ort, wo Pathematik zu lyrischer Selbstsorge werden kann. Denn gerade in der formalen Erschwerung[388] seines Gedichts durch die hohe Stillage und ihre heroisch-epische Folie findet Garcilaso das geeignete Medium, um Opposition zum Einheitsmythos des habsburgischen Scipio als affektischen *escape* zu formulieren.

Überhaupt würde ich den Kern seiner pathematischen Poetik darin sehen wollen, aus allen Dingen ihren inneren Kontrast hervorzutreiben:[389] In der ersten Ekloge ironisiert er die Regeln der Überwältigungsrhetorik durch die

385 Grossberg, „Is there a Fan in the House?", 1992, S. 57.

386 Vgl. Fosalba, „Versión oficial de la Jornada de Túnez y desvío afectivo en el soneto XXXIII de Garcilaso", 2019.

387 Zusätzlich betont durch die klanglichen und syntaktischen Wiederholungsstrukturen der starken Anapher: „*vuelve* y re*vuelve*", „*hi*ere y enc*ie*nde" (v. 12f.; Hervorh. K. P.).

388 Vgl. Abu-Lughod, „Ideology and the Politics of Sentiment", 1986, sowie Kap. 2.3.1.

389 Siehe zur Poetik der *contradición* ebenfalls sein Amor-Sonett XXVII. Garcilaso de la Vega, *Poesía*, 2020, S. 228f.

konkurrierenden Stimmen des intra- und extra-diegetischen Pitch. In der dritten Ekloge bricht er den poetischen Schwur, sich an die bukolische Stilhöhe zu halten, indem er über die Ebene des Dargestellten szenisches Pathos integriert und die eigene Heimat Toledo feiert. Und seine zweite Ekloge verwandelt er in der Huldigung des siegreichen Herzogs formal wie semantisch in ein Epyllion der Verlierer und bricht insofern nicht nur mit Konventionen der bukolischen Gattung, sondern auch mit seinen Herren. Durch die Gegenüberstellung von *stupor* und *furor* aber auch durch die Latenz der politischen Entdifferenzierung werden immer wieder Momente affektiver Disruption eingebaut. Sie lassen sich unter jenem Lemma versammeln, in das die Darstellung Albas in der *Égloga II* ganz zuletzt münden wird: *con diversos modos lo decían.* Es ist auch das Motto der Eklogen Garcilaso de la Vegas.

KAPITEL 5

Pathos als Divergenzraum: Jorge de Montemayor

Welche Bedeutung der in kastilischer Sprache abgefasste Schäferroman *Los siete libros de la Diana* (1559) des Portugiesen Jorge de Montemayor für das 16. Jahrhundert und die Gattung der Bukolik hatte, lässt sich unschwer daran erkennen, welch große Verbreitung der Text genoss:[1] Selbst in der Peripherie des inzwischen zum globalen Weltreich angeschwollenen Spanien sind die Spuren der *Diana* unverkennbar. So bringt etwa ein Beamter der Krone, der auf einer Reise zu den Philippinen im Jahr 1583 eine private Bibliothek einschifft, eine der Ausgaben von Montemayors Roman im Gepäck mit, die selbst noch die Fortsetzungen von Alonso Pérez (*Segunda Parte de la Diana*, 1564) und Gaspar Gil Polo (*Diana enamorada*, 1564) enthält.[2] Daneben bezeugen die spanische Übersetzung der *Arcadia* von Sannazaro (erschienen 1549), zwei Bücher von Garcilaso und die spätere *Clara Diana a lo divino* (1582) von Bartolomé Ponce, welchen Stellenwert die bukolische Dichtung für den Besitzer der Bibliothek, einen gewissen Trebiña, gehabt haben muss.

Das ist keineswegs trivial. Zeugt doch die Reisebibliothek eindrücklich davon, welche Werke aus welchen Sparten des Wissens und der Literatur von Trebiña als so wichtig erachtet wurden, dass er sie unter erschwerten Umständen bis zum anderen Ende der Welt mitnehmen wollte, um sich seiner und seiner Familie geistiger Nahrung für die kommenden Jahre zu versichern. Ende des 16. Jahrhunderts ist der Schäferroman zum Bestseller arriviert und gilt Zeitgenossen wie Trebiña als kanonisch.

Die Zusammensetzung dieses Kanons[3] ist allerdings nur aufgrund des Berichts eines Inquisitionskommissars überliefert, der den Inhalt der Reisebibliothek seinen Oberen in Mexiko Stadt meldete. Daran wiederum ist

1 Siehe Fosalba, *La Diana en Europa*, 1994, zur Verbreitung des Romans in Europa. Zur Weiterentwicklung der Bukolik in Spanien siehe Finello, *The Evolution of the Pastoral Novel in Early Modern Spain*, 2008. Zum Einfluss der *Diana* etwa auf Sidney, Spenser und Shakespeare siehe Harrison, „Shakespeare and Montemayor's *Diana*", 1926, und Randall, *The Golden Tapestry*, 1963, S. 77–83. Zur literaturgeschichtlichen Einordnung siehe Peters, „Europäische Schäferromane", 2022.

2 Es handelt sich dabei um die Ausgabe Pamplona, 1578. Vgl. Leonard, „One Man's Library, Manila, 1583", 1947, S. 99.

3 Andere Werke, die Trebiña mitführte, sind Juan Manuels *El conde Lucanor*, Ariosts *Orlando furioso*, Lope de Ruedas *Comedias*, Juan Huarte de San Juans *Examen de ingenios*, Antonio

 | DOI:10.30965/9783846768020_006

bemerkenswert, welch waches Auge die spanische Obrigkeit auf die Lektüren ihrer Untertanen warf, spätestens seit der Einführung des Index Librorum Prohibitorum, ebenfalls im Erscheinungsjahr der *Diana* 1559. Parallel dazu verschiebt sich innerhalb der Gattungstektonik der Bukolik ab der Mitte des Jahrhunderts Wesentliches: Während Montemayors *Diana* noch das bukolische Pathos feiert, wie wir es von Encina und Garcilaso kennen, ist bereits in Gil Polos Fortsetzung eine deutliche Verschiebung in Richtung eines normierenden Ethos zu spüren. Ponces *Clara Diana a lo divino* zwanzig Jahre später schließlich ist symptomatisch für eine neue Wiedervereinnahmung der Bukolik durch religiöse Diskurse und katholische Moralvorstellungen. Montemayors Roman hingegen wurde, meines Erachtens trotz der tiefen Gläubigkeit seines Autors[4] zu Unrecht, immer wieder auf dieses Ethos der Gegenreformation reduziert.[5]

Sicherlich waren spanische und portugiesische Bischöfe an vorderster Front der konservativen Lager des Tridentinums, der wohl wichtigsten historischen Wasserscheide des 16. Jahrhunderts.[6] Kardinal Pacheco etwa war strikt gegen die Übersetzung der Bibel in die Volkssprachen sowie für die Kanonisierung der *Immaculata conceptio*.[7] Im Winter 1552/53 beginnen einige Bischöfe in Spanien und Portugal – noch vor der päpstlichen Bestätigung, aber unterstützt von den weltlichen Gewalten – mit der Durchsetzung bestimmter Reformdekrete des Konzils. Sie sollen insbesondere die Seelsorge verbessern und pochen auf die Residenzpflicht der hohen Geistlichkeit.[8] Auf der iberischen Halbinsel herrscht überhaupt ein eifriges Klima der Reinigung von häretischer Lehre, das dazu führt, dass die Sorge um das Gewissen des einzelnen Gläubigen immer mehr in den Mittelpunkt gerät.[9] Kurzfristig erwacht 1554 sogar

---

de Torquemadas *Jardín de flores curiosas*, die *Coplas* von Jorge Manrique, die Dichtung von Boscán sowie Schriften von Antonio de Guevara, Heliodor und Apuleius.

4 Siehe den Kommentar der Herausgeber Montero und Rhodes zu den religiösen, teils stark pädagogisch ausgerichteten Werken des Autors in Montemayor, *Poesía selecta*, 2012, S. 40–47. Seine *Cancioneros espirituales* wurden jedoch 1559, wohl gerade aufgrund der darin zur Darstellung gebrachten Innerlichkeit des Glaubens und Nähe zum Reformkatholizismus, von der Inquisition auf den Index gesetzt.

5 Siehe zu dieser Lektüre Matzat, „Wiesen, Felder, Bäche, Wälder: Ist das Natur?“, 2021.

6 Vgl. Iserloh / Glazik / Jedin, *Reformation, katholische Reform und Gegenreformation*, 1967, S. 488.

7 Ebd., S. 490, und Jedin, *Geschichte des Konzils von Trient*, Bd. II, 1957, S. 117.

8 Vgl. Iserloh / Glazik / Jedin, *Reformation, katholische Reform und Gegenreformation*, 1967, S. 303.

9 Philipp II., *Su Majestad Cristianísima*, hatte große Hoffnungen in das Konzil gesetzt, vgl. seinen Brief an Antonio de Toledo (1560): „el dicho Concilio general sería muy gran remedio para los males y daños que hay en la cristianidad“. Zitiert nach Díaz-Plaja, *La Historia de España en sus documentos*, 1958, S. 485. Siehe zur Bedeutung der Seelsorge, Residenz und Predigt in den Beschlüssen des Konzils O'Malley, *Trent*, 2013, S. 148 u. 257–259. Erreicht wurde

die Hoffnung, dass mit Maria Tudor in England und deren Ehe mit dem spanischen Kronprinzen und späteren Philipp II. die katholische Restauration ganz Europa erfassen könnte, eine Hoffnung, die jedoch mit Marias Tod 1558 erlischt.

Montemayor war nun nicht nur mit Philipp in England gewesen, sondern zuvor auch im Gefolge von dessen Schwester Johanna von Spanien tätig, die dann in Abwesenheit ihres Bruders die Staatsgeschäfte leitete. Johanna wiederum ist wohlbekannt für die Förderung der Künste und des Hoflebens. Außerdem propagiert sie eine spirituelle Innerlichkeit, die letztlich dazu führt, dass sie ihren Lebensabend im Kloster beschließt.[10] Die Abfassung der *Siete libros de la Diana* fällt also mit 1559 in ein Jahr des Umbruchs. In dessen Folge werden der freie Geist des Humanismus und die höfische Kultur durch die reformierte katholische Kirche und neue Kontrollmechanismen beschnitten. Diese legen einen immer stärkeren Fokus auf die Seelsorge und damit auf die moralische Interpellation jedes einzelnen christlichen Subjekts. Trotzdem möchte ich im Folgenden herausarbeiten, wie die *Diana*, der erste Schäferroman moderner Prägart, im Moment dieses Umbruchs noch einen Raum der Abweichung schafft, in dem gerade die ethische Kontrolle des Einzelnen pathematisch problematisiert wird.

5.1 Forschungsstand und Emotionsgeschichte

5.1.1 *Liebe und Unordnung in* Los siete libros de la Diana

Im Zentrum dieser Abweichung stehen die Folgen des Liebesleids, das die Protagonisten des Romans auf eine gattungsgeschichtlich betrachtet unerwartete Reise schickt. Der symmetrisch gebaute Text führt zunächst in den ersten drei Büchern eine Gruppe von unglücklichen Schäfern zusammen, die dann im Mittelteil des Romans am Palast der Zauberin Felicia ankommen. Nachdem diese die Heilung der Liebeskranken eingeleitet hat, werden in den Büchern V bis VII die Liebeskonflikte zumindest vordergründig zum Guten gewendet. Der unglückliche Sireno etwa, dessen Geliebte Diana in seiner Abwesenheit einen anderen geheiratet hatte, wird ihr gegenüber dank eines Zaubertranks gleichgültig. Sein Rivale Sylvano, der seinerseits in Diana verliebt gewesen war, von ihr aber nur mit Verachtung gestraft wurde, soll kurzerhand mit der

eine flächendeckende Reform der Seelsorge allerdings erst im 18. Jahrhundert, als sich das katholische Leben durch die neue Pfarreistruktur gewandelt hatte. Siehe dazu Châtellier, „Die Erneuerung der Seelsorge und die Gesellschaft nach dem Konzil von Trient", 2001.

10 Vgl. Ruiz Cabello, „Sobre Jorge de Montemayor, poeta y cantor en la corte española", 2000, und Chinchilla, „Juana of Austria", 2004.

ebenfalls unglücklichen Selvagia verbunden werden. Belisa, eine um ihren geliebten Arsileo und dessen Vater Arsenio trauernde Schöne, erfährt, dass der vermeintliche Tod der beiden nur ein Zaubertrick eines eifersüchtigen Rivalen war, und findet ihren Arsileo wieder. Felismena, eine mutige und heldenhafte Adelige, die in Verkleidung im Raum der Schäfer auf der Suche nach ihrem untreuen und flüchtigen Geliebten Felis ist, stellt ihre Ehre wieder her, indem sie diesen aus der Not rettet und von ihm erneut mit offenen Armen empfangen wird. Am Ende wird Hochzeit gefeiert. Nur Diana bleibt melancholisch und traurig zurück, denn nun ist sie nicht nur mit einem unliebsamen Ehemann verheiratet, sondern hat auch noch die Liebe von Sireno und Sylvano verloren. Damit endet der Text mit der Ankündigung eines zweiten Teils, der dieses Schicksal in sein Gegenteil verkehren soll – eine Fortsetzung, die allerdings bekanntlich nicht Montemayor, sondern nur seine Nachahmer vorgelegt haben.

In der Forschung wurde der Roman einmal als repräsentativ für den italienischen Neoplatonismus und dessen idealistische Liebeskonzeption bezeichnet,[11] einmal aufgrund der zögerlichen Rezeption der Italiener auf der iberischen Halbinsel gerade als von diesem unabhängig.[12] Dies liegt vor allem daran, dass Montemayor ähnlich wie Encina und Garcilaso Elemente verschiedener Gattungen mischt und so auch Sannazaros stark eklogenbasiertes Vorbild deutlich abwandelt (dessen Präsenz aufgrund der spanischen Übersetzung aus dem Jahr 1549 unbestreitbar gewesen sein dürfte[13]). Enrique Moreno Báez will Montemayors Liebeskonzeption noch 1955 mit der des Neoplatonismus gleichsetzen. Er grenzt das bukolische Paradigma des Romans insbesondere von dem des sentimentalen Romans ab, wenn er

11 Vgl. Moreno Báez, „Prólogo", 1955, und Mujica, *Iberian Pastoral Characters*, 1986, S. 111–142.

12 Chevalier, „La *Diana* de Montemayor y su público en la España del siglo XVI", 1974, stellt in Frage, ob die neoplatonische Liebeskonzeption wirklich der Hauptgrund für den Erfolg des Textes war. Ebreos *Dialoghi d'Amore* lagen den Zeitgenossen nur in insgesamt drei spanischsprachigen Ausgaben vor, Bembos *Asolani* kannten sogar nur eine kastilische Ausgabe. Vgl. ebd., S. 41. Gelesen wurde von den *caballeros*, die auch das Publikum der *Diana* bildeten, v. a. der *Cortesano* von Castiglione (zwölf Ausgaben zwischen 1534 und 1588). Die Faszination der Leser und den Erfolg der *Diana* schreibt Chevalier deshalb vielmehr den Anklängen des Romans am heroischen Liebesideal des Ritterromans iberischer Prägart zu. Avalle-Arce hingegen weist einen teils wörtlichen Bezug Montemayors auf Ebreo nach. Vgl. Avalle-Arce, *La novela pastoril española*, 1959, S. 67.

13 Wenn auch weniger oft Gegenstand der Forschung so dürfte doch der nicht minder große Einfluss des portugiesischen Textes *Saudades. Historia de Menina e Moça* (1554) von Bernardim Ribeiro, des ersten Schäferromans der iberischen Halbinsel, ebenso unbestreitbar sein. Im Folgenden werde ich darauf stellenweise zurückkommen, insb. wo es um die gattungstypologischen Überschneidungen zwischen sentimentalem, pastoralem und Ritterroman geht.

der „serena melancolía de las pastorales" den „aire tormentoso y aborrascado" der Romane in der Tradition von *El cárcel de amor* gegenüberstellt, sowie die „virtud cogniscitiva" der Schäfer einer „enfermedad del alma".[14] Allerdings ist diese Grenze tatsächlich nicht so hermetisch, wie es scheinen mag, betrachtet man allein die Tatsache, dass die ‚Krankheit' zumindest der Hälfte aller verliebten Schäfer Montemayors nur mit Hilfe von Zauberkraft geheilt werden kann. Interessanterweise betont auch Moreno Báez, dass Montemayors Stil dem Affektiven nicht abgeneigt sei: Die Reden der Schäfer haben ihm zufolge „más de afectivo que de discursivo", wenn sich deren Emotionalität auch nie bis zum Pathetischen steigere („nunca llega hasta lo patético"[15]). Dies ist mehr als fraglich und man rätselt, wie Moreno Báez zu diesem Urteil gekommen sein mag, listet er doch kurz darauf eine Reihe stilistischer Merkmale auf, die dem rhetorisch hohen Stil und dem rhetorischen Pathos zuzurechnen sind, wie das Asyndeton, den Vokativ oder die über hundertfache Erwähnung von *lágrimas* im Text. Moreno Báez stellt ihnen all jene verlangsamenden Elemente gegenüber, die die Qualität des Textes seiner Meinung nach eher beschreiben: die Archetypisierung per Voranstellung von Adjektiven etwa, das retardierte Tempo durch Gerundivkonstruktionen oder den Imperfekt, insgesamt all das, was den Text statisch werden lasse und „lo ruidoso y lo desmesurado" vermeide.[16]

Maxime Chevalier hingegen verschiebt den Blickwinkel 1974 auf die Tatsache, dass nicht etwa ein rein passives, leidendes Lieben im Roman repräsentativ sei, sondern vielmehr das aus dem Ritterroman entlehnte Modell einer per ritterlicher Leistung zu erringenden Liebe. Somit gewinnen die Aktion, Bewegung und individuelle Entwicklung der Schäfer an Bedeutsamkeit. Dies widerspreche jedoch gerade dem neoplatonischen Ideal einer prästabilisierten Harmonie und der Liebe auf Distanz, wie sie im Petrarkismus gefeiert wurde.[17] Auch spätere Autoren wie Gaspar Mercader und Gonzalo de Saavedra verzichten im Genre des Schäferromans auf diesen platonistischen Idealismus. Im Zeitgeist des 16. Jahrhunderts blieben Ritter- und Moriskenroman lange die populärsten Formen, was sich daran ablesen lässt, dass Aristokraten sich in vergleichsweise wenigen höfischen Festlichkeiten als Schäfer verkleideten (1541, Madrid; 1565, Bayona; 1590, Madrid; 1594, Sevilla), und wesentlich häufiger als

14 Moreno Báez, „Prólogo", 1955, S. XVII.

15 Ebd., S. XLI.

16 Ebd., S. XLVII.

17 Nicht ganz logisch folgert er: „Ahora bien, el amor según *La Diana* es pasión mórbida y llorosa, totalmente opuesta a la acción: ganar el amor de la dama es un absurdo dentro del pensamiento platónico, según el cual procede el amor de una armonía preestablecida." Chevalier, „La *Diana* de Montemayor y su público en la España del siglo XVI", 1974, S. 43.

moros oder *caballeros andantes*.[18] Die Rolle der Zauberin Felicia und insgesamt der Welt des Magischen hat Montemayor ebenfalls aus dem Ritterroman entlehnt und zu guter Letzt lässt sich gerade in den eingelagerten Novellen seines Romans der Einfluss der *novela cortesana* nicht verleugnen. Der Gattungshybrid *Diana* ist also mitnichten eindeutig auf die Seite eines klassischen Neoplatonismus zu stellen.

Ganz im Gegenteil geht Joseph R. Jones 1968 sogar so weit zu behaupten, dass es gerade die Inszenierung des individuellen Liebesleids sei, die den Roman zu einem der ersten modernen Romane überhaupt mache.[19] Dies vor allem aufgrund der darin zur Darstellung gebrachten Bedeutung menschlicher Zeit, einer Gegenwart der Figur, die am Abstand zur Vergangenheit oder an der Hoffnung auf eine glückliche Zukunft, an einer erlebten pathematischen Zeit, leidet. Diese Meinung scheint auch Juan Bautista Avalle-Arce zu teilen, der den Roman am Anfang einer Entwicklung sieht, die den literarischen Psychologismus der Moderne einleitet.[20] Jones meint darin ein nachgerade modernes Verständnis von Emotion zu erkennen, in dem sich heutige Leser wiederfinden könnten – selbst wenn die Anklänge an die höfische Liebe und die antiken Vorbilder der Bukolik sperrig wirkten und die Verschiebung der Emotion in die Gesänge und Gedichte der Schäfer uns diese fremd machten.[21] Montemayor habe hier nicht nur ein neues Genre erfunden, sondern zugleich einen Menschentypus ins literarische Leben gerufen, dessen Sein in der Zeit beinahe an Proust erinnere. Deshalb auch entferne sich Montemayor von der mittelalterlichen Tradition, den fatalen Einfluss der Zeit in einer allegorischen Figuration der Fortuna als Auslöser der Konflikte einzufrieren. Vielmehr setze der Roman auf Handlung und Selbstreflektion der Figuren, denn „change is the index of time's passing".[22] Ausschlaggebend dafür sei die ästhetische Funktion der Erinnerung, die von den Schäfern immer wieder in Lied und Erzählung gefeiert wird: „because [memory] provides emotional release from the pressure of time".[23] Die ältere Forschung zur *Diana* deutet also letztendlich

18 Ebd., S. 45.

19 Vgl. Jones, „Human Time in *La Diana*", 1968.

20 Vgl. Avalle-Arce, *La novela pastoril española*, 1959, S. 57.

21 Vgl. Jones, „Human Time in *La Diana*", 1968, S. 140f.

22 Ebd., S. 142. „[T]he quality of the present is judged in continous – usually unfavourable – contrast with the past. This process is so constant that it creates in the mind of the reader a kind of double-exposure: the eyes of the characters superimpose a shadowy picture of the past over what they behold, and the ever-ready lament on the lip of the shepherds is, '¡Ay memoria mía, enemiga de mi descanso! ¿no os ocupárades mejor en hazerme olvidar desgustos presentes, que en ponerme delante los ojos contentos passados'?" Ebd., S. 143.

23 Ebd.

bereits an, dass die Schäferliebe im Roman auch ein ‚pathematisches Subjekt' in Szene zu setzen vermag.

Paradoxerweise spricht Avalle-Arce in seiner seminalen Abhandlung zum spanischen Schäferroman trotzdem davon, dass bei Montemayor eine „prioridad del razonar sobre el sentir"[24] vorherrsche. Um den Schäferroman als Gattung im Allgemeinen und Montemayor im Besonderen dann gegen den Vorwurf zu verteidigen, der ihm von Seiten des literarischen Realismus lange Zeit gemacht worden sei – „la leyenda negra que ha afeado, de años acá, a lo pastoril"[25] –, ordnet Avalle-Arce ihn einem durch die Kunst des Romans abgeschwächten Idealismus zu. Konfrontiert man allerdings die These, es handle sich bei Montemayors Roman um eine strikte „abstracción idealizante del mundo real"[26] und vor allem um eine Distanzierung von „[el] mundo de las circunstancias"[27] mit dem Text, dann drängen die *circunstancias* sozialer und politischer Art doch deutlicher an die Oberfläche, als dies Avalle-Arce sehen wollte.

Bereits die erste eingelagerte Geschichte im Roman zeugt davon. Hier berichtet die unglückliche Selvagia, wie sie im Tempel der schönen Ysmenia begegnet und sich in sie verliebt. Die lesbische Liebesszene, die noch von Marcelino Menéndez y Pelayo als „extravagante y monstruosa escena de amor"[28] abgelehnt wurde, läutet meines Erachtens Selvagias gesamte Liebeshandlung als eine Inszenierung von Divergenz ein, die sozial, politisch und theologisch gezogene Grenzen der zeitgenössischen spanischen Gesellschaft klar überschreitet. Der Text selbst liefert dann zwar schnell eine Strategie, um diese Divergenz vordergründig zu deckeln, wenn Ysmenia sich als ihr Cousin Alanio ausgibt und das heteronormative Modell der Liebe dem Leser und den Figuren als Lösung vorgegaukelt wird. Dennoch ist diese Lösung mit Vorsicht zu genießen, wenn man bedenkt, in welcher Weise der Text die lesbische Liebe

---

24 Avalle-Arce, *La novela pastoril española*, 1959, S. 57.

25 Ebd., S. 61.

26 Ebd., S. 62.

27 Ebd. Allerdings führt Avalle-Arce dann später bzgl. Felismena auch aus, inwiefern hier die historische Konkretisierung in den Vordergrund rückt. Vgl. ebd., S. 64f. Ihm zufolge manövriert sich der Roman in eine Sackgasse, weil die neoplatonische, idealisierende Liebeskonzeption, der er ihn zuordnet, mit der dynamischen Grundlogik des Erzählens inkompatibel und deshalb nur mit Rückgriff auf die Zauberkunst der Felicia auflösbar sei. Vgl. ebd., S. 68 u. 81.

28 Menéndez y Pelayo, *Orígenes de la novela*, Bd. II, 1943, S. 273. Vgl. hingegen Johnson, „*Amor-Aliqua Vincit*", 1995, S. 171–181, und Leopold, „*Gender Trouble* und politische Phantasie in der spanischen Bukolik der Frühen Neuzeit", 2016, S. 119.

entwirft: Von ihr heißt es, sie sei „el amor que menos veces se acaba"[29] (*LD*, S. 141), sie konterkariert also gerade jenes Grundproblem der *mudanza*, das in der *Diana* im Vordergrund steht. Die zwei Frauen im Minervatempel (nachgerade eine Inversionsfigur des katholischen Tempels) bilden für eine ganze Nacht eine liebende Einheit, die sich gemeinsam gegen das Außen verschließt: „ni teníamos cuenta de los cantares de las pastoras, ni mirábamos las danzas de las ninfas, ni otros regocijos que en el templo se hacían" (*LD*, S. 141f.). Sobald jedoch Ysmenias doppelter Betrug offenbar wird – zum einen behauptet sie, ein(e) andere(r) zu sein, zum anderen macht sie sich schlichtweg über Selvagia lustig – führt der Text vor, wie das Begehren maximale Unordnung schafft.

Was folgt, ist eine Struktur der fatalen Verkettung, des *engaño* und des Leids. Dies beginnt bereits beim Abschied: Selvagia sieht im letzten Moment, dass die gerade eben gemeinsam vergossenen Tränen in Ysmenias Gesicht ein Lachen verbargen, das ihre Täuschung verrät:

> La mañana se vino, y las dos nos apartamos con más abrazos, lágrimas, sospiros de lo que ahora sabré decir. Ella se partió de mí, yo volviendo atrás la cabeza por verla, y por ver si me miraba, vi que se iba medio riendo, mas creí que los ojos me habían engañado. (*LD*, S. 144)

Zunächst scheint sich dann zwar alles für Selvagia zum Guten und gegen die *engañosa* Ysmenia zu wenden, sobald Alanio ehrliches Interesse an Selvagia zeigt und sich die beiden als heterosexuelle, gelingende Einheit (wenn auch im Geheimen) genießen können. Dies wiederum erregt allerdings die Wut Ysmenias, die alles dafür tut, diese Liebesbeziehung zu stören, weil sie selbst in Alanio verliebt ist. In einem Brief bringt sie ihr Liebesleid auf den Punkt, wenn sie den Preis ihres Lachens im Tempel als ein lebenslanges Weinen auffasst: „Por reír una hora con el mi Alanio contándole lo que había pasado, lloraré toda mi vida, si tú no te dueles della." (*LD*, S. 146) Bemerkenswert ist dann, was die Pathematik angeht, die Antwort der Selvagia. Diese gerät nämlich aufgrund der Irrungen und Wirrungen des Begehrens in einen erstaunlichen emotionalen Konflikt: „Considero aquellos ojos con que me viste, y aquel rostro que después de muy importunada me mostraste, y *pésame* que cosa tan parecida al mi Alanio *padezca* tan extraño descontento." (*LD*, S. 147; Hervorh. K. P.) Aufgrund der gegen sie schmählich ausgenutzten Ähnlichkeit der beiden Liebesobjekte Ysmenia und Alanio ist selbst die Vorstellung, in Ysmenias Gesicht Tränen zu sehen, schmerzhaft für deren Rivalin, weil es ihr scheint, als müsse sie den

29 Hier und in Folge unter Verwendung der Sigle *LD* zitiert nach Montemayor, *Los siete libros de La Diana*, 1995 (= Cátedra Letras Hispánicas). Siehe zum utopischen Moment weiblichen Begehrens Hernández-Pecoraro, *Bucolic Metaphors*, 2006, S. 143–170.

Geliebten leiden sehen. Montemayor hebt hier die jeweiligen Pathemata der Frauen auch sprachlich hervor, wenn er von der Last und dem Erleiden spricht.

Der scheinbare Ausbruch aus der homosexuellen Einheit gelingt also gerade nicht und ebenso wenig endet an dieser Stelle der Konflikt. Denn Ysmenia zeigt, um Alanios Eifersucht zu wecken, sichtbar für alle Umstehenden Zeichen der Liebe für dessen Rivalen Montano, was wiederum den *enojo* Alanios hervorruft (vgl. *LD*, S. 148), insbesonders als sich Ysmenia dann wider Willen tatsächlich in Montano verliebt. Nicht Ysmenias Werben, sondern eine neue, homosoziale Rivalität[30] zwischen den beiden Männern stört in der Folge die eigentlich harmonische (und heteronormative) Liebesbeziehung zu Selvagia, weil Alanio sich wieder Ysmenia zuwendet, die er aufgrund seiner Eifersucht auf Montano plötzlich begehrenswert findet. Selvagias trauriges Fazit über die Natur des männlichen Begehrens, das im Außenraum des Minervatempels erlaubt ist, lautet dann auch anders als über das theoretisch mögliche, in sich glücklich abgeschlossene Begehren zwischen Frauen: „jamás pensé ver cosa tan mudable" (*LD*, S. 149). Die vorgeführte Verschiebung vom inszenierten homosexuellen Begehren zwischen Frauen auf homosoziales Begehren zwischen Männern endet somit in einer fatalen, berühmt gewordenen Liebeskette,[31] als klar wird, dass Montano sich seinerseits in Selvagia verliebt hat: So liebt am Ende Selvagia Alanio, Alanio Ysmenia, Ysmenia Montano und Montano Selvagia.

Ergebnis ist eine zwischen tragischem und komischem Pathos kippende Szene eines immer unerfüllbaren Begehrens. Sie definiert zugleich die bukolische Landschaft aus *campo, monte* und *bosque*, weil dort einer der anderen und eine dem nächsten nachläuft, wie der Erzähler betont:

> Ved qué extraño embuste de amor, si por ventura Ysmenia iba al campo, Alanio tras ella. Si Montano iba al ganado, Ysmenia tras él. Si yo andaba en el monte con mis ovejas, Montano tras mí. Y si yo sabía que Alanio estaba en un bosque, donde solía repastar, allá me iba tras él. Era la más nueva cosa del mundo oír cómo decía Alanio sospirando "¡Ay Ysmenia!", y cómo Ysmenia decía "¡Ay Montano!", y cómo Montano decía "¡Ay Selvagia!", y cómo la triste de Selvagia decía "¡Ay mi Alanio!" (*LD*, S. 149)

Diese verzwickte Liebeskette der „cuatro discordantes amadores" (*LD*, S. 151) zeigt deshalb deutlich, wie wenig idyllisch die Bukolik des 16. Jahrhunderts gewesen ist und wie kurzsichtig es war, wie die bisherige Forschung das

30 Der Begriff geht zurück auf Sedgwick, *Between Men*, 1985.

31 Vgl. Damiani, *Jorge de Montemayor*, 1984, S. 74, Gerhardt, *Essai d'analyse littéraire de la pastorale*, 1950, S. 177, und Cravens, *Feliciano de Silva*, 1976, S. 67.

Liebeskonzept der *Diana* entweder von der Gattung der Idylle oder dem idealistischen Liebeskonzept des Neoplatonismus aus zu lesen. Sowohl die Liebe der Figuren als auch der bukolische Raum sind bei Montemayor vielmehr mit Liebesleid und mit sprachlich inszeniertem Pathos verbunden, ja durch dieses konstituiert (*¡Ay!*). Folglich wird die unglückliche Schäferin Selvagia, als sie zu Beginn des Romans auf die Schäfer Sireno und Sylvano trifft, ein Lied anstimmen, das dieses Pathos kommentiert und vorführt:

> Jamás ces' el lamentar,
> qu' aunque la vida s' alarga
> no's para vivir tan larga
> cuan corta para llorar. (*LD*, S. 157f.)

Aufgelöst werden kann dieser Konflikt nur, indem Felicia ihr Zauberwasser einsetzt und Selvagia von ihrem Begehren ‚erlöst' („el agua sabe desatar los ñudos que este perverso del amor hace"; *LD*, S. 308f.).

Nicht etwa eine ethische Entscheidung der Schäferin führt am Ende zum Liebesglück, sondern Felicias *agua*, die gerade wieder *mudanza* erwirkt, wenn der ebenfalls liebeskranke und von Diana verschmähte Sylvano mit Selvagia einen neuen Bund eingeht (vgl. *LD*, S. 309). Dieses Element der Magie ist es, das Cervantes im *Don Quijote* bekanntlich zu einer subtilen Kritik gereichte. Heißt es dort doch im Zuge der Bücherverbrennung, Montemayors *Diana* sei es zwar wert, vor den Flammen gerettet zu werden, freilich wäre aber all das zu verdammen, was mit Felicia zu tun habe, insbesondere das Hexenwerk der *agua*.[32] Hierin hat die Forschung beharrlich eine Aussage von Cervantes über den literarischen Wert der *Diana* sehen wollen.[33] Dabei ist es gerade nicht die Stimme des Autors, die spricht, sondern der *cura*. Mir erscheint dies ausschlaggebend: Denn der offiziellen Ideologie der Gegenreformation konnte eine solche Inszenierung des menschlichen Begehrens und der Magie sowie das Scheitern des Ethos im Angesicht des Liebesleids sicherlich nicht genehm sein. Montemayor suspendiert das Problem der Liebeskette ja im Medium zahlreicher romanesker Scheinlösungen, die den Ausbrüchen ins Pathematische nur vordergründig beikommen. Erst spätere Autoren werden ihre bukolischen Liebeskonflikte tatsächlich mit Hilfe von Ratio und Ethik lösen.

Nicht ohne Grund entwirft Cervantes im weiteren Verlauf seines eigenen Romans dann eine Variante der bukolischen Enklave, die endgültig den homoerotischen Raum der Frauen gegen liebeswütige Männer abschließt, wie aus

---

32 Vgl. Cervantes, *Don Quijote*, Bd. I, 1978, S. 118.

33 Vgl. etwa Avalle-Arce, *La novela pastoril española*, 1959, S. 75f.

der Marcela-Episode unschwer herauszulesen ist.[34] Allerdings kann der Leser Marcela und ihren *pastoras* wie Don Quijote nicht mehr folgen, so dass auch der bukolische Divergenzraum des Pathos im Jahr 1605 zumindest bei Cervantes endgültig versperrt erscheint.[35] Diese melancholische Abkehr vom bukolischen Pathos lässt vermuten, dass es genau zwischen den *Siete libros de la Diana* und der ethischen Pastorale zu einem Umschwung in Spaniens emotionalem Regime gekommen sein muss, der Cervantes' Kommentar zu diesem Genre noch auf der Schwelle zum 17. Jahrhundert prägt.

5.1.2 *Emotionales Regime und Pathematik*

Der Begriff des emotionalen Regimes geht auf William Reddy zurück, der sich in seiner *History of Emotions* (2001) gegen Tendenzen in der Anthropologie ausspricht, die kulturelle Konstruktion von Gefühlen ahistorisch zu betrachten. Er fasst Emotionen vielmehr als Motoren historischen Wandels auf. Gefühlskulturen sind ihm zufolge wesentlich für die historische Entfaltung und Veränderung von Institutionen und Praktiken, eine These, die Reddy mit Blick auf den Sentimentalismus des 18. Jahrhunderts, die Französische Revolution und die politisch wechselhafte Ordnung in Frankreich ausführt.[36] Er stützt das Konzept auf zwei sozio-anthropologischen Grundthesen. Erstens: „communities construe emotions as an important *domain of effort*", und zweitens: „they provide individuals with prescriptions and counsel concerning both *the best strategies* for pursuing emotional learning and *the proper end point or ideal* of emotional equilibrium".[37] Dies verlegt die Wirkung des emotionalen Regimes in den Bereich des Ethos, denn Ideale emotionaler Mäßigung dienen hier dazu, eine stabile soziale Struktur aufrechtzuerhalten.

Nicht nur die Philosophie,[38] sondern auch Psychoanalyse und Soziologie haben immer wieder betont, dass menschliches Zusammenleben in komplexen

34 Vgl. Leopold, „*Gender Trouble* und politische Phantasie in der spanischen Bukolik der Frühen Neuzeit", 2016 S. 130, und Kap. 2.2.3.

35 Eine Tatsache, die im zweiten Teil des Romans noch forciert werden wird, siehe Kap. 6.1.

36 Vgl. Reddy, *The Navigation of Feeling*, 2001, S. 49f. Ihm zufolge hat die Gefühlskultur des Sentimentalismus den Verlauf der Französischen Revolution und insb. die Terreur wesentlich befördert, weil dort das natürliche und moralisch integere Gefühl der *citoyens* zuerst als neues Politikum gefeiert und dann im System der Denuntiation pervertiert wurde, so dass es schließlich aufgrund dieser Erfahrung verdrängt und in einen politischen ‚Rationalismus' überführt werden musste, der letztlich bis heute anhält. Vgl. ebd., S. 142f.

37 Ebd., S. 55 (Hervorh. im Original).

38 Vgl. Aristoteles, *Nikomachische Ethik*, 1956.

Ordnungen nur durch Triebhemmung[39] oder freiwillige ‚Zivilisierung'[40] dauerhaft möglich sei. Andere Beispiele aus der Anthropologie oder aus der Forschung zum Mittelalter zeigen im Gegenteil, dass auch öffentlich inszenierte heftige Emotionen politisch wirksam und funktional sein können, so etwa die Wut des Königs im mittelalterlichen Feudalismus.[41] Jede Gesellschaftsform verlangt also einen emotionalen Habitus, der mit Blick auf die geltende symbolische Ordnung internalisiert werden muss und diese rechtfertigt. Neu ist bei Reddy die explizite Koppelung dieser normativen Gefühlskultur nicht nur mit der sozialen Ordnung, sondern mit einem politischen Regime und dessen historischen Ort. Er unterstreicht: „Any enduring political regime must establish as an essential element a normative order for emotions, an 'emotional regime'."[42] Politische Ordnungen legitimieren, stabilisieren und perpetuieren sich also über ein Set von offiziellen Ritualen, Praktiken und emotionalen Ausdrucksformen, eine veritable Ordnung des Fühlens. Diese stand zuletzt in der Forschung insbesondere hinsichtlich der sogenannten ‚höfischen Emotionalität' des 17. Jahrhunderts disziplinenübergreifend im Fokus und wurde dabei als affektive Seite erfolgreicher Unterwerfung gedeutet.[43] Reddy allerdings geht es vor allem darum, die Möglichkeit menschlichen Handelns und emotionaler wie politischer Freiheit herauszustellen.

Hintergrund für diese Erweiterung bildet Reddys Kritik am Poststrukturalismus und dessen Zeichen- und Subjektbegriff. Er versteht Texte bzw. jede Form von zeichenhafter Äußerung nicht als opak hinsichtlich eines immer entgleitenden Signifikats, sondern als mehr oder weniger gelingende, immer aber produktive Übersetzung außersprachlichen Materials in einen Code.[44] Hier kommt schließlich auch das Gefühl ins Spiel. Denn Gefühlsäußerungen – bei Reddy die den performativen Sprechakten ähnlichen *emotives* – sind demzufolge nichts anderes als die Übersetzung von Gefühlen in Sprache oder Gesten.[45] In diesem Übersetzungsprozess kann oder muss es nun nicht nur gezwungenermaßen zu Fehlleistungen kommen, sondern sind „human agency" und „historical dynamic"[46] möglich: Der Übersetzungsprozess vom Gefühl in eine Äußerung (*parole*) ist nicht deckungsgleich mit der diskursiven *langue*

39 Vgl. Freud, *Das Unbehagen in der Kultur*, 2004.
40 Vgl. Elias, *Über den Prozess der Zivilisation*, 1976.
41 Siehe etwa zum Zusammenhang von Politik und Affekt im Mittelalter die Beiträge in Boquet / Nagy, *Politiques des émotions au Moyen Âge*, 2010.
42 Reddy, *The Navigation of Feeling*, 2001, S. 124, sowie ebd., S. 129.
43 Siehe zu Frankreich etwa Kolesch, *Theater der Emotionen*, 2006.
44 Vgl. Reddy, *The Navigation of Feeling*, 2001, S. 78–80.
45 Ebd., S. 80.
46 Ebd., S. 88.

des emotionalen Regimes, innerhalb dessen die Äußerung getätigt wird. Das sprechende Subjekt ist Reddy zufolge entweder unwillens oder unfähig, diese Unterwerfung vollständig im sprachlichen Akt zu reproduzieren.[47] Auf diese Weise kann es folglich auch zu historischem Wandel zwischen unterschiedlichen emotionalen Regimes kommen. Als Beispiel führt Reddy die erwachende Salonkultur nach der französischen Fronde an, die eine andere Sprache des Gefühls zelebrierte und letztlich den Umschwung zum Sentimentalismus des 18. Jahrhunderts einläutete. Raymond Williams hatte diesbezüglich bereits 1977 vom Unterschied residueller und emergenter „structures of feeling"[48] gesprochen, ein Begriff, den Reddy allerdings ignoriert.

Interessant wird es dagegen dort, wo Reddy erläutert, wie Individuen innerhalb emotionaler Regimes über ihren Gebrauch von *emotives* konstituiert werden, nämlich als eine Art „disaggregated self".[49] Vorgegeben ist ihnen ein ideales Programm, das vom Kollektiv und der politischen Ordnung als ethisches Ideal propagiert wird. Sie können dies aber in der eigenen Performanz immer nur annäherungsweise erfüllen. Die Bindung an ein von außen vorgegebenes Ideal, das in den Prozess des unwillkürlichen Fühlens als mentales Ziel eingreift und diesen steuert, wirkt in jedem Individuum anders. So hängt also die (immer vorläufige und unabgeschlossene) ‚Einheit' des Subjekts von sozial erlernten Programmen, Strategien und Idealen ab. Definiert ist sie über den Vektor zwischen Selbst und ethischem Ideal. Das Subjekt selbst jedoch ist innerhalb dieser Unterwerfungsstruktur nicht nur *assujetti*, sondern in gewisser Hinsicht auch frei, nämlich frei, an seiner Untererfüllung zu leiden: wenn es sich der Abweichung bewusst wird oder diese bewusst in Kauf nimmt (etwa wenn geltende äußere Normen gegen eigene Ziele oder Wünsche verstoßen), wenn es Schuld empfindet oder tatsächlich gesellschaftlich marginalisiert wird. Während der Hegemon folglich immer den normativen Stil des geltenden emotionalen Managements in Idealform repräsentieren muss,[50] wird der Einzelne je nach seiner Performanz dieses Modells in die geltende Ordnung ein- oder ausgeschlossen. Reddy nennt diese prekäre, potentiell schmerzhafte Freiheit

47 Reddy stützt diese Schlussfolgerung auf die neueren Ergebnisse der Kognitionswissenschaften, die zeigen konnten, dass Gefühle zum einen kurzfristig automatisch ablaufen, aber auch langfristig wirksame, „overlearned cognitive habits" sind, sie affektisch multiplen Bahnen folgen und prozesshaft sehr komplex an Momente der Reflexion und an bewusste Zielsetzungen und mentale Kontrollen gekoppelt sind, so dass nicht mehr strikt zwischen bewussten und unbewussten, kontrollierten und unkontrollierten, rationalen und emotionalen Anteilen des Denkens getrennt werden könne. Vgl. ebd., S. 31f.

48 Williams, *Marxism and Literature*, 1977, S. 128–135, sowie ders., *The Country and the City*, 1973, S. 78f. zur Idylle bzw. der romantischen *structure of feeling* im 18. und 19. Jahrhundert.

49 Reddy, *The Navigation of Feeling*, 2001, S. 95.

50 Vgl. ebd., S. 121.

(*emotional suffering*) Navigation anstatt Management. Darin eingeschlossen ist die Möglichkeit, emotional den Kurs zu wechseln, je nachdem, welches Ziel man verfolgt. Zudem rücken so die „self-altering effects“[51] von *emotives* in den Vordergrund, etwa wenn die bewusste Ablehnung einer von außen vorgegebenen Norm des Fühlens zu einer Art Konversionserlebnis führt.

Weil strenge emotionale Regimes wenig individuelle Navigation erlauben, zeigt sich nun, dass innerhalb der Gesellschaft oft emotionale Rückzugsorte (*refuges*) geschaffen werden, die sich über Normen definieren, die denen der Mehrheitsgesellschaft diametral gegenüber stehen.[52] Meines Erachtens ist aber mindestens ebenso bedeutsam, dass nicht nur ein Spektrum möglicher emotionaler Regime denkbar ist, das Variationen zwischen einer strengen normierenden Ethik (*strict regime*) und deren schwächer ausgeprägten Interpellationsform (*loose regime*) unterscheidet, also zwischen dem Wieviel, Wann und Wo der Ethik.[53] Auch wenn der Begriff des *emotional suffering* nichts anderes ist als eine wörtliche Übersetzung des Pathos und es so scheinen mag, als stellte Reddy dem gesellschaftlichen Ethos das individuelle Pathos grundsätzlich als sein absolut Anderes gegenüber, ließe sich das Problem meines Erachtens noch von einer anderen Warte aus betrachten.

Reddy selbst zeigt ja gerade am Beispiel des Sentimentalismus und der großen Bedeutung pathetischer Gefühlsperformanzen in der Französischen Revolution, dass es innerhalb eines bestimmten politischen Rahmens emotionale Regimes geben kann, die im Gegenteil den offenen Vollzug von Pathos als höhere Norm einfordern. Dann wäre die Beschränkung des Konzepts vom emotionalen Regime auf den Bereich des Ethos, die Reddy vornimmt,[54] insofern zu erweitern, als auch ein Spektrum zwischen dominant ethischen und dominant pathematischen emotionalen Regimes erkennbar ist, das jenes erste Spektrum zwischen strengen und losen Regimes überkreuzen kann.[55] Die These,

---

51 Ebd., S. 122.

52 „A relationship, ritual, or organization (whether informal or formal) that provides safe release from prevailing emotional norms and allows relaxation of emotional effort, with or without an ideological justification, which may shore up or threaten the existing emotional regime.“ Ebd., S. 129.

53 Dies ist Reddy zufolge dann der Fall, wenn nur innerhalb bestimmter Institutionen wie der Schule oder dem Militär bzw. nur zu bestimmten Zeiten strenge Vorgaben bezüglich der emotionalen Norm gelten, individuelle Navigation und die Bildung von Subgruppen aber gesellschaftlich kein Problem darstellen. Vgl. ebd., S. 126.

54 Vgl. ebd., S. 55.

55 Demzufolge ließe sich etwa argumentieren, dass die „Psychopolitik“ des Neoliberalismus im 21. Jahrhundert, von der Han spricht, anders als im hier vorliegenden Fall die Koppelung eines losen mit einem dominant pathematischen Regime darstellt. Vgl. Han, *Psychopolitik*, 2014, S. 59–67, zum „Kapitalismus der Emotion“, sowie Reddy, *The Navigation of*

die ich in diesem Kapitel mit Blick auf historische Emotionstheorien und die Kultursemiotik des Schäferromans näher ausführen möchte, lautet deshalb, dass die Zeit zwischen 1492 und 1559 in Spanien genau in diesem Sinne als ein emotionales Regime verstanden werden sollte, das die zeitgenössischen Subjekte zwar streng reglementierend, aber eben auf der Ebene des Pathos interpelliert. Auch hier ist dennoch eine aus der Ordnung ausbrechende Subjektivität möglich, nämlich im Sinne einer offen ausgetragenen Navigation und durch Betonung des emotionalen Leids. Bukolisches Pathos selbst wäre dann nie eindimensional: weder idyllischer Rückzugsort aus jener gesellschaftlichen Ordnung, in der man pathetisch seine Unterwerfung unter den Herrscher bekunden soll; noch die reine Evidenz ideologischer Interpellation der Subjekte durch diese Ordnung. Die prinzipiell offene phatische Koppelbarkeit des bukolischen Pathos, das sich rhetorisch von der christlichen *compassio* emanzipiert hat, ist wenigstens bis zur strengen Ethik der posttridentinischen Zeit der Grund dafür, dass im Pathos sowohl das emotionale Regime als auch sein Anderes ausgedrückt werden können.

Montemayors Selvagia ist auf ihrem Leidensweg ebenfalls Normen ausgesetzt, die sich als ein ethischer Horizont entpuppen. Selbst wenn sie diesem immer wieder entgleitet, verstrickt sie sich doch nur umso mehr in die fatale Logik der Liebeskette. Nicht allein bei ihrer ersten Liebesszene mit Ysmenia, die den Konflikt in Gang bringt, ist dem so gewesen. Auch das Eingreifen der Väter, die wie so oft im Roman durch ihre ökonomischen Entscheidungen die Liebesentscheidungen der jungen Leute unmöglich machen, spielt eine große Rolle. Die Liebeskette der Selvagia-Handlung entpuppt sich so als eine subtile Metapher für den *deadlock* der *emotional navigation*, sprich: für das große emotionale Leid, das in einem emotionalen Regime hervorgerufen wird, das Divergenz von der Norm des Begehrens nicht zulässt. Denn an der Unmöglichkeit des Liebens treibt der Text sein dominantes Grundmotiv – Treue versus *mudanza* – auf die Spitze: Innerhalb der Liebeskette führt weder Treue noch *mudanza* in den sicheren Hafen. Nach der magischen Auflösung durch Felicia

---

Feeling, 2001, S. 128 der den Kapitalismus in der Mitte seines Spektrums ansiedeln will. Bemerkenswerterweise ist in einem emotionalen Regime streng / pathematisch, wie man es wohl in der höfischen Emotionalität vermuten darf, der Rückzugsort des *refuge* ein Ort der Ethik, eine Tendenz, die sich etwa anhand von d'Urfés *Astrée* nachverfolgen lässt. Vgl. Giavarini, *La Distance pastorale*, 2010. Der Sentimentalismus wäre dagegen in seiner Frühzeit des späten 17. Jahrhunderts des Moralismus und der Salonkultur innerhalb einer Koppelung streng / ethisch angesiedelt, dann zunehmend innerhalb der Koppelung lose / ethisch, da er sich mit dem politischen Ethos der *citoyens* verband und größere individuelle Freiheit im 18. Jahrhundert möglich wurde. Die Terreur, deren Folgen Reddy so hoch für den Wandel im emotionalen Regime Europas einschätzt, wäre entsprechend als eine vorübergehende Episode der Koppelung streng / pathematisch zu deuten.

ist es dann bemerkenswerterweise Sylvano, der sein eigenes Entlieben und Neuverlieben, seinen Richtungswechsel aus dem Leid in das Eheglück mit Selvagia, so kommentiert, als hätte er Reddys Thesen über emotionale Navigation gelesen:

> Discreta señora, *como el navío anda perdido por la mar sin poder tomar puerto seguro*, ansí anduvo mi pensamiento en los amores de Diana todo el tiempo que la quise bien, mas *agora he llegado a un puerto*, donde plega a Dios que sea también recebido como el amor que yo le tengo lo merece. (*LD*, S. 309; Hervorh. K. P.)

Wie später Reddy wählt Sylvano für Liebe und emotionales Leid das in der Frühen Neuzeit durchaus topische Bild der Navigation. Doch zum einen ist es nicht er selbst gewesen, der hier am Steuer saß, sondern Felicia, und zum anderen ist noch der *buen puerto* vom Moment der Krise überschattet, weil Selvagia zuerst nicht aufwachen will, um sich mit Sylvano vor aller Augen zu verbinden. Sofort ist also im Zustand des angeblich herbeigeführten Glücks das mögliche Leid wieder präsent, weshalb Sylvano bittere Tränen vergießen muss und sogar den eigenen Tod ausphantasiert:

> ¿Oyes y no quieres responderme? Cata, que no sufre el amor que te tengo, no ser oído. ¡Oh Selvagia!, no duermas tanto ni permitas que tu sueño sea causa que el de la muerte dé fin a mis días. (*LD*, S. 310)

Endlich weckt Felicia dann an diesem Höhepunkt Selvagia und heilt auch sie mit dem Versprechen der Ehe und der Erfüllung einer neuen, diesmal endgültig heteroerotischen Einheit. Diese gemahnt an die erste Liebeseinheit zwischen Selvagia und Ysmenia, weil die hier Liebenden erneut außer sich nichts wahrnehmen: „Los dos nuevos enamorados no entendían en otra cosa sino en mirarse uno a otro, con tanta afición y blandura como si hubiera mil años que hubieran dado principio a sus amores." (*LD*, S. 311) Letzteres ist aber gerade nicht der Fall, ist es doch erst einige Minuten her, dass sich Selvagia und Sylvano ineinander verliebt haben.[56] Der damit abgeschlossene Prozess einer heteronormativen Kittung[57] kann deshalb nicht darüber hinwegtäuschen,

56 Hier kann so argumentiert werden, dass ein neoplatonisches Liebesideal, das von einer prästabilisierten Harmonie ausgeht, die beiden Liebenden Sylvano und Selvagia immer schon füreinander bestimmt hat. Diese These ließe sich auch aufgrund der etymologisch nah verwandten Namen der Figuren, die beide mit dem Wald verbinden, stützen. Der Doppelbödigkeit des Textes bleibt man dann jedoch eine Erklärung schuldig.

57 Hernández-Pecoraro, *Bucolic Metaphors*, 2006, S. 95, geht deshalb von einer narzisstischen Subjektivität des Schäfer-Ichs aus, das den eigenen Mangel durch „amatory fullness"

mit welcher Nachdrücklichkeit Montemayor zuvor das Leiden an der heteroerotischen Liebe ausgebreitet hat. Nur die Intervention einer höheren Macht stellt am Ende wieder Ordnung her.

Freilich muss mit Blick auf die hier so ausführlich behandelte Theorie von Reddy bedacht werden, dass es sich dabei nicht um ein genuin literaturwissenschaftliches Konzept handelt.[58] Reddy selbst operiert zwar mit Texten jeglicher Couleur, die er als eine mögliche Übersetzung von Gefühl in einen Code versteht, aber gerade dort, wo er literarische Quellen heranzieht, ist seine Lektüre oft mehr als problematisch. Es scheint, als wäre die Theorie der *emotives* eher dafür geeignet, ethnographische Quellen und Texte mit stark faktualem Charakter zu beschreiben, vielleicht noch die konventionelle Autobiographie. Wenn Reddy dagegen von Autoren wie Molière und Madame de Lafayette oder der *sensibilité* bei Choderlos de Laclos[59] spricht, unterläuft ihm der schwerwiegende Fehler, deren Texte als reine Mimesis am Gefühlsausdruck zu deuten. Dabei vernachlässigt er jedoch rhetorische Doppelbödigkeiten, wie sie etwa bereits Shoshana Felman zum Performativ der Verführung in Molières *Dom Juan* nachgewiesen hat.[60] Für den weiteren Gebrauch sollte also unterschieden werden zwischen emotiven Sprechakten, wie sie sich als Repräsentation erster Ordnung etwa in den Paratexten von Encinas *Bucólicas* finden lassen, und der Inszenierung von emotiven Sprechakten, wie sie bei Encina dann innerhalb der einzelnen übersetzten Eklogen folgen – in den Sprechakten der Schäfer. Natürlich sind selbst die *Aplicaciones* eine Inszenierung des Autorsubjekts, dabei handelt es sich aber zumindest um eine außersprachliche Person mit tatsächlichen ‚Navigationen', die der Sprache vorausgehen – anders als im Falle des literarischen Textes.

Wichtig wird ebenfalls sein, weiterhin zwischen dem rhetorischen Wortpathos, der Pathosszene und dem Handlungspathos im Sinne von Aristoteles zu unterscheiden. Gerade wenn es um das Ethos der Figuren im Schäferroman geht, rückt die Frage der Handlungsmöglichkeiten in den Mittelpunkt, eine

---

kompensiere, so dass sozial gelebte Fragmentierungen des Subjekts ausgeglichen werden können. Auch sie stellt dieser Tendenz jedoch die stetige Unterbrechung durch das Leid gegenüber. Vgl. ebd. S. 96.

58 Zur neueren Sicht auf die Emotionsgeschichte und die Auseinandersetzung mit Reddy siehe Plamper, *Geschichte und Gefühl*, 2012, S. 297–313, sowie deren mediävistische Variante in Boquet / Nagy, *Politiques des émotions au Moyen Âge*, 2010. Siehe etwa auch die Rezensionen des Dossier critique n° 32 *Autopsie des émotions*, in *Fabula* 15:4 (April 2014) [http://www.fabula.org/acta/sommaire8643.php] und die Beiträge in Jarzebowski / Kwaschik, *Performing Emotions*, 2013.

59 Vgl. Reddy, *The Navigation of Feeling*, 2001, S. 142.

60 Vgl. Felman, *Le Scandale du corps parlant*, 1980.

Frage, die ohne einen narratologischen Blick auf die Handlung nicht zu beantworten ist.

Zu guter Letzt soll in diesem Kapitel zur Sprache kommen, inwiefern nicht nur Sprache oder Text Code sein können für Emotionen, sondern wie in Texten dargestellte Emotionen ihrerseits zum Code für Gesellschaft werden. Diese Frage hatte Niklas Luhmann bekanntlich zu der These veranlasst, dass Figuren in literarischen Texten sich zwar „code-orientiert verhalten", „den Code verlebendigen", dabei aber nicht im Sinne von „Lehrsätze[n] oder Erfahrungsregeln"[61] handeln, sondern Liebe selbst zum „symbolisch generalisierten Kommunikationsmedium"[62] einer (emotionalen) Gemeinschaft[63] wird. Liebe in der Literatur ist also nicht Thema, sondern immer schon Code.[64] Dabei wird zu klären sein, wo der bukolische Raum der Liebe bei Montemayor jeweils als ein Raum des Rückzugs, als Gegenentwurf oder als Inszenierung des herrschenden emotionalen Regimes zu deuten ist. Dazu werde ich in Kapitel 5.3.2 Reddys historische Emotionstheorie engführen mit der Kultursemiotik von Jurij M. Lotman, um der epochalen Wirkung von Montemayors *Diana* gerecht zu werden, die auf der Spannung zwischen Normierung im kulturellen Zentrum Spaniens und möglicher Abweichung in der Peripherie beruht.

Zunächst jedoch greife ich noch einmal die Frage auf, die bereits bei Encina eine Rolle gespielt hatte, nämlich inwiefern die frühneuzeitliche Bukolik sich von allegorischen Traditionen der Liebe löst, um innerhalb dieses Prozesses einen neuen Code der Liebe zu kreieren. Dies ist schon deshalb von Interesse, weil damit für den hier angestrebten historischen Abriss ein größerer Bogen gespannt werden kann, der emotionsgeschichtlich nicht nur das Nachspiel des bukolischen Pathos, sondern auch seine Vorgeschichte betrachtet.

5.2 Von der Allegorie der Liebe zur bukolischen Pathosformel

Im wohl bekanntesten allegorischen Roman über die Liebe, dem mittelalterlichen *Roman de la Rose*, rät der eher pragmatische Freund des Ich-Erzählers

61 Luhmann, *Liebe als Passion*, 1994, S. 12.

62 Ebd., S. 21, und das dazugehörige Kap. 2, ebd., S. 21–39.

63 „[I]f emotions are assessments based on experience and goals, the norms of the individual's social context provide the framework in which such evaluations take place and derive their meaning." Rosenwein, *Emotional Communities in the Early Middle Ages*, 2006, S. 15. Rosenwein nennt diesen Rahmen „emotional community", die etwa über ein spezifisches emotionales Vokabular und einen eingeübten Habitus bestimmt werden könne.

64 Vgl. Leopold, *Liebe im Ancien Régime*, 2014, S. 53–62.

diesem dazu, in Liebesdingen nicht nur Worte, sondern auch Minenspiel und Gesichtszüge – die stumme Sprache des Affekts also – im Zaum zu halten:[65]

> Prenez garde toutefois que Malebouche ne vous aperçoive. S'il vous voit, saluez-le, mais que votre visage ne change pas de couleur ; ne montrez ni haine ni rancune. Si vous le rencontrez ailleurs, de même cachez votre ressentiment. C'est bonne œuvre que de tromper les trompeurs. Tous les amants doivent pratiquer ainsi.[66]

Verrät sich der Affekt im Gesicht, so gibt sich der Liebende der Verleumdung preis und wird so mitunter das Ziel seines Werbens nicht erreichen können. Doch auch die Liebe selbst kann strategisch sein, wenn Blicke, Tränen oder ein schmerzlicher Ausdruck zu eben diesem Zwecke eingesetzt werden. In genau jener Kunst muss der Held des allegorischen Traumberichts erst unterwiesen werden, um schließlich seine geliebte Rose erobern zu können, die ihm hartnäckig von Peur, Honte, Jalousie oder dem bedrohlichen Danger entzogen wird. Die Liebe ist demzufolge ein Zeichenspiel, in dem der Liebende immer verzweifelt deutet, Zeichen produziert und sich der Deutung anderer aussetzt.

Diese semiotische Lesart der Liebe vertritt Jahrhunderte später noch Roland Barthes in seinen bemerkenswerten *Fragments d'un discours amoureux*. Dort hebt er seinerseits am Diskursregister der Liebe fast euphorisch die „toute-puissance du langage",[67] die Allmacht der Sprache hervor. Dies vor allem darum, weil auf das Zeichendeuten in der Liebe kein Verlass sei und sie selbst, auch in ihren außersprachlichen Ausdrucksformen, *als* Sprache bzw. genauer als immer obskurere *parole*[68] verstanden werden müsse. Die Liebe will zwar Code sein oder, wie Luhmann es nur wenig später aus Sicht der Systemtheorie beschreibt, ein sozial geteiltes, kulturell normiertes und historisch veränderliches Kommunikationsmedium. Liebe wird daher auch in zahlreichen kulturellen und künstlerischen Darstellungen als ebendieser Code überliefert. Liebe ist aber ein Code mit einer historisch immer wieder anders ausgeprägten Semantik, ohne primär semantisch zu kommunizieren. Vielmehr stehen oft die Rituale der Zeichenverwendung und -deutung im Vordergrund, wenn es um ein Allegorisieren des Liebens und weniger um personalfigurale Allegorien ‚der Liebe' geht.

---

65 Siehe zu einer ersten Version dieses Kapitels Peters, „Die andere Allegorie", 2015.

66 Lorris / Meun, *Le Roman de la Rose*, 2006, S. 133.

67 Barthes, *Fragments d'un discours amoureux*, 2002, S. 264.

68 Siehe zur Frage der Liebe als (notwendig scheiterndem) Code bei Barthes Mahler, „Vom Kode zum Zeichen zur Zeichnung", 2012.

Damit bleibt die Frage der Rhetorik nicht minder im Fokus. Um diesen semiotischen, rhetorischen und poetologischen Aspekt der Liebe soll es mir daher gehen, da davon ausgehend ein neuer Blick auf die Rhetorik der Affekte möglich wird. Wenn ich in der Folge von sprechenden oder obskuren Affekten handle, dann in dem Sinne, dass in Allegorien des Liebens immer mitreflektiert ist, dass Sprache und Affekt sich zugleich anziehen und abstoßen: Affekte wollen einen Weg in die Sprache finden, Sprache will Affekte auslösen, aber zugleich bleibt das Kommunikationsmedium Sprache gerade im Feld der Affekte doch oftmals großartig stumm. Dieses selbstdifferentielle und daher zugleich allegorische Verhältnis von Bezeichnendem und Bezeichnetem ist es auch, das jeweils historisch unterschiedliche Codes der Liebe in der europäischen Kultur- und Literaturgeschichte unterfüttert. Ja, diese Differenz hat den Code als regelgeleitete Kodifizierung des Unsagbaren überhaupt erst notwendig gemacht.

5.2.1 *Körperzeichen: Liebe als Code*

Für Luhmann beginnt im 17. Jahrhundert eine neue Etappe in der europäischen Kulturgeschichte der Liebe: Der Liebescode verändert sich. An die Stelle eines Ideals, das analog zur Gottesliebe den Liebenden zur eigenen *perfectibilité* anhalte und, so Luhmann, „an einer alle semantischen Widersprüche übergreifenden mystischen Einheit (unio)“[69] festhalte, trete die Passion. Sie gibt sich als Abschluss- und „Lehrformel“, d. h. die leere Formel eines *je-ne-sais-quoi* und unauflösbaren Paradoxons in der Liebe.[70] Nun ist dieser Sprung ein gewaltiger. Luhmann geht in einem Satz von der „alle semantischen Widersprüche übergreifenden mystischen Einheit“ des Mittelalters zur Paradoxie des 17. Jahrhunderts über, deren Liebescode „sie [die Paradoxie, K. P.] um ihrer selbst willen anzubieten und genau darin die Einheit des Liebescode zu sehen“ beginne:

> Die Paradoxie wird zur Abschlußformel des Code, und gewonnen wird damit: Legitimation der Instabilität und psychologische Raffinierung. Die ‚kasuistische‘ Auflösung der Paradoxie verschiebt sich vom *Exemplarischen* ins *Individuelle* […].[71]

Eben hier scheint mir eine Lücke zu klaffen, bedenkt man, dass Luhmann sich im Anschluss vor allem auf französische Diskurse konzentriert. Wie und warum die Passion, wie Luhmann es auffasst, im 17. Jahrhundert „kontextfrei

69 Luhmann, *Liebe als Passion*, 1994, S. 71.
70 Vgl. ebd., S. 81.
71 Ebd., S. 71.

verfügbar",[72] also vom religiösen Code abgekoppelt wird, begründet er ebenfalls nur mit Blick auf Frankreich.

Rosenwein und die neuere Emotionsgeschichte haben jedoch inzwischen nachgewiesen, dass es – anders als Luhmann dies in seiner Theorie annimmt – schon im Mittelalter unterschiedliche, koexistente oder einander ablösende emotionale Gemeinschaften gegeben hat.[73] Weder die älteren Theorien über eine angebliche Unmittelbarkeit des Gefühls der mittelalterlichen Menschen noch die große These vom teleologisch fortschreitenden Zivilisationsprozess haben dies berücksichtigt. Die Bukolik nun bietet sich als Untersuchungsgegenstand für die Beantwortung der Frage besonders an, wie emotionale Regimes zeittypischen Veränderungen unterworfen sind, weil sie die Bildung von emotionalen Gemeinschaften und deren Komplexität prototypisch vorführen kann. Sieht man deshalb in das 16. Jahrhundert zurück und weiter südlich nach Spanien, so differenziert sich die Evolution vom exemplarischen zum individuellen Liebescode erheblich aus. In Kapitel 3 haben wir dies bereits im Falle von Encina feststellen können. Dieser wendet sich in seinen dramatischen Eklogen von der religiösen *compassio* ab und der Passion zu – und in der Tat gerade aufgrund des politischen Zeitgeschehens, das einen neuen Kontext für den Liebescode schafft. Bleibt zu klären, inwiefern Allegorien der Liebe und Allegorien des Liebens bei der Weiterentwicklung des Genres zum Schäferroman eine eigene Evolution durchlaufen. Hierbei handelt es sich also um den expliziten Versuch, die Lücke des 16. Jahrhunderts in Luhmanns Genealogie des Kommunikationsmediums ‚Liebe' zu füllen.

Im mittelalterlichen *Roman de la Rose* wird immer wieder auf den Zeichencharakter der Liebe Bezug genommen. Insofern ist der Text nicht nur eine Allegorie der Liebe – in der die Geliebte als Rosenknospe figuriert und das Liebeswerben als Krieg und Eroberung inszeniert wird – sondern auch eine Allegorie des Liebens. Sprache, Sprachfiguren, Affekt und Körper werden hier bereits als semiotische Parameter begriffen. Die zwei Teile des Textes klaffen dann vor allem dort auseinander, wo die Idealisierung der Liebe und der Liebeszeichen (Guillaume de Lorris) gegen deren mittels Affektstrategie erreichte Materialität (Jean de Meun) prallt, also das inszenierte und sublimierte Scheitern des ersten Teils gegen die angedeutete körperliche Erfüllung im zweiten.

Die Allegorie der Liebe hat den Text berühmt gemacht. Die Zeichensprache des menschlichen, körperlichen und ‚passionierten' Liebens hingegen ist im

72 Ebd., S. 74.

73 Siehe zu Emotionen im Mittelalter aus neuerer, sozialkonstruktivistischer Sicht Rosenwein, *Emotional Communities in the Early Middle Ages*, 2006.

spätmittelalterlichen Diskurs mitunter auch negativ konnotiert. Liebeszeichen können Dissimulation, Strategie, Ritual oder Mittel zum Zweck sein und sind insofern unzuverlässig. Mit gleichem Recht kann man allerdings die Zeichensprache der Liebe als eine jener „Ausdrucksformen" für Gefühle verstehen, die Gerd Althoff zufolge bereits im Mittelalter Zeugnis davon ablegen, dass Emotionen durch ihre Einbindung in soziale Rituale als „rationale Modi der Kommunikation"[74] ihre Berechtigung haben. Althoff betont insbesondere die uns wenig vertraute Verbindung von Ritualität und Gefühlsausdruck im Mittelalter. In Beschreibungen dieser emotionalen Ritualität geht es folglich auch nicht um Authentizität des Gefühls, sondern vielmehr um die Zurschaustellung kodifizierter Tugenden, etwa des Mitgefühls oder der Barmherzigkeit, deren prominente Ausdrucksform die Tränen waren. Tränen haben also eine historisch wandelbare Rhetorik, sie sind eine Ausdrucks*form* von sozial normierten Gefühlen, ohne spezifischen Ausdrucks*wert*.[75] In dem Maße, wie sie als Formen eine Deutung von ihren Rezipienten einfordern, sind sie Kommunikationsmedien. Als solche stellen sie immer auch das spannungsreiche Verhältnis des Einzelnen zur Gesellschaft und der Sprache zur Disposition.[76] Im 13. Jahrhundert wird diese Frage nach der *conditio humana* zumeist noch von der Warte der christlichen Ethik aus beantwortet. Denn die Beschäftigung mit affektiver Meditation über das Leiden Christi am Kreuze – das „private drama of the heart"[77] –, das Ideal mönchischer Mäßigung der Affekte[78] oder die Diskussion der affektiven Wirkung von Predigt oder Psalmen[79] beherrscht lange

---

74 Althoff, „Tränen und Freude", 2006, S. 10. Siehe ergänzend zur neueren Auseinandersetzung der Mediävistik mit den Emotionen Boquet / Nagy, *Le Sujet des émotions au Moyen Âge*, 2008, und dies., „Une histoire des émotions incarnées", 2011.

75 Siehe zum Einschluss des „dolor ruidoso" in die Propaganda und Affektpolitik der hispanischen Monarchie ab dem 12. Jahrhundert Alonso Álvarez, „Plorauerunt lapides et manauerunt aquam", 2010, sowie zu einer gänzlich anderen Semantik der Tränen in der Empfindsamkeit Vincent-Buffault, *The History of Tears*, 1991.

76 Diese Deutung fordern bereits Lutz und White in ihrem einschlägigen Forschungsbericht zur anthropologischen Emotionsforschung: „When emotion is defined as a statement about a person's relationship with the world, and particularly problems in that relationship, the most commonly occurring emotions in a society can be seen as markers of the points of tensions (or fulfillment) generated by its structure." Lutz / White, „The Anthropology of Emotions", 1986, S. 421. Vgl. ebenfalls Deluermoz / Fureix / Mazurel / Oualdi, „Écrire l'histoire des emotions, de l'objet à la catégorie d'analyse", 2013.

77 McNamer, *Affective Meditation*, 2010, S. 1.

78 Siehe zur Rolle des christlichen und freundschaftlichen Affekts bei den Zisterziensern des 12. Jahrhunderts Boquet, *L'Ordre de l'affect au Moyen Age*, 2005.

79 Calvin etwa legt den Fokus auf den inneren Kampf gegen die Passionen und deutet ihn als Kampf gegen Luzifer, so dass der Affekt als authentischer, pathetischer und kathartischer aufgewertet werden kann.Vgl. Millet, „La ‹ leçon des émotions › ", 1995, S. 176.

den Diskurs über die Affekte. Dieser wird auch später immer wieder von Neostoizismus oder Moralistik befeuert, mit dem erklärten Ziel, den Erleider von Passionen zum moralischen Agenten seines eigenen Fühlens zu machen.[80]

Erst im Zuge der Aufwertung antiker Rhetoriken und im italienischen Renaissancehumanismus wird der menschliche Affekt mit all seinen Ausdrucksmöglichkeiten dann so aufgewertet, dass der fühlende Körper zum authentischen Ausdrucksmittel der Seele aufsteigen kann. Von nun an muss er sich nicht mehr an der ethischen Mäßigung oder spirituellen Nützlichkeit messen. Die Renaissance entdeckt also aufs Neue den menschlichen und weltlichen Affekt. Hier gilt es zunächst einen Blick auf ein anderes Medium zu werfen: die Malerei, und dabei die deutlichen Querverbindungen zwischen Rhetorik, Poetik und Bild herauszuarbeiten. Denn bei Malern wie Giotto, da Vinci und Alberti ist Physiognomik als Zeichensystem das erste Mittel der Wahl, um ein wahrheitsgetreues Abbild der Seele des Menschen zur Darstellung zu bringen.[81] Zugleich erlaubt die körperlich materialisierte Darstellung der Affekte in der Frühen Neuzeit ein Nachempfinden beim Betrachter, das man steuern kann und das ästhetisch gewollt ist. Die Frage der Affektdarstellung ist also nachgerade das pulsierende Herz der zeitgenössischen Ästhetiken. So heißt es bei Leon Battista Alberti in *De pictura* (publ. 1450):

> Ferner wird ein Vorgang die Seelen der Betrachter dann bewegen, wenn die gemalten Menschen, die auf dem Bild zu sehen sind, ihre eigene Seelenregung ganz deutlich zu erkennen geben. Die Natur nämlich, die in unvergleichlichem Maße an sich reißt, was ihr gleicht: die Natur also schafft es, dass wir mit den Trauernden mittrauern, dass wir die Lächelnden anlächeln, dass wir mit den Leidenden mitleiden. Solche Seelenregungen aber geben sich durch die Bewegungen des Körpers zu erkennen.
>
> *Animos deinde spectantium movebit historia, cum qui aderunt picti homines suum animi motum maxime prae se ferent. Fit namque natura, qua nihil sui similium rapacious inveniri potest, ut lugentibus conlugeamus, ridentibus adrideamus, dolentibus condoleamus. Sed hi motus animi ex motibus corporis cognoscuntur.*[82]

Beides ist gewollt: Die Darstellung starker Affekte und die Affizierung des Betrachters. Hier lehnt sich die Malerei an die zeitgleich wesentlich renommiertere Lehre der antiken Rhetorik an.[83] Beachtenswert ist zudem, dass

80 Vgl. Cockcroft, *Rhetorical Affect in Early Modern Writing*, 2003, S. 57.

81 Vgl. hierzu Reißer, *Physiognomik und Ausdruckstheorie der Renaissance*, 1997, S. 99f., sowie die gesammelten Beiträge in Paster / Rowe / Floyd-Wilson, *Reading the Early Modern Passions*, 2004.

82 Alberti, *De pictura*, 2011, S. 268f.

83 Vgl. Reißer, *Physiognomik und Ausdruckstheorie der Renaissance*, 1997, S. 111.

Alberti betont, der Maler solle solche Dinge abbilden, „die dem Geist noch etwas übriglassen, was er sich selbst ausdenken kann – jenseits dessen, was sich den Augen zur Betrachtung darbietet“ (*quae plus animis quod excogitent relinquant, quam quae oculis intueantur*).[84] Dieser Gedanke wird aus der Redekunst Quintilians abgeleitet, der nicht nur fordert, der Redner solle jeden Affekt, den er erzeugen wolle, auch selbst fühlen, sondern der vor allem die Kategorie der *phantasia* hervorhebt: ein inneres Vorstellen eines Affekts, der nicht zuletzt die Verbindung zwischen Sprache und Bild zulässt.[85]

Trotz der euphorischen Neuentdeckung der quintilianischen *phantasia* im italienischen Quattrocento besteht jedoch selbst innerhalb der neueren Emotionsgeschichte disziplinenübergreifend die Tendenz, den Übergang vom Mittelalter zur Frühen Neuzeit hauptsächlich als eine Epoche der Bändigung, Zivilisierung und Rationalisierung der Affekte zu deuten. Besonders nachdrücklich erzählt hat diese Version der Geschichte bekanntermaßen Elias.[86] Dabei sollte man allerdings nicht aus den Augen verlieren, dass am Anfang des europäischen Zivilisierungsprozesses zunächst eine positive Neubewertung subjektiver Affekte stand. Sie erklärt die Passion zur Schöpfung aus individueller Vorstellungskraft und ist nur durch die teilweise Loslösung vom religiösen Diskurs möglich.[87] Unleugbar ist, dass die zunehmende Verhofung und Verhöflichung des europäischen Adels[88] im Sozialen neue und immer zahlreichere Mechanismen entwickelt, um Zeichen der Affekte im öffentlichen Raum zu kontrollieren. Trotzdem bot das künstlerische Pathos einen eigenen Raum für deren Ausdrucksform: Hier wurden die Affekte, wie ich meine, innerhalb, aber auch jenseits sozialer Opportunität zum Sprechen gebracht.[89]

Dabei stand nicht etwa die Forderung nach Authentizität im Vordergrund – dies wäre eine anachronistische Rückprojektion. Vielmehr bot literarisches und gemaltes Pathos einen Raum, um die Ambivalenz menschlicher Affekte in rhetorische Figuren und Phänotypen einzupassen, die den Konflikt zwischen Körper und Geist, Ich und Anderem, Subjekt und Gesellschaft, Subjekt und Sprache inszenieren. Im 16. Jahrhundert etwa entwickelt sich die tragische Erzählung zur Gattung, die das passionierte Gesicht als exemplarische Ausdrucksform

84 Alberti, *De pictura*, 2011, S. 270f.

85 Siehe dazu im Detail Kap. 2.1.2.

86 Vgl. Hitzer, „Emotionsgeschichte – ein Anfang mit Folgen“, 2011, S. 5.

87 Eine positive Schnittstelle stellt hier jedoch die Mystik dar. Vgl. Houdard, *Les Invasions mystiques*, 2008.

88 Vgl. Elias, *Über den Prozess der Zivilisation*, 1976, und ders., *Die höfische Gesellschaft*, 2002.

89 Von dieser Warte aus gilt zu korrigieren, dass es, wie es im Lexikon gerne heißt, bei „affektorientierter Kunst“ der Frühen Neuzeit prinzipiell um Beherrschung von Affekten gehe. Grimm, „Affekt“, 2000, S. 17 (= *Ästhetische Grundbegriffe*, Bd. I).

semiotisch einsetzt und in stereotypen Figuren rhetorisiert – also gerade gegen eine zunehmende Individualisierung arbeitet und dabei zugleich auf die höfische Normierung der Subjekte verweist.[90] Auch in den Traktaten über die höfische Kultur wirkt bis ins 17. Jahrhundert hinein eine Philosophie weiter, die eine Kontrolle gefühlter oder einen spielerischen Einsatz sichtbar gemachter Affekte vor allem von anthropologischer Warte aus behandelt: so bei Castiglione in *Il libro del Cortegiano* (gedr. 1528), in Graciáns *El descreto* (1646) und selbst noch in der Kritik an „la gloire d'une belle et immortelle douleur"[91] in den *Maximes* (1665) von La Rochefoucauld.

Das 17. Jahrhundert in Frankreich schließlich verschiebt zunächst die Auseinandersetzung mit der künstlerischen Anthropologie der Affekte in die taxonomischen Wissenschaften. Le Brun etwa entwickelt in seinem *Traité des passions* unter Bezug auf Descartes, der mit seiner physiologischen Passionslehre in *Les Passions de l'âme* teils den eigenen Substanzdualismus noch einmal in Frage gestellt hatte,[92] ein Raster für die passgenaue Darstellung und Deutung von einzelnen Affekten, ein „Baukastensystem der Gesichtsteile"[93]. Hier wird auf der Suche nach maximaler Transparenz der sichtbare und sprechende Affekt letztlich kaltgestellt. Das 18. Jahrhundert verlagert die Diskussion über die Ästhetik der Affekte dafür in den Bereich des individuellen, klassenunabhängigen und subjektiven Geschmacksurteils im Zeichen des empfindsamen *sentiment*.[94] Dabei scheint jedoch erstaunlicherweise ein wesentlicher Aspekt jener Paradoxie neutralisiert, die Luhmann für das moderne Paradigma in Anschlag bringen wollte: das spannungsreiche Verhältnis vom exemplarischen zum individuellen Affekt und die daran gekoppelte Problematik, wie sich Sprache und Affekt zueinander verhalten.

5.2.2 *Patho-Logik und rhetorische Lektüre*

Hier nun gilt es, so meine ich, eine frühere und ‚andere Allegorie' des Liebens in den Blick zu nehmen: die der Bukolik. Denn deren narrative Kasuistik an der Schwelle vom Mittelalter zur Frühen Neuzeit bringt eine Vielzahl von Sprachfiguren zum Einsatz, die genau an dieser Grenze zwischen Sprache und Affekt ansetzen. Sie operieren nicht nur auf der Ebene des Codes (wie er aus der

---

90 Hier wird die Visualisierung des Affekts im Gesicht sprachlich wiederum zu Figuren gewandelt, die eher stereotypisieren als charakterisieren, als „expressions globalisantes" die „nature sémiologique du visage" betonen und die Gefahr der Verstellung hervorheben. Arnould, „Les Visages de la douleur dans les récits tragiques du XVIe siècle", 1995, S. 55f.

91 La Rochefoucauld, *Réflexions ou Sentences et Maximes morales*, 2012, S. 64 (Maxime 233).

92 Vgl. Newmark, *Passion – Affekt – Gefühl*, 2008, S. 95.

93 Kirchner, *L'Expression des passions*, 1991, S. 36.

94 Vgl. ebd., S. 70.

Tradition der höfischen Liebe, des Petrarkismus und des Neoplatonismus vorgegeben ist), sondern auch auf der Ebene ritueller Ausdrucksformen. Im Zentrum steht dabei stets die wortreiche Opazität des Sprechens über die Liebe.

Wie wir mit Hamacher und De Man gesehen haben,[95] ist gerade das Pathos eine rhetorische Figur, die gelebte *emotives* im Sinne Reddys besonders gut zu simulieren versteht. De Man selbst schreibt zwar im Vorwort seiner *Allegories of Reading* das Pathos einer thematischen, identifikatorischen Leseweise zu – und damit der schlechtesten aller rhetorischen Lektüren.[96] Rei Terada aber weist in *Feeling in Theory* (2001) nach, dass die Differentialität und Inadäquatheit zwischen Sprache und Subjekt, die im Pathos hervorgetrieben wird, dieses nicht minder als ‚rhetorische Struktur' im Sinne der Dekonstruktion nach De Man anbieten.[97] De Mans *Allegories of Reading* werden so aus Teradas Sicht als veritable Emotionstheorie lesbar. Deren Vorteil ist, dass sie nicht der *expressive fallacy*[98] zum Opfer fällt, sondern ausweist, dass Emotionsdarstellung die Idee eines zentrierten Subjekts immer widerlegt. Pathos ‚weiß sich' als nicht referentiell in Bezug auf seinen Redegegenstand und ist insofern, im Sinne Hamachers, reine Intentionalität der Sprache.[99] Weniger dekonstruktivistisch gewendet könnte man hier ebenfalls davon sprechen, dass das Pathos die bevorzugte Ausdrucksform eines *disaggregated self* darstellt, das nicht nur mit gesellschaftlichen Normen, sondern auch mit der Sprache ringt. Terada nennt das Pathos daher *allegory of emotion* und fasst den Gedanken folgendermaßen zusammen:

> [...] *pathos* conveys the explicitly representational, vicarious, and supplementary dimensions of emotion. Scenes are played not for passion, but for pathos; debates about pathos come to be about the relation between representation and intensity.[100]

Diese Inszenierungen von Emotion vermitteln uns Subjektivität, bleiben aber immer differentiell: Spielfiguren auf einer „mental stage peopled by virtual entities".[101] Jede Repräsentation von Emotion im Allgemeinen – und die explizit rhetorische Repräsentationsform des Pathos im Besonderen – unterstreicht, dass wir unsere Emotionen nicht ‚haben' oder ‚sprechen' können: Wir können

95 Vgl. Hamacher, „Lectio. De Mans Imperativ", 1998, S. 164, sowie Kap. 3.3.
96 De Man, *Allegories of Reading*, 1979, S. ix.
97 Vgl. Terada, *Feeling in Theory*, 2001.
98 Siehe zum Begriff und zum Expressionismus in der Malerei Foster, „The Expressive Fallacy", 1983, S. 80–83 u. 137.
99 Vgl. Hamacher, „Lectio. De Mans Imperativ", 1998, S. 165.
100 Terada, *Feeling in Theory*, 2001, S. 5 (Hervorh. im Original).
101 Ebd., S. 21.

sie höchstens im Sprechen differentiell und mittelbar erahnen. Emotion ist (und hier differenziert Terada zwischen Emotion und dem ihrem Verständnis nach rein physiologischen Affekt) ein theatraler Effekt: „Emotion demands virtual self-difference – an extra 'you'."[102] Passion und Begehren sträuben sich als offenes aber unlesbares Geheimnis („open but illegible"[103]) gegen die Repräsentation. Dieses Geheimnis kann nur im Pathos – der pathematischen Repräsentation des Begehrens und damit der exemplarischen Figur der *allegories of emotion* schlechthin – gelesen werden. Denn die figurative Sprache erzeugt „Sprachgestalten der Affekte".[104] Dies ist meines Erachtens eine dringend notwendige Ergänzung zum oben dargestellten Konzept von Reddy, der die komplizierte Rhetorik der *emotives* unterschätzt, obwohl er sie aus der Theorie des Sprechakts herleitet.

Die Bukolik nun ist die Allegorie des Liebens schlechthin, gerade in dem Maße, wie sie eine Allegorie der Sprachlosigkeit der Liebe und der figurativen Sprachmächtigkeit des Liebens ist. Im Pathos des Liebenden werden Affektgestalten auf einer geistigen Bühne (*mental stage*) evoziert, die Begehren zu repräsentieren meinen, dabei aber nur sagen können, dass Lieben heißt, dieses Begehren immer wieder figurieren zu müssen. Besonders eindrucksvoll führt Montemayor dies an einem Gedicht vor, das an Selvagia, die unglückliche Schäferin der komplizierten Liebeskette, gerichtet ist:

Amor loco, ¡ay amor loco!
yo por vos, y vos por otro.

Ser yo loco es manifiesto,
¿por vos *quién* no lo será?
que mayor locur' está
en no ser loco por esto,
mas con todo no 's honesto
qu' ande loco,
por *quien* es loca por otro.

Ya que viendo's, no me veis,
y morís porque no muero,
comed or' a mí qu' os quiero
con salsa del que queréis,
y con esto me haréis
ser tan loco
como vos loca por otro. (*LD*, S. 154; Hervorh. K. P.)

102 Ebd., S. 31.
103 Ebd., S. 45.
104 Poppenberg, „Vom Pathos zum Logos", 2009, S. 190.

Nicht nur der Chiasmus des zweiten Verses („yo por vos, y vos por otro") bringt die Verknotung, zu der die Liebeskette sich an diesem Punkt gesteigert hat, zum Ausdruck. Auch der schier obsessive Einsatz von o-Lauten bildet eine rhetorische Textur, die in ihrer Repetitivität die *locura* der Liebe ebenso wie ihre Ausweglosigkeit und ein nachgerade vorsprachliches Pathos (¡O!) zu figurieren scheint.

Dennoch ist man damit noch nicht in der paradoxalen Logik des luhmannschen Liebescodes angelangt. Obwohl die Liebe und das Sprechen über die Liebe hier deutlich über das Moment des Paradoxons begriffen werden, steht doch auch ein exemplarischer *amor loco* im Mittelpunkt (deutlich wird dies an der zweifachen Wiederholung eines allgemein gehaltenen *quien*). Die rhetorische Allegorie des Liebens macht den Sprecher also zu einem ‚exemplarischen' Liebenden. Hinzu tritt in der Patho-Logik der ‚anderen Allegorie' das Moment der rhetorischen Selbstbeobachtung, die um die Figuration und Repräsentation von Liebe weiß. Montemayors Bukolik stellt also wie jene Encinas ein liebendes Subjekt in den Mittelpunkt, das über seine Beziehung zur Sprache symbolisiert wird. Dieser patho-logische, pathematische Code sollte meines Erachtens zwischen die Phasen der religiös definierten Liebe des Mittelalters und jene der paradoxalen Passion des 17. und 18. Jahrhunderts eingepasst werden. Passion wird nur deshalb kontextfrei verfügbar für den Diskurs über die Liebe, weil im Zuge der Aufwertung der Rhetorik und Imagination das Sprechen über die Liebe zur Signatur frühneuzeitlicher Anthropologie werden konnte. Deshalb gilt es nicht nur, den kulturellen Code der Liebe zwischen 1500 und 1600 semantisch zu schärfen. Auch und gerade die Rhetorik und das Pathos der Liebe können bezeugen, wie sich literarisch die mittelalterliche Liebesallegorie zu einer frühneuzeitlichen Allegorie des Liebens wandelt.

5.2.3 *Liebesüberfall: Die ‚andere Allegorie' der Bukolik*

So tritt in Montemayors *Diana* an prominenter Stelle die eigentliche Heldin des Romans Felismena als waffenbegabte und handlungsbereite ‚Diana' aus dem Wald, um im Namen der höfischen Liebe drei Wilde zu töten, die als Agenten eines körperlichen, lasziven Begehrens eine Gruppe von Nymphen zu vergewaltigen drohen. Die Wilden (*salvajes*) repräsentieren hier jenes Begehren (*deseo*), welches Herrera 1580 in seinem Garcilaso-Kommentar das „dritte Begehren" nennen wird, eine wilde und körperliche Laszivität, die eher den Tieren ziemt als dem Menschen.[105] Entsprechend treten auch Montemayors

105 Vgl. die Definition: „que es pasión de corrompido deseo y deleitosa laszivia, es el ferino y bestial, porque, como ellos dicen, conviene más a fiera que a hombre". Zitiert nach Gallego Morell, *Garcilaso de la Vega y sus comentaristas*, 1972, S. 329. Zum wilden Mann als

salvajes auf: stark behaart, mit Tigerfellen und Schlangenköpfen geschmückt, bereit, sich den Liebespreis mit Gewalt zu holen, den die spröden Nymphen ihnen verweigern. Wider Erwarten setzen die Angreifer jedoch zu einer Rede an, die nicht ihrer tierischen Natur, sondern dem höfischen Code der Liebesrede gehorcht:

> En fin tenemos en la mano el galardón de los sospiros, con que a causa vuestra importunábamos las aves y animales de la escura y encantada selva do habitamos; y de las ardientes lágrimas con que hacíamos crecer el impetuoso y turbio río que sus temerosos campos va regando. (*LD*, S. 186)

Die Nymphen bleiben angesichts der darauf folgenden Drohung stumm und vermögen zunächst nur mit der Sprache des Körpers ihrem Schrecken Ausdruck zu verleihen:

> Las ninfas con el súbito sobresalto, quedaron tan fuera de sí que no supieron responder a las soberbias palabras que oían, sino con lágrimas. (*LD*, S. 187)

Als sich schließlich ein veritabler Kampf zwischen einigen Schäfern, die zur Verteidigung der Nymphen anrücken, den Nymphen und den Wilden entspinnt, kann allein das beherzte Eingreifen der Felismena den Konflikt beenden: Mit Pfeil und Bogen tötet sie die Wilden, gleich einer weiblichen Stellvertreterin Amors, die den Liebespfeil – wenngleich mit tödlichem Ausgang – durch die Augen der *salvajes* eintreten lässt.

Wir haben es also, so will es scheinen, mit einer ausgewachsenen Allegorie frühneuzeitlicher Liebestheorien zu tun: Die Symbolfigur sublimierter Liebe, Felismena, beseitigt gleich zu Beginn der eigentlichen Handlung – der Teil davor orientiert sich eher an der klassischen Form der Ekloge – die latente Bedrohung aus der idealisierten Schäfergemeinschaft, wenn sie den körperlich-sexuellen und übergriffigen *deseo* aus der Welt schafft. Aber nicht allein ihre martialischen Taten lassen aufhorchen: Sie tragen dem Text nachgerade epische Momente ein, wenn ihre Gegner blutüberströmt zu Boden gehen oder die gewaltsame Buchstäblichkeit ihres ‚Okularstrahls', der immerhin dem neoplatonischen Diskurs idealisierter Liebe entstammt, hier an die epischen Kämpfe des spätmittelalterlichen *bellum intestinum* gemahnt.[106] Auch die Diskrepanz zwischen dem, *was* die *salvajes* sagen, *wie* sie es sagen

Feind des *amor cortés* in der Tradition des sentimentalen Romans sowie den Übergangsformen hin zum pastoralen Leben siehe Deyermond, „El hombre salvaje en la ficción sentimental", 1993.

106 Vgl. Jauss, „Entstehung und Strukturwandel der allegorischen Dichtung", 1968, S. 216.

und was *über* sie oder *zu* ihnen gesagt bzw. nicht gesagt wird, weist darauf hin, dass das mittelalterliche Konzept der Liebesallegorie hier brüchig geworden ist. Die Episode kommt einer erstaunlich modernen Urszene dessen gleich, was man den inhärenten Irrtum der Liebe nennen könnte: Will man sich doch eigentlich näherkommen, wenn man über Liebe spricht, kommen Passion, Tat, Rede und Gegenrede in der Sprache der Liebe selten zusammen.[107] Das Sprechen über die Liebe ist immer zum Scheitern verurteilt und kann – zumindest in der Welt des Romans – im schlimmsten Fall zum Tode führen.

Umso erstaunlicher ist es, dass Montemayor nur wenige Seiten später eine Allegorese seiner Szene einfügt, die diesen Befund, der von der Unmöglichkeit erzählt, Zeichen und Affekte zur Deckung zu bringen, zu konterkarieren scheint: Felismena deutet dort den Übergriff als *desorden*, als Unordnung in der Welt des *buen amor*, weil die Wilden an die Stelle der gebührenden Liebesdienste den Liebesangriff gesetzt haben. Sie werden als Wiedergänger des ‚wilden Mannes' der mittelalterlichen Literatur und damit als allegorische Figuren eines wilden Begehrens beschrieben, die der Wahrheit („sea verdad") Ausdruck verleihen, dass ein verliebtes Herz den Drang zu seinen wilden Zielen („fieros destinos") auch nicht von der Stimme der Vernunft („razón") Einhalt gebieten lasse:

> No es el amor de manera, hermosas ninfas de la casta diosa, que pueda el que lo tiene tener respecto a la *razón*, ni la razón es parte para que un enamorado corazón deje el camino por do sus *fieros destinos* le guiaren. Y que esto *sea verdad* en la mano tenemos la experiencia, que puesto caso que fuésedes amadas destos salvajes fieros, y el derecho del buen amor no daba lugar a que fuésedes dellos ofendidas, por otra parte, vino aquella desorden con que sus varios efectos hace a dar tal industria que los mismos que os habían de servir, os ofendiesen. (*LD*, S. 193; Hervorh. K. P.)

Dadurch verwandelt Felismena sich und die Wilden in Spielfiguren einer Psychomachia, die dem inneren Kampf von Passion und Vernunft, dem Wettstreit von Tugend und Laster begrifflichen und figuralen Ausdruck verleihen.

Bereits 1936 hat C. S. Lewis in einer Arbeit über die mittelalterliche Allegorie die literarischen Formen des *bellum intestinum* untersucht. Er ist dabei zu dem

107 Prototypisch dafür ist ebenfalls die Liebeskette zwischen Selvagia, Alanio, Ysmenia und Montano, von denen es heißt: „Y cuando allí los cuatro discordantes amadores nos hallamos no se puede decir lo que sentimos, porque cada uno miraba a quien no quería que le mirase." (*LD*, S. 151) Hier ist nicht nur auf der Figurenebene zwischen den ungleich Liebenden die Kommunikation so weit gestört, dass selbst Blicke immer in die falsche Richtung kommunizieren, sondern auch der Text selbst kommentiert, wie unmöglich es ist, von diesen Gefühlen Zeugnis abzulegen.

Schluss gekommen, dass die Allegorie der Liebe im Spätmittelalter einer veritablen Götterdämmerung,[108] einer Morgendämmerung des abstrakten menschlichen Denkens entspreche und das Zeitalter der Subjektivität erahnen lasse:

> It is as if the insensible could not yet knock at the doors of the poetic consciousness without transforming itself into the likeness of the sensible: as if men could not easily grasp the reality of moods and emotions without turning them into shadowing *persons*. Allegory, besides many other things, is the subjectivism of an objective age.[109]

Im inneren Krieg der Tugenden und Laster treten menschliche Qualitäten, Wünsche oder Triebe gegeneinander an und zeichnen im Kampf gegen die Versuchung die christliche Heilsgeschichte nach. Erst als sich mit und nach dem Rosenroman die Allegorie endgültig, so Hans Robert Jauss, von der Denkform in eine Kunstform wandelt,[110] wird auch der allegorische Code frei für die weltliche Liebe und fiktionale Liebeserzählungen, und, wie im Falle von Guillaumes *Roman de la Rose*, potentiell opak, weil das Geheimnis der liebenden Dame nie ganz entschlüsselt werden kann. Bereits mit der Minneallegorie ist der Literalsinn zugleich anfällig für eine gewisse Form der Unlesbarkeit. Denn, so Jauss, nur einem eingeweihten Publikum ist die esoterische Sprache der höfischen Minneallegorie verständlich. Die Heilsgeschichte dagegen durfte als geteiltes Wissen des christlichen Mittelalters angenommen werden, die als *vraie chose et véritable* aus der erzählten *fable* herausgelesen werden konnte.[111] Bei Montemayor hingegen kehrt sich die Szene nachträglich in eine lesbare Allegorie des esoterischen Codes idealisierter Liebe – wenngleich ihr Literalsinn (die pfeilbewehrte Felismena, die rohen *salvajes*) den dabei verhandelten Affekten gegenüber zweifach auf Abstand gebracht ist: Die Wilden stehen für das *Laster* eines wilden Begehrens, Felismena für die *Tugend* eines gezügelten Begehrens. Das Begehren selbst bleibt opak, wenngleich die Allegorie des Begehrens durchaus – mit entsprechendem Vorwissen – entschlüsselbar ist. Der gezielt eingesetzte Effekt, aus der Dunkelheit der Lettern in der Deutung von Allegorien rhetorischen Schmuck, Fiktionalitätsbewusstsein oder schlichtweg Leselust zu erzeugen, ist freilich selbst in geistlicher Dichtung zum Einsatz gekommen. Gegen die Eindimensionalität moralisierender Lehrdichtungen stand bereits früh die Poeto-Logik des dunklen Sinnes,[112] der

---

108 Vgl. Lewis, *The Allegory of Love*, 1953, S. 52.

109 Ebd., S. 30 (Hervorh. im Original).

110 Jauss, „Entstehung und Strukturwandel der allegorischen Dichtung", 1968, S. 244.

111 Vgl. ebd., S. 155–158.

112 Vgl. im spanischen Mittelalter die Poetik des „palavra es obscura, esponerla queremos" bei Gonzalo de Berceo und dessen eigener, sinnlicher Schilderung des idealisierten

zum Lesen einlädt, aber den Blick auf das sinnliche Zeichen und nicht ausschließlich auf dessen allegorischen Sinn lenkt. So steht auch hier nicht nur die Frage ungelöst im Raum, was sich hinter den dramatisch geschilderten Handlungen der so vordergründig ‚zu Ende' allegorisierten Figuren noch verbirgt. Der Text produziert zudem eine selbst ohne die nachgestellte Allegorese genießbare fiktionale Welt.

Anstatt die in unserer eingangs erwähnten Szene entschlüsselte ‚Wahrheit' nun auf sich beruhen zu lassen, setzt Montemayors Felismena schließlich an, ihre eigene, von Bandello entliehene Geschichte zu erzählen – ihren eigenen *destino*, der auch von mangelnder *razón* handelt und aus der Welt der Schäfer in die Welt des Hofes zurückführt. Der *orden* des *buen amor* wird im Übrigen gerade in der Felismena-Erzählung gehörig auf den Kopf gestellt. Ist sie es doch, die einem untreuen Geliebten als Page verkleidet nachreist, infolge dessen einer Dame am Hof den Kopf verdreht und zuletzt ihrem eigenen Geliebten Don Felis in einer Wiederholung ihrer ersten Kampfhandlung das Leben retten muss, bis dieser ihr ohnmächtig wie eine Angebetete des höfischen Liebescodes an die Brust sinkt. In Felismenas Liebeswelt ist wie in der Selvagias von Beginn an von Seiten des Ethos, der gesellschaftlichen Geschlechterordnung und der Moral betrachtet alles aus dem Lot geraten – was jedoch der Lust am Erzählen und Lesen sicherlich keinen Abbruch tut.[113]

Hier vollzieht der Text den Übergang von der vormals, so Lewis, dominanten Form der Liebeserzählung – der Liebesallegorie – zur frühneuzeitlichen Bukolik, die an der Schwelle zum 16. Jahrhundert über die Rezeption und Übersetzung antiker Texte Schub bekommt, sich als neue dominante Form des Sprechens über die Liebe entpuppen wird und gerade in Spanien alle vorherigen Diskurse über die Liebe zu transformieren weiß. Dabei wird die Liebe gezielt auf Fehldeutungen hin geöffnet. Folglich ist die Kette von Liebesüberfall, Allegorese und Erzählung in Montemayors *Diana* auch in diesem Sinne zu verstehen: als Anhäufung von Zeichen, die sich zueinander immer opaker verhalten und nicht etwa – so eine naive Lesart – wechselseitig erklären oder gar repräsentieren.

5.2.4 *Belisas Insel: Liebespathos als einsame Fiktion*

Dies kann man nun entweder mit Klaus W. Hempfer als diskursive Pluralisierung von Liebesdiskursen in der Frühen Neuzeit auffassen.[114] Oder man inter-

---

Marien- bzw. Paradiesgartens („prado verde"). *Milagros de nuestra señora*, 2006, S. 92 u. 87f. (Prólogo, Strophe 16 u. 2).

113 Siehe dazu weiter unten Kap. 5.4.

114 Vgl. Hempfer, „Intertextualität, Systemreferenz und Strukturwandel", 1991.

pretiert es zunächst mit Iser und Lewis als eine weitere Entwicklungsstufe auf dem Weg zu größerem Fiktionalitätsbewusstsein[115] und imaginärer Freiheit. Lewis zufolge eröffnet die allegorische Liebesdichtung mit ihren symbolischen Landschaften und Figuren Möglichkeiten, die sich dann wohl erst in der frühneuzeitlichen Bukolik erfüllen werden: „allegory liberates the mind for free excursions into the merely imaginable".[116] In diesem Sinne wird man auch Felismena und die generisch hybride Form der *Siete libros de la Diana* zu interpretieren haben, denn die Reise der Schäfer in den Palast der Zauberin Felicia in der Mitte des Romans ist wohl zu Unrecht als Fremdkörper verunglimpft worden. Ist doch gerade die generische Hybridität des Textes zwischen Ekloge, bukolischen Szenen, eingelagerten Geschichten aus der Welt des Hofes und der Welt des Wunderbaren ein Zeichen für die Produktivität der Gattung.

Das Wunderbare und seine imaginäre Geographie sind schon zuvor, folgt man Lewis in seiner Argumentation, eine wichtige Stufe im Zuge der geistesgeschichtlichen Hinwendung zur Innerweltlichkeit. Sie machen die Welt der spätmittelalterlichen Minneallegorie funktional anschlussfähig an die „geistige (Ideal- und Kunst-)Landschaft"[117] Arkadien. Dabei ist zu bedenken, dass sich jede weltliche Allegorie als Mythos erkennt – „a marvellous that knows itself as myth".[118] Die Bukolik wird diese innere Reflektion weiterführen und an die Stelle der konventionellen Liebesallegorie eine genuine „amatory allegory",[119] eine Allegorie des Liebens setzen, die einen Mythos im Besonderen seziert: die Verbindung von Affekt und Sprache oder das, was man eine *expressive fallacy* nennen muss – den Glauben, mit Sprache Affekte zum Ausdruck bringen zu können.

Die Bukolik des 16. Jahrhunderts steht endgültig – aller Allegorese Felismenas zum Trotz – nicht mehr im Zeichen des Ethos personifizierter Tugenden, sondern im Zeichen von wortreichen, aber zugleich unlesbaren Emotionen und damit in einem Kosmos der Innerweltlichkeit. Die darin auftretenden Figuren konstituieren sich, indem sie die Unverfügbarkeit der eigenen Affekte zur Schau stellen und sich kontinuierlich zur Sprache ins Verhältnis setzen – und nicht etwa zu Gott als ethischer Richtinstanz. Solcherart tritt in der Welt des Bukolisch-Märchenhaften Lewis' *subjectivism in an objective age* in eine neue Phase ein. Im dritten Buch der *Diana* etwa treffen die Schäfer auf die schlafende Belisa, die sich auf einer Insel in eine Hütte und damit vollständig

115 Siehe den einschlägigen Text von Iser, *Das Fiktive und das Imaginäre*, 1993.

116 Lewis, *The Allegory of Love*, 1953, S. 260.

117 Vgl. Snell, „Arkadien", 1976, S. 40.

118 Lewis, *The Allegory of Love*, 1953, S. 83.

119 Ebd., S. 116.

aus der Gesellschaft zurückgezogen hat. Belisa wird sogleich als weitere Diana-Figur eingeführt, denn in ihrer Schönheit flößt sie der Gruppe nicht weniger Bewunderung ein, als sähen sie die schöne Diana vor ihren Augen („que si la hermosa Diana vieran delante de sus ojos“; *LD*, S. 228). Eine mitleidserregende Gestalt mit verworrenem Haar und also von den Zeichen ihrer inneren Unruhe auch nach außen markiert, vergießt Belisa selbst im Schlaf Tränen, die zu Mitleid rühren. Dennoch stellen diese keine Affektrede dar, sondern einen zunächst opaken, wenngleich körperlich symbolisierten Affekt. In der vollständigen Isolation ihrer Insel scheint sie einen paradoxen Selbstgenuss des eigenen Leids zu verkörpern, der mit einem todesgleichen oder -nahen Zustand verglichen wird. In der Beschreibung Belisas schließlich treffen wir auf eine andere Ausprägung der Pathosszene als bei Encina,[120] weil hier nicht ein sich bewegender Körper, sondern ein vom Affekt bewegter Körper visualisiert wird:

> Tenía una saya azul clara, un jubón de una tela tan delicada que mostraba la perfición y compás del blanco pecho, porque el sayuelo que del mismo color de la saya era, le tenía suelto de manera que aquel gracioso bulto se podía bien divisar. Tenía los cabellos que más rubios que el sol parecían, *sueltos y sin orden alguna*, mas nunca orden tanto adorno hermosura como la desorden que ellos tenían; y con el descuido del sueño, el blanco pie descalzo, fuera de la saya se le parecía, mas no tanto que a los ojos de los que lo miraban pareciese deshonesto. Y según parecía por *muchas lágrimas que aun durmiendo por sus hermosas mejillas derramaba*, no le debía el sueño impedir sus tristes *imaginaciones*. (*LD*, S. 228; Hervorh. K. P.)

Die Erotik der Szene, Belisas Tränen, die Unordnung ihres Haars und die entblößte Nacktheit ihrer Brust sind offensichtlich Bilder für ihre innere Unruhe. Darüber hinaus verkörpert Belisa aber auch eine Form der Stasis, in die das liebende und leidende Subjekt geworfen wird. Dessen Selbstgenuss ist ja nur durch das Aufrechterhalten des Leidens gewährleistet („tengo de vivir tan envuelta en tristezas“; *LD*, S. 229). Sprich: Das Leiden an der Passion, deren *imaginación* selbst im Schlaf nicht stillsteht, formt das pathematische Subjekt, das sich seine eigene Realität schafft. Eingeschlossen in ihre Trauer – *envuelta en tristezas* – auf einem Bett aus Trauerweiden, beruft sich Belisa deshalb nach ihrem Erwachen sogleich auf die Funktion ihrer Hütte: Sie sei ein Ort des Weinens, des Beweinens, wo es in Liebesdingen keine Heilung gäbe, ein abgeschlossener Raum, in den kein Trost und keine Hoffnung eindringen können. Selbst die Pflanzen ihrer Insel werden von den Tränen genährt, die Bäume des Waldes von der Stimme ihrer Klagen gewiegt. Die Natur wird zum

120 Siehe dazu Kap. 3.2.2.

antwortenden ‚Auswuchs' der „triste vida", ja zur Isolationshaft derer, die unheilbar der Liebe verfallen sind („los incurables de amor"; *LD*, S. 230) – sie ist damit aber als Zeichen auch opak gegenüber den ihr zugeordneten Affekten, auf die sie nur verweisen kann. Immer Zeichen der Trauer, nicht die Trauer selbst oder gar die Liebe, die jener zugrunde liegt. Die symbolische Insel gehorcht vielmehr den Konfigurationen des Unsichtbaren, die Jauss dem *dolce stil nuovo* zuschreibt,[121] und die mehr leisten, als nur expressive *visibilia*[122] des Affekts zu schaffen: Sie verweisen darauf, dass der Affekt selbst immer im Unsichtbaren agiert. Daher ist Belisas Insel nicht mehr im Sinne des allegorischen *cárcel de amor* oder des Liebesgartens zu entschlüsseln: Sie ist *ihre* Insel und erzählt Belisas Geschichte, als allegorisches Bild des Liebens und seiner Qualen.[123]

Auf die anwesenden Schäfer und Nymphen wirkt die Szene dann tatsächlich wie eine Pathosszene,[124] weil sie spiegelbildlich zum Leser von ihr betroffen viele Tränen vergießen. Hier verdoppelt der Text nicht nur seine Kommunikation, sondern führt auch auf einer Metaebene vor, wie die pathematische *phantasia* funktioniert: Wird dem Geist ein kräftiges Bild vorgegeben, so erzeugt dies auch im Zuschauer oder Zuhörer den gleichen Affekt. Der Prozess wird gekoppelt an den ebenfalls rhetorischen Begriff der *admiratio*: „Las ninfas y pastores estaban tan admirados de su hermosura y de la tristeza que en ella conocían, que no sabían qué se decir, sino derramar lágrimas de piedad de las que a la hermosa pastora veían derramar […]." (*LD*, S. 228) Damit ist es aber mit dem Pathos der Szene nicht getan. Sobald Belisa zu sprechen beginnt, bedient sie sich eines ganz prototypischen rhetorischen Pathos, etwa in der Reihung von rhetorischen Fragen (vgl. *LD*, S. 229), der Apostrophe der Zuhörer („¡Ay, hermosas ninfas!"; *LD*, S. 230) oder selbst der eigenen Zunge: „¡ay lengua mía callad, que más habéis dicho de lo que os han preguntado!" (*LD*, S. 253) Das rhetorische Pathos ergänzt somit die visuell inszenierte Pathosszene, eine Steigerung, die der Erzählerkommentar dann sogar explizit kommentiert, wenn er die Verbindung von Wortpathos und Pathosszene, von Rede zum einen und Körper zum anderen betont:

121 Vgl. Jauss, „Entstehung und Strukturwandel der allegorischen Dichtung", 1968, S. 243.

122 Vgl. Lewis, *The Allegory of Love*, 1953, S. 45.

123 Belisas Insel ähnelt zwar dem mittelalterlichen Purgatorium der Liebe in der Einsamkeit. Vgl. Post, *Medieval Spanish Allegory*, 1915, S. 85f. Allerdings weicht der Roman von dieser allegorisch-panegyrischen Tradition insofern ab, als zum Beispiel anders als in San Pedros *Cárcel de Amor* (1492) das Liebesgefängnis des Leidens nicht mehr einen ausschließlich allegorischen Raum darstellt.

124 Siehe dazu Kap. 4.2.

> Todos estaban espantados de ver el *espíritu* que con el *rostro* y *movimientos* daba a lo que decía, que cierto bien *parecían sus palabras salidas del alma*; y no se sufría menos que esto, porque el triste suceso de sus amores, quitaba la sospecha de ser fingido lo que mostraba. (*LD*, S. 230; Hervorh. K. P.)

Belisas eingelagerte Erzählung nun liefert auch eine dritte Variante des bukolischen Pathos nach: das Handlungspathos im streng aristotelischen Sinne. An dem Bericht ist nicht nur bemerkenswert, dass er beinahe einer Erzählung in der dritten Person gleicht („la desdichada Belisa"; *LD*, S. 232), sondern zusätzlich einer Tragödienstruktur folgt. Zur Erinnerung: Als das schwere „Leid" ist das Pathos bei Aristoteles Teil der Fabel und vor allem eine „Handlung, die Verderben oder Schmerz bringt" (*Poetik*, 11, 1452b). Pathos muss sich demzufolge – soll es seine größte Wirkung entfalten – zwischen Blutsverwandten abspielen (vgl. *Poetik*, 14, 1453b). Zentrale Elemente des Handlungspathos sind Peripetie, Katastrophe und Wiedererkennung und deren Ziel die Katharsis, die dadurch hervorgerufen wird, dass innerhalb des Syntagmas Affekte zunächst erregt und dann abgeführt werden können. Gelingen wird dies nur dann, wenn es der Dichter vermag, beim Zuschauer mittels Sprache jene Affekte künstlich bzw. rhetorisch zu erzeugen. Bei Montemayor wird dies auf der Ebene der Rahmenerzählung sehr deutlich gemacht, wenn Belisas Zuhörer immer wieder durch ihre Tränen bezeugen, wie sehr sie von ihrer Rede bewegt werden: „Acabando la hermosa Belisa de contar su infelice historia, comenzó a llorar tan amargamente que ninguno de los que allí estaban pudieron dejar de ayudalle con sus lágrimas." (*LD*, S. 252) Auf der Ebene der eingelagerten Handlung schließlich inszeniert Montemayor ein nachgerade prototypisches Handlungspathos, wenn er Belisa als gefangen zwischen der Liebe zu Arsenio und dessen Sohn Arsileo inszeniert. Aufgrund des fatalen Eingreifens der *fortuna* („el más desdichado suceso"; *LD*, S. 250) tötet der Vater aus Eifersucht unwissentlich den eigenen Sohn, als er ihn bei einem nächtlichen Stelldichein mit Belisa überrascht:

> El desdichado padre que con estas palabras conoció ser homicida de Arsileo su hijo, dijo con una voz como de hombre desesperado: "¡Desdichado de mí, si eres mi hijo Arsileo, que en la voz no pareces otro!" Y como llegase a él y, con la luna que en el rostro le daba, le devisase bien y le hallase que que había expirado, dijo: "¡O cruel Belisa, pues que el sin ventura hijo, por tu causa a mis manos ha sido muerto, no es justo que el desaventurado padre quede con la vida!" Y sacando su misma espada, se dio por el corazón de manera que en un punto fue muerto. (*LD*, S. 251f.)

Hier kulminieren Wortpathos, Pathosszene und Handlungspathos in einer großen, tragischen Klimax. Noch dazu bricht die Erzählung ab, weil Belisa wie der

Leser erst nach der Episode bei der Zauberin Felicia erfahren wird, dass es sich bei ihrem Leid nur um eine bösartige Täuschung durch den Zauberer Alfeo gehandelt hatte und Vater und Sohn noch am Leben sind (vgl. *LD*, S. 317f.). Die Auflösung des Knotens, die Anagnorisis und ein durchaus untragischer Umschwung zum Guten werden also suspendiert.

So ist auch der Schlaf der unglücklichen Schäfer am Ende des III. Buches und unmittelbar vor der Episode bei Felicia gerade im Gegenteil etwa zur *Astrée* keine bildliche Darstellung des Ethos,[125] sondern spiegelbildlich zum Schlaf der Belisa eine pathematische Nachtwache: „cada uno escogió el lugar de que más se contentó para pasar lo que de la noche les quedaba, la cual los enamorados pasaron *con más lágrimas que sueño*, y los que no lo eran, reposaron del cansancio del día." (*LD*, S. 254; Hervorh. K. P.) Im Vergleich dazu muss der heilende Schlaf in Felicias Palast nachgerade todesähnlich und somit (er) regungslos sein, um eine wirksame Änderung der Liebesschicksale herbeizuführen: Die beistehenden Schäferinnen erschrecken sich mehrfach („espantarse"; vgl. *LD*, S. 307f.), als Sireno, Sylvano und Selvagia niedersinken, und die Zauberin muss Felismena und Belisa beruhigen, dass dieser durch den Trank herbeigeführte Schlaf, „que vivirán los más descansados del mundo" (*LD*, S. 308), durch ihre Einwirkung wieder aufgelöst werden kann, obgleich die Schlafenden wie Tote wirken.

Belisas Erzählung über die Liebe wiederum erweist sich als autonomer Text, der, wie bereits El Saffar bemerkt,[126] nicht mehr an das Schäferpublikum gerichtet ist und keine Zwischenfragen erlaubt. Der zunächst opake, sich abschließende und sprachlose Affekt der Dame wird dabei nicht in dekodierende, dialogische Allegorese aufgelöst. Vielmehr verwandelt er sich in eine visuell-raumsemantische Affektallegorie ihrer pathematischen Selbsttechnik auf der einen Seite und eine monologisierende Erzählung mit tragischer Handlungsstruktur auf der anderen. Die erzählten Figuren und die eingelagerten intradiegetischen Erzählungen spiegeln uns dann zwar Kausalität zwischen Erzählung und vorgestelltem Affekt vor, stehen jedoch auch in gewisser Weise gerade unverbunden nebeneinander. Belisas Insel fungiert also als Allegorie der Liebeszeichen oder des Liebens, Belisa selbst ist aber keine Allegorie ‚der Liebe' – und die von ihr vorgetragene Erzählung führt wieder aus der Welt des Wunderbaren heraus: in die zeitgenössische und somit weniger idealistische Welt der intradiegetischen Geschichten.

Die Geburt des bukolischen Paradigmas des Erzählens aus der Irritation einer klassischen allegorischen Formel heraus ist es also, die im Falle Felismenas

125 Vgl. Giavarini, „Exemples de corps", 2008.

126 El Saffar, „Structural and Thematic Discontinuity in Montemayor's *Diana*", 1971, S. 192.

und Belisas zweimal vorgeführt wird und den Weg ebnet zu einer neuen Anthropologie des Affekts. Dabei widerlegt das Erzählen in seiner Paradigmatik und in seiner Syntagmatik die vormals konzeptuell recht geschlossene allegorische Figuration von Affekten, wie sie etwa in der allegorischen Gestalt des ‚wilden Mannes' oder in Form des Liebesgartens oder -gefängnisses noch zur Verfügung stand. Gleichzeitig wird ersichtlich, dass die ‚andere Allegorie' der Bukolik sich nicht nur als Mythos, sondern auch als Rhetorik weiß und ganz dezidiert auf pathematische Elemente, auf rhetorisches Pathos, Pathosszene und Handlungspathos zurückgreift.

Vor dem Hintergrund dieses Befundes zur Rolle der pathematischen Figuration im Schäferroman drängt sich die Frage auf, welche kultursemiotische Bedeutung diese Figuration haben könnte. Wenn man dazu in Anschlag bringt, dass Montemayor den Roman zu einer Zeit verfasst, in der sich die spanische Zentralmonarchie zu konsolidieren beginnt und damit einhergehend residuelle Formen emotionaler Vergemeinschaftung überholt, müssen die Schäferschicksale von Belisa, Felismena und Selvagia noch einmal neu betrachtet werden.

5.3 In Felicias Palast: Zur Kultursemiotik des Schäferromans

Die aufständischen *Comuneros* hatten das königliche Machtmonopol der spanischen Zentralmonarchie unter anderem mit der Forderung in Frage gestellt, dass ihr Herrscher weiterhin dem feudalen Ideal von *amor y temor al Rey* zu gehorchen habe.[127] Der meist abwesende Karl V. konnte dies ebenso wenig verkörpern wie später Philipp II. Dieser weilte zu der Zeit, als Montemayor seine wichtigsten Werke verfasste, bekanntlich zumeist in England oder den Spanischen Niederlanden und musste auf der iberischen Halbinsel von seiner Schwester vertreten werden. Bemerkenswerterweise gewinnt im Laufe des 16. Jahrhunderts nun *amor* im Vergleich zu *temor* die Überhand,[128] eine Liebe, die der Adel seinem Fürsten offenbar anbieten will, aber vorerst nicht kanalisieren kann. Nach dem Scheitern der *Comunidades* wird deshalb aus der Not der politischen Konstellation heraus vielleicht zum ersten Mal eine neue Liebe der Untertanen zur *patria* vorstellbar. Sie verwandelt die *face-to-face*

127 Vgl. Bermejo Cabrero, „Amor y temor al Rey", 1973, S. 114f.

128 Vgl. ebd., S. 116–119. Exemplarisch sichtbar bei Alfonso de Valdés, der Karl u. a. nach Italien begleitete, oder bereits deutlich früher in Diego de Valeras an Ferdinand gerichtetem Fürstenspiegel *Doctrinal de Príncipes* (1475). Das pessimistisch-realistische Modell von Machiavelli hingegen bevorzugt *temor* und ist streng genommen realpolitisch, nicht affektisch.

Kommunikation[129] zwischen herrschendem und beherrschtem Subjekt in eine abstrakte, aber nicht minder affektische Identifikation mit dem spanischen Reich. Dabei zeigt sich, wie ambivalent die Interpellation des frühneuzeitlichen höfischen Subjekts in Spanien gewesen ist.[130] Der Wunsch nach einem persönlichen Verhältnis zum Herrscher ist damit aber noch bei weitem nicht obsolet.

Montemayors Roman nun setzt genau dort an. Seine Schäferwelt schließt nämlich Elemente ein, die nachgerade nostalgisch an die anachronistische Herrschaftsform des Feudalismus erinnern. Es gilt daher zu klären, inwiefern die Gesetze des politischen und des emotionalen Regimes seiner Zeit in Montemayors Text ihre Spuren hinterlassen haben. Dazu beziehe ich mich methodisch auf Fredric Jameson, der für die Entstehung realistischer Erzählformen den Begriff der „Deprogrammierung"[131] feudaler Narrative geprägt hat. Ihm zufolge führte die Kulturrevolution an der Schwelle von der feudalistischen zur frühkapitalistischen Gesellschaft dazu, dass auch in der Literatur Elemente der alten, abgelebten Ordnung, wie sie aus dem höfischen und dem Ritterroman[132] bekannt waren, redundant und durch den realistischen Modus des Erzählens dekonstruiert wurden. Im Falle der Bukolik hingegen müsste man, so die von Leopold vertretene Hypothese, zunächst von einer *Re*programmierung sprechen.[133] Denn als Reaktion auf die entstehende frühkapitalistische und schlussendlich absolutistische Ordnung wird in der Schäferliteratur sozialutopisch noch einmal die Rückkehr zu feudalen oder vorkapitalistischen Lebensformen ausphantasiert. Reflektiert Encinas Schäferspiel um 1500 noch zeitgenössisch die Epoche der Katholischen Könige, so bietet die erzählende Schäferliteratur der Folgejahre eine melancholische Reprogrammierung jener herrschenden Wirklichkeit, die vom Niedergang der genuin spanischen Monarchie, der Integration der iberischen Halbinsel in das Habsburgerreich, der städtischen Revolte in den *Comuneros*-Aufständen und nicht zuletzt von

---

129 Vgl. ebd., S. 122f.

130 Siehe zur spanisch-frühneuzeitlichen Subjektivität aus Sicht der Interpellationstheorie und mit Bezug auf den bürokratischen Apparat des spanischen Kolonialreiches Folger, *Writing as Poaching*, 2011, S. 13–66.

131 „[T]he function of any cultural revolution [...] will be to invent the life habits of the new social world, to *de-program* subjects trained in the older one." Jameson, *Signatures of the Visible*, 1992, S. 226 (Hervorh. im Original).

132 „Die ritterliche Schwärmerei und die schäferliche sind im Grunde eine und dieselbe Sache: Mangel an Sinn für die Wirklichkeit ihre gemeinsame Quelle." Vossler, „Tassos *Aminta* und die Hirtendichtung", 1976, S. 167.

133 Vgl. Leopold, „*Gender Trouble* und politische Phantasie in der spanischen Bukolik der Frühen Neuzeit", 2016, S. 117. Dass dies wesentlich komplexer ist, zeigt Leopold in der Folge u. a. auch in Bezug auf Encina.

den ökonomisch desaströsen Auswirkungen der Kolonialisierung Amerikas geprägt ist. Die damit verbundene Beförderung sozialer Mobilität und der Aufstieg der administrativen Mittelklasse laufen der ständischen Stratifikationslehre des feudalen Mittelalters zuwider, die den Adeligen auf heroische Aktivität, aber ökonomische Passivität verpflichtet hatte. Umso erstaunlicher ist es, dass bisher das in bukolischen Texten ausphantasierte, sprichwörtliche *otium* zwar auf die Lesegewohnheiten des vornehmlich aristokratischen Publikums der Schäferliteratur, noch nicht aber eindeutiger auf den prekären gesellschaftlichen Ort der frühneuzeitlichen *leisure class* selbst bezogen worden ist.[134] Wenn es also über die Gattung des Schäferromans lange Zeit hieß, sie sei uns deshalb heute fremd, weil sie bereits „alt geboren" wurde und, so Werner Krauss, „sich an eine fremde Kunst anlehnte, an Vorbilder eines Zeitalters, das vergangen war",[135] muss man dem Recht geben. Allerdings nicht, ohne diese literarische Reprogrammierung als ästhetische Formwahl – noch über die humanistische Rezeption der Antike hinaus – näher zu bestimmen.

5.3.1 *Reprogrammierung und Klassennarrativ*

Denn die humanistische und antikisierende Idealisierung des Schäfers holt in Spanien nicht einfach die Antike in das 16. Jahrhundert. Vielmehr nivelliert diese Renaissance der Bukolik in der aristokratischen Reprogrammierung der Schäferwelt den Gegensatz zwischen Feudalherren und Bauernstand, wie er noch die rustikalen Pastourellen des Mittelalters komisch durchzogen hatte. Die Adeligen und ihre gesellschaftlichen Normen werden in die Enklave des ländlichen Raums integriert. Trotzdem handelt es sich dabei um keine rein illusionistische Verabschiedung von der Wirklichkeit in eine ‚geistige Landschaft'.[136] In vielen bukolischen Texten des 16. Jahrhunderts ist hingegen die Reprogrammierung einer positiv besetzten, durch Wünsche überformten Vergangenheit am Werke. Dies ist insbesondere dort der Fall, wo die Loyalität oder *constantia* des Liebenden und die souveräne Herrschaft der Geliebten an die Regeln der Troubadourlyrik gemahnen.[137] Besonders eindrücklich begegnet uns dieses Prinzip der Liebe als soziales Distinktionsmerkmal schon bei

---

134 Siehe zur Idylle als Klassenstrategie in Ansätzen und ausgehend von Vergil Faber, *Politische Idyllik*, 1976, sowie zur *leisure class* Veblen, *The Theory of the Leisure Class*, 1899. Die Leser des Schäferromans waren zum größten Teil „courtiers, whose leisure time permits them to invent diversions whose central focus may be the shepherd mask". Finello, *Pastoral Themes and Forms in Cervantes's Fiction*, 1994, S. 143.

135 Krauss, „Der spanische Hirtenroman", 1972, S. 240f.

136 Vgl. Snell, „Arkadien", 1976.

137 Siehe zu den antirinascimentalen Archaismen in der spanischen Kultur des späten Mittelalters (insb. 1369–1516) bereits Boase, *The Troubadour Revival*, 1978.

Andreas Capellanus, der im 12. Jahrhundert den dritten Stand samt und sonders vom ‚Hof der Liebe' verbannt hatte: „Wir sagen nämlich, dass es kaum gelingen kann, Bauern zu finden, die am Hof der Liebe Kriegsdienst leisten; sondern sie werden von Natur wie ein Pferd und ein Maultier zu den Werken der Venus getrieben, wie es ihnen der Drang der Natur zeigt."[138] (*Dicimus enim vix contingere posse, quod agricolae in amoris inveniantur curia militare, sed naturaliter sicut equus et mulus ad Veneris opera promoventur, quemadmodum impetus eis naturae demonstrat*; I, 11, 1) Capellanus beruft sich dazu auf ein vermeintlich im dritten Stand herrschendes, rein naturhaftes Venusprinzip des Begehrens. Eben dieses wird in der bukolischen Welt zumindest tendenziell kulturell gedämpft.[139] Auch in diesem Sinne fungiert das arkadische Bild der Liebe als „verschlüsselte alternative Option",[140] selbst wenn sie nicht utopisch in die Zukunft, sondern kompensatorisch in die Vergangenheit einer ständisch klar getrennten und hierarchisierten Gesellschaft gerichtet ist. Frühneuzeitliche Schäfer wie Felismena weisen als die verkleideten Höflinge, die sie ja eigentlich sind, oft noch in ihrer Schäferrolle viele aristokratische Privilegien und standesuntypische Attribute auf („ornamenti e vaghezze assai *sopra la loro conditione*"[141]), bis hin zum Recht auf Rache wegen Ehrverletzung (*riepto y desafío*) und zur ökonomischen Exklusion der *leisure class*. Im Schäferroman wird also kein ländliches Leben entworfen, sondern ein ständisch stratifiziertes. Auch wenn der *menosprecio de corte* als Flucht aus einer höfischen Welt gefeiert wird, die schon im 15. Jahrhundert zunehmend ökonomisiert und den ritterlichen Idealen entfremdet gewesen ist,[142] scheint doch diese Flucht auf das Land nicht weniger eine Rückkehr in die Idealvorstellung einer privilegierten Klasse.

Bourdieu zufolge ermöglicht das geteilte Wissen um die Stratifikationen und Klassen innerhalb einer Gemeinschaft das Erleben einer „gemeinsamen sinnhaften Welt, einer Welt des *sensus communis*".[143] Deren soziale Mythologie basiert auf einer Reihe von semantischen Oppositionsbildungen (exklusiv /

138 Capellanus, *De amore*, 2006, S. 370–371.

139 Vgl. Wehle, „Arkadien oder das Venus-Prinzip der Kultur", 2008, sowie Rivers, „La paradoja pastoril del arte natural", 1974.

140 Garber, *Arkadien*, 2009, S. 41.

141 Ingegneri, *Discorso della Poesia rappresentativa*, 1598, zitiert nach Warburg, *Werke in einem Band*, 2010, S. 157 (Hervorh. K. P.).

142 „Tyenpo es de renunçiar / ya los ommes el palasçio, / e buscar algund espaçio / onde puedan bien pasar, / que los que solyen amar / a los que syruen syn arte, / en algund lugar o parte / ya non lo pueden fallar. // Los de las casas rreales / que desian que ochenta / eran menos que quarenta, / muertos son los prinçipales ; [...] // no es tiempo de trobadores / e nin de ommes gentiles". Baena, *Cancionero*, Bd. III, 1966, S. 1085 (535, V. 1–12).

143 Bourdieu, *Die feinen Unterschiede*, 1982, S. 730.

gewöhnlich, spirituell / materiell), die ökonomisches und symbolisches Kapital aneinanderkoppeln. Diese Oppositionsbildung kehrt nun in Form der Hof-Land-Dualität innerhalb der Bukolik unter verkehrten Vorzeichen vordergründig wieder, denn der dort entworfene arkadiengleiche Raum erscheint, so Hernández-Pecoraro, als „a land of plenty exclusively inhabited by superior, noble, and talented courtly beings“.[144]

Bei einem Autor wie Montemayor, der sich selbst noch in seinem ersten *Cancionero* 1554 als „criado“[145] des Herrschers bezeichnete, ist die Inszenierung dieses durch die Klassenlogik deutlich abgetrennten Raumes umso überraschender. Der Diskurs über adelige Schäfer scheint bei ihm wie bei Encina zugleich ein Diskurs der sozialen Selbstermächtigung gewesen zu sein. Damit schreibt er sich ein in eine Klasse, der er als Hofmusiker nicht ‚natürlicherweise‘, sondern nur über die Aneignung symbolischer Praktiken angehören kann.[146] Nicht nur durch seinen Waffendienst steigt er also in den Stand des Hidalgo auf, sondern gliedert sich bei Hofe auch dadurch ein, dass er das nobilitierende Potential des zeitgenössischen literarischen Codes zu seinen Gunsten gebraucht. Paradox augenfällig wird dies etwa dort, wo er in einem Brief an Diego Ramírez Pagán den *menosprecio de corte*[147] zitiert, der fraglos ein zentrales Element der rinascimentalen Schäfermode darstellte:

Dexemos en su corte al cortesano,
embuelto en sus priuanças y passiones,
y su esperança al fin salirle en vano.

Dexemos los negocios y opiniones
en que pretenden muchos ser tenidos
en essa corte o mar de diuisiones.

Dexemos nauegar los fauoridos,
que al cabo ay bancos, rocas, tempestades,
do no les valdra estar muy preuenidos.[148]

Sinnfällig ist diese abschätzige Haltung gegenüber dem Leben am Hofe nur, wenn man sie als Teil eines Klassennarrativs liest. Denn tatsächlich war es Montemayor ja immer darum zu tun gewesen, zur höfischen Gesellschaft zu

144 Hernández-Pecoraro, *Bucolic Metaphors*, 2006, S. 41.

145 Montemayor, *Poesía completa*, 1996, S. 5.

146 Vgl. López Estrada, „La epístola de Montemayor a Diego Ramírez Pagán“, 1956, S. 394f.

147 Vgl. zu Guevaras Text von 1539 Kap. 2.3.2.

148 Zitiert nach López Estrada, „La epístola de Montemayor a Diego Ramírez Pagán“, 1956, S. 398f. Der Text erschien ursprünglich in Diego Ramírez Pagán, *Floresta de varia poesía*, Valencia: Joan Nauarro 1562.

gehören, und nicht, ihr zu entfliehen! Die Frage, inwiefern sich bei Montemayor die Ablehnung der höfischen Verstellungskultur mit einer allgemeinen Diagnose der politischen Struktur verbindet, führt hingegen weiter. Denn auch wenn die Klage gegen *pretendidos*, Schmeichler und Strategen für die Textgattung des *menosprecio* topisch ist, fällt hier ins Auge, inwiefern Montemayor sie mit einem Diskurs über die affektische Identifikation mit Kastilien verbindet. Zweimal wird im Gedicht die *patria* als Identifikationsfigur bzw. sogar einmal als Adressat erwähnt: „¡Hay de ti, Castilla ...!"[149] (v. 142); „en nuestra España"[150] (v. 177). Der Text, den Montemayor vermutlich gegen Ende seines Lebens in Flandern oder Italien, fernab von der Heimat, verfasst hat, bezeugt also, inwiefern die Kritik am Hofstaat bei Montemayor mit einem nationalen Verfallsdiskurs verbunden war. Einem Verfallsdiskurs, den er nicht etwa über Portugal, sondern über das ihm zur Heimat gewordene Kastilien führte. Nebenbei bemerkt ist die Epistel auch ein besonders pathematischer Text, in den der Autor mit der viermaligen *exclamatio* „¡Quan fuera ...!"[151] einsteigt. Dass sich Pathos und Verfallsdiskurs dann ebenfalls in seinem Haupttext, der *Diana*, finden lassen, wurde bisher allzu oft übersehen. Man kann Montemayors durchaus taktische Wahl, einen Klassendiskurs wie den *menosprecio de corte* zu zitieren, jedoch auch als zeittypisches Symptom deuten. Die affektische Investition, die in einem emotionalen Regime charismatischer Herrschaft noch mit einem individuellen Fürsten verbunden war, wird auf eine überpersönliche nationale Gemeinschaft umgelenkt, kanalisiert aber zugleich das Unbehagen am bürokratischen Hofstaat im affektisch widersprüchlichen Diskurs des *menosprecio*.

In Felicias Palast entwirft Montemayor nun zunächst eine explizite Reminiszenz an die charismatische Herrschaft des feudalen Spätmittelalters. In jener Phase, als sich die charismatische Herrschaft in Spanien bereits durch ihre Veralltäglichung affektisch abgekühlt[152] und in einen bürokratischen Apparat mit Philipp II. als „paper king"[153] an der Spitze verwandelt hatte, erinnert Montemayor also an ein anderes emotionales Regime. Dessen *sensus communis* war

149 López Estrada, „La epístola de Montemayor a Diego Ramírez Pagán", 1956, S. 400.

150 Ebd., S. 401.

151 Ebd., S. 397.

152 Vgl. Weber, *Wirtschaft und Gesellschaft*, 1972, S. 146. „Charisma ist typische Anfangserscheinung religiöser (prophetischer) oder politischer (Eroberungs-)Herrschaften, weicht aber den Gewalten des Alltags, sobald die Herrschaft gesichert und, vor allem, sobald sie Massencharakter angenommen hat." Ebd., S. 147.

153 Forcione, *Majesty and Humanity*, 2009, S. 149. Philipp II. repräsentiert demzufolge den endgültigen Übergang von der politischen Macht der Präsenz auf die Macht des geschriebenen Rechts und der Bürokratie.

als ein vornehmlich affektives Verhältnis verstanden worden, sprich: als eine offene Koppelung des politischen und des emotionalen Regimes. Demgegenüber erscheint die Herrschaft unter Philipp als unangenehme Realpolitik. Dies bezeugt wohl am deutlichsten Montemayors *Carta de los trabajos de los Reyes*, verfasst in den ersten Monaten des Jahres 1558 in Antwerpen und gerichtet an einen spanischen Grande.[154] Darin antwortet Montemayor auf den Vorwurf, Könige seien durch ihre Geburt begünstigte *hijos de la Fortuna* und lebten immer in Fülle und Glück. Stattdessen betont er die *trabajos* des Amtes, wie etwa am Beispiel Karls V. Dabei verkehrt sich die Nähebeziehung zwischen dem charismatischen Fürsten und seinen Untertanen in eine unangenehm aufdringliche Situation der Beobachtung und Bedrängung: „A todos ha de escuchar, a todos ha de sufrir, y remitir, y dar razón".[155]

> Han de pasar la vida *en continua presencia de los hombres, cercados de justicias, mirados de muchos ojos, tanteados por muchos contadores*, sin poder esconder hecho ni dicho que no sea de improviso notorio a todo el mundo; lo que no hay en todos los otros estados, que puesto caso que ciertas horas del día o ciertos días del año representan aquella comedia que a sus honras y a la conversación de las gentes requiere, quédales toda la vida para ser hombres y seguir cada uno el propósito de su inclinación.[156]

In dieser Hinsicht seien die anderen Stände zu beglückwünschen, da sie nicht tagein, tagaus eine sozial verlangte, andauernde, große Komödie aufführen müssten. Die Beziehung zwischen Herrscher und Untertan wird also nicht als eine affektive betrachtet, sondern die Existenz des Königs basiert in Montemayors Darstellung gerade darauf, eigene Passionen im Sinne der Staatsräson zu verstecken: „Pues si en la vida no hay cosa más difícil que contrafacer los afectos naturales, ¡cuánto más los de la pasión, cuando se les niega el comunicallos, que es un asiento en que sosiegan los trabajos de todos los hombres!"[157] Zu den Aufgaben des Herrschers gehöre es schließlich, der „multitud de quexas y agravios", den „informaciones falsas"[158] und „el murmurar"[159] zu widerstehen, um Ordnung zu schaffen. Den Hof zeichnet Montemayor so als ein einziges intrigantes Stimmengewirr, als ein Netz, das von sozialen Abhängigkeiten gesponnen wird und in formaler Hinsicht dem affektiven Knoten der bukolischen Liebeskette nicht unähnlich ist.

154 Sánchez Cantón, „*Los trabajos de los reyes*, por Jorge de Montemayor", 1925, S. 44.
155 Ebd., S. 50.
156 Ebd., S. 49 (Hervorh. K. P.).
157 Ebd., S. 50.
158 Ebd., S. 53.
159 Ebd., S. 54.

> Hay otros laborintios [*sic*] de trabajos que no entiendo con qué hilo de prudencia se puede nadie salir dellos; porque unos se lían por amistad, otros tienen inteligencias jamás entendidas, otros hazen negocios agenos, porque los suyos quedan hechos, otros se hacen terceros en cosas en que son parte y buscan medios por donde les remitan a ellos lo que en nombre ageno para sí requieren.[160]

Die pessimistische Diagnose Montemayors, der über Jahre hinweg die Staatsgeschäfte unter Johanna und Philipp verfolgen konnte, lautet also, dass das Charisma der Herrschaft zu einer fast herkulischen Arbeit verkommen sei, die mit Zepter und Krone schwer auf dem Herrscher lastet: „Este es el descuento que tiene la grandeça de la dignidad y sçetro y el poder de la corona."[161]

Montemayor war im Laufe seiner Karriere zunächst bei Maria von Portugal, der ersten Gattin Philipps II., als *cantor de capilla* tätig gewesen, übernahm dann bei dessen Schwester Johanna das Amt des *aposentador* und kehrte mit ihrem Gefolge im April 1554 aus Portugal nach Kastilien zurück. Mit Philipp II., der am 12. Mai des gleichen Jahres von Spanien aufbricht und den Montemayor 1555 nach England begleitet, wo Philipp sich mit Maria Tudor vermählt, verbinden ihn einige Jahre der Kriegsführung und internationalen Politik. In Flandern etwa erlebt der Dichter 1557 den viel gerühmten, aber auch äußerst brutalen Sieg Philipps über die französische Stadt Saint-Quentin.[162] Währenddessen fungierte Johanna ab dem Alter von 19 Jahren als Regentin in Spanien. Dass sich Montemayor äußerst positiv an Johanna erinnert haben dürfte, bezeugt unter anderem sein Gedicht an deren Sohn, „Al sereníssimo Príncipe de Portugal" (erstmals im *Cancionero* von 1558): „ella es una / tal, que domó la fortuna, / por lo qual permite Dios / que no aya otro como vos, / pues no ay como ella ninguna"[163] (vv. 6–10). Für ihn ist sie dem zukünftigen Herrscher Portugals, ihrem Sohn, in jeglicher Hinsicht ebenbürtig: „Entre los dos no ay distancia, / ygual soys dalfín e dama"[164] (vv. 21–22). Sein Lob der Johanna, „esta Princesa estremada"[165] (v. 43), stattet sie mit einer Ehre aus, die der Sonne ihres männlichen Sohnes – wenngleich nicht vom Ort der hegemonialen Macht aus – zur Seite steht: „pues ninguna / no llega a esta clara luna"[166] (vv. 76–77). Während die Sonne des männlichen Herrschers hier die tatsächliche Machtausübung des Monarchen bezeichnet, wird sein kosmisches Gegenstück, der

---

160 Ebd., S. 53.
161 Ebd., S. 54.
162 Siehe das Gedicht „Partiéndose para la guerra", Montemayor, *Poesía completa*, 1996, S. 533f.
163 Hier aus der späteren Version des *Cancionero* 1562 zitiert. Ebd., S. 513.
164 Ebd.
165 Ebd., S. 514.
166 Ebd., S. 515.

Mond, zum Sinnbild der weiblichen Herrschaft. Letztere wird im Imaginarium Montemayors, so möchte ich im Folgenden zeigen, das utopische Gegenbild zur bürokratischen Welt der Herrschaft der Habsburgerkönige. In dessen Zentrum steht nicht die männliche Sonne, sondern eine weibliche Herrscherin im Zeichen des Mondes.

5.3.2 Dueña luna: *Bukolische Semiosphäre im Zeichen des Mondes*

Veralltäglichung, wie sie die bürokratisierte Herrschaft der Habsburger mit sich brachte, geht Weber zufolge nie kampflos vonstatten. Weil dabei nur allzu oft ein affektives Vakuum zurückbleibt, muss phantasmatisch kompensiert werden. Der *Diana* gelingt dies mit ihrer Verschiebung auf die weibliche Herrscherfigur Felicia. Besonders augenfällig macht das die Semantik des literarischen Raums im Roman. Sie entwirft Felicias Palast als den Raum eines emotionalen Regimes, das zum geltenden politischen Regime divergent und durch die äußeren Umstände anachronistisch geworden ist.

Hier muss die konkrete Inszenierung des Raums also wesentlich genauer als funktionalisierte Raumsemantik beschrieben werden. Dies auch deshalb, weil Montemayors Roman eine komplizierte räumliche Weltordnung darbietet: zunächst eine abgeschlossen scheinende bukolische Enklave, die dann aber Zugang zu einer Enklave innerhalb der Enklave – Felicias Palast – erlaubt und zusätzlich über die eingelagerten Erzählungen innerhalb der ersten drei Bücher und über den Weg der Figuren in den letzten drei mit der Welt der Dörfer und Städte sowie mit dem Hof in Verbindung steht. Lotmans Raumsemantik dagegen ist zunächst als ein strukturalistisches System mit streng binärer Logik in das Gedächtnis von Generationen neuer Literaturwissenschaftler eingegangen: Zwei Teilräume, die zueinander in Opposition stehen, sind diesem zufolge im Raum der fiktiven Welt durch eine impermeable Grenze getrennt, die nur der Held einer Erzählung überwinden kann, und deren Überschreitung als ‚Sujet' bezeichnet wird.[167] In der Vorstellung, Raummodelle seien ihrerseits sekundäre modellbildende Systeme unserer Weltwahrnehmung, spiegelt sich aber mehr als das: Denn die Raumsemantik ist für Lotman Teil einer universalen Semiotik der menschlichen Kultur. Im Raum, der literarisch zur Darstellung kommt, kristallisieren sich ihm zufolge deskriptive und präskriptive Ideale einer spezifischen Kultur oder Gesellschaft aus.[168] Sie ziehen topologische, topographische und semantische Grenzen und bestimmen, was zu einer bestimmten Zeit an einem bestimmten Ort wichtig und richtig – ja, was überhaupt ein Zeichen – ist.

---

167 Vgl. Lotman, *Die Struktur literarischer Texte*, 1989.
168 Vgl. Frank / Ruhe / Schmitz, „Jurij Lotmans Semiotik der Übersetzung", 2010, S. 397.

Allerdings hat Lotman selbst dieses Modell einer statischen Grenze in seinen späteren Schriften zur Kultursemiotik erheblich erweitert, vor allem in *Die Innenwelt des Denkens*.[169] Hier modifiziert Lotman das binäre Modell aus räumlicher Stasis und beweglichem Helden. An ihrer Statt führt er den Begriff der kulturellen Semiosphäre ein. Unter der Semiosphäre versteht Lotman immer noch den normativen „Raum der Kultur",[170] hebt daran aber hervor, dass dieser durchzogen sei von „widerstreitenden Strukturen".[171] Damit geht eine Verlagerung einher, die aus einem zunächst dualen System ein Modell macht, das eher die Spannungen und graduellen Übergänge zwischen der Normierung im Zentrum eines kulturellen Raums und dessen weniger stark zensierten Rändern betont. Im Zentrum erreicht eine Kultur Lotman zufolge in dem Augenblick den höchsten Grad der Selbstbeschreibung, in dem sie eine „Grammatik"[172] ausbildet: ein Welt*bild*. Als Bild *von* der Welt steht es zur phänomenalen Realität jedoch in einem asymmetrischen Verhältnis, je weiter diese Realität vom kulturellen Zentrum entfernt ist. Denn:

> Zum einen bildet die jeweilige Selbstbeschreibung zwar im Kern der Semiosphäre, wo sie auch entstanden ist, in idealisierter Form tatsächlich eine reale Sprache ab, an der Peripherie der Semiosphäre aber geht die ideale Norm nicht aus der ‚darunterliegenden' semiotischen Realität hervor, sondern steht im Widerspruch zu ihr. Wenn im Zentrum der Semiosphäre die Beschreibung von Texten Normen hervorbringt, so dringen an der Peripherie die Normen aktiv in die ‚falsche' Praxis ein und generieren ‚richtige' Texte.[173]

Aus Sicht des kulturellen Zentrums gelten nicht-regulierte Phänomene als gleichsam ‚inexistent',[174] weil sie nicht in das gültige Weltbild integrierbar sind. Daran zeigt sich jedoch die fundamentale Schwäche jeder Norm: Denn die Grammatik der Kultur wird nach ihrem Export aus dem Zentrum in der Peripherie zur Fremdsprache, die der Realität nicht mehr gerecht werden kann. Die Kultur der Peripherie hat deshalb das Potential, aus der Selbstregulierung, die im Zentrum wirksam ist, auszubrechen. Als lebensweltliches Beispiel führt Lotman – wie nach ihm Reddy in seiner Theorie zum emotionalen Regime – die französische Salonkultur an, die peripher zur offiziellen (Emotions-)Kultur des 17. Jahrhunderts steht, sich eine neue, preziöse Sprache erfindet und damit

169 Der Band erschien zunächst 1990 auf Englisch, dann 1996 auf Russisch, wurde aber erst 2010 bei Suhrkamp ins Deutsche übersetzt.

170 Lotman, *Die Innenwelt des Denkens*, 2010, S. 202.

171 Ebd., S. 174.

172 Ebd., S. 170.

173 Ebd., S. 171f.

174 Vgl. ebd., S. 172.

von Richelieus lang nachwirkenden Träumen der Sprachreinigung lossagt.[175] So wirkt aus der Peripherie des Salons aber nicht nur eine andere Norm, sondern auch eine ‚andere Sprache' auf das Zentrum zurück.

Auf einer ersten Ebene markiert Lotman also die Grenzverläufe innerhalb einer Ordnung, zwischen Zentrum und Peripherie. Sie sind durch jenes Tauziehen zwischen Homogenisierung und Widerspruch geprägt, das die Kultur lebendig hält. Kulturelle Entwicklung und Dynamik entsteht diesem Modell zufolge nur deshalb, weil die Entwicklungsunfähigkeit eines starren Zentrums durch die peripheren Widersprüche gegen die Norm aufgebrochen wird, denn, so fasst Lotman zusammen: „Veränderung ist das Existenzgesetz der Semiosphäre."[176]

Auf einer zweiten Ebene grenzt sich die Semiosphäre nach außen hin ab. Während innerhalb eines geteilten kulturellen Raums Ordnung diskursiv hergestellt wird, herrscht – aus Sicht derjenigen, die zu dieser kulturellen Gemeinschaft zählen – im Außenraum das Chaos:

> Die Brennpunkte der semiotisierenden [semioobrazovatel'nye] Prozesse befinden sich aber an den Grenzen der Semiosphäre. Der Begriff der Grenze ist ambivalent: Einerseits trennt sie, andererseits verbindet sie. […] Sie ist ein Übersetzungsmechanismus, der Texte aus einer fremden Semiotik in die Sprache ‚unserer eigenen' Semiotik überträgt; sie ist der Ort, wo das ‚Äußere' zum ‚Inneren' wird, eine filternde Membran […].[177]

Deshalb ist der äußerste Rand der Semiosphäre, die an andere Kulturen angrenzt, notwendigerweise ein Ort des „permanenten Dialogs"[178] mit dem ‚Land der Barbaren'. Hier begegnet die Kultur ihrem eigenen Widerspruch. Der Rand aber ist als vermittelnde Membran durchlässig für Elemente aus fremden Zeichensystemen. Wird das Fremde an den Rändern der Semiosphäre in das Eigene verwandelt, kommt es – hier reicht die Analogisierung zwischen Sprache und Kultur sehr weit – zu einer Kreolisierung des semiotischen Systems und der Integration alternativer Normen. Dies kann dann so weit gehen, dass die Regeln der kulturellen Ordnung auf den Kopf gestellt und die ehemaligen Normen aus dem Zentrum an die Ränder der Kultur verdrängt werden.[179] Reddy hatte seine Emotionsgeschichte ähnlich gedacht: Weil ein geltendes emotionales Regime im Bunde mit einem politischen von Alternativen in Enklaven oder *refuges*, in denen eine andere Kultur des Gefühls gepflegt wird,

175 Vgl. ebd., S. 181.
176 Ebd., S. 203.
177 Ebd., S. 182.
178 Ebd., S. 190.
179 Vgl. ebd.

herausgefordert werden kann, ist auch ein historischer Wandel von einem emotionalen Regime zu einem anderen möglich.[180]

Bezeichnenderweise ist die Epoche der Renaissance Lotman zufolge genau durch diese Mechanismen kultureller Deregulierung, Re-Normierung und kultureller Rezeption geprägt.[181] Dabei kommt der Literatur als Vermittlerin und Generatorin neuen Sinns eine zentrale Rolle zu: Wie wir in Kapitel 3 gesehen haben, setzt bereits Encina 1492 mit seiner Übersetzung von Vergils Eklogen den Auftakt zur literarisch produktiven Weiterentwicklung der Bukolik in Spanien. Er projiziert darin das textuelle Gefüge der *Bucolica* auf die historische Situation Spaniens an der Schwelle zur Frühen Neuzeit, wenn er Vergils Schäfer als spanische Grandes oder klagende Mauren auftreten lässt, die Spanien nach der Rückeroberung Andalusiens für immer verlassen. Er übersetzt also Vergils Text in das eigene semiotische System. In der Folge reist er selbst nach Rom und rezipiert die italienische Renaissance, die ihre kulturelle Verjüngung an ihre Nachbarkulturen weitergibt und die Produktion neuer Texte nach neuen ästhetischen Normen anregt. 1549 und damit zehn Jahre vor Erscheinen der *Diana* wird Sannazaros *Arcadia* ins Spanische übersetzt, bis schließlich Montemayors Roman aus der hispanischen Peripherie zum wohl größten Bucherfolg des Jahrhunderts werden konnte – in ganz Europa wohlgemerkt: Noch Shakespeare hat seine Liebeskomödien mit Motiven aus der *Diana* bereichert.[182]

In der Frühen Neuzeit hat die produktive Zirkulation von Norm und Innovation darüber hinaus einen epistemologischen Hintergrund, der besonders im Inneren der Semiosphäre, weniger an deren Grenze, zum Tragen kommt. Denn an die Stelle dessen, was Hans Blumenberg die „garantierte Realität"[183] des Mittelalters genannt hat, tritt an der Schwelle zur Frühen Neuzeit ein neuartiges Weltbild, das sich nicht mehr durch die göttliche Ordnung absichern und selbstbewusst im geographischen Raum manifestieren kann. Ihre semiotische Karte ist also nicht mehr vom Schöpfer gewollte Chiffre,[184] sondern das frühneuzeitliche Subjekt erlebt Welt als von verschiedenen

180 Siehe dazu im Detail Kap. 5.1.2.

181 Vgl. Lotman, *Die Innenwelt des Denkens*, 2010, S. 195f.

182 Vgl. Harrison, „Shakespeare and Montemayor's *Diana*", 1926.

183 Blumenberg, „Wirklichkeitsbegriff und Möglichkeit des Romans", 1969, S. 11.

184 Siehe Lotman, *Die Innenwelt des Denkens*, 2010, S. 244, zu Dantes *Divina Commedia*: „Die Welt erschien als gewaltige Botschaft ihres Schöpfers. Seine geheimnisvolle Mitteilung war in der Sprache der räumlichen Struktur chiffriert."

Kontexten abhängige, individuelle „Realisierungen".[185] Weltbild und Wirklichkeitserfahrung treten auseinander. Andreas Mahler erläutert dazu:

> Durch das in der frühneuzeitlichen Autoritätskrise begründete Auseinandertreten von Weltbild und Wirklichkeitserfahrung vervielfältigen sich die Sujetmöglichkeiten. Zum einen ergeben sich Sujetbildungen, die die vermeintliche Ordnungsgarantie retten, indem sie kontrafaktisch – divergent zur Wirklichkeitserfahrung – eine solche Ordnung noch einmal ästhetisch realisieren und so ein textexternes Ereignis zum Nicht-Ereignis machen [Typ: Assimilation]. Zum anderen entstehen Sujets, welche das textexterne Skandalon vertikaler Ordnungsstörung nicht mehr restlos zu tilgen vermögen und somit – konvergent zur zeitgenössischen Wirklichkeitserfahrung, aber divergent zum noch vorherrschenden Weltbild – textintern ereignishaft werden [Typ: Experiment].[186]

Die Divergenz zu einem offiziellen Weltbild und die Kontrafaktur einer noch geltenden Norm bestimmen also das literarische Ereignis. Erst durch das Erzählen habe der Mensch, so Lotman, gelernt, „den Sujetaspekt der Realität zu erkennen".[187] Der Sujetaspekt der Frühen Neuzeit ist nun nicht nur deren Weltbildwandel, sondern auch der Wandel von einem politisch-emotionalen Regime zu einem anderen. Er kehrt in fiktionaler Literatur als Modellierung alternativer Welten wieder.[188] In sujethaften Texten, die in dieses Stadium des Experiments eingetreten sind, herrscht deshalb tendenziell auch nicht das Schema der Restitution einer gegebenen Ordnung vor. Stattdessen wird die Möglichkeit der Abweichung so weit experimentell vorgeführt, dass auch ein aufgesetztes schließendes Ende das zuvor Erzählte nicht in den sicheren Hafen einer Norm einholen kann. Dies geschieht aber nicht nur im Theater, das Mahler untersucht, sondern überall dort, wo Sprechen besonders stark als fingiertes, inszeniertes Sprechen in den Fokus rückt: Mithin also auch im Schäferroman, der die Selbstrealisierung des Subjekts durch das Monologisieren über die Liebe, ihre Diagnose und Heilung ‚durchspielt'. Beachtenswert und nicht minder beachtlich ist, dass Montemayor diese experimentelle Abweichung

185 Blumenberg, „Wirklichkeitsbegriff und Möglichkeit des Romans", 1969, S. 12. Dies spiegelt sich unweigerlich auch in der Literatur wider: „Die literarischen Werke gehören nun nicht mehr zu einer planvoll gestuften Welt, in der die verschiedenen Stände ihre Sendung und ihr irdisches Anrecht besessen haben – sie wenden sich an den unbekannten Leser, an eine anonyme Allgemeinheit." Krauss, „Die Kritik des Siglo de Oro am Ritter- und Schäferroman", 1949, S. 152. Krauss zufolge weiß dies der Hirtenroman besser zu kompensieren als der Ritterroman und geht erst dann unter, als mit der wissenschaftlich-technischen Naturbeherrschung der Moderne der Bukoliasmus seinen Reiz einbüßt. Vgl. ebd., S. 175.

186 Mahler, „Welt Modell Theater", 1998, S. 11.

187 Lotman, *Die Innenwelt des Denkens*, 2010, S. 232.

188 Vgl. Mahler, „Welt Modell Theater", 1998, S. 6.

zugleich durch das Aufrufen eines residuellen emotionalen Programms, durch seine anachronistische Reprogrammierung des politischen Regimes erreicht.

Bei der Frage nach der Verhandlung von Alternativen zu einer dominanten Kulturgrammatik muss man schließlich erneut an Montemayors historischen Ort erinnern. Denn der im Kastilischen dichtende Portugiese ist unweigerlich von der spanischen Politik seiner Zeit und den Auswirkungen der Gegenreformation geprägt (seine frühen religiösen Schriften werden etwa später auf den spanischen Index gesetzt). Das „semi-closed Spain of the Counter-Reformation",[189] insbesondere jener Zeit um 1559, als die *Diana* entsteht, bildet den kulturellen Hintergrund seiner Werke. Dass Montemayor in dem Moment, als das Imperium sich zum kulturellen Zentrum des Christentums (wenn nicht der Welt und selbst in Rivalität zum römischen Papst) aufgestiegen sah, auf die Imagination eines peripheren, bukolischen Raumes zurückgreift, scheint also nicht willkürlich. Ingrid Simson zufolge ist trotzdem spätestens seit Gil Polos Fortsetzungsroman *La Diana enamorada* (1564) die „Erledigung des arkadischen Prinzips"[190] nicht mehr abzuwenden. Bei Gil Polo hält der spanische Schäferroman im gegenreformatorischen Kontext[191] dem neoplatonischen Ideal endgültig das damit inkompatible Liebeskonzept eines moralisch-didaktischen, dominant ethischen Modells entgegen und hebt das Gattungsprinzip bukolischer Liebe somit auf.[192]

Bei Montemayor ist es noch nicht so weit. Sein Roman sollte meiner Meinung nach deshalb auch nicht vorrangig im Sinne einer ethischen, gegenreformatorischen Dämpfung oder einer Verteidigung christlicher Tugenden gelesen werden.[193] Vielmehr werden hier im Medium einer bukolischen „Diskursivierungsbühne",[194] wie Ferretti es fasst, Wirklichkeitserfahrungen (inklusive des dazugehörigen kulturellen Normierungsdrucks eines mit Nachdruck verteidigten Weltbilds ‚garantierter Realität') mit der Erfindung einer kontrafaktischen Semiosphäre konfrontiert, die zahlreiche und alternative Realisierungen erlaubt. Hernández-Pecoraro will diese ‚bukolische Metapher' des Romans als die idealistische Kittung einer bedrohlichen

189 Elliott, *Imperial Spain 1469–1716*, 1990, S. 217.

190 Simson, „Krise in Arkadien", 2008, S. 369.

191 Lavocat, *Arcadies malheureuses*, 1998, S. 260 u. 277, zeichnet davon ausgehend die Entwicklung der spanischen Bukolik in der zweiten Hälfte des 16. Jahrhunderts vor dem Hintergrund der Gegenreformation nach als eine Entwicklung zurück zur humanistischen Tradition (der nicht mehr romanesken, sondern gelehrten Pastorale) einerseits und zu einer neuen Ethisierung im Namen des *desengaño* andererseits.

192 Siehe dazu im Detail Kap. 6.2.

193 Wie etwa bei Damiani, „Journey to Felicia", 1983.

194 Ferretti, Buccolica mente, 2017, S. 209.

Erfahrungswirklichkeit durch ein idyllisches Weltbild verstanden wissen,[195] ja als „surrogate reality“[196] eines goldenen Zeitalters im arkadischen Raum. Ich hingegen meine, dass es gilt, die ästhetisch inszenierten Divergenzfiguren des Romans als kultursemiotische Agenten einer literarisch-experimentellen Re-Normierung, nicht als Betriebsunfall innerhalb eines funktionierenden idyllischen Systems zu betrachten.

Schon Poggioli sah in der bukolischen Poetik einen Reflex auf jene Triebunterdrückung, die nach Freud in jeder Form von Vergesellschaftung notwendig wird. Erstaunlich ist jedoch, dass Poggioli zumindest angesichts der *Diana* wie nach ihm Hernández-Pecoraro irrt, wenn er davon ausgeht, dass dieser Reflex grundsätzlich in eine ethische Sublimierung und somit im Ideal münde.[197] Was später im französischen 17. Jahrhundert (vor dem Hintergrund einer anderen Kulturgrammatik) sicherlich der Fall ist,[198] trifft so auf Montemayors Roman – trotz seines Idealismus – nicht in aller Ausschließlichkeit zu. Vielmehr wird mit der Dimension des Heroischen (und narrativ Kontingenten), das mit Felismena Eingang in die bukolische Welt findet, keine ethisch motivierte Katharsis der widerwilligen, sozial bedingten Triebunterdrückung, sondern die Beschwörung „of its own inner pathos“[199] vorgeführt. Dies geht, wir haben es gesehen, mit einer Betonung der Patho-Logik und einem Weltbild einher, in dem sich das Subjekt nicht mehr wie in der mittelalterlichen allegorischen Tradition über seine Beziehung zu Gott oder im Sinne des christlichen

---

195 Zur Geschichte Spaniens als „absent cause“ der frühneuzeitlichen Bukolik vgl. Hernández-Pecoraro, *Bucolic Metaphors*, 2006, insb. S. 29–75. Siehe zu einer Diskussion der Funktion der ‚bukolischen Metapher‘ ebenfalls Leopold, „*Gender Trouble* und politische Phantasie in der spanischen Bukolik der Frühen Neuzeit“, 2016, S. 118–119. Er macht an dieser Stelle noch einmal deutlich, dass die konterdiskursiven Elemente der *Diana* von der, wie ich es in Kap. 1.3 auffasse, ‚Idealismushypothese‘ Hernández-Pecoraros zu stark vernachlässigt werden.

196 Hernández-Pecoraro, *Bucolic Metaphors*, 2006, S. 40.

197 Ich weiche hier ab von Poggioli, der die Bukolik politisch grundsätzlich eher der konservativen Richtung zuordnet und eine davon abweichende, sozialkritische Ideologie der Gattung nur „in terms of a nonviolent resistance against an authority enforcing not so much conservatism and conformity as displacement and change“ sehen kann, als „the temper of a passive and ethical anarchism“. *The Oaten Flute*, 1975, S. 30.

198 Vgl. Giavarini, *La Distance pastorale*, 2010.

199 „The function of pastoral poetry is to translate to the plane of imagination man's sentimental reaction against compulsory labor, social obligations, and ethical bonds; yet, while doing so, it acts as the catharsis *of its own inner pathos*, and sublimates the instinctual impulses to which it gives outlet. It therefore performs with special intensity the role that Freud assigns to art in general: that of acting as a vicarious compensation for the renunciations imposed by the social order on its individual members, and of reconciling men to the sacrifices they have made in civilization's behalf.“ Poggioli, *The Oaten Flute*, 1975, S. 31 (Hervorh. K. P.).

Ethos definiert, sondern vielmehr über seine Beziehung zur Sprache. Zugleich beschwört die Patho-Logik der *Diana* ein politisches Regime, das weniger der Gegenwart Montemayors als einer idealisierten Vergangenheit affektischer Herrschaft angehört.

Deutlich wird dies in der bereits erwähnten Palast-Episode, die den Roman genau in der Mitte durch eine Art narrative Zäsur strukturiert. Als die Schäfer im IV. Buch am Hofe der Zauberin Felicia ankommen, begegnet ihnen dort eine mythisch-magische Gegenwelt, die die spanische Bezugsrealität de- bzw. reprogrammiert: Bei Felicia herrschen vorabsolutistische, feudale Regeln einer charismatischen Herrschaft, in dessen Zentrum noch dazu ein weiblicher Souverän steht. Wie wir bereits im Kapitel zu Encina gesehen haben, fasst die Form der charismatischen Herrschaft Weber zufolge den Herrscher als besonders vorbildlich oder gottgesandt auf. Daher mündet sie in eine affektische Anerkennungsdialektik, den Anführer lieben zu *müssen*.[200] Weber spricht von einer „emotionale[n] Vergemeinschaftung",[201] die sich völlig außerhalb eines rationalen Alltags ansiedelt. Diese stellt dem charismatischen Herrn eine Gefolgschaft, ja genuine Jünger an die Seite, welche sich ihrer affektiven Bindung an die Herrschaft immer wieder – dem Herrn gegenüber oder untereinander – versichern. Die Gemeinschaft der Nymphen und die dazugekommenen Schäfer scheinen Felicia nun genau in dieser Hinsicht zu verehren. Gleich nach der Ankunft vollzieht der Text mit dem dreimal inszenierten Handkuss ein feudales Ritual, den im Modus der gegenseitigen Verpflichtung und Liebe eingegangenen Feudalkontrakt: „Como la dueña llegase, las tres ninfas le besaron con grandísima humildad las manos y ella la recibió, mostrando muy gran contento de su venida." (*LD*, S. 257) Felicia wendet sich augenblicklich an Felismena, die zu Beginn des Kapitels ausdrücklich als „dama disimulada" (*LD*, S. 255) bezeichnet wird und damit die Rückkehr in ihre höfische Rolle vollzieht. Von der Zauberin wird sie für die Verteidigung der Nymphen gegen die *salvajes* gelobt. Dies sei ein Dienst gewesen, der ihre Beziehung für die Zukunft stiftet: „no se puede pagar con menos que con tenerme obligada siempre ser en vuestro favor" (ebd.), „ya entenderéis si os puedo aprovechar en algo" (*LD*, S. 258). In der ganzen Passage werden über die Lexeme *favor* und *aprovecho* wiederum die Grundlagen der Beziehung zwischen Feudalherr(in)

200 „Im Fall der charismatischen Herrschaft wird dem charismatisch qualifizierten Führer als solchem kraft persönlichen Vertrauens in Offenbarung, Heldentum oder Vorbildlichkeit im Umkreis der Geltung des Glaubens an dieses sein Charisma gehorcht." Weber, *Wirtschaft und Gesellschaft*, 1972, S. 124 (Hervorh. im Original), sowie zur Pflicht der Anerkennung ebd., S. 140.

201 Ebd., S. 141. Siehe zur später ausgearbeiteten Theorie der emotionalen Gemeinschaft insb. Rosenwein, *Emotional Communities in the Early Middle Ages*, 2006.

und Ritter(in) unterstrichen. Felismena spricht folgerichtig in ihrer Dankesrede Felicia mit „señora mía" (ebd.) an, woraufhin der Vertrag zwischen den beiden Frauen besiegelt ist: „La dama se abajó entonces por besalle las manos, y Felicia la abrazó con grandísimo amor […]." (ebd.)

Felicia als weiblicher Souverän wird so nicht nur auf eine Weise gezeichnet, die der inszenierten persönlichen Beziehung einer vorabsolutistischen, charismatischen Herrschaft ähnelt. Sie ist außerdem in frappanter Weise der rätselhaften, unsichtbaren und damit immer auf Distanz gehaltenen „Augusta Cesarina" (*LD*, S. 201) gegenübergestellt, die jenen fiktiven Hof regieren soll, aus dessen Welt Felismena stammt und wo sie ihre unglücklichen Liebesabenteuer erlebt. Darin mag man nun wie die Herausgeberin der Cátedra-Ausgabe, Asunción Rallo, eine allegorische Anspielung auf Johanna I. von Kastilien, ‚die Wahnsinnige', oder die flämische Herrscherin Maria von Ungarn vermuten.[202] Man kann Felicias Hof und den Schatten der „Augusta Cesarina" aber auch als zweifach belichtete Chiffre einer ortlosen, im Text dann imaginär und in der inszenierten Enklave erfüllten Norm der Herrschaft verstehen, deren Zentrum verlustig gegangen ist. Montemayors Text ist daher meines Erachtens auch kein sauber durchdeklinierter Schlüsselroman.[203] Er entwickelt vielmehr emotionale Codes, die für die Romanhandlung funktionalisiert sind, aber zugleich im Sinne Luhmanns als übergeordneter Code für gesellschaftliche Prozesse aufgefasst werden können. Denn mit der Herrschaft der Habsburger seit Karl V. sieht sich die spanische Aristokratie einer nationalen Dekadenz bzw. einer zentralisierten Praxis der Macht ausgesetzt, die der kulturellen Blütezeit des 16. Jahrhunderts einen schalen Geschmack beimischt. Die später dann mehr und mehr absolutistische Herrschaft ist als Gegenteil jener Form von Herrschaft zu verstehen, die Felicia hier in Szene setzt. Der absolutistische Herrscher ist im Verhältnis zu seinen Subjekten zwar allmächtig, geht aber keine persönliche Beziehung mehr zu ihnen ein und leidet vielmehr, so Montemayor, unter den *trabajos* seiner Regierungsaufgaben. Montemayors weibliche Schattensouveräne sind also Stellvertreter einer alternativen Kulturgrammatik, die – im Modus der bukolischen Patho-Logik – das Wunschbild der nationalen Vergangenheit aus der Anfangsphase des spanischen Zentralstaates heraus noch einmal heraufbeschwört.

Auch die zahlreich nachgewiesenen christlichen Konnotationen im Text könnten in dieser Hinsicht als Elemente verstanden werden, die weniger eine

202 Vgl. *LD*, S. 201, FN 67, sowie Subirats, „La *Diane* de Montemayor, roman à clef ?", 1968, S. 114.

203 Vgl. mit Bezug auf die *fêtes de Binche* (1549) und die Palastbeschreibung bei Montemayor ebd.

gegenreformatorische Konsolidierung katholischen Dogmas repräsentieren, als in eine affektische Identifikation mit der Herrscherfigur investieren. Besonders eindrücklich ist diese Überlagerung von Symbolen bei jenen Schmuckstücken, die Felismena in Felicias Palast nach dem Bad angelegt werden (vgl. *LD*, S. 267–269). Die detailliert beschriebenen Edelsteine und Perlen haben allesamt eine konventionelle, topische Bedeutung (wie zum Beispiel Keuschheit, Treue, die geläuterte Seele), können sich ihrer lebensweltlichen und politischen Bedeutung aber ebenso wenig entschlagen. Gerade die goldene Halskette („un collar de oro fino") ist hier bedeutsam: Von ihr heißt es, sie sei „hecho a manera de culebra enroscada, que de la boca tenía colgada una águila que entre las uñas tenía un rubí grande de infinito precio" (*LD*, S. 268). Der Rubin deutet zum einen auf die Symbolik des verliebten Herzens, zum anderen auf höchste Heiligkeit hin.[204] Die Schlange ist als Ouroboros positives Zeichen für Ewigkeit, in Verbindung mit dem Adler aber auch negatives Zeichen des Bösen: Denn üblicherweise ist es der Adler, der in der zeitgenössischen Emblematik eine Schlange in den Krallen hält und damit den Sieg des Guten über das Böse versinnbildlicht. Hier ist es genau umgekehrt: Die Schlange hält den Adler in ihrem Maul, der wiederum den Rubin mit seinen Krallen umfasst. Francisco Márquez Villanueva, dem die präziseste Beschreibung der Symbolik von Felismenas Schmuckstücken zu verdanken ist, hat dafür keine wirkliche Erklärung parat, schließlich könne Felismena nicht mit dem Sieg des Bösen über das Gute assoziiert werden.[205] Er deutet die Schlange deshalb als Zeichen der ewigen Liebe, wie sie in Ringen der Epoche üblich war. Man könnte aber auch anders argumentieren: Denn hier werden topische Zeichen einer guten Herrschaft invertiert (des durch Karl mit den Habsburgern assoziierten, kaiserlichen Adlers, der in seinem Reich das Böse besiegt wie Karl V. und Philipp II. in dem ihren) und die statische Zeit Arkadiens, die Zeit der Ewigkeit, auf eine unmöglich gewordene, weibliche und charismatische Herrschaft projiziert. Im *collar de oro*, mit dem Felismena nachgerade königlich investiert wird,[206] überkreuzen sich demzufolge religiöse mit politischen Bedeutungen: Das Objekt

---

204 Besonders erwähnenswert ist aber auch, dass im VI. Buch des portugiesischen *Livro da Virtuosa Benfeitoria* das rubinrote Herz als Symbol für Treue, Dankbarkeit und Liebe des Vasallen zu seinem Feudalherren auftaucht.

205 Vgl. Márquez Villanueva, „Los joyeles de Felismena", 1978, S. 274.

206 Zur Deutung der Szene als Krönungszeremonie vgl. ebd., S. 276, und Hernández-Pecoraro, *Bucolic Metaphors*, 2006, S. 47–49. Spiegelbildlich steht der Anhänger Felismenas im Übrigen zum Schmuck der drei Nymphen, von denen es hieß: „en medio della estaba una águila de oro, que entre las uñas tenía un muy hermoso diamante" (*LD*, S. 169). Die Grenze zwischen Felicia als Herrin und Felismena als Ritterin ist also nicht eindeutig gezogen.

wird „hipérbole sacroprofana“[207] *und* politische Chiffre. Montemayor verherrlicht Felicias Reich, indem er sie mit der charismatischen Herrschaft Ende des 15. Jahrhunderts assoziiert. Wird Felismena bei ihrem ersten Auftreten noch mit der heidnischen Götterwelt, mit Mars, Venus, Adonis, Minerva und natürlich Diana verbunden (vgl. *LD*, S. 190), wird sie hier mit Zeichen politischer Sakralität ausgestattet.

Ein Hinweis von Márquez Villanueva lässt dann darauf schließen, dass Felismenas *collar* einem Schmuckstück von Johanna von Spanien, der Tochter Karls V., nachempfunden ist, in deren Hofstaat Montemayor wie bereits erwähnt einige Jahre zubrachte.[208] In Felicias Palast entpuppt sich Felismena also als Wiedergängerin jener Johanna, die von 1554–59 in Vertretung ihres Bruders Philipp II. als Regentin über Spanien herrschte, während dieser sich in England bei seiner Ehefrau Maria Tudor aufhielt.[209] Obwohl sich die Nachwelt lange nur an die Johanna erinnern wollte, die nicht nur per geheimer Sonderregelung in den Jesuitenorden aufgenommen wurde, sondern auch ihren Lebensabend zurückgezogen im Kloster beschied, war Johanna für Montemayor Repräsentantin einer vom Humanismus geprägten höfischen Kultur und einer dem Erasmismus nahestehenden Spiritualität gewesen. Bei ihrem Tod umfasste ihre private Sammlung 249 Bücher, einschließlich mehrerer Ausgaben der *Diana*, und Kostüme für Schäferspiele.[210] Johanna war aber nicht nur bekannt für die Förderung der Künste, der Literatur und Musik im Besonderen – sie soll eine hervorragende Singstimme gehabt haben und nahm die französische Prinzessin Elisabeth von Valois, die dritte Ehefrau Philipps, bei ihrer Ankunft in Spanien unter ihre Fittiche. Johanna war während ihrer Regentschaft darüber hinaus in der Lage gewesen, selbstbewusste militärische Entscheidungen wie die zur versuchten Wiedereroberung Algiers – selbst gegen den expliziten Befehl ihres Bruders – zu treffen. Bemerkenswert ist auch, wie die aus Portugal heimgekehrte Johanna, die dort ihren Sohn und späteren König am Hof zurücklassen musste, auf iberische Interessen pochte. So verweigert sie dem Bruder nach dem Tode ihres gemeinsamen Vaters die

207 Márquez Villanueva, „Los joyeles de Felismena“, 1978, S. 270. Siehe zur unleugbaren Bedeutung religiöser Kontexte und Codes für Montemayor, dessen frühe Schriften des *Diálogo espiritual* seine eigene, tiefe Spiritualität bezeugen, Rhodes, *The Unrecognized Precursors of Montemayor's Diana*, 1992.

208 Vgl. Márquez Villanueva, „Los joyeles de Felismena“, 1978, S. 268.

209 Vgl. Wurzbach, *Biographisches Lexikon des Kaiserthums Oesterreich*, Bd. VI, 1860, S. 290. Moreno Báez identifiziert wiederum die Augusta Cesarina als Johanna, vgl. „Prólogo“, 1955, S. XXV, Gómez Bedate hingegen Felismena, vgl. „Felismena y doña Juana, princesa de Portugal“, 2002. Siehe zur Regentschaft Johannas Garcia, „L'infante Jeanne d'Autriche“, 2008.

210 Vgl. Cruz, „Juana of Austria“, 2009, S. 105f. u. 117.

weitere Entsendung von Geld in die Niederlande, weil sie von ihm verlangte, sich um die ökonomischen Probleme in Spanien zu kümmern.[211] Die Zeit ihrer Regentschaft fällt allerdings in eine Phase politischer und religiöser Spaltung, in der Johanna in ihren persönlichen Interessen den Kürzeren ziehen wird.[212] Zwischen der Faktion der heterodoxen Ebolistas, dessen stärkster Befürworter der aus Portugal mitgereiste Ruy Gómez de Silva war, und der Faktion der dogmatischen Albistas unter Führung des Herzogs von Alba herrschte ein Konflikt, der Johannas, Gómez de Silvas und Montemayors Verständnis einer verinnerlichten Spiritualität[213] zuletzt zum Scheitern verurteilte. Im gleichen Zeitraum, als Montemayors religiöse Schriften auf den Index gesetzt werden, muss die Regentin in Valladolid einem Autodafé beiwohnen,[214] das die Hoffnung auf religiöse Toleranz begräbt.

Die Vermutung, dass Montemayor an Johanna dachte, als er Felismena und Felicia als zwei Inkarnationen ‚glücklicher' (*felix*) Herrschaft entwarf, liegt schließlich nicht nur deshalb nahe, weil Felicia bei ihrem ersten Erscheinen als *dueña* in schwarzem Satin gezeigt wird (vgl. *LD*, S. 257), der bevorzugten Farbe Johannas,[215] sondern auch deshalb, weil Johanna ganz offenbar eine Vorliebe für die Bukolik hatte. Noch im Jahr 1564, drei Jahre nachdem Montemayor bei einem Liebeshändel ums Leben gekommen war, trat sie auf einem Maskenball gemeinsam mit ihren Hofdamen auf, die sich als Nymphen verkleidet hatten.[216] Johanna scheint sich also in Felicia bzw. Felismena durchaus wiedererkannt zu haben. Hier möchte ich noch einmal an ihr Symbolgestirn in Montemayors privatem Dichtungskosmos erinnern: an den Mond. Denn immer wieder sind besonders zentrale Episoden in der *Diana* als nächtliche Szenen entworfen oder mit der Symbolik des Mondes verknüpft.

Schon der Minervatempel, in welchem Selvagia im ersten Buch ihre homoerotische Liebesnacht verbringt, wird präsentiert im Schein „de la nocturna

---

211 Vgl. Parker, *The Grand Strategy of Philip II*, 1998, S. 151, und Johannas Brief: „como estos reynos estan tan faltos della por la mucha que ha salido para todas partes [,] hizieron instançia los procuradores del reyno antes de la partida del Rey Prinçipe mi hermano que no se sacasse ninguna y assy se les conçedió de manera que quedo çerrada la puerta para que no se dispensasse en ello." Zitiert nach Vargas-Hidalgo, *Guerra y Diplomacia en el Mediterráneo*, 2002, S. 13.

212 Vgl. Chinchilla, „Juana of Austria", 2004.

213 Diese später als gefährliche Lutheranisierung Spaniens verurteilte, verinnerlichte Spiritualität läuft u. a. unter dem Namen des *illuminismo* oder *recogimiento*. Vgl. Cruz, „Juana of Austria", 2009, S. 107.

214 Besonderen Eindruck machte das Autodafé von 1558 auch auf ihren engen Vertrauten und spirituellen Lehrer Francis Borgia. Vgl. Chinchilla, „Juana of Austria", 2004, S. 24 u. 27.

215 Vgl. ebd., S. 22.

216 Cruz, „Juana of Austria", 2009, S. 114.

Diana" (*LD*, S. 140). Aufgrund der weiblichen, divergenten Liebesdyade innerhalb eines Raumes, der von der Außenwelt und ihren Normen abgeschlossen ist, taucht der Mond hier nicht nur als Epitheton der Göttin Diana auf, sondern vielmehr als Anspielung auf die Bedeutung, die der weiblichen Herrschaft dann im Zentrum des Romans zufallen wird. Zuvor ist bemerkenswert, dass nach dieser symbolischen Verbindung von Mondlicht und erotischer Erfüllung eine lunare Episode folgt, die vielmehr die Krise hervorhebt: Ist es doch Belisas Liebesgeschichte, die von Beginn an immer wieder mit dem Mond assoziiert wird (vgl. *LD*, S. 244: „a la clara luna" u. S. 247), bis zuletzt die Vorspiegelung der grausamen Todesszene von Aristeo und Arsileo ebenfalls vom Mondlicht beschienen ist: „con la luna que en el rostro le daba" (*LD*, S. 251). Das Belisa gewidmete dritte Buch, also das letzte, bevor die Schäfer zu Felicia kommen, endet damit, dass die Schäfer unglücklich noch im Schlaf Tränen vergießen, „aunque la luna era tan clara que no echaban menos el día" (*LD*, S. 254).

Im vierten Buch dann verlässt die Mondsymbolik endgültig den Wirkungsbereich des Eros, in den sie zuvor eingeschlossen schien, und wird zum politischen Code. Schon im Gesang der Nymphen (vgl. *LD*, S. 262) taucht der Mond in der ersten Strophe auf, anschließend wieder im Gesang des Orpheus, der in der 29. Strophe Diana besingt (vgl. *LD*, S. 288) und später die tote Doña Catalina d'Aragón y Sarmiento beweint (vgl. *LD*, S. 295), Johannas Hofdame und Tochter des Herzogs von Luna. Damit wird der Mond dort, wo Diana über allen glorreichen Frauen der spanischen Geschichte thront, zur hymnischen Chiffre einer weiblichen Herrschaft erhoben, die nach dem Kapitel zu Belisas Krise an die Stelle der rein erotischen Erfüllung des ersten Buches tritt. Während diese Erfüllung in Felicias Palast möglich scheint, ist der Mond im bukolischen Außenraum zuletzt wieder mit dem Pathos verbunden: Als die Schäferin Diana auftritt, beklagt sie ihr Leid, gegen ihren Willen verheiratet worden und insofern heteronom zu sein, indem sie eine Mondfinsternis zur Beschreibung ihrer Situation als Vergleich heranzieht: „Cuando yo triste nací, / luego nací desdichada; / [...]. / El sol escondió sus rayos, / la luna quedó'clipsada" (*LD*, S. 323). So muss auch nicht überraschen, dass ihr Ehemann Delio dem Namen nach nichts anderes ist als ein Stellvertreter Apollos und damit der Sonne,[217] im Gegensatz zu Diana also ein Prinzip männlicher Herrschaft repräsentiert und zwangsweise zum Garanten für das Unglück der Frau wird.

217 Siehe dazu den Kommentar des Herausgebers Montero in Montemayor, *La Diana*, 1996 (Crítica), S. 8. Da sowohl Diana als auch Apollo auf Delos geboren wurden, stehen sie sich im Mythos nahe.

5.3.3 *Weibliche Heldenreihe*

Felicias Palast bedient neben dem literarischen Gedächtnis der mittelalterlichen Liebesallegorien und Ritterromane[218] immer wieder historische Reminiszenzen an Montemayors höfisches Leben. So erinnert die Architektur des Palastes, insbesondere der Brunnen, an den Palast von Binche,[219] einer von der Schwester Karls V., Maria von Ungarn, regierten Provinz in Belgien. Gleichzeitig ist die Symbolik des überaus harmonisch geordneten Gebäudes kaum zu übersehen, etwa die religiöse Bedeutung des Jaspis-Steins, von dem es heißt, der ganze Palast sei aus ihm gefertigt, und der in der Bibel der erste Grundstein des himmlischen Jerusalem ist (vgl. Offb 21, 19):

> En medio della había una fuente de mármol jaspeado, sobre cuatro muy grandes leones de bronzo. En medio de la fuente, estaba una columna de jaspe, sobre la cual cuatro ninfas de mármol blanco tenían sus asientos; los brazos tenían alzados en alto, y en las manos sendos vasos, hechos a la romana, de los cuales, por unas bocas de leones que en ellos había, echaban agua. La portada del palacio era de mármol serrado con todas las basas y chapiteles de las columnas dorados, y así mismo las vestiduras de las imágenes que en ello había. Toda la casa parecía hecha de reluciente jaspe con muchas almenas, y en ellas esculpidas algunas figuras de emperadores, matronas romanas y otras antiguallas semejantes. Eran todas las ventanas cada una de dos arcos; las cerraduras y clavazón de plata; todas las puertas, de cedro. La casa era cuadrada y a cada cantón había una muy alta y artificiosa torre. (*LD*, S. 258f.)

Entsprechend hatte Bruno Damiani den Weg der Schäfer zum Palast als einen Pilgerweg gedeutet.[220] Dabei muss man es allerdings nicht belassen, vor allem sollte man den Weg der Schäfer nicht als beendet ansehen, sobald sie am Palast ankommen. Denn nicht ohne Grund, so scheint es, versammelt Montemayor innerhalb dieses Raumes eine doppelte Heldenreihe nationaler Größe, angefangen von den glorreichen Römern über den *matamoros* el Cid, Ferdinand und Isabellas erfolgreichen Heerführer el Gran Capitán bis hin zu Don Luis de Vilanova, señor von Bicorb (Valencia), den Vater von Juan Castella de Vilanova, dem die erste Ausgabe der *Diana* gewidmet ist.[221] Daran schließt sich die Ekphrasis einer weiblichen Heldenreihe an, die zum einen Felicias Ideal der Tugend repräsentiert („ejemplos de mujeres castísimas y dignas de ser su fama por todo el mundo esparcida“; *LD*, S. 274), zum anderen aber im

218 Vgl. Avalle-Arce, *La novela pastoril española*, 1974, S. 63.

219 Vgl. Subirats, „La *Diane* de Montemayor, roman à clef ?“, 1968, S. 111, und die Darstellung auf dem *Anónimo flamenco. Dibujo de la Gran Sala del Palacio de Binche* (1549, Bibliothèque Royale Albert Ier, Brüssel).

220 Vgl. Damiani, „Journey to Felicia“, 1983.

221 Vgl. *LD*, S. 103, FN 1, u. S. 273, FN 44.

Allerheiligsten, dem innersten Raum des Palastes (*la cuadra*[222]), von Orpheus' Ekphrasis mehrerer Portraits in einer poetischen Genealogie weiblicher Herrschaft verherrlicht werden:

Mas cantáré con voz suave y pura,
 la grande perfición, la graci'extraña,
 el ser, valor, beldad sobre natura,
 de las qu'hoy dan valor ilustr'a España.
Mirad pues, ninfas, ya la hermosura
 de nuestra gran Diana y su compaña,
 qu'allí'stá el fin, allí veréis la suma
 de lo que contra puede lengua y pluma.

Los ojos levantad mirando aquella
 qu'en la suprema sill'está sentada,
 el cetro y la corona junto a ella,
 y d'otra parte la fortun'airada.
Ést'es la luz d'España y clar'estella,
 con cuy'absenci'está tan eclipsada;
 su nombre, ¡oh ninfas!, es doña María,
 gran reina de Bohemia, d'Austria, Ungría.

L'otra junta a ella es doña Joana
 de Portugal Princes', y de Castilla
 Infanta, a quien quitó fortun'insana
 el cetro, la corona y alta silla [...]. (*LD*, S. 278f.)

Hierzu hat die Forschung reichlich wenig bis nichts zu sagen gehabt, vielleicht weil der seitenlange „Canto de Orpheo" (*LD*, S. 278–293) aufgrund seiner Paradigmatik auf heutige Leser eher ermüdend wirkt. Dennoch bildet die Führung durch die doppelte Heldenreihe das eigentliche Herzstück des Romans, ist sie doch in die Mitte des mittleren Buches eingelagert und soll – wie bei den Schäfern – *admiratio* erzeugen („En tan grande admiración puso a los pastores y pastoras las cosas que allí veían, que no sabían qué decir [...], que no les parecía poderse imaginar en el mundo cosa más perfecta."; *LD*, S. 275). Sie bildet ein echtes Fremdstück innerhalb der bukolischen Welt und ist demnach nicht, wie man auf den ersten Blick meinen möchte, eine simple Wiederaufnahme des allegorischen Herrscherlobs jener Pastoralen, die im 15. Jahrhundert Zeitgeschehen in pastorales Gewand transponierten. Genauso wenig, wie der Palast eine mittelalterliche Allegorie des Tugend-Ethos oder der Fama

222 Covarrubias zufolge „la pieça de la casa que está más adentro de la sala, y por la forma que tiene, de ordinario quadrada, se llamó cuadra". *Tesoro de la lengua castellana o española*, 2006, S. 635.

ausbuchstabiert, ist seine Beschreibung ein Schlüsseltext, der sich hier als solcher entblößte. Vielmehr zeigt das Herzstück der *Diana*, dass die keusche Göttin, die über allen spanischen Herrscherinnen thront (weswegen nicht nur Belisa, Felismena und Felicia Inkarnationen der ständig abwesenden Diana sind, sondern natürlich auch Johanna), für einen Liebescode einsteht, der zugleich ein soziopolitischer Code ist. Im Betrachten der Porträts von Maria und Johanna, zweier weiblicher Herrscherinnen zur Zeit Montemayors, die jener kannte und deren Leid und *ausencia* er an dieser Stelle offen beklagt, steckt vielmehr der Schlüssel für die affektische Investition des Romans verborgen: Maria und Johanna sind, wie Felismena und Felicia, zwei Idealbilder für ein residuelles emotionales Regime und dessen überholtes Modell von Herrschaft, das der Roman noch einmal sozialutopisch heraufbeschwört.

Die affektische Entgleisung, die darauf aufzusitzen vermag, wird spätestens dann deutlich, wenn Belisa im Garten des Palastes angesichts des Grabmals von Doña Catalina in Klage ausbricht – „¡Ay, muerte!" (*LD*, S. 296) – und der Text wieder in die Stillage des schmerzhaften Pathos kippt. An der Figur Belisa, deren trauriges Herz sich am Tod der Hofdame entzündet, wird die Tragik der affektischen Investition in ein überkommenes Herrschaftsprinzip offenkundig, gerade weil sie die Erinnerung an ihr eigenes Leid und den Tod Arsileos und Arsenios (den privaten Eros) mit der Klage über den Tod der Catalina (dem politischen Code) verknüpft: „A Dios, bienaventurada ninfa, lustre y honra de la real casa de Aragón, Dios dé gloria a tu ánima, y saque la mía dentre tantas desventuras." (Ebd.)

Felicias weise Herrschaft erweist sich dann, als sie wie ein zweiter Sokrates im Dialog über *amor* und *razón* philosophiert und die Tugendlehre ihrer Gemeinschaft begründet (vgl. *LD*, S. 297–299). In dieser Redekur für die Schäfer wird oberflächlich die Rationalisierung und philosophische Rede als Gegenmittel gegen das Liebesleid beschworen. In der Tat vertritt Montemayor an dieser Stelle ein Ideal ethischer Mäßigung, zumindest insofern, als Felicia zwischen guter und schlechter Liebe unterscheidet.[223] Dennoch gibt sie zu, dass Liebe sich nicht durch *razón* beherrschen lasse. Darüber hinaus ist die Szene selbst wiederum als Glied in der Kette ihrer eigenen Inszenierung zu sehen: Erneut wird Felicia, die im Laufe des Kapitels mehrmals von der Gemeinschaft der Schäfer und Nymphen Abstand nimmt und dann zu ihr zurückkehrt (was die Bedeutsamkeit ihrer Präsenz nur unterstreicht), hier als

223 „[E]l ánimo generoso y el entendimiento delicado en esto del querer bien lleva grandísima ventaja al que no lo es, porque como el amor sea virtud, y la virtud siempre haga asiento en el mejor lugar, está claro que las personas de suerte serán muy mejor enamoradas que aquellas en quien ésta falta." (*LD*, S. 265)

eine ,nahe' Herrscherin entworfen. In der Koppelung von Nähe, Sorge um die eigenen Subjekte und Tugendlehre gemahnt sie wiederum an zeitgenössische Propaganda, die sentimentalisch an die Zeit der Herrschaft von Isabella von Kastilien erinnerte und deren Epoche der eigenen unter Philipp II. melancholisch gegenüberstellte.[224] Während die Lyrik Garcilasos unter der Herrschaft Karls die auf schmerzhafte Weise verbundene, gleichzeitige Distanznahme *und* Abhängigkeit vom Herrscher noch als persönlichen Konflikt eines imperialen Subjekts mit seinem Souverän in Szene setzte, ist selbst diese Form von Nähe für Montemayor nicht mehr vorstellbar.

Die tugendhafte, präsente und weise Herrscherin eines spätfeudalen Zeitalters ist im Jahr 1559 also eine Figur, die aus der nationalen Vergangenheit emporgestiegen ist und als Kontrafaktur des zentralmonarchischen Systems entziffert werden kann, in dem sich Karl und später Philipp immer wieder auch als ,gute Hirten'[225] inszenierten. Der postulierten guten Herrschaft[226] der männlichen Herrscher der Wirklichkeit wird hier jedoch eine erlebbare gute Herrschaft der Frauen gegenübergestellt. Nicht nur der beim Eintreten gemeinsam bekräftigte Regelkodex der Tugendgesellschaft (vgl. *LD*, S. 260), das geteilte Essen (vgl. *LD*, S. 261), das gemeinsame Bad Felismenas und der Nymphen (vgl. *LD*, S. 267) oder die Wärme Felicias, die am Ende Belisa den Handkuss verweigert und sie stattdessen umarmt (vgl. *LD*, S. 307), beschwören eine Gesellschaftsform, die Tugend, Gefühl und persönliches Verdienst in den Mittelpunkt stellt und ihren Angelpunkt in der Figur einer charismatischen Führergestalt hat. Hingegen ist es der männliche Herrscher gewesen – unschwer im *gran pastor*, der Sireno mit sich auf eine Reise nimmt, als Philipp II. auf seinem Weg nach Flandern zu erkennen[227] –, der in der titelgebenden Liebeshandlung zwischen Sireno und Diana mit seinem Weggehen aus dem Reich den Konflikt hervorgerufen hatte. Gegen diesen potentiell störenden Einfluss männlicher und realpolitischer Herrschaft, die sich nicht nur selbst absentiert, sondern mit Sirenos *ausencia* auch Dianas Verbindung mit Delio verursacht, wird der Raum weiblicher Herrschaft (in der Felismena kontrastierend einmal

224 Vgl. Hernández-Pecoraro, *Bucolic Metaphors*, 2006, S. 31.

225 Vgl. ebd., S. 33, in Bezug auf Maravall, *Carlos V y el pensamiento político del Renacimiento*, 1960, insb. das Kap. II.3., „La utopía del buen pastor", S. 224–231.

226 Vgl. ebd., S. 226. Die Anbindung an die Gattung des Fürstenspiegels wird dann insb. unter Philipp II. signifikant und verschiebt die noch in der ersten Hälfte des Jahrhunderts gebräuchliche Semantik: „El príncipe no es pastor para realizar una sociedad ideal, según el esquema de la vida conforme a naturaleza, sino para sacrificarse guardando a aquellos cuyo gobierno tiene confiado." Ebd., S. 231.

227 Vgl. *LD*, S. 108 u. 180, sowie Jones, „Human Time in *La Diana*", 1968, S. 141, der Sireno mit Montemayor gleichsetzt, der auf dieser Reise die königliche Entourage begleitete.

explizit als *gran pastora* apostrophiert wird; vgl. *LD*, S. 189) als heilend und befreiend entworfen.

Meiner Meinung nach lässt sich davon auch die hier dominante christliche Symbolik ableiten, die immer zur Unterfütterung der Herrschaftsideologie im Allgemeinen, der von Isabella I. aber im Besonderen gedient hatte. Wenn Damiani Felismena deshalb als Figura der Jungfrau Maria entschlüsselt,[228] ist ihm teils durchaus zuzustimmen. Allerdings nur, wenn man deren Überblendung mit der tugendhaften und glorreichen *Reina católica* berücksichtigt, an die sich die spanischen Aristokraten des 16. Jahrhunderts wehmütig erinnern. Ich denke, in dieser Weise wird man auch die weibliche Heldenreihe des Palastes zu deuten haben: als Exempel für Tugend oder Keuschheit, aber auch als visuelles Spektakel und poetische Hyperbel der kontrafaktischen weiblichen Souveränität, der zu Ehren Orpheus singt.

Avalle-Arce hat die Episode bei Felicia als „entremés fantástico"[229] bezeichnet und stellt sie in eine Linie, die bis zu Cervantes' *venta* und deren Raumsemantik im *Don Quijote* reicht. Als Enklave sind beide Räume zwar latent allegorisch,[230] aber nicht mehr im Sinne der mittelalterlichen Allegorien der Liebe, sondern vielmehr als pathematische Allegorien, die raumsemantisch gesellschaftliche Codes repräsentieren und konterkarieren. Die Räume bieten Ermöglichungsstrukturen für die Figuren, zu Bewusstsein über ihr Selbst zu kommen, scheinen aber auch ein gesellschaftliches Bewusstsein zu haben. Felicias Palast ist so nicht nur ein Ort der Divergenz, der Raum für die Entwicklung der literarischen Helden bietet,[231] sondern als Enklave innerhalb der bukolischen Enklave das Zentrum seines kontrafaktischen politischen Codes. Kultursemiotisch gewendet wird dadurch die innere Struktur der *Diana* schlüssiger. Denn erst nach dem IV. Kapitel treten ihre Figuren aus der bukolischen Passivität heraus und lässt der Text Handlungsumschwünge und Perspektivwechsel zu.

Zuletzt gilt es noch zu unterstreichen, wie Montemayors alternative Kulturgrammatik auf paradoxe Weise den historischen Wandel, für den die bürokratisierte Zentralmonarchie steht, begleitet. Denn obwohl der Text sich auf

228 Damiani, „Journey to Felicia", 1983, S. 66f.

229 Avalle-Arce, *La novela pastoril española*, 1974, S. 64.

230 „Die allegorische Explikation, die das bukolische Rollen-Sprechen bisher erfordert hatte, wurde nun in den ‚latenten Allegorismus' der bukolischen Rahmenfiktion selbst übernommen. Das neue poetische Arkadien setzt als literarische Gegenwelt keine allegorischen *Einzel*referenzen mehr voraus, sondern ist als Fiktion *insgesamt* der individuellen oder gesellschaftlichen Lebenswelt kommensurabel." Grimm, „Arcadia und Utopia", 1985, S. 91 (Hervorh. im Original).

231 Vgl. Avalle-Arce, *La novela pastoril española*, 1974, S. 76f.

individuelle Herrscherfiguren konzentriert, läutet er auch eine neue, vom Herrscher als Person losgelöste Identifikation mit nationaler Vergangenheit, nationalem Territorium und nationaler Einheit ein, die durch den Parcours der Schäfer, die Investition Felismenas und die affektisch begleitete Führung durch die Heldenreihe vorgeführt wird. Auch auf der Ebene der Handlung außerhalb des Palastes durchwandern die Figuren des Romans im Übrigen eine Vielzahl unterschiedlichster nationaler Kleinräume, ja, der Text bildet das iberische Territorium nachgerade exemplarisch ab. Obwohl Montemayor also ein altes emotionales Regime beschwört, ermöglicht seine Darstellung einer residuellen Form des politischen Pathos die Emergenz eines neuen emotionalen Regimes: die affektische Identifikation mit Spanien und seiner Geschichte, die an die Stelle der individuellen Identifikation des Herrschersubjekts und seines charismatischen Herrschers getreten ist. Deshalb muss man sich ausgehend von der Raum- und Kultursemantik des Romans folglich die Frage stellen, inwiefern dieser sujethaltig und sujethaft ist.

5.4 Felismena als Heldin: Divergentes Sujet und ortloses Zentrum der Herrschaft

Wer sich mit der frühneuzeitlichen Bukolik auseinandersetzt, begegnet immer wieder der unhinterfragten Annahme, bukolische Texte seien aufgrund ihrer paradigmatischen Struktur sujetlos.[232] Gerade Montemayors Roman jedoch, der die neue europäische Mode der Schäferei ausgelöst hat, lässt sich auf diese Weise nicht erschöpfend beschreiben.[233] Es wurde zwar bereits bemerkt, dass sich mit Montemayor nicht nur das Genre erheblich verändert, sondern auch der Roman selbst zunächst aneinandergereihte Eklogen in romaneske

232 Siehe klassisch Rennert, *The Spanish Pastoral Romances*, 1912. 1975 befasst sich Keightley erneut mit der Frage, vor allem jedoch mit den Erzählperspektiven im spanischen Schäferroman, die er als vorrangig stilistisches Vehikel der Entwicklung hin zum Roman ausmacht, nicht etwa das Sujet: „it would appear that the pastoral novel in Spain stands at the point of transition from the traditional third-person narrative to the newer first-person style“. „Narrative Perspectives in Spanish Pastoral Fictions“, 1975, S. 197. Der Handlungsebene von Montemayors *Diana* spricht er ausschließlich den Charakter von „static inaction“ zu, bemerkt jedoch bereits zu Gil Polos Fortsetzung (*La Diana enamorada*, 1564), dass diese ihre Lösung „through action“ erreiche, wenn der Schäferroman auf seiner primären Erzählebene prinzipiell ohne jeglichen „sense of urgency“ operiere. Seine Charakteristika sind: „static plot, a low level of action, timelessness and under-defined location“. Ebd., S. 202f.

233 Siehe zu einer ersten Fassung dieses Kapitels Peters, „Bukolische Divergenz und Spaniens weibliche Schattensouveräne“, 2016.

Erzählmuster aufbricht.[234] Die Frage nach dem Sujet allerdings ist und bleibt ein Problem, das im Folgenden neu beleuchtet werden soll. Dafür werde ich zuerst einen sehr kurzen Überblick geben, wie sich von antiken Texten zum frühneuzeitlichen Schäferroman der Wandel in der Darstellung am Wandel von der Ekphrasis einer Szene zu ihrer handlungsbetonten Erzählung nachvollziehen lässt. Dies bleibt natürlich eher eine Diagnose einzelner Symptome, die informierte Interpretation steht sicherlich den Spezialisten aus der Klassischen Philologie zu. Danach werde ich mit Blick auf die Kultursemiotik des Schäferromans den Versuch unternehmen, die zuerst skizzierte Gattungstradition und -innovation, die historische Pragmatik des spanischen Schäferromans und schließlich das narrative Sujet der *Diana* mit Rückgriff auf Lotmans Konzept der Semiosphäre zu präzisieren. Daher steht am Ende meiner Ausführungen die nun neu formulierte Frage, inwiefern man das Sujet in der bukolischen Enklave weniger als Figur der Überschreitung denn als Phänomen kultureller Deregulierung oder, in den Worten Lotmans, als ‚Re-Normierung' der Mythen eines kulturellen Zentrums beschreiben kann.

5.4.1 *Von der Stasis zur Handlung: Die* mise en abyme *des Liebesüberfalls*

Die Schäferwelt ist nicht nur der Ort, wo der vermeintlich natürliche Affekt der Liebe in poetisches Liebespathos verwandelt und literarisch sublimiert wird. Auch der Raum der Natur, den sich die Gattung als Ort der Handlung gewählt hat, ist seit Vergil nicht in dem Sinne ‚natürlich', dass dort konkrete Natur zum Gegenstand einer vorrangig mimetischen Darstellung würde.[235] Besonders eindrücklich wird das in der Bukolik, wenn Kunst, Natur und ihre Darstellung in einer Spiegelfigur poetologischer Selbstreflexion verschmelzen:

---

234 Siehe hierzu und im Folgenden detaillierter Johnson, „Montemayor's *Diana*", 1971.

235 Poggioli, *The Oaten Flute*, 1975, S. 3, setzt die Geburt der Bukolik dort an, wo nach dem Niedergang der antiken Polis die quasi-moderne Metropole Rom entsteht und mit ihr die Imagination eines dazu konträren natürlichen Kompensations- und Evasionsraums: „For pastoral poetry appears whenever the hustle and bustle of metropolitan life grows hard to bear and man tries to evade its pressures at least in thought." Ebd., S. 4. Gerade im späteren, höfischen Neoklassizismus der europäischen Frühen Neuzeit, „pastoral landscapes are but 'nature methodis'd'". Ebd., S. 24. Avalle-Arce, *La novela pastoril española*, 1974, S. 62, nennt dies die archetypische Natur der Bukolik, die besonders in Spanien (ggü. Italien und Frankreich) stärker ausgeprägt sei. Vgl. Strosetzki, „Arkadiens Grenzen", 2008, zur gezähmten, vormals barbarisch-wilden Natur in der bukolischen Literatur des 17. Jahrhunderts. Williams, *The Country and the City*, 1973, S. 68–95, diagnostiziert der englischen Idylle des 18. Jahrhunderts eine neue, frühromantische „structure of feeling" aus poetischer Selbsterniedrigung einerseits und „farewell to simplicity" andererseits. Ebd., S. 70 u. 73. Sie fällt mit der melancholischen Erkenntnis zusammen, dass ein Bild fruchtbarer Natur mit der sozial-ökonomischen Realität intrinsisch verbunden ist und daher poetisch in neue ‚Wüstenei', eine leere Natur, verwandelt werden muss.

in der Ekphrasis.[236] Bei Theokrit etwa taucht bereits im ersten Idyll jener berühmte Akanthus-Becher auf, der als Einsatz und Preis für den Dichterwettstreit gesetzt wird. Er verrät in komprimierter Form, was sich in der Schäferwelt und ihrer topischen Landschaft – immer und immer wieder – abspielt: das, wohlgemerkt erfolglose, Liebeswerben von Männern um schöne, aber nicht zu erweichende Frauen:

> Wenn Du singst, wie du einmal im Wettkampf mit Chromis aus Libyen gesungen hast, will ich dir eine Ziege geben, die Zwillinge geboren hat, dreimal zu melken [...] und einen tiefen Becher [...]. Um seine Lippen rankt sich oben Efeu, Efeu mit Sonnengold bestäubt; an ihm entlang windet sich die Ranke, prunkend mit safranfarbiger Frucht. Innen ist eine Frau, ein Kunstwerk von Göttern, dargestellt, geschmückt mit Robe und Stirnreif. Neben ihr streiten Männer mit schönem langen Haar abwechselnd mit Worten, der eine von hier, der andere von dort. Doch das berührt ihr Herz nicht; sondern mal blickt sie diesen Mann lächelnd an, ein andermal wendet sie jenem ihren Sinn zu; und die, die Augen längst vor Verlangen geschwollen, mühen sich umsonst.[237] (Vv. 22–37)

Hier tritt das Paradigma des bukolischen Textes offen zu Tage. Allerdings ist jenes Paradigma nicht ohne Verweis darauf zu denken, dass die Geschichte der Liebe in ihrer Wiederholung erzählt werden will. Das Paradigma ist also, je nachdem, ob es sich bei der vorliegenden Textform um kurze Eklogen oder Bände umfassende Romane handelt, eingebettet in ein Syntagma, das auch den Ort und die Zeit des Erzählens oder Dichtens konstituiert. Longos geht sogar so weit, seinem Schäferroman *Daphnis und Chloe* eine Ekphrasis voranzustellen, in der die gesamte Handlung des folgenden Romans vorweggenommen wird:

> Zu Lesbos sah ich auf der Jagd in einem Nymphenhain das schönste Schaustück, das ich je gesehen: ein Gemälde, das die Geschichte einer Liebe darstellte. Schön war freilich auch der Hain, baumreich, voller Blumen und wohlbewässert; eine Quelle tränkte alles, Blumen wie Bäume. Doch anziehender war das Bild, das mit erlesener Kunst gemalt war und Freud und Leid einer Liebe darstellte. Und so kamen auf den Ruhm des Bildes hin auch viele Fremde, die zu den Nymphen beteten und das Gemälde betrachteten. Man sah auf ihm gebärende Frauen und andere, die Kinder in schöne Windeln legten, ausgesetzte Kinder, Tiere, die sie säugten, Hirten, die sie aufhoben, junge Leute, die sich Treue gelobten, einen Überfall von Seeräubern, den Einfall von Landesfeinden. Da ich noch viele andere Dinge, die sich alle um die Liebe drehten, sah und bewunderte, faßte mich ein heftiges Verlangen, die Darstellung des Malers wetteifernd in Worten wiederzugeben.[238]

---

236 Siehe zur Ekphrasis bei Garcilaso das Kap. 4.2.1.

237 Theokrit, *Gedichte*, 1999, S. 9–11.

238 Longos, *Hirtengeschichten von Daphnis und Chloé*, 1998, S. 9.

Der Wettstreit der Schäfersänger wird hier auch in den Wettstreit zwischen bildender und erzählender Kunst übersetzt. Weil der Sprecher von der bildlichen Darstellung ergriffen ist, beginnt er zu erzählen. Damit thematisiert der Text genau den Moment, in dem das Erzählen einsetzt. Vielleicht muss man sich das Gemälde bei Longos als antiken Comic-Strip vorstellen, auf dem nebeneinander nicht nur die Paradigmen einer bukolischen Erzählung („Dinge, die sich alle um die Liebe drehten"), sondern in deren Reihung auch das Syntagma einer ‚unerhörten Begebenheit' dargestellt ist. Dessen Auserzählen wird dem Roman zuletzt wohl den Vorteil vor der Malerei verschaffen. Mit dem Einbruch der Gefahr – schutzlose Kinder in der Wildnis, Landesfeinde und Seeräuber, die in den Raum der Idylle einfallen – ist hier außerdem unterstrichen, dass im Raum der Erzählung das Gesetz einer zur Regel gewordenen Veränderung gilt.

Eine, für die Bukolik *stricto sensu* topische Szene nun folgt diesem Schema im besonderen Maße: Es handelt sich dabei um den bereits erwähnten ‚Liebesüberfall' eines Satyrs auf eine fliehende Nymphe, der das bukolische Paradigma von Sehnsucht und Entzug, sexueller Lust und sublimierter Kontrolle ins Bild setzt. Betrachtet man die Entwicklung des genuinen Schäferromans in der Frühen Neuzeit, fällt auf, dass in den wenig mehr als fünfzig Jahren zwischen Sannazaros *Arcadia* (1504) und Montemayors *Diana* (1559) gerade die Darstellung dieses Liebesüberfalls als Maß dafür genommen werden kann, wie sich die Gattung endgültig an Formen des romanesken Erzählens anpasst. Bei Sannazaro taucht im dritten Prosastück noch einmal eine Ekphrasis auf, als die Schäfer in Arkadien an einem Tempel anlangen:

> Al quale per non molti gradi poggiati vedemmo in su la porta dipinte alcune selve e colli bellissimi e copiosi di alberi fronzuti e di mille varietà di fiori; tra i quali se vedeano molti armenti che andavano pascendo e spaziandosi per li verdi prati, con forse dieci cani dintorno che li guardavano; le pedate dei quali in su la polvere naturalissime si descernevano. De' pastori alcuni mungevano, alcuni tondavano lane, altri sonavano sampogne, e tali vi erano, che pareva che cantando si ingegnasseno di accordarsi col suono di quelle. Ma quel che più intentanteme mi piacque di mirare erano certe ninfe ignude, le quali dietro un tronco di castagno stavano quasi mezze nascose, ridendo di un montone che, per intendere a rodere una ghirlanda di quercia che dinanzi agli occhi gli pendea, non si ricordava di pascere le erbe che dintorno gli stavano. In questo venivano quattro satiri con le corna in testa e i piedi caprini per una macchia di lentischi pian piano per prenderle dopo le spalle; di che elle avedendosi si mettevano in fuga per lo folto bosco, non schivando né pruni né cosa che le potesse nocere.[239]

239 Sannazaro, *Arcadia*, 2013, S. 94f.

Während bei Theokrit und Longos die Darstellung (*l'énonciation*: das Dichten über die Liebe und der Dichterwettstreit) und das Dargestellte des Paradigmas oder Plots (*l'énoncé*: die Handlung um die Liebenden Daphnis und Chloe) in der *mise en abyme* der Ekphrasis gespiegelt werden, kann man Sannazaros Szene mit Lucien Dällenbach als in dieser Reihe vielleicht reinste Form einer *mise en abyme du code* interpretieren:[240] Der Überfall der Satyren ist bei Sannazaro nicht explizit mit dem Akt des Erzählens verbunden und auch für die im Roman dargestellte Rahmenhandlung unerheblich. Einzig die Kontrastwirkung einer milden und einer wilden Natur wird hier vorgeführt,[241] einer idyllischen Natur und einer ungebändigten Körperlichkeit, der sich die Nymphen entziehen, indem sie den *locus amoenus* verlassen. Damit kann der Liebesüberfall auch als mögliche ‚Leseanweisung' oder Entschlüsselungscode für die Liebestopik Arkadiens gelten.

Dällenbach bezeichnet mit dem Begriff der *mise en abyme du code* den komplexesten Typus der Wiederholung einer literarischen Makrostruktur in Form einer emblematischen Mikrostruktur. Sie führt die ‚Gemachtheit' des Textes und damit seinen Code vor, nicht vorrangig den erzählten Inhalt oder das Erzählen. Dällenbach greift auf die Metapher des Webens zurück, um dies anschaulich zu machen. Denn ihm zufolge ist die *mise en abyme du code* eine emblematische Textmetapher, die auf die ‚Webart' eines Textes referiert: „un objet qui participe à la fois du textile, de l'œuvre d'art et de la technique"; ihre Funktion ist es, „le *mode de fonctionnement du récit*" intelligibel zu machen und „la machine textuelle [...] *le métier à tisser*" zu figurieren.[242] Sie ließe sich mithin als eine Art ästhetische Gebrauchsanweisung für den Leser eines Textes verstehen, die das verdoppelt, was sie erläutert: seine semantische Struktur. Konkret bedeutet das im Falle der *Arcadia*, dass die Erzählung mit dem Liebesüberfall zugleich die neoplatonische Liebeskonzeption, die dem rinascimentalen Text zugrunde liegt und sein bukolisches Prinzip unterfüttert,[243] zur emblematischen Chiffre erhebt, die in szenischen Bildern erzählt wird.

240 Vgl. Dällenbach, *Le Récit spéculaire*, 1977, S. 123–138.

241 Zu den topischen Elementen des *locus amoenus* sowie zur Kontrastharmonie wilder und milder Natur siehe Curtius, „Die Ideallandschaft", 1948. Damiani, „Et in Arcadia Ego", 1983, S. 9, und ders., „Journey to Felicia", 1983, S. 64f., kommentiert die entsprechenden Naturschilderungen in der analogen Szene bei Montemayor und bezeichnet die Wilden dort als Symbol des Todes. Zum Vergleich mit Sannazaro, dem Damiani allgemein eine größere visuelle Qualität („word-painting") zuschreibt, siehe Damiani, „Sannazaro and Montemayor", 1989, S. 62f. Die *salvajes* sind auch Teil einer höfischen Inszenierung am spanischen Hofe in Bins, der Philipp II. beigewohnt hatte. Vgl. Álvarez, *Relation du beau voyage que fit aux Pay Bas, en 1548, le prince Philippe d'Espagne, Notre Seigneur*, 1964, S. 105f.

242 Dällenbach, *Le Récit spéculaire*, 1977, S. 127 (Hervorh. im Original).

243 Vgl. Mujica, „Allegory and the Neoplatonic Ideal", 1986.

Montemayor scheint nun fast ein zweiter Longos, wenn er sich in seinem Roman diese Szene zum Vorbild nimmt, sie aber zum Leben erweckt: Sie ist in den Handlungsraum der Erzählung eingedrungen und, das werde ich zuletzt zeigen, in mehrerlei Hinsicht ebenso *mise en abyme* wie die Ekphrasis in der antiken Bukolik. Deshalb möchte ich die Szene hier – über die Frage hinaus, inwiefern dabei noch allegorische Codes zum Einsatz kommen – noch einmal genauer als in Kapitel 5.2.3 betrachten:

> A este tiempo las hermosas ninfas, tomando cada una su instrumento, se iban por el verde prado adelante, bien fuera de sospecha de podelles acaecer lo ahora oiréis. Y fue que, habiéndose alejado muy poco de adonde los pastores estaban, salieron de entre unas retamas altas, a mano derecho del bosque, tres salvajes, de extraña grandeza y fealdad; venían armados de coseletes, y celadas de cuero de tigre. Eran de tan fea catadura que ponían espanto los coseletes, traían por brazales unas bocas de serpientes, por donde sacaban los brazos, que gruesos y vellosos parecían [...]. Y con una increíble ligereza arremeten a ellas diciendo: "A tiempo estáis, oh ingratas y desamoradas ninfas, que os obligara la fuerza a lo que el amor no os ha podido obligar [...]. En fin tenemos en la mano el galardón de los sospiros, con que a causa vuestra importunábamos las aves y animales de la escura y encantada selva do habitamos [...]. Y pues para que quedéis con las vidas, no tenéis otro remedio sino dalle a nuestro mal, no deis lugar a que nuestras crueles manos tomen venganza de la que de nuestros afligidos corazones habéis tomado." (*LD*, S. 185–187)

> Mas no tardó mucho que de entre la espesura del bosque, junto a la fuente donde cantaban, salió una pastora de tan grande hermosura y disposición que los que la vieron quedaron admirados. Su arco tenía colgado del brazo izquierdo, y una aljaba de saetas al hombro, en las manos un bastón de silvestre encina, en el cabo del cual había una muy larga punta de acero. Pues como así viese las tres ninfas, y la contienda entre los dos salvajes y los pastores, que ya no esperaban sino la muerte, poniendo con gran presteza una aguda saeta en su arco, con tan grandísima fuerza y destreza la despidió que al uno de los salvajes se la dejó escondida en el duro pecho [...]. (*LD*, S. 188f.)

Versteht man das Sujet in seiner einfachsten Form als Handlung, so wird die Abweichung vom Vorbild Sannazaro evident: Während die Ekphrasis als mediale Verschiebung eine dämpfende Distanz von der Handlung erlaubt, weil sie das Liebespathos und sein sozial gefährliches Potential einhegt, befinden sich bei Montemayor die handelnden Figuren, ihr Pathos und der Erzähler – wenn auch in der Nacherzählung – auf einer identischen Zeit- und Seinsebene. Dabei wird die Gewalt des Liebesüberfalls nicht nur mit visuellen Details und wortreichen Deklarationen unterstrichen. Sie löst darüber hinaus im Fortgang der Szene weitere – und besonders gewaltsame – Handlungen aus: Der Pfeil, den die wehrhafte Schäferin Felismena auf einen Wilden abfeuert, und der Weg dieses Pfeils durch die Luft in die Brust des *salvaje* sind von einer völlig neuen

Dynamik begleitet.[244] Das allein freilich macht noch kein literarisches Sujet. Auch wenn es sich hier vordergründig um eine räumlich inszenierte Grenze zwischen dem wilden Wald und der idyllischen Welt der Schäfer zu handeln scheint, wird doch keine stringente Überschreitungsfigur im herkömmlichen Sinne in Gang gesetzt – zum Beispiel solcher Art, dass die handelnde Figur die Grenze zwischen wilder Sexualität und idealisierter Liebe aufhöbe.[245] Dennoch ist die pfeilbewehrte Schäferin Heldin eines Sujets – man muss dieses nur anders betrachten.

Mit einer *mise en abyme* haben wir es aber in jedem Fall zu tun. Die Szene ist zum Beispiel deshalb emblematisch, weil an ihr vorgeführt wird, dass der Code der neoplatonischen Liebe in einen tödlichen Konflikt führt. Dieser Code ist in Montemayors Roman durchaus präsent.[246] Nicht jedoch in Reinform wie bei Sannazaro, denn Montemayor scheint ihn bereits *als* Code entlarvt zu haben: Ihm haben sich die Nymphen verpflichtet und selbst die Wilden wissen sich seiner paradoxerweise zumindest sprachlich zu bedienen (schließlich haben sie nicht ungleich Sannazaros Alter ego Sincero zuvor einer mitleidenden Natur aus *aves, animales* und *selvas* beinahe orphisch ihr Leid geklagt). Der keusche Liebende, der hier dem körperlichen *amor lascivo* der Wilden entgegengestellt wird, gehorcht diesem Ideal und bleibt bis zuletzt einer Liebe treu, die nicht nur seinen Tod fordert, sondern als unerfüllte Liebe aufrechterhalten werden will. Um ein nachgerade heroisches Liebesleiden zu ermöglichen,[247] wird der Liebende als Figur allerdings statisch und eine Entwicklung innerhalb der Erzählung unmöglich.[248] Vielleicht steht deshalb an dieser

244 Damiani unterstreicht die „explicit vividness and grotesqueness" der Szene und auch in der Folge wird Felismena durch ihre eigenen Erzählungen (vom Tod ihrer Eltern und ihrer Rivalin Celia) eine für die Bukolik untypische Repräsentantin des Todes und Motor der Plotentwicklung bleiben. „Et in Arcadia Ego", 1983, S. 12, sowie zur Plotentwicklung im Roman ebd., S. 17. Avalle-Arce hatte die Episode als eine Art inszeniertes Opfer (des vom Code abweichenden monströsen Begehrens) im Namen der neoplatonischen Liebeskasuistik interpretiert. *La novela pastoril española*, 1974, S. 74f.

245 Damiani, „Journey to Felicia", 1983, S. 62, deutet die Nymphen, die hier verteidigt werden müssen, als Vertreterinnen der theologischen Tugenden und insofern als Begleiter der Seelen / Liebenden auf ihrem Pilgerweg zur Seelenrettung durch Felicia. Er scheint damit ein Sujet anzunehmen, das dem Roman Struktur verleiht. Allerdings werden auch dort streng genommen keine getrennten, semantisch unterschiedlich besetzten Räume entworfen, vielleicht weil dieser Aufbau immer noch an das Muster ‚garantierter Realität' gebunden bleibt. Siehe den Teil in Kap. 5.3.2 zu Blumenberg.

246 Siehe die Übersicht zu Beginn des Kapitels und Mujica, *Iberian Pastoral Characters*, 1986, S. 111–142.

247 Vgl. Perry, „Ideal Love and Human Reality in Montemayor's *La Diana*", 1969.

248 Bereits Avalle-Arce hat „el descubrimiento de las posibilidades novelísticas de Naturaleza, Amor y Fortuna" betont, die im Roman Montemayors als „temas operantes" die

prominenten Stelle genau das Gegenteil des Ideals im Fokus: Obwohl sich die Nymphen regelgerecht keusch entzogen und obwohl die Wilden die Sprache der Liebeswerbung zum Einsatz gebracht haben, endet die Begegnung mit der Transgression des Ideals und mit dem gewaltsamen Tod der Transgressoren.

Um narrative Entwicklung voranzutreiben, werden dann auch in der Folge immer wieder neue Figuren eingeführt, die durch Nacherzählung ihres Schicksals weitere Zeit- und Seinsebenen in den Text integrieren und die Erzählung vom spanischen Hof bis in ein portugiesisches Dorf führen. Die eingelagerten Hypodiegesen heben damit die angenommene Statik des Schäferromans mindestens ebenso auf, wie die Gewalt gegen die *salvajes* die Zeit- und Seinsordnung des bukolischen Raumes stört.[249] Die *historias intercaladas* der unglücklich Liebenden (und an deren erster Stelle jene der Felismena, die hier zu den Waffen greift und auf die sich der zweite große Teil des Romans fokussiert) agieren deshalb wie ein eingelagertes inneres Gedächtnis, das in produktiver Beziehung zur Gegenwart steht und zuletzt auch Handlungen auslösen kann – anders als die Form des in Arkadien beschworenen Gedächtnisses an eine verlorene Liebe,[250] das immer wieder besungen, aber nie überwunden werden kann, schon allein des Singens wegen.

Verbindung von primärer Erzählebene und den *historias intercaladas* antreiben, ihre Figuren aber aufgrund der neoplatonischen Liebeslehre im eigenen Liebesideal – bis zum Tode – einfrieren. Avalle-Arce, *La novela pastoril española*, 1974, S. 60 u. 68.

249 Vgl. Görling, „Cross-dressing in Arcadia“, 2000, S. 103. Siehe zu den Erzählformen der „secondary narratives“, die deren Herkunft aus der italienischen Novellistik und dem byzantinischen Roman geschuldet sind, Keightley, „Narrative Perspectives in Spanish Pastoral Fictions“, 1975, S. 204–206. Die eingelagerten Erzählungen stellen also auch stilistisch einen narrativen Kontrast zwischen der primären Erzählebene und der Welt der individuellen Ich-Erzähler her, z. B. über gesteigerte Innenperspektiven oder Multiperspektivik. Ähnlich argumentiert Rhodes, *The Unrecognized Precursors of Montemayor's Diana*, 1992, S. 126–138, die die Narrativierung bei Montemayor insb. über die Tatsache gegeben sieht, dass fast jede Form physischer Aktion und beschleunigter Zeit in die eingelagerten Geschichten verschoben werde: „In narrations that are truly pastoral, it is memory alone – the second narrative plane – that imports non-pastoral activities and events to the *locus amoenus*, thereby protecting the qualities of pastoral that make it the contemplative mode that it is.“ Ebd., S. 129.

250 Von Sireno in seiner ersten Liebesklage direkt als „memoria“ apostrophiert, ist das Gedächtnis selbst dort Adressat der Liebesrede, als „enemiga de mi descanso“ anthropomorphisiert und in Band, Haar und Brief Dianas in der Gegenwart materialisiert, so dass diese in der Gegenwart als Auslöser der Dichtung wirken können (*LD*, S. 111). Darüber hinaus ist durch das Erinnern vergangener Szenen und Emotionen eine Distanzierung gegeben, die es erst möglich macht, dass z. B. Sylvano sowohl ein Lied seines Rivalen Sireno als auch eines der von beiden verehrten Diana wiederholt. Er wird so nicht Mediator von Erinnerung, sondern stellt auch heraus, dass diese Zeitstruktur charakterfernes Rollenspiel erlaubt (vgl. *LD*, S. 122f. u. 124–128).

5.4.2 *Felis / Felismena: Affekt und Distanz*

Damit ist aber noch nicht alles zu Felismenas emblematischem Charakter gesagt. Sie repräsentiert zudem ein der Schäferwelt fremdes, heroisches Selbst. Die schöne und in der Kunst des Krieges geübte Schäferin, als die sie hier auftritt, ist eine zweite Diana und die eigentliche Heldin des Romans. Eine Schäferin ist sie dagegen nicht.[251] Nachdem sie die Wilden erfolgreich abgewehrt hat, berichtet sie von ihrem Schicksal: Weil Felismenas Mutter noch vor deren Geburt die Göttin Venus verärgert hatte, als sie die Wahl des Paris zugunsten von Pallas Athene neu hatte entscheiden wollen, wächst Felismena im Schatten des Schicksalsspruches auf, sie und ihr Zwillingsbruder würden „los más desdichados en amores" und „los más venturosos en armas" (*LD*, S. 195), die Unglücklichsten in der Liebe also und die Erfolgreichsten im Gefecht. Tatsächlich ist in späteren Jahren ihrer Liebe zu Don Felis nur eine kurze Spanne des Glücks vergönnt, bis dieser an den Hof geschickt wird, sie dort vergisst und beginnt, sich der Dame Celia mit allen Pflichten des höfischen Liebesdienstes zu widmen. Felismena nun tut, was eine vergessene Frau in der frühneuzeitlichen Novellistik auch tut: Sie schlüpft in Männerkleidung, reist Don Felis nach, wird dessen Page und schließlich zum unfreiwilligen Liebesboten zwischen ihm und Celia erkoren („le servía de tercera"; *LD*, S. 218). Als sich diese in die verkleidete Felismena (alias Valerio) verliebt, nimmt das Unglück seinen Lauf. Es endet mit der toten Celia, zwingt Don Felis, aus der Gesellschaft zu fliehen, und schickt Felismena dem wiederum Flüchtigen nach. Erst nachdem im vierten Buch des Romans die Zauberin Felicia beginnt, alle Knoten der unglücklichen Liebesverkettungen zu lösen, findet Felismena ihren Don Felis wieder und gewinnt ihn endgültig für sich.

Auch wenn schon vor dem Auftauchen der Felismena in der Hirtenwelt andere unglückliche Liebesgeschichten berichtet werden, ändert sich mit ihrem Eingreifen Wesentliches. Carroll Johnson nennt die Episode mit den *salvajes* Montemayors ersten entschiedenen Schritt weg von der Ekloge und hin zum pastoralen Roman („Montemayor's first really decisive step away from the pastoral eclogue and toward the pastoral novel"[252]). Denn während im ersten Buch die Erzählebene jeweils nur die Rahmenbedingungen für Eklogen im Stile Garcilasos bietet, nimmt die Handlung mit Felismena an Fahrt auf und wird mit ihr in den letzten Büchern des Romans in echte romaneske Multiperspektivik aufgebrochen. Schon ein Blick auf die Szene selbst, in der Felismena ihre Waffen zum Einsatz bringt, zeigt diese Dynamisierung. Verben

---

251 Siehe zu ihrer ‚mythologischen' Konfiguration und der Provenienz aus der Chevalereske Damiani, „Sannazaro and Montemayor", 1989, S. 69f.

252 Johnson, „Montemayor's *Diana*", 1971, S. 25.

der Bewegung im Indefinido (*salió, alzó, apretó*), die Beschreibung der Waffen (*arco, aljaba de saetas, bastón*) sowie die körperlich-gewaltsame Auseinandersetzung zwischen Felismena und den *salvajes* rücken den Text in die Nähe genuiner Kampfszenen, wie man sie aus dem epischen Genus kennt. Die Syntax wird an dieser Stelle fast atemlos, wenn die Dynamik der Szene und die Gleichzeitigkeit von Attacke und Abwehr in einer parataktischen Reihung zum Ausdruck kommen:

> Y queriendo tirar el tercero que en guarda de las tres ninfas estaba no pudo tan presto hacello que él no se viniese a juntar con ella, queriéndole herir con su pesado alfange. La Hermosa pastora alzó el bastón *y*, como el golpe descargase sobre las barras del fino acero que tenía, el alfange fue hecho dos pedazos, *y* la hermosa pastora le dio tan gran golpe con su bastón por encima de la cabeza que le hizo arrodillar, *y* apuntándole con la acerada punta a los ojos, con tan gran fuerza le apretó que por medio de los sesos se lo pasó a la otra parte, *y* el feroz salvaje, dando un espantable grito, cayó muerto en el suelo. (*LD*, S. 189; Hervorh. K. P.)

Felismena erweist sich hier in der Tat als besonders begabt im Waffengang, genretypisch für ältere Formen der Bukolik ist die Szene hingegen nicht. Vielmehr erinnert sie an den Ritterroman, aus dessen Repertoire Montemayor die Figur des wilden Mannes entlehnt hat;[253] ein Genre, das im Gegensatz zur Bukolik stark handlungsbasiert strukturiert ist.

An dieser Stelle lohnt der Blick auf einen anderen Portugiesen, dessen Einfluss auf Montemayor man sicherlich wird annehmen dürfen. Bernardim Ribeiro legt mit der *Historia de Menina e Moça* (*Saudades*) ein frühes Beispiel der produktiven Verbindung aus Bukolik und Chevalereske vor. Der Roman wird 1554 zum ersten Mal – zwei Jahre nach dem Tod des Autors und nur fünf Jahre vor der Erstausgabe der *Diana* – in Ferrara gedruckt. 1581 wird er von der Inquisition verboten. Vielleicht hat Montemayor aus dem Werk seine Figur Belisa entlehnt, eine namensgleiche Dame taucht auch bei Ribeiro auf und ist wohl ein anagrammatischer Verweis auf dessen Schwester Isabel. Für unseren Kontext besonders interessant ist jedoch die Textur des Romans. Dieser ist ähnlich gebaut wie die *Diana* und verknüpft eine autodiegetische Rahmenerzählung eines liebeskranken Mädchens mit mehreren eingelagerten Geschichten, die dem Leser Ausflüge in die Welt der Ritter erlauben – eine

253 Im Mittelalter ein gängiger Topos, der noch in *Cárcel de amor* (1492) eine große Rolle spielen wird. In Chrestiens de Troyes' *Chevalier au Lion*, dem *Yvain* (ca. 1170), wird der Ritter selbst zeitweise zum wilden Mann. Vgl. Xuan, *Subjekt der Herrschaft und christliche Zeit*, 2012, S. 123.

ähnlich hybride Struktur wie bei Montemayor, die allerdings von der Forschung unnötigerweise als „forme indécise"[254] *ad acta* gelegt wurde.

Das Ganze ähnelt einem Handbuch für traurige Frauen. Pikanterweise wird das Erzählen von Ritterabenteuern dort auf einer Metaebene reflektiert,[255] als die erste intradiegetische Erzählerin, „de corpo alto, disposição boa, e o rosto de dona, senhora do tempo antigo",[256] sich an ihre Jugend erinnert, in der ihr wiederum von der ältesten Frau des Hauses, „que vira muito e ouvira muitas cousas",[257] Geschichten über *caballeros andantes* erzählt wurden. Die Welt der Ritter ist so mehrfach entrückt: in die Zeit des Erzählens und in die doppelte Vergangenheit zweier alter Frauen. Der Roman liefert mit dieser Staffelung ein prägnantes Bild für die Urszene der Opposition zwischen bukolischer Stasis und chevaleresker Handlung – und für den Anachronismus der Ritterwelt. Das Erzählte bleibt dabei zwar auf Distanz gerückt, wird aber auch für empathische und pathematische Wiederholung geöffnet. Gerade aus dieser Dynamik speist sich die Interaktion zwischen der intra- und extradiegetischen Erzählerin.

Montemayors Felismena leidet wie Ribeiros *moça* an der *mudanza* des Geliebten und sie ist wie diese eine an die Narration gebundene Figur. Sie erzählt und es werden ihr Geschichten erzählt, sie handelt aber auch – und dies im bukolischen Raum der Rahmenhandlung. Dies kann unter anderem dadurch erklärt werden, dass Montemayor sie direkt aus einer Novelle Bandellos entlehnt hat (II, 36), aber auch damit, dass sie ihrer Provenienz nach der städtisch-höfischen Kultur und damit der Gattung des sentimentalen Romans entstammt.[258] Die Umstände ihres *enamoramiento* etwa ähneln jenen, die immer wieder in der *novela cortesana* ausgespielt werden: Weil die Gärten von Felis und Felismena in der Stadt Soldina (wohl Sevilla) nebeneinander liegen, verlieben sich die beiden ineinander (vgl. *LD*, S. 197).

Montemayor nun verleiht den Themen des höfischen Romans eine eigene Wendung, denn für ihn wird Felismenas eingelagerte Erzählung zum Ort, den *engaño* der Liebe als eine Unzuverlässigkeit des Gefühlsausdrucks in Wort, Tat – oder Musik[259] – vorzuführen. Es beginnt mit der Verführung der Felis-

---

254 Gerhardt, *Essai d'analyse littéraire de la pastorale*, 1950, S. 174.

255 Siehe zu den Erzählebenen Brandenberger, „*Menina e moça ou Saudades*", 2008.

256 Ribeiro, *Saudades. Historia de Menina e moça*, 1930, S. 21.

257 Ebd., S. 33.

258 Eine Genealogie, die etwa auch durch die in der *Diana* mehrfach zum Einsatz gebrachten Briefe betont wird. Vgl. Damiani, „Sannazaro and Montemayor", 1989, S. 60.

259 Ähnlich ergeht es Belisa, deren unglückliche Liebeskonstellation davon begleitet wird, dass sie einen Brief von Arsenio erhält, den sein Sohn Arsileo verfasst hat und der somit eine doppelte Kommunikation in Gang bringt. Folgerichtig wird sich Belisa in beide Schäfer, Vater und Sohn, verlieben. Montemayor scheint dies bewusst zu inszenieren, da er auch nach dem verlesenen Gedicht erneut darauf verweist, dass wir es hier quasi mit

mena durch einen Brief, der ihr von der eigenen Dienerin listig zugespielt wird und sie in ihr unglückliches Liebesschicksal verstrickt (vgl. *LD*, S. 199). Als sie Felis nach dessen viel beklagter Abreise verkleidet nachreist, täuscht sie ein Gesang des Geliebten, dem sie zufällig lauscht, weil sie für einen Moment glaubt, er sei für sie bestimmt – tatsächlich bringt Felis aber mit seinen Dienern der schönen Celia eine Serenade dar. Es ist die Macht ihrer Vorstellungskraft (*imaginación*), jene *phantasia*, die bekanntlich das pathematische Element der Liebe bildet, die Felismena vom Gefühl größter Zufriedenheit in tiefste Todessehnsucht stürzt:

> El contento que me dio el oílle no hay quien lo pueda imaginar, porque se me figuró que lo estaba oyendo en aquel dichoso tiempo de nuestros amores. Pero después que se desengaño la imaginación, viendo que la música se la daba a otra, y no a mí, sabe Dios si quisiera más pasar por la muerte. (*LD*, S. 204)

Der Text rückt an dieser Stelle zwar durch die Form des Berichts auf Distanz, wenn Felismena den Schäfern und Nymphen nachträglich von ihrem Leid berichtet. Dennoch wird gerade keine „virtud cogniscitiva",[260] keine „prioridad del razonar sobre el sentir"[261] vorgeführt. Vielmehr interessiert Montemayor, wie seine Heldin im Wechselbad der Gefühle leidet. Auch deshalb muss sie eher dem Pathos als dem Ethos zugerechnet werden, selbst wenn sie hier (wie so oft) Gott ins Spiel bringt; dies aber nur, um ihn als allwissenden Zeugen der Wirklichkeit ihres Leids anzurufen, bis hin zur Möglichkeit, dass sie den durchaus unchristlichen Selbstmord in Erwägung zieht!

Der Palast der Augusta Cesarina, der indirekt ihr Leid hervorgerufen hat, als Felis dorthin abbestellt wird, und der ihr Leid nurmehr vergrößert, als sich das Liebesdreieck zwischen ihr, Felis und Celia entfaltet, ist nun das genaue Gegenteil zu Felicias Palast. Montemayor, dem der *menosprecio de corte* wie bereits gezeigt geläufig war, liefert mit seiner Beschreibung des Hofes eine meines Erachtens höchst eindrückliche Chiffre für jenes politische und soziale

---

zwei Absendern zu tun haben: „relataba la pastora a [sic!] Belisa la carta de Arsenio, o por mejor decir, de Arsileo su hijo" (*LD*, S. 240). Belisa deutet sie entsprechend und verliebt sich in Arsileo *und* in Arsenio: „entendí que la carta había procedido más del entendimiento del hijo que de la afición del padre [...] no solamente me hizo amar a Arsileo, mas aun a Arsenio, su padre". Ebd. Beachtlich ist aber auch, dass innerhalb des Briefs bzw. des Gedichts die Sinne von Belisa angerufen werden, den unglücklich Liebenden zu hören und zu sehen, die Briefkommunikation aber ja gerade auf der Ersetzung des Sinnlichen durch die Schrift beruht (vgl. *LD*, S. 234f., insb. ab der Verszeile „Oye a un pastor desdichado"; vv. 9–20).

260 Moreno Báez, „Prólogo", 1955, S. XVII.

261 Avalle-Arce, *La novela pastoril española*, 1959, S. 57.

System, das sich in der Zentralmonarchie des 16. Jahrhunderts und seiner eigenen Lebenswelt durchgesetzt hat. Als Felismena vor dem Palast ankommt (den sie im Übrigen nie betreten wird und dessen Fürstin kein einziges Mal im Roman auftritt), beschreibt sie einen Platz, auf dem das soziale Spiel des Hoflebens *en miniature* sichtbar wird:

> Pues llegando yo a una plaza que delante del palacio había, comencé a *mirar* las ventanas y corredores, donde *vi* muchas damas tan hermosas que ni yo sabría ahora encarecello, ni entonces supe más que espantarme de su gran hermosura, y de los atavíos de joyas e invenciones de vestidos y tocados que traían. Por la plaza se paseaban muchos caballeros muy ricamente vestidos, y en muy hermosos caballos, *mirando* cada uno a aquella parte donde tenía el pensamiento. Dios sabe si quisiera yo *ver* por allí a mi don Felis y que sus amores fueran en aquel celebrado palacio, porque a lo menos estuviera yo segura de que él jamás alcanzara otro galardón de sus servicios sino *mirar y ser mirado*, y algunas veces hablar a la dama a quien sirviese, delante de *cien mil ojos* que no dan lugar a más que esto. Mas quiso mi ventura que sus amores fuesen en parte donde no se pudiese tener esta seguridad. (*LD*, S. 207; Hervorh. K. P.)

An die Stelle einer persönlichen Beziehung zum Souverän ist – wie im Text über die *Trabajos de los reyes* – ein System gegenseitiger Kontrolle und Beobachtung getreten, das über die Isotopie des Sehens und Gesehenwerdens die damit einhergehende Distanz betont. Die „cien mil ojos", die sich hier kreuzen – Felismenas Blick von unten hinauf zu den Fenstern, von denen aus Damen nach unten auf elegante *caballeros* blicken, das „mirar y ser mirado" – erzeugt soziale Kontrolle und verhindert zunächst erfüllte Liebe („otro galardón"). Anders hingegen verhalten sich später die Schäfer in Felicias Palast, wo sie einem Parcours gleich das Gebäude selbst durchschreiten können und dieses auch mit ihren Blicken andächtig abmessen.[262] Während am Hofe der Raum nur den Rahmen abgibt für ein menschliches Spiel sozialer Kontrolle, ist Felicias Palast in aller Ausführlichkeit geschildert, ja wird nachgerade zum Museum, das die Schäfer vorgeführt bekommen.[263]

---

262 „En llegando a la portada, *se pararon a mirar* su extraña hechura, y las imágines que en ella había, que más parecía obra de naturaleza que de arte, ni aun industria humana […]." (*LD*, S. 259; Hervorh. K. P.)

263 „Pues *tomando* Polydora y Cinthia *en medio* a Felismena, y las otras ninfas a los pastores y pastoras, que por su discreción eran dellas muy estimados, se salieron en un gran patio, cuyos arcos y columnas eran de mármol jaspeado, y las basas y capiteles de alabastro con muchos follajes a la romana, dorados en algunas partes; todas las paredes eran labradas de obra mosaica, las columnas estaban asentadas sobre leones, onzas, tigres de arambre y tan al vivo que parecía que querían arremeter a los que allí entraban." (*LD*, S. 269f.; Hervorh. K. P.)

Felismenas Unglück besteht nun darin, dass Felis' Liebe zu Celia in diesem Raum akzeptiert worden ist („no hay persona que no lo sepa ni llegaréis a nadie que no os lo pueda decir"; *LD*, S. 209) und er – in der Welt der sozialen Sichtbarkeit – sogar selbstbewusst die Farben ihrer Rivalin zur Schau stellen kann. Sein Liebesdienst, wie wir ihn zuvor durch die Augen und Ohren Felismenas mitverfolgen konnten, ist allerdings selbst ein höfisches Ritual. Nicht nur kann man seine Lieder leicht mit seinen früheren ersetzen und ist die darin angesprochene Dame beliebig austauschbar. Auch produziert er sich allzu pathetisch (im Sonett „Gastando fu'el amor mis tristes años"; *LD*, S. 204f.) als leidender Liebender. Zuletzt gesteht er sogar der verkleideten Felismena, dass er die Nähe zu Celia zunächst nur gesucht habe, um sich am Hofe die Zeit zu vertreiben (vgl. *LD*, S. 211). Diese Form von Liebe kann vor den *cien mil ojos* bestehen. Im Augenblick jedoch, als sich Felis tatsächlich in Celia verliebt, ziehen sich die Figuren in den Innenraum ihres Palastes zurück. Dem System der Distanz entkommen sie hingegen nicht, denn nur mit Hilfe von Briefen und durch die *tercera* Felismena können sie miteinander ‚sprechen': „Yo entré luego donde la enemiga de mi bien estaba, y con el acatamiento debido le besé las manos y le puse en ellas la carta de don Felis." (*LD*, S. 214)

Es ist bemerkenswert, dass Montemayor hier wiederum einen nach außen abgeschlossenen Innenraum als Ort entwirft, der durch das Spiel der Verkleidung eine homoerotische Liebe andeutet. Wie im Falle von Selvagia und Ysmenia sind es zwei Frauen, die Liebesworte tauschen. Felismena ist so in der Nahekommunikation zumindest ansatzweise ein Lesen von Gefühlen möglich, weil sie Celia beobachten kann, während diese Felis' Briefe liest: „comenzó a leerla entre sí estando yo muy atenta en cuanto la leía a los movimientos que hacía con el rostro, que las más veces dan a entender lo que el corazón siente" (*LD*, S. 216). Die Schrift hingegen, die zwischen Mann und Frau getauscht wird und nicht zufällig an die erste Liebesanbahnung zwischen Felis und Felismena erinnert, ist ein unzuverlässiges Medium der Distanz und damit für den *engaño* anfällig. So bemerkt Celia: „Di a tu señor que quien tan bien sabe decir lo que siente, que no debe sentillo tan bien como lo dice." (Ebd.)

Den Innenraum der Frauen nun aber als Raum glücklicher Erfüllung lesen zu wollen, wäre ein Irrweg. Schließlich ist durch die Liebeskette – Felismena liebt Felis, Felis liebt Celia, Celia liebt Valerio / Felismena – der Innenraum selbst bereits vom Leid gezeichnet. Zuletzt wird Celia ihren Tod in Form einer weiteren Ein- bzw. Abschließung suchen und besiegelt damit das fatale System affektiver Distanz, dessen Logik sie raumsemantisch nie entkommen kann:

> Y con esto se me quitó delante con tantas lágrimas que las mías no fueron parte para detenella, porque con grandísima priesa se metió en un aposento, y cerrando tras sí la puerta, ni bastó llamar suplicándole con mis amorosas palabras que me

> abriese y tomase de mí la satisfación que fuese servida, ni decille otras muchas cosas en que le mostraba la poca razón que había tenido en enojarse para que quisiese abrirme. (*LD*, S. 218f.)

Paradoxerweise verweigert Celia noch im Moment dieser Unterwerfung das Gesehenwerden, wenn sie Felismena zurückweist („no me veas ni me hables"; *LD*, S. 219). Ihr Tod scheint also der einzige Ausweg aus einer Kultur der Sichtbarkeit, der sich das Subjekt nur durch das eigene Unsichtbarwerden entziehen kann. Damit arbeitet sie allerdings am Ende jener Kultur zu, die kontrollierte Distanz über affektive Einheit stellt. Was als *galardón* am Hofe also übrigbleibt, ist an einem Fenster aus der Distanz gesehen zu werden oder hinter einer verschlossenen Tür ungesehen zu sterben. Für Felis und Felismena bedeutet dies, dass sie ins Exil fliehen oder die eigene Identität verleugnen müssen. Auch sie sind nicht mehr sichtbar, bis sie sich am Höhepunkt der Handlung in einer Szene der Anagnorisis wiedererkennen (vgl. *LD*, S. 372f.). Nur allzu deutlich verschaltet Montemayor in den Figuren, die vielleicht die geheimen Hauptfiguren seines Romans sind, privaten Eros und soziale Codes.

Die Entwicklung der bukolischen Gattung und Felismenas Weg durch den Raum des Romans sind also aneinandergekoppelt (wie in der *mise en abyme* der *salvajes*, die jene in Gang gesetzte ‚Textmaschine' bereits andeutet). Durch ihre Nacherzählung im II. Buch und vor allem durch ihre Rückkehr in die Welt einer historischen Zeit im VII. Buch[264] verhandelt sie darüber hinaus das Verhältnis der Enklave bukolischer Liebe zu der Welt, die Iser die „Bezugsrealität"[265] des Schäferromans genannt hat. An Felismena und ihrem Weg durch die Schäferwelt wird auf komplexe Weise das Verhältnis des Romans zur zeitgenössischen Kultur vorgeführt: ein dynamisches Verhältnis, das dem Text seine eigene Sujethaltigkeit verleiht und Felismena als ein Subjekt vorführt, das aus und in der Welt agiert.

5.4.3 *Ritterlichkeit und Re-Normierung des imperialen Mythos*

Dass der Schäferroman einen Spielraum für frühneuzeitliche Subjektivität eröffnet, ist Konsens in der gegenwärtigen hispanistischen Forschung.[266] Der Frage, was hier durchgespielt werde, weicht man hingegen oft elegant aus. Das Subjekt der Frühen Neuzeit ist sicherlich nicht solcherart in sich

---

264 Vgl. Johnson, „Montemayor's *Diana*", 1971, S. 33.

265 Iser, *Das Fiktive und das Imaginäre*, 1993, S. 76.

266 Zur Subjektivität im spanischen Schäferroman siehe einschlägig Matzat, „Frühneuzeitliche Subjektivität und das literarische Imaginäre", 2000, sowie ders., „Subjektivität im spanischen Schäferroman", 2008, und Sick, „Utopia, Arcadia und die Welt der wahren Liebe", 2002.

eingeschlossen, dass es eine autonome Insel im Meer der gesellschaftlichen Realität bilden könnte – auch wenn die schlafende Belisa das vorzugaukeln scheint. Wie in Lotmans Semiosphärenmodell theoretisch dargelegt, muss der frühneuzeitliche Mensch vielmehr für sich aushandeln, wie er (oder sie) sich gegenüber dem Homogenisierungsdruck allgemeingültiger Codes verhalten kann und will. Das bukolische Pathos bietet dafür ein formales Interstitium.[267] So rückt bei Montemayor an die Stelle einer mittelalterlichen allegorischen Tradition die „Teleskopierung von Dichtung und Welt".[268] Iser führt diesen Begriff nur ein, um zu zeigen, dass die Ko-Präsenz von arkadischer und realer Identität der rinascimentalen Schäfer Fiktionalität bewusst mache.[269] Das Spiel mit „gelöschte[r] Erwartung"[270] und der ‚Abschattung' der historischen Welt hat darüber hinaus aber auch konkrete textgenerierende, historische und semantische Funktionen. An der Figur Felismena wird dies meines Erachtens überdeutlich: Sie ist ein Teleskop, das aus der arkadischen Distanz einen scharfen Blick auf die Gegenwart der zeitgenössischen Leser erlaubt.

Divergenzen zu dieser hegemonialen Ordnung werden in der *Diana* immer auf Grundlage der sozialen, politischen und geschlechtlichen Ordnung ausgespielt.[271] Für meinen Kontext zentral ist vor allem, wie Androgynität dabei zur Schwellenfigur aufsteigt, die die Sozialisierung des Subjekts begleitet („a step on the road from self to society"[272]). John Cull geht davon aus, dass diese Übergangsriten der androgynen Frau als diskursiv ‚richtig gestellte', didaktische Verbildlichung einer gedämpften Passion Wirkung entfalten.[273] Auch Reinhold Görling sieht dabei eine zeitlich beschränkte und rein individuelle

267 Zu diesem Begriff siehe Kap. 2.2.2.

268 Das bukolische „Spiel ist immer das Durchspielen von etwas, das seiner Natur nach nicht Spiel ist, und deshalb rückt in die Welt der dichtenden Hirten ständig eine andere ein, die nun durchgespielt wird." Iser, *Das Fiktive und das Imaginäre*, 1993, S. 68.

269 „Als Grenzüberschreitung zwischen einer historischen und einer künstlichen Welt veranschaulicht der Schäferroman literarische Fiktionalität, die weder in der künstlichen noch in der historischen Welt zu lokalisieren ist, sondern einen Akt verkörpert, die Welt in der Welt überschreitbar zu machen." Ebd., S. 96. Dieser Interpretation zufolge hat sich die Person über die Rollenidentität „im Außerhalb ihrer selbst". Ebd., S. 137. Dieser ekstatische Zustand, der in bukolischer Fiktionalität zur Darstellung gebracht wird, gilt Iser als „Strukturformel literarischer Fiktionalität" und „Ko-Existenz des wechselseitig Sich-Ausschließenden". Ebd., S. 146.

270 Ebd., S. 87.

271 Siehe zur qua Genderkategorien realisierten, „quer liegende[n] Utopie" des Diana-Tempels im Roman Leopold, „*Gender Trouble* und politische Phantasie in der spanischen Bukolik der Frühen Neuzeit", 2016, S. 128.

272 Cull, „Androgyny in the Spanish Pastoral Novels", 1989, S. 320.

273 Vgl. ebd., S. 330.

Verhandlung von Subjektivität am Werk.[274] Die Inszenierung des ‚falschen' Geschlechts,[275] weiblicher Macht und gleichgeschlechtlicher Liebe ist aber, so meine ich, semiotisch und literarisch hochgradig ‚produktiv': Geht es hier doch um zentrale soziale Normen der spanisch-katholischen Gesellschaft – und deren Kontrafaktur.

Um dies noch einmal zu beleuchten: Das Sujet der *Diana* lässt sich ‚semiosphärisch' ungefähr folgendermaßen darstellen. Eine Aristokratin kommt, nachdem sie ihren „habito natural" (*LD*, S. 196) abgelegt und am Hof eine soziale Erniedrigung erfahren hat, in den Raum der Schäfer, der an der Peripherie der spanischen Semiosphäre liegt. Deutlich wird diese Randstellung nicht nur, weil hier ein anderes emotionales und politisches Regime zur Darstellung gebracht wird, das mit dem Weltbild des Zentrums konkurriert. Auch die Tatsache, dass die soziale Identität der Figuren für eine gewisse Zeit abgelegt wird, bis durch Erzählen und Magie wieder eine Einheit von Rolle und Person hergestellt ist, weist die Schäferwelt als soziale Peripherie aus. Bestes Beispiel dafür ist in der Tat Belisa, die sich auf einer Insel und in einer Hütte, noch dazu schlafend, so weit wie möglich von der Gesellschaft separiert hat und zu wiederholen scheint, was wir bei Celia als fatale Lösung kennengelernt haben: eine todesgleiche Ausschließung.[276]

Felismena hingegen, die in Felicias Palast als Dame gekleidet und gefeiert wird und von Felicia den ritterlichen Auftrag erhält, „por algunos trabajos" ihren „galardón" zu erstreiten (*LD*, S. 266), erreicht das größte Maß an heroischer Ritterlichkeit, sobald sie im zweiten Teil des Romans in den bukolischen Raum zurückkehrt. Damit überwindet sie die Struktur statischer Einschließungen, die in den ersten Büchern des Romans das Schicksal verliebter Frauen zu sein schienen, und verändert auch den bukolischen Raum als solchen. Im Moment dieser für die Figur wesentlichen Zäsur folgen wir Felismena bei einer ausführlich erzählten Grenzüberschreitung – im räumlichen *und* im raumsemantischen Sinne.

> No iba sola Felismena este camino, ni aún sus imaginaciones le daban lugar a que lo fuese, pensando iba en lo que la sabia Felicia le había dicho, y por otra parte considerando la poca ventura que hasta allí había tenido en sus amores, le hacía dudar de su descanso. Con esta contrariedad de pensamientos iba lidiando, los cuales aunque por una parte la cansaban, por otra la entretenían de manera que no sentía la soledad del camino. (*LD*, S. 311)

---

274 Vgl. Görling, „Cross-dressing in Arcadia", 2000, S. 101 u. 105.

275 Siehe allgemein zum *cross-dressing* in der Frühen Neuzeit, Garber, *Vested Interests*, 1993.

276 Vgl. *LD*, S. 227f., sowie El Saffar, „Structural and Thematic Discontinuity in Montemayor's *Diana*", 1971, S. 191.

Die aktive Rolle, die sie für das literarische Sujet und den Plot spielt, wird ab diesem Zeitpunkt noch größer als zuvor. Sie selbst greift nämlich in die anderen Liebesgeschichten ein, etwa als sie in einer bescheidenen *choza* Arsileo gegenüber das Schicksal von Belisa auflöst, damit die beiden glücklich wiedervereint werden. Felismena übernimmt plötzlich im bukolischen Außenraum die Rolle der Felicia und heilt die Liebesleiden der Unglücklichen: „deseando Felismena de alegrar a aquel que con tanta tristeza vivía" (*LD*, S. 319). Ihre Gleichsetzung mit der weisen Herrscherin geht so weit, dass sie es nun ist, die als Dank den Handkuss empfängt (vgl. *LD*, S. 320) oder Filemón und Amarílida gegenüber als *juez* agiert (vgl. *LD*, S. 340).

Die klug konstruierte Mittelachse des Romans gewinnt dadurch noch einmal an Kontur. Stehen doch die ersten drei und die letzten drei Bücher, die um die Palastepisode in Buch IV herum angeordnet sind, an dieser Schwelle quasi spiegelbildlich zueinander. Besonders augenfällig wird diese Tatsache in dem Moment, in dem wir in der *choza* eine Gegenerzählung zur Belisa-Episode aus der Sicht Arsileos erfahren, quasi die spiegelverkehrte Version der Geschichte aus Buch III. Sollte es dem Leser bisher nicht klar gewesen sein, so wird durch diese stark markierte Wiederholung unter veränderten Vorzeichen eindeutig festgehalten, dass der Aufenthalt der Figuren im Palast eine Herrschaft des Kontrafaktischen eingeläutet hat.[277] Der dankbare Arsileo findet eine ungemein gelungene pathematische Metapher dafür: „me han renovado un corazón envejecido en pesares" (*LD*, S. 321). Diese Metapher markiert nicht nur die endgültig glückliche Auflösung des Handlungspathos der Belisa-Erzählung, sondern versteht es zugleich, die tragische *mudanza*-Problematik der Schäferwelt ins Positive zu verkehren. Das Herz, das vom leidenden Pathos alt geworden war und nun in neuer Jugend erblüht, ist vielleicht Montemayors schönste Chiffre für die pathematische Re-Normierung, die in seiner bukolischen Welt am Werke ist. Das bukolische Pathos ist buchstäblich das Herzstück seiner Vision eines ‚anderen' Spanien.

Als Schlussakkord in diesem pathematischen Divergenzraum gestaltet Montemayor eine ebenfalls symmetrisch gebaute, zur Tötung der *salvajes* analoge Szene. Hier muss Felismena noch einmal kämpfen, nun allerdings gegen bereits dem Raum der Kultur entstammende *caballeros*, die Don Felis bedrohen:

277 Felismena resümiert an dieser Stelle explizit das bisher Erzählte der ersten drei Bücher: „Y entonces le comenzó a contar por orden todo lo que había pasado, desde que mató los tres salvajes hasta que vino en casa de la sabia Felicia." (*LD*, S. 319f.) Arsileo und seine bukolische Begleiterin Amarílida werden so ihrerseits zu narrativen Spiegelfiguren der Leser.

> Y vieron en una isleta que el río con una vuelta hacía, tres caballeros que con uno sólo se combatían; y aunque se defendía valientemente, dando a entender su esfuerzo y valentía, con todo eso los tres le daban tanto qué hacer que le ponían en necesidad de aprovecharse de toda su fuerza. [...] La pastora Felismena, que vio aquel caballero en tan gran peligro, y que si no lo socorriese, no podría escapar con la vida, quiso poner la suya a riesgo de perdella por hacer lo que en aquel caso era obligada, y poniendo una aguda saeta en su arco, dijo contra uno dellos: "Teneos afuera, caballeros, que no es de personas que deste nombre se precian, aprovecharse de sus enemigos con ventaja tan conocida." Y apuntándole a la vista de la celada, le acertó con tanta fuerza que, entrándole por entre los ojos, pasó a la otra parte, de manera que aquél vino muerto al suelo. (*LD*, S. 371)

Zum zweiten Mal verwandelt Felismena den neoplatonischen Okularstrahl in blutige Realität. An die Stelle einer idealisierten, weiblichen Macht der Schönheit und des Blicks tritt in ihrer Gestalt eine wehrhafte Weiblichkeit, die sich am Ideal ritterlicher Tapferkeit misst. Wieder erinnert der Text stark an das Vorbild Ribeiros, aber die Tatsache, dass die Frau hier die Rolle des Ritters einnimmt, ist doch bemerkenswert.

Schon Georges Güntert hat – wie andere vor ihm[278] – bemerkt, dass für den spanischen Schäferroman die Vermischung mit Gattungselementen des Ritterromans konstitutiv ist. Diese „Kontamination der Diskurse“[279] wirkt dennoch nicht erst in der völligen Dekonstruktion bei Cervantes, sondern auch in der wohl maßgeblichsten Genreinnovation spanischer Sprache, mit der Montemayor den Anfang des frühneuzeitlichen Schäferromans prägt.[280] Im formalen Gattungssynkretismus zwischen Bukolik und Ritterroman geht die Szene jedoch kaum auf. Sie ist zudem maximal von einer ethischen Bekehrung der Protagonisten entfernt und invertiert herrschende Geschlechterrollen – ohne Felismena dadurch als „hombruna y de una anormalidad casi siempre patológica“[281] abwerten zu wollen. Felismena, die als Idealbild einer in der Mitte des 16. Jahrhunderts obsolet gewordenen aristokratischen Ritterlichkeit entworfen wird (eine Ritterlichkeit, wohlgemerkt, die noch in der *Égloga II* bei

278 Empson argumentiert, dass das Heroische in der Kombination mit dem Pastoralen die Gesamtheit der Gesellschaft besser repräsentiere. Vgl. *Some Versions of Pastoral*, 1974, S. 30f. Siehe zur Diskussion über die Nähe von Epos und Pastorale („la pastorale héroïque“ als „monstre moderne“ der Gattungen) im 16. und 17. Jahrhundert Lavocat, *Arcadies malheureuses*, 1998, S. 246–250.

279 Güntert, „*La Galatea* als Erzählwerk“, 2008, S. 93.

280 Gerhardt, die *La Diana* als „roman du sentiment“ bezeichnet, behauptet über die Felismena-Handlung, die wie bereits erwähnt eine Adaptation der Bandello-Novelle II, 36 ist: „Cette adaptation, très agréable en elle-même, d'une nouvelle romanesque n'a rien à faire dans un roman pastoral“. *Essai d'analyse littéraire de la pastorale*, 1950, S. 180 u. 178.

281 Bravo-Villasante, *La mujer vestida de hombre en el teatro español (siglos XVI–XVII)*, 1955, S. 33.

Garcilaso als Teil des imperialen Mythos zitiert worden war), greift wieder zu den Waffen – ohne dass diesmal mit den emblematischen *salvajes* ein verkehrtes Liebesideal ‚ausgetrieben' werden müsste. Damit betont der Text, dass es ihm nicht um den Exorzismus eines Unbehagens an der Wirklichkeit zu tun ist, wie Poggioli betont, wenn er die Bukolik als Zeichen der Sublimierung sozial bedingter Triebunterdrückung interpretiert. Ganz im Gegenteil tritt das Pathos dieses Normierungsdruckes im beschleunigten Handlungspathos deutlich zu Tage und äußert sich als anachronistische Idealisierung eines gewaltsamen Heroen. Was die Evolution des literarischen Erzählens angeht, ist dieser Befund auch deshalb so zentral, weil in den epischen Passagen bei Garcilaso gerade noch keine nostalgische Abständigkeit zum ritterlichen Ideal zu erkennen war. Er nutzt vielmehr die Nacherzählung des Todes von Don García Álvarez de Toledo Zúñiga – des vorbildlichen spanischen Ritters par excellence – auf dem afrikanischen Schlachfeld als formales Einfallstor für die Darstellung phobisch besetzter Gewalt, die dem imperialen Mythos nicht nur zuspielt, sondern auch auf das Schicksal der Verlierer des imperialen Projekts verweist.

Bezeichnenderweise wird bei Montemayor die Rückkehr in den Anachronismus des Feudalismus – die kulturelle Re-Normierung der *Diana* – dann eben nicht über die Darstellung männlicher Heldenfiguren auserzählt. Es sind immer Frauen und insbesondere die Frau Felismena, die im Mittelpunkt stehen: Die Handlung des Romans vollzieht ihren *rite de passage* als Reifungsprozess einer Heldin, die zuerst Page, dann Barbarentöter und schließlich Ritter wird. Felismenas Androgynität geht so weit, dass sie durch die Tötung der *caballeros*, mit denen sie in guter Rittermanier im Namen des Edelmuts den Kampf aufnimmt, das prototypische Schema des Ritterromans erfüllt – bis ihr sogar der gerettete Don Felis jungfrauengleich und ohnmächtig an die Brust sinkt („el corazón se le cubrió de ver las sinrazones que con ella había usado; de manera que esto y la mucha sangre que de las heridas se le iba, fueron causa de un súbito desmayo"; *LD*, S. 373).

Felismenas Funktion geht also darüber hinaus, allein strukturell den Modus des Erzählens in die lyrische Form der Ekloge zu integrieren, wie Johnson meint.[282] In ihren ‚Kampfszenen' steigert sich das Liebes- zum heroischen Handlungspathos und ihr Weg gehorcht den Regeln jenes doppelten Kursus einer zweifachen Bewährungsprobe, der auch dem ritterlichen Heldenschema

282 Sie identifiziert die im Verlauf der Handlung meist abwesende und durchweg passive Diana als lyrisierende Gegenfigur zur handlungsorientiert-narrativierenden Felismena. Vgl. Johnson, „Montemayor's *Diana*", 1971, S. 30–32.

zugrunde liegt.[283] Felismena ist als Held(in) mithin in jeder Hinsicht divergent und nie sozial integrierbar: Als *mujer varonil* widerspricht sie am Hof der ‚natürlichen' Passivität ihres Geschlechts.[284] Als *paje* bei Don Felis widerspricht sie ihrem natürlichen Stand.[285] Als *caballero* ist sie in der Schäferwelt defizitäre *pastora* und als Ritterfigur dem *aptum* der pastoralen Gattung fremd.[286] Von Beginn an wird sie als „extraña" (*LD*, S. 192) wahrgenommen. Ihre soziale Identität und ihre soziale Rolle werden nur vorübergehend in der Enklave am Hofe der Felicia auf Deckung gebracht, wenn sie als reiche, adelige Frau gekleidet wird. Dort aber ist der Raum selbst divergent, weil es sich strenggenommen wieder um eine historisch anachronistische und genderinvertierte Enklave handelt. Felismena ist also (in Reminiszenz an die andere, seltsam absente Diana[287]) die Figur der gelöschten Erwartung in Hinblick auf gesellschaftliche Normen schlechthin. Bei ihr kommen Norm und Realität nie zur Deckung.

Warum? Warum beschwört Montemayor im Jahr 1559 den Mythos feudaler Helden und Herrscher herauf? Und warum sind diese bei ihm ausschließlich Frauenfiguren? Wie ich es sehe, wird damit aus der politischen Peripherie heraus die feudale Norm noch einmal kontrafaktisch zur zeitgenössischen Realität beschworen und Felismena zur Doppelgängerin der Felicia: Immer

283 Vgl. Warning, „Formen narrativer Identitätskonstitution im höfischen Roman", 1979, und bereits davor Kuhn, *Hartmann von Aue*, 1973. Dies wird auch dadurch unterstrichen, dass Felismena beim Verlassen des Palastes wieder die Schäferkleidung anlegen muss, mit der sie dort eingetroffen ist (vgl. *LD*, S. 306).

284 Den Genderaspekt und die hier inszenierte Effeminisierung von Männern hat insb. Rhodes betont: „One is the comparatively passive and effeminate nature of the masculine characters in pastoral books, the other is the bypassing of the shepherds to focus on the shepherdesses who, in a complementary fashion to the effeminate men, take on responsabilities traditionally denied to women in other genres." „Skirting the Men", 1987, S. 141. Siehe ebd. zur Darstellung weiblichen Begehrens im Schäferroman und dessen Rezeption einer wachsenden weiblichen Leserschaft, sowie der damit einhergehenden Ablehnung von Seiten der Zensur und des Klerus. Allerdings gerät Rhodes in eine essentialisierende Falle, wenn sie die Passivität der weiblichen Charaktere in den Vordergrund stellt und deren Leistung als „focus on human relationships" dem männlichen „head-chopping, dragon slaying" der Ritterromane gegenüberstellt. Ebd., S. 140, zu Felismena ebd., S. 148.

285 Damiani betont außerdem diesbzgl., dass ihr Zustand als eine der vielen in der *Diana* gebräuchlichen Todesmetaphern, als *otra muerte*, bezeichnet wird. „Et in Arcadia Ego", 1983, S. 1.

286 Souviron López, *La mujer en la ficción arcádica*, 1997, S. 112, nennt Felismena „una representación de la propia Diana", geht aber in der Darstellung des Romans nicht über bisherige Interpretationen hinaus. Vgl. ebd., S. 108–116.

287 Perry bezeichnet die zweifach kodierte Diana (Göttin des Tempels und Sirenos Angebetete) als einen „disturbing reminder of the gap between mythical perfection and reality". „Ideal Love and Human Reality in Montemayor's *La Diana*", 1969, S. 228.

zugleich hier und anders, verkörpert auch sie die Heimatlosigkeit einer Norm in der Zeit und im Raum. Denn so wie die Welt der Ritter in Spanien seit der Jahrhundertwende um 1500 endgültig beendet ist, so ist ein *caballero* dort niemals Frau gewesen. Felismena kontaminiert also die Schäferwelt mit einer Inszenierung sozialer Normen, die im 16. Jahrhundert bereits peripher geworden sind. Dies unter anderem auch deshalb, weil eine zu große Nähe finanziell unabhängiger, militärisch potenter und selbstbewusster Aristokraten zum Herrscher dessen absoluten Machtanspruch gefährdet. Ein feudales Herrschaftssystem des *primus inter pares*, wie es in der Analogisierung von Felismena und Felicia angedeutet wird, ist mit der Ideologie der Zentralmonarchie ebenso wenig vereinbar wie die charismatische Herrschaft mit dem bürokratisierten Staatsapparat.

Die Neuauflage des Liebesüberfalls und dessen Echo in der Ritterszene sind mithin dreifache *mise en abyme*: als Spiegelung der Darstellung und Genremischung, als Spiegelung des Plots und als Spiegelung der Kontrafaktur einer historischen Pragmatik. Wenn man dagegen die Felismena-Handlung nur als Aufschub vor dem *happy ending* einer normgerechten Ehe interpretiert oder wie El Saffar das Fehlen einer Synthese zwischen dem ersten und dem zweiten Teil des Romans bemängelt,[288] wird die eigentliche Brisanz des Textes unterschlagen. Montemayors Roman strebt gerade nicht auf Synthese zu. Er handelt auf der Schwelle des experimentellen, bukolischen Spielraums die Gültigkeit kultureller Normen und das Konfliktpotential einer affektiven Leerstelle im Politischen aus. In dieser Hinsicht sind *Los siete libros de la Diana* schließlich auch sujethaft zu nennen.

Denn die nostalgisch anmutende, feudalistische Reprogrammierung des Romans entpuppt sich letztlich als machtvolle Re-Normierung des spanischen imperialen Mythos. Sie zeigt, dass im Politischen durch den Verlust charismatischer Herrschaft im 16. Jahrhundert eine affektive Leerstelle entstanden ist. Deren Präsenz kann ebensowenig geleugnet werden wie die latente Bedrohung aller Andersartigkeit – eine Bedrohung, die im Zeitgeist konfessioneller Schließung die Norm bildet. Versteht man, mit Grossberg gesprochen, Montemayors Text also als Werbeschild (*billboard*) einer affektiven Investition,[289] das auf den kulturellen Apparatus seines Entstehungszeitraums schließen lässt, so springt uns Betrachtern eine Werbebotschaft nachgerade schreiend ins Auge: dass Montemayor nicht bereit ist, mit seinem bukolischen Pathos in das

288 Vgl. El Saffar, „Structural and Thematic Discontinuity in Montemayor's *Diana*", 1971, S. 184.

289 Grossberg, „Is There a Fan in the House?", 1992, S. 57.

herrschende Regime – politisch oder emotional – zu investieren. Sein Text ist vielmehr ein Paradebeispiel für literarische *Des*inkorporation.[290]

In dessen prekärem Zentrum steht nicht das Symbolgestirn der männlichen Herrscher – die Sonne –, sondern die weibliche Luna. Mit Hilfe von Felismena und Felicia wird im Zeichen Dianas die homosoziale und homoerotische Gesellschaft von Frauen als positiv besetztes Inversionsbild zur Gegenwart idealisiert. Dass diese Abweichung von der Norm mit emotionaler Navigation und mithin auch mit Leid verbunden ist, treibt der Roman zur Genüge hervor. In Montemayors Version steckt das pathematische Subjekt im Spanien des Jahres 1559 also wie in einem Rohrstock fest: Es leidet angesichts des Untergangs eines emotionalen Regimes, das Pathematik im Politischen noch zuließ, mit Bürokratie und Strategie innerhalb einer verhöflichten Struktur aber nicht mehr zu vereinbaren war. Der Vollzug einer affektiven Verschiebung in Richtung der abstrakten *patria* steht hingegen noch aus. Genau um dieses affektiv leere Zentrum der Macht kreist das bukolische Pathos.

290 Siehe zu Grossberg und Rancière das Kap. 1.4.

KAPITEL 6

(Kein) Ärger im Paradies: Die ethische Wende als Ende des bukolischen Pathos

6.1 Bukolisches Rollenspiel bei Cervantes

Im zweiten Teil des *Don Quijote* (1615) verfangen sich der komische Held und sein Gefährte Sancho in einem Wald unvermittelt in an Bäumen aufgespannten Netzen („unas redes de hilo verde";[1] II, 58), die sich als Requisit eines bukolischen Reenactment entpuppen:[2] Eine Gruppe schöner, reicher Figuren, „más de treinta personas, todas bizarramente de pastores y pastoras vestidas",[3] hat sich zum arkadischen LARPing (*Live Action Role Playing*) in der spanischen *selva* zusammengefunden. Sie wollen neben einer portugiesischen Ekloge von Camões auch Garcilasos zweite Ekloge nachspielen und haben zu diesem Zwecke jene Netze ausgelegt, mit deren Hilfe Albanio und Camila auf Vogeljagd gehen. Obwohl der Ritter von der traurigen Gestalt von den *zagalas*[4] darauf eingeschworen wird, in ihrer bukolischen Enklave immer heiter zu sein – „porque por agora en este sitio no ha de entrar la pesadumbre ni la melancolía"[5] – endet auch diese Episode zwangsläufig mit einem komischen Fehler Don Quijotes, der jene Regel bricht. Und das nicht allein, weil er als unheilbarer Melancholiker, der er nun einmal ist, Sancho mit gewohnter „furia"[6] ausschimpft. Um das Spiel der falschen Schäfer zu schützen, positioniert er sich zudem mitten auf dem *camino real*, um potentiellen Störern den Zutritt zu verwehren. Am Ende werden er und sein Begleiter von einer Herde Stiere überrannt und schleichen sich beschämt davon: „sin volver a despedirse

1 Cervantes, *Don Quijote*, Bd. II, 1978, S. 476.

2 Siehe für Überblick und Deutung der bukolischen Episoden im Roman einschlägig Finello, *Pastoral Themes and Forms in Cervantes's Fiction*, 1994, S. 45–110, García Carcedo, *La Arcadia en el Quijote*, 1996, sowie Matzat, „Frühneuzeitliche Subjektivität und das literarische Imaginäre", 2000.

3 Cervantes, *Don Quijote*, Bd. II, 1978, S. 478.

4 Von Badía Fumaz als metonymisch-allegorische Vertreterfiguren der pastoralen Poesie bezeichnet, die dem quijotesken Epos in der Figur des Helden entgegentreten. Vgl. „Devenir Quijótiz", 2012, S. 2.

5 Cervantes, *Don Quijote*, Bd. II, 1978, S. 477.

6 Ebd., S. 480.

 DOI:10.30965/9783846768020_007

de la Arcadia fingida o contrahecha, y con más vergüenza que gusto, siguieron su camino".[7]

Das künstliche Schäferspiel der *Arcadia fingida* im Wald mutet für heutige Leser von Cervantes fast zeitgenössisch an, wenn man bedenkt, welche Blüte die Partizipationskunst des fantastischen Rollenspiels im 21. Jahrhundert erlebt. Der Schwerpunkt liegt darin auf einer temporären gemeinschaftlichen *suspension of disbelief*[8] und einer aktiven Beteiligung an statt passiver Betrachtung von theatralen Szenen.[9] Bei Cervantes allerdings ist die Episode in das hochgradig metafiktionale Gerüst des zweiten Teiles eingelassen und damit immer schon Spiegel (nicht Aufschub) von Fiktionalitätsbewusstsein. Nicht ohne Grund erkennt die *zagala* in ihrem Gegenüber den berühmten Don Quijote, von dem sie bereits gelesen hat.[10] Und nicht ohne Grund bleibt Don Quijote der Zugang zu dieser Welt verschlossen. Mangelt es dem maßlosen Leser von Ritterromanen, die ihm den Verstand erweichten, doch zunächst an eben jenem Fiktionalitätsbewusstsein, das eine Unterscheidung der Lebenswelt von ihren literarischen Idealisierungen erlaubt.[11] Hätte er sich in die illustre arkadische Gemeinschaft geflüchtet, so wäre er sicherlich unrettbar in den anfangs erwähnten Netzen der Liebe und Texte eingefangen worden.

Kurz vor Ende des Romans (II, 67) kehren die von ihren letzten Abenteuern enttäuschten Helden erneut an den Ort dieser Szene zurück. Dieses Mal schlägt Don Quijote tatsächlich vor, sich der arkadischen Gemeinschaft anzuschließen[12] – und stellt damit unter Beweis, dass er nun sein eigenes Rollenspiel als solches zu erkennen und steuern weiß. Sancho seinerseits fügt an, man könne ja noch den *bachiller* Sansón Carrasco, den *maese* Nicolás *el barbero* und den Priester mit dazuladen – mit den geeigneten Schäfernamen[13]

---

7 Ebd., S. 481.

8 Siehe zum Begriff einschlägig die Formulierung von Coleridge aus dem Jahr 1817. *Biographia Literaria*, Bd. II, 1949, S. 6.

9 Vgl. Copier, „Connecting Worlds", 2005.

10 Vgl. Cervantes, *Don Quijote*, Bd. II, 1978, S. 478.

11 Erstaunlicherweise erkennt Quijote, dass es sich um falsche Schäfer handelt, bezieht diese Unterscheidung von Realität und Fiktion aber nicht auf seine eigene Situation: „Lo turbador de este pasaje radica en que don Quijote, capaz de reconocer el disfraz de las pastoras no pueda hacerse consciente del suyo propio." Badía Fumaz, „Devenir Quijótiz", 2012, S. 3.

12 Dies u. a., weil ihm nach der Niederlage gegen den falschen Caballero de la Blanca Luna (a. k. a. Sansón Carrasco) in Barcelona das Ritterleben für ein Jahr verboten ist und er Ersatz zu suchen scheint. Vgl. Núñez Rivera, „La poética pastoril de don Quijote (y de Cervantes)", 2016, S. 59.

13 Finello nennt die neue Persona des Ritters „an inflated and empty phantom that does not do justice to the temptations of pastoral life". *Pastoral Themes and Forms in Cervantes's Fiction*, 1994, S. 92.

(aus Don Quijote wird *el pastor Quijotiz* und aus Sancho *el pastor Pancino*[14]) und einem hinreichenden Talent zum Singen werde man sich schnell an das heitere Leben als brüderliche Schäferdichter gewöhnen. Allerdings verschläft Sancho nicht nur den zeitigen Beginn dieses „ejercicio pastoral",[15] sondern in der Folge wiederholt sich ihr unglückliches Schicksal, als mit Getöse eine noch größere Herde von sechshundert Schweinen angerauscht kommt:[16] „Llegó de tropel la estendida y gruñidora piara, y sin tener respeto a la autoridad de don Quijote, ni a la de Sancho, pasaron por cima de los dos, deshaciendo las trincheas de Sancho y derribando no sólo a don Quijote, sino llevando por añadidura a Rocinante."[17] Obwohl Sancho ursprünglich einmal Gänsehirt gewesen war, scheint den beiden echter schäferlicher Instinkt im Angesicht einer herannahenden Herde[18] völlig abzugehen, was ein komisches Schlaglicht auf die Vorstellung dieser idealisierten Schäferwelt wirft.[19] Der Knappe will dafür die erneute Schande (in Mimikry an der *furia* seines ritterlichen Vorbilds) sofort rächen, wird aber von Don Quijote zurückgehalten, welcher sie als gerechte Strafe für seine sündhaften Verfehlungen in der Vergangenheit ansieht. Der anachronistische Phantast hat also durch den *desengaño*, den er im Laufe der Handlung erleidet, anscheinend eine moralische Kehrtwendung vollzogen und sich bekehren lassen – nicht zuletzt, was seinen Umgang mit Affekten angeht, denn diese kontrollierte Reaktion ist das genaue Gegenteil seiner *furia* aus der ersten Schäferszene.

Wenn ich hier zunächst mit einem historisch späten Reflex auf die Geschichte der spanischen Bukolik begonnen habe, dann deshalb, weil in Cervantes' narrativem Brennspiegel eine Entwicklung klar zu erkennen ist, die meines Erachtens für das Ende des bukolischen Pathos verantwortlich ist:

---

14 Vgl. Cervantes, *Don Quijote*, Bd. II, 1978, S. 548.

15 Ebd., S. 552.

16 Schon der Zusammenstoß mit den Stieren wird von Núñez Rivera als „brutalidad de la realidad sobre la placidez de los juegos y fingimientos" bezeichnet. „La poética pastoril de don Quijote (y de Cervantes)", 2016, S. 65.

17 Cervantes, *Don Quijote*, Bd. II, 1978, S. 553f.

18 Im bukolischen System repräsentiert die Herde eigentlich eine – wenngleich störanfällige – „zum Besitz gewordene Natur". Iser, *Das Fiktive und das Imaginäre*, 1993, S. 74. Die außer Kontrolle geratenen Herden, die Don Quijote und Sancho hier überwältigen und im Syntagma des Romans über ihre paradigmatische Verkettung mit der lanzenbewehrten Truppe am Ende verbunden sind, wären mit Iser gedacht insofern Signifikanten eines stark gestörten bukolischen Systems, das die Macht der Schäfer über Worte und Tiere in groteske, zur Schau gestellte Ohnmacht verkehrt.

19 Nicht minder berühmt ist die komische Infragestellung der idealisierten Schäferwelt als *cosa soñada* ohne Wahrheitsanspruch in der Novelle „El coloquio de los perros". Vgl. Cervantes, *Novelas ejemplares*, Bd. II, 2001, S. 307–309.

die Schließung der bukolischen Enklave und ihre Verwandlung in eine antipathetische Idylle. Es muss nicht verwundern, dass Don Quijote in die Welt der bukolischen Texte an Netzen hineingezogen wird, die reines Requisit bleiben. Die Verbindung zu Garcilasos Eklogenpoetik scheint Anfang des 17. Jahrhunderts im wahrsten Sinne des Wortes abgerissen. Weder wird der falsche Ritter Zeuge der performativen Spiele der *zagalas*, noch kann er sich ihnen anschließen. Vielmehr erkennt er im Zusammenstoßen mit der künstlichen Schäferwelt die Funktion der bukolischen Maske und lernt, so scheint es, eine ethisch wertvolle Lektion: Demut und Affektkontrolle. Im Folgenden möchte ich deshalb die barocke Poetik des *desengaño* und die neostoizistische Ethik der Affektkontrolle als zwei Dominanten herauspräparieren, an deren Leitlinien entlang diese historische Wende erschlossen werden kann.[20] Im Zuge dessen wird die Fortsetzung von Montemayors *Siete libros de la Diana*, die im letzten Kapitel im Fokus standen, eine besondere Rolle spielen. Denn Gaspar Gil Polo wendet sich in der *Diana enamorada* (1564) nur fünf Jahre nach Erscheinen dieses Erfolgsromans so deutlich von dessen Poetik ab, dass in der Tat von einer irreversiblen Umkehr gesprochen werden kann.[21] Nach Gil Polo ist die bukolische Enklave in Spanien kein Raum mehr für pathematische Interventionen, weil sein neostoizistisches Rewriting die Schäferfiguren zwingend vor den Gefahren ihres eigenen Pathos erretten muss. Zu dem Zeitpunkt, als Cervantes fünfzig Jahre später seinerseits an Gil Polo anschließt, ist der Ruf des Schäferromans als eskapistische Darstellung einer Idealwelt ethischer Subjekte bereits gefestigt. Cervantes hängt daran eine richtiggehende Fiktionalitätstheorie auf, die nicht nur das für den Roman offensichtliche Thema der komischen Erzeugung von Leselust integriert, sondern darüber hinaus auch die Frage nach dem (obsolet gewordenen) bukolischen Pathos ein vielleicht letztes Mal in dieser Deutlichkeit stellt.

Don Quijote bleibt ein gelebtes bukolisches Pathos im arkadischen Gemeinschaftsspiel jedoch bis zuletzt gerade verwehrt. Nachdem er zunächst neben dem schlafenden Sancho die spanische Übersetzung eines Bembo-Gedichts rezitiert und mit der angemessenen bukolischen Begleitmusik von „muchos suspiros y no pocas lágrimas"[22] untermalt, werden die beiden frühmorgens von einer bewaffneten Truppe überrumpelt und wieder an den Hof der Herzöge verbracht, die sich schon in der Vergangenheit grobe Späße mit den

20 Siehe zur zweiten Hälfte des 16. Jahrhunderts und insb. zum Zusammenhang von *desengaño* und Ethik bereits Lavocat, *Arcadies malheureuses*, 1998, S. 260 u. 277.

21 Simson spricht wie bereits weiter oben erwähnt von einer „Erledigung des arkadischen Prinzips" durch Gil Polo. „Krise in Arkadien", 2008, S. 369.

22 Cervantes, *Don Quijote*, Bd. II, 1978, S. 555.

Verblendeten erlaubt hatten. *El pastor Quijotiz* wird somit von der Lebenswelt buchstäblich ein- bzw. abgeholt, aber nur, um von den Mächtigen in eine noch überwältigendere Fiktion verwickelt zu werden. Denn am Hofe werden sie Teil eines neuen, elaborierten Spiels (II, 69): Es treten darin die Totenrichter Minos und Rhadamanthys auf, die Sancho Büßergewänder anziehen („al modo de las que sacan los penitenciados por el Santo Oficio"[23]), ihm mit ewiger Verdammnis drohen und von ihm verlangen, sich verprügeln zu lassen, damit die aufgebahrte Dame Altisidora von den Toten auferstehen könne. Über ihrem (fingierten) Leichnam trägt der Hofsänger in römischer Tunika ein Gedicht vor, das zur Hälfte aus einer Strophe aus Garcilasos dritter Ekloge besteht: dem orphischen Schwur beim Styx aus der Widmung gleich zu Beginn (Kap. 4.2).

Daran fällt nicht nur auf, dass das tragische Pathos der Totenklage durchweg komisch gebrochen wird, weil der Leser um die Manipulationen und den *engaño* der Herzöge weiß. Auch die Angst vor den Teufeln, die Sancho eingejagt wird, ist wegen seiner grotesken Bestrafung durch die *dueñas*, die ihm eine Reihe von Ohrfeigen verpassen, ins Lächerliche gewendet. Das Garcilaso-Zitat schließlich wird so gewaltsam rekontextualisiert, dass die dort genannte *lengua muerta y fría en la boca* mehrfach die Tonlage zu ändern scheint: War ihr zunächst angetragen gewesen, die Angesprochene zu loben und ihr zu huldigen, steht sie nun sowohl im Dienste der Trauerklage als auch im Dienste der unterschwelligen Komik, die sich die Szene zu eigen macht. Sogar Don Quijote hält dem Hofsänger später anklagend vor: „¿qué tienen que ver las estancias de Garcilaso con la muerte desta señora?"[24]

Hier erkennt der belesene Held die Literatur, die ins Spiel gebracht wird, nicht jedoch das Spiel an sich. Im Nachsatz muss ihn deshalb die wütende Altisidora aufklären, selbst getäuscht worden zu sein: „Todo lo que habéis visto esta noche ha sido fingido [...]."[25] Der Fiktionalität bewusst machende *desengaño*, der endgültig Klarheit über die eigenen (Selbst-)Täuschungen schafft, leitet damit auch das Ende des Protagonisten ein. Er wird bald nach der Rückkehr in sein Dorf versterben, als wäre ihm mit dem Zahn der *suspension of disbelief*[26] auch alle Lebenslust gezogen geworden. Am bukolischen Traum hält er zwar eine ganze Weile lang fest. Besonders tragisch ist in der Rückschau allerdings,

23 Ebd., S. 558.

24 Ebd., S. 568.

25 Ebd., S. 567.

26 Gerade Don Quijotes Ritterwahnsinn erfüllt natürlich nicht alle Voraussetzungen dieser ästhetischen Kategorie, weil es sich bei ihm ja nicht um eine willkürliche (*willing*), sondern passiv erlittene, krankhafte und unwillkürliche *suspension of disbelief* handelt. Erst an der Schäferwelt will er sich tatsächlich aus eigener Entscheidung schauspielernd beteiligen.

dass Don Quijote – abgesehen von Sancho – nur dann Mitspieler für seine Tagträume findet, wenn diese ihn zum Opfer einer *burla* machen können.

Ein positives Gemeinschaftserlebnis im bukolischen Rollenspiel ist ihm hingegen nicht vergönnt, obwohl Iser zufolge die traditionelle Schäferliteratur ja gerade mit dem Lustversprechen winkt, „sich auch einmal zu anderen Bedingungen haben zu können als zu denjenigen, in denen man im Leben befangen ist",[27] und diese Erfahrung mit anderen zu teilen. Damit scheint ein zentrales jubilatorisches Moment der rinascimentalen Schäferfiktion zu Beginn des 17. Jahrhunderts an sein vorläufiges Ende gekommen: Denn was die barocke Ästhetik mehr und mehr zum Vorschein bringt, ist das „Abstraktwerden der Grenze zwischen den beiden Welten"[28] des Realen und des Ideals. Person und Maske stehen in der spanischen Welt des *desengaño* nicht mehr auf Deckung, sondern fallen auseinander.[29] Sie geben so allem Anschein nach ein kontur- und orientierungsloses, nacktes Subjekt frei, das vom pathematischen Selbstgenuss der *phantasia* unter der bukolischen Maske entweder auf ethisch-moralische Codices oder harte Lebenswelt zurückgeworfen wurde. Je mehr dies der Fall ist, desto weniger haben Figuren wie der wunschgetriebene Don Quijote die Möglichkeit, im bukolischen Spielraum tatsächlich zu handeln. Der Zutritt zu diesem Spielraum ist deshalb versperrt, der Raum der Bukolik endgültig Enklave geworden – und der fiktionsgläubige Held tot.

An früherer Stelle liefert der barocke Roman schließlich auch ein intrikates – und nicht minder abweisendes – Echo auf das bukolische Pathos. Auf einer wenngleich nicht explizit bukolischen, so doch ländlich-rustikalen Hochzeitsfeier anlässlich der geplanten Vermählung des reichen Camacho mit der schönen Quiteria (II, 20–21) werden die Grenzen zwischen Spiel und Wirklichkeit ähnlich durchlässig gemacht, als der arme und in Quiteria verliebte Basilio ein tragisches Schauspiel zum Besten gibt. Er simuliert höchst theatralisch vor der versammelten Hochzeitsgesellschaft seinen Selbstmord und erlangt so (im stillen Einverständnis mit der eingeweihten Frau) die Hand der Geliebten.

> ¡Viva, viva el rico Camacho con la ingrata Quiteria largos y felices siglos, y muera, muera el pobre Basilio, cuya pobreza cortó las alas de su dicha y le puso en la

---

27 Iser, *Das Fiktive und das Imaginäre*, 1993, S. 109.

28 Ebd., S. 131.

29 Siehe Foucaults Lektüre von der „ironischen Identität" der Lebenswelt im *Quijote* und das daran gekoppelte moderne Zeichensystem der Repräsentation: „Die Sprache zerbricht darin ihre alte Verwandtschaft mit den Dingen, um in jene einsame Souveränität einzutreten, aus der sie in ihrem abrupten Sein erst als zur Literatur gewordene wieder erscheinen wird." *Die Ordnung der Dinge*, 1974, S. 79 u. 81. An gleichem Ort stellt er den Zusammenhang her zwischen dem Wahnsinn des Helden und dem verwirrenden Spiel mit Masken vorgespiegelter Identität.

> sepultura! Y diciendo esto, asió del bastón que tenía hincado en el suelo, y quedándose la mitad dél en la tierra, mostró que servía de vaina a un mediano estoque que en él se ocultaba; y puesta la que se podía llamar empuñadura en el suelo, con ligero desenfado y determinado propósito se arrojó sobre él, y en un punto mostró la punta sangrienta a las espaldas, con la mitad del acerada cuchilla, quedando el triste bañado en su sangre tendido en el suelo, de sus mismas armas traspasado.[30]

Das hier zum Einsatz gebrachte rhetorische Pathos steigert die Szene bis zu tragischer Stilhöhe, von der die Zuschauer und Leser jedoch rasch hinabstürzen auf den harten Boden einer geschickt gespielten Komödie. Denn das vergossene Blut war nie Basilios Brust entsprungen und die ganze Szene reine Manipulation (Sancho bemerkt zurecht: „Para estar tan herido este mancebo [...] mucho habla [...]."[31]). Sie soll den Priester und die Gemeinde davon überzeugen, dass es mit der Eheverbindung zwischen den Liebenden schon seine Richtigkeit haben müsse. Bukolisches Liebespathos, wie wir es von den Selbstmordversuchen der unglücklich Liebenden Encinas und Garcilasos kennen, verkümmert so zur komisch enthebbaren Simulation.[32] Sie führt den Leser erst hinters Licht und reizt ihn anschließend zum Lachen. Die Pathosszene, von der etwa Garcilaso hinreichend effektiven Gebrauch gemacht hatte (Kap. 4.2), wird als theatrale, pathematische Falle entlarvt, von der man sich in der ästhetischen Reaktion des selbstironischen Lachens zu distanzieren hat. Sie stellt so vor allem das *ingenium* des Schauspielers Basilio unter Beweis, der auf den Ruf der erstaunten Menge, sein Überleben müsse ein Wunder sein, schelmisch antwortet: „¡No 'milagro, milagro', sino industria, industria!"[33] Wie López Estrada zu Recht bemerkt, ist auch diese doppelte Verschiebung von Pathematik zu Komik einerseits und übernatürlichem Wunder zu allzumenschlicher Klugheit andererseits ein Zeichen des barocken Zeitgeistes:

> Excelente exclamación, a la medida de los tiempos. La industria, esto es, la habilidad, el ansia de lograr lo que se quiere, de buena o mala manera, domina por sobre las fuerzas sobrenaturales. La exclamación puede valer como signo de los tiempos. Acabaron los milagros, sean los religiosos o los del heroísmo, y mejor vale la industria propia de los avisados como Basilio.[34]

---

30 Cervantes, *Don Quijote*, Bd. II, 1978, S. 198.

31 Ebd., S. 200.

32 Dies auch, weil in Basilios Redebeiträgen das rhetorische Pathos in Wiederholungsfiguren zu insistieren scheint und so zum komischen Paradigma verkommt: *viva, viva*; *muera, muera*; *industria, industria*. Zur Theorie der komischen Enthebbarkeit siehe Stierle, „Komik der Handlung, Komik der Sprachhandlung, Komik der Komödie", 1976, S. 251f.

33 Cervantes, *Don Quijote*, Bd. II, 1978, S. 200.

34 López Estrada, „Pastores en el *Quijote*", 2005, S. 27.

Der Umstand, dass Basilio als Schauspieler – und Regisseur! – im bukolischen Spielraum anders als Don Quijote durchaus wirkungsvoll handeln kann, ist nur damit zu erklären, dass er nicht einer arkadischen Fiktion hinterherläuft, die ihm als subjektkonstituierende, pathematische Maske dienen soll. Vielmehr weiß er (wie sein Autor Cervantes) von Anfang an um den realen Wert dargestellter und evozierter starker Affekte. Dadurch gelingt es ihm, gegen den ostentativ zur Schau gestellten materiellen Reichtum Camachos[35] mithilfe einer Ökonomie des gesteuerten Affekts zu punkten und mit dem einzigen Preis nach Hause zu gehen, der in diesem Spiel noch relevant ist: mit der Frau bzw. dem symbolischen Kapital, das mit diesem Sieg einhergeht.[36]

Damit steht Basilio für eine neue, weltzugewandte Anthropologie und soziale Ordnung. Er erkennt das *jeu social*[37] als ökonomischen Austauschprozess, der fiktionales Spiel und poetisches *ingenium* in reines Mittel zum Zweck verwandelt. Sein *ingenium* ist die glänzende Rückseite des *engaño* Don Quijotes, des titelgebenden *ingenioso hidalgo*. Mit Basilio wird deshalb symbolisch auch der kultursemiotische Prozess des bukolischen Pathosexperiments der Renaissance zu Grabe getragen – aus welchem er als moderner *pícaro* komisch wieder aufersteht. Das ist kaum willkürlich, denn literarische, formale Experimente wie dasjenige des bukolischen Pathos in Spanien begleiten Mahler zufolge immer einen konkreten sozialen Wandel.[38] Auch im Falle der politischen Umwälzungen, die Spanien im 16. Jahrhundert erlebt hatte, ist dies der Fall. Bukolisches Pathos ist so besehen ein auf den Zeitraum zwischen 1492 und 1559 beschränktes Experiment gewesen, das im literarischen Interstitium vor allem das Ringen um subjektive Assimilation an und Divergenz zu den homogenisierenden und imperialen Mythen der spanischen Herrscher betonte. In Zeiten der konsolidierten zentralisierten Monarchie unter Philipp III. stehen barocke Referenzen auf die bukolische Tradition und deren Pathos dagegen weniger im Zeichen einer Divergenz zur herrschenden Ordnung als im Zeichen der bereits vollzogenen Akkomodation. Pathematische Abweichung in einer bukolischen Enklave ist in der Welt des *Quijote* nicht mehr von echtem

35 Das Essen hat in der ganzen Episode eine zentrale Bedeutung. Die überzogenen Beschreibungen der vielen Speisen ähneln denen im Schlaraffenland, wo Gebratenes direkt an den Bäumen hängt. Durch die Fokalisierung auf den hungrigen Sancho wird so ein durchaus mundaner Sinn des Reichtums betont, der den topischen Beschreibungen eines *locus amoenus* widerspricht. Siehe zum Aufeinandertreffen von Ideal und Sinnlichkeit ebd.

36 Vgl. Bourdieu, *Die männliche Herrschaft*, 1998, S. 78–90.

37 Siehe zum Begriff und den verschiedenen Kapitalformen Bourdieu, *Meditationen*, 2010, S. 174 u. 309–315.

38 Siehe zum Abschluss dieses Prozesses Mahler, „Welt Modell Theater“, 1998, S. 12.

Interesse, weil deren Spielraum sozial vollständig marginalisiert erscheint. Als abgeschlossener Spielraum rein fiktionaler Divergenz ist er bereits so legitimiert, dass er keine politische Relevanz mehr entfaltet.

Nun darf man nicht vergessen, dass die schriftstellerische Laufbahn von Cervantes zunächst mit dem 1585 erschienenen Schäferroman *La Galatea* begann.[39] In dessen dritten Buch wird eine ganz ähnliche Hochzeit gefeiert,[40] mit dem signifikanten Unterschied, dass dort der reiche Daranio die Hand der Silveria auch gegen seinen Rivalen Mireno behält.[41] Mireno greift abseits der Feiernden als klassischer Schäfer zum *rabel* und klagt den anderen sein Leid, „con la rabia y dolor que le causaba este hecho",[42] anstatt es wie später Basilio theatral in die Hand zu nehmen, dieses Leid aktiv in sein Gegenteil zu verkehren. Ja, sein Leiden ist Voraussetzung für die Konstitution einer typischen, im Mitleid vereinten Schmerzensgemeinschaft: „conocieron bien el dolor que padecía, y, movidos a compasión, determinaron todos de ir a consolarle".[43] Zu diesem Zweck muss er seiner Rolle als *pastor doliente* treu bleiben.

Auch die Darstellung der Hochzeit wird sich im Vergleich der beiden Texte erheblich wandeln. Während in der profanen Welt des *Quijote* dreißig Jahre später die Feierlichkeiten als handfeste kulinarische Schlemmerei entworfen sind, zelebriert Silverias *aldea* deren bukolische *boda* noch mit einer ätherischen, musikalischen Tonkulisse zahlreicher Instrumentenklänge.[44] Sinnlichkeit und Ideal, pikareske Welt des Romans und poetische Welt der Schäferdichtung sind in dieser Hinsicht metaphorisch deutlich voneinander abgehoben.[45] Wenn bukolisches Pathos und seine Metaphern bei Cervantes im Schäferroman *sui generis* zum Einsatz kommen, dann also zunächst, um den Klangraum der Schäferlieder als Metapher für Dichtung zu etablieren. Pathos der Handlung kommt allerdings auch dort zum Einsatz, wo der Text die innere Zerbrochenheit der Schäferfiguren demonstrieren will, die zwischen poetischer und realer Existenz hin und her pendeln. So etwa, wenn schon im ersten Buch unvermittelt und genreuntypisch der Schäfer Carino ermordet

39 Siehe zur Einführung Finello, *Pastoral Themes and Forms in Cervantes's Fiction*, 1994, S. 27–44.

40 Der zeitgenössische Topos der *malcasada* ist vor allem der patriarchalen Macht der Väter zu verdanken, denen sich die jungen Liebenden unterwerfen müssen. Vgl. Albuixech, „El matrimonio y la tradición de la malcasada en la narrativa pastoril española", 2008.

41 Zum Vergleich beider Figuren siehe Damiani, „Symbolism in Cervantes' *Galatea*", 1983, S. 300.

42 Cervantes, *La Galatea*, 1999, S. 319.

43 Ebd., S. 330.

44 Vgl. ebd., S. 328f.

45 Und dies auch schon in der *Galatea* selbst, wie Rhodes bemerkt. Vgl. „*La Galatea* and Cervantes' 'Tercia Realidad'", 1988, S. 20.

wird, bevor sich sein Mörder Lisandro vor unseren Augen in einen klagenden Schäferdichter verwandelt.[46] Tatsächlich besteht Cervantes' Beitrag zur Geschichte des bukolischen Pathos in der offenkundigen Theatralisierung des Affekts. Nicht nur treten bei ihm wetteifernde Dichterschäfer „en el humilde teatro"[47] des ländlichen Raums gegeneinander an und verdoppeln sich in der Aufführung ihrer eigenen Liebeskasuistik.[48] Mehrfach haben wir es mit offenkundig ausgestellten Pathosszenen und deklamativen Posen zu tun.[49] Auch der klagende Mörder Lisandro hat einen genuinen ‚Auftritt' auf der amoenen Bühne:

> Aquí cesó la voz, pero no los sospiros del desdichado que cantado había; y lo uno y lo otro fue parte de acrecentar en Elicio la gana de saber quién era. Y, rompiendo por las espinosas zarzas por llegar más presto a do la voz salía, salió a *un pequeño prado, que, todo en redondo, a manera de teatr[o]*, de espesísimas e intrincadas matas estaba ceñido, en el cual vio un pastor que, *con extremado brío, estaba con el pie derecho delante y el izquierdo atrás, y el diestro brazo levantado*, a guisa de quien esperaba hacer algún recio tiro.[50]

Wie ein Theaterschauspieler positioniert sich hier der Schäfer – den rechten Fuß nach vorne und den rechten Arm erhoben –, um auf der Bühne des kleinen *prado* zu sprechen, ganz so, als wüsste er bereits um seinen Zuschauer Elicio. Eigentlich sind aber wir Leser es, die er sich zum Publikum auserkoren hat. Die Pathosszene ist dabei in Richtung eines pathetischen (und insofern stilpathologischen) Manierismus verschoben, wenn Lisandro *à la manière* eines Bühnenschauspielers agiert. Die rollenhafte Inszenierung des Selbst fällt so mit dem Performieren von Gefühlsausdruck zusammen. ‚Echtes' Pathos wird in der *Galatea* deshalb in die Tragik der eingelagerten Novellen verschoben.

Rhodes liest den ganzen Roman gar als ein einziges großes Pendel zwischen Ideal und Wirklichkeit: „history, the pole of things happening, and poetry, the

46 Vgl. Cervantes, *La Galatea*, 1999, S. 179–186. Stamm betrachtet das darüber hinausgehende, allgemeine Eindringen der Gewalt in die Welt der Schäfer als die wichtigste Genreinnovation der *Galatea*. Vgl. „*La Galatea* y el concepto de género", 1981, S. 340.

47 Cervantes, *La Galatea*, 1999, S. 345.

48 Zum Maskenspiel als lebensweltliche Praxis siehe Stagg, „A Matter of Masks: *La Galatea*", 1972.

49 Besonders eindrücklich ist dies auch in der Darstellung der Nymphe Calíope, deren Erscheinen mit einem überwältigenden Bühnenapparat verglichen werden muss, mittels dessen sie effektvoll wie durch einen sich teilenden Flammenvorhang auftritt und die anwesenden Schäfer überwältigt. Sie selbst trägt antikisierende Schnürschuhe (*coturnos*), die als visuelles Zeichen der Bühnenschauspieler zu erkennen waren. Cervantes, *La Galatea*, 1999, S. 558f.

50 Ebd., S. 186f. (Hervorh. K. P.)

recollection and evaluation of what happens".[51] Beide Prinzipien heben sich nicht etwa gegenseitig auf, sondern bedingen einander in einer Dynamik aus Stillstand und Bewegung, der auch die Figuren im Handlungsverlauf unterworfen sind. Diese befinden sich jedoch nicht etwa wie die Helden Montemayors oder Gil Polos auf der Reise zu einem handlungserfüllenden Ziel, sondern verharren, so El Saffar, „imbedded in a static pastoral world".[52] Deshalb muss der Roman deutlicher noch als die Vorläufer aus den bukolischen Genrekonventionen in eingelagerte Novellen ausbrechen, um „the world of action"[53] in den Kosmos des Romans hineinzuholen.

Entsprechend scheint es mir, dass bei Cervantes an die Stelle einer pathematischen Technik des Subjekts, das aus affektiver und politischer Ohnmacht (sprach)mächtig werden kann, ein metapoetisches Bewusstsein einer Gattung tritt, die auf der Schwelle in die Moderne ihren eigenen Anachronismus durchaus komplex verhandelt. Pathematische Intervention im Raum des Politischen ist die Bukolik von Cervantes im Vergleich zu Garcilaso oder Montemayor dagegen nie gewesen.[54] Vielmehr führt sie vor, dass Figuren nur dann – bis zum Extremfall des Mordes – handlungsfähig sind, wenn sie die bukolische Maske nicht tragen.[55] Vielleicht ist es deshalb keine Überraschung, dass Don Quijote später in Verteidigung der Schäfer auf dem *camino real* rüde mit der Realität des kastilischen Herrschaftsraumes zusammenprallt.

Schon im Prolog der *Galatea* äußert sich Cervantes im Übrigen explizit zur Frage der bukolischen Stilhöhe. Als Hauptziel bukolischer Dichtung formuliert er dabei, sein eigenes, gottgegebenes Talent unter Beweis zu stellen, indem er mit rhetorischem Können (*artificio*) beim Leser ästhetische Lust erzeugt (*agradar*).[56] Die stilistischen Ausbrüche in die hohe Tonlage rechtfertigt er im Zuge dessen mit Blick auf Vergil, dem dies auch vorgeworfen worden sei – ein besseres Vorbild kann ein bukolischer Dichter schließlich kaum haben:

> Bien sé lo que suele condenarse exceder nadie en la materia del estilo que debe guardarse en ella, pues el príncipe de la poesía latina fue calumniado en algunas de sus églogas por haberse levantado más que en las otras; y así no temeré

51 Rhodes, „*La Galatea* and Cervantes' 'Tercia Realidad'", 1988, S. 26.

52 El Saffar, „*La Galatea*: The Integrity of the Unintegrated Text", 1981, S. 346.

53 Ebd.

54 Bezeichnenderweise ist ein politisches Pathos der Darstellung innerhalb des Romans ausgelagert in die Novelle um Timbrio und Silerio, in die martialische Auseinandersetzungen mit den *turcos* fallen und die „el contraste más fuerte posible con el ambiente tranquilo y bucólico" markiert. Stamm, „*La Galatea* y el concepto de género", 1981, S. 341. Zu anderen Interventionen des *Don Quijote* siehe Leopold, „Eroberungsparodien", 2005.

55 Vgl. Rhodes, „*La Galatea* and Cervantes' 'Tercia Realidad'", 1988, S. 23.

56 Vgl. Cervantes, *La Galatea*, 1999, S. 158.

> mucho que alguno condene haber mezclado razones de filosofía entre algunas amorosas de pastores, que pocas veces se levantan a más que a tratar cosas del campo, y esto con su acostumbrada llaneza.[57]

Bukolisches Pathos wird so zum Zeichen literarischer Könnerschaft und siegreicher *aemulatio* des antiken Vorbilds – und wie bei Basilio in den Dienst des Wettstreits um soziales Prestige gestellt.[58] Ja, dichterisches *ingenium* ist später im Roman sogar deckungsgleich mit schmerzvollem Pathos: „tenían todos tal *ingenio* (o, por mejor decir, tal dolor *padecían*)".[59] Mit der Verschiebung von pathematischer *phantasia* hin zu konzeptistischem *ingenium* geht jedoch, so will mir scheinen, auch eine Verschiebung von einer pathematischen zu einer rationalen Selbsttechnik[60] einher. Im Zeitkontext des spanischen Barock ist *ingenium* (wie im Traktat über den Scharfsinn, *Arte de ingenio*, von Gracián, 1642) schließlich nicht nur ein „Pointenstil",[61] sondern eine anthropologische Kategorie: In der Fähigkeit, qua Verstandestätigkeit und Sprache überraschende Korrespondenzen zwischen unterschiedlichen Gegenständen[62] hervorzutreiben, äußert sich demzufolge menschliche Agentialität als die eines Geistes, der seine eigene Weltwahrnehmung zu formen versteht und bei anderen *admiratio* und Erstaunen hervorruft. Wenn aber die rhetorische *techné*[63] damit zu einer bewussten Steuerung der *phantasia* wird, die rhetorisch zwar der dichterischen Begabung zufällt, aber Teil der *inventio* der Rede ist, so kann nicht mehr von einer Verwandlung eines ohnmächtigen Affekts in pathematische Eigenmacht gesprochen werden. Vielmehr steht eben das Vermögen des Dichters, Rede zu erfinden und Sprache zu formen, im Mittelpunkt.

Cervantes beginnt den Haupttext entsprechend selbstbewusst mit einer *octava real*, der Königsform der spanischen Lyrik.[64] Er wird ihn schließen mit der Klimax des *Canto de Calíope*, in dem die ingeniösen Helden der spanischen

57 Ebd.

58 So wird auch später an der schäferlichen Hochzeitsgesellschaft hervorgehoben werden: „en dolorosa *competencia* muchas veces se habían juntado a encarecer cada cual la causa de su tormento, procurando cada uno mostrar como mejor podia que su dolor a cualquier otro se aventajaba". Ebd., S. 338. (Hervorh. K. P.)

59 Ebd. (Hervorh. K. P.)

60 Vgl. Rey, „Teoría y crítica literaria en *Agudeza y arte de ingenio*", 2017.

61 Curtius, *Europäische Literatur und lateinisches Mittelalter*, 1948, S. 297.

62 So etwa im Vergleich der Schwerhörigkeit eines Prinzen, der von zu viel Schmeichelei („oír dulce") taub geworden sei, ganz so wie zu viel „comer dulce" die Zähne verdirbt. Gracián, *Arte de ingenio*, 2010, S. 185.

63 Vgl. Ferretti, „Dianoëtische Hirten. Zum Verhältnis von Bukolik und *téchne* bei Cervantes", 2011.

64 Zu den poetischen Formen im Roman siehe Cabado, *Poética y pragmática del discurso lírico*, 2000.

Dichtung besungen werden.[65] Damit liefert er nicht nur ein metapoetisches Rewriting der weiblichen Heldenreihe aus Montemayors *Diana* (Kap. 5.3.3) bzw. deren lokalpatriotischer Umwidmung in Gil Polos *Canto de Turia*, sondern hebt sich mit Blick auf die Sieger und die Muse Kalliope auch deutlich ab von Garcilasos Identifikation mit den schlechten Antimusen: den zu unpassendem Pathos neigenden Pieriden (Kap. 5.1.1), die sich bei Ovid der siegreichen Kalliope beugen mussten. Das bukolische Pathos bei Cervantes ist endgültig rhetorische Strategie eines siegreichen Dichtersubjekts geworden. Mit Calíope kommen dabei das Stildideal der geistreichen Verblüffung und die Theatralisierung des Affekts zu ihrem Höhepunkt, denn die cervantinische Calíope versteht es, das Schäferpublikum mit ihrem Auftritt auf der ländlichen Bühne so zu beeindrucken, dass deren *entendimiento* vollends überwältigt wird: „por la cual improvisa maravilla, los pastores que despiertos junto a la sepultura estaban, cayeron atónitos en el suelo, des[l]umbrados y ciegos con la luz del transparente fuego".[66] Auf überzeugende Weise macht Cervantes hier klar, dass das Staunen, das ein ingeniöser Rhetor erzeugt, zwischen der Befreiung der Imagination und der Beherrschung des Geistes changiert.[67] Bei Calíope steht es explizit im Dienste einer patriotischen Feier der *ingenios de España*, einer lebendigen Kulturgemeinschaft,[68] die jene affektive Leerstelle zu füllen scheint, die bei Montemayor mit dem Ausfall der charismatischen Herrschaft aufgebrochen war. Mittels der Rhetorik des Staunens wird dieser Gemeinschaft eine affektive Verbindlichkeit verliehen, die dem ‚Lieben-Müssen' der Untergebenen eines charismatischen Herrschers gegenüber strukturanalog ist und als die humanistische Vorform einer „imagined community"[69] aufzufassen wäre.

Dass diese Gemeinschaft nicht frei von Rissen und Brüchen ist, wird an den unterschiedlichen Deutungen offenbar, die an der *Galatea* entweder die horizontalen, männlichen Freundschaftsgemeinschaften[70] oder die utopischen Gegenentwürfe im Zeichen weiblicher Differenzgemeinschaften[71] betonen. Welcher Version man auch eher zugeneigt sein mag: In Zeiten der Dekadenz der Habsburgerdynastie löst sich bei Cervantes die fiktionale Imagination einer alternativen Gemeinschaft von der vertikalen Beziehung der Untergebenen

65 Cervantes, *La Galatea*, 1999, S. 563–589. Siehe die Erläuterungen des Herausgebers Avalle-Arce in den Fußnoten der Ausgabe Cervantes, *La Galatea*, 1987, S. 425–458.

66 Cervantes, *La Galatea*, 1999, S. 558.

67 Vgl. Gess, *Staunen*, 2019, S. 100.

68 Bataillon, „Relaciones literarias", 1973, S. 217.

69 Im Sinne von Anderson, *Imagined Communites*, 1991.

70 Vgl. Finello, *Pastoral Themes and Forms in Cervantes's Fiction*, 1994, S. 50.

71 Hernández-Pecoraro, *Bucolic Metaphors*, 2006, S. 172.

zu einem personalen Souverän und lässt einen affektiven Gemeinschaftsbund von Ebenbürtigen an deren Stelle treten. Die dabei vorgestellte Gemeinschaft ist aber in ihrer Identität und ihrem kollektiven Gedächtnis prekär, insbesondere infolge des gegenreformatorischen Homogenisierungsdrucks, der Annexion Portugals 1580 und dem *cultural cleansing* der maurischen Vergangenheit (Irigoyen-García spricht von einem bukolischen „exile from reality"[72] und Hernández-Pecoraro kritisiert die „expectations of sameness"[73] innerhalb der männlichen Leidensgemeinschaft). Vielleicht hat man es also beim Bund ingeniöser Brüder im Geiste (gerade im überwältigenden *Canto* der Calíope, der den Herrschaftswillen derer unter Beweis stellt, die im Staunenmachen die Unterwerfung schwächerer Geister einfordern) mit einer unmöglichen Utopie Spaniens zu tun.

Iser hat die berühmte These aufgestellt, dass die europäische Schäferliteratur an Bedeutung zu verlieren beginne, sobald bei ihren Lesern das Prinzip literarischer Fiktionalität verinnerlicht wurde.[74] Er hebt damit literaturgeschichtlich ein anderes Experiment der Bukolik hervor als das des bukolischen Pathos, nämlich die Tatsache, wie ihr gattungskonstitutives Rollenspiel involviert gewesen ist in den historischen Prozess, der von der garantierten Realität des Mittelalters zur Ausbildung des frühneuzeitlichen Subjektbewusstseins der kontextabhängigen „Realisierungen"[75] führt. Insofern wären die lebensweltlichen Leser der *Galatea* als Präfigurationen des fiktiven Don Quijote zu denken: Dessen lustvolle Wiederholung von Fiktionen geht in dem Moment zu Ende, als er deren Unwirklichkeit im andererseits voll und ganz theatralisierten *jeu social* durchschaut. Die Leser von Cervantes hingegen werden zu Zeugen einer aussterbenden Gattung, gerade weil in der *Galatea* das sich seiner selbst bewusste bukolische Rollenspiel restlos in den Dienste literarischer Selbstbespiegelung gestellt wird. Aber nur weil die Leser der *Galatea* die idealisierten Schäferexistenzen als nicht zu rettendes Wunschbild erkennen, ist ihnen die ästhetische Lust ja noch nicht abhanden gekommen – ganz im Gegenteil. Was also hat noch dazu beigetragen, dass die bukolischen Formen nach und nach an Interventionspotenzial verloren, bis sie endgültig in der bürgerlichen Ideologie der sentimentalen Idylle münden?

---

72 Irigoyen-García, *The Spanish Arcadia*, 2014, S. 174.

73 Hernández-Pecoraro, *Bucolic Metaphors*, 2006, S. 179.

74 Vgl. Iser, *Das Fiktive und das Imaginäre*, 1993, S. 60. Ganz anders argumentiert Krauss, der die zunehmende wissenschaftlich-technische Naturbeherrschung der Moderne dafür verantwortlich macht. Vgl. „Die Kritik des Siglo de Oro am Ritter- und Schäferroman", 1949, S. 175.

75 Blumenberg, „Wirklichkeitsbegriff und Möglichkeit des Romans", 1969, S. 12.

6.2 *La Diana, revisited*: Neostoizismus und ethische Selbsttechnik

Die wichtigste intertextuelle Vorlage für die *Galatea* war wie bereits erwähnt nicht allein Montemayors stilprägender Roman von 1559, sondern dessen nicht minder erfolgreiche Fortsetzung: die *Diana enamorada* (1564) des Valencianers Gil Polo. In der „Épistola", die Gil Polo seinem Text voranstellt, kommt allerdings ein von Montemayor und Cervantes deutlich abweichendes Programm zum Ausdruck. Montemayor hatte mit seinem Text ein pathematisches Gegenbild zur politischen Ordnung unter Philipp II. ausgemalt und dieses im Zeichen der unmöglichen weiblichen Herrschaft mit Amazonen, lesbischen Liebespaaren und einer omnipotenten, jedoch nahbaren Feudalherrin ausgestattet. Cervantes seinerseits wird das Liebespathos der Schäfer in eine abstrakte Metapher des dichterischen *ingenium* verwandeln. Gil Polo jedoch appelliert an seine Leser, sie mögen sich vom Titel seines Romans nicht in die Irre führen lassen und eine ungebührliche Darstellung des Liebespathos erwarten. Vielmehr verspricht er ihnen ein pädagogisches *ejemplo*, aus dem sie einen wertvollen moralischen *aprovecho* ziehen könnten:

> El que tuviere por deshonesto el nombre de *enamorada* no me condene hasta ver la honestidad que aquí se trata, el decoro que se guarda en la persona de Diana, así en su plática como en el secreto con que encubre su pasión [...]. Ya aunque son ficciones imaginadas, leyéndolas como tales, se puede sacar de ellas el fruto que tengo dicho, pues no se escribieron para que se les diese fe, sino para satisfacer a los gustos delicados y aprovechar a los que con ejemplo de vidas ajenas quisieren asegurar la suya.[76]

Will man die Trias der Autoren Montemayor, Cervantes und Gil Polo entsprechend zugespitzt auf drei unterschiedliche Prinzipien der bukolischen Liebe herunterbrechen, so stünde Montemayor für divergentes Pathos, Cervantes für metapoetischen Logos und Gil Polo für nachtridentinisches, katholisches Ethos. Denn in letzterem und seiner ethischen Wendung der bukolischen Tradition der Schmerzliebe zu einer offenen Propagierung katholischer Tugend- und Eheideologie erfüllt sich die gegenreformatorische Agenda,[77] auf deren Seite man Montemayor kaum verorten konnte. Deshalb mutet die Behauptung, mit der sich Gil Polo als Erbe Montemayors ausgibt, nachgerade ironisch an. Vielmehr zeigt sich an der Fortsetzung der *Diana* die historische Wasserscheide, die das Tridentinum für die spanische Literatur und Gesellschaft der zweiten Hälfte des 16. Jahrhunderts bedeutet hatte.

---

76 Gil Polo, *Diana enamorada*, 2000, S. 83 (Hervorh. im Original).

77 Vgl. Solé-Leris, „The Theory of Love in the Two *Dianas*", 1959, S. 79.

Für die Frage des bukolischen Pathos ist das meines Erachtens deshalb von zentraler Bedeutung, weil in dem Moment, als sich in der ideologischen Festung des imperialen Spanien das Zeitfenster pathematischer Abweichung schließt,[78] in der bukolischen Literatur auch der Übergang von pathematischer zu ethischer Selbsttechnik (Kap. 2.3.1) vollzogen wird. Ethische Selbsttechniken hatte Foucault wie bereits im theoretischen Teil erwähnt folgendermaßen beschrieben:

> Technologien des Selbst, die es dem Einzelnen ermöglichen, aus eigener Kraft oder mit Hilfe anderer eine Reihe von Operationen an seinem Körper oder seiner Seele, seinem Denken, seinem Verhalten und seiner Existenzweise vorzunehmen, mit dem Ziel, sich so zu verändern, daß er einen gewissen Zustand des Glücks, der Reinheit, der Weisheit, der Vollkommenheit oder der Unsterblichkeit erlangt.[79]

Pathematische Selbsttechnik ist meinem Verständnis nach im Gegenteil dazu eine Operation des Subjekts an sich selbst, die darauf abzielt, den passiv erlittenen Affekt nicht in Glück und Reinheit umzumünzen, sondern in mächtige Vorstellungsbilder und überwältigende Rhetorik zu verwandeln. Daraus speist sich die Agentialität des genuinen bukolischen Pathos. Das Subjekt der ethischen Selbsttechnik zieht dagegen Handlungsmacht aus der Fähigkeit, den Sturm des Affekts aus eigener Kraft in gemäßigtes Ethos abzubiegen (vgl. Quintilian, *Institutionis Oratoriae*, VI, 2, 12).

Hier wie andernorts in den Schriften Foucaults kommt aber nicht nur die Vorstellung eines ethischen Subjekts zum Tragen, sondern auch die Konstitution eines modernen Subjekts, das sich in seiner Selbstsorge stets gegen die Kräfte der Sphäre politischer Macht positionieren muss. Nicht ohne Grund meint Foucault daher in der Reformationsbewegung eine historische Folie zu erkennen, die späteren Revolten gegen die institutionalisierte Unterwerfung des Subjekts zum Vorbild gereichte:

> Tous ces mouvements qui ont pris place au XVe et au XVIe siècle, trouvant leur expression et leur justification dans la Réforme, doivent être compris comme les indices d'une crise majeure qui a affecté l'expérience occidentale de la subjectivité et d'une révolte contre le type de pouvoir religieux et moral qui avait donné forme, au Moyen Âge, à cette subjectivité.[80]

---

78 Die zwei großen politischen Krisen der 1560er Jahre unter Philipp II. – die Rebellion in den Niederlanden und der Konflikt mit den aufständischen Morisken Granadas – sind u. a. der vehementen Verteidigung der Werte des tridentinischen Konzils durch die spanische Krone geschuldet. Vgl. Fernández Álvarez, *Felipe II y su tiempo*, 1998, S. 371.

79 Foucault, „Technologien des Selbst", 1993, S. 26.

80 Foucault, „Le Sujet et le pouvoir", 2001, S. 1047.

Die darauf reagierende Gegenreformation in Spanien und mit ihr die Ideologie der Bukolik eines Gil Polo sind Zeugen, wie aus dieser Krise heraus von Seiten der Mächtigen neue Techniken der Wahrheitsproduktion und der Kontrolle des Subjekts entwickelt werden mussten. Sie sind theologisch gebunden an die seelsorgerische Begleitung des Einzelnen,[81] die im Tridentinum verfochten und anschließend nach und nach durchgesetzt wurde. Maßgebliches Ziel dabei war es, das christliche Subjekt auf Wahrheitsakte zu verpflichten, die einen Blick in die Tiefe der individuellen Seele ermöglichen.[82] Foucault nennt diese neu ausgebildete Macht sinnfälligerweise Pastoralmacht (*le pouvoir pastoral*), weil sie von opferbereiten Priesterschäfern an ihrer gläubigen Gemeinde von Schäfchen ausgeübt werden muss. Sie ist auf das Individuum und seine mentale Gesundheit ausgerichtet, weshalb die ethische Wende hin zur Pastoralmacht in den größeren Kontext einer neuen Philosophie des Lebens gestellt werden kann.[83]

Selbst wenn dies nicht in Form einer Diskussion der bukolischen Genera geschieht, so denke ich doch, dass man an genau dieser historischen Wasserscheide auch den Unterschied zwischen frühneuzeitlicher pathematischer Bukolik und moderner idyllischer Pastorale wird festmachen müssen. Insbesondere Bartolomé Ponces *Clara Diana a lo divino* (ca. 1559–1566, publ. 1580) kann als Belegtext für diese Wende ins Feld geführt werden. Dort macht der katholische Autor die Sündhaftigkeit profaner Liebe, die in den *Siete libros de la Diana* im Mittelpunkt standen, dem Individuum Jorge de Montemayor zum persönlichen Vorwurf. Ja, dessen Tod durch Liebeshändel müsse gar als gerechte Strafe Gottes für ein vom profanen Eros gesteuertes Leben verstanden werden. Aus diesem Ursprungsmythos, den Ponce in Form einer Anekdote nacherzählend als Dialog mit Montemayor in seinen eigenen Text einlässt, wird die Notwendigkeit einer literarischen Kontrafaktur *a lo divino* hergeleitet:

> Y yo con algún buen celo, le comencé a decir cuan deseada había tenida su vista y amistad, siquiera para con ella tomar brío de decille cuan mal gastaba su delicado entendimiento con las demás potencias del alma, ocupando el tiempo en

81 Siehe u. a. zur Bedeutung der Seelsorge in den Beschlüssen des Konzils O'Malley, *Trent*, 2013, S. 148 u. 257–259. Erreicht wurde eine flächendeckende Reform der Seelsorge allerdings erst im 18. Jahrhundert, als sich das katholische Leben durch die neue Pfarreistruktur gewandelt hatte. Siehe dazu Châtellier, „Die Erneuerung der Seelsorge und die Gesellschaft nach dem Konzil von Trient", 2001.

82 Vgl. Foucault, „Le Sujet et le pouvoir", 2001, S. 1048.

83 „Cette forme de pouvoir est orientée vers le salut (par opposition au pouvoir politique). Elle est oblative (par opposition au principe de souveraineté) et individualisante (par opposition au pouvoir juridique). Elle est coextensive à la vie et dans son prolongement; elle est liée à une production de la verité – la verité de l'individu lui-même." Ebd.

> meditar conceptos, medir rimas, fabricar historias y componer libros de amor mundano y estilo profano. Con medida risa me respondió diciendo: "Padre Ponce, hagan los frailes penitencia por todos, que los hijosdalgo armas y amores son su profesión". "Yo os prometo, señor Montemayor, (dije yo) de con mi rusticidad y gruesa vena, componer otra *Diana*, la cual con toscos garrotazos corra tras la vuestra". Con esto y mucha risa se acabó el convite, y nos despedimos. Perdone Dios su alma, que nunca más le vi, antes de allí a pocos meses me dijeron cómo un muy amigo suyo le había muerto por ciertos celos o amores: justísimos juicios son de Dios, que aquello que más trata y ama cualquiera viviendo por la mayor parte le castiga muriendo (siendo en ofensa de su Criador). Sino veldo, pues con amores vivió y aun con ellos se crió, en amores se metió, siempre en ellos contempló, los amores ensalzó, y de amores escribió, y por amores murió. Cata aquí, pues, sabio lector, la primera ocasión y sencillo motivo que me movió a componer mi más escura que clara *Diana*.[84]

In der Folge kehrt Ponce zu mittelalterlichen, allegorischen Traditionen zurück, wenn er seinen Text, den er „una Tragicomedia recitada entre el diablo, mundo y carne"[85] nennt, als allegorisches *bellum intestinum* und Schlacht der Tugenden gegen die Sünden entwirft. Dort verwandelt sich folgerichtig Montemayors positiv besetzter Palast Felicias in einen Raum der weltzugewandten Fleischeslust. Weil es sich bei der *Clara Diana* um einen streng pädagogischen Text handelt, wird am Ende Erlösung im *torre de la penitencia* des VII. Buches gesucht und an Stelle einer Hochzeit steht die Versöhnung des Schäfers Barpolio mit seiner Seele und den *potencias racionales*. Wenn tragische Elemente bei Ponce auftauchen, dann nur als Teil dieser Didaxe: Pathos verwandelt sich also in die maßgebliche Rhetorik des abschreckenden Exemplums.[86] Dies ist mitunter auch deshalb der Fall, weil der klar auf ein weibliches Lesepublikum ausgerichtete Roman die christliche Ehe als Heilsversprechen dem sündhaften Pathos der Liebe gegenüberstellen will.

Die Pastorale in Zeiten der Pastoralmacht steht insofern ganz im Zeichen einer Kontrafaktur des vormals Kontrafaktischen: Produziert werden soll nun ein reines Ideal des gemäßigten Affekts und tugendgeleiteten katholischen Subjekts, das nicht mehr durch die Kopräsenz affektischer Investition und pathematischer Intervention kontaminiert erscheint. Besonders augenfällig ist dies an Lope de Vegas *Pastores de Belén* (1612). Der Roman ist nicht allein *rewriting* der *Diana* (er beginnt in Imitation derselben mit den gleichen Worten, verlegt die Szenerie jedoch in das Heilige Land), sondern eine Palinodie der früheren, profanen *Arcadia*, die Lope in jungen Jahren 1598 verfasst

---

84 Ponce, *Primera parte de la clara Diana a lo diuino*, 2010, S. V–VI.

85 Ebd., S. 8r.

86 Vgl. Montero, „*La Clara Diana* (Épila, 1580) de fray Bartolomé Ponce y el canon pastoril", 1994, S. 76.

hatte. Als poetischer Widerruf soll sie Lopes Bekehrung vom bukolischen Saulus zum christlichen Paulus bezeugen und wird insofern zu seinem eigenen literarischen Wahrheitsakt des Gewissens. Spiegelbildlich zur Strecke, den die Schäfer im Text auf dem Weg nach Bethlehem zurücklegen, wird die seelische Pilgerschaft des reuigen Autorsubjekts als allegorische Reise der Seelenrettung nachgezeichnet. Ein „grave bucolismo“[87] rührt dabei wiederum nur daher, dass sündhafte *lujuria* als *engaño* des Selbst entlarvt und durch bewussten *desengaño* und Gottesliebe ersetzt werden muss – weil der Autor, wie er in der Widmung bemerkt, für frühere Sünden in der Gegenwart mit dem Leid über den Tod seines eigenen Sohnes büßt. Mit der Liebe zum Jesuskind und der Gottesmutter, die hymnisch besungen und Gegenstand einer unerotischen Anbetung werden, rückt deshalb ein *benigno Amor* ins Zentrum des Geschehens.

Inszeniert wird diese Abkehr von der Sünde bei Lope nun gerade auch als Abkehr vom hohen Stil des bukolischen Pathos. Denn in beiden Romanen tritt Belardo als Erzähler auf, der in spiegelbildlichen Szenen jeweils seine Panflöte apostrophiert. Die Palinodie besteht nun darin, dass die Panflöte des gereiften, reuigen Selbst nicht mehr Profanes im hohen Stil bedichten („Suspended el desentonado canto, rústica zampoña mía, que con el amor de Anfriso habéis *excedido de vuestra natural rudeza.*“[88]), sondern Sakrales im einfachen Stil feiern soll:

> Si en otras ocasiones me habéis parecido rústico y bárbara, zampoña mía, cuando al son vuestro cantaba yo los pastores de mi patrio Tajo, sus vanos amores y contiendas, a vueltas de los errados pensamientos de mis primeros años, ¿qué me pareceréis agora que me habéis ayudado a cantar los pastores de Belén, sus honestos pensamientos dirigidos a las justas alabanzas de aquella hermosa Virgen, que enamora los coros de los ángeles? Pero os aseguro que por la misma razón que *aquí parecéis más rústica, tratando cosas tan altas, a mis oídos sonáis más dulcemente*; y que sí allá no me atrevía entonces que a los de los príncipes hiciésedes lisonja con vuetros toscos números, ni que aun osásedes con los ecos tocar en los umbrales de sus dorados palacios, agora tengo ánimo que despreciéis sus doseles, y penetrando las esferas celestiales, lleguéis a los oídos mismos de sus hermosos espíritus, testigos de mi canto, y que con el suyo celebraron en Belén esta divina historia.[89]

Diese bewusste Verschiebung zur stilistischen *dulcura* bringt nicht nur das bukolische Pathos an sein Ende, sondern erniedrigt das Sprecher-Ich nachgerade, dessen Buße sich auch sprachlich vollziehen muss: Anstatt rhetorische

87 Serés, „El género pastoril y su parodia en las dos *Arcadias* de Lope de Vega“, 2016, S. 86.
88 Lope de Vega, *Arcadia*, 2012, S. 681 (Hervorh. K. P.).
89 Lope de Vega, *Pastores de Belén*, 2010, S. 578f. (Hervorh. K. P.).

Könnerschaft in den Vordergrund zu stellen, unterwirft sich der Sprecher seinem sakralen Gegenstand. Vor allem aber verwirft er den menschlichen Affekt (und mit ihm die pathematische Rhetorik) als Laster und damit als Gefahr für die eigene Seele.[90]

Foucault untersucht bekanntlich zunächst die meditativen und literarischen Techniken der Selbstsorge an antiken Quellen, die aus dem Kontext der Stoa stammen. Die Vorstellung, der menschliche Verstand könne Macht über den Affekt erlangen und diesen kontrollieren,[91] ist aber selbstverständlich auch ein Kerngedanke des philosophischen und theologischen Neostoizismus der Neuzeit,[92] der für den spanischen Barock und die Ausbildung der gegenreformatorischen Pastoralmacht eine zentrale Rolle spielt. Seinen Prämissen zufolge behauptet sich das Subjekt in der Entwicklung seines Selbstbewusstseins tatsächlich nur dann, wenn es in der Lage ist, heftige affektive Reaktionen abzuwehren und die eigene *phantasia* nach den Maßgaben christlicher Moral zu kontrollieren.[93] Dem ethischen Subjekt des Neostoizismus ist Kontrolle der *phantasia* über den Weg der menschlichen Vernunft möglich, weil, mit Matzat gesprochen, die Vorstellungen „als Bestandteile der menschlichen Innenwelt der Selbstverfügung unterliegen".[94] Das christliche Subjekt ist also angehalten, Moralvorstellungen im wahrsten Sinne des Wortes zu inkorporieren und selbstwirksam sorgend an der eigenen Seele zu performieren, um diese nicht nur vor falschen Bildern, sondern vor der Verdammnis zu retten. Dementsprechend muss das, was der Priester in der Seelsorge mit dem Einzelnen beabsichtigt, wenn er sie oder ihn auf Wahrheitsakte und ethische Normierung verpflichtet, internalisiert und als kognitiver Prozess des Subjekts auf Dauer gestellt werden.

Bei Lope etwa werden zwar in den *Pastores de Belén* zahlreiche erotische Episoden als Folge schädlicher *imaginaciones* nacherzählt, dies jedoch nur im

90 Allerdings steht schon in der *Arcadia* eine dezidierte Pathologisierung des Affekts (insbesondere der Eifersucht: *celos*) im Mittelpunkt, sie wird dort jedoch noch in eine durchaus selbstbewusste erudit-enzyklopädische Pastorale verwandelt. Zur pädagogischen Funktion des Romans, der noch nicht den Glauben, sondern die *ciencia* als Heilmittel und Weg zur Tugend vorschlägt, siehe McNair, „Reconsidering the Didacticism of Lope de Vega's *Arcadia*", 2001.

91 Vgl. Avalle-Arce, *La novela pastoril española*, 1974, S. 123.

92 Siehe zur Bedeutung der neostoizistischen Tugendlehre bei Gil Polo und Lope als Element des freien menschlichen Willens Darst, „Renaissance Platonism and the Spanish Pastoral Novel", 1969, S. 390f.

93 Siehe zur Notwendigkeit, „dieses Kastell der Wahnvorstellungen zu schleifen" (*deijciendum castellum hoc Opinionum*), das für die Tyrannei der Affekte und Laster verantwortlich gemacht wird, Lipsius, *De constantia*, 1998, S. 38f.

94 Vgl. Matzat, „Frühneuzeitliche Kritik und Kontrolle der Affekte", 2020, S. 496.

Kontrast zum *amor divino*, dem die Lieder an das Jesuskind und die Gottesmutter im Zeichen der Freude und *dulcura* gewidmet sind. Das Wirkziel der Rhetorik des Textes ist damit äquivalent zu jenem der Predigt. Tragisches Pathos taucht dabei (wie bei Ponce) nur dann auf, wenn es gilt die menschliche Liebe als Sünde zu verdammen, die das Seelenheil gefährdet. An die Stelle eingelagerter, intradiegetischer Novellen treten dafür biblische *exempla*, die solche pädagogischen Pathosszenen liefern (und deren Ästhetik durch Kürze, inszenierte Mündlichkeit und *prodesse et delectare*[95] geprägt ist). Wie im Falle der Geschichte um Susanna (Buch Daniel, 12, 1–64) zeigt der Text, dass es vornehmlich Männer sind, die schädlichen Affekten unterworfen sind und deshalb die gerechte Strafe Gottes ereilt. Das tugendgeleitete weibliche Subjekt hingegen obsiegt mit seinen „heroicas virtudes".[96] Als Moral der Geschichte bleibt den Lesern so immer wieder der Verweis auf eine negative Anthropologie des Affekts: „Todo hombre es sujeto a las pasiones propias, mayormente a las concupiscibles".[97] Ungezügelte Männlichkeit und lasterhaftes männliches Begehren, das auf kurzem Wege zur Vergewaltigung tugendhafter Frauen führt, steht in deren unheroischen Zentrum. Im Scheitern rationaler Geistestätigkeit, des freien Willens also, im Umgang mit den eigenen Affekten, entspinnt sich die menschliche Tragödie. Liebesgeschichten sind in den *Pastores de Belén* deshalb inhärent tragisch, weil weltlicher Eros immer ins Unglück führt, zu einem „fin [...] siempre trágico".[98] So auch in der von Nemoroso nacherzählten Episode um David und Batseba, wo es an einer Stelle heißt: „que no fiemos, en tanto que vivimos, a este enemigo que oprime la libertad de la razón con tan irreparables fuerzas".[99] In der Seelenschlacht gegen diesen Feind hilft nur der *desengaño*. Lope steht damit nicht allein. Auch bei Quevedo etwa wird *desengaño* vorrangig als Sorge um die Seele und ihr Heil verstanden.[100] *Desengaño* bedeutet dann, die Auswüchse der Phantasie in ihre Schranken zu weisen – eine Eigenmacht, die das neostoizistische Subjektverständnis deutlich von der pessimistischeren Variante augustinischer Theologie unterscheidet, die nicht in gleichem Maße auf die menschliche Vernunft vertraute.[101]

---

95 Vgl. zu den pädagogischen *leçons de vie* in Lopes *exempla* Raynié, „Exemplarité et savoir religieux", 2011.

96 Lope de Vega, *Pastores de Belén*, 2010, S. 200.

97 Ebd., S. 179.

98 Ebd., S. 136.

99 Ebd., S. 180.

100 Vgl. Matzat, „Frühneuzeitliche Kritik und Kontrolle der Affekte", 2020, S. 503.

101 Vgl. ebd., S. 494.

Dieser Paradigmenwechsel wird nun nicht zufällig am Zentralbegriff der *phantasia* ausgehandelt.[102] Encina, Garcilaso und Montemayor hatte jener in Anschluss an Quintilian noch die Möglichkeit geboten, den Affekt – nicht dessen Unterdrückung – in selbstwirksames Handeln zu verwandeln (*nec cogitare, sed facere*): in eine literarische Intervention im Raum des Politischen. Diese von mir beschriebene pathematische Selbsttechnik qua literarisch erschwerter Form verliert jedoch an Berechtigung, wenn der dominante Diskurs ethische Selbsttechnik nicht nur von Privatpersonen, sondern auch von einer pädagogisierten Literatur erwartet. Die Tatsache, dass der Provinzverwalter Gil Polo sein Lebzeit in der Gunst von Philipp II. stand,[103] spricht für seine rigide Vorstellung davon, was Literatur im politischen Raum des katholischen Spanien zu sein habe: reine Investition in die kulturelle und politische Apparatur der (Pastoral-)Macht ohne Spuren und Reste divergenter Interventionen gegen diese. Pathos hingegen kann dieser Literatur nur noch als Krankheit erscheinen, die es zu besiegen gilt: „Suffering is the mark of *maligno amor*."[104]

Besonders augenfällig ist diese abwertende Vorstellung vom Pathos als Krankheit der Seele dort, wo Figuren in Gil Polos *Diana enamorada* von unglücklicher Liebe oder *desamor* geheilt, vom *engaño* zum *desengaño* geführt werden.[105] Sogar gegen die durchaus positive Folie des neoplatonischen Idealismus stellt die *Diana enamorada* eine andere Wahrheit, „un mensaje unidireccional":[106] Heilung von den Schmerzen der Liebe verspricht in Gil Polos Erzähluniversum nicht etwa eine Transzendierung des körperlichen Eros oder die *magia* der Zaubertränke, die Felicia bei Montemayor noch zum Einsatz bringt, sondern einzig und allein die Magie des rationalen Diskurses, der in den Hafen der Ehe führt. Denn Figuren werden zu wahrer und Glück versprechender Liebe bekehrt, indem sie den *poderosas palabras* Felicias (oder ihrer Stellvertreter) zuhören, im rationalen Urteil über den eigenen Affekt Macht über diesen erlangen und sich quasi selbst aus dem pathematischen *engaño* des Liebesleids befreien. So zum Beispiel Alcida im vierten Buch, als die Figuren allesamt in Felicias Palast angekommen sind:

---

102 Mulsow geht auch auf das Verhältnis zwischen Imagination, Gottesanbetung und Rationalität ein, die in der jesuitischen Anthropologie in Weiterentwicklung von Loyola eine große Rolle spielte, etwa bei Francisco Suárez 1635. Vgl. „Exemplum und Affektenlehre bei Georg Stengel S. J.", 1991, S. 317f.

103 Siehe dazu die Kommentare des Herausgebers López Estrada in Gil Polo, *Diana enamorada*, 2000, S. 15–18.

104 Solé-Leris, „The Theory of Love in the Two *Dianas*", 1959, S. 75.

105 Siehe zur Heilung von schädlichen *phantasiai* in meditativen Praktiken der antiken Autoren Foucault, *Hermeneutik des Subjekts*, 2009, S. 75.

106 Rallo Gruss, „Modelos clásicos y alcances novelescos", 2005, S. 304.

> Oído lo cual, Alcida quedó muy satisfecha y, junto con el *engaño*, salió de su *corazón* el aborrecimiento. Y tanto por estar fuera del error pasado como por *la obra que las poderosas palabras de Felicia hacían en su alma*, comenzó a despertarse en ella el adormido amor y a avivarse el sepultado fuego [...].[107]

Ist Pathos die Krankheit der Seele, so Felicia deren Ärztin („yo tomé a cargo tu salud"[108]) und ihr Palast ein neostoizistisches Hospital („esta casa es hecha para remedio de penados"[109]) für reuige Sünder („¡Ay, fatigado corazón, cuán mal te fue en dar crédito a tu sospecha, y *cuán justamente padeces* los males que tu misma liviandad te ha procurado!"[110]). Im Text taucht dies prominent im *canto amebeo* zwischen Sireno und Arsileo auf, in dem *maligno* und *benigno Amor* gegenübergestellt werden. Sireno beschwört darin die „furia"[111] eines grausamen und tyrannischen Liebesgottes: „y un alma entre temor y amor metida, / un siempre lamentar sin consolarse, / un siempre arder y nunca consumirse".[112] Sein Rivale hingegen lobt die rechte Liebe als Zustand, in dem „[su] alma tenga todo cumplimiento / de gozo y de contento".[113] Damit steht die Seele des in Liebe pathematisch entbrannten Schäfersubjekts metaphorisch an der Pforte der Hölle, die Seele des ethischen Subjekts, das die legitime Liebe gewählt hat, dagegen schon im Paradies. Es nimmt deshalb kaum Wunder, dass der *cura* im ersten Teil des *Don Quijote* Gil Polo als neuen Apoll der spanischen Schäferdichtung feiert und vehement vor den Flammen bewahren will, während er Montemayors Felicia verdammt.[114]

Bukolik und ihre Liebestopoi werden im Zuge dieser ethischen Wende in den Dienst der Beförderung moralischer *virtud* gestellt. Lope de Vega argumentiert schon in seiner *Arcadia* (1598) ganz ähnlich. Er knüpft dort das bukolische *exemplum* außerdem explizit an den Gebrauch einer niedrigen Stilhöhe („templada lira"[115]). Das rhetorische Register, das Gil Polos Felicia wählt, um die Titelfigur Diana im zweiten Durchlauf endlich glücklich mit Sireno zu

---

107 Gil Polo, *Diana enamorada*, 2000, S. 235 (Hervorh. K. P.).

108 Ebd.

109 Ebd., S. 239.

110 Ebd., S. 238 (Hervorh. K. P.).

111 Ebd., S. 248.

112 Ebd., S. 250.

113 Ebd., S. 251.

114 Vgl. Cervantes, *Don Quijote*, Bd. I, 1978, S. 119.

115 „De aqui adelante *en más bien templada lira* os promete mi deseo mayores cosas, porque no solamente el deleitar es oficio del que escribe. Y pues la obligación más justa es de *enseñar*, a cuyo fin se dirige su principio, advertid ahora de qué suerte puede ser posible que *amor, a quien no curan hierbas, la virtud le acabe*." Lope de Vega, *Arcadia, prosas y versos*, 2012, S. 584 (Hervorh. K. P.).

vereinen, ist analog dazu reinstes Anti-Pathos. Felicias Rede zielt allein auf Logos und Ethos, ohne dem Leiden der Diana, der sie vom plötzlichen Tod ihres Ehemannes berichtet, textuell eine Stimme einzuräumen:

> Tu marido Delio, hermosa pastora, como plugo a las inexorables Parcas, acabó sus días. Bien conozco que tienes alguna razón de lamentar por él, pero en fin todos los hombres están obligados a pagar este tributo; y lo que es tan común, no debe a nadie notablemente fatigar. *No llores, hermosa Diana, que me rompes las entrañas en verte derramar esas dolorosas lágrimas; enjuga ahora tus ojos y consuela ahora tu dolor*. No vistas ropas de luto, ni hagas sobrado sentimiento, porque en esta casa no se sufre largo ni demasiado llanto, y también porque mejor ventura de la que tenías, te tiene el cielo guardada. Y pues a lo hecho no se puede dar remedio, *a tu prudencia toca ahora* olvidar lo pasado, y a mi poder conviene dar orden en lo presente. Aquí está tu amador antiguo Sireno, cuyo corazón por arte mía y por la razón que a ello le obliga, está tan blando y mudado de la pasada rebeldía, como es menester para que se contento de casarse contigo. Lo que *te ruego es que obedezcas a mi voluntad*, en cosa que tanto te conviene, porque aunque parezca hacer agravio al marido muerto casarse tan prestamente, por ser cosa de mi mano y haber entrevenido en ella mi decreto y autoridad, no será tenida por mala.[116]

Die Argumente, die Felicia anführt, lauten: 1. Alle Menschen müssen sterben. 2. Was alle erleiden, muss keiner für sich als tragisches Schicksal deuten. (Im Nebensatz: In meinem Palast darf sowieso nicht lange geweint werden.) 3. Man kann den Tod nicht rückgängig machen. 4. Hier steht dein alter Verehrer Sireno, den ich von seinem Entlieben im ersten Roman bereits wieder geheilt habe und der nur darauf wartet, sich mit dir zu vermählen. 5. Weil ich es dir jetzt befehle, dies zu tun, wird dich keiner der Grausamkeit bezichtigen können, so schnell nach Delios Tod wieder geheiratet zu haben. *Case closed.*

Abgesehen von der unbeabsichtigten Komik, die Felicias Rede für uns heute entfalten mag: Bemerkenswert ist an dieser Darstellung des menschlichen Leidens in jedem Fall, dass wir die weinende Diana einzig in einer Art Teichoskopie durch die Worte der Felicia sehen können. Felicias Innerstes würde, so sagt sie, zerrissen durch die Tränen, die Diana vor ihr angesichts dieser schlimmen Nachricht vergießt. Es ist keine Überraschung, dass Felicia der weinenden Diana nicht nur die Ehe befiehlt, sondern das Trauern verbietet – bringt es sie selbst als mitleidige Sprecherin doch einem exzessiven, passiven Pathos des Zerrissenwerdens gefährlich nahe. Diana wiederum ist an dieser Stelle stumme Stellvertreterin des Lesers. An ihr wird eine rhetorische Eloquenz erprobt, die genau das Gegenteil der pathetischen Rede erreichen soll: Sie will nicht überwältigen und dann überzeugen, sondern überzeugen, ohne zu überwältigen.

116 Gil Polo, *Diana enamorada*, 2000, S. 258f. (Hervorh. K. P.).

Der neostoizistische Kern von Gil Polos Romans besteht also darin, die menschliche Vernunft als mächtiges Werkzeug des eigenen Glücks zu feiern, eines Glücks, das darin besteht, die Affekte vernünftig in die Schranken zu weisen. Dies ist auch die Botschaft, die Felicia zuallerletzt ihren Schäfern mit auf den Weg gibt: „vivir con más cordura".[117] Ponce wird dies später in einer Rettung und Feier des *hombre racional* allegorisch auf die Spitze treiben. Doch selbst in frühen Resonanzen auf die spanische Bukolik ist die ethische Wende bereits stilbildend. So hat schon Francisco de Sà de Miranda in seinen portugiesischen Eklogen Garcilasos Liebesdichtung neostoizistisch transformiert, wie Thomas Clark zeigen konnte.[118] All diese *rewritings* eint der lebensphilosophische Glaube an die seelische und mentale Gesundheit: die Notwendigkeit, auch qua Literatur dem „gesunden Gemüt",[119] so Lipsius, zuzuarbeiten, um damit letztlich durch individuelle Affekt- und Gedankenhygiene (Foucaults „salut"[120]) eine produktive Gemeinschaft aus den politischen und konfessionellen Krisen des 16. Jahrhunderts zu heben. Die Methode, mit der diese Botschaft übermittelt wird, steht Amadeu Solé-Leris zufolge deshalb auf Seiten einer „applied psychology"[121] und widerspricht der „supernatural agency"[122] von Montemayors Felicia.

Rhetorisch wählt Gil Polos neue Felicia daher, wie wir gesehen haben, einen stark auf den Logos konzentrierten Diskurs, um dem gerecht zu werden. Der Höhepunkt ihrer Pädagogik besteht dann darin, während der Hochzeitsfeierlichkeiten am Ende vom Chor ihrer Nymphen eine allegorische Szene aufführen zu lassen, bei der ein weißer Hirsch mit Pfeilen beschossen wird, denen er geschickt auszuweichen versteht. Die Szene ist überdeutlich als *inventio* der weisen Herrin entworfen und insofern auch ein Spiegelbild des *ingenium* ihres Autors: „Felicia le supo fingir para darles regocijo".[123] Gil Polos „moral enigma"[124] um den weißen Hirsch, nach dessen Bedeutung Felicia im Anschluss Diana etwas oberlehrerhaft fragt, wirkt wie der semantische Brennspiegel seines pädagogischen Schäferromans. Die Hermeneutik dieses Rätsels wird dann wenig sokratisch der philosophischen Lehrerin selbst überlassen, die erläutert:

117 Ebd., S. 311.
118 Vgl. Clark, „Neo-Stoic Correctives to Neo-Platonic Love Affairs", 2022.
119 Lipsius, *De constantia*, 1998, S. 39.
120 Foucault, „Le Sujet et le pouvoir", 2001, S. 1048.
121 Solé-Leris, „Psychological Realism in the Pastoral Novel", 1962, S. 44.
122 Ebd., S. 45.
123 Gil Polo, *Diana enamorada*, 2000, S. 278.
124 Ebd., S. 279.

> El ciervo es el humano corazón, hermoso con los delicados pensamientos y rico con el sosegado contentamiento. Ofrécese a *las humanas inclinaciones*, que *le tiran mortales saetas*, pero *con la discreción, apartándose a diversas partes y entendiendo en honestos ejercicios, ha de procurar de defenderse de tan dañosos tiros*. Y cuando de ellos es muy perseguido, ha de huir a más andar y podrá de esta manera salvarse, aunque las humanas inclinaciones que tales flechas le tiraban, irán tras él y nunca dejarán de acompañarlo hasta salir de la huerta de la vida.[125]

Bis zu seinem Tod sei das menschliche Herz der Gewalt der Affekte (*inclinaciones*) ausgesetzt, denen es aber mit Vernunft (*discreción*) und ethischer Selbsttechnik (*honestos ejercicios*) begegnen könne, um sich vor ihrer Gefahr zu schützen.[126] Damit ist die Allegorie des Hirsches nicht nur eine Allegorie des kreativen Akts der moralisierenden Bukolik, sondern zugleich Allegorie ihres Anti-Pathos.

Vergleicht man diese Allegorie mit den bukolischen Affektfiguren Encinas, Garcilasos oder Montemayors, fällt auf, wie sehr es Gil Polo auf die Seite der Pastoralmacht zieht – und wie wenig in Richtung der Intervention.[127] Die Tatsache, dass sein Vorbild Montemayor genau den entgegengesetzten Weg gewählt hatte, macht den Unterschied nur umso spürbarer. Dieser entschied sich in der Szene zwischen Felismena und den *salvajes* für den Austritt aus der Welt des allegorischen Liebescodes (Kap. 5.2.3), um seine kriegerische Heldin im Anschluss als anachronistische Wunscherfüllung in einer Welt des männlichen Absolutismus entwerfen zu können (Kap. 5.4). Garcilaso wiederum verwandelt in der *Égloga II* den von Camilas Zurückweisung hart getroffenen Albanio visuell in einen Doppelgänger einer zu Beginn der bukolischen Handlung auf den Boden genagelten Krähe: eine ingeniöse katatonische Pathosformel (Kap. 4.2.3), die innerhalb des Textes subtil mit der politischen Handlungsunfähigkeit der von Karl V. besiegten *Comuneros* und Garcilasos eigener Unentschiedenheit gegenüber imperialer Ideologie korrespondiert. Austragen müssen diesen Konflikt in Garcilasos Text die Osmanen, die in der semantischen Verschiebung vom kastilischen zum europäischen Konflikt quasi zu Sündenböcken einer diffizilen politisierten Affektpoetik werden. Vollends phobisch hingegen ist die Identifikation des lyrischen Sprechers mit der

---

125 Ebd. (Hervorh. K. P.).

126 Die gleiche Metapher des Pfeils für den Affekt gebraucht auch Lipsius. Vgl. *De constantia*, 1998, S. 16f.

127 Interessant ist, dass Lipsius eine andere Schlussfolgerung zieht, wenn er der stoischen Affektkontrolle (gegen den sündhaften Affekt zu großer Vaterlandsliebe) einen explizit patriotischen Nimbus verleiht: „Wenn du deinen Affekt änderst, dann änderst du auch dein Vaterland" (*Adfectum tuum si mutas, mutas patriam*). Ebd., S. 300 u. 303.

verbrennenden Dido im Sonett *A Boscán desde la Goleta* (Kap. 4.4). Doch versteht es Garcilaso hier, die Selbstauflösung des liebenden Subjekts auch in eine kritische Intervention gegen imperiale Expansionspolitik und Kriegsführung zu wenden. Encina schließlich, mit dem die Geschichte des bukolischen Pathos in Spanien begonnen hatte, war zunächst dezidiert von der katholischen Lehre der *compassio* abgerückt, um innerweltliches Pathos beschreiben zu können (Kap. 3.2). Es ist für ihn immer eingelassen gewesen in den Kontext einer neuen affektiven Verpflichtung auf die mythischen Gründungsmomente der spanischen Krone und die emotionale Unterwerfung eines nach sozialem Aufstieg strebenden Höflings unter die Souveränität der Katholischen Könige. Die Risse und Brüche dieser politischen Mythen finden Ausdruck im Kippen seines Pathos zwischen Komik und Tragik, das der traditionellen politischen Pastoralallegorie widerstreben musste. Zuletzt münden sie in einer fundamentalen Infragestellung des pastoralen Pakts (Kap. 3.3.2), der dem spanischen Mythos eines affektiven Bandes zwischen Souverän und Subjekt in Encinas Vergilübersetzungen ja zunächst zugearbeitet hatte.

Gerade bei Montemayor haben wir aber auch gesehen, dass bukolisches Pathos die Imagination einer spanischen *patria in statu nascendi* begleiten kann, einer affektiven Gemeinschaft jenseits der charismatischen Herrschaft (an die der Text noch einmal nostalgisch erinnert) und abseits der christlichen *communitas*. Cervantes wiederum kippt das Potenzial affektiver Vergemeinschaftung in die Horizontale, insbesondere auf die positiven Beziehungen von (nicht minder ingeniösen) Frauen mit Frauen. Der Neostoizismus hingegen ist an das Ideal eines rationalistischen (männlichen) Weltbürgers und der rationalen Zentralmonarchie im „post-feudal state"[128] gekoppelt. Denn der *hombre racional* hält römische Tugenden und Pflichten wie *prudentia* und *virtus* hoch, um nicht nur individuelle Tugend, sondern auch die Anerkennung von staatlicher Macht überkonfessionell zu befördern. Seine praktische Philosophie betont mit der Selbstkontrolle zugleich männliche Handlungsfähigkeit (z. B. in der Schlacht[129]) und muss aus diesem Grund mittelalterliche Tugenden wie die *compassio*[130] oder die ‚Weichheit' der Bukoliker gleichermaßen zurückweisen. Damit geht einher, dass weibliche Leserinnen neostoizistischer Texte qua Logos in den Hafen der tugendhaften Ehe befördert werden sollen. Im

128 Oestreich, *Neostoicism and the Early Modern State*, 1982, S. 36.

129 Vgl. ebd., S. 30.

130 Die Stelle, an der Lipsius die christliche *compassio* aus diesem Grund ablehnt und stattdessen mentale Stärke einfordert, wurde bezeichnenderweise in der spanischen Übersetzung von *De constantia* gelöscht. Vgl. ebd., S. 29.

Zuge dessen aber wird der weibliche Divergenzraum, der für Montemayor und Cervantes in der Bukolik noch vorstellbar gewesen ist, annulliert.

Es mag deshalb nicht verwundern, dass auch die zentraleuropäische Rezeption der spanischen Texte immer wieder von der Zensur weiblicher Agentialität und mithin der Löschung der spezifischen Differenz der originalen *Diana* geprägt gewesen ist. Wer überzeugt ist, Montemayors Roman könne so konterdiskursiv nicht gewesen sein, weil er sonst einen derartig breiten Erfolg nicht hätte haben können – dem sei empfohlen, auf die Strategien seiner Übersetzungen und Adaptationen zu schauen. Gemäß der Logik der Resonanz haben sie zwar zum europaweiten Erfolg der *Diana* beigetragen, dabei aber quasi eine ‚andere', eine europäische Diana erfunden. Die berühmte lesbische Szene zwischen den Schäferinnen Selvagia und Ysmenia im Minervatempel etwa (Buch I) wird bereits im deutschen Barock einer „Zensurarbeit"[131] unterworfen. In der Übersetzung von Johann Ludwig von Kueffstein aus dem Jahr 1619 fällt auf, dass diese Zensur systematisch auf die Umdeutung von Eros zum Gefühl abzielt, obwohl der antiken Bukolik das Erotische ja kaum fremd gewesen war.

> "*Hermosa y graciosa pastora*, no es sola esa mano la que está aparejada para serviros, mas también lo está el corazón, y el pensamiento de cuya ella es." Ysmenia [...] me respondió muy bajo, que nadie lo oyese: "Graciosa pastora, soy tan vuestra que como tal me atreví a hacer lo que hice, suplícoos que no os escandalicéis porque *en viendo vuestro hermoso rostro no tuve más poder en mí*." Yo entonces muy contenta me llegué más a ella, y le dije medio riendo: "¿Cómo puede ser *pastora* que siendo vos tan hermosa os enamoréis de otra que tanto le falta para serlo, y más siendo mujer como vos?" "¡Ay pastora! – respondió ella – que *el amor que menos veces se acaba es éste*, y el que más consienten pasar los hados, sin que las vueltas de fortuna, ni las mudanzas del tiempo le vayan a la mano." (LD, S. 141f.; Hervorh. K. P.)

> *Mein schöne Freundin* nicht allein diese Hand sondern auch das Herz und alle Gedanken deren selbige zugehörte sind euch zu dienen bereit. Ismenia [...] antwortete mir heimlich daß es niemand hören sollte: Holdselige Nymphe die grosse Neigung mit deren ich euch ergeben hat mich dessen so ich gethan zu unterstehen beredte selbiges mir zu verzeihen bittend *in Ansehung ich durch eure schöne Gestalt meiner Freyheit beraubet worden*. Ganz vergnüget rückte ich hierauff noch näher zu ihr und sagte halb lachend Wie müßte diß zugehen daß eine so *schöne Nymphe* in eine von so geringer Gestalt und darzu ein Weibsbild in das ander sich verlieben sollte. Dieses ist gleich sagt sie hinwiederum *die allerstärkeste und beschwerlichste Lieb in deme sie ihrer selbst kein Ende weiß*. Denn ob

131 Zur Zensur devianter, weiblicher Homosexualität bereits in den spanischen Texten siehe Leopold, „Gender Trouble und politische Phantasie in der spanischen Bukolik Früher Neuzeit", 2016, S. 127.

> wol durch die Beschaffenheit deren Anfang gemachet wird kan doch weder das wanckele Glück noch unbeständige Zeit deren Ende mit gutem Fug ertheilen.[132]

Während das Original nachgerade ein Lob auf weibliche Liebesbeziehungen enthält, weil allein diese nicht der schädlichen *mudanza* unterworfen seien, fügt der Übersetzer gerade an dieser Stelle das wertende Adjektiv *beschwerlichste* hinzu. Und wenn im spanischen Text von 1559 die Schäferin Ysmenia spricht: „en viendo vuestro hermoso rostro no tuve más poder en mí", bei Kueffstein allerdings meint, sie sei schlicht ihrer „Freyheit beraubet worden", so mag das nur eine Nuance anders klingen. Jedoch erinnert die Freiheit eines liebenden Subjekts an das neostoizistische Liebesideal der Wahl und Sittlichkeit, mithin an eine Pathologisierung des menschlichen Eros. Auch später im Text übersetzt Kueffstein analog, z. B. die durchaus sexuell konnotierte „satisfación" (*LD*, S. 219) von Frauen als rationalen „Willen"[133], und dies gerade dort, wo Montemayors Heldin Felismena mit den Nymphen der Zauberin Felicia – wohlgemerkt nackt und hinter verschlossenen Türen – ein Bad nimmt.

Das weibliche Begehren wird also in der Übersetzung zusehends in ein abstraktes und sublimiertes nymphisches Zeichen eingehegt. Darin wird weiblicher Eros zum manierlichen Ornament und der Typus der Nymphe[134] als Figur des körperlichen Entzugs und rein ästhetischen Genusses dominant. Man kann dies all jenen Stellen entnehmen, an denen Kueffstein selbst aus einer *pastora* eine Nymphe macht (so auch im Minervatempel: „eine so schöne Nymphe"). Ja, es ließe sich nachgerade von einer ‚Nymphisierung' der Frauenfiguren als einem konkreten Resonanzeffekt der Übersetzungen sprechen. Sie steht im deutschen Barock selbstverständlich seit Opitz' *Hercinie* (1630) poetologisch im Zeichen der Einschreibung in die literarische Weltrepublik. Für die Leser und Leserinnen der Frühen Neuzeit verkörperte die nackte Nymphe aber auch eine idyllisierende Stasis, da sie sie aus Bild- und Gartenkunst als statuarische Objekte der Betrachtung kannten, die in allegorische Programme absolutistischer Naturbeherrschung[135] eingespannt waren. Im spanischen Roman selbst war den (hier überschriebenen) *pastoras* dagegen erstaunlich große Individualität und Agentialität zugesprochen worden. Von Kueffstein allerdings werden sie erst allesamt zu Nymphen und dann zu „edlen Damen"[136] der Gesellschaft gemacht. Dies geht sogar so weit, dass die

---

132 Montemayor / Kueffstein, *Diana*, 1970, S. 27f. (Hervorh. K. P.).

133 Ebd., S. 109.

134 Vgl. Peters, „Nymphe", 2022.

135 Vgl. Krems, „Nymphs Bathing in the King's Garden", 2018.

136 Hoffmeister, *Die spanische Diana in Deutschland*, 1972, S. 132.

zentrale Figur Felicia sich zu einer „betagte[n] Matrona“[137] wandelt, obwohl sie (wohlgemerkt unverheiratet, anders als die lat. *matrona*) bei Montemayor wiederholt als souveräne *dueña* von enormer philosophischer *gravitas*, politischer Souveränität und Kunstfertigkeit apostrophiert worden war.

Wo zensiert wird, muss bisweilen auch gänzlich Neues die entstehenden Lücken füllen. So werden bei Kueffstein, wie Gerhart Hoffmeister in seinem Übersetzungsvergleich zeigen konnte, die durch die Zensur aufbrechenden Ellipsen oft mit der „Traurigkeit“[138] von Figuren gefüllt. Die Tendenz zur Sentimentalisierung zeigt sich besonders mit Blick auf die Transformation von Adjektiven und Epitheta. Die Zensur des bukolischen Eros wird also von der Einführung jener Süße, Milde und Einfachheit begleitet, die später dem Roman Montemayors retrospektiv zugeschrieben werden sollte. Auch in der englischen Übersetzung bei Bartholomew Yong von 1598 begegnet sie uns, allerdings wieder als Abweichung vom Original. An der eben besprochenen Stelle im Minervatempel etwa fällt auf, dass Selvagia nicht „hermosa y graciosa pastora“ (*LD*, S. 141), sondern „sweete Sheperdesse“[139] genannt wird.

Yong verändert außerdem das Liebesspiel zwischen den Frauen, wenn er das schöne Gesicht Selvagias zu einem „faire and amiable face“[140] verdoppelt.[141] Zwar steckt selbst hier noch Amor im Lexem. Doch scheint mir die Isotopie – wie bei Kueffstein – in Richtung von Freundschaft verrückt. In diese muss sich die Beziehung der Frauen übersetzen lassen, sobald sie sich – innerhalb der Handlung – dem Außenraum und seinen heteronormativen Gesetzen zu stellen haben (eine bittere Pointe des Textes ist es ja, dass es vielmehr zur Feindschaft und zum allgemeinen Liebesleiden kommt; Kap. 5.1.1). Aber auch der Text von Yong selbst vollzieht diesen Wandel programmatisch als neue Unterwerfung unter die Gesetze der männlich dominierten Welt (des englischen Hofes, wohlgemerkt).

Eugenia Fosalba weist in ihrer detailreichen Studie zu den *Diana*-Übersetzungen eine Vielzahl von Stellen bei Yong nach, an denen Amplifikationen wie die eben erwähnte auftauchen. Allerdings deutet sie diese vor allem über ihre poetische Funktion: als Annäherung des Englischen an den musikalischen Klang des Spanischen.[142] Dabei entgeht ihr die semantische Transformation, die bei der Verdoppelung sowohl von Adjektiven als auch von Substantiven

---

137 Montemayor / Kueffstein, *Diana*, 1970, S. 141.

138 Hoffmeister, *Die spanische Diana in Deutschland*, 1972, S. 84.

139 Kennedy, *A Critical Edition of Yong's Translation*, 1968, S. 34.

140 Ebd.

141 Zu dieser Tendenz zur Verdoppelung bei Yong vgl. Fosalba, *La* Diana *en Europa*, 1994, S. 295.

142 Vgl. ebd., S. 298.

zum Tragen kommt. Verdoppelt – und damit verstärkt – wird nämlich oft gerade dann, wenn es um den Affekt geht: *el interese* wird zu *care and interest, la tristeza* zu *sorrow and greefe, la voluntad* zu *good will and liking, el pesar* zu *care and compassion, el descontento* zu *sorrow and discontentement, suspensas* zu *amazed and ravished, menuda* zu *fine and tender* und so weiter.[143] Noch vor der ‚Nymphisierung' des Originals in der deutschen Übersetzung steht insofern eine lexikalisch und rhetorisch buchstäbliche ‚Sentimentalisierung' im Englischen, ein historisch unerwartet früher Resonanzeffekt, der dort die Zensur der erotischen Komponente begleitet. Besonders ausgeprägt ist dies schließlich inhaltlich bei Georg Philipp Harsdörfer, der Kueffsteins Text 1646 in Nürnberg neu bearbeitet. In seiner Version kann man, wie von Hoffmeister vorgemacht, bereits auf eine „Herzenspoetik"[144] schließen, weil er zum Beispiel aus der Liebeserzählung der Schäferin Belisa im Akt des Übersetzens einen genuinen „Roman der Tugend"[145] macht. In dieser Herzenspoetik gehen zensierende Nymphisierung und amplifizierende Sentimentalisierung einen Pakt ein, der sein epistemologisches Versprechen allerdings erst im französischen 18. Jahrhundert vollends entfalten wird, wie die Transformation der *Galatea* durch Florian gezeigt hat (Kap. 1.3). Die idyllisierenden Verschiebungen in der Rezeption der *Diana* müssen deshalb als Resonanzeffekte in den Blick kommen, wenn man deren Rolle bei der ethischen Wende richtig einschätzen will. Begonnen hat diese Resonanz mit der neostoizistischen Transformation der Schäferliteratur.

Gil Polo mag es zwar durchaus gelungen sein, im Vergleich zu Montemayor seinen Schäferfiguren eine realistischere psychologische Tiefe zu verleihen, weil es ihre eigenen rationalen Akte sind, die ihr Schicksal bestimmen. Nichtsdestotrotz mündet bei ihm das nur allzu menschliche und durchaus produktive Pathos ausschließlich in die Katastrophe und *muss* kontrolliert werden: „uncontrolled passion leads to disaster, and only that love is true which is encompassed by reason".[146] Daran kann man nun wie Solé-Leris den Gegensatz zwischen freiem Willen (Gil Polo) und Affektfatalismus (Montemayor) betonen.[147] Ich würde allerdings dafür plädieren, den modellbildenden Unterschied der zwei Varianten der *Diana* dahingehend zu prüfen, wie sich durch die rationale und tugendgeleitete Affektkontrolle der bukolische Raum der Liebe und Dichtung wandelt. Denn während Montemayor einen bukolischen

143 Alle zitierten Referenzpaare bezogen aus der Fußnote 67 ebd., S. 295.

144 Hoffmeister, *Die spanische Diana in Deutschland*, 1972, S. 101.

145 Ebd., S. 109.

146 Solé-Leris, „Psychological Realism in the Pastoral Novel", 1962, S. 46.

147 Vgl. Solé-Leris, „The Theory of Love in the Two *Dianas*", 1959.

Divergenzraum entwirft, der durch Phantasie und Pathos semantisch offen und anschlussfähig bleibt, ist nach dem neostoizistischen Rewriting der *Diana* der bukolische Rückzugsraum nie wieder derselbe.[148]

6.3 Die Schließung der bukolischen Enklave

Bedenkt man, dass der barocke Neostoizismus im historischen Kontext der Religionskriege steht, wird der darin formulierte Wunsch nach Affektkontrolle und sozialem Rückzug als das Zeichen einer genuinen „Krisenphilosophie"[149] lesbar. Wenn ich dem zweiten Element bisher noch nicht ausreichend Aufmerksamkeit gewidmet habe, so gilt es abschließend darauf detaillierter zu sprechen zu kommen. Denn was die von mir behandelten Texte des frühen 16. Jahrhunderts bei aller Inszenierung des Rückzugs von späteren arkadischen Enklaven und sentimentalen Wunschbildern unterscheidet, ist die Durchlässigkeit ihrer bukolischen Räume für die Regeln des sozialen Raums. Ohne diese offenen Grenzen ist ihr Interventionspotenzial ja kaum vorstellbar.

Nun ist es aber so, dass die neostoizistische Philosophie den sündhaften *maligno Amor* gerade mitten im sozialen Raum verortet. Weil man in Gesellschaft anderer deren Begierden und Manipulationen ausgesetzt ist, wird man wie Gil Polos Hirsch ständig von giftigen Pfeilen beschossen, die der eigenen Seelenruhe nur abträglich sein können.[150] Konkret heißt es an einer Stelle in der *Diana enamorada* über die schädliche, unkontrollierte Liebe: „Tu llama esté encendida / en las soberbias cortes, y entre gentes / bravosas y valientes".[151] So ordnet sich Gil Polos Affektlehre auch in den bekannten Topos des *menosprecio de corte* eines Antonio de Guevara ein (Kap. 2.3.2). Die Vermittlung antiker

148 Die Tatsache, dass Lipsius als idealen Rückzugsort des Weisen den eingehegten Garten – und nicht etwa einen natürlichen *locus amoenus* – empfiehlt, spricht für sich: „die meisten Philosophen und Weisen haben sich vom ungesunden Forum und aus der Stadt zurückgezogen, und sich in den Zäunen und Hecken der Gärten eingeschlossen" (*plerosque philosophos & sapientes. qui remoti ab insano foro & vrbe, hortorum se spatijs sepibusque clauserunt*). *De constantia*, 1998, S. 178f.

149 Matzat, „Frühneuzeitliche Kritik und Kontrolle der Affekte", 2020, S. 500. Auch die Sammlung *Vis et virtus exemplorum* (1624) von Georg Stengel und die darin enthaltene Affekttheorie wird von Mulsow als „Kriegsliteratur" bezeichnet. „Exemplum und Affektenlehre bei Georg Stengel S. J.", 1991, S. 316.

150 In Lopes Diana-Novelle, die ich im Anschluss genauer betrachten werde, äußert sich dies als omnipräsente latente Bedrohung der *envidia* und *murmuraciones*. Vgl. „Las fortunas de Diana", 2015, S. 109, 122, 127, 140, 150 u. 172.

151 Gil Polo, *Diana enamorada*, 2000, S. 249.

Stoa und christlicher Ethik, die darin zum Ausdruck kommt, ist bekanntlich vor allem dem hier bereits mehrfach zitierten Justus Lipsius (*De constantia*, 1584) zu verdanken. Seiner Idealvorstellung zufolge muss sich das Subjekt aus dem Umfeld der *vita activa* befreien, wo nur Selbstentfremdung und Beherrschung durch den ungezügelten Affekt drohen.[152] Erst dann will auch die rationale Kontrolle der Affekte – und die Rettung der Seele – gelingen.

Für die Geschichte der frühneuzeitlichen Bukolik stellt dieser Zusammenhang meines Erachtens das Begründungsmoment einer neu erfundenen idyllischen Enklave dar. Dieses geht Hand in Hand mit dem Ende des bukolischen Pathos. Denn der Spielraum der Schäfer *muss* gegen das Pathos abgeschirmt werden, wenn er die Aufgabe erfüllen soll, der Seele des vom höfischen Leben Geplagten Linderung und Heilung zu verschaffen. Gerade dem unvernünftigen Don Quijote bleibt die bukolische Enklave deshalb stets verschlossen,[153] weil er ihren absoluten Widerspruch verkörpert. Wie wir an den Anleihen gesehen haben, die Garcilaso mit seiner Figur Albanio an Ariosts Orlando und dessen Grenzgängen im bukolischen Raum macht (Kap. 4.3.3), schließen sich Wahnsinn und Enklave dort noch keinesfalls aus, im Gegenteil. In einer Bukolik *post* Gil Polo hat die Welt der Schäfer jedoch nur noch als Raum einer kontrollierten *phantasia* ihre Berechtigung, nicht als Raum pathematischer Agentialität.

Die paradiesische Signatur, die dem bukolischen Raum dadurch verliehen wird und schon bei Gil Polo deutlich zum Tragen kam, ist im spanischen Barock dann eng mit der Vorstellung des Goldenen Zeitalters verknüpft, das der Epoche ihren Namen verleihen wird. Wenig überraschend amalgamiert daher der in späten Jahren von seinen Jugendsünden bekehrte Lope de Vega im Langgedicht „El Siglo de Oro. Silva moral“[154] (1635/37), das er wenige Tage vor seinem Ableben geschrieben haben soll, die neostoizistische Liebesideologie mit der Trauer um einen Zeit(raum), in der/m allüberall die Harmonie des *amor suave* geherrscht habe:

---

152 Dabei gelte es allerdings immer, den eigenen Affekten zu entfliehen und nicht der Welt an sich, mit dem Ziel, „daß du nicht anderswo, sondern ein anderer bist“ (*efficere non vt alibi sis, sed vt alius*). Lipsius, *De constantia*, 1998, S. 22–25.

153 Auch der selbstbestimmte räumliche Ausschluss Marcelas im ersten Teil des *Don Quijote* ist problematisch, weil er nicht dem sozialen Ort der Frau in der frühneuzeitlichen Gesellschaft entspricht. Vgl. Núñez Rivera, „La poética pastoril de don Quijote (y de Cervantes)“, 2016, S. 62. Zur Marcela-Episode siehe auch Kap. 2.2.3, Sieber, „Society and the Pastoral Vision in the Marcela-Grisóstomo Episode of *Don Quijote*“, 1975, und Sullivan / Rivera, „El género pastoril y el episodio de Marcela como módulo narratológico“, 2008.

154 Zitiert wird in der Folge nach der von Antonio Carreño besorgten Ausgabe Lope de Vega, *Poesía selecta*, 2013, S. 644–653. Zu bukolischen Formen in den *Rimas* siehe Novo, *“Canté versos bucólicos / con pastoril zampoña, melancólicos”*, 1998.

Todo era amor suave, honesto y puro,
todo limpio y seguro,
tanto que parecía
una misma armonía
la del cielo y el suelo
que aspiraba a juntarse con el cielo.

Im weiteren Verlauf tritt eine allegorische *Verdad* auf, die zurück in den Himmel fliehen muss, weil „soberbia humana" (v. 175) und ihre zahlreichen Sünden[155] den Verfall dieser ursprünglichen Harmonie hervorgerufen haben. Schon seit Augustinus ist *superbia* verantwortlich für den Sündenfall, weil sie der Ursünde der Selbstliebe[156] entspricht. Der Hochmut ist damit quasi die phobische Übersteigerung des pathematischen Subjekts, das sich selbst affektiv zu genießen versteht. Beim späten Lope ist sie wie in der Theologie eine verwerfliche Sünde des Menschen, die selbst noch die Geburt des Krieges verschuldet (vgl. v. 192). So wie die allegorische *Verdad* im Gedicht kann auch das in die menschlichen Sünden versponnene und vom Krieg geplagte, ethische Subjekt, das sich *amor suave* und rationaler Wahrheit verpflichtet fühlt, entweder auf eine Neuauflage des *Siglo de Oro* im Hier und Jetzt hoffen – eine Idylle –, oder auf den Himmel. Nicht zufällig wiederholt die Figur der Wahrheit hier die Fluchtbewegung, der Gil Polos Schäfer gehorchen und die sie zu einem paradiesähnlichen Raum der Seelenrettung führt: Felicias Palast.[157]

Anders hingegen ergeht es der Diana einer früheren Novelle Lopes („Las fortunas de Diana", 1621). Auch sie muss aus der Stadt Toledo fliehen, wo sie schlimme Anfeindungen fürchtet, weil sie von ihrem Geliebten schwanger geworden ist. Sie wird wie dieser auf einen byzantinischen Handlungsstrang geschickt.[158] Er markiert die formale Grenzwanderung des Textes zwischen dem „novelar" und der „imitación" eines „libro de pastor",[159] wie der Erzäh-

155 Die an einen impliziten Affektkatalog erinnern: „comenzaron con bárbaras crueldades / intereses, envidias, injusticias, / los adulterios, logros y codicias, / los robos, homicidios y desgracias" (vv. 185–188).

156 Vgl. Matzat, „Frühneuzeitliche Kritik und Kontrolle der Affekte", 2020, S. 504 u. 506.

157 Nicht ohne Grund wird dort meines Erachtens der große Garten als „amenísimo jardín" bezeichnet. Gil Polo, *Diana enamorada*, 2000, S. 234.

158 Vgl. Lope de Vega, „Las fortunas de Diana", 2015, S. 140. Auch der Schelmenroman (vgl. ebd., S. 146) und die Patrizierkomödie der *Celestina* (vgl. ebd., S. 111f.) werden darüber hinaus als narrative Folien benutzt. Iser verknüpft diese generische Offenheit des bukolischen Systems mit der allmählichen Auflösung der hierarchischen Sozialpyramide in der Renaissance. Vgl. *Das Fiktive und das Imaginäre*, 1993, S. 87–89. Hier ist sie poetologisch jedoch vielmehr an Lopes Entwurf einer ‚totalen' Gattung (der Novelle) geknüpft.

159 Lope de Vega, „Las fortunas de Diana", 2015, S. 149.

ler selbst nicht müde wird zu betonen.[160] Dabei macht Diana zeitweilig Halt in einem *locus amoenus*, wo sie ihren Sohn gebären wird. Der bukolische Raum ist allerdings gerade nicht das Ziel ihrer Reise. Zu dieser Enklave, in der sich freundliche Schäfer um sie kümmern werden, erhält sie nur Zutritt durch eine Art *rite de passage*, der die Grenze zwischen dem städtischen und dem idyllischen Raum eindrücklich in Szene setzt und ihren Übergang in die Schäferwelt nachgerade als symbolischen Tod entwirft.[161] Im buchstäblichen Durchschreiten dieser Grenze entblößt Diana immer wieder – klassisches erotisches Signal – den nackten Fuß. Ihr sichtbar gemachter Eros,[162] dessen Leibesfrucht sie unter dem Herzen mit in den bukolischen Raum bringen wird und der inkompatibel ist mit dem Ideal einer neostoizistischen Idylle und ihrer Eheideologie, zerschlägt symbolisch sogar das Bild der amoenen Natur: „Diana amaneció en un valle cortado por varias partes de un arroyo que, entre juncos y espadañas, mostraba pedazos de agua, *como si se hubiera quebrado algún espejo*."[163] Dianas Aufenhalt in der Enklave wird folgerichtig nur von kurzer Dauer sein, bevor sie sich zurückmacht auf den Weg in die Welt, wo sie als gute Dichtersängerin pastoraler Lieder in nachgerade pikaresker Manier immer bedeutendere Gönner findet. Am Ende der formal äußerst hybriden Novelle ernennt Ferdinand *el católico* nach seiner Rückeroberung von Granada Diana zum Vizekönig der in Amerika neu gewonnenen Gebiete (wo sie Spanier und Indios gleichermaßen ob ihrer Tugenden und gerechten Herrschaft als „el Sol de España"[164] bezeichnen). Als sie dorthin reist, um Recht zu sprechen, findet sie ihren Geliebten Celio schließlich im Gefängnis wieder und nimmt ihn mit zurück nach Spanien, wo die beiden vom König höchstpersönlich endlich verheiratet werden.

Auch wenn der Text die Episode geschichtlich zurückprojiziert in das goldene Zeitalter der Katholischen Könige, so ist er doch Reflex auf die eigene, krisenhafte Gegenwart Anfang des 17. Jahrhunderts. Der soziale Raum der spanischen Gesellschaft wird dabei bis fast zuletzt immer wieder als schädlicher Einfluss auf die Seelenruhe gezeichnet. Nur das Eingreifen eines nachgerade mythisch gewordenen *rex ex machina* kann die Protagonisten ihrem Glück zuführen – eine Rolle, die bei Montemayor und Gil Polo bekanntlich die weise

160 Die kritische Distanz zum Gattungsvorbild Cervantes (*Novelas ejemplares*, 1613) hebt Laspéras hervor und bezeichnet sie als ironisch inszeniertes poetisches ‚Massaker' („degollina poética"). Vgl. „Lope de Vega y el novelar", 2000, S. 411.

161 Das erinnert stark an Encinas Plácida, siehe Kap. 3.2.5.

162 Muñoz Medrano, „*Las fortunas de Diana* de Lope de Vega", 2001, o. P., betont, dass ihre Moral oft nur vorgespielt erscheint.

163 Lope de Vega, „Las fortunas de Diana", 2015, S. 128 (Hervorh. K. P.).

164 Ebd., S. 173.

Felicia spielen musste. Deren bukolischer Herrschaftsraum des idealisierten Liebens ist hier nur noch in einer randständigen Abschattung anzutreffen und hat alle Zeichen eines Alternativmodells politischer Souveränität verloren.

Endgültig verabschiedet wird die bukolische Fiktion in Spanien zwar vielleicht erst mit María de Zayas und deren Novellen der *Desengaños amorosos* (1647). Dort treten trotz des Zitats bukolischer Sprechakte in der Rahmenerzählung an die Stelle von bukolischem Liebespathos blutige Pathosformeln eines Geschlechterkampfes auf Leben und Tod. Leopold hat diese „pesadilla estructural de lo bucólico"[165] explizit mit der sozialen und politischen Krise Spaniens in Verbindung gebracht.[166] Verfalls- oder Schrumpfformen der bukolischen Gattungen zeigen demzufolge an, dass auch symbolische Register des gesellschaftlichen Kontexts in Auflösung begriffen sind. Neues Medium des literarischen Experimentierens ist dagegen zu diesem Zeitpunkt offenbar das *novelar* geworden, die Welt der Schäferdichter hingegen ist nur noch in mehr oder weniger alptraumhaften Abschattungen anzutreffen. Da sich Lopes *Novelas* in das Gewand ironischer Sprechakte der Verführung kleiden, ist sein Gebrauch der bukolischen Tradition im Vergleich zu de Zayas vielleicht eher spielerisch. Aber wie schon in Cervantes' *Don Quijote* ist bei ihm klar zu erkennen, dass in der barocken Literatur des *desengaño* die Welt der klassischen Bukolik marginalisiert, ironisiert und zweckentfremdet wird.

Wie Cervantes schreibt ja auch Lope 1598 mit der *Arcadia* zunächst einen sehr erfolgreichen Schäferroman und nutzt ihn als Dankesgeste an seinen Gönner und Freund, den damaligen Herzog von Alba, Don Antonio Álvarez de Toledo. Dieser Text spielt allerdings bezeichnenderweise gerade nicht mehr in Spanien, sondern geht trotz des panegyrischen Gehalts zur Lebenswelt bewusst auf Distanz,[167] indem er das mythisch-antike Arkadien als Handlungsraum wiederbelebt und seinen Autor zum neuen Apoll ernennt.[168] Dabei handelt es sich um einen, mit Matzat gesprochen, „barocken Desillusionsroman"[169] *par excellence*, an dessen Ende der von der Liebe enttäuschte Held Anfriso in den Tempel des *desengaño* aufgenommen wird.

Wesentlich stärker noch als bei Cervantes geht die fiktionalitätsbewusste Poetik des barocken Schäferromans bei Lope von Beginn an Hand in Hand mit grundsätzlicher Kritik an Imagination und *phantasia*,[170] wenn sein

165 Leopold, „Espectros de la bucólica", 2016, S. 251.

166 Vgl. ebd., S. 249.

167 Zu Theatralisierung und Distanz im Roman siehe Matzat, „Barocke Mythenparodie in Lope de Vegas *Arcadia*", 2008, S. 230.

168 Vgl. Lope de Vega, *Arcadia, prosas y versos*, 2012, S. 153.

169 Matzat, „Barocke Mythenparodie in Lope de Vegas *Arcadia*", 2008, S. 229.

170 Vgl. Mujica, *Iberian Pastoral Characters*, 1986, S. 211–248.

Heldenpaar durch die Leiden unbegründeter Eifersucht vom Liebesglück zum Unglück befördert wird.[171]

> Dormida, pues, la hermosa pastora, y ufano el sueño de entretener con dulces fantasías imaginación tan alta, ligados los sentidos exteriores y los de adentro sueltos, ocurrieron a *la estimativa y fantasía varias imágenes*. Y, creyendo *por el defeto de la operación del sentido común* que fuesen verdaderas, despertó dando voces, porque le pareció que veía a su querido Anfriso en brazos de otra pastora que le llamaba esposo. Y como los ojos desengañasen lo que la falta de su luz había consentido por cierto, después de haber recogido a su lugar el corazón, las lágrimas al pecho y Anfriso al alma, desasiendo del cuello un instrumento […], cantó ansí: […].[172]

Schon seine frühe Bukolik steht also, wie die Stelle zeigt, ganz unter dem Lemma einer Pathologisierung des Affekts. Weil im Traum die *phantasia* schädliche Bilder erzeugt, die den *sentido común* ausschalten, wird Leid hervorgerufen, das sogleich in Gesang verwandelt werden muss. Doch nur wenn die Figuren ganz vom *engaño* des tyrannischen Affekts ablassen, können sie geheilt werden. Das Ziel, auf das die Erzählung zusteuert, ist also das genaue Gegenteil der Liebesvereinigung bei Montemayor oder der glücklichen Ehe bei Gil Polo. Die bukolische Maske steht insofern auch nicht mehr im Zeichen einer spielerischen Fiktion, sondern wird als handfeste Illusion entlarvt.

Pathematische Agentialität entfaltet sich bei Lope deshalb vielmehr im Theater, das im spanischen Barock zur unbestritten dominanten Form aufsteigt. Nicht ohne Grund imitiert er sich später in der namensgleichen Komödie *La Arcadia* (ca. 1612) quasi selbst.[173] Mit den Mitteln des Theaters versteht es Lope dort und in anderen Stücken, den krisenhaften sozialen Raum seiner Zuschauer anders zu spiegeln als in einem traditionellen höfischen Schlüsseltext aus dem Repertoire der bukolischen Genera. Wie ich bereits in der Einleitung gezeigt habe, sind gerade in der barocken *comedia nueva* bukolische Zitate durchaus mit Pathos im Bunde. Selbst Lopes Diana-Novelle kann aufgrund ihrer inszenierten Rahmenpragmatik als dramatisierter Sprech- und

171 Überhaupt ist dem bukolischen Raum bei Lope von Anfang an ein phobisches Moment eingetragen, da dessen Gründung mit zahlreichen Vergewaltigungsmythen und insofern mit dem wenig idealisierbaren „Vollzug sexueller Gewalt" verbunden ist. Matzat, „Barocke Mythenparodie in Lope de Vegas *Arcadia*", 2008, S. 231.

172 Lope de Vega, *Arcadia, prosas y versos*, 2012, S. 185 (Hervorh. K. P.).

173 Dort wird das Liebesleid zuletzt als Intrige und Täuschungsmanöver eines eifersüchtigen Schäfers entlarvt. Zur ethischen Überformung des bukolischen Pathos in diesem Stück siehe Serés, „El género pastoril y su parodia en las dos *Arcadias* de Lope de Vega", 2016, S. 89f.

Überzeugungsakt bezeichnet werden[174] – dem ja an sich schon ein gewisses rhetorisches Pathos innewohnt. Finello geht sogar so weit zu behaupten, Lope habe die *comedia nueva* vor allem erfunden, um das gemeinschaftsstiftende Moment der Bukolik, die „pastoral unitive mode“,[175] anders rahmen zu können als mittels der Romanästhetik. Am Beispiel von *Fuente Ovejuna* arbeitet Finello heraus, wie dort der pastoralisierte, ländliche Raum der Bauern der moralisch verkommenen Welt der Aristokraten gegenübergestellt wird. Daran hängt sich bekanntlich Lopes Propagierung einer horizontalen Ehrvorstellung ‚blutreiner‘, rustikaler *hombres de bien* auf.[176] Das Stück interveniert so konkret in einer Phase, in der sich in der spanischen Gesellschaft vormals zementierte soziale Schichtungen zu verschieben beginnen.

Die Pathematik der von der Willkür ihres Herrn gewaltsam erschütterten Landgesellschaft ist jedoch ohne die formale Einlassung in den Rahmen der *comedia nueva* unvorstellbar – einer Poetik, die mit den dramatischen Eklogen Encinas (Kap. 3.2.5) nicht mehr viel gemein hat. Darüber hinaus steht sie unter dem Einfluss der neostoizistischen Umdeutung der Schäferwelt. Denn nur wenn der rustikale Raum als Heimstatt der idealisierten Affektkontrolle und christlichen Ehe aufgefasst wird, kann er als schematisierte Kontrastfolie zu Figuren verderbender Sozialität, unkontrollierten erotischen Begehrens und sündhafter *superbia* eingesetzt werden. Der Text arbeitet mit seiner paradiesisch-utopischen Kodierung der spanischen Ländlichkeit so am Ende vor allem dem Mythos der Katholischen Könige zu, wenn diese als Erlöserfiguren der Dorfgemeinschaft fungieren müssen. Die Idylle ist explizit unter die Schirmherrschaft der idealisierten spanischen Herrscher gestellt. Darin nun verbirgt sich durchaus Kritik am zeitgenössischen politischen System, zum Beispiel an der Tatsache, wie Philipp III. die *señoríos* stärkte, indem er den *señores* jene Privilegien etwa der Rechtsprechung zurückverkaufte, die von den Katholischen Königen an die Zentralmacht gebunden worden waren – was unweigerlich zu Missständen und Machtmissbrauch führen musste.[177] Gerade weil der Comendador in *Fuente Ovejuna* für sich eine absolute Souveränität eines pervertierten Gesetzes beansprucht, wird er am Ende bestraft. Das literarische Pathos dieser Bestrafung ist unbestreitbar. Ein bukolisches Pathos hingegen ist es gerade nicht.

---

174 Die Nähe der Novelle zur Theaterästhetik steht im Fokus bei Yudin, „The *novela corta* as *comedia*“, 1968.

175 Finello, *The Evolution of the Pastoral Novel in Early Modern Spain*, 2008, S. 86.

176 Vgl. ebd., S. 86f.

177 Vgl. Peters, „Der Lukrezia-Effekt“, 2014, S. 86, und dies., „Der ‚theatrale Grund‘ der Autorität“, 2016, S. 113–119.

Elemente des bukolischen Kanons tauchen bei Lope also als formal gerahmtes und historisiertes Ideal und somit aus der Distanz besehen auf, nicht als gelebte Ausdrucksform pathematischer Agentialität.[178] Cervantes seinerseits benutzt, wie wir gesehen haben, die metafiktional gewendete bukolische Pathosformel als Metapher für Fiktionalität oder poetisches Ingenium. Lope hingegen erschafft mit ihrer Hilfe Kontrastwirkungen auf der Theaterbühne und in der dramatisierten Novelle. In allen diesen Varianten wird Pathos nicht im bukolischen Raum, sondern in einem pathoshaltigen Rahmen ausgespielt, in den die Bukolik eingebettet wird: Metapoetik und Komik, theatrale Dramatik oder Novellenhandlung. Durch die neostoizistische Schließung der bukolischen Enklave ist die mittlerweile ethisch kodierte Idylle selbst hingegen kein Ort des Pathos mehr. Eingebettet in und gerahmt von anderen Gattungen wirken die bukolischen Formen, Typen und Gesänge vielmehr wie utopische Artefakte in einem literarischen Museum. Traditionelle bukolische Textformen scheinen von der Literaturgeschichte überholt worden zu sein.

Lope verknüpft das Schicksal seiner ungewöhnlichen Heldin Diana in der ihr gewidmeten Novelle nicht zufällig immer wieder mit Metakommentaren zur Gattung seines Textes. Die von ihm direkt apostrophierte Adressatin, Marcia Leonarda[179] (literarisches Pseudonym seiner Geliebten Marta de Nevares), habe eine Novelle gefordert, solle also nach ihrem eigenen Geschmack entscheiden, ob sie die pastoralen Passagen überlesen wolle oder nicht: „si tiene más deseo de saber las fortunas de Diana que de oír cantar a Fabio, podrá pasar los versos de este romance sin leerlos".[180] Damit wird Bukolik als Gattung wie der Aufenthalt der Figur im bukolischen Raum vordergründig zur Digression erklärt, die von der ästhetischen Lust an der narrativen Handlung ablenke und guten Gewissens gelöscht werden könne – aber auch nicht zwingend gelöscht werden muss, um eine pathematische Bedrohung zu bannen.[181] Die bukolische Enklave als Ort der symbolischen Reinigung, in dem Diana sich die sozial anerkannte Maske des bukolischen Dichters aneignen kann, ist legitimiert, aber abgesehen von dieser sekundären Funktion irrelevant.

---

178 Seine Schäferdramen etwa bewegen sich in Richtung einer ähnlichen formalen Hybridität wie Montemayors *Diana* oder Garcilasos *Égloga II*. Allerdings wird selbst das dort zum Einsatz gebrachte Pathos meines Erachtens weniger aus den Komponenten der bukolischen fiktionalen Welt gespeist denn aus der Poetik der *comedia nueva*. Diese neue Rahmung des bukolischen Themenspektrums verwandelt den bukolischen Modus und ist nur mit Blick auf die neostoizistische Umwertung der bukolischen Topoi nachzuvollziehen.

179 Siehe zur Dramatisierung des narrativen Sprechaktes Fernández-Cifuentes, *Tradición e innovación en las* Novelas a Marcia Leonarda *de Lope de Vega*, 2013, S. 27–31.

180 Lope de Vega, „Las fortunas de Diana", 2015, S. 132.

181 So interpretiert Iser den Gegensatz von Narration und Dichtung in Montemayors *Diana*. Vgl. *Das Fiktive und das Imaginäre*, 1993, S. 106.

Dennoch gilt es diese unleugbare literaturgeschichtliche Entwicklung der Bukolik nicht als sentimentalisches kulturgeschichtliches Narrativ zu schreiben. Matzat warnt in seiner Darstellung der frühneuzeitlichen Affektphilosophie generell davor, angesichts des historischen Sieges des Neostoizismus und seiner Affektkontrolle in Trauer zu verfallen[182] – zum Beispiel in dem Sinne, dass die Renaissancebukolik dem Barock überlegen gewesen sei, weil dort ein Regime des lustvoll erlebbaren Pathematischen geherrscht habe, der Barock hingegen in der ironisierenden Distanz affektisch erkalte. Ähnlich ist der ‚Tod' der bukolischen Gattung ja bereits erzählt worden.[183] Noch Foucault beklagt, so Matzat, in seiner Theorie der Selbstsorge den Verlust einer antiken, souveränen Kontrolle des subjektiven Selbst.[184] Vielmehr wäre meines Erachtens wie im Falle des zeitlich beschränkten pathematischen Experiments der spanischen Bukolik auch bei ihrer ethischen Wende nicht allein nach deren dominanter zeitgenössischer Funktion, sondern auch nach ihren längerfristigen Auswirkungen zu fragen. Sowohl die Aufwertung der individuellen Vernunft als auch das Anrecht auf gesellschaftlichen Rückzug oder das Bewusstsein über das eigene soziale Rollenspiel ermöglichen zum Beispiel ein anderes Konzept des privaten und des öffentlichen Selbst. Und eine antipathetische, ethische Subjekttechnik steht vielleicht am Beginn der Ausbildung dessen, was Rancière späterhin als ‚Literatur' bezeichnen wird: die Kunst des Schreibens als prosaisches Regime der Moderne, „où l'écrivain est n'importe qui et le lecteur n'importe qui",[185] Literatur mithin „une machine à faire parler la vie".[186] Die immunisierte Affektpoetik[187] dieser neuen literarischen Maschine wird nämlich gerade darin bestehen, uns die phantasmagorische Geheimschrift[188] einer gesellschaftlichen Ordnung im Banalen und quasi ‚versteinert'[189] zu offenbaren. Da die Hauptrolle in dieser Geschichte aber der moderne Roman spielt und nicht die pathematisierte Bukolik, muss und will ich sie an dieser Stelle außen vor lassen.

Man kann den Sieg des *novelar* folgerichtig auch als Verabschiedung der politischen Funktion der eigentlichen Bukolik deuten: Lopes Diana bedarf zwar zunächst einer bukolischen Reinigung vom sündhaften Eros und einer

182 Vgl. Matzat, „Frühneuzeitliche Kritik und Kontrolle der Affekte", 2020, S. 511.
183 Vgl. Simson, „Krise in Arkadien", 2008.
184 Vgl. Matzat, „Frühneuzeitliche Kritik und Kontrolle der Affekte", 2020, S. 516.
185 Rancière, *Politique de la littérature*, 2007, S. 21.
186 Ebd., S. 23.
187 Siehe zu Flaubert, der auch bei Rancières Argument im Mittelpunkt steht, Koppenfels, *Immune Erzähler*, 2007.
188 Vgl. Rancière, *Politique de la littérature*, 2007, S. 31.
189 Zur stilistischen *pétrification* bei Flaubert siehe ebd., S. 16–18 u. 35f.

poetischen Initiation, um danach als verkleideter Sänger die Gunst ihrer Herren zu erlangen. Sobald sie von diesen jedoch politische Macht übertragen bekommt und im sozialen Raum agieren kann, verstummt ihre Dichterstimme:

> La gracia de la voz de Diana no se había encubierto en palacio, pero ya con el nuevo estado y oficio estaba en silencio; error del mundo que, en llegando los estados a la autoridad, pierdan calidad por las gracias, y que si a un hombre le dio el cielo gracia de cantar, tañer o hacer versos, queda inhábil para otros oficios, y se murmura de estas virtudes como si fuesen fealdades.[190]

Das imperiale Subjekt, das Lope hier entwirft, kann – anders als dasjenige Garcilasos (Kap. 4.4) – nicht mehr singen. Vielmehr wird es selbst zum Agenten imperialer Mythenbildung. Nur so erklärt sich Dianas emphatisch hervorgehobene Rolle bei der ‚liebenden' Aneignung der amerikanischen Territorien.[191] Sie wehrt sich nicht etwa gegen die Unterwerfung durch die imperiale Ideologie, sondern wird Teil der von dieser Ideologie inszenierten Macht, die eine Macht über die Emotionen ist und ihr am Ende privates Glück bescheren wird. Die bukolische Mondgöttin Diana verwandelt sich bei Lope also in eine voll mit der absolutistischen Herrscherfigur deckungsgleiche Göttin der spanischen Sonne (*el Sol de España*). Als Schutzfigur eines divergenten bukolischen Pathos hat Diana ausgedient.[192]

Im souveränen Spiel mit der eigenen, fluiden Identität ihrer Verkleidungen gewinnt sie jedoch auch ein Rollenbewusstsein über ihre rein instrumentalisierte bukolische Maske, über deren Wert und die Grenzen ihrer Möglichkeiten. Wie Basilio im *Don Quijote* ist Diana bei Lope eine moderne Figur, die kreativ im *jeu social* zu agieren weiß. Das Verstummen ihres bukolischen Gesangs

---

190 Lope de Vega, „Las fortunas de Diana", 2015, S. 169.

191 Siehe zur frühneuzeitlichen Liebeslyrik und zum darin zirkulierenden, imaginären Entwurf der *conquista* als Verführung Greene, *Unrequited Conquests*, 1999. Im empfindsamen Diskurs des 18. Jahrhunderts entfaltet diese Konstellation noch einmal neues semantisches Potential für die Literatur und die Tradition der Idylle, wenn die Eroberung der Welt unter das Zeichen einer globalen Sentimentalgemeinschaft gestellt wird. Vgl. Peters, „Im Teufelskreis des Affekts", 2018.

192 Wobei zu bedenken wäre, dass in der Moderne u. a. Federico García Lorca die bukolische Tradition durchaus als Kulisse eines divergenten Begehrens zu verwenden weiß, insb. im Gedicht „Poema doble del Lago Eden" aus dem *Poeta en Nueva York* (1929–30), dem ein Motto aus Garcilasos zweiter Ekloge vorangestellt ist. Darin wird der topische bukolische Raum nicht nur von einem Satyr bewacht, sondern auch als paradiesischer, wenngleich polymorpher Raum der fruchtbaren menschlichen Ahnen Adam und Eva entworfen. Der pathetische Sprecher dieses Teils, der den vergangenen Wunsch eines aus dem Jetzt sprechenden Subjekts repräsentiert und darüber hinaus der vorsymbolischen Phase einer naiven *voz antigua* gegenübergestellt wird, gelangt jedoch gerade nicht in den traumhaften Raum dieser bukolischen Enklave. Vgl. *Poeta en Nueva York*, 2000, S. 165–167.

tut dem keinen Abbruch, im Gegenteil. Nähert sie sich doch im Lizenzraum der literarischen Fiktion immer weiter den männlich besetzten Positionen der Macht – Vizekönig, Richter, Souverän. Dieses Spiel mit gesellschaftlichen Rollen ist deshalb auch kein moralisierend-didaktischer *ejemplo* im Sinne Gil Polos,[193] sondern gesteigerte literarische Lust am Erleben eines Selbst „zu anderen Bedingungen [...] als zu denjenigen, in denen man im Leben befangen ist".[194] Nur dient der Verkleidung des Subjekts nicht mehr die bukolische Maske allein, sondern sie ist eine von vielen geworden. Lopes literarische Interventionen spielen sich daher nicht ohne Grund vornehmlich auf der Theaterbühne ab. Die literarischen Interventionen der Zukunft gehören dann dem modernen Roman, der damit beginnt, dass Don Quijote im Außenraum der bukolischen Enklave erniedrigt, entführt und enttäuscht werden muss. Cervantes' Held und mit ihm die Moderne haben den Schlüssel zum bukolischen Paradies endgültig verloren.

193 Siehe zur pädagogischen Rolle von dramatisierendem Vor-Augen-Stellen und moralischem Exemplum bei den Jesuiten Mulsow, „Exemplum und Affektenlehre bei Georg Stengel S. J.", 1991, S. 318.

194 Iser, *Das Fiktive und das Imaginäre*, 1993, S. 109.

Literaturverzeichnis

Quellen

ABRIL, Pedro Simon, *Ética a Nicómaco* (Aristoteles) [um 1584, unpubl.], hg. v. Antonio Alegre, Barcelona: Orbis 1984.

ALBERTI, Leon Battista, *De pictura* [entst. 1436, publ. 1540], in: ders., *De statua. De pictura. Elementa picturae*, Lt.-Dt., hg. u. übers. v. Oskar Bätschmann u. Christoph Schäublin, Darmstadt: Wissenschaftliche Buchgesellschaft ²2011.

ÁLVAREZ, Vicente, *Relation du beau voyage que fit aux Pay Bas, en 1548, le prince Philippe d'Espagne, Notre Seigneur*, übers. v. Marie-Thérèse Dovillée, Brüssel: Presses Académiques Européennes 1964.

ARIOSTO, Ludovico, *Orlando furioso*, hg. v. Emilio Bigi u. Cristina Zampese, Mailand: BUR 2013.

ARISTOTELES, *Poetik*, hg. u. übers. v. Arbogast Schmitt, Berlin: Akademie-Verlag 2008.

—— *Rhetorik*, hg. u. übers. v. Christof Rapp, 2 Bde., Darmstadt: Wissenschaftliche Buchgesellschaft 2002 (= Werke in deutscher Übersetzung, Bd. IV).

—— *Nikomachische Ethik*, übers. v. Franz Dirlmeier, Berlin: Akademie-Verlag 1956.

AUGUSTINUS, *Confessiones / Bekenntnisse*, Lt.-Dt., übers. v. Wilhelm Thimme, Düsseldorf / Zürich: Artemis & Winkler 2004.

—— *De civitate dei / Der Gottesstaat*, Lt.-Dt., hg. u. übers. v. Carl Johann Perl, 2 Bde., Paderborn: Ferdinand Schöningh 1979.

—— *Rhetorica sacra; sive sancti Augustini De doctrina christiana liber quartus: ad usum studiosae juventutis*, hg. v. Auguste-François Maunoury, Paris: Poussielgue-Rusand 1854.

BAENA, Juan A., *Cancionero de Juan Alfonso de Baena* [1426–30], hg. v. José María Azaceta, 3 Bde., Madrid: Consejo Superior de Investigaciones Científicas 1966.

BEMBO, Pietro, *Die Asolaner Gespräche. Dialog über die Liebe*, hg. u. übers. v. Michael Rumpf, Heidelberg: Manutius 1992.

—— *Gli Asolani* [1504], hg. v. Giorgio Dilemmi, Florenz: Presso l'Accademia della Crusca 1991.

BERCEO, Gonzalo de, *Milagros de nuestra señora* [ca. 1246–52], hg. v. Juan Carlos Bayo, Madrid: Castalia 2006.

BOCCACCIO, Giovanni, *Das Ninfale fiesolano Giovanni Boccaccios* [1344], Kritischer Text v. Berthold Wiese, Heidelberg: Carl Winter Universitätsbuchhandlung 1913.

BOSCÁN, Juan, *Obra completa*, hg. v. Carlos Clavería, Madrid: Cátedra 1999.

BREITINGER, Johann Jacob, *Critische Dichtkunst*, Faksimiledruck nach der Ausgabe von 1740, 2 Bde., Stuttgart: Metzler 1966.

CAESAR, C. Julias, *Bellum Gallicum / Der gallische Krieg*, Lt.-Dt., hg. v. Georg Dorminger, München: Artemis 1981.

CAPELLANUS, Andreas, *De amore. Libri tres / Von der Liebe. Drei Bücher*, Lt.-Dt., Text nach der Ausgabe von E. Trojel, übers. v. Fritz Peter Knapp, Berlin / New York: De Gruyter 2006.

CARVALLO, Luis Alfonso de, *El cisne de Apolo* [1602], hg. v. Alberto Porqueras Mayo, Kassel: Reichenberger 1997.

CASCALES, Francisco, *Epigramas / Paráfrasis a* La Poética *de Horacio / Observaciones nuevas sobre Gramática / Florilegio de Versificación*, hg. v. Sandra I. Ramos Maldonado, Madrid: Akal 2004.

—— *Tablas poéticas* [1617], hg. v. Benito Brancaforte, Madrid: Espasa-Calpe 1975.

CASTIGLIONE, Baldassare, *Il libro del Cortegiano* [1528], Milano: Garzanti 1992.

—— / GONZAGA, Cesare, „Égloga *Tirsi*" [1506], in: ders., *Il libro del Cortegiano con una scelta delle Opere minori*, hg. v. Bruno Maier, Turin: UTET ^{3}1981, S. 555–579.

—— *El cortesano* [1534], übers. v. Juan Boscán, hg. v. Teresa Suero Roca, Barcelona: Bruguera 1972.

CASTILLO MARTÍNEZ, Cristina (Hg.), *Antología de libros de pastores*, Alcalá de Henares: Centro de Estudios Cervantinos 2005.

CERVANTES, Miguel de, *Novelas ejemplares* [1590–1612], 2 Bde., hg. v. Harry Sieber, Madrid: Cátedra 2001.

—— *La Galatea* [1585], hg. v. Francisco López Estrada u. María Teresa López García-Berdoy, Madrid: Cátedra 1999.

—— *La Galatea*, hg. v. Juan Bautista Avalle-Arce, Madrid: Espasa-Calpe 1987.

—— *El ingenioso hidalgo Don Quijote de la Mancha* [1605/15], hg. v. Luis Andrés Murillo, 2 Bde., Madrid: Clásicos Castalia 1978.

CICERO, *De oratore / Über den Redner*, Lt.-Dt., übers. u. hg. v. Harald Merklin, Stuttgart: Reclam 1976.

COLERIDGE, Samuel Taylor, *Biographia Literaria* [1817], Bd. II, London u. a.: Oxford UP 1949.

DANTE ALIGHIERI, *La Divina Commedia*, hg. v. Anna Maria Chiavacci Leonardi, 3. Bde., Milano: Oscar Mondadori 2008.

—— *Epistola a Cangrande* [ca. 1319], Lt.-Ital., hg. v. Enzo Cecchini, Florenz: Giunti 1995.

—— *De vulgari eloquentia* [1303–1305], hg. v. Pier Vincenzo Mencaldo, Bd. I, Padua: Antenore 1968.

EBREO, León, *Diálogos de amor*, übers. v. Andrés Soria Olmedo, Madrid: Ed. de la Fundación José Antonio de Castro 1996.

—— *Dialoghi d'amore* [1535], hg. u. übers. v. Carl Gebhardt, Heidelberg: Winter 1929.

ENCINA, Juan del, *Teatro completo*, hg. v. Miguel Ángel Pérez Priego, Madrid: Cátedra 1998.

—— *Obras completas*, hg. v. Ana Maria Rambaldo, 4 Bde., Madrid: Espasa Calpe 1978.

ERASMUS, Desiderius [Erasmus von Rotterdam], *Dialogus cui titulus ciceronianus sive de optimo dicendi genere. Adagiorum Chiliades (Adagia selecta). / Der Ciceronianer oder der beste Stil, ein Dialog. Mehrere tausend Sprichwörter und sprichwörtliche Redensarten (Auswahl)*, Lt.-Dt., übers. u. hg. v. Theresia Payr, Darmstadt: Wissenschaftliche Buchgesellschaft 1972 (= Ausgewählte Schriften, Bd. VII).

—— *Das Lob der Torheit. Enconium moriae*, hg. u. übers. v. Anton J. Gail, Stuttgart: Reclam 1949.

FERNÁNDEZ, Lucas, *Farsas y Églogas* [1514], Bd. I: *Profanas*, hg. v. Juan Miguel Valero Moreno, Salamanca: Ed. Universidad de Salamanca 2002.

FERNÁNDEZ DE PALENCIA, Alfonso, *Dos Tratados de Alfonso de Palencia [Batalla campal de los perros y lobos. Tratado de la perfeçion del triunfo militar] con un estudio biográfico y un glosario por D. Antonio María Fabié*, Madrid: A. Durán 1876.

FICINO, Marsilio, *Über die Liebe oder Platons Gastmahl* [1469], hg. v. Paul Richard Blum, übers. v. Karl Paul Hasse, Hamburg: Meiner 1984.

FLORIAN, Jean Pierre Claris de, *Œuvres de Florian: Galatée, pastorale imitée de Cervantes. Essai sur la pastorale. Estelle*, Paris: Renouard 1812.

—— „Essai sur la pastorale", in: ders., *Estelle, roman pastoral*, Lausanne: Mourer 1788, S. 3–28.

GALLEGO MORELL, Antonio, *Garcilaso de la Vega y sus comentaristas*, Madrid: Gredos 1972.

GARCÍA LORCA, Federico, *Poeta en Nueva York*, hg. v. María Clementa Millán, Madrid: Cátedra 2000.

GARCILASO DE LA VEGA, *Poesía*, hg. v. Ignacio García Aguilar, Madrid: Cátedra 2020.

—— *Poesía castellana completa*, hg. v. Consuelo Burell, Madrid: Cátedra 2008.

—— *Obra poética y textos en prosa*, hg. v. Bienvenido Morros, Barcelona: Crítica 2001.

—— *Obras completas con comentario*, hg. v. Elias L. Rivers, Madrid: Castalia 1974.

GIL POLO, Gaspar, *Diana enamorada* [1564], hg. v. Francisco López Estrada, Madrid: Clásicos Castalia 2000.

GILLOT, Louise-Geneviève (Madame de Saintonge), *La Diane de Montemayor, mise en nouveau langage. Avec une idile sur le mariage de Mme la duchesse de Loraine, & des lettres en vers burlesques*, Paris: La veuve Daniel Horthemels 1699.

GÓNGORA, Luis de, *Soledades*, hg. v. John Beverley, Madrid: Cátedra 1989.

GRACIÁN, Baltasar, *Arte de ingenio, Tratado de la Agudeza* [1642], hg. v. Emilio Blanco, Madrid: Cátedra 2010.

—— *El discreto* [1646], hg. v. Aurora Egido, Madrid: Alianza 1997.

GUEVARA, Antonio de, *Menosprecio de corte y alabanza de aldea. Arte de marear*, hg. v. Asunción Rallo, Madrid: Cátedra 1984.

HOFFMANN, E. T. A., *Lebens-Ansichten des Katers Murr. Roman. Nebst fragmentarischer Biographie des Kapellmeisters Johannes Kreisler in zufälligen Makulaturblättern* [1820/22], München: DTV 2006.

Horaz (Quintus Horatius Flaccus), *De arte poetica liber / Die Dichtkunst*, Lt.-Dt., hg. u. übers. v. Horst Rüdiger, Zürich: Artemio 1961.

Isidorus, Hispalensis, *Etymologiae*, Augsburg: Günther Zainer 1472.

Jaucourt, Louis de, „Le Pathétique", in: *Encyclopédie ou Dictionnaire raisonné des sciences, des arts et des métiers* [1778], Bd. XII, hg. v. Denis Diderot u. Jean Le Rond Alembert, Stuttgart / Cannstatt: Friedrich Frommann 1967, S. 169–170.

La Rochefoucauld, François de, *Réflexions ou Sentences et Maximes morales, suivi de Portrait de La Rochefoucauld par lui-même*, hg. u. komm. v. Jean Lafond, Paris: Gallimard 2012.

Las Siete Partidas del Rey don Alfonso el Sabio, Bd. I, Madrid: Imprenta Real 1807.

Le Brun, Charles, „Conférence sur l'expression générale et particulière" [1698], in: Jennifer Montagu (Hg.), *The Expression of the Passions. The Origin and Influence of Charles Le Brun's 'Conférence sur l'expression générale et particulière'*, New Haven / London: Yale UP 1994, S. 109–124.

Lipsius, Justus, *De constantia / Von der Standhaftigkeit* [1584], Lt.-Dt., übers. v. Florian Neumann, Mainz: Dieterich'sche Verlagsbuchhandlung 1998.

Longos, *Hirtengeschichten von Daphnis und Chloé*, Gr.-Dt., übers. v. Otto Schönberger, Zürich: Artemis und Winkler 1998 (= Sammlung Tusculum).

López Pinciano, Alonso („El Pinciano"), *Philosophía Antigua Poética* [1596], hg. v. Alfredo Carballo Picazo, 3 Bde., Madrid: Instituto Miguel de Cervantes 1973.

Lorris, Guillaume de / Meun, Jean de, *Le Roman de la Rose* [1235/1280], hg. v. André Mary, Paris: Gallimard 2006.

Lucanus, *Bellum civile / Der Bürgerkrieg*, hg. u. übers. v. Wilhelm Ehlers, München: Heimeran 1978 (= Sammlung Tusculum).

Manrique, Jorge, *Coplas que hizo Jorge Manrique a la muerte de su padre* [ca. 1476], hg. v. Vicente Beltrán, Barcelona: PPU 1991.

Molina, Tirso de, *El burlador de Sevilla* [1617], hg. v. Alfredo Rodríguez López-Vázquez, Madrid: Cátedra 1989.

Montemayor, Jorge de, *Poesía selecta*, hg. v. Juan Montero u. Elizabeth Rhodes, Madrid: Clásicos Castalia 2012.

—— *La Diana*, hg. v. Juan Montero, Barcelona: Crítica 1996.

—— *Poesía completa: Cancionero (1554), Cancionero (1526), Segundo Cancionero (1558), Traducción de los Cantos de Amor de Ausias March*, hg. v. Juan Bautista de Avalle-Arce, Madrid: Castro 1996.

—— *Los siete libros de la Diana*, hg. v. Asunción Rallo, Madrid: Cátedra 1995.

—— *Diana. Teil I–III*, übers. v. Johann Ludwig von Kueffstein, Darmstadt: WBG 1970.

—— *Las obras de Ausias March. Traducidas por Jorge de Montemayor* [1560], hg. v. Francisco Carreres de Calatayud, Madrid: Instituto Nicolás Antonio 1947.

Ovidius Naso, Publius, *Remedia amoris / Heilmittel gegen die Liebe*, Lt.-Dt., übers. v. Niklas Holzberg, Stuttgart: Reclam 2011.

—— *Ars amatoria / Liebeskunst*, Lt.-Dt., übers. v. Niklas Holzberg, Düsseldorf: Artemis & Winkler / Patmos ²2009 (= Sammlung Studienausgabe Tusculum).

—— *Amores / Liebesgedichte*, Lt.-Dt., übers. v. Niklas Holzberg, Düsseldorf: Artemis & Winkler / Patmos 2002 (= Sammlung Studienausgabe Tusculum).

—— *Metamorphosen*, Lt.-Dt., übers. u. hg. v. Erich Rösch, München: Ernst Heimeran 1972 (= Sammlung Tusculum).

PETRARCA, Francesco, *Bucolicum carmen* [1346–1357], hg. v. Luca Canali, Lecce: Manni 2005.

—— *Familiaria. Bücher der Vertraulichkeiten*, Bd. I: Buch 1–12, hg. v. Berthe Widmer, Berlin / New York: De Gruyter 2005.

—— *Canzoniere* [1348], Ital.-Dt., hg. v. Gerhard Regn, übers. v. Karl Förster, Mainz: Dieterisch'sche Verlagsbuchhandlung 1987.

—— „Liber decimus, 4", in: ders., *Le familiari*, Bd. II, hg. v. Vittorio Rossi, Florenz: Sansoni 1934, S. 301–310.

—— *I Trionfi* [1351–74], Venedig: Nicolini 1549.

PICO DELLA MIRANDOLA, „Oratio de hominis dignitate" [1487], in: Pier Cesare Bori, *Pluralità delle vie. Alle origini del Discorso sulla dignità umana di Pico della Mirandola. Testo latino, versione italiana, apparato testuale a cura di Saverio Marchignoli*, Mailand: Feltrinelli 2000, S. 95–158.

PLATON, *Der Staat* (*Politeia*), hg. u. übers. v. Karl Vretska, Stuttgart: Reclam 2008.

—— „Phaidros", in: ders., *Werke*, Gr.-Dt., Bd. V, übers. v. Friedrich Schleiermacher u. Dietrich Kurz, Darmstadt: Wissenschaftliche Buchgesellschaft 1983, S. 1–193.

—— *Philebos – Timaios – Kritias. Griechisch und Deutsch*, Frankfurt / Main: Insel 1991 (= Sämtliche Werke, Bd. VIII).

PONCE, Bartolomé, *Primera parte de la clara Diana a lo diuino, repartida en siete libros* [1580], Alicante: Biblioteca Virtual Miguel de Cervantes 2010.

PRADILLA, Fernando de la, *Égloga real*, Valladolid: Arnao Guillén de Brocar 1518.

PSEUDO-LONGINOS, *Vom Erhabenen*, Gr.-Dt., hg. v. Reinhard Brandt, Berlin: Akademie-Verlag 1966.

PULGAR, Fernando de, *Letras. Glosa a las "Coplas de Mingo Revulgo"*, hg. v. Jesús Domínguez Bordona, Madrid: Espasa Calpe 1958.

QUINTILIAN, *Institutionis Oratoriae. Libri XII / Ausbildung des Redners. Zwölf Bücher*, hg. u. übers. v. Helmut Rahn, 2 Bde., Darmstadt: Wissenschaftliche Buchgesellschaft 1972/75.

RIBEIRO, Bernaldim, *Saudades. Historia de Menina e moça* [1554], hg. v. Delfim Guimarães, Lissabon: Guimarães 1930.

SAN JUAN DE LA CRUZ, *Poesías*, hg. v. Paola Elia, Madrid: Clásicos Castalia 1990.

SAN JULIÁN DE TOLEDO, *Ars Iuliani Toletani Episcopi. Una gramática latina de la España visigoda* [ca. 680–687], hg. v. Maria A. H. Maestre Yenes, Toledo: Instituto provincial de investigaciones y estudios toledanos 1973.

SANNAZARO, Jacopo, *Arcadia* [1504], hg. v. Carlo Vecce, Roma: Carocci 2013.

SAN PEDRO, Diego de, *Cárcel de amor. Arnalte y Lucenda. Sermón*, hg. v. José Francisco Ruiz Casanova, Madrid: Cátedra 2008.

SANTILLANA, Marqués de (Iñigo López de Mendoza), *Poesía lírica*, hg. v. Miguel Ángel Pérez Priego, Madrid: Cátedra 2008.

SÉBILLET, Thomas, *Art Poetique François : Pour l'instruction des ieunes studieus, et encor peu avancez en la Poësie Françoise*, Paris: L'Angelie 1548.

SENECA, *De providentia. De constantia sapientis. De ira. Ad Marciam de consolatione. / Über die Vorsehung. Über die Standhaftigkeit des Weisen. Über den Zorn. Trostschrift an Marcia*, Lt.-Dt., hg. u. übers. v. Manfred Rosenbach, Darmstadt: Wissenschaftliche Buchgesellschaft 1976 (= Philosophische Schriften, Bd. I: *Dialoge I–VI*).

SERVIUS, *Servii Grammatici qui feruntur In Vergilii carmina commentarii*, hg. v. Georg Christian Thilo u. Hermann Hagen, Bd. III.2, Leipzig: Teubner 1902.

—— *Servii Grammatici qui feruntur In Vergilii carmina commentarii*, hg. v. Georg Christian Thilo u. Hermann Hagen, Bd. III.1, Leipzig: Teubner 1887.

SCHILLER, Friedrich, „Über das Pathetische" [1793], in: ders., *Werke, Nationalausgabe*, Bd. XX: *Philosophische Schriften. Erster Teil*, hg. v. Benno von Wiese, Weimar: Hermann Böhlaus Nachfolger 1962, S. 196–221.

SMITH, Adam, *The Theory of Moral Sentiments* [1759], hg. v. Ryan Patrick Hanley, New York: Penguin 2009.

STAMPA, Gaspara, *The Complete Poems. The 1554 Edition of the 'Rime', a Bilingual Edition*, hg. v. Troy Tower u. Jane Tylus, übers. v. Jane Tylus, Chicago / London: The Univ. of Chicago P. 2010.

STATIUS, Publius Papinius, *Achilleis / Das Lied von Achilles*, Lt.-Dt., hg. u. übers. v. Hermann Rupprecht, Mitterfels: Stolz 1984.

TASSO, Torquato, *Aminta. Favola boschereccia. Ein Hirtenspiel* [1573/80], Ital.-Dt., hg. u. übers. v. János Riesz, Stuttgart: Reclam 1995.

TEJADO Y RAMIRO, Juan, *Colección de cánones y de todos los concilios de la Iglesia de España y de América*, Bd. V, Madrid: Montero 1859.

THEOKRIT, *Gedichte*, Gr.-Dt., Zürich: Artemis und Winkler 1999 (= Sammlung Tusculum).

VAN OBSTAL, Gérard, „Sur la figure principale du groupe de Laocoon" [1667], in: Henry Jouin (Hg.), *Conférences de l'Académie royale de peinture et de sculpture, recueillies, annotées et précédées d'une étude sur les artistes écrivain*, Paris: Académie Royale de Peinture et de Sculpture 1883, S. 19–27.

VEGA CARPIO, Lope Félix de, „Las fortunas de Diana" [= *La Filomena*, 1621], in: ders., *Novelas a Marcia Leonarda*, hg. v. Antonio Carreño, Madrid: Cátedra 2015, S. 101–175.

—— „El Siglo de Oro. Silva Moral" [= *La Vega del Parnaso*, 1637], in: ders., *Poesía selecta*, hg. v. Antonio Carreño, Madrid: Cátedra 2013, S. 644–653.

—— *Arcadia, prosas y versos* [1598], Madrid: Cátedra 2012.

—— *Fuente Ovejuna* [publ. 1618], hg. v. Juan María Marín, Madrid: Cátedra 2011.

—— *Pastores de Belén. Prosas y versos divinos* [1612], hg. v. Antonio Carreño, Madrid: Cátedra 2010.

—— *Arte nuevo de hacer comedias en este tiempo* [1609], hg. v. Enrique García Santo-Tomás, Madrid: Cátedra 2006.

—— *El villano en su rincón* [publ. 1617], hg. v. Juan María Marín, Madrid: Cátedra 1999.

—— „Adonis y Venus" [1621], in: ders., *Obras escogidas*, Bd. III: *Teatro*, hg. v. Federico Carlos u. Sainz de Robles, Madrid: Aguilar 1955, S. 541–566.

VERGIL, *Aeneis*, Lt.-Dt., hg. u. übers. v. Johannes Götte, Düsseldorf / Zürich: Artemis & Winkler 1997 (= Sammlung Tusculum).

—— *Landleben. Catalepton – Bucolica – Georgica*, Lt.-Dt., hg. v. Johannes Götte u. Maria Götte, München: Artemis 1987 (= Sammlung Tusculum).

VIVES, Juan Luis, *De ratione dicendi / El arte retórico* [1533], hg. u. übers. v. Ana Isabel Camacho, Barcelona: Anthropos 1998.

—— *Interpretación de las* Bucólicas *de Virgilio*, hg. u. übers. v. José Esteve Ferriol, Valencia: Ajuntament de València 1997.

—— *De Anima et Vita / El Alma y la vida* [1538], hg. u. übers. v. Ismael Roca, Valencia: Ajuntament de València 1992.

—— „In Allegorias Bucolicorum Vergilii" [1537], in: ders., *Opera omnia, distributa et ordinata in argumentorum classes praecipuas a Gregorio Majansio*, Bd. II, Valentiae Edetanorum: B. Monfort 1782, S. 1–71.

Wörter- und Handbücher

Ästhetische Grundbegriffe, hg. v. Karlheinz Barck, Martin Fontius u. Wolfgang Thierse, Stuttgart / Weimar: Metzler 2010.

Breve Diccionario Etimológico de la lengua castellana, hg. v. Joan Corominas, Madrid: Gredos 1961.

Dictionnaire de la Theologie Catholique contenant l'exposé des doctrines de la théologie catholique, leurs preuves et leur histoire, hg. v. Alfred Vacant, Eugène Mangenot, Émile Amann, Bernard Loth u. Albert Michel, Paris: Letouzey 1903–72.

Historisches Wörterbuch der Philosophie, hg. v. Joachim Ritter u. Karlfried Gründer, Basel: Schwabe & Co. 2007.

Historisches Wörterbuch der Rhetorik, hg. v. Gert Ueding, Darmstadt: Wissenschaftliche Buchgesellschaft 1992–2012.

Nuevo Tesoro lexicográfico del español (s. XIV-1726), hg. v. Libio Nieto Jiménez u. Manuel Alvar Ezquerra, 11 Bde., Madrid: Arco 2007.

Tesoro de la lengua castellana o española [1611], hg. v. Sebastián de Covarrubias y Orozco, Madrid: Univ. de Navarra 2006.

Sekundärliteratur

ABU-LUGHOD, Lila, / LUTZ, Catherine, „Introduction", in: dies. (Hgg.), *Language and the Politics of Emotion*, Cambridge: Cambridge UP 1990, S. 1–23.

—— „Ideology and the Politics of Sentiment", in: dies., *Veiled Sentiments. Honor and Poetry in a Bedouin Society*, Berkeley: Univ. of California P. 1986, S. 233–259.

AGAMBEN, Giorgio, „Nymphs", in: Jacques Khalip / Giorgio Agamben / Cesare Casarino / Peter Geimer / Mark Hansen / Robert Mitchell (Hgg.), *Releasing the Image: From Literature to New Media*, Palo Alto: Stanford UP 2011, S. 60–80.

—— *Stanzen. Das Wort und das Phantasma in der abendländischen Kultur* [1977], übers. v. Eva Zwischenbrugger, Zürich / Berlin: diaphanes 2005.

AGOSTINI, Giulia / JESSEN, Herle-Christin (Hgg.), *Pathos. Affektformationen in Kunst, Literatur und Philosophie. Festschrift zu Ehren von Gerhard Poppenberg*, Paderborn: Brill / Wilhelm Fink 2020.

AHMED, Sara, *The Cultural Politics of Emotion*, Edinburgh: Edinburgh UP ²2014.

ALBORG, Juan Luis, *Historia de la literatura española. Edad Media y Renacimiento*, Madrid: Gredos ²1970.

ALBUIXECH, Lourdes, „El matrimonio y la tradición de la malcasada en la narrativa pastoril española", in: *Espéculo: Revista de Estudios Literarios* 38 (2008), o. P. [gefunden in http://www.ucm.es/info/especulo/numero38/malcasad.html am 10.12.2020].

ALLEGRI, Luigi, *Teatro e spettacolo nel Medioevo*, Rom / Bari: Laterza & Figli 1988.

ALONSO ÁLVAREZ, Raquel, „*Plorauerunt lapides et manauerunt aquam*. El planto por el rey según las crónicas de los reinos occidentales hispánicos", in: Damien Boquet / Piroska Nagy (Hgg.), *Politiques des émotions au Moyen Âge*, Florenz: Sismel / Galluzzo 2010, S. 115–148.

ALPERS, Paul, *What is Pastoral?*, Chicago: Univ. of Chicago P. 1996.

ALTHOFF, Gerd, „Tränen und Freude. Was interessiert Mittelalter-Historiker an Emotionen?", in: *Frühmittelalterliche Studien* 40 (2006), S. 1–11.

ALTHUSSER, Louis, „Idéologie et appareils idéologiques d'État", in: *La Pensée* 151 (1970), S. 3–38.

ALTIERI, Charles, *The Particulars of Rapture: An Aesthetics of the Affects*, Ithaca: Cornell UP 2003.

ÁLVAREZ HERNÁNDEZ, Arturo / WEISS, Irene M. (Hgg.), *Bukolik und Liebeselegie zwischen Antike und Barock / Bucólica y elegía erótica entre la Antigüedad y el Barroco*, Würzburg: Königshausen & Neumann 2017.

ANDERSON, Benedict, *Imagined Communities: Reflections on the Origin and Spread of Nationalism*, London: Verso 1991.

ANDREWS, James Richard, *Juan del Encina: Prometheus in the Search of Prestige*, Berkeley: Univ. of California P. 1959.

ANZ, Thomas, „Kulturtechniken der Emotionalisierung. Beobachtungen, Reflexionen und Vorschläge zur literaturwissenschaftlichen Gefühlsforschung", in: Karl Eibl / Katja Mellmann / Rüdiger Zymner (Hgg.), *Im Rücken der Kulturen*, Paderborn: Mentis 2007, S. 207–239.

ARCE BLANCO, Margot *Garcilaso de la Vega. Contribución al estudio de la lírica española del siglo XVI*, Madrid: Hernando 1930.

ARREDONDO, María Soledad, „El exceso de guerras, de peligros y destierro: de Garcilaso a Quevedo", in: José María Díez Borque / Luís Ribot García Morros (Hgg.), *Garcilaso y su época: del amor y la guerra*, Madrid: Sociedad Estatal de Conmemoraciones Culturales 2003, S. 265–273.

ARNOULD, Jean-Claude, „Les Visages de la douleur dans les récits tragiques du XVIe siècle", in: Bernard Yon (Hg.), *La Peinture des Passions de la Renaissance à l'Âge classique*, Saint-Etienne: Publications de l'université de Saint-Etienne 1995, S. 49–59.

AUERBACH, Erich, „Passio als Leidenschaft", in: ders., *Gesammelte Aufsätze zur romanischen Philologie*, Bern / München: Francke 1967, S. 161–175.

—— „Sermo humilis", in: ders., *Literatursprache und Publikum in der lateinischen Spätantike und im Mittelalter*, Bern: Francke 1958, S. 25–63.

AVALLE-ARCE, Juan Bautista, *La novela pastoril española*, Madrid: Istmo ²1974.

—— *La novela pastoril española*, Madrid: Revista de occidente 1959.

AVILÉS, Luis F., „Care of the Self. Foucault, Guevara, and the Complexities of Courtly and Country Life", in: Mathilde Skoie / Sonia Bjørnstad Velázquez (Hgg.), *Pastoral and the Humanities. Arcadia Re-inscribed*, Bristol: Phoenix Press 2006, S. 78–86.

AZAR, Inés, *Discurso retórico y mundo pastoral en la* Égloga segunda *de Garcilaso*, Purdue Univ. Monographs in Romance Languages 1981.

—— „La textualidad de la *Égloga II* de Garcilaso", in: *MLN* 93:2 (1978), S. 176–208.

BADÍA FUMAZ, Rocío, „Devenir Quijótiz. Dos calas en el mundo pastoril en el *Quijote*", in: *Cartaphilus* 10 (2012), S. 1–13.

BAEHR, Rudolf, *Spanische Verslehre auf historischer Grundlage*, Tübingen: Max Niemeyer 1962.

BÄR, Jochen A. / VOLLMANN, Konrad B. / KRAUS, Manfred, „Pathos", in: *Historisches Wörterbuch der Rhetorik*, hg. v. Gert Ueding, Bd. VI, Darmstadt: Wissenschaftliche Buchgesellschaft 2003, Sp. 689–717.

BAERT, Barbara, „Nymphe (Wind). Der Raum zwischen Motiv und Affekt in der frühen Neuzeit (Zugleich ein Beitrag zur Aby Warburg-Forschung)", in: *Ars* 46:1 (2013), S. 16–42.

BAIER, Thomas, „Christliche und heidnische Poetik im *Bucolicum Carmen*", in: Ulrike Auhagen / Stefan Faller / Florian Hurka (Hgg.), *Petrarca und die römische Literatur*, Tübingen: Narr 2005, S. 147–156.

BAL, Mieke, „Einleitung: Affekt als kulturelle Kraft", in: Antje Krause-Wahl / Heike Oehlschlägel / Serjoscha Wiemer (Hgg.), *Affekte. Analysen ästhetisch-medialer Prozesse. Mit einer Einleitung von Mieke Bal*, Bielefeld: transcript 2006, S. 7–19.

BARNARD, Mary E., *Garcilaso de la Vega and the Material Culture of Renaissance Europe*, Toronto / London: Univ. of Toronto P. 2014.

—— „Correcting the Classics: Absence and Presence in Garcilaso's Third Eclogue", in: *Revista de Estudios Hispánicos* 26:1 (1992), S. 3–20.

BARTHES, Roland, *Das Neutrum. Vorlesung am Collège de France 1977–78*, hg. v. Éric Marty u. Thomas Clerc, übers. v. Horst Brühmann, Frankfurt / Main: Suhrkamp 2015.

—— *Fragments d'un discours amoureux* [1977], in: ders., *Œuvres complètes. Nouvelle édition revue, corrigée et présentée par Éric Marty*, Bd. V, Paris: Seuil 2002, S. 25–296.

BATAILLON, Marcel, „Relaciones literarias", in: Juan Bautista Avalle-Arce / Edward Calverley Riley (Hgg.), *Suma cervantina*, London: Tamesis 1973, S. 215–232.

BAUDY, Gerhard, „Der Zorn des Achilleus: Anthropologie der Affekte in der *Ilias*", in: Reingard M. Nischik (Hg.), *Leidenschaften literarisch*, Konstanz: Univ.-Verl. Konstanz 1998, S. 33–66.

BAYO, Marcial J., *Virgilio y la pastoral española del Renacimiento (1480–1550)*, Madrid: Gredos [2]1970.

BAZIN, René, *Contes et Paysages (en Province)*, Tours: Alfred Mame et fils 1923.

BEASLEY-MURRAY, Jon, *Posthegemony. Political Theory and Latin America*, Minneapolis / London: Univ. of Minnesota P. 2010.

BÉHAR, Roland, „L'onomastique bucolique dans la poésie de Garcilaso de la Vega. Le modèle de Virgile et des poètes de l'Académie pontanienne", in: Marc Deramaix / Giuseppe Germano (Hgg.), *L'*Exemplum *virgilien et l'Académie napolitaine à la Renaissance*, Paris: Classiques Garnier 2018, S. 369–397.

BENSON, Thomas W. / ANDERSON, Carolyn, *Reality Fictions: The Films of Frederick Wiseman*, Carbondale: Southern Illinois UP 1989.

BERMEJO CABRERO, José Luis, „Amor y temor al Rey. Evolución histórica de un tópico político", in: *Revista de Estudios Políticos* 192 (1973), S. 107–128.

BERNHEIMER, Richard, *Wild Men in the Middle Ages. A Study in Art, Sentiment, and Demonology*, Cambridge: Harvard UP 1952.

BERNSEN, Michael, *Die Problematisierung lyrischen Sprechens im Mittelalter. Eine Untersuchung zum Diskurswandel der Liebesdichtung von den Provenzalen bis zu Petrarca*, Tübingen: Niemeyer 2001.

BINDER, Gerhard, „Vergil, die Aeneis und Dido", in: ders. / Janine Andrae (Hgg.), *Dido und Aeneas. Vergils Dido-Drama und Aspekte seiner Rezeption*, Trier: Wiss. Verl. Trier 2000, S. 9–23.

BLANK, Walter, *Die deutsche Minneallegorie. Gestaltung und Funktion einer spätmittelalterlichen Dichtungsform*, Stuttgart: Metzler 1970.

BLATTMANN, Ekkehard / KÜHN, Rolf, „Grenzen der Sprache und der Welt", in: dies. / Susanne Granzer / Simone Hauke (Hgg.), *Sprache und Pathos: Zur Affektwirklichkeit als Grund des Wortes*, München: Alber 2001, S. 11–33.

BLECUA, Alberto, „Virgilio en España en los siglos xvi y xvii", in: *Studia Virgiliana*, Barcelona: Universidad Autónoma 1985, S. 61–77.

—— „La *Égloga* de Francisco de Madrid en un nuevo manuscrito del siglo xvi", in: *Serta Philologica F. Lázaro Carreter*, Bd. II, Madrid: Cátedra 1983, S. 39–66.

—— „Una Enmienda de la *Égloga III*", in: Elias L. Rivers (Hg.), *La Poesía de Garcilaso. Ensayos críticos*, Barcelona: Ariel 1974, S. 237–242.

BLUMENBERG, Hans, „Wirklichkeitsbegriff und Wirkpotential des Mythos", in: Manfred Fuhrmann (Hg.), *Terror und Spiel*, München: Fink 1971 (= Poetik und Hermeneutik, Bd. IV), S. 11–66.

—— „Wirklichkeitsbegriff und Möglichkeit des Romans", in: Hans Robert Jauss (Hg.), *Nachahmung und Illusion. Kolloquium Gießen Juni 1963. Vorlagen und Verhandlungen*, München: Fink 1969, S. 9–27.

BOASE, Roger, „The Meaning of the Crow-Hunting Episode in Garcilaso's *Égloga segunda* (ll. 260–95)", in: *Journal of Hispanic Philology* 13 (1988), S. 41–48.

—— *The Troubadour Revival*, London: Routledge & Kegan Paul Ltd. 1978.

—— *The Origin and Meaning of Courtly Love*, Manchester: Manchester UP 1977.

BÖHME, Hartmut, „Gefühl", in: Christoph Wulff (Hg.), *Vom Menschen. Handbuch historischer Anthropologie*, Weinheim: Beltz 1997, S. 525–548.

BOHRER, Karl Heinz, *Das Tragische: Erscheinung, Pathos, Klage*, München: Hanser 2009.

BONDI, Fabrizio, „'Cantate meco, Progne e Filomena'. Riscritture cinquecentesche di un mito ovidiano", in: *Parole Rubate* 2:3 (2011), S. 27–62.

BOQUET, Damien / NAGY, Piroska, „Une histoire des émotions incarnées", in: *Médiévales* 61 (2011), S. 5–24.

—— / NAGY, Piroska (Hgg.), *Politiques des émotions au Moyen Âge*, Florenz: Sismel / Galluzzo 2010.

—— / NAGY, Piroska (Hgg.), *Le Sujet des émotions au Moyen Âge*, Paris: Beauchesne 2009.

—— *L'Ordre de l'affect au Moyen Age: autour de l'anthropologie affective d'Aelred de Rievaulx*, Paris: Publ. du CRAHM 2005.

BOURDIEU, Pierre, *Meditationen: Zur Kritik der scholastischen Vernunft* [1997], Frankfurt / Main: Suhrkamp 2010.

—— *Die männliche Herrschaft* [1998], Frankfurt / Main: Suhrkamp 1998.

—— *Sozialer Sinn. Kritik der theoretischen Vernunft* [1980], Frankfurt / Main: Suhrkamp 1987.

—— *Die feinen Unterschiede. Kritik der gesellschaftlichen Urteilskraft* [1979], Frankfurt / Main: Suhrkamp 1987.

BOUTERWEK, Friedrich, *Historia de la literatura española*, Bd. I, übers. v. José Gómez de la Cortina u. Nicolás Hugalde y Mollinedo, Madrid: Eusebio Aguado 1829.

—— *Geschichte der französischen Poesie und Beredsamkeit*, Göttingen: Rower 1807 (= Geschichte der Poesie und Beredsamkeit seit dem Ende des dreizehnten Jahrhunderts, Bd. VI).

—— *Geschichte der spanischen Poesie und Beredsamkeit*, Göttingen: Rower 1804 (= Geschichte der Poesie und Beredsamkeit seit dem Ende des dreizehnten Jahrhunderts, Bd. III).

BRANDENBERGER, Tobias, „*Menina e moça ou Saudades*: desafios da palavra escura", in: ders. / Beatrice Schmid / Monika Winet (Hgg.), *Traducción y estilística. Para el profesor Germán Colón en sus ochenta años*, Basel: Universität Basel, Romanisches Seminar 2008 (= Acta Romanica Basiliensia 20), S. 57–81.

BRANNON, Teresa, *The Transmission of Affect*, Ithaca / London: Cornell UP 2004.

BRASELMANN, Petra, *Humanistische Grammatik und Volkssprache. Zur „Gramática de la lengua castellana" von Antonio de Nebrija*, Düsseldorf: Droste 1991.

BRAVO-VILLASANTE, Carmen, *La mujer vestida de hombre en el teatro español* (*siglos XVI–XVII*), Madrid: Revista de Occidente 1955.

BRIESEMEISTER, Dietrich, „Garcilasos neulateinische Dichtung", in: José Morales Saravia (Hg.), *Garcilaso de la Vega. Werk und Nachwirkung*, Frankfurt / Main: Vervuert 2004, S. 49–65.

BROTHERTON, John, *The 'Pastor-Bobo' in the Spanish Theatre Before the Time of Lope de Vega*, London: Tamesis 1975.

BRUNNER, Christoph (in conversation with Erin Manning and Brian Massumi), „Fields of Potential: On Affective Immediation, Anxiety, and Necessities of Life", in: Elke Bippus / Jörg Huber / Roberto Nigro (Hgg.), *Ästhetik der Existenz. Lebensformen im Widerstreit*, Zürich: Voldemeer 2013, S. 135–150.

BUCK, August, *„Arma et litterae" – „Waffen und Bildung": Zur Geschichte eines Topos*, Stuttgart: Steiner 1992.

—— „*Zu Begriff und Problem der Renaissance*. Eine Einleitung", in: ders. (Hg.), *Zum Begriff und Problem der Renaissance*, Darmstadt: Wissenschaftliche Buchgesellschaft 1969, S. 1–36.

BÜHLER, Karl, *Sprachtheorie: Die Darstellungsfunktion der Sprache*, Stuttgart / New York: Fischer 1982.

BURANELLI, Francesco (Hg.), *Laocoonte: alle origini dei Musei Vaticani. Quinto Centenario dei Musei Vaticani, 1506–2006*, Rom: L'Erma di Bretschneider 2006.

BURKE, Kenneth, *A Rhetoric of Motives*, Berkeley / Los Angeles: Univ. of California P. 1969.

BURKE, Peter, „Culturas de traducción en la Europa Moderna", in: ders. / R. Po-Chia Hsia (Hgg.), *La traducción cultural en la Europa moderna*, Madrid: Alcal 2010, S. 11–44.

—— *The Renaissance*, Houndmill: Macmillan 1987.

Busch, Kathrin / Därmann, Iris (Hgg.), *„pathos". Konturen eines kulturwissenschaftlichen Grundbegriffs*, Bielefeld: transcript 2007.

—— / Därmann, Iris, „Einleitung", in: dies. (Hgg.), *„pathos". Konturen eines kulturwissenschaftlichen Grundbegriffs*, Bielefeld: transcript 2007, S. 7–31.

—— „Ansteckung und Widerfahrnis. Für eine Ästhetik des Pathischen", in: dies. / Iris Därmann (Hgg.), *„pathos". Konturen eines kulturwissenschaftlichen Grundbegriffs*, Bielefeld: transcript 2007, S. 51–73.

Büttner, Theodora / Werner, Ernst, *Circumcellionen und Adamiten, zwei Formen mittelalterlicher Häresie*, Berlin: Akademie-Verlag 1959.

Cabado, Trabado, *Poética y pragmática del discurso lírico. El cancionero pastoril de* La Galatea, Madrid: CSIC 2000.

Canavaggio, Jean (Hg.), *Histoire de la littérature espagnole*, Bd. I: *Moyen Age – XVIe siècle – XVIIe siècle*, Paris: Fayard 1993.

Carayon, Marcel, „Le Monde affectif de Garcilaso", in: *Bulletin Hispanique* 32:3 (1930), S. 246–253.

Carrasco Manchado, Ana Isabel, „Propaganda política en los panegíricos poéticos de los Reyes Católicos: una aproximación", in: *Anuario de Estudios Medievales* 25:2 (1995), S. 517–543.

Castro, Américo, La Celestina *como contienda literaria. Castas y casticismos*, Madrid: Revista de Occidente 1965.

Castro Caridad, Eva, „El arte escénico en la Edad Media", in: Javier Huerta Calvo (Hg.), *Historia del teatro español*, Madrid: Gredos 2003, S. 55–84.

Chambers, Ross, *Room for Maneuver. Reading the Oppositional in Narrative*, Chicago / London: Univ. of Chicago P. 1991.

Châtellier, Louis, „Die Erneuerung der Seelsorge und die Gesellschaft nach dem Konzil von Trient", in: Paolo Prodi / Wolfgang Reinhard (Hgg.), *Das Konzil von Trient und die Moderne*, Berlin: Duncker & Humblot 2001 (= Schriften des Italienisch-Deutschen Historischen Instituts in Trient, Bd. XVII), S. 107–123.

Chaunu, Pierre / Escamilla, Michèle, *Charles Quint*, Paris: Fayard 2000.

Chejne, Anwar G., *Historia de España musulmana*, Madrid: Cátedra 1999.

Chevalier, Maxime, „Le roman pastoral", in: Jean Canavaggio (Hg.), *Histoire de la littérature espagnole*, Bd. I: *Moyen Age – XVIe siècle – XVIIe siècle*, Paris: Fayard 1993, S. 406–413.

—— „*La Diana* de Montemayor y su público en la España del siglo XVI", in: Jean-François Botrel / Serge Salaün (Hgg.), *Creación y público en la literatura española*, Madrid: Castalia 1974, S. 40–55.

Chinchilla, Rosa Helena, „Juana of Austria: Courtly Spain and Devotional Expression", in: *Renaissance and Reformation / Renaissance et Réforme* 28:1 (2004), S. 21–33.

CLARK, Thomas, „Neo-Stoic Correctives to Neo-Platonic Love Affairs: Subversive Imitation of the Eclogues of Garcilaso de la Vega in Francisco de Sá de Miranda's *Alexo, Celia*, and *Andrés*", in: *Iberoromania* 96 (2022), S. 252–290.

CLOUGH, Patricia Ticineto, „Introduction", in: dies. / Jean Halley (Hgg.), *The Affective Turn. Theorizing the Social*, Durham / London: Duke UP 2007, S. 1–33.

COCKCROFT, Robert, *Rhetorical Affect in Early Modern Writing. Renaissance Passions Reconsidered*, Basingstoke u. a.: Palgrave Macmillan 2003.

COLONNELLI, Marco Valério Classe, „Cena de caracteres na épica arcaica e na tragédia grega clássica / Scene of characters in the archaic epic and classic greek tragedy", in: *Alea: Estudos Neolatinos* 19:3 (2017), S. 510–524.

COOPER, Helen, *Pastoral: Mediaeval into Renaissance*, Ipswich: Brewer 1977.

COPIER, Marinka, „Connecting Worlds. Fantasy Role-Playing Games, Ritual Acts and the Magic Circle", in: *Proceedings of DiGRA 2005 Conference: Changing Views – Worlds in Play. Digital Games Research Association (DiGRA)*, 2005, o. P. [gefunden in http://www.digra.org/wp-content/uploads/digital-library/06278.50594.pdf am 07.12.2020].

CORREA, Gustavo, „El templo de Diana en la novela de Jorge de Montemayor", in: *BICC* XVI (1961), S. 59–76.

CRAVENS, Sydney P., *Feliciano de Silva y los antecedentes de la novela pastoril en sus libros de caballerías*, Madrid: Castalia 1976.

CREVATIN, Giuliana, „Il pathos nella scrittura storica del Petrarca", in: *Rinascimento* 35 (1995), S. 155–171.

CRITCHLEY, Simon, „I Want to Die, I Hate My Life – Phaedra's Malaise", in: Rita Felski (Hg.), *Rethinking Tragedy*, Baltimore: The Johns Hopkins UP 2008, S. 170–195.

CROMPTON, Louis, *Homosexuality & Civilization*, Cambridge, Mass.: Belknap Press of Harvard UP 2003.

CROWLEY, Roger, *Empires of the Sea. The Final Battle for the Mediterranean, 1521–1580*, London: Faber and Faber 2008.

CRUZ, Anne J., „Juana of Austria. Patron of the Arts and Regent of Spain, 1554–59", in: dies. / Mihoko Suzuki (Hgg.), *The Rule of Women in Early Modern Europe*, Urbana / Chicago: Univ. of Illinois P. 2009, S. 103–122.

—— „Arms versus Letters: The Poetics of War and the Career of the Poet in Early Modern Spain", in: Patrick Cheney / Frederick A. de Armas (Hgg.), *European Literary Careers: The Author from Antiquity to the Renaissance*, Toronto: Univ. of Toronto P. 2002, S. 186–205.

—— „Self-Fashioning in Spain: Garcilaso de la Vega", in: *Romanic Review* 83:4 (1992), S. 517–538.

CULL, John T., „Androgyny in the Spanish Pastoral Novels", in: *Hispanic Review* 59 (1989), S. 317–334.

CURTIUS, Ernst Robert „Antike Rhetorik und Vergleichende Literaturwissenschaft“, in: *Comparative Literature* 1:1 (1949), S. 24–43.

—— „Die Ideallandschaft“, in: ders., *Europäische Literatur und lateinisches Mittelalter*, Bern: Francke 1948, S. 191–209.

—— *Europäische Literatur und lateinisches Mittelalter*, Bern: Francke 1948.

—— „Theologische Poetik im italienischen Trecento“, in: *Zeitschrift für romanische Philologie* 60:1 (1940), S. 1–15.

DACHSELT, Rainer, *Pathos: Tradition und Aktualität einer vergessenen Kategorie der Poetik*, Heidelberg: Winter 2003.

DADSON, Trevor, „From Voice to Silence: Orpheus and the Epitaph in Garcilaso and Camoes“, in: *Portuguese Studies* 21 (2005), S. 101–111.

DÄLLENBACH, Lucien *Le Récit spéculaire : Essai sur la mise en abyme*, Paris: Seuil 1977.

DAMIANI, Bruno Mario / MUJICA, Barbara (Hgg.), *Et in Arcadia ego. Essays on Death in the Pastoral Novel*, Lanham / London: UP of America 1990.

—— „Sannazaro and Montemayor. Toward a comparative study of *Arcadia* and *Diana*“, in: ders. / Ruth El Saffar (Hgg.), *Studies in Honor of Elias Rivers*, Potomac: Scripta Humanistica 1989, S. 59–75.

—— *Jorge de Montemayor*, Rom: Bulzoni 1984.

—— „Journey to Felicia: *La Diana* as pilgrimage. A study in symbolism“, in: *Bibliothèque d'Humanisme et Renaissance* 45:1 (1983), S. 59–76.

—— „Symbolism in Cervantes' *Galatea*“, in: *Romanistisches Jahrbuch* 34 (1983), S. 287–307.

—— „Et in Arcadia Ego: Death in *La Diana* of Jorge de Montemayor“, in: *Revista Canadiense de Estudios Hispánicos* VIII (1983), S. 1–19.

DARST, David H., „Renaissance Platonism and the Spanish Pastoral Novel“, in: *Hispania* 52:3 (1969), S. 384–392.

DE ARMAS, Frederick A., „Embracing Hercules / Enjoying Ganymede: The Homoerotics of Humanism in Góngora's *Soledad primera*“, in: *Caliope, Journal of the Society for Renaissance and Baroque Hispanic Poetry* 8:1 (2002), S. 125–140.

DECKER, Frances L. „The Epic 'Scene', Scenic Representation and Visual Ambiguity in Gottfried's 'Tristan'“, in: *German Studies Review* 4:3 (1981), S. 345–361.

DE LOPE, Monique, „L'Oracle et le simulacre : histoire et épopée dans la pastorale (Garcilaso de la Vega, Églogue II, v. 1041–1841)“, in: *Poésie castillane de la fin du Moyen Âge au début du Siècle d'Or. Laberinto de Fortuna – Juan de Mena. Poesías castellanas completas – Garcilaso de la Vega*, hg. v. Jeanne Battesti Pelegrin, Paris: Éd. du Temps 1997, S. 208–223.

—— „Discursos literarios y discurso social en Juan del Encina“, in: *Literatura Hispánica. Reyes Católicos y Descubrimientos*, Barcelona: PPU 1989, S. 359–365.

—— „L'Églogue et la cour. Essai d'analyse des rapports de l'écriture théâtrale et de la fête chez Juan del Encina“, in: Collectif (Hg.), *La fête et l'écriture. Théâtre de cour,*

Cour-Théâtre en Espagne et en Italie, 1450–1540, Aix-en-Provence: Univ. de Provence 1987, S. 133–149.

Deluermoz, Quentin / Fureix, Emmanuel / Mazurel, Hervé / Oualdi, M'Hamed, „Écrire l'histoire des emotions, de l'objet à la catégorie d'analyse", in: *Revue d'histoire du XIX siècle* 47 (2013), S. 155–189.

De Man, Paul, *Allegories of Reading. Figural Language in Rousseau, Nietzsche, Rilke, and Proust*, New Haven: Yale UP 1979.

Denis, Delphine, *Lire* L'Astrée, Paris: PUPS 2008.

Del Río, Alberto, „Figuras al margen: Algunas notas sobre ermitaños, salvajes y pastores en tiempos de Juan del Encina", in: Javier Guijarro Ceballos (Hg.), *Humanismo y literatura en tiempos de Juan del Encina*, Salamanca: Ed. Univ. de Salamanca 1999, S. 147–161.

—— „Del caballero medieval al cortesano renacentista. Un itinerario por los libros de caballerías", in: *Actas do IV Congresso da AHLM*, Bd. II, Lissabon: Cosmos 1993, S. 73–80.

Del Río, Ángel, *Historia de la literatura española*, Bd. I: *Desde los orígenes hasta 1700*, New York: Dryden 1948.

Derrida, Jacques, *Passions*, Paris: Galilée 1993.

Deyermond, Alan D., „El hombre salvaje en la ficción sentimental", in: ders., *Tradiciones y puntos de vista en la ficción sentimental*, México: Universidad Nacional Autónoma de México 1993, S. 17–42.

Díaz-Plaja, Fernando, *La historia de España en sus documentos: El Siglo XVI*, Madrid: Instituto de Estudios Políticos 1958.

Didi-Huberman, Georges, *L'Image survivante. Histoire de l'art et temps des fantômes selon Aby Warburg*, Paris: Minuit 2002.

Dimock, Wai Chee, „A Theory of Resonance", in: *Publications of the Modern Language Association* 112:5 (1997), S. 1060–1071.

Domínguez Casas, Rafael, *Arte y etiqueta de los Reyes Católicos: artistas, residencias, jardines y bosques*, Madrid: Alpuerto 1993.

Effe, Bernd, *Die Genese einer literarischen Gattung: Die Bukolik*, Konstanz: Universitätsverlag Konstanz 1977.

Elias, Norbert, *Die höfische Gesellschaft. Untersuchungen zur Soziologie des Königtums und der höfischen Aristokratie* [1969], Frankfurt / Main: Suhrkamp 2002.

—— *Über den Prozess der Zivilisation. Soziogenetische und psychogenetische Untersuchungen* [1939], 2 Bde., Frankfurt / Main: Suhrkamp 1976.

Elliott, John H., *Imperial Spain 1469–1716*, London: Penguin 1990.

El Saffar, Ruth, „*La Galatea*: The Integrity of the Unintegrated Text", in: Manuel Criado de Val (Hg.), *Cervantes. Su obra y su mundo*, Madrid: EDI-6 1981, S. 345–353.

—— „Structural and Thematic Discontinuity in Montemayor's *Diana*", in: *Modern Language Notes* 86 (1971), S. 182–198.

ELSLANDE, Jean Pierre van, *L'Imaginaire pastoral du XVIIe siècle : 1600–1650*, Paris: PUF 1999.

EMPSON, William, *Some Versions of Pastoral*, New York: New Directions 1974.

ENENKEL, Karl A. E. / TRANINGER, Anita, „Introduction: The Figure of the Nymph in Early Modern Culture", in: dies. (Hgg.), *The Figure of the Nymph in Early Modern Culture*, Leiden / Boston: Brill 2018, S. 1–12.

ETTENHUBER, Russ, „'Tears of Passion' and 'Inordinate Lamentation': Complicated Grief in Donne and Augustine", in: Brian Cummings / Freya Sierhuis (Hgg.), *Passions and Subjectivity in Early Modern Culture*, Farnham: Ashgate 2013, S. 201–216.

FABER, Richard, *Politische Idyllik. Zur sozialen Mythologie Arkadiens*, Stuttgart: Klett 1977.

FANTHAM, Elaine, „L'Emploi de l'*éthos* et du *pathos* chez Virgile", in: François Cornilliat / Richard Lockwood (Hgg.), *Éthos et pathos. Le statut du sujet rhétorique*, Paris: Champion 2000, S. 165–175.

FANTONI, Marcello, „The City of the Prince: Space and Power", in: ders. / George Gorse / Malcolm Smuts (Hgg.), *The Politics of Space: European Courts ca. 1500–1750*, Roma: Bulzoni 2009, S. 39–57.

FELMAN, Shoshana, *Le Scandale du corps parlant*, Paris: Seuil 1980.

FELSKI, Rita, *The Limits of Critique*, Chicago / London: Chicago UP 2015.

FERNÁNDEZ, Luis Gil, *Panorama social del humanismo español (1500–1800)*, Madrid: Alhambra 1981.

FERNÁNDEZ ÁLVAREZ, Manuel, *Felipe II y su tiempo*, Madrid: Espasa 1998.

FERNÁNDEZ-CAÑADAS DE GREENWOOD, Pilar, *Pastoral Poetics. The Uses of Conventions in Renaissance Pastoral Romances* – Arcadia, La Diana, La Galatea, L'Astrée, Madrid: José Porrúa Turanzas 1983.

FERNÁNDEZ-CIFUENTES, María Ángeles, *Tradición e innovación en las* Novelas a Marcia Leonarda *de Lope de Vega*, New York: Peter Lang 2013.

FERNÁNDEZ-MORERA, Darío, *The Lyre and the Oaten Flute: Garcilaso and the Pastoral*, London: Tamesis 1982.

—— „Garcilaso's Second Eclogue and the Literary Tradition", in: *Hispanic Review* 47:1 (1979), S. 37–53.

FERRETTI, Victor, Bucolica mente. *Zu Diskursivität und Medialität romanischer Bukolik in früher Neuzeit*, Kiel: CERES 2017 (= Studia Romanica Chiloniensia, Bd. 1).

—— „Pastoralidad plural(izada). En torno a la polifonía en *La Galatea* (1585)", in: Folke Gernert / Javier Gómez-Montero / Florence Serrano (Hgg.), *Del pensamiento al texto. Textualización del saber en el Renacimiento español*, Vigo: Academia Editorial del Hispanismo 2013 (= Bibliotheca Humanistica Chiloniensis, Bd. I), S. 61–83.

—— „Dianoëtische Hirten. Zum Verhältnis von Bukolik und *téchne* bei Cervantes", in: Thorsten Burkard / Markus Hundt / Steffen Martus / Claus-Michael Ort (Hgg.),

Politik – Ethik – Poetik. Diskurse und Medien frühneuzeitlichen Wissens, Berlin: De Gruyter 2011 (= Diskursivierung von Wissen in der frühen Neuzeit, Bd. I), S. 247–264.

Filipczak, Zirka Z., „Poses and Passions: Mona Lisa's 'Closely Folded' Hands", in: Gail Kern Paster / Katherine Rowe / Mary Floyd-Wilson (Hgg.), *Reading the Early Modern Passions. Essays in the Cultural History of Emotion*, Philadelphia: Univ. of Pennsylvania P. 2004, S. 68–88.

Finiello, Concetta, „Lucans Erictho in der spanischen Literatur des *Siglo de Oro*", in: Christine Walde (Hg.), *Lucans* Bellum Civile. *Studien zum Spektrum seiner Rezeption von der Antike bis ins 19. Jahrhundert*, Trier: Wiss. Verl. Trier 2009, S. 175–220.

Finello, Dominick L., *The Evolution of the Pastoral Novel in Early Modern Spain*, Tempe: Arizona Center for Medieval and Renaissance Studies 2008.

—— *Pastoral Themes and Forms in Cervantes's Fiction*, Lewisburg: Bucknell UP 1994.

Folger, Robert, *Writing as Poaching. Interpellation and Self-Fashioning in Colonial* Relaciones de Méritos y Servicios, Leiden: Brill 2011.

—— *Escape from the Prison of Love: Caloric Identities and Writing Subjects in Fifteenth-Century Spain*, Newark, Chapel Hill: Univ. of North Carolina 2009.

—— *Images in Mind. Lovesickness, Spanish Sentimental Fiction &* Don Quijote, Chapel Hill: Univ. of North Carolina 2002.

Forcione, Alban K., *Majesty and Humanity. Kings and Their Doubles in the Political Drama of the Spanish Golden Age*, New Haven / London: Yale UP 2009.

Fortenbaugh, William W., *Aristotle on Emotion. A Contribution to Philosophical Psychology, Rhetoric, Poetics, Politics and Ethics*, London: Duckworth ²2002.

Fosalba, Eugenia, „Versión oficial de la Jornada de Túnez y desvío afectivo en el soneto XXXIII de Garcilaso", in: Antonio Sánchez Jiménez (Hg.), *La poesía de ruinas en el Siglo de Oro*, Madrid: Visor 2019, S. 73–99.

—— *La* Diana *en Europa: ediciones, traducciones e influencias*, Barcelona: Ed. Universidad Autónoma 1994.

Foster, Hal, „The Expressive Fallacy", in: Art in America Jan. (1983), S. 80–84 u. 137.

Foucault, Michel, *Hermeneutik des Subjekts. Vorlesungen am Collège de France (1981/82)*, Frankfurt / Main: Suhrkamp 2009.

—— „Le Sujet et le pouvoir" [1982], in: ders., *Dits et écrits*, Bd. II, 1976–1988, Paris: Gallimard 2001, S. 1041–1062.

—— *Dits et écrits*, 2 Bde., hg. v. Daniel Defert u. François Ewald, Paris: Gallimard 2001.

—— „Technologien des Selbst", in: Luther H. Martin u. a. (Hgg.), *Technologien des Selbst*, Frankfurt / Main: S. Fischer 1993, S. 24–62.

—— „Die politische Technologie der Individuen", in: Luther H. Martin u. a. (Hgg.), *Technologien des Selbst*, Frankfurt / Main: S. Fischer 1993, S. 168–187.

—— *Die Sorge um sich. Sexualität und Wahrheit 3*, Frankfurt / Main: Suhrkamp 1986.

—— *Die Ordnung der Dinge. Eine Archäologie der Humanwissenschaft* [1966], Frankfurt / Main: Suhrkamp 1974.

FRAENKEL, Eduard, „Lucan als Mittler des antiken Pathos“, in: Werner Rutz (Hg.), *Lucan*, Darmstadt: Wissenschaftliche Buchgesellschaft 1970, S. 15–49 [zuerst in: *Vorträge der Bibliothek Warburg (1924–1925)*, hg. v. Fritz Saxl, Leipzig / Berlin: Teubner 1927, S. 229–257].

FRANK, Susi K. / RUHE, Cornelia / SCHMITZ, Alexander, „Jurij Lotmans Semiotik der Übersetzung“, in: Jurij Lotman, *Die Innenwelt des Denkens. Eine semiotische Theorie der Kultur*, übers. v. Gabriele Leupold u. Olga Radetzkaja, Berlin: Suhrkamp 2010, S. 383–416.

FREUD, Sigmund, „Jenseits des Lustprinzips“ [1920], in: ders., *Das Ich und das Es. Metapsychologische Schriften*, Frankfurt / Main: Fischer Taschenbuch 2007, S. 191–249.

—— *Das Unbehagen in der Kultur und andere kulturtheoretische Schriften*, Frankfurt / Main: Fischer Taschenbuch 2004.

—— „Zur Einführung des Narzißmus“ [1914], in: ders., *Psychologie des Unbewussten*, Frankfurt / Main: S. Fischer 1971 (= Studienausgabe, Bd. III), S. 37–68.

FRIEDLEIN, Roger / POPPENBERG, Gerhard / VOLMER, Annett (Hgg.), *Arkadien in den romanischen Literaturen*, Heidelberg: Winter 2008.

—— „Die Kraft der Poesie – zur Inszenierung erotischer und heroischer Dichtung in Garcilasos *Égloga II* und Camões' *Os Lusíadas*, IX–X“, in: ders. / Gerhard Poppenberg / Annett Volmer (Hgg.), *Arkadien in den romanischen Literaturen*, Heidelberg: Winter 2008, S. 237–254.

FRIEDRICH, Hugo, *Epochen der italienischen Lyrik*, Frankfurt / Main: Klostermann 1964.

FRIES, Thomas, „Das Kippen der Figuren. Auerbach, Baudelaire, Nietzsche, Keller“, in: Hans-Georg von Arburg / Marie Theres Stauffer (Hgg.), *Kippfiguren / Figures réversibles*, Köln u. a.: Böhlau 2012 (= Figurationen. Gender Literatur Kultur, Bd. XIII:II), S. 26–46.

GABRIEL, Gottfried, *Fiktion und Wahrheit: Eine semantische Theorie der Literatur*, Stuttgart: Frommann-Holzboog 1975.

GANDOULPHE, Pascal, „L'Espagne impériale de Garcilaso : le temps des défis“, in: *Poésie castillane de la fin du Moyen Âge au début du Siècle d'Or. Laberinto de Fortuna – Juan de Mena. Poesías castellanas completas – Garcilaso de la Vega*, hg. v. Jeanne Battesti Pelegrin, Paris: Éd. du Temps 1997, S. 157–173.

GARBER, Klaus, *Arkadien. Ein Wunschbild der europäischen Literatur*, München: Fink 2009.

—— (Hg.), *Europäische Bukolik und Georgik*, Darmstadt: Wissenschaftliche Buchgesellschaft 1976.

GARBER, Marjorie, *Vested Interests: Cross-dressing and Cultural Anxiety*, New York: Routledge 1993.

GARCIA, Marie-José, „L'infante Jeanne d'Autriche, princesse de Portugal, régente en Espagne pendant l'interrègne de Charles Quint à Philippe II“, in: *e-Spania* 5 (2008), o. P. [gefunden in http://e-spania.revues.org/11683 am 25.09.2016].

García Berrio, Antonio, *Introducción a la poética clasicista: Comentario a las* Tablas poéticas *de Cascales*, Madrid: Taurius 2006.

García Carcedo, Pilar, *La Arcadia en el* Quijote. *Originalidad en el tratamiento de los seis episodios pastoriles*, Bilbao: Beitia 1996.

García de la Concha, Victor, „Dramatizaciones litúrgicas pascuales de Aragón y Castilla en la Edad Media", in: Manuel Alvar u. a. (Hgg.), *Homenaje a don José María Lacarra de Miguel*, Bd. V, Zaragoza: Anubar 1977, S. 153–175.

Garcia de Diego, Vicente, „Nebrija y la latinidad", in: *Revista Nacional de Educación* 41 (1944), S. 29–43.

García Galiano, Ángel, „Relectura de la *Égloga II*", in: *Revista de literatura* 123 (2000), S. 19–40.

Gargano, Antonio, „'Las estrañas virtudes y hazañas de los hombres'. Épica y panegírico en la *Égloga Segunda* de Garcilaso de la Vega", in: *Criticón* 115 (2012), S. 11–43.

Gerhardt, Mia Irene Gerhard, *Essai d'anaylse littéraire de la pastorale dans les littératures italienne, espagnole et française*, Assen: Van Assen 1950.

Geisler, Eberhard, *Geld bei Quevedo: Zur Identitätskrise der spanischen Feudalgesellschaft im frühen 17. Jahrhundert*, Frankfurt / Main u. a.: Lang 1981.

Genette, Gérard, „Introduction à l'architexte", in: ders. / Hans Robert Jauss / Jean-Marie Schaeffer (Hgg.), *Théorie des genres*, Paris: Seuil 1986, S. 89–159.

—— *Figures I–III*, Paris: Seuil 1966–1972.

George, Edward W., „Rhetoric in Vives", in: Antonio Mestre (Hg.), *Ioannis Lodovici Vivis Valentini Opera omnia*, Bd. I, Valencia: Alfons el Magnànim 1992, S. 113–177.

Gerstner, Jan / Heller, Jakob C. / Schmitt, Christian (Hgg.), *Handbuch Idylle. Traditionen – Verfahren – Theorien*, Stuttgart: J. B. Metzler Verlag 2022.

Gess, Nicola, *Staunen. Eine Poetik*, Göttingen: Wallstein 2019.

Gessmann, Martin, „Pathos / pathetisch", in: *Ästhetische Grundbegriffe*, hg. v. Karlheinz Barck, Martin Fontius u. Wolfgang Thierse, Bd. IV, Stuttgart / Weimar: Metzler 2010, S. 724–739.

Giavarini, Laurence, *La Distance pastorale. Usages politiques de la représentation des bergers (XVIe–XVIIe siècles)*, Paris: Vrin 2010.

—— „Exemples de corps: Les lieux du sommeil dans *L'Astrée*", in: *Camenae* 5 (2008), o. P. [https://lettres.sorbonne-universite.fr/sites/default/files/media/2020-06/15_giavarini.pdf am 01.09.2014].

Gil Fernández, Luis, *Panorama social del humanismo español (1500–1800)*, Madrid: Tecnos 1997.

Gill, Christopher, „The Ethos / Pathos Distinction in Rhetorical and Literary Criticism", in: *Classical Quarterly* NS 34:1 (1984), S. 149–166.

Gillet, Joseph E., „Égloga hecha por Francisco de Madrid (1495?)", in: *Hispanic Review* 4 (1943), S. 275–303.

Girard, René, *La Violence et le sacré*, Paris: Grasset 1979.

GÖDDE, Susanne, „Pathos in der griechischen Tragödie", in: Martin von Koppenfels / Cornelia Zumbusch (Hgg.), *Handbuch Literatur & Emotionen*, Berlin / Boston: De Gruyter 2016, S. 209–243.

GOLDIE, Peter, *The Mess Inside*, Oxford: Oxford UP 2012.

GÓMEZ, Jesús, „Amoebean Songs, from Garcilaso to Góngora", in: *Revista de literatura* 160 (2018), S. 361–384.

GÓMEZ BEDATE, Pilar, „Felismena y doña Juana, princesa de Portugal: Una hipótesis para los enigmas de la *Diana* de Jorge de Montemayor", in: *Revista Salina* 16 (2002), S. 79–90.

GÓMEZ MORENO, Ángel, „La ventura de la *Égloga III* de Garcilaso: un planto en una bucólica", in: *EHumanista*, 26 (2014), S. 667–679.

—— „La teoría teatral en la Edad Media", in: Javier Huerta Calvo (Hg.), *Historia del teatro español*, Madrid: Gredos 2003, S. 85–108.

GOODWYN, Frank, „Garcilaso de la Vega, Representative in the Spanish Cortes", in: *Modern Language Notes* 82 (1967), S. 225–229.

GÖRLING, Reinhold, „Cross-dressing in Arcadia: Selbsterfahrung und Geschlechtlichkeit in der *Diana* von Montemayor", in: Wolfgang Matzat / Bernhard Teuber (Hgg.), *Welterfahrung – Selbsterfahrung. Konstitution und Verhandlung von Subjektivität in der spanischen Literatur der Frühen Neuzeit*, Tübingen: Niemeyer 2000, S. 95–106.

GRABMANN, Martin, *Mittelalterliche lateinische Aristotelesübersetzungen und Aristoteleskommentare in Handschriften spanischer Bibliotheken*, München: Verl. der Bayer. Akad. der Wiss. 1928.

GRAF, Eric Clifford, „From Scipio to Nero to the Self: The Exemplary Politics of Stoicism in Garcilaso de la Vega's Elegies", in: *Publications of the Modern Language Association* 116:5 (2001) S. 1316–1333.

GREENE, Roland, *Unrequited Conquests. Love and Empire in the Colonial Americas*, Chicago: Univ. of Chicago P. 1999.

GREGG, Melissa / SEIGWORTH, Gregory J. (Hgg.), *The Affect Theory Reader*, Durham / London: Duke UP 2010.

—— / SEIGWORTH, Gregory J., „An Inventory of Shimmers", in: dies. (Hgg.), *The Affect Theory Reader*, Durham / London: Duke UP 2010, S. 1–25.

GREIMAS, Algirdas J, *Strukturale Semantik. Methodologische Untersuchungen*, Braunschweig: Vieweg 1971.

GRIHL, *Écriture et action. XVIIe–XIXe siècle, une enquête collective*, Paris: Éd. EHESS 2016.

GRIMM, Hartmut, „Affekt", in: *Ästhetische Grundbegriffe*, Bd. I, hg. v. Karlheinz Barck, Martin Fontius u. Wolfgang Thierse, Stuttgart / Weimar: Metzler 2000, S. 16–49.

GRIMM, Reinhold R., „Arcadia und Utopia. Interferenzen im neuzeitlichen Hirtenroman", in: Wilhelm Voßkamp (Hg.), *Utopieforschung. Interdisziplinäre Studien zur neuzeitlichen Utopie*, Frankfurt / Main: Metzler 1985, S. 82–100.

GROSSBERG, Lawrence, „Affect's Future: Rediscovering the Virtual in the Actual“, in: Melissa Gregg / Gregory J. Seigworth (Hgg.), *The Affect Theory Reader*, Durham / London: Duke UP 2010, S. 309–338.

—— „Is There a Fan in the House?: The Affective Sensibility of Fandom“, in: *The Adoring Audience. Fan Culture and Popular Media*, hg. v. Lisa A. Lewis, London / New York: Routledge 1992, S. 50–65.

—— *We Gotta Get Out of This Place: Popular Conservatism and Postmodern Culture*, New York: Routledge 1992.

GROSSI, Verónica, „Orden y violencia en Garcilaso“, in: *Romance Notes* 35:2 (1994), S. 187–196.

GUIDI, José, „Le Genre pastoral et son évolution dans le cadre des cours septentrionales italiennes (Mantoue, Ferrare, Urbin)“, in: Collectif (Hg.), *La fête et l'écriture. Théâtre de cour, Cour-Théâtre en Espagne et en Italie, 1450–1540*, Aix-en-Provence: Univ. de Provence 1987, S. 213–232.

—— „Thyrsis ou la cour transfigurée“, in: André Rochon (Hg.), *Ville et campagne dans la littérature italienne de la Reinassance*, Bd. II: *Le courtisan travesti (Sannazaro, Castiglione, Le Tasse, Les grottes médicéennes)*, Paris: Univ. de la Sorbonne Nouvelle 1977, S. 141–186.

GUIJARRO CEBALLOS, Javier (Hg.), *Humanismo y literatura en tiempos de Juan del Encina*, Salamanca: Ed. Univ. de Salamanca 1999.

GUMBRECHT, Hans-Ulrich, Eine *Geschichte der spanischen Literatur*, Frankfurt / Main: Suhrkamp 1990.

GUNDOLF, Friedrich, „Caesar. Geschichte seines Ruhms“, in: Werner Rutz (Hg.), *Lucan*, Darmstadt: Wissenschaftliche Buchgesellschaft 1970, S. 10–14 [zuerst in: *Caesar. Geschichte seines Ruhms*, Berlin: Georg Bondi 1934, S. 32–26].

GÜNTERT, Georges, „*La Galatea* als Erzählwerk: Wirrnisse der Liebe in labyrinthischer Verkettung“, in: Roger Friedlein / Gerhard Poppenberg / Annett Volmer (Hgg.), *Arkadien in den romanischen Literaturen*, Heidelberg: Winter 2008, S. 91–112.

GUTZWILLER, Kathryn J., *Theocritus' Pastoral Analogies. The Formation of a Genre*, Madison, Wis.: Univ. of Wisconsin P. 1991.

HAAGE, Bernhard D., „‚Amor hereos‘ als medizinischer Terminus technicus in der Antike und im Mittelalter“, in: Theo Stemmler (Hg.), *Liebe als Krankheit*, Tübingen: Narr 1990, S. 31–75.

HABER, Judith, *Pastoral and the Poetics of Self-Contradiction: Theocritus to Marvell*, Cambridge: Cambridge UP 1995.

HALPERIN, David M., *Before Pastoral. Theocritus and the Ancient Tradition of Bucolic Poetry*, New Haven: Yale UP 1983.

HAMACHER, Werner, „Lectio. De Mans Imperativ“, in: ders., *Entferntes Verstehen. Studien zu Philosophie und Literatur von Kant bis Celan*, Frankfurt / Main: Suhrkamp 1998, S. 151–194.

HAMON, Philippe, *Du Descriptif*, Paris: Hachette 1993.

HAN, Byung-Chul, *Psychopolitik. Neoliberalismus und die neuen Machttechniken*, Frankfurt / Main: S. Fischer 2014.

HARBSMEIER, Martin / MÖCKEL, Sebastian (Hgg.), *Pathos, Affekt, Emotion: Transformationen der Antike*, Frankfurt / Main: Suhrkamp 2009.

—— / MÖCKEL, Sebastian, „Antike Gefühle im Wandel. Eine Einleitung", in: dies. (Hgg.), *Pathos, Affekt, Emotion: Transformationen der Antike*, Frankfurt / Main: Suhrkamp 2009, S. 9–24.

HARDING, Jennifer / PRIBRAM, Deidre, „Losing our Cool? Following Williams and Grossberg on Emotions", in: *Cultural Studies* 18:6 (2004), S. 863–883.

HARRISON, Thomas Perrin Jr., „Shakespeare and Montemayor's *Diana*", in: *University of Texas Studies in English* 6 (1926), S. 72–120.

HATHAWAY, Robert L., *Love in the Early Spanish Theatre*, Madrid: Colección Scholar Plaza Mayor 1975.

HEGEL, Georg Wilhelm Friedrich, *Vorlesungen über die Ästhetik*, 3 Bde., Frankfurt / Main: Suhrkamp 1970.

HEIPLE, Daniel, *Garcilaso de la Vega and the Italian Renaissance*, University Park: The Pennsylvania State UP 1994.

HELGERSON, Richard, *A Sonnet from Carthage: Garcilaso de la Vega and the New Poetry of Sixteenth-Century Europe*, Philadelphia: Univ. of Pennsylvania P. 2007.

HEMPFER, Klaus W., „Intertextualität, Systemreferenz und Strukturwandel: Die Pluralisierung des erotischen Diskurses in der italienischen und französischen Renaissance-Lyrik (Ariost Bembo, Du Bellay, Ronsard)", in: Michael Titzmann (Hg.), *Modelle des literarischen Strukturwandels*, Tübingen: Niemeyer 1991.

HENNING RITTER, Hanns, „Pathosformel", in: *Historisches Wörterbuch der Philosophie*, hg. v. Joachim Ritter u. Karlfried Gründer, Bd. VII, Basel: Schwabe & Co. 2007, Sp. 201–203.

HERDING, Klaus / STUMPFHAUS, Bernhard (Hgg.), *Pathos, Affekt, Gefühl. Die Emotionen in den Künsten*, Berlin / New York: De Gruyter 2004.

HERNÁNDEZ-PECORARO, Rosilie, *Bucolic Metaphors. History, Subjectivity and Gender in the Early Modern Spanish Pastoral*, Chapel Hill: Univ. of North Carolina 2006.

HERRERO LLORENTE, Víctor-José, „Laso de Oropesa y su traducción de la *Farsalia*", in: *Revista de Archivos, Bibliotecas y Museos* 69:2 (1961), S. 751–773.

HIGHET, Gilbert, *The Classical Tradition: Greek and Roman Influences on Western Literature*, New York: Oxford UP 2015.

HITZER, Bettina, „Emotionsgeschichte – ein Anfang mit Folgen", in: *H-Soz-Kult* (23.11.2011), S. 1–80.

HOFFMEISTER, Gerhart, *Die spanische Diana in Deutschland. Vergleichende Untersuchungen zu Stilwandel und Weltbild des Schäferromans im 17. Jahrhundert*, Berlin: Erich Schmidt Verlag 1972.

Horst, Robert ter, „Poetry and Power in Garcilaso's *Égloga Primera*", in: *Revista de Estudios Hispánicos* 21 (1987), S. 1–10.

Houdard, Sophie, *Les Invasions mystiques : spiritualités, hétérodoxies et censures au début de l'époque moderne*, Paris: Belles Lettres 2008.

Huizinga, Johan, *Men and Ideas. History, the Middle Ages, the Renaissance*, Princeton: Princeton UP 1959.

—— *Das Problem der Renaissance* [1920] / *Renaissance und Realismus* [1929], Darmstadt: Wissenschaftliche Buchgesellschaft 1952.

—— *Herbst des Mittelalters. Studien über Lebens- und Geistesformen des 14. und 15. Jahrhunderts in Frankreich und den Niederlanden*, München: Frei Masken Verlag 1928.

Hurtado, Juan / De la Serna, Jiménez / González Palencia, Ángel, *Historia de la literatura española*, Madrid: Tip. de la Revista de Arch., Bibl. y Museos 1921.

Illouz, Eva, *Gefühle in Zeiten des Kapitalismus: Frankfurter Adorno-Vorlesungen*, Frankfurt / Main: Suhrkamp 2007.

Irigoyen-Garcia, Javier, *The Spanish Arcadia. Sheep Herding, Pastoral Discourse, and Ethnicity in Early Modern Spain*, Toronto u. a.: Univ. of Toronto P. 2014.

Iser, Wolfgang, *Das Fiktive und das Imaginäre. Perspektiven literarischer Anthropologie*, Frankfurt / Main: Suhrkamp 1993.

—— „Das Komische: ein Kipp-Phänomen", in: Wolfgang Preisendanz / Rainer Warning (Hgg.), *Das Komische*, München: Fink 1976 (= Poetik und Hermeneutik, Bd. VII), S. 398–402.

Iserloh, Erwin / Glazik, Josef / Jedin, Hubert, *Reformation, katholische Reform und Gegenreformation*, Freiburg u. a.: Herder 1967 (= Handbuch der Kirchengeschichte, Bd. IV).

Jakobson, Roman, „Linguistik und Poetik", in: ders., *Poetik. Ausgewählte Aufsätze 1921–1971*, Frankfurt / Main: Suhrkamp 1979, S. 83–121.

Jameson, Fredric, *The Political Unconscious. Narrative as a Socially Symbolic Act* [1981], London / New York: Routledge 2002.

—— *Signatures of the Visible*, London / New York: Routledge 1992.

—— „Third-World Literature in the Era of Multinational Capitalism", in: *Social Text* 15 (1986), S. 65–88.

Jarzebowski, Claudia / Kwaschik, Anne (Hgg.), *Performing Emotions. Interdisziplinäre Perspektiven auf das Verhältnis von Politik und Emotion in der Frühen Neuzeit und der Moderne*, Göttingen: V&R 2013.

Jauss, Hans Robert, „Entstehung und Strukturwandel der allegorischen Dichtung", in: Jürgen Beyer (Hg.), *Grundriß der romanischen Literaturen des Mittelalters*, Bd. VI.1, Heidelberg: Winter 1968, S. 146–244.

Jeanroy, Alfred, *La Poésie lyrique des Troubadours*, 2 Bde., Genf: Slatkine 1973.

Jedin, Hubert, *Geschichte des Konzils von Trient*, Bd. II, Freiburg i. Br.: Herder 1957.

JOHNSON, Carrol B., „*Amor-Aliqua Vincit*: Erotismo y amor en la *Diana*“, in: Luce López-Baralt / Francisco Márquez Villanueva (Hgg.), *Erotismo en las letras hispánicas. Aspectos, modos y fronteras*, México D.F.: Colegio de México 1995, S. 165–181.

—— „Montemayor's *Diana*: A Novel Pastoral“, in: *Bulletin of Hispanic Studies* 48 (1971), S. 20–35.

JONES, Joseph R., „Human Time in *La Diana*“, in: *Romance Notes* 10 (1968), S. 139–146.

JONES, Royston O., „Ariosto and Garcilaso“, in: *Bulletin of Hispanic Studies* 39:3 (1962), S. 153–164.

—— „The Idea of Love in Garcilaso's Second Eclogue“, in: *Modern Language Review* 46 (1951), S. 388–395.

JURADO DOMINGUEZ, Purificación, „*Égloga II*: Virgilio – Juan del Encina“, in: *Revista Digital Investigación y Educación* 28 (2007), o. P. [gefunden in http://ebookbrowse.com/Égloga-ii-virgilio-juan-del-encina-pdf-d47895554 am 24.10.2020].

JUSSEN, Bernhard, „*Dolor* und *Memoria*. Trauerriten, gemalte Trauer und soziale Ordnungen im späten Mittelalter“, in: Otto Gerhard Oexle (Hg.), *Memoria als Kultur*, Göttingen: Vandenhoeck & Ruprecht 1995, S. 207–252.

KAHN, Victoria, „The Passions and the Interests in Early Modern Europe: The Case of Guarini's *Il Pastor fido*“, in: Gail Kern Paster / Katherine Rowe / Mary Floyd-Wilson (Hgg.), *Reading the Early Modern Passions. Essays in the Cultural History of Emotion*, Philadelphia: Univ. of Pennsylvania P. 2004, S. 217–239.

KAMEN, Henry, „The Myth of an Empire“, in: ders., *Imagining Spain. Historical Myth & National Identity*, New Haven / London: Yale UP 2008, S. 96–125.

—— „The Myth of the Historic Nation“, in: ders., *Imagining Spain. Historical Myth & National Identity*, New Haven / London: Yale UP 2008, S. 1–37.

—— *The Disinherited. Exile and the Making of Spanish Culture*, New York u. a.: Harper 2007.

KANTOROWICZ, Ernst Hartwig, *The King's Two Bodies. A Study in Mediaeval Political Theology*, Princeton: Princeton UP 1997.

KAYSER, Wolfgang, *Das sprachliche Kunstwerk: Eine Einführung in die Literaturwissenschaft*, Bern / München: Francke 1963.

KEIGHTLEY, Ronald G., „Narrative Perspectives in Spanish Pastoral Fictions“, in: *Journal of the Australasian Universities Language and Literature Association* 44 (1975), S. 194–219.

KENISTON, Hayward, „*La Elegía I*“, in: Elias L. Rivers (Hg.), *La Poesía de Garcilaso. Ensayos críticos*, Barcelona: Ariel 1974, S. 163–175.

—— *Garcilaso de la Vega: A Critical Study of His Life and Works*, New York: Hispanic Society of America 1922.

KENNEDY, George A., *Classical Rhetoric and its Christian and Secular Tradition from Ancient to Modern Times*, Chapel Hill: Univ. of North Carolina 1980.

KENNEDY, Judith M., *A Critical Edition of Yong's Translation of George of Montemayor's* Diana *and Gil Polo's* Enamoured Diana, Oxford: Clarendon Press 1968.

KERN PASTER, Gail / ROWE, Katherine / FLOYD-WILSON, Mary (Hgg.), *Reading the Early Modern Passions. Essays in the Cultural History of Emotion*, Philadelphia: Univ. of Pennsylvania P. 2004.

—— / ROWE, Katherine / FLOYD-WILSON, Mary, „Introduction: Reading the Early Modern Passions", in: dies. (Hgg.), *Reading the Early Modern Passions. Essays in the Cultural History of Emotion*, Philadelphia: Univ. Of Pennsylvania P. 2004, S. 1–20.

KIBÉDI VARGA, Aron, „La Rhétorique des passions et les genres", in: *Jahrbuch Rhetorik* 6 (1987), S. 67–83.

KIDWELL, Carol, *Sannazaro and Arcadia*, London: Duckworth 1993.

KIRCHNER, Thomas, *L'Expression des passions. Ausdruck als Darstellungsproblem in der französischen Kunst und Kunsttheorie des 17. und 18. Jahrhunderts*, Mainz: P. von Zabern 1991.

KLICHE, Dieter, „Passion / Leidenschaft", in: *Ästhetische Grundbegriffe*, hg. v. Karlheinz Barck, Martin Fontius u. Wolfgang Thierse, Bd. IV, Stuttgart / Weimar: Metzler 2010, S. 684–724.

KNAPE, Joachim, „Rhetorischer Pathosbegriff und literarische Pathosnarrative", in: Cornelia Zumbusch (Hg.), *Pathos: Zur Geschichte einer problematischen Kategorie*, Berlin: Oldenbourg Akademieverlag 2010, S. 25–44.

—— „Gibt es Pathosformeln? Überlegungen zu einem Konzept von Aby M. Warburg", in: Wolfgang Dickhut / Stefan Manns / Norbert Winkler (Hgg.), *Muster im Wandel. Zur Dynamik topischer Wissensordnungen in Spätmittelalter und Früher Neuzeit*, Göttingen: V&R unipress 2008, S. 115–138.

KÖHLER, Erich, „Absolutismus und Schäferroman: Honoré d'Urfés *Astreé*" [1966], in: Klaus Garber (Hg.), *Europäische Bukolik und Georgik*, Darmstadt: Wissenschaftliche Buchgesellschaft 1976, S. 266–270.

—— „Wandlungen Arkadiens: die Marcela-Episode des *Don Quijote* (I, 11–14)" [1961], in: Klaus Garber (Hg.), *Europäische Bukolik und Georgik*, Darmstadt: Wissenschaftliche Buchgesellschaft 1976, S. 202–230.

—— *Ideal und Wirklichkeit in der höfischen Epik. Studien zur Form der frühen Artus- und Graldichtung*, Tübingen: Max Niemeyer 1956.

KOHRS, Klaus Heinrich, *Hector Berlioz' „Les Troyens". Ein Dialog mit Vergil*, Frankfurt / Main / Basel: Stroemfeld 2011.

KOHUT, Karl, „Die spanische Poetik zwischen Rhetorik und Historiographie", in: Heinrich F. Plett (Hg.), *Renaissance-Poetik / Renaissance Poetics*, Berlin / New York: De Gruyter 1994, S. 75–93.

KOLESCH, Doris, *Theater der Emotionen. Ästhetik und Politik zur Zeit Ludwigs XIV.*, Frankfurt / Main u. New York: Campus 2006.

KOMANECKY, Peter M., „Epic and Pastoral in Garcilaso's Eclogues“, in: *Modern Language Notes* 86:2 (1971), S. 154–166.

KONSTAN, David, „Haben Gefühle eine Geschichte?“, in: Martin Harbsmeier / Sebastian Möckel (Hgg.), *Pathos, Affekt, Emotion: Transformationen der Antike*, Frankfurt / Main: Suhrkamp 2009, S. 27–46.

KOPPENFELS, Martin von, *Immune Erzähler: Flaubert und die Affektpolitik des modernen Romans*, München: Fink 2007.

KRAJCZYNSKI, Jakub / RAPP, Christof, „Emotionen in der antiken Philosophie. Definitionen und Kataloge“, in: Martin Harbsmeier / Sebastian Möckel (Hgg.), *Pathos, Affekt, Emotion: Transformationen der Antike*, Frankfurt / Main: Suhrkamp 2009, S. 47–78.

KRAMER, Kirsten, „Frühneuzeitliche Räume des Visuellen: Zur Medialität des Spiegels in Garcilaso de la Vegas *Égloga II*“, in: Jörg Dünne / Hermann Doetsch / Roger Lüdeke (Hgg.), *Von Pilgerwegen, Schriftspuren und Blickpunkten: Raumpraktiken in medienhistorischer Perspektive*, Würzburg: Königshausen & Neumann 2004, S. 99–121.

KRASS, Andreas, „Freundschaft als Liebe. Antike *amicitia* und mittelalterliche Minne“, in: Karin Peters / Caroline Sauter (Hgg.), *Allegorien des Liebens. Liebe – Literatur – Lesen*, Würzburg: Königshausen & Neumann 2015, S. 59–82.

KRAUSS, Werner, „Der spanische Hirtenroman“, in: ders., *Werk und Wort. Aufsätze zur Literaturwissenschaft und Wortgeschichte*, Berlin / Weimar: Aufbau-Verlag 1972, S. 205–241.

—— „Die Kritik des Siglo de Oro am Ritter- und Schäferroman“, in: ders., *Gesammelte Aufsätze zur Literatur und Sprachwissenschaft*, Frankfurt / Main: Vittorio Klostermann 1949, S. 152–176.

KREMS, Eva-Bettina, „Nymphs Bathing in the King's Garden: La Granja de San Ildefonso and Caserta“, in: Karl A. E. Enenkel / Anita Traninger (Hgg.), *The Figure of the Nymph in Early Modern Culture*, Leiden/Boston: Brill 2018, S. 337–370.

KRISTEVA, Julia, *La Révolution du langage poétique*, Paris: Seuil 1974.

KROIS, John Michael, „Die Universalität der Pathosformeln. Der Leib als Symbolmedium“, in: Hans Belting / Dietmar Kamper / Martin Schulz (Hgg.), *Quel Corps? Eine Frage der Repräsentation*, München: Fink 2002, S. 295–307.

KUHN, Hugo, *Hartmann von Aue*, Darmstadt: Wissenschaftliche Buchgesellschaft 1973.

KÜPPER, Joachim, „(H)ER(E)OS. Petrarcas *Canzionere* und der medizinische Diskurs seiner Zeit“, in: *Romanische Forschungen* 111 (1999), S. 178–224.

KURZ, Gerhard, *Metapher, Allegorie, Symbol*, Göttingen: V&R 2004.

LACAN, Jacques, *Le Séminaire. Livre X : L'Angoisse (1962–1963)*, hg. v. Jacques-Alain Miller, Paris: Seuil 2004.

—— *Le Séminaire. Livre I : Les Écrits techniques de Freud (1953–1954)*, hg. v. Jacques-Alain Miller, Paris: Seuil 1975.

—— „Le stade du miroir comme formateur de la fonction du Je. Telle qu'elle nous est révélée dans l'expérience psychanalytique", in: ders., *Écrits*, Paris: Seuil 1966, S. 93–100.

LAMBERT, Ellen Zetzel, *Placing Sorrow: A Study of the Pastoral Elegy Convention from Theocritus to Milton*, Chapel Hill: Univ. of North Carolina P. 1976.

LANDWEER, Hilge / BAUM, Angelica (Hgg.), *Handbuch klassische Emotionstheorien von Platon bis Wittgenstein*, Berlin: De Gruyter 2012.

LANGER, Susanne K., *Feeling and Form. A Theory of Art developed from Philosophy in a New Key*, New York: Charles Scribner's Sons 1953.

LAPESA, Rafael, *La trayectoria poética de Garcilaso*, Madrid: Ed. Revista Occidente 1968.

LARSON, Jennifer: *Greek Nymphs: Myth, Cult, Lore*, Oxford: Oxford UP 2001.

LASPÉRAS, Jean-Michel, „Lope de Vega y el novelar: 'un género de escritura'", in: *Bulletin hispanique* 102:2 (2000), S. 411–428.

LATOUR, Bruno, „On Actor-Network Theory", in: *Soziale Welt* 47:4 (1996), S. 369–381.

LAUSBERG, Heinrich, *Handbuch der literarischen Rhetorik. Eine Grundlegung der Literaturwissenschaft*, München: Hueber 1960.

LAVOCAT, Françoise, „Playing Shepherd: Allegory, Fiction, Reality of Pastoral Games", in: Mathilde Skoie / Sonia Bjørnstad Velázquez (Hgg.), *Pastoral and the Humanities: Arcadia Re-Inscribed*, Exeter: Bristol Phoenix 2006, S. 65–77.

—— *Arcadies malheureuses. Aux origines du roman moderne*, Paris: Champion 1998.

LAWRANCE, Jeremy, „La tradición pastoril antes de 1530: Imitación clásica e hibridación romancista en la *Traslación de las Bucólicas de Virgilio* de Juan del Encina", in: Javier Guijarro Ceballos (Hg.), *Humanismo y literatura en tiempos de Juan del Encina*, Salamanca: Ed. Univ. de Salamanca 1999, S. 101–121.

LE GOFF, Jacques, *Phantasie und Realität des Mittelalters*, Stuttgart: Klett-Cotta 1990.

LEO, Russ, „Affective Physics: Affectus in Spinoza's *Ethica*", in: Brian Cummings / Freya Sierhuis (Hg.), *Passions and Subjectivity in Early Modern Culture*, Farnham: Ashgate 2013, S. 33–49.

LEONARD, Irving A., „One Man's Library, Manila, 1583", in: *Hispanic Review* 15 (1947), S. 84–100.

LEOPOLD, Stephan, „Espectros de la bucólica. Las narraciones babilónicas de María de Zayas", in: Arturo Álvarez Hernández / Irene M. Weiss (Hgg.), *Bukolik und Liebeselegie zwischen Antike und Barock / Bucólica y elegía erótica entre la Antigüedad y el Barroco*, Würzburg: Königshausen & Neumann 2017, S. 231–254.

—— „*Gender Trouble* und politische Phantasie in der spanischen Bukolik Früher Neuzeit: Montemayor, Cervantes, Góngora", in: Irene M. Weiss / Helmut Seng (Hgg.), *Bukoliasmos. Antike Hirtendichtung und neuzeitliche Transformationen*, Würzburg: Königshausen & Neumann 2016, S. 115–143.

—— *Liebe im Ancien Régime. Eros und Polis von Corneille bis Sade*, München: Fink 2014.

—— „Aeneas in Kastilien. Zur Typologie von Natur und Politik in Garcilasos II. Ekloge", in: Wolfgang Matzat / Gerhard Poppenberg (Hgg.), *Begriff und Darstellung der Natur in der spanischen Literatur der Frühen Neuzeit,* München: Fink 2012 (= Hispanistisches Kolloquium, Bd. IV), S. 249–272.

—— *Die Erotik der Petrarkisten. Poetik, Körperlichkeit und Subjektivität in romanischer Lyrik Früher Neuzeit,* München: Fink 2009.

—— „Der Tod der Daphne als Garcilasos poetisches Gründungsopfer. Frühneuzeitliche Kulturübertragung zwischen *fanum* und *profanum*", in: Wolfram Nitsch / Bernhard Teuber (Hgg.), *Zwischen dem Heiligen und dem Profanen. Religion, Mythologie und Weltlichkeit in der spanischen Literatur und Kultur der Frühen Neuzeit,* München: Fink 2008, S. 121–140.

—— „Eroberungsparodien – Schafe, Marionetten, Inseln und der Andere im *Don Quijote*", in: *Iberoromania* 61 (2005), S. 46–66.

LESSER, Arlene T., *La pastorela medieval hispánica, pastorelas y serranas galaico-portuguesas,* Vigo: Galaxta 1970.

LESSIG, Doris, *Ursprung und Entwicklung der spanischen Ekloge bis 1650* (*Mit Anhang eines Eklogenkataloges*), Genf: Droz 1962 (= Kölner romanistische Arbeiten, Bd. XXII).

LEYS, Ruth, „The Turn to Affect: A Critique", in: *Critical Inquiry* 37:3 (2011), S. 434–472.

LEWIS, C. S., *The Allegory of Love. A Study in Medieval Tradition* [1936], Oxford / London: Oxford UP 1953.

LINK-HEER, Ursula, „Facetten des Rousseauismus. Mit einer Auswahlbibliographie zu seiner Geschichte", in: *Zeitschrift für Literaturwissenschaft und Linguistik* 16:63 (1986), S. 127–165.

LONGEON, Claude (Hg.), *Le Genre pastoral en Europe du XVe au XVIIe siècle,* Saint-Etienne: Pubs. de l Univ. de Saint-Etienne 1980.

LÓPEZ BUENO, Begoña (Hg.), *La renovación poética del Renacimiento al Barroco,* Madrid: Síntesis 2006 (Historia de la Literatura Universal. Literatura Española).

—— „La égloga, género de géneros", in: dies. (Hg.), *La égloga. VI. Encuentro Internacional sobre poesía del Siglo de Oro,* Sevilla: Univ. de Sevilla 2002, S. 9–21.

—— (Hg.), *La égloga. VI. Encuentro Internacional sobre poesía del Siglo de Oro,* Sevilla: Univ. de Sevilla 2002.

LÓPEZ ESTRADA, Francisco, „Pastores en el *Quijote*", in: *Anales cervantinos* 37 (2005), S. 15–32.

—— / INFANTES, Víctor / HUERTA CALVO, Javier, *Bibliografía de los libros de pastores en la literatura española,* Madrid: Universidad Complutense 1984.

—— *Los libros de pastores en la literatura española,* Madrid: Gredos 1974.

—— „La epístola de Montemayor a Diego Ramírez Pagán (Una interpretación del desprecio por el cortesano en la *Diana*)", in: *Estudios dedicados a D. Ramón Menéndez*

Pidal, Bd. VI, Madrid: Consejo Superior de Investigaciones Científicas 1956, S. 387–406.

LÓPEZ MORALES, Humberto, „Juan del Encina y Lucas Fernández“, in: Javier Huerta Calvo (Hg.), *Historia del teatro español,* Madrid: Gredos 2003, S. 169–195.

LORENZO, Javier, „After Tunis: Petrarchism and Empire in the Poetry of Garcilaso de la Vega“, in: *Hispanófila* 141 (2004), S. 17–30.

LOTMAN, Jurij M., *Die Innenwelt des Denkens. Eine semiotische Theorie der Kultur,* übers. v. Gabriele Leupold u. Olga Radetzkaja, Berlin: Suhrkamp 2010.

—— *Die Struktur literarischer Texte,* übers. v. Rolf-Dietrich Keil, München: Fink ^{3}1989.

LUBBOCK, Percy, *The Craft of Fiction,* London: Bradford & Dickens 1955.

LUHMANN, Niklas, *Liebe als Passion. Zur Codierung von Intimität* [1982], Frankfurt / Main, Suhrkamp ^{4}1998.

LUMSDEN, Audrey, „Problems Connected with the Second Eclogue of Garcilaso de la Vega“, in: *Hispanic Review* 15:2 (1947), S. 251–271.

—— „Garcilaso de la Vega as a Latin Poet“, in: *The Modern Language Review* 42:3 (1947), S. 337–341.

LUNDBERG, Christian, *Lacan in Public. Psychoanalysis and the Science of Rhetoric,* Tuscaloosa: Univ. of Alabama P. 2012.

LUTZ, Catherine, *Unnatural Emotion. Everyday Sentiments on a Micronesian Atoll and Their Challenge to Western Theory,* Chicago: Univ. of Chicago P. 1988.

—— / WHITE, Geoffrey M., „The Anthropology of Emotions“, in: *Annual Review of Anthropology* 15 (1986), S. 405–436.

MCCALLISTER, Timothy A., „A Woodcut Retold: Visual Memory in Garcilaso's *Ode ad florem Gnidi*“, in: *Romance Quarterly* 67:2 (2020), S. 57–70.

MACDONALD, Ines, „La *égloga II* de Garcilaso“, in: Elias L. Rivers (Hg.), *La poesía de Garcilaso. Ensayos críticos,* Baltimore: Ariel 1974, S. 209–235.

MACÉ, Stéphane, *L'Éden perdu : la pastorale dans la poésie française de l'âge baroque,* Paris: Champion 2002.

MADELPUECH-TOUCHERON, Florence, „De l'image du Pouvoir au pouvoir de l'image : le sens de l'*ecphrasis* dans les *Églogues* de Garcilaso de la Vega (1533–1536)“, in: Marie Couton / Isabelle Fernandes / Christian Jérémie / Moniqu Venuat (Hgg.), *Pouvoirs de l'image aux XVe, XVIe et XVIIe siècles. Pour un nouvel éclairage sur la pratique des Lettres à la Renaissance,* Clermont-Ferrand: Presses Univ. Blaise-Pascal 2009, S. 97–114.

MAGER, Brigitte, *Imitatio im Wandel. Experiment und Innovation im Werk von Garcilaso de la Vega,* Tübingen: Narr 2003.

MAHLER, Andreas, „Vom Kode zum Zeichen zur Zeichnung. Barthes' Ordnungen des Wissens (am Beispiel der Liebe)“, in: Angela Oster / Karin Peters (Hgg.), *Jenseits der Zeichen. Roland Barthes und die Widerspenstigkeit des Realen,* München: Fink 2012, S. 101–113.

—— „Welt Modell Theater. Sujetbildung und Sujetwandel im englischen Drama der frühen Neuzeit“, in: *Poetica* 30 (1998), S. 1–45.

MALLINCKRODT, Rebekka von (Hg.), *Bewegtes Leben: Körpertechniken in der Frühen Neuzeit; Ausstellung der Herzog-August-Bibliothek Wolfenbüttel, in der Augusteerhalle, im Kabinett, im Globenkabinett und Malerbuchsaal vom 29. Juni bis 16. November 2008*, Wiesbaden: Harrassowitz 2008.

MANCINI, Guido, „Una veglia funebre profana: *La vigilia de la enamorada muerta* di Juan del Encina“, in: *Studi dell'Istituto Linguistico* 14 (1981), S. 187–202.

MARAVALL, José Antonio, *La cultura del barroco. Análisis de una estructura histórica* [1975], Barcelona: Ariel 2002.

—— *Las comunidades de Castilla. Una primera revolución moderna* [1963], Madrid: Revista de Occidente ²1970.

—— *Carlos V y el pensamiento político del Renacimiento*, Madrid: Instituto de Estudios Políticos 1960.

MARINELLI, Peter V., *Pastoral*, London: Methuen & Co Ltd 1971.

MARTÍNEZ-FALERO, Luis, „La teoría de la *inventio* en Antonio Llull“, in: *Rhetorica: A Journal of the History of Rhetoric* 19:4 (2001), S. 379–402.

MARTÍNEZ-LÓPEZ, Enrique, „Sobre ‘aquella bestialidad’ de Garcilaso (égl. III.230)“, in: *Publications of the Modern Language Association of America* 87:1 (1972), S. 12–25.

MASSUMI, Brian, „The Autonomy of Affect“, in: *Cultural Critique* 31:2 (1995), S. 83–109.

MATZAT, Wolfgang, „Wiesen, Felder, Bäche, Wälder: Ist das Natur? Überlegungen zur Naturkonzeption in spanischen Texten der Frühen Neuzeit“, in: Claudia Döring / Bettina Full / Karin Westerwelle (Hgg.), *Die Erfindung von Landschaft in Mittelalter und Renaissance*, Würzburg: Königshausen & Neumann 2023 (im Erscheinen).

—— „Frühneuzeitliche Kritik und Kontrolle der Affekte“, in: Giulia Agostini / Herle-Christin Jessen (Hgg.), *Pathos – Affektformationen in Kunst, Literatur und Philosophie. Festschrift zu Ehren von Gerhard Poppenberg*, Paderborn: Wilhelm Fink / Brill 2020, S. 493–519.

—— „Subjektivität im spanischen Schäferroman“, in: Roger Friedlein / Gerhard Poppenberg / Annett Volmer (Hgg.), *Arkadien in den romanischen Literaturen*, Heidelberg: Winter 2008, S. 21–39.

—— „Barocke Mythenparodie in Lope de Vegas *Arcadia*“, in: Wolfram Nitsch / Bernhard Teuber (Hgg.), *Zwischen dem Heiligen und dem Profanen. Religion, Mythologie, Weltlichkeit in der spanischen Literatur der frühen Neuzeit*, München: Fink 2008, S. 227–241.

—— „Liebe und Natur in Garcilasos Eklogen“, in: José Morales Saravia (Hg.), *Garcilaso de la Vega. Werk und Nachwirkung*, Frankfurt / Main: Vervuert 2004, S. 91–108.

—— „Frühneuzeitliche Subjektivität und das literarische Imaginäre. Vom Schäferroman zum *Don Quijote*“, in: ders. / Bernhard Teuber (Hgg.), *Welterfahrung –*

Selbsterfahrung. Konstitution und Verhandlung von Subjektivität in der spanischen Literatur der frühen Neuzeit, Tübingen: Niemeyer 2000, S. 345–361.

—— *Diskursgeschichte der Leidenschaft. Zur Affektmodellierung im französischen Roman von Rousseau bis Balzac*, Tübingen: Narr 1990.

MAUSS, Marcel, „Die Techniken des Körpers" [1935], in: ders., *Soziologie und Anthropologie*, Bd. II, Frankfurt / Main: Fischer 1989, S. 199–220.

MÁRQUEZ VILLANUEVA, Francisco, „Los joyeles de Felismena", in: *Revue de littérature comparée* 52:2 (1978), S. 157–178.

MCGEE, Michael Calvin, „A Materialist's Conception of Rhetoric", in: Ray E. McKerrow (Hg.), *Explorations in Rhetoric: Studies in Honor of Douglas Ehninger*, Glenview: Scott Foresman 1982.

MCKENDRICK, Melveena, *Theatre in Spain. 1490–1700*, Cambridge u. a.: Cambridge UP 1989.

MCNAIR, Alexander, „Reconsidering the Didacticism of Lope de Vega's *Arcadia*", in: *Romance Notes* 42 (2001), S. 97–105.

MCNAMER, Sarah, *Affective Meditation and the Invention of Medieval Compassion*, Philadelphia: Univ. of Pennsylvania P. 2010.

MCVAY JR., Ted E., „The Goddess Diana and the 'Ninfa degollada' in Garcilaso's *Égloga III*", in: *Hispanófila* 109 (1993), S. 19–31.

MEERHOFF, Kees, „La Passion du sujet : entre logique et littérature", in: François Cornilliat / Richard Lockwood (Hgg.), *Éthos et pathos. Le statut du sujet rhétorique*, Paris: Champion 2000, S. 107–118.

MEIER, Christel, „Überlegungen zum gegenwärtigen Stand der Allegorieforschung. Mit besonderer Berücksichtigung der Mischformen", in: *Frühmittelalterliche Studien* 10 (1976), S. 1–69.

MENÉNDEZ Y PELAYO, Marcelino, *Orígenes de la novela*, Bd. II: *Novelas sentimental, bizantina, histórica y pastoril* [1915], hg. v. Enrique Sánchez Reyes, Santander: Aldus 1943.

MEYER-KALKUS, Reinhart, „Pathos", in: *Historisches Wörterbuch der Philosophie*, hg. v. Joachim Ritter u. Karlfried Gründer, Bd. VII, Basel: Schwabe & Co. 2007, Sp. 193–199.

MEYER-SICKENDIEK, Burkhard, *Affektpoetik. Eine Kulturgeschichte literarischer Emotionen*, Würzburg: Königshausen & Neumann 2005.

MILLET, Olivier, „La ‹ leçon des émotions › : l'expression des passions et sa légitimité dans le Commentaire de Calvin sur les psaumes", in: Bernard Yon (Hg.), *La Peinture des passions de la Renaissance à l'Âge classique*, Saint-Etienne: Publications de l'Université de Saint-Etienne 1995, S. 169–184.

MOLDENHAUER, Benjamin, *Die Einverleibung der Gesellschaft. Der Körper in der Soziologie Pierre Bourdieus*, Köln: Papyrossa 2010.

MONTERO, Juan, „*La Clara Diana* (Épila, 1580) de fray Bartolomé Ponce y el canon pastoril", in: *Criticón* 61 (1994), S. 69–80.

MORENO BÁEZ, Enrique, „Prólogo“, in: Jorge de Montemayor, *Los siete libros de la Diana*, hg. v. Enrique Moreno Báez, Madrid / Valencia: Castalia 1955, S. XI–LIX.

MORROS, Bienvenido, „El tema de la guerra y de la caza en Garcilaso“, in: José María Díez Borque / Luís Ribot García Morros (Hgg.), *Garcilaso y su época: del amor y la guerra*, Madrid: Sociedad Estatal de Conmemoraciones Culturales 2003, S. 227–240.

MÜHLEISEN, Hans-Otto, „Weisheit – Tugend – Macht. Die Spannung von traditioneller Herrschaftsordnung und humanistischer Neubegründung der Politik im Spanien des 17. Jahrhunderts, nachgezeichnet am Beispiel von Andres Mendos Fürstenspiegel *Príncipe Perfecto*“, in: ders. / Theo Stammen (Hgg.), *Politische Tugendlehre und Regierungskunst. Studien zum Fürstenspiegel der Frühen Neuzeit*, Tübingen: Niemeyer 1990, S. 141–196.

MUJICA, Barbara L., *Iberian Pastoral Characters*, Berkeley: Univ. of California P. 1986 (= Scripta Humanistica, Bd. XXX).

—— „Allegory and the Neoplatonic Ideal: Jorge de Montemayor's *Siete libros de La Diana*“, in: dies., *Iberian Pastoral Characters*, Berkeley: Univ. of California P. 1986 (= Scripta Humanistica, Bd. XXX), S. 111–142.

MULSOW, Martin, „Exemplum und Affektenlehre bei Georg Stengel S. J.“, in: *Archiv für Kulturgeschichte* 73:2 (1991), S. 313–350.

MUÑOZ MEDRANO, María Cándida, „*Las fortunas de Diana* de Lope de Vega: análisis de los personajes“, in: *Espéculo. Revista de estudios literarios* 19 (2001), o. P.

NAGEL, Frank, „Garcilasos Landschaften. Poetologische und epistemologische Brüche in den *Églogas I* und *III*“, in: *Romanische Forschungen* 120:3 (2008), S. 307–328.

NAUTA, Ruurd, „Gattungsgeschichte als Rezeptionsgeschichte am Beispiel der Entstehung der Bukolik“, in: *Antike und Abendland* 36 (1990), S. 116–139.

NELTING, David, *Frühneuzeitliche Pluralisierung im Spiegel italienischer Bukolik*, Tübingen: Narr 2007.

NEUSCHÄFER, Hans-Jörg, *Spanische Literaturgeschichte*, unter Mitarbeit v. Sebastian Neumeister, Gerhard Poppenberg, Jutta Schütz u. Manfred Tietz, Stuttgart / Weimar: Metzler 1997.

NEWMARK, Catherine, *Passion – Affekt – Gefühl. Philosophische Theorien der Emotionen zwischen Aristoteles und Kant*, Hamburg: Meiner 2008.

NIETO SORIA, José Manuel, „La Realeza“, in: ders., (Hg.), *Orígenes de la monarquía española: propaganda y legitimación (ca. 1400–1520)*, Madrid: Dykinson 1999, S. 25–62.

—— „Les Miroirs des princes dans l'historiographie espagnole (couronne de Castille, XIIIe–XVe siècles) : tendances de la recherche“, in: Angela De Benedictis (Hg.), *Specula principum*, Frankfurt / Main: Vittorio Klostermann 1999, S. 193–207.

NIETZSCHE, Friedrich, *Jenseits von Gut und Böse. Zur Genealogie der Moral*, hg. v. Giorgio Colli u. Mazzino Montinari, München: DTV 1999 (= Sämtliche Werke. Kritische Studienausgabe in 15 Einzelbänden, Bd. V).

——*Die Geburt der Tragödie; Unzeitgemäße Betrachtungen*, hg. v. Giorgio Colli u. Mazzino Montinari, Berlin / New York: De Gruyter 1999 (= Sämtliche Werke. Kritische Studienausgabe in 15 Einzelbänden, Bd. I).

NOGALES RINCÓN, David, „Los espejos de príncipes en Castilla (siglos XIII–XV): un modelo literario de la realeza bajomedieval", in: *Revista de la Sociedad Española de Estudios Medievales* 16 (2006), S. 9–40.

NOLTING-HAUFF, Ilse, *Die Stellung der Liebeskasuistik im höfischen Roman*, Heidelberg: Winter 1959.

NOREÑA, Carlos G., *Juan Luis Vives y las emociones*, Valencia: Ajuntament de València 1992.

NOVO, Yolanda, „*Canté versos bucólicos / con pastoril zampoña, melancólicos*: formas y géneros del bucolismo lopiano en torno a *Rimas* [1604]", in: *Anuario Lope de Vega* 4 (1998), S. 253–281.

NUNES, José J., *Cantigas d'amigo dos trovadores galego-portugueses*, 3 Bde., Coimbra: Imprenta da Universidade 1926–28.

NÚÑEZ RIVERA, Valentín, „La poética pastoril de don Quijote (y de Cervantes): una latencia interrumpida", in: *Edad de Oro* 35 (2016), S. 57–72.

NUSSBAUM, Martha, *Love's Knowledge. Essays on Philosophy and Literature*, Oxford: Oxford UP 1990.

O'DONOGHUE, Samuel, „Pastoral Paratexts: The Political and the Lyrical in Garcilaso de la Vega and Pierre de Ronsard", in: *The Modern Language Review* 110:1 (2015), S. 1–27.

OESTREICH, Gerhard, *Neostoicism and the Early Modern State*, Cambridge: Cambridge UP 1982.

OHLY, Friedrich, „Vom geistigen Sinn des Wortes im Mittelalter", in: *Zeitschrift für deutsches Altertum* 89 (1958), S. 1–23.

OKSENBERG-RORTY, Amélie, „From Pathos to Emotions and Sentiments", in: *Philosophy* 57 (1982), S. 159–172.

O'MALLEY, John W., *Trent. What Happened at the Council*, Cambridge: The Belknap Press of Harvard UP 2013.

OTT, Brian, „Affect", in: *Oxford Research Encyclopedia of Communication* (2017) [gefunden in 10.1093/acrefore/9780190228613.013.56. am 30.07.2019].

—— / KEELING, Diane Marie, „Cinema and Choric Connection: *Lost in Translation* as Sensual Experience", in: *Quarterly Journal of Speech* 97:4 (2011), S. 363–386.

OTT, Michaela, *Affizierung. Zu einer ästhetisch-epistemischen Figur*, München: text + kritik 2010.

PAPAIOANNOU, Sophia, „Landscape Architecture on Pastoral Topography in Lucan's *Bellum Civile*", in: *Trends in Classics* 4:1 (2012), S. 73–110.

PARELLO, Vincent, „La apologética antijudía de Juan Luis Vives (1543)", in: *Mélanges de la Casa de Velázquez* 38:2 (2008), S. 171–187.

PARKER, Alexander A., *The Philosophy of Love in Spanish Literature*, Edinburgh: Edinburgh UP 1985.

—— „Tema y Imagen de la *Égloga I* de Garcilaso", in: Elias L. Rivers (Hg.), *La Poesía de Garcilaso. Ensayos críticos*, Barcelona: Ariel 1974, S. 197–208.

PARKER, Geoffrey, *The Grand Strategy of Philip II*, New Haven: Yale UP 1998.

PARRILLA, Carmen, „Encina y la ficción sentimental", in: Javier Guijarro Ceballos (Hg.), *Humanismo y literatura en tiempos de Juan del Encina*, Salamanca: Ed. Univ. de Salamanca 1999, S. 123–137.

PARRY, Adam, „The Two Voices of Virgil's *Aeneid*", in: *Arion: A Journal of Humanities and the Classics* 2 (1963), S. 66–80.

PATERSON, Alan K. G., „Ecphrasis in Garcilaso's *Égloga tercera*", in: *The Modern Language Review* 72:1 (1977), S. 73–92.

PENZKOFER, Gerhard, „Espacios cercanos y lejanos en el teatro de Juan del Encina", in: Eberhard Geisler (Hg.), *La representación del espacio en la literatura española del Siglo de Oro*, Barcelona: Anthropos 2013, S. 15–50.

—— „Das unsichtbare Subjekt. Lyrische Rolle und Subjektivität bei Garcilaso", in: José Morales Saravia (Hg.), *Garcilaso de la Vega. Werk und Nachwirkung*, Frankfurt / Main: Vervuert 2004, S. 133–168.

PÉREZ, Joseph, *Los comuneros*, Madrid: La Esfera de los Libros 2016.

—— *La revolución de las Comunidades de Castilla*, Madrid: Siglo XXI 1977.

PÉREZ PRIEGO, Miguel Ángel, „La égloga dramática", in: Begoña López Bueno (Hgg.), *La égloga. VI. Encuentro Internacional sobre Poesía del Siglo de Oro*, Sevilla: Univ. de Sevilla 2002, S. 77–90.

—— „Juan del Encina y el teatro de su tiempo", in: Javier Guijarro Ceballos (Hg.), *Humanismo y literatura en tiempos de Juan del Encina*, Salamanca: Ed. Univ. de Salamanca 1999, S. 139–145.

—— „Juan del Encina en busca de la comedia: la *Égloga de Plácida y Vitoriano*", in: Felipe B. Pedraza Jiménez / Rafael González Cañal (Hgg.), *Los albores del teatro español*, Ciudad Real: Universidad de Castilla-La Mancha 1995, S. 115–125.

PERLER, Dominik, *Transformationen der Gefühle. Philosophische Emotionstheorien 1270–1670*, Frankfurt / Main: S. Fischer 2011.

PERRY, Antony T., „Ideal Love and Human Reality in Montemayor's *La Diana*", in: *Publications of the Modern Language Association* 84:2 (1969), S. 227–234.

PETERS, Karin, „Europäische Schäferromane (Der spanische Hirtenroman zwischen Ideal und Desillusionierung / Aristokratisches Ethos im französischen Hirtenroman)", in: Jan Gerstner / Jakob C. Heller / Christian Schmitt (Hgg.), *Handbuch Idylle. Traditionen – Verfahren – Theorien*, Stuttgart: J. B. Metzler Verlag 2022, S. 81–86.

—— „Frühneuzeitliche Eklogendichtung der Romania", in: Jan Gerstner / Jakob C. Heller / Christian Schmitt (Hgg.), *Handbuch Idylle. Traditionen – Verfahren – Theorien*, Stuttgart: J. B. Metzler Verlag 2022, S. 93–97.

—— „Blödigkeit / Naivität", in: Jan Gerstner / Jakob C. Heller / Christian Schmitt (Hgg.), *Handbuch Idylle. Traditionen – Verfahren – Theorien*, Stuttgart: J. B. Metzler Verlag 2022, S. 363–366.

—— „Nymphe", in: Jan Gerstner / Jakob C. Heller / Christian Schmitt (Hgg.), *Handbuch Idylle. Traditionen – Verfahren – Theorien*, Stuttgart: J. B. Metzler Verlag 2022, S. 509–511.

—— „Im Teufelskreis des Affekts: (An-)ökonomische Zirkulationsstrukturen in *Paul et Virginie* und seinen Bearbeitungen für die Oper", in: Gesine Hindemith / Dagmar Stöferle (Hgg.), *Der Affekt der Ökonomie. Eine andere Poetik der Moderne von Rousseau bis Rancière*, Berlin / München / Boston: De Gruyter 2018 (= Mimesis. Romanische Literaturen der Welt), S. 191–224.

—— „De la Arcadia a Castilla: Juan de la Encina y la transformación 'patemática' de la égloga", in: Arturo Álvarez Hernández / Irene M. Weiss (Hgg.), *Bukolik und Liebeselegie zwischen Antike und Barock / Bucólica y elegía erótica entre la Antigüedad y el Barroco*, Würzburg: Königshausen & Neumann 2017, S. 203–229.

—— „Bukolische Divergenz und Spaniens weibliche Schattensouveräne. Zum Problem des Sujets in Jorge de Montemayors *Los siete libros de la Diana* (1559)", in: Irene M. Weiss / Helmut Seng (Hgg.), *Bukoliasmos. Antike Hirtendichtung und neuzeitliche Transformationen*, Würzburg: Königshausen & Neumann 2016, S. 85–113.

—— „Der ‚theatrale Grund' der Autorität. Rechtsgewalt und phobische Männlichkeit bei Lope de Vega", in: Gregor Schuhen / Uta Fenske (Hgg.), *Geschichte(n) von Macht und Ohnmacht. Männlichkeit und Gewalt*, Bielefeld: transcript 2016, S. 99–130.

—— / Sauter, Caroline (Hgg.), *Allegorien des Liebens: Liebe – Literatur – Lesen*, Würzburg: Königshausen & Neumann 2015.

—— „Die andere Allegorie: Sprechender und opaker Affekt in der spanischen Bukolik der Frühen Neuzeit" in: dies. / Caroline Sauter (Hgg.), *Allegorien des Liebens: Liebe – Literatur – Lesen*, Würzburg: Königshausen & Neumann 2015, S. 99–120.

—— „Arcadia goes Overseas. Pastoral and Planetary Consciousness in *Paul et Virginie* (1788)", in: Jernej Habjan / Fabienne Imlinger (Hgg.), *Globalizing Literary Genres. Literature, History, Modernity*, London / New York: Routledge 2015 (= Routledge Interdisciplinary Perspectives on Literature), S. 90–109.

—— „Der Lukrezia-Effekt. Homosoziale Gesellschaft und politische Mythologie in Lope de Vegas *Fuente Ovejuna*", in: *PhiN – Philologie im Netz* 67 (2014), S. 69–94.

—— / Oster, Angela (Hgg.), *Jenseits der Zeichen. Roland Barthes und die Widerspenstigkeit des Realen*, München: Fink 2012.

Petriconi, Hellmuth, „Das neue Arkadien" [1948], in: Klaus Garber (Hg.), *Europäische Bukolik und Georgik*, Darmstadt: Wissenschaftliche Buchgesellschaft 1976, S. 181–201.

Petronio, Giuseppe, *Geschichte der italienischen Literatur*, Bd. I, Tübingen: Francke 1992.

PETSCH, Robert, „Von der Szene zum Akt", in: *Deutsche Vierteljahrsschrift für Literaturwissenschaft und Geistesgeschichte* 11 (1933), S. 165–199.

—— „Epische Grundformen", in: *Germanisch-Romanische Monatsschrift* 16 (1928), S. 379–399.

PIERREHUMBERT, Janet B., *The Phonology and Phonetics of English Intonation*, Cambridge: MIT 1980.

PLAMPER, Jan, *Geschichte und Gefühl. Grundlagen der Emotionsgeschichte*, München: Siedler 2012.

PLESSNER, Helmuth, „Über das Welt-Umweltverhältnis des Menschen" [1950], in: ders., *Conditio humana*, Frankfurt / Main: Suhrkamp 1983 (= Gesammelte Schriften, Bd. VIII), S. 77–87.

—— *Lachen und Weinen. Eine Untersuchung nach den Grenzen menschlichen Verhaltens* [1941], Bern / München: Francke 1961.

PLETT, Heinrich F., „Gattungspoetik in der Renaissance", in: ders. (Hg.), *Renaissance-Poetik / Renaissance Poetics*, Berlin / New York: De Gruyter 1994, S. 147–176.

—— (Hg.), *Renaissance-Poetik / Renaissance Poetics*, Berlin / New York: De Gruyter 1994.

—— „Renaissance-Poetik. Zwischen Imitation und Innovation", in: ders. (Hg.), *Renaissance-Poetik / Renaissance Poetics*, Berlin / New York: De Gruyter 1994, S. 1–20.

—— *Rhetorik der Affekte. Englische Wirkungsästhetik im Zeitalter der Renaissance*, Tübingen: Niemeyer 1975.

POGGIOLI, Renato, *The Oaten Flute. Essays on Pastoral Poetry and the Pastoral Ideal*, Cambridge: Harvard UP 1975.

POPPE, Sandra (Hg.), *Emotionen in Literatur und Film*, Würzburg: Königshausen & Neumann 2012.

POPPENBERG, Gerhard, „Vom Pathos zum Logos. Überlegungen zu einer Theorie figurativer Erkenntnis", in: Jürgen Paul Schwindt, *Was ist eine philologische Frage?*, Frankfurt / Main: Suhrkamp 2009, S. 160–191.

—— „Góngoras Version Arkadiens in der *Fábula de Polifemo y Galatea*", in: Roger Friedlein / Gerhard Poppenberg / Annett Volmer (Hgg.), *Arkadien in den romanischen Literaturen*, Heidelberg: Winter 2008, S. 295–321.

PORT, Ulrich, *Pathosformeln. Die Tragödie und die Geschichte exaltierter Affekte (1755–1888)*, München: Fink 2005.

POST, Chandler R., *Medieval Spanish Allegory*, Cambridge: Harvard UP 1915.

POZUELO YVANCOS, José María, *La invención literaria. Garcilaso, Góngora, Cervantes, Quevedo y Gracián*, Salamanca: Ed. Univ. de Salamanca 2014.

PRIETO, Antonio, *Humanismo y Pervivencia del Mundo Clasico*, Bd. IV, Madrid: Alcañiz 2010.

—— „Origen y transformación de la épica culta en castellano", in: *Analecta Malacitana* 2 (1979), S. 193–243.

—— *Morfología de la novela*, Barcelona: Planeta 1975.

QUINT, David, *Epic and Empire. Politics and Generic Form from Virgil to Milton*, Princeton: Princeton UP 1992.

RALLO GRUSS, Asunción, „Modelos clásicos y alcances novelescos: *La Diana enamorada* de Gil Polo", in: *Edad de Oro* 24 (2005), S. 287–322.

RAMAJO CAÑO, Antonio, „Para la filiación literaria de la *Égloga II* de Garcilaso", in: *Revista de literatura* 115 (1996), S. 27–45.

RANCIÈRE, Jacques, *Le Partage du sensible. Esthétique et politique*, Paris: La Fabrique-éditions 2000.

—— *Politique de la littérature*, Paris: Galilée 2007.

RANDALL, Dale B. J., *The Golden Tapestry. A Critical Survey of Non-chivalric Spanish Fiction in English Translation (1543–1657)*, Durham: Duke UP 1963.

RAYNIÉ, Florence, „Exemplarité et savoir religieux : les récits brefs dans *Pastores de Belén* de Lope de Vega", in: Luis González Fernández / Teresa Rodríguez (Hgg.), *La transmission de savoirs licites et illicites dans le monde hispanique péninsulaire (XIIe au XVIIe siècles) : Hommage à André Gallego*, Toulouse: Presses universitaires du Midi 2011, S. 415–425 [gefunden in https://doi.org/10.4000/books.pumi.32521 am 07.06.2021].

REDDY, William, *The Navigation of Feeling. A Framework for the History of Emotions*, Cambridge: Cambridge UP 2001.

REDONDO, Augustín (Hg.), *Le corps comme métaphore dans l'Espagne des XVIe et XVIIe siècles*, Paris: Publications de la Sorbonne 1992.

—— (Hg.), *Le corps dans la société espagnole des XVIe et XVIIe siècles*, Paris: Publications de la Sorbonne 1990.

REES, B. R., „Pathos in the Poetics of Aristotle", in: *Greece Rome* 19:1 (1972), S. 1–11.

REGN, Gerhard, „Petrarkistische Selbstsorge und petrarkistische Selbstrepräsentation. Bembos Poetik der *gloria*", in: Maria Moog-Grünewald (Hg.), *Autobiographisches Schreiben und philosophische Selbstsorge*, Heidelberg: Winter 2004, S. 95–125.

REISSER, Ulrich, *Physiognomik und Ausdruckstheorie der Renaissance. Der Einfluß charakterologischer Lehren auf die Kunst und Kunsttheorie des 15. und 16. Jahrhunderts*, München: Scaneg 1997.

RENNERT, Hugo Albert, *The Spanish Pastoral Romances*, Philadelphia: Univ. of Pennsylvania 1912.

REY, Alfonso, „Teoría y crítica literaria en *Agudeza y arte de ingenio*", in: *Neophilologus* 101 (2017) S. 541–560.

RHODES, Elizabeth, *The Unrecognized Precursors of Montemayor's* Diana, Columbia: Univ. of Missouri P. 1992.

—— „*La Galatea* and Cervantes' 'Tercia Realidad'", in: *Cervantes: Bulletin of the Cervantes Society of America* 8 Special Issue (1988), S. 17–28.

—— „Skirting the Men: Gender Roles in Sixteenth-Century Pastoral Books", in: *Journal of Hispanic Philology* 11 (1987), S. 131–149.

RICE, Jenny Edbauer, „The New 'New': Making a Case for Critical Affect Studies", in: *Quarterly Journal of Speech* 94:2 (2008), S. 200–212.

RICKERT, Thomas, „Toward the Chora: Kristeva, Derrida, and Ulmer on Emplaced Invention", in: *Philosophy and Rhetoric* 40 (2007), S. 251–273.

RILEY, Denise, *Impersonal Passion. Language as Affect*, Durham / London: Duke UP 2005.

RIVERS, Elias L., *Garcilaso de la Vega. Poems. A Critical Guide*, London: Grant & Cutler 1980.

—— (Hg.), *La Poesía de Garcilaso. Ensayos críticos*, Barcelona: Ariel 1974.

—— „La paradoja pastoril del arte natural", in: ders. (Hg.), *La Poesía de Garcilaso. Ensayos críticos*, Barcelona: Ariel 1974, S. 285–308.

—— „Albanio as Narcissus in Garcilaso's Second Eclogue", in: *Hispanic Review* 41 (1973), S. 297–304.

—— „Nymphs, Shepherds, and Heroes: Garcilaso's Second Eclogue", in: *La Philological Quarterly* 51:1 (1972), S. 123–134.

ROBIC-DE BAECQUE, Sylvie, *Le Salut par l'excès. Jean-Pierre Camus (1584–1652), la poétique d'un évêque romancier*, Paris: Honoré Champion 1999.

RODRÍGUEZ GARCÍA, José María, „Epos delendum est: The Subject of Carthage in Garcilaso's *A Boscán desde ‚La Goleta'*", in: *Hispanic Review* 66:2 (1998), S. 151–170.

ROMBACH, Ursula / SEILER, Peter, „*Eleos – misericordia – compassio*. Transformationen des Mitleids in Text und Bild", in: Martin Harbsmeier / Sebastian Möckel (Hgg.), *Pathos, Affekt, Emotion: Transformationen der Antike*, Frankfurt / Main: Suhrkamp 2009, S. 250–276.

ROSENWEIN, Barbara, *Emotional Communities in the Early Middle Ages*, Ithaca / London: Cornell UP 2006.

RUIZ CABELLO, Francisco M., „Sobre Jorge de Montemayor, poeta y cantor en la corte española", in: *Philologia hispalensis* 14:1 (2000), S. 127–142.

RUSKIN, John, „Of the Pathetic Fallacy" [1856], in: ders., *Modern Painters*, London: Pilkington Press 2000, S. 368–373.

SÁNCHEZ CANTÓN, Francisco Javier, „*Los trabajos de los reyes*, por Jorge de Montemayor", in: *Revista de filología española* 12 (1925), S. 43–55.

SAVOYE DE FERRERAS, Jaqueline, „El mito del pastor", in: *Cuadernos hispanoamericanos* 308 (1976), S. 30–43.

SAXL, Fritz, *Gebärde, Form, Ausdruck. Zwei Untersuchungen*, hg. v. Pablo Schneider, Zürich: diaphanes 2012.

SCHEER, Monique, „Are Emotions a Kind of Practice (and Is That What Makes Them Have a History)? A Bourdieuian Approach to Understanding Emotion", in: *History and Theory* 51 (2012), S. 193–220.

SCHILLING, Heinz, *Karl V. Der Kaiser, dem die Welt zerbrach*, München: C. H. Beck 2020.

SCHLEIERMACHER, Friedrich, „Über die verschiedenen Methoden des Übersezens" [1813], in: Hans Joachim Störig (Hg.), *Das Problem des Übersetzens*, Darmstadt: Wissenschaftliche Buchgesellschaft 1963, S. 38–70.

SCHMIDT, Ernst A., *Bukolische Leidenschaft oder Über antike Hirtenpoesie*, Frankfurt / Main: Lang 1987.

—— *Poetische Reflexion. Vergils Bukolik*, München: Fink 1972.

SCHMITT, Arbogast, *Der Einzelne und die Gemeinschaft in der Dichtung Homers und in der Staatstheorie bei Platon. Zur Ableitung der Staatstheorie aus der Psychologie*, Stuttgart: Franz Steiner 2000.

SCHNELL, Rüdiger, „Kritische Überlegungen zur Zivilisationstheorie von Norbert Elias", in: ders. (Hg.), *Zivilisationsprozesse. Zu Erziehungsschriften in der Vormoderne*, Köln: Böhlau 2004, S. 21–83.

SCHROER, Markus (Hg.), *Soziologie des Körpers*, Frankfurt / Main: Suhrkamp 2005.

SCHÖNBERGER, Otto, „Camilla", in: Ulrich Fleischer / Bruno Snell (Hgg.), *Antike und Abendland*, Berlin / New York: De Gruyter 2009.

SCHÖNE, Albrecht, *Säkularisation als sprachbildende Kraft. Studien zur Dichtung deutscher Pfarrersöhne*, Göttingen: Vandenhoeck & Ruprecht 1958.

SCHRYVERS, P. H., „Invention, imagination, et théorie des émotions chez Cicéron et Quintilien", in: Brian Vickers (Hg.), *Rhetoric Revalued*, Binghampton / New York: Center for Medieval & Early Renaissance Studies 1982, S. 47–57.

SEDGWICK, Eve Kosofsky, *Touching Feeling. Affect, Pedagogy, Performativity*, Durham / London: Duke UP 2003.

—— *Between Men. English Literature and Male Homosocial Desire*, New York: Columbia UP 1985.

SEILER, Mark Andreas, *Poiesis Poieseos. Alexandrinische Dichtung kata lepton in strukturaler und humantheologischer Deutung*, München: Saur 2000.

SERÉS, Guillermo, „El género pastoril y su parodia en las dos *Arcadias* de Lope de Vega: razones de una evolución", in: *Bulletin of Spanish Studies* 93:10 (2016), S. 85–105.

—— *La transformación de los amantes. Imagenes del amor de la antiguedad al Siglo de Oro*, Barcelona: Crítica 1996.

SHEPARD, Sanford, *El Pinciano y las teorías literarias del Siglo de Oro*, Madrid: Gredos 1962.

SHOUSE, Eric, „Feeling, Emotion, Affect", in: *M/C Journal* 8:6 (2005), o. P. [gefunden in http://journal.media-culture.org.au/0512/03-shouse.php am 03.02.2015].

SICK, Franziska, „Utopia, Arcadia und die Welt der wahren Liebe", in: Klaus W. Hempfer / Helmut Pfeiffer (Hgg.), *Spielwelten. Performanz und Inszenierung in der Renaissance*, Stuttgart: Steiner 2002, S. 131–146.

SIEBER, Harry, „Society and the Pastoral Vision in the Marcela-Grisóstomo Episode of *Don Quijote*“, in: Josep M. Solà-Solé / Alessandro S. Crisafulli / Bruno Mario Damiani (Hgg.), *Estudios literarios de hispanistas norteamericanos dedicados a Helmut Hatzfeld con motivo de su 80 aniversario*, Barcelona: Hispam 1974, S. 185–194.

SIMSON, Ingrid, „Krise in Arkadien: die Auflösung der Pastorale im spanischen Schäferroman“, in: Roger Friedlein / Gerhard Poppenberg / Annett Volmer (Hgg.), *Arkadien in den romanischen Literaturen*, Heidelberg: Winter 2008, S. 367–385.

SLIWA, Krzysztof, *Cartas, documentos y escrituras de Garcilaso de la Vega y de sus familiares*, Alcalá de Henares: Centro de Estudios Cervantinos 2006.

SNELL, Bruno, „Arkadien. Die Entdeckung einer geistigen Landschaft“ [1945 / 1955], in: Klaus Garber (Hg.), *Europäische Bukolik und Georgik*, Darmstadt: Wissenschaftliche Buchgesellschaft 1976, S. 14–43.

SOLÉ-LERIS, Amadeu, *The Spanish Pastoral Novel*, Boston: Twayne 1980.

—— „Psychological Realism in the Pastoral Novel: Gil Polo's *Diana enamorada*“, in: *Bulletin of Hispanic Studies* 39:1 (1962), S. 43–47.

—— „The Theory of Love in the Two *Dianas*: A Contrast“, in: *Bulletin of Hispanic Studies* 36 (1959), S. 65–79.

SOUVIRON LÓPEZ, Begoña, *La mujer en la ficción arcádica. Aproximación a la novela pastoril española*, Frankfurt / Main: Vervuert 1997.

SPITZER, Leo, „Die klassische Dämpfung in Racines Stil“, in: ders., *Romanische Stil- und Literaturstudien*, Bd. I, Marburg: Elwert 1931, S. 135–268.

STAGG, Geoffrey, „A Matter of Masks: *La Galatea*“, in: Dorothy Mary Atkinson (Hg.), *Hispanic Studies in Honour of Joseph Manson*, Oxford: The Dolphin Book 1972, S. 255–276.

STAMM, James R., „*La Galatea* y el concepto de género: un acercamiento“, in: Manuel Criado de Val (Hg.), *Cervantes. Su obra y su mundo*, Madrid: EDI-6 1981, S. 337–343.

STEIGERWALD, Jörn, „Arcadie historique : *Paul et Virginie* de Bernardin de Saint-Pierre, entre classicisme et préromantisme“, in: *Revue germanique internationale* 16 (2001), S. 69–86.

STERN, Charlotte, „The *Coplas de Mingo Revulgo* and the Early Spanish Drama“, in: *Hispanic Review* 44 (1976), S. 311–332.

—— „The Early Spanish Drama: From Medieval Ritual to Renaissance Art“, in: *Renaissance Drama NS* 6 (1973), S. 177–201.

STIERLE, Karlheinz, „Metamorphosen des Mythos: Die Kanzone XXIII: ‚Nel dolce tempo de la prima etade‘“, in: ders., *Petrarca-Studien*, Heidelberg: Winter 2012, S. 13–35.

—— „Komik der Handlung, Komik der Sprachhandlung, Komik der Komödie“, in: Wolfgang Preisendanz / Rainer Warning (Hgg.), *Das Komische*, München: Fink 1976 (= Poetik und Hermeneutik, Bd. VII), S. 237–268.

STILLERS, Rainer, „Zwischen Legitimation und systematischem Kontext. Zur Stellung der Mythologie in der italienischen Renaissancepoetik", in: Heinrich F. Plett (Hg.), *Renaissance-Poetik / Renaissance Poetics*, Berlin / New York: De Gruyter 1994, S. 37–52.

STÖCKINGER, Martin, „Über bukolisches und elegisches Begehren", in: Karin Peters / Caroline Sauter (Hgg.), *Allegorien des Liebens: Liebe – Literatur – Lesen*, Würzburg: Königshausen & Neumann 2015, S. 17–42.

STRIER, Richard, „Against the Rule of Reason: Praise of Passion from Petrarch to Luther to Shakespeare to Herbert", in: Gail Kern Paster / Katherine Rowe / Mary Floyd-Wilson (Hgg.), *Reading the Early Modern Passions. Essays in the Cultural History of Emotion*, Philadelphia: Univ. of Pennsylvania P. 2004, S. 23–42.

STRONG, Roy, *Feste der Renaissance. 1450–1650. Kunst als Instrument der Macht*, Freiburg / Würzburg: Ploetz 1991.

STROSETZKI, Christoph, „Arkadiens Grenzen: Natur und Naturzustand", in: Roger Friedlein / Gerhard Poppenberg / Annett Volmer (Hgg.), *Arkadien in den romanischen Literaturen*, Heidelberg: Winter 2008, S. 161–174.

—— „Garcilaso und das antike Landlob", in: José Morales Saravia (Hg.), *Garcilaso de la Vega. Werk und Nachwirkung*, Frankfurt / Main: Vervuert 2004, S. 25–48.

—— „Garcilaso de la Vega. *Égloga segunda*", in: Manfred Tietz (Hg.), *Die spanische Lyrik von den Anfängen bis 1870*, Frankfurt / Main: Vervuert 1997, S. 225–253.

SUBIRATS, Jean, „La *Diane* de Montemayor, roman à clef ?", in: *Études ibériques et Latinoaméricaines. IVe congrès des Hispanistes Français (1967)*, Paris: PUF 1968, S. 105–118.

SULLIVAN, Henry W. / RIVERA, Nilda, „El género pastoril y el episodio de Marcela como módulo narratológico: de nuevo sobre la elaboración del primer *Quijote*", in: Roger Friedlein / Gerhard Poppenberg / Annett Volmer (Hgg.), *Arkadien in den romanischen Literaturen*, Heidelberg: Winter 2008, S. 281–294.

SURTZ, Ronald E., *The Birth of a Theater. Dramatic Convention in the Spanish Theater from Juan del Encina to Lope de Vega*, Princeton / Madrid: Princeton UP 1979.

TATE, Robert, „Political Allegory in Fifteenth-Century Spain: A Study of the *Batalla campal de los perros contra los lobos* by Alfonso de Palencia (1423–1492)", in: *Journal of Hispanic Philology* 1 (1977), S. 169–186.

TERADA, Rei, *Feeling in Theory. Emotion after the 'Death of the Subject'*, Cambridge / London: Harvard UP 2001.

TESKEY, Gordon, *Allegory and Violence*, Ithaca / London: Cornell UP 1996.

TEUBER, Bernhard, „Ciceronianismus", in: *Historisches Wörterbuch der Rhetorik*, Bd. II, Tübingen: Niemeyer 1994, Sp. 225–247.

TICKNOR, M. G., *Historia de la literatura española*, Bd. II, übers. v. Pascual de Gayangos u. Enrique de Vedia, Madrid: M. Rivademeyra 1851.

—— *History of Spanish Literature*, Harvard: Harvard UP 1849.

TILMOUTH, Christopher, „Passion and Intersubjectivity in Early Modern Literature", in: Brian Cummings / Freya Sierhuis (Hgg.), *Passions and Subjectivity in Early Modern Culture*, Farnham: Ashgate 2013, S. 13–32.

TOMLINSON, Gary, „Five Pictures of Pathos", in: Gail Kern Paster / Katherine Rowe / Mary Floyd-Wilson (Hgg.), *Reading the Early Modern Passions. Essays in the Cultural History of Emotion*, Philadelphia: Univ. of Pennsylvania P. 2004, S. 192–214.

TORRES, Isabel, *Love Poetry in the Spanish Golden Age: Eros, Eris and Empire*, Woodbridge: Tamesis 2013.

—— „Sites of Speculation: Water / Mirror Poetics in Garcilaso de la Vega, *Eclogue* II", in: *Bulletin of Hispanic Studies* 86 (2009), S. 877–892.

—— „Orphic Triumph in the Poetic Voice of Garcilaso de la Vega", in: Estelle Haan (Hg.), *From Erudition to Inspiration*, Belfast: Belfast Byzantine Texts and Translations 1992, S. 39–53.

TRANINGER, Anita, „Im Tal der Tränen. Landschaft und die Kultur des Weinens in der *novela pastoril*", in: Pia Claudia Doering / Bettina Full / Karin Westerwelle (Hgg.), *Die Erfindung von Landschaft in Mittelalter und Renaissance*, Würzburg: Königshausen & Neumann 2023 (im Erscheinen).

—— / ENENKEL, Karl A. E. (Hgg.), *Nymphs in Early Modern Culture*, Leiden / Boston: Brill 2017 (Intersections. Interdisciplinary Studies in Early Modern Culture).

TROJE, Hans Erich, „Das *matrimonium clandestinum* in Humanismus und Reformation", in: *Glossae. Revista de Historia de Derecho Europeo* 4 (1992), S. 191–214.

TURNER, Stephen, *The Social Theory of Practices: Tacit Knowledge and Presuppositions*, Oxford: Polity Press 1994.

ULYSSE, Georges, „Juan del Encina et le théâtre italien de son époque", in: *Juan del Encina et le théâtre au XVe siècle*, Aix-en-Provence: Univ. de Provence 1987, S. 1–26.

VALBUENA PRAT, Ángel, *Historia de la literatura española*, Bd. I, Barcelona: Gustavo Gili 1937.

VAN GENNEP, Arnold, *Les Rites de passage* [1909], Paris: Nourry 1981.

VAN SICKLE, John, „Epic and Bucolic: (Theocritus, Id. VII; Virgil, Ecl. I)", in: *Quaderni Urbinati di Cultura Classica* 19 (1975), S. 45–72.

VARGAS-HIDALGO, Rafael, *Guerra y Diplomacia en el Mediterráneo: Correspondencia inédita de Felipe II con Andrea Doria y Juan Andrea Doria (Ilustrada con cartas de Carlos V, Don Juan de Austria, Juana de Austria, Andrea Doria, Juan Andrea Doria, virreyes, generales, embajadores y espías)*, Madrid: Polifemo 2002.

VAQUERO SERRANO, María del Carmen, „La fecha de muerte de Beatriz de Sá, la más que posible Elisa de Garcilaso", in: *Lemir* 15 (2011), S. 235–244.

—— „Un episodio toledano en la Guerra de las Comunidades: víspera y festividad de San Ildefonso de 1521", in: José María Díez Borque / Luis Ribot García (Hgg.),

Garcilaso y su época: del amor y la guerra, Madrid: Sociedad Estatal de Conmemoraciones Culturales, 2003, S. 41–45.

—— *Garcilaso. Poeta del amor, caballero de la guerra*, Madrid: Espasa Calpe 2002.

VEBLEN, Thorstein, *The Theory of the Leisure Class* [1899], New York: Dover Publications 1994.

VECCE, Carlo, „Emergence du sujet dans le paysage bucolique (Sannazar et Théocrite)", in: Dominique de Courcelles (Hg.), *Nature et paysages : L'Emergence d'une nouvelle subjectivité à la Renaissance*, Paris: Ecole des Chartes 2006, S. 77–93.

VICKERS, Brian, *In Defence of Rhetoric*, Oxford: Clarendon Press 1999.

—— „On the Practicalities of Renaissance Rhetoric", in: ders. (Hg.), *Rhetoric Revalued*, Binghampton / New York: Center for Medieval & Early Renaissance Studies 1982, S. 133–141.

VINCENT-BUFFAULT, Anne, *The History of Tears. Sensibility and Sentimentality in France*, Basingstoke u. a.: Macmillan 1991.

VINSON, Fleming Greene, *A Critical Bibliography of the Spanish Pastoral Novel, 1559–1633*, Chapel Hill: Univ. of North Carolina 1969.

VOSS, Christiane, „Die narrative Transformation aristotelischer und moderner Emotionstheorien", in: Martin Harbsmeier / Sebastian Möckel (Hgg.), *Pathos, Affekt, Emotion: Transformationen der Antike*, Frankfurt / Main: Suhrkamp 2009, S. 107–130.

—— *Narrative Emotionen. Eine Untersuchung über Möglichkeiten und Grenzen philosophischer Emotionstheorien*, Berlin: De Gruyter 2004.

VOSSLER, Karl, „Tassos *Aminta* und die Hirtendichtung" [1906], in: Klaus Garber (Hg.), *Europäische Bukolik und Georgik*, Darmstadt: Wissenschaftliche Buchgesellschaft 1976, S. 165–180.

WACK, Mary F., *Lovesickness in the Middle Ages. The Viaticum and Its Commentaries*, Philadelphia: Univ. of Pennsylvania P. 1990.

WALDE, Christine, „Pieriden", in: Hubert Cancik / Helmut Schneider (Hgg.), *Der Neue Pauly. Enzyklopädie der Antike*, Bd. IX, Stuttgart / Weimar: Metzler 2000, S. 1008–1009.

WALDENFELS, Bernhard, „An Stelle von ...", in: Kathrin Busch / Iris Därmann (Hgg.), *„pathos". Konturen eines kulturwissenschaftlichen Grundbegriffs*, Bielefeld: transcript 2007, S. 33–49.

—— „Zwischen Pathos und Response", in: ders., *Grundmotive einer Phänomenologie des Fremden*, Frankfurt / Main: Suhrkamp 2006, S. 34–55.

WARBURG, Aby, *Werke in einem Band*, Berlin: Suhrkamp 2010.

—— „Dürer und die italienische Antike" [1905], in: ders., *Werke in einem Band*, Berlin: Suhrkamp 2010, S. 176–183.

—— „Sandro Botticelli" [1898], in: ders., *Werke in einem Band*, Berlin: Suhrkamp 2010, S. 168–175.

—— „Die Theaterkostüme für die Intermedien von 1589" [1895], in: ders., *Werke in einem Band*, Berlin: Suhrkamp 2010, S. 124–167.

—— „Sandro Botticellis ‚Geburt der Venus' und ‚Frühling'" [1893], in: ders., *Werke in einem Band*, Berlin: Suhrkamp 2010, S. 39–123.

WARDROPPER, Bruce W., „The *Diana* of Montemayor: Revaluation and Interpretation", in: *Studies in Philology* 48 (1951), S. 126–144.

WARNING, Rainer, „Lyrisches Ich und Öffentlichkeit bei den Trobadors. Wilhelm IX. von Aquitanien: *Molt jauzens, mi prenc en amar*", in: ders., *Lektüren romanischer Lyrik. Von den Trobadors zum Surrealismus*, Freiburg i. Br.: Rombach 1997, S. 45–84.

—— „Interpretation, Analyse, Lektüre: Methodologische Erwägungen zum Umgang mit lyrischen Texten", in: ders., *Lektüren romanischer Lyrik*, Freiburg i. Br.: Rombach 1997, S. 9–44.

—— „Formen narrativer Identitätskonstitution im höfischen Roman", in: Odo Marquard / Karlheinz Stierle (Hgg.), *Identität*, München: Fink 1979 (= Poetik und Hermeneutik, Bd. VIII), S. 553–589.

—— „Ironiesignale und ironische Solidarisierung", in: ders. / Wolfgang Preisendanz (Hgg.), *Das Komische*, München: Fink 1976 (= Poetik und Hermeneutik, Bd. VII), S. 416–423.

WASER, Otto, „Styx", in: Wilhelm Heinrich Roscher (Hg.), *Ausführliches Lexikon der griechischen und römischen Mythologie*, Bd. IV, Leipzig: Teubner 1915, Sp. 1566–1579.

WATSON, Robert N., *Back to Nature. The Green and the Real in the Late Renaissance*, Philadelphia: Univ. of Pennsylvania P. 2006.

WEBB, Ruth, *Ekphrasis, Imagination and Persuasion in Ancient Rhetorical Theory and Practice*, Farnham: Ashgate 2009.

WEBER, Max, *Wirtschaft und Gesellschaft. Grundriss der verstehenden Soziologie* [1921], Tübingen: J. C. B. Mohr 1972.

WEHLE, Winfried, „Arkadien oder das Venus-Prinzip der Kultur", in: Roger Friedlein / Gerhard Poppenberg / Annett Volmer (Hgg.), *Arkadien in den romanischen Literaturen*, Heidelberg: Winter 2008, S. 41–71.

WEINBERG, Bernhard (Hg.), *Trattati di Poetica e Retorica del cinquecento*, 3 Bde., Bari: Laterza 1970–74.

WESCOTT, Howard B., „Nemoroso's Odyssey: Garcilaso's Eclogues Revisited", in: *Hispania* 78:3 (1995), S. 474–482.

WHINNOM, Keith, „El idealismo del amor cortés", in: ders., *La poesía amatoria de la época de los Reyes Católicos*, Durham: Univ. of Durham P. 1981, S. 21–33.

WHITBY, William M., „Transformed into What?: Garcilaso's *Ode ad Florem Gnidi*", in: *Revista Canadiense de Estudios Hispánicos* 11:1 (1986), S. 131–143.

WHITE, Melissa A., „Critical Compulsions: On the Affective Turn", in: *TOPIA: Canadian Journal of Cultural Studies* 19 (2008), S. 181–188.

WICKERSHAM, Crawford J., *The Spanish Pastoral Drama*, Philadelphia: Univ. of Pennsylvania 1915.

WILLIAMS, Raymond, *Marxism and Literature*, Oxford / New York: Oxford UP 1977.

—— *The Country and the City*, London: Chatto & Windus 1973.

WILPERT, Gero von, *Sachwörterbuch der Literatur*, Stuttgart: Kröner 1979.

WILSON, Diana de Armas, *Allegories of Love: Cervantes'* Persiles and Sigismunda, Princeton: Princeton UP 1991.

WOLFZETTEL, Friedrich, „Garcilaso mitológico? Poetik und Mythologie", in: José Morales Saravia (Hg.), *Garcilaso de la Vega. Werk und Nachwirkung*, Frankfurt / Main: Vervuert 2004, S. 109–132.

WURZBACH, Constantin von: *Biographisches Lexikon des Kaiserthums Oesterreich*, Bd. VI, Wien: Zamarski 1860.

XUAN, Jing, „Das Liebesgefängnis und die Entsinnlichung der Politik: Zur Modernität von Diego de San Pedros *Cárcel de amor* (1492)", in: *Germanisch-Romanische Monatsschrift* 65:2 (2015), S. 137–148.

—— *Subjekt der Herrschaft und christliche Zeit. Die Ritterromane Chrestiens de Troyes*, München: Fink 2012.

YARBRO-BEJARANO, Yvonne, „Juan del Encina's *Representación a la Pasión*: Secular Harmony through Christ's Redemption", in: *Revista de Estudios Hispánicos* 9 (1982), S. 271–278.

YNDURÁIN, Domingo, „Juan del Encina y el humanismo", in: Javier Guijarro Ceballos (Hg.), *Humanismo y literatura en tiempos de Juan del Encina*, Salamanca: Ed. Univ. de Salamanca 1999, S. 259–280.

YON, Bernard (Hg.), *La Peinture des passions de la Renaissance à l'âge classique. Actes du colloque international Saint-Etienne, 10, 11, 12 avril 1991*, Saint-Etienne: Publ. de l'Univ. de Saint-Etienne 1995.

YUDIN, Florence L., „The *novela corta* as *comedia*: Lope's *Las fortunas de Diana*", in: *Bulletin of Hispanic Studies* 45:3 (1968), S. 181–188.

ZIERL, Andreas, *Affekte in der Tragödie.* Orestie, Oidipus Tyrannos *und die Poetik des Aristoteles*, Berlin: Akad.-Verlag 1994.

ZIMIC, Stanislav, *Las églogas de Garcilaso de la Vega. Ensayos de interpretación*, Santander: Boletín de la biblioteca de Menéndez Pelayo 1988.

ZUMBUSCH, Cornelia, „Probleme mit dem Pathos. Zur Einleitung", in: dies. (Hg.), *Pathos: Zur Geschichte einer problematischen Kategorie*, Berlin: Oldenbourg Wissenschaftsverlag 2010, S. 7–24.

—— (Hg.), *Pathos: Zur Geschichte einer problematischen Kategorie*, Berlin: Oldenbourg Wissenschaftsverlag 2010.

—— „‚Gesteigerte Gesten'. Pathos und Pathologie des Gedächtnisses bei Warburg und Freud", in: Bettina Bannasch / Günter Butzer (Hgg.), *Übung und Affekt. Formen des Körpergedächtnisses*, Berlin u. a.: De Gruyter 2007, S. 269–290.

—— *Wissenschaft in Bildern. Symbol und dialektisches Bild in Aby Warburgs Mnemosyne-Atlas und Walter Benjamins Passagen-Werk*, Berlin: Akademie-Verlag 2004.

Personenregister

Erfasst werden im Haupttext alle Namen real existierender Personen; Namen in den Fußnoten erscheinen *kursiv* und nur dann, wenn sie Gegenstand einer Ausführung sind, die über die bloße Nennung eines Autorennamens bei bibliographischen Angaben hinausgeht.